（京）新登字041号

图书在版编目（CIP）数据

西藏统计年鉴 2006 / 西藏自治区统计局编. —北京：中国统计出版社，2008.8
ISBN 7—5037—4884—2
Ⅰ. 西…
Ⅱ. 西…
Ⅲ. 统计资料—西藏—2006—年鉴
Ⅳ. C832. 75—54

中国版本图书馆CIP数据核字（2006）第026081号

西藏统计年鉴—2006

作者/西藏自治区统计局
责任编辑/蔡启新 王秀丽 小达娃
E-mail/yearbook@stats.gov.cn
责任校对/范永利 王秀丽
封面设计/李建树
出版发行/中国统计出版社
通信地址/北京市西城区三里河月坛南街75号 中国统计出版社
邮编/100826
电话/（010）63376907
印刷/曲阜金鼎印刷厂
经销/新华书店
开本/890×1240毫米 1/16
字数/110万字
印张/28.75印张
印数/1000册
版别/2006年8月第一版
版次/2006年8月第一次印刷
书号/ISBN 7-5037-4884-2/F.2231
定价/260元

# 西藏统计年鉴

# TIBET STATISTICAL YEARBOOK

# 2006

（总第 18 期 NO. 18）

中国统计出版社
China Statistics Press

# 编 辑 说 明

一、《西藏统计年鉴》(2006)是一本信息高度密集的资料工具书。本书收录了2005年西藏的经济和社会发展等各方面的统计数据，以及西藏和平解放以来各个主要时期的一些主要统计数据。是国内外各界人士了解西藏、认识西藏的重要资料性工具书。

二、全书内容分为19个篇目，即1.行政区划和自然资源；2.综合；3.人口；4.从业人员和职工工资；5.固定资产投资；6.财政；7.物价；8.人民生活；9.农业；10.工业；11.建筑业；12.运输和邮电；13.国内贸易；14.对外经济贸易和旅游；15.金融和保险；16.教育、科技和文化；17.卫生、体育和环保；18.各县（区、市）主要统计资料；19.全国各省（区、市）统计资料。为便于读者正确使用资料，书末还附有主要统计指标解释。

三、本年鉴中总量指标均按当年现行价格计算。

四、本年鉴部分数据合计数或相对数由于单位取舍不同产生的计算误差未作机械调整。

五、本年鉴对以前的统计资料重新进行了核实，并根据2004年经济普查结果相应地调整了部分数据。读者在使用历史资料时，凡与本年鉴有出入的，均以本年鉴为准。

六、本年鉴的资料大部分来自年度统计报表，部分来自抽样调查。

七、本年鉴中的符号使用说明："…"表示数据不足本表最小单位数；"空格"表示该项统计指标数据不详或无数据；"#"表示其中主要项。

八、资料中所使用的度量衡单位采用国际统一标准计量单位。

九、《西藏统计年鉴》公开出版以来，受到了国内外广大读者的关心和支持，对本年鉴的内容和编辑工作提出了许多宝贵意见，同时得到区直有关部门和单位的大力支持，对此我们深表感谢。限于我们的水平，欢迎读者继续对年鉴的不足之处给予批评和指正，帮助我们进一步改进年鉴的编辑工作，以便我们更好地为广大读者服务。

# EDITOR' S NOTE

Ⅰ.Tibet Statistical Yearbook 2006 contains comprehensive statistics of Tibetan social and economic development in 2005 and some selected major data series in historically important years after The Peaceful Liberation of Tibet. It is really an important and efficient reference yearbook for people of various circles in and outside China to know and understand Tibet.

Ⅱ.The book is composed of 19 parts. They include: 1.Division of Administrative Areas and Natural Resources;2.General Survey;3. Population; 4.Employment and Wages; 5.Investment in Fixed Assets; 6.Government Finance; 7.Price; 8.People's Livelihood; 9.Agriculture; 10.Industry; 11.Construction; 12.Transportation, Postal and Telecommunications Services; 13.Domestic Trade;14.Foreign Trade and Tourism;15.Banking and Insurance; 16.Education, Science and Culture;17.Sport, Public Health and Environmental Protection;18.Statistics for Counties, Cities and Districts;19.Statistics for Provinces, Municipality and Autonomous Region. Interpretation of major statistical indicators attached is a useful tool for readers of this yearbook.

Ⅲ.The prices used in calculation in this publication are current prices of those years.

Ⅳ.Statistical discrepancies in this yearbook due to rounding are not adjusted.

Ⅴ.Some of the published data are changed in this yearbook according to our checking, therefore, data in this yearbook are reliable whenever you find different data in other publications.

Ⅵ.Most of the data in this yearbook sources are from annual statistical report, a small part sources from sample survey.

Ⅶ.Marks in this yearbook: "…" means not large enough to be rounded into the least unit; "#" indicates major item in a category. "blank space" not available.

Ⅷ.The international standard units of measurement are applied in this yearbook.

Ⅸ.Previous editions of Tibet Statistical Yearbook have won wide acclaim among the readers. During the compilation of the yearbook, we have got the support from some government departments of Autonomous Region and other relative units. We express our thanks to all of them here. In order to excel, we welcome all candid comments and criticism from our readers.

# 目 录

# CONTENTS

## 第一篇　行政区划和自然资源

## CHAPTER 1　ADMINISTRATIVE DIVISION AND NATURAL RESOURCES



## 第二篇　综合

## CHAPTER 2　GENERAL SURVEY

## 第三篇 人口
## CHAPTER 3 POPULATION



## 第四篇 从业人员和职工工资
## CHAPTER 4 EMPLOYMENT AND WAGE

## 第五篇 固定资产投资

## CHAPTER 5 INVESTMENT IN FIXED ASSETS

## 第六篇 财政
## CHAPTER 6 PUBLIC FINANCE



## 第七篇 物价
## CHAPTER 7 PRICE

## 第八篇 人民生活

## CHAPTER 8 PEOPLE'S LIVELIHOOD

## 第九篇 农业
## CHAPTER 9 AGRICUITURE

## 第十篇　工业
## CHAPTER 10　INDUSTRY

## 第十一篇 建筑业
## CHAPTER 11 CONSTRUTION



## 第十二篇 运输和邮电业
## CHAPTER 12 TRANSPORTATION，POSTAL AND TELECOM MUNICATIONS SERVICES

## 第十三篇 国内贸易
## CHAPTER 13 DOMESTIC TRADE



## 第十四篇 对外经济贸易和旅游
## CHAPTER 14 FOREIGH TRADE AND TOURISM

## 第十五篇　金融和保险
## CHAPTER 15　BANKING AND INSURANCE



## 第十六篇　教育、科技和文化
## CHAPTER 16　EDUCATION，SCIENCE AND CULTURE

## 第十七篇　体育、卫生、环保
## CHAPTER 17　SPORTS，PUBLIC HEALTH AND ENVIRONMENTAL PROTECTION



## 第十八篇　各县(市、区)主要统计指标
## CHAPTER 18　MAIN ECONOMIC INDICATORS BY COUNTIES (CITY AND REGIONS)

## 第十九篇 全国各省（区、市）统计资料

## CHAPTER 19 STATISTICAL DATA OF PROVINCE ，MUNICIPALITY AND AUTONOMOUS REGION

## 附录 APPENDIX

第一篇

# 行政区划和自然资源

Chapter 1

# ADMINISTRATIVE DIVISION AND NATURAL RESOURCES

# 1-1 行政区划

## ADMINISTRATIVE DIVISIONS

单位：个　　　　(unit)

| 地区 | Region | 市辖区 Districts Under the Jurisdica-tion of Cities | 县级市 Cities at Country Level | 县 Country | 乡 Township | #民族乡 National Township | 镇 Town | 街道 Urban Sub-districts | 居民委员会 Neighbor-hood Committee | 村民委员会 Village Committee |
|---|---|---|---|---|---|---|---|---|---|---|
| **总计** | **Total** | **1** | **1** | **71** | **543** | **8** | **140** | **9** | **157** | **5931** |
| 拉萨市 | Lhasa | 1 | | 7 | 48 | | 9 | 7 | 28 | 241 |
| 昌都地区 | Chamdo | | | 11 | 110 | 1 | 28 | | 13 | 1310 |
| 山南地区 | Lhoka | | | 12 | 58 | 4 | 24 | | 52 | 542 |
| 日喀则地区 | Shigatse | | 1 | 17 | 174 | | 27 | 2 | 26 | 1729 |
| 那曲地区 | Nakchu | | | 10 | 89 | | 25 | | 26 | 1285 |
| 阿里地区 | Ngari | | | 7 | 29 | | 7 | | 7 | 137 |
| 林芝地区 | Nyingtri | | | 7 | 35 | 3 | 20 | | 5 | 687 |

# 1-2 行政区划一览表

## LIST OF ADMINISTRATIVE DIVISIONS

| | | |
|---|---|---|
| 拉萨市 | Lhasa | 城关区　墨竹工卡县　达孜县　堆龙德庆县　曲水县　尼木县　当雄县　林周县<br>City Propers　Medro Gongkar　Taktse　Tolun Dechen　Chushur　Nyemo　Dam |
| 昌都地区 | Chamdo | 左贡县　芒康县　洛隆县　边坝县　昌都县　江达县　贡觉县　类乌齐县　丁青县　察雅县　八宿县<br>Zogong　Markham　Lhorong　Palbar　Chamdo　Gyamda　Gongjo　Rioche　Tengchen　Dayak　Paksho |
| 山南地区 | Lhoka | 乃东县　扎囊县　贡嘎县　桑日县　琼结县　洛扎县　加查县　隆子县　曲松县　措美县　错那县　浪卡子县<br>Nedong　Danang　Gonggar　Sangri　Chong-Gye　Lhodak　Gyatsa　Lhuntse　Chosum　Tsome　Tsona　Nakartse |
| 日喀则地区 | Shigatse | 日喀则市　南木林县　江孜县　定日县　萨迦县　拉孜县　昂仁县　谢通门县　白朗县　仁布县　康马县　定结县　仲巴县　亚东县　吉隆县　聂拉木县　萨嘎县　岗巴县<br>Shigatse City　Namling　Gyantse　Tingri　Sakya　Lhatse　Ngamring　Thongmon　Panam　Rinpung　Khangmar　Tingkye　Dengpa　Yatung　Kyirong　Nyalam　Saga　Gampa |
| 那曲地区 | Nakchu | 申扎县　班戈县　那曲县　聂荣县　安多县　嘉黎县　巴青县　比如县　索县　尼玛县<br>Shantsa　Palgon　Nakchu　Nyerong　Amdo　Chali　Bachen　Dirl　Sokshan　Nima |
| 阿里地区 | Ngari | 普兰县　札达县　噶尔县　日土县　革吉县　改则县　措勤县<br>Purang　Tsada　Gar　Rutok　Gakyi　Gertse　Tsochen |
| 林芝地区 | Nyingtri | 林芝县　米林县　朗县　工布江达县　波密县　察隅县　墨脱县<br>Nyingri　Miling　Namshan　Kongpo Gyamda　Pome　Zayul　Metok |

# 1-3 县(市、区)分类

## COUNTIES, CITIES AND REGION BY TYPE

| 分类<br>Classify | 个数<br>Number | 县(市、区)名称<br>Name of County (city and region) |
|---|---|---|
| 边境县<br>Counties of Border | 21 | 墨脱县 米林县 察隅县 朗 县 洛扎县 隆子县 错那县 浪卡子县 定日县 康马县 定结县 仲巴县 亚东县 吉隆县 聂拉木县 萨嘎县 岗巴县 普兰县 札达县 噶尔县 日土县<br>Metok Miling Zayul Namshan Lhodak Lhuntse Tsona Nakartse Tingri Khangmar Tingkye Dengpa Yatung Kyirong Nyalam Saga Gampa Purang Tsada Gar Rutok |
| 农业县<br>Counties of Agriculture | 35 | 城关区 墨竹工卡县 达孜县 堆龙德庆县 曲水县 尼木县 墨脱县 米林县 林芝县 波密县 察隅县 朗 县 芒康县 左贡县 洛隆县 边坝县 乃东县 札囊县 贡嘎县 桑日县 琼结县 洛扎县 加查县 隆子县 日喀则市 南木林县 江孜县 定日县 萨迦县 拉孜县 白朗县 仁布县 定结县 吉隆县 聂拉木县<br>City Propers Medro Gongkar Taktse Tolun Techen Chushur Nyemo Metok Miling Nyingri Pome Zayul Namshan Markham Zogong Lhorong Palpar Nedong Dannang Gonggar Sangri Chong-Gye Lhodak Gyatsa Lhuntse Shigatse City Namling Gyantse Tingri Sakya Lhatse Panam Rinpung Tingkye Kyirong Nyalam |
| 牧业县<br>Counties of Animal | 14 | 当雄县 仲巴县 萨噶县 那曲县 嘉黎县 聂荣县 安多县 申扎县 班戈县 巴青县 尼玛县 革吉县 改则县 措勤县<br>Damshung Dengpa Sakya Nakchu Chali Nyerong Amdo Shantsa Palgon Bachen Nima Gakyi Gertse Tsochen |
| 半农半牧县<br>Counties of Agriculture and Animal | 24 | 林周县 工布江达县 昌都县 江达县 贡觉县 类乌齐县 丁青县 察雅县 八宿县 曲松县 措美县 错那县 浪卡子县 昂仁县 谢通门县 康马县 亚东县 岗巴县 比如县 索 县 普兰县 札达县 噶尔县 日土县<br>Lhundup Kongpo Gyamda Chamdo Gyamda Gongjo Rioche Tengchen Dayak Paksho Chosum Tsome Tsona Nakartse Ngamring Tongmon Khangmar Yatung Gampa Dirl Sokshan Purang Tsada Gar Rutok |
| "一江两河"开发县<br>One River and Two River Exploiture | 18 | 城关区 墨竹工卡县 达孜县 堆龙德庆县 曲水县 尼木县 林周县 乃东县 札囊县 贡嘎县 桑日县 琼结县 日喀则市 南木林县 江孜县 白朗县 拉孜县 谢通门县<br>City Propers Medro Gongkar Taktse Tolun Dechen Chushur Nyemo Lhundup Nedong Danang Gonggar Sangri Chong-Gye Shigatse City Namling Gyantse Panam Lhatse Thongmon |
| 粮食基地县<br>Counties of Grain Base | 11 | 堆龙德庆县 林周县 波密县 芒康县 乃东县 札囊县 贡嘎县 江孜县 白朗县 日喀则市 拉孜县<br>Tolun Dechen Lhundup Pome Markham Nedong Danang Gonggar Gyantse Panam Shigatse City Lhatse |

# 1-4 西藏各水系流域面积

## DRAINAGE AREA OF TIBET WATER SYSTEM

单位：平方公里、%　　(sq. km, %)

| 区域<br>Area | 水系<br>Water System | 流域 | Drainage Area | 面积<br>Area | 比重<br>Proportion |
|---|---|---|---|---|---|
| 外流区<br>Water System of Outer Area | 太平洋水系<br>Pacific Ocean Water System | 金沙江 | Jingsajiang | 23060 | 1.9 |
| | | 澜沧江 | Lantsang | 38470 | 3.1 |
| | | 小计 | Subtotal | 61530 | 5.0 |
| | | 怒江 | Nujiang | 103330 | 8.4 |
| | | 吉太曲 | Jitaicu | 2150 | 0.2 |
| | | 察隅曲 | Chayucu | 18553 | 1.5 |
| | | 丹龙曲(达兰河) | Danlongcu | 11030 | 0.9 |
| | | 雅鲁藏布江 | Brahmaputra | 240480 | 19.6 |
| | | 西巴霞曲 | Xibaxiacu | 26664 | 2.2 |
| | | 鲍罗里河 | Baoluolicu | 11117 | 0.9 |
| | | 达旺-娘江曲 | Dawang-niangjiangcu | 6330 | 0.5 |
| | | 洛扎怒曲 | Luozhashucu | 5160 | 0.4 |
| | | 康布曲 | Kangbucu | 1970 | 0.2 |
| | | 其他 | Others | 10020 | 0.8 |
| | 印度洋水系<br>Indian Ocean Water System | 绒辖藏布 | Rongxiacangbu | 870 | 0.1 |
| | | 波曲 | Pocu | 1930 | 0.2 |
| | | 吉隆藏布 | Jilongcangbu | 2500 | 0.2 |
| | | 马甲藏布(孔雀河) | Majiacangbu (Peacock River) | 3020 | 0.3 |
| | | 乌热渠-乌扎拉渠 | Wurequ-wuzhalaqu | 650 | 0.1 |
| | | 甲扎岗噶河 | Jiazhagangge | 1330 | 0.1 |
| | | 汇入恒河的其他河流 | Ganges from Others River | 2290 | 0.2 |
| | | 朗钦藏布(象泉河) | Langqincangbu | 22760 | 1.9 |
| | | 如许藏布 | Ruxucangbu | 2710 | 0.2 |
| | | 森格藏布(狮泉河) | Senggecangbu | 27450 | 2.0 |
| | | 小计 | Subtotal | 527550 | 43.0 |
| | | 合计 | Total | 589080 | 48.0 |
| 内流区<br>Water System of Inner Area | 藏北内流水系<br>Water System Inner of North Tibet | 羊卓雍错-普莫雍错-哲古错 | Yangzhuoyongcuo-pumoyongcuo-zhegucuo | 9980 | |
| | | 多庆错-嘎拉错 | Duoqingcuo-galacuo | 3050 | 0.8 |
| | | 错姆折林-定结错 | Cuomuzhelin-dingjiecuo | 1340 | 0.3 |
| | | 佩枯错-错戳龙 | Peikucuo-cuochuolong | 3170 | 0.1 |
| | 藏南内流水系<br>Water System Inner of South Tibet | 玛旁雍错-拉昂错 | Mapangyongcuo-laangcuo | 8700 | 0.3 |
| | | 其他 | Others | 430 | 0.7 |
| | | 小计 | Subtotal | 26670 | 2.2 |
| | | 合计 | Total | 612242 | 49.8 |

# 1-5 西藏境内面积大于200平方公里的湖泊

## STATISTICS LAKE AREA OVER 200 SQURE KILOMETER OF TIBET

| 湖泊名称 Lake name | | 湖面海拔(米) Lake Sea Level (m) | 湖面面积(平方公里) Lake Area (sq.km) | 湖泊类型 Lake Type |
|---|---|---|---|---|
| 纳木错 | Namtso Lake | 4718 | 1920 | 咸 Salty |
| 色林错 | Selin Lake | 4530 | 1640 | 咸 Salty |
| 扎日南木错 | Zharinanmu Lake | 4613 | 1023 | 咸 Salty |
| 当惹雍错 | Dangreyong Lake | 4535 | 835 | 咸 Salty |
| 羊卓雍错 | Yamdok Tso Lake | 4441 | 638 | 咸 Salty |
| 昂拉仁错 | Anglaren Lake | 4689 | 560 | 咸 Salty |
| 塔若错 | Tarou Lake | 4545 | 520 | 咸 Salty |
| 格仁错 | Geren Lake | 4650 | 466 | 咸 Salty |
| 班公错 | Bangong Lake | 4241 | 413 | 东淡西咸 Salty or tasteless |
| 玛旁雍错 | Mapangyong Lake | 4588 | 412 | 淡 Tasteless |
| 昂孜错 | Angzi Lake | 4638 | 406 | 咸 Salty |
| 多格仁错 | Dougeren Lake | 4814 | 394 | 咸 Salty |
| 吴如错 | Wuru Lake | 4552 | 351 | 淡 Tasteless |
| 多尔索洞错 | Douershoudong Lake | 4749 | 350 | 盐 Salty |
| 鲁玛江冬错 | Lumajiangdong Lake | 4810 | 322 | 咸 Salty |
| 佩枯错 | Peiku Lake | 4591 | 300 | 咸 Salty |
| 普莫雍错 | Pumoyong Lake | 5009 | 284 | 淡 Tasteless |
| 拉昂错 | Laang Lake | 4573 | 269 | 淡 Tasteless |
| 错鄂 | Coue Lake | 4562 | 244 | 咸 Salty |
| 郭扎错 | Gouzha Lake | 5080 | 244 | 北淡南咸 Salty or tasteless |
| 达则错 | Dazhe Lake | 4461 | 243 | 咸 Salty |
| 许如错 | Xuru Lake | 4714 | 208 | 盐 Salt |
| 扎布耶茶卡 | Zabuyeca Lake | 4400 | 235 | 盐 Salt |
| 仁青休布错 | Renqingxiubu Lake | 4760 | 200 | 盐 Salt |

# 1-6 西藏境内海拔5000米以上的湖泊

## STATISTICS OF LAKE HEIGHT ABOVE SEA LEVEL OVER 5000 METER FOR TIBET

| 湖泊名称 | Lake name | 湖面海拔(米) Lake Sea Level (m) | 湖面面积 (平方公里) Lake Area (sq.km) | 湖泊类型 Lake Type |
|---|---|---|---|---|
| 普莫雍错 | Mopuyong Lake | 5009 | 284 | 咸 Salty |
| 郭扎错 | Gouzha Lake | 5080 | 244 | 北淡南咸 Salty or tasteless |
| 杰萨错 | Jiesa Lake | 5202 | 150 | 淡 Tasteless |
| 打加错 | Dajia Lake | 5170 | 145 | - |
| 帕龙错 | Palong Lake | 5116 | 140 | 咸 Salty |
| 龙木错 | Longmu Lake | 5002 | 97 | 盐 Salty |
| 黑石北错 | Heishibei Lake | 5048 | 93 | 咸 Salty |
| 令戈错 | Lingge Lake | 5051 | 89 | - |
| 窝尔巴错 | Woerba Lake | 5177 | 89 | 咸 Salty |
| 布岩错 | Buyan Lake | 5158 | 85 | - |
| 森里错 | Shengli Lake | 5386 | 78 | 淡 Tasteless |
| 独立石湖 | Dulishi Lake | 5031 | 76 | 咸 Salty |
| 美日切错 | Meiriqie Lake | 5354 | 64 | 咸 Salty |
| 骆驼错 | Luotuo Lake | 5103 | 62 | 盐 Salty |
| 清澈错 | Qingche Lake | 5104 | 57 | 盐 Salty |
| 阿果错 | Arguo Lake | 5000 | 55 | 盐 Salty |
| 错纳错 | Cuonacuo Lake | 5145 | 50 | 盐 Salty |

# 第二篇

# 综　合

## Chapter 2

## GENERAL SURVEY

# 2-1 各部门机构数

# GRASSROOTS UNITS IN VARIOUS SECTORS

| 部门 | | Sector | | 2000 | 2001 | 2003 | 2004 | 2005 |
|---|---|---|---|---|---|---|---|---|
| 农村基层组织 | （个） | **Rural Grassroots Units** | (unit) | | | | | |
| 乡政府 | | Township Governments | | 606 | 604 | 543 | 540 | 540 |
| 镇政府 | | Town Governments | | 114 | 115 | 142 | 145 | 145 |
| 村民委员会 | | Village Committees | | 6449 | 6422 | 6047 | 6009 | 5886 |
| 乡村户数 | （万户） | Numbers of Rural Huoseholds (10000 households) | | 37.83 | 38.34 | 39.02 | 39.26 | 40.35 |
| 工业企业 | （个） | **Industrial Enterprises** | (unit) | **482** | **489** | **469** | **486** | **492** |
| #国有企业 | | State-owned | | 288 | 267 | 249 | 243 | 240 |
| #集体企业 | | Collective-owned | | 105 | 128 | 125 | 117 | 114 |
| 建筑业企业 | （个） | **Construction Enterprises and Units** | (unit) | **141** | **123** | **162** | **142** | **168** |
| #国有企业 | | Construction Enterprises | | 39 | 37 | 37 | 19 | 28 |
| 邮电局所 | （个） | **Post and Telecommunications Offices** | (unit) | **142** | **133** | **128** | **126** | **126** |
| 卫生事业 | （个） | **Health Care** | (unit) | **1237** | **1284** | **1305** | **1326** | **1378** |
| #医院及卫生院 | | Urban and Township Hospital | | 810 | 808 | 769 | 764 | 763 |
| 门诊部、所 | | Clinics | | 303 | 355 | 397 | 422 | 474 |
| 卫生防疫站 | | Sanitation and Antiepidemic Stations | | 81 | 81 | 81 | 79 | 81 |
| 教育事业 | （所） | **Education** | (unit) | **977** | **1030** | **1054** | **1051** | **1064** |
| 普通高等学校 | | Regular Institutions of Higher Education | | 4 | 4 | 4 | 4 | 4 |
| 中等学校 | | Secondary Schools | | 110 | 111 | 115 | 120 | 128 |
| #普通中学 | | Regular Secondary Schools | | 98 | 100 | 105 | 110 | 118 |
| 小学 | | Primary Schools | | 842 | 895 | 892 | 886 | 890 |
| 幼儿园 | | Kindergartens | | 21 | 20 | 41 | 41 | 42 |
| 文化事业 | （个） | **Cultural Institutions** | (unit) | **143** | **141** | **210** | **286** | **263** |
| 艺术事业 | | Art Institutions | | 46 | 43 | 64 | 56 | 49 |
| 群众文化事业 | | Mass Cultural Establishments | | 94 | 95 | 143 | 224 | 208 |
| 图书馆事业 | | Libraries | | 1 | 1 | 1 | 4 | 4 |
| 文物事业 | （个） | **Cultural Relie Establishments** | (unit) | **18** | **12** | **17** | **17** | **17** |
| 出版发行事业 | （个） | **Publishing and Distribution Establishment** | (unit) | **71** | **72** | **72** | **72** | **72** |
| 广播电视 | （座） | **Broadcasting and Television Stations** | (unit) | **76** | **77** | **77** | **77** | **77** |
| 广播电台 | | Radio Stations | | 2 | 3 | 3 | 3 | 3 |
| 电视台 | | Television Stations | | 2 | 2 | 2 | 2 | 2 |
| 县、市有线广播站 | | Rediffusion Stations in Counties and City | | 72 | 72 | 72 | 72 | 72 |

# 2-2 国民经济和社会发展总量与速度指标

| 指　标 | | Item | | 总量指标 | | |
|---|---|---|---|---|---|---|
| | | | | 1965 | 1978 | 1990 |
| **人　口** | **（万人）** | **Population** | **(10000 persons)** | | | |
| 年末总人口数 | | Year-end Population | | 137.1 | 178.82 | 221.47 |
| #市镇人口 | | Urban | | | 20.21 | 36.32 |
| 乡村人口 | | Rural | | | 158.61 | 185.15 |
| #男性人口 | | Male | | 66.91 | 87.26 | 110.82 |
| 女性人口 | | Female | | 70.21 | 91.56 | 110.65 |
| **从业人数** | **（万人）** | **Employment** | **(10000 persons)** | | | |
| #职工人数 | | Staff and Workers | | 6.25 | 13.52 | 15.78 |
| **地区生产总值** | **（亿元）** | **Gross Domestic Product** | **(100 million yuan)** | 3.27 | 6.65 | 27.70 |
| 第一产业 | | Primary Industry | | 2.32 | 3.37 | 14.10 |
| 第二产业 | | Secondary Industry | | 0.22 | 1.84 | 3.57 |
| 第三产业 | | Tertiary Industry | | 0.73 | 1.44 | 10.03 |
| **固定资产投资** | **（亿元）** | **Investment in Fixed Assets** | **(100 million yuan)** | | | |
| 固定资产投资总额 | | Total Investment in Fixed Assets | | | 1.85 | 7.61 |
| **财　政** | **（亿元）** | **Public Finance** | **(100 million yuan)** | | | |
| 地方财政收入 | | Total Revenue of Lpcal Governments | | 0.22 | -0.16 | 0.18 |
| 财政支出 | | Total Expenditures | | 1.13 | 4.57 | 12.92 |
| **物价指数(上年=100)** | | **Price Indices** | **(preceding year=100)** | | | |
| 商品零售价格总指数 | | General Retail Price Index | | | | 104.5 |
| 居民消费价格总指数 | | General Consumer Price Index | | | | 105.0 |
| **人民生活** | **（元）** | **People's Livelihood** | **(yuan)** | | | |
| 城镇居民人均可支配收入 | | Per Capita Annual Disposable Income of Urban Households | | | 565 | 1613 |
| 农牧民人均纯收入 | | Per Capita Net Income of Rural Residents | | | 178 | 582 |
| 城乡储蓄存款余额 | （亿元） | Outstanding Amount of Saving Deposits in Urban & Rural Areas | (100million yuan) | 0.25 | 0.33 | 4.00 |
| **职工工资** | | **Wages of Staff and Workers** | | | | |
| 职工工资总额 | （亿元） | Total Wages of Staff and Workers | (100 million yuan) | 0.59 | 1.11 | 4.91 |
| 职工平均工资 | （元） | Average Wage of Staff and Workers | (yuan) | 938 | 850 | 3181 |
| **农　业** | **（亿元）** | **Agriculture** | **(100 million yuan)** | | | |
| 农林牧渔业总产值 | | Gross Output Value of Farming Forestry, Animal Household and Fishery | | 2.64 | 3.92 | 19.50 |

## 2-2 PRINCIPAL AGGREGATE INDICATORS ON NATIONAL ECONOMIC AND SOCIAL DEVELOPMENT AND THEIR RELATED INDICES AND GROWTH RATES

| Aggregate Data | | | | 速度指标 (%) Indices and Growth Rates | | | | | | | | | | |
|---|---|---|---|---|---|---|---|---|---|---|---|---|---|---|
| | | | | 指数 Index (2005年比以下各年) (2005 as percentage of the following years) | | | | | | 年平均增长速度 Average Annual Growth Rate | | | | |
| 1993 | 2000 | 2004 | 2005 | 1965 | 1978 | 1990 | 1993 | 2000 | 2004 | 1966-2005 | 1979-2005 | 1991-2005 | 1994-2005 | 2001-2005 |
| 232.22 | 259.83 | 273.68 | 277.00 | 202.0 | 154.9 | 125.1 | 119.3 | 106.6 | 101.2 | 1.8 | 1.6 | 1.5 | 1.5 | 1.3 |
| 38.39 | 50.22 | 54.24 | 54.93 | | 271.8 | 151.2 | 143.1 | 109.4 | 101.3 | | 3.8 | 2.8 | 3.0 | 1.8 |
| 193.83 | 209.61 | 219.44 | 222.07 | | 140.0 | 119.9 | 114.6 | 105.9 | 101.2 | | 1.3 | 1.2 | 1.1 | 1.2 |
| 114.82 | 131.47 | 138.48 | 137.37 | 205.3 | 157.4 | 124.0 | 119.6 | 104.5 | 99.2 | 1.8 | 1.7 | 1.4 | 1.5 | 0.9 |
| 117.40 | 128.36 | 135.20 | 139.63 | 198.9 | 152.5 | 126.2 | 118.9 | 108.8 | 103.3 | 1.7 | 1.6 | 1.6 | 1.5 | 1.7 |
| | | | | | | | | | | | | | | |
| 16.90 | 16.24 | 14.49 | 16.28 | 260.5 | 120.4 | 103.2 | 96.3 | 100.2 | 112.4 | 2.4 | 0.7 | 0.2 | -0.3 | … |
| 37.42 | 117.80 | 220.34 | 251.21 | 2473.7 | 1304.4 | 533.6 | 429.7 | 179.1 | 112.1 | 8.4 | 10.0 | 11.8 | 12.9 | 12.4 |
| 18.30 | 36.39 | 44.30 | 48.04 | 492.9 | 359.4 | 168.7 | 158.8 | 123.9 | 105.5 | 4.1 | 4.9 | 3.5 | 3.9 | 4.4 |
| 5.49 | 27.05 | 52.74 | 63.52 | 9574.2 | 1340.9 | 1153.4 | 839.4 | 221.6 | 123.6 | 12.1 | 10.1 | 17.7 | 19.4 | 17.3 |
| 13.63 | 54.37 | 123.30 | 139.65 | 8991.5 | 4602.8 | 941.2 | 633.3 | 192.2 | 109.7 | 11.9 | 15.2 | 16.1 | 16.6 | 14.0 |
| | | | | | | | | | | | | | | |
| 18.15 | 66.50 | 168.44 | 196.19 | | 10604.9 | 2578.1 | 1080.9 | 295.0 | 116.5 | | 18.9 | 24.2 | 21.9 | 24.2 |
| | | | | | | | | | | | | | | |
| 1.56 | 6.33 | 11.99 | 14.33 | 6513.6 | | 7961.1 | 918.6 | 226.4 | 119.5 | 11.0 | | 33.9 | 20.3 | 17.8 |
| 21.60 | 61.61 | 136.07 | 189.16 | 16739.8 | 4139.2 | 1464.1 | 875.7 | 307.0 | 139.0 | 13.7 | 14.8 | 19.6 | 19.8 | 25.2 |
| | | | | | | | | | | | | | | |
| 111.9 | 99.2 | 100.7 | 100.8 | | | | | | | | | | | |
| 113.4 | 99.9 | 102.7 | 101.5 | | | | | | | | | | | |
| | | | | | | | | | | | | | | |
| 2348 | 6448 | 8200 | 8411 | | 1488.7 | 521.5 | 358.2 | 130.4 | 102.6 | | 10.5 | 11.6 | 11.2 | 5.5 |
| 706 | 1331 | 1861 | 2078 | | 1167.4 | 357.0 | 294.3 | 156.1 | 111.7 | | 9.5 | 8.9 | 9.4 | 9.3 |
| 7.76 | 40.48 | 107.49 | 123.10 | 49240.0 | 37303.0 | 3077.5 | 1586.3 | 304.1 | 114.5 | 16.8 | 24.5 | 25.7 | 25.9 | 24.9 |
| | | | | | | | | | | | | | | |
| | | | | | | | | | | | | | | |
| 6.79 | 23.20 | 42.22 | 46.26 | 7840.7 | 4167.6 | 942.2 | 681.3 | 199.4 | 109.6 | 11.5 | 14.8 | 16.1 | 17.3 | 14.8 |
| 4085 | 14976 | 29292 | 28950 | 3086.4 | 3405.9 | 910.1 | 708.7 | 193.3 | 98.8 | 9.0 | 14.0 | 15.9 | 17.7 | 14.1 |
| | | | | | | | | | | | | | | |
| 22.99 | 51.21 | 62.74 | 67.74 | 442.0 | 297.6 | 172.2 | 158.8 | 122.1 | 103.9 | 3.8 | 4.1 | 3.7 | 3.9 | 4.1 |
| | | | | | | | | | | | | | | |

## 2-2 续表1

| 指标 | Item | 总量指标 | | |
|---|---|---|---|---|
| | | 1965 | 1978 | 1990 |
| #农业产值 | Gross Output Value of Animal Husbandry | 0.89 | 1.56 | 9.81 |
| 牧业产值 | Gross Output Value of Farming | 1.75 | 2.35 | 9.36 |
| **主要产品产量** | **Output of Major Farm Products** | | | |
| 粮食 (万吨) | Grain (10000 tons) | 29.07 | 51.34 | 60.83 |
| 油菜籽 (吨) | Oil-bearing Crops (ton) | 5264 | 7914 | 17140 |
| 猪牛羊肉 (万吨) | Pork,Beef and Mutton (10000 tons) | | 4.71 | 8.78 |
| 羊毛 (吨) | Wool (ton) | | | 9082 |
| **年末牲畜存栏** | **Number of Livestock in Year-end** | | | |
| 大牲畜 (万头) | Large Animal (10000 heads) | 459 | 509 | 554 |
| 猪 (万头) | Hog (10000 heads) | 13 | 25 | 16 |
| 羊 (万头) | Sheep and Goats (10000 heads) | 1229 | 1815 | 1681 |
| **工业** | **Industry** | | | |
| 工业总产值 (亿元) | Gross Industrial Output Value (100 million yuan) | 0.23 | 1.49 | |
| 主要产品产量 | Output of Major Industrial Products | | | |
| 铬矿石 (万吨) | Chromium Ore (10000 tons) | | 1.25 | 9.31 |
| 发电量 (亿千瓦时) | Electricity (100 million kwh) | 0.28 | 1.34 | 3.16 |
| 水泥 (万吨) | Cement (10000 tons) | 1.06 | 6.20 | 13.23 |
| 国有独立核算工业企业主要财务指标 | Principal Financial Item of State-owned Industrial Enterprises | | | |
| 固定资产原值 (亿元) | Original Value of Fixed Assets (100 million yuan) | | | 6.36 |
| 固定资产净值 (亿元) | Net Value of Fixed Assets (100 million yuan) | | | 4.52 |
| **运输、邮电** | **Transportation , Postal and Telecommunications Services** | | | |
| 货运总量 (万吨) | Freight Traffic (10000 tons) | 29.60 | | 139.01 |
| #公路 | Highways | 29.60 | | 129.82 |
| 客运总量 (万人次) | Passenger Traffic (10000 persons-times) | 9.30 | | 202.65 |
| #公路 | Highways | 9.30 | | 192.84 |
| 旅客周转量 (万人公里) | Passenger-kilometers (10000 passenger-km) | 5694 | | 38966 |
| #公路 | Highways | 5694 | | 26220 |
| 货物周转量 (万吨公里) | Freight Ton-kilometers (10000 ton-km) | 17874 | | 84027 |
| #公路 | Highways | 17874 | | 75051 |
| 邮电业务量 (万元) | Total Business Revenue (10000 yuan) | 284 | 213 | 1713 |
| 函件 (万件) | Number of Letters Delivered (10000 pieces) | 478 | 557 | 792 |

continued

| Aggregate Data | | | | 速度指标 (%) Indices and Growth Rates | | | | | | | | | | |
|---|---|---|---|---|---|---|---|---|---|---|---|---|---|---|
| | | | | 指数 Index (2005年比以下各年) (2005as percentage of the following years) | | | | | | 年平均增长速度 Average Annual Growth Rate | | | | |
| 1993 | 2000 | 2004 | 2005 | 1965 | 1978 | 1990 | 1993 | 2000 | 2004 | 1966-2005 | 1979-2005 | 1991-2005 | 1994-2005 | 2001-2005 |
| 10.05 | 26.36 | 26.56 | 29.89 | 386.1 | 229.9 | 282.4 | 146.1 | 99.0 | 102.3 | 3.4 | 3.1 | 7.2 | 3.2 | -0.2 |
| 12.37 | 23.53 | 29.12 | 30.05 | 285.3 | 206.5 | 148.1 | 139.4 | 116.2 | 100.8 | 2.7 | 2.7 | 2.7 | 2.8 | 3.0 |
| 67.22 | 96.22 | 96.00 | 93.39 | 321.3 | 181.9 | 153.5 | 138.9 | 97.1 | 97.3 | 3.0 | 2.2 | 2.9 | 2.8 | -0.6 |
| 26040 | 39564 | 53944 | 61164 | 1161.9 | 772.9 | 356.8 | 234.9 | 154.6 | 113.4 | 6.3 | 7.9 | 8.9 | 7.4 | 9.1 |
| 10.25 | 14.93 | 20.82 | 21.46 | | 455.6 | 244.4 | 209.4 | 143.7 | 103.1 | | 5.8 | 6.1 | 6.4 | 7.5 |
| 9299 | 9781 | 10277 | 9944 | | | 109.5 | 106.9 | 101.7 | 96.8 | | | 0.6 | 0.6 | 0.3 |
| 588 | 578 | 668 | 686 | 149.5 | 134.8 | 123.8 | 116.7 | 118.7 | 102.7 | 1.0 | 1.1 | 1.4 | 1.3 | 3.5 |
| 20 | 23 | 26 | 30 | 230.8 | 120.0 | 187.5 | 150.0 | 130.4 | 115.4 | 2.1 | 0.7 | 4.3 | 3.4 | 5.5 |
| 1713 | 1664 | 1816 | 1698 | 138.2 | 93.6 | 101.0 | 99.1 | 102.0 | 93.5 | 0.8 | -0.2 | 0.1 | -0.1 | 0.4 |
| 5.99 | 18.30 | 28.42 | 33.65 | 3795.8 | 671.7 | 464.6 | 369.2 | 170.7 | 116.5 | 9.5 | 7.3 | 10.8 | 11.5 | 11.3 |
| 7.13 | 19.66 | 14.23 | 11.67 | | 933.6 | 125.3 | 163.7 | 59.4 | 82.0 | | 8.6 | 1.5 | 4.2 | -9.9 |
| 3.93 | 6.61 | 11.65 | 13.34 | 4764.3 | 995.5 | 422.2 | 339.4 | 201.8 | 114.5 | 10.1 | 8.9 | 10.1 | 10.7 | 15.1 |
| 13.09 | 49.32 | 95.98 | 137.28 | 12950.9 | 2214.2 | 1037.6 | 1048.7 | 278.3 | 143.0 | 12.9 | 12.2 | 16.9 | 21.6 | 22.7 |
| 9.98 | 50.08 | 62.95 | 88.48 | | | 1391.2 | 886.6 | 176.7 | 140.6 | | | 19.2 | 19.9 | 12.1 |
| 7.63 | 41.19 | 46.55 | 70.49 | | | 1559.5 | 923.9 | 171.1 | 151.4 | | | 20.1 | 20.4 | 11.3 |
| 153.62 | 209.30 | 287.52 | 369.61 | 1248.7 | | 265.9 | 240.6 | 176.6 | 128.6 | 65.7 | | 6.7 | 7.6 | 12.0 |
| 144.68 | 196.00 | 273.98 | 356.00 | 1202.7 | | 274.2 | 246.1 | 181.6 | 129.9 | 64.4 | | 7.0 | 7.8 | 12.7 |
| 218.70 | 310.08 | 338.69 | 479.47 | 5155.6 | | 236.6 | 219.2 | 154.6 | 141.6 | 120.0 | | 5.9 | 6.8 | 9.1 |
| 207.42 | 257.00 | 255.95 | 385.00 | 4139.8 | | 199.6 | 185.6 | 149.8 | 150.4 | 110.6 | | 4.7 | 5.3 | 8.4 |
| 41077 | 62016 | 70865 | 228260 | 4008.8 | | 585.8 | 555.7 | 368.1 | 322.1 | 109.2 | | 12.5 | 15.4 | 29.8 |
| 25884 | 32125 | 32710 | 184209 | 3235.1 | | 702.6 | 711.7 | 573.4 | 563.2 | 100.4 | | 13.9 | 17.8 | 41.8 |
| 73244 | 91981 | 123111 | 419315 | 2345.9 | | 499.0 | 572.5 | 455.9 | 340.6 | 88.0 | | 11.3 | 15.7 | 35.4 |
| 63550 | 80912 | 111019 | 407134 | 2277.8 | | 542.5 | 640.7 | 503.2 | 366.7 | 86.9 | | 11.9 | 16.7 | 38.1 |
| 3272 | 38431 | 134657 | 164833 | 58039.8 | 77386.4 | 9622.5 | 5037.7 | 428.9 | 122.4 | 257.1 | 27.9 | 35.6 | 38.6 | 33.8 |
| 1168 | 1349 | 473 | 343 | 71.8 | 61.6 | 43.3 | 29.4 | 25.4 | 72.5 | -6.4 | -1.8 | -5.4 | -9.7 | -24.0 |

2-2 续表2

| 指 标 | | Item | | 总量指标 1965 | 1978 | 1990 |
|---|---|---|---|---|---|---|
| 报刊期发数 | (万份) | Number of Newspapers and Magazines Distributed | (10000 copies) | 4 | 19 | 25 |
| 国内贸易 | | **Domestic Trade** | | | | |
| 社会消费品零售总额 | (亿元) | Total Retail Sales of Consumer Goods | (100 million yuan) | | 2.45 | 12.87 |
| 市 | | City | | | 0.95 | 3.31 |
| 县 | | Country | | | 0.37 | 5.41 |
| 县以下 | | Under Country Level | | | 1.13 | 4.15 |
| 对外贸易 | | **Foreign Trade** | | | | |
| 进出口总额 | (万美元) | Total Exports and Imports | (10000 USD) | 243 | 1664 | 3022 |
| 出口 | | Exports | | 39 | 158 | 1394 |
| 进口 | | Imports | | 204 | 1506 | 1628 |
| 旅游 | | **Tourism** | | | | |
| 接待国际旅游人数 | (万人次) | Number of International Tourists Received | (10000 persons) | | | 1.10 |
| 旅游外汇收入 | (万美元) | Foreign Exchange Earnings from Tourism | (10000 USD) | | | 601 |
| 金融 | | **Finance** | | | | |
| 金融机构各项存款 | (亿元) | Deposits of National Banking System | (100 million yuan) | 2.30 | 7.06 | 21.26 |
| 金融机构各项贷款 | (亿元) | Loans of National Bamking System | (100 million yuan) | 0.91 | 1.61 | 17.72 |
| 教育 | | **Education** | | | | |
| 在校学生数 | | Students Enrollment | | | | |
| 高等学校 | (人) | Institutions of Higher Education | (person) | 2251 | 2081 | 2025 |
| 中等专业学校 | (人) | Specialized Secondary Schools | (person) | 455 | 4640 | 4175 |
| 普通中学 | (人) | Regular Secondary Schools | (person) | 1059 | 17679 | 21303 |
| 小学 | (万人) | Primary Schools | (10000 persons) | 6.68 | 26.26 | 15.74 |
| 文化 | | **Culture** | | | | |
| 出版数量 | | Publications | | | | |
| 报纸 | (千份) | Number of Newspapers Issue | (1000 copies) | 3258 | 26669 | 13441 |
| 杂志 | (千册) | Number of Magazines Issue | (1000 copies) | | 74 | 205 |
| 图书 | (千册) | Number of Books Published | (1000 copies) | 50 | 3060 | 4353 |
| 卫生 | | **Health Care** | | | | |
| 医院、卫生院 | (个) | Number Hospitals | | 86 | 519 | 742 |
| 医院、卫生院床位数 | (张) | Number of Hospital Beds | (unit) | 1570 | 4198 | 5015 |
| 卫生技术人员 | (人) | Medical Technical Personnel | (person) | 2424 | 5780 | 7498 |

continued

| Aggregate Data |  |  |  | 速度指标 (%) Indices and Growth Rates |  |  |  |  |  |  |  |  |  |  |
|---|---|---|---|---|---|---|---|---|---|---|---|---|---|---|
|  |  |  |  | 指数 Index (2005年比以下各年) (2005as percentage of the following years) |  |  |  |  |  | 年平均增长速度 Average Annual Growth Rate |  |  |  |  |
| 1993 | 2000 | 2004 | 2005 | 1965 | 1978 | 1990 | 1993 | 2000 | 2004 | 1966-2005 | 1979-2005 | 1991-2005 | 1994-2005 | 2001-2005 |
| 26 | 40 | 24 | 27 | 675.0 | 142.1 | 108.0 | 103.8 | 67.5 | 112.5 | 4.9 | 1.3 | 0.5 | 0.3 | -7.6 |
| 19.62 | 42.87 | 63.18 | 73.11 |  | 2984.1 | 568.1 | 372.6 | 170.5 | 115.7 |  | 13.4 | 12.3 | 11.6 | 11.3 |
| 9.16 | 20.59 | 28.01 | 33.01 |  | 3474.7 | 997.3 | 360.4 | 160.3 | 117.9 |  | 14.0 | 16.6 | 11.3 | 9.9 |
| 8.60 | 16.56 | 27.18 | 30.82 |  | 8329.7 | 569.7 | 358.4 | 186.1 | 113.4 |  | 17.8 | 12.3 | 11.2 | 13.2 |
| 1.86 | 5.72 | 7.99 | 9.27 |  | 820.4 | 223.4 | 498.4 | 162.1 | 116.0 |  | 8.1 | 5.5 | 14.3 | 10.1 |
| 10265 | 13029 | 22355 | 20539 | 8452.3 | 1234.3 | 679.6 | 200.1 | 157.6 | 91.9 | 11.7 | 9.8 | 13.6 | 6.0 | 9.5 |
| 1503 | 11333 | 13009 | 16532 | 42389.7 | 10463.3 | 1185.9 | 1099.9 | 145.9 | 127.1 | 16.3 | 18.8 | 17.9 | 22.1 | 7.8 |
| 8762 | 1696 | 9346 | 4007 | 1964.2 | 266.1 | 246.1 | 45.7 | 236.3 | 42.9 | 7.7 | 3.7 | 6.2 | -6.3 | 18.8 |
| 5.44 | 14.94 | 9.58 | 12.13 |  |  | 1102.7 | 223.0 | 81.2 | 126.6 |  |  | 17.4 | 6.9 | -4.1 |
| 675 | 5226 | 3660 | 4443 |  |  | 739.3 | 658.2 | 85.0 | 121.4 |  |  | 14.3 | 17.0 | -3.2 |
| 32.68 | 144.98 | 361.72 | 455.11 | 19787.4 | 6446.3 | 2140.7 | 1392.6 | 313.9 | 125.8 | 14.1 | 16.7 | 22.7 | 24.5 | 25.7 |
| 32.91 | 80.62 | 167.90 | 178.85 | 19653.8 | 11108.7 | 1009.3 | 543.5 | 221.8 | 106.5 | 14.1 | 19.1 | 16.7 | 15.1 | 17.3 |
| 2813 | 5475 | 14731 | 18979 | 843.1 | 912.0 | 937.2 | 674.7 | 346.6 | 128.8 | 5.5 | 8.5 | 16.1 | 17.2 | 28.2 |
| 4948 | 6585 | 8549 | 7027 | 1544.4 | 151.4 | 168.3 | 142.0 | 106.7 | 82.2 | 7.1 | 1.5 | 3.5 | 3.0 | 1.3 |
| 25693 | 55232 | 135888 | 154048 | 14546.6 | 871.4 | 723.1 | 599.6 | 278.9 | 113.4 | 13.3 | 8.3 | 14.1 | 16.1 | 22.8 |
| 21.19 | 31.38 | 32.70 | 32.75 | 490.3 | 124.7 | 208.1 | 154.6 | 104.4 | 100.2 | 4.1 | 0.8 | 5.0 | 3.7 | 0.9 |
| 15377 | 28712 | 53520 | 53511 | 1642.4 | 200.6 | 398.1 | 348.0 | 186.4 | 100.0 | 7.2 | 2.6 | 9.6 | 11.0 | 13.3 |
| 297 | 580 | 750 | 767 |  | 1036.5 | 374.1 | 258.2 | 132.2 | 102.3 |  | 9.0 | 9.2 | 8.2 | 5.7 |
| 4164 | 5240 | 7950 | 8540 | 17080.0 | 279.1 | 196.2 | 205.1 | 163.0 | 107.4 | 13.7 | 3.9 | 4.6 | 6.2 | 10.3 |
| 293 | 810 | 764 | 763 | 887.2 | 147.0 | 102.8 | 260.4 | 94.2 | 99.9 | 5.6 | 1.4 | 0.2 | 8.3 | -1.2 |
| 4515 | 6156 | 5928 | 6412 | 408.4 | 152.7 | 127.9 | 142.0 | 104.2 | 108.2 | 3.6 | 1.6 | 1.7 | 3.0 | 0.8 |
| 7540 | 8948 | 8569 | 8914 | 367.7 | 154.2 | 118.9 | 118.2 | 99.6 | 104.0 | 3.3 | 1.6 | 1.2 | 1.4 | -0.1 |

## 2-3 “九五”和“十五”时期国民经济和社会发展主要指标

| 指 标 | | Item | | 总量指标 | |
|---|---|---|---|---|---|
| | | | | 1995 | 1996 |
| 人 口 | (万人) | **Population** | **(10000 persons)** | | |
| 年末总人口数 | | Year-end Population | | 239.84 | 243.70 |
| #市镇人口 | | Urban | | 40.45 | 41.39 |
| 乡村人口 | | Rural | | 199.39 | 202.31 |
| #男性人口 | | Male | | 118.48 | 121.95 |
| 女性人口 | | Female | | 121.36 | 121.75 |
| 从业人数 | (万人) | **Employment** | **(10000 persons)** | 115.09 | 116.62 |
| #职工人数 | | Staff and Workers | | 16.29 | 16.75 |
| 西藏生产总值 | (亿元) | **Gross Domestic Product** | **(100 million yuan)** | 56.11 | 64.98 |
| 第一产业 | | Primary Industry | | 23.48 | 27.20 |
| 第二产业 | | Secondary Industry | | 13.24 | 11.32 |
| 第三产业 | | Tertiary Industry | | 19.39 | 26.46 |
| 固定资产投资 | (亿元) | **Investment in Fixed Assets** | **(100 million yuan)** | | |
| 固定资产投资总额 | | Total Investment in Fixed Assets | | 36.95 | 30.37 |
| 财 政 | (亿元) | **Public Finance** | **(100 million yuan)** | | |
| 地方财政收入 | | Total Revenue of Lpcal Governments | | 2.15 | 2.44 |
| 财政支出 | | Total Expenditures | | 34.87 | 36.85 |
| 物价指数(上年=100) | | **Price Indices** | **(preceding year=100)** | | |
| 商品零售价格总指数 | | General Retail Price Index | | 117.4 | 107.2 |
| 居民消费价格总指数 | | General Consumer Price Index | | 119.4 | 107.8 |
| 人民生活 | (元) | **People's Livelihood** | **(yuan)** | | |
| 城镇居民人均可支配收入 | | Per Capita Annual Disposable Income of Urban Households | | 4460 | 5912 |
| 农牧民人均纯收入 | | Per Capita Net Income of Rural Residents | | 878 | 975 |
| 城乡储蓄存款余额(亿元) | | Outstanding Amount of Saving Deposits in Urban & Rural Areas | (100million yuan) | 19.37 | 26.77 |
| 职工工资 | | **Wages of Staff and Workers** | | | |
| 职工工资总额 | (亿元) | Total Wages of Staff and Workers | (100 million yuan) | 12.07 | 18.54 |
| 职工平均工资 | (元) | Average Wage of Staff and Workers | **(yuan)** | 7382 | 11087 |
| 农 业 | (亿元) | **Agriculture** | **(100 million yuan)** | | |
| 农林牧渔业总产值 | | Gross Output Value of Farming Forestry, Animal Household and Fishery | | 35.90 | 38.53 |

# 2-3 THE PRINCIPAL INDICATORS ON NATIONAL ECONOMIC AND SOCIAL DEVELOPMENT DURING "NINTH-TIVE" AND "TENTH-FIVE" PERIOD

| Aggregate Data | | | | | | | | | 速度指标 (%) Indices and Growth Rates | | | |
|---|---|---|---|---|---|---|---|---|---|---|---|---|
| 1997 | 1998 | 1999 | 2000 | 2001 | 2002 | 2003 | 2004 | 2005 | 2000年比1995年 2000as per-sent 1995 | 2005年比2000年 2005as per-sent 2000 | 平均增长速度 Average Annual Rate 1996-2000 | 2001-2005 |
| 247.60 | 251.54 | 255.51 | 259.83 | 262.95 | 266.88 | 270.17 | 273.68 | 277.00 | 108.3 | 106.6 | 1.6 | 1.3 |
| 42.58 | 45.03 | 68.99 | 50.22 | 51.35 | 52.85 | 53.49 | 54.24 | 54.93 | 124.2 | 109.4 | 4.4 | 1.8 |
| 205.02 | 206.51 | 186.52 | 209.61 | 211.60 | 214.04 | 216.68 | 219.44 | 222.07 | 105.1 | 105.9 | 1.0 | 1.2 |
| 123.26 | 124.51 | 126.99 | 131.47 | 133.05 | 135.04 | 136.70 | 138.48 | 137.37 | 111.0 | 104.5 | 2.1 | 0.9 |
| 124.34 | 127.03 | 128.52 | 128.36 | 129.90 | 131.84 | 133.47 | 135.20 | 139.63 | 105.8 | 108.8 | 1.1 | 1.7 |
| 120.47 | 120.22 | 123.91 | 124.18 | 126.33 | 130.20 | 132.81 | 137.32 | 143.60 | 107.9 | 115.6 | 1.5 | 2.9 |
| 16.70 | 16.33 | 15.84 | 16.24 | 15.97 | 14.80 | 14.68 | 14.49 | 16.28 | 99.7 | 100.2 | -0.1 | … |
| 77.24 | 91.5 | 105.98 | 117.80 | 139.16 | 162.04 | 185.09 | 220.34 | 251.21 | 175.9 | 179.1 | 12.0 | 12.4 |
| 29.23 | 31.37 | 34.25 | 36.39 | 37.54 | 39.75 | 40.70 | 44.30 | 48.04 | 118.5 | 123.9 | 3.5 | 4.4 |
| 16.88 | 20.14 | 23.86 | 27.05 | 31.97 | 32.72 | 47.64 | 52.74 | 63.52 | 175.5 | 221.6 | 11.9 | 17.3 |
| 31.13 | 33.99 | 47.86 | 54.37 | 69.65 | 89.56 | 96.76 | 123.30 | 139.65 | 232.0 | 192.2 | 18.3 | 14.0 |
| | | | | | | | | | | | | |
| 34.55 | 42.75 | 56.60 | 66.50 | 85.77 | 108.99 | 138.62 | 168.44 | 196.19 | 180.0 | 295.0 | 12.5 | 24.2 |
| | | | | | | | | | | | | |
| 3.82 | 4.43 | 5.46 | 6.33 | 7.38 | 8.73 | 10.03 | 11.99 | 14.33 | 294.4 | 226.4 | 24.1 | 17.8 |
| 39.10 | 46.20 | 54.42 | 61.61 | 106.21 | 139.89 | 148.20 | 136.07 | 189.16 | 176.7 | 307.0 | 12.1 | 25.2 |
| | | | | | | | | | | | | |
| 104.2 | 99.8 | 98.8 | 99.2 | 99.6 | 99.5 | 99.4 | 100.7 | 100.8 | | | | |
| 105.0 | 100.7 | 100.0 | 99.9 | 100.2 | 100.4 | 100.9 | 102.7 | 101.5 | | | | |
| | | | | | | | | | | | | |
| 5913 | 5438 | 5998 | 6448 | 7119 | 7762 | 8058 | 8200 | 8411 | 144.6 | 130.4 | 7.7 | 5.5 |
| 1085 | 1158 | 1258 | 1331 | 1404 | 1521 | 1690 | 1861 | 2078 | 151.6 | 156.1 | 8.7 | 9.3 |
| 30.45 | 33.45 | 36.82 | 40.48 | 50.18 | 70.38 | 91.90 | 107.49 | 123.10 | 209.0 | 304.1 | 15.9 | 24.9 |
| | | | | | | | | | | | | |
| 17.04 | 17.94 | 20.23 | 23.20 | 29.52 | 36.41 | 38.17 | 42.22 | 46.26 | 192.2 | 199.4 | 14.0 | 14.8 |
| 10098 | 10987 | 12962 | 14976 | 19144 | 24766 | 26931 | 29292 | 28950 | 202.9 | 193.3 | 15.2 | 14.1 |
| | | | | | | | | | | | | |
| 41.45 | 42.37 | 45.77 | 51.21 | 52.78 | 55.85 | 58.63 | 62.74 | 67.74 | 142.6 | 132.3 | 7.4 | 5.8 |

## 2-3 续表1

| 指标 | | Item | | 总量指标 1995 | 1996 |
|---|---|---|---|---|---|
| #农业产值 | | Gross Output Value of Animal Husbandry | | 17.79 | 19.22 |
| 牧业产值 | | Gross Output Value of Farming | | 17.38 | 18.41 |
| **主要产品产量** | | **Output of Major Farm Products** | | | |
| 粮食 | (万吨) | Grain | (10000 tons) | 71.96 | 77.72 |
| 油菜籽 | (吨) | Oil-bearing Crops | (ton) | 33689 | 35104 |
| 猪、牛羊肉 | (万吨) | Pork,Beef and Mutton | (10000 tons) | 11.21 | 11.54 |
| 羊毛 | (吨) | Wool | (ton) | 9207 | 9060 |
| **年末牲畜存栏** | | **Number of Livestock in Year-end** | | | |
| 大牲畜 | (万头) | Large Animal | (10000 heads) | 590 | 561 |
| 猪 | (万头) | Hog | (10000 heads) | 22 | 23 |
| 羊 | (万只) | Sheep and Goats | (10000 heads) | 1767 | 1693 |
| **工业** | | **Industry** | | | |
| 工业总产值 | (亿元) | Gross Industrial Output Value | (100 million yuan) | 9.08 | 10.36 |
| 主要产品产量 | | Output of Major Industrial Products | | | |
| 铬矿石 | (万吨) | Chromium Ore | (10000 tons) | 10.99 | 11.19 |
| 发电量 | (亿千瓦时) | Electricity | (100 million kwh) | 4.83 | 5.15 |
| 水泥 | (万吨) | Cement | (10000 tons) | 22.00 | 23.11 |
| 国有独立核算工业企业主要财务指标 | | Principal Financial Item of State-owned Industrial Enterprises | | | |
| 固定资产原值 | (亿元) | Original Value of Fixed Assets | (100 million yuan) | 18.02 | 20.89 |
| 固定资产净值 | (亿元) | Net Value of Fixed Assets | (100 million yuan) | 13.68 | 13.17 |
| **运输、邮电** | | **Transportation , Postal and Telecommunications Services** | | | |
| 货运总量 | (万吨) | Freight Traffic | (10000 tons) | 178.12 | 198.43 |
| #公路 | | Highways | | 168.02 | 187.37 |
| 客运总量 | (万人次) | Passenger Traffic | (10000 persons-times) | 237.21 | 259.74 |
| #公路 | | Highways | | 222.97 | 243.75 |
| 旅客周转量 | (万人公里) | Passenger-kilometers | (10000 passenger-km) | 48035 | 52372 |
| #公路 | | Highways | | 28811 | 30629 |
| 货物周转量 | (万吨公里) | Freight Ton-kilometers | (10000 ton-km) | 83716 | 85847 |
| #公路 | | Highways | | 73032 | 77375 |
| 邮电业务量 | (万元) | Total Business Revenue | (10000 yuan) | 5740 | 79914 |
| 函件 | (万件) | Number of Letters Delivered | (10000 pieces) | 1653 | 1587 |

continued

| Aggregate Data | | | | | | | | | 速度指标 (%) Indices and Growth Rates | | | |
|---|---|---|---|---|---|---|---|---|---|---|---|---|
| | | | | | | | | | 2000年比1995年 | 2005年比2000年 | 平均增长速度 Average Annual Rate | |
| 1997 | 1998 | 1999 | 2000 | 2001 | 2002 | 2003 | 2004 | 2005 | 2000as per–sent 1995 | 2005as per–sent 2000 | 1996-2000 | 2001-2005 |
| 21.82 | 22.43 | 24.72 | 26.36 | 27.61 | 29.08 | 25.56 | 26.56 | 29.89 | 119.7 | 122.1 | 3.7 | 4.1 |
| 18.67 | 19.04 | 20.11 | 23.53 | 23.87 | 25.58 | 27.09 | 29.12 | 30.05 | 132.4 | 99.0 | 5.8 | -0.2 |
| 79.19 | 84.98 | 92.21 | 96.22 | 98.25 | 98.40 | 96.60 | 96.00 | 93.39 | 133.7 | 97.1 | 6.0 | -0.6 |
| 33682 | 34009 | 41091 | 39564 | 43469 | 45157 | 49378 | 53911 | 61164 | 117.4 | 154.6 | 3.3 | 9.1 |
| 12.15 | 12.91 | 14.69 | 14.93 | 16.01 | 17.21 | 18.98 | 20.82 | 21.46 | 133.2 | 143.7 | 5.9 | 7.5 |
| 9040 | 9351 | 9390 | 9781 | 9152 | 9940 | 9926 | 10277 | 9944 | 106.2 | 101.7 | 1.2 | 0.3 |
| 574 | 559 | 579 | 578 | 607 | 633 | 647 | 668 | 686 | 98.0 | 118.7 | -0.4 | 3.5 |
| 21 | 21 | 22 | 23 | 24 | 24 | 25 | 26 | 30 | 104.5 | 130.4 | 0.9 | 5.5 |
| 1715 | 1671 | 1689 | 1664 | 1729 | 1782 | 1779 | 1816 | 1698 | 94.2 | 102.0 | -1.2 | 0.4 |
| 11.76 | 14.43 | 16.60 | 18.30 | 19.98 | 21.63 | 23.96 | 28.42 | 33.65 | 165.2 | 170.7 | 10.6 | 11.3 |
| 12.21 | 21.37 | 18.37 | 19.66 | 15.94 | 12.42 | 15.58 | 14.23 | 11.67 | 178.9 | 59.4 | 12.3 | -9.9 |
| 5.78 | 6.22 | 6.33 | 6.61 | 6.97 | 7.96 | 10.16 | 11.65 | 13.34 | 136.9 | 201.8 | 6.5 | 15.1 |
| 32.23 | 37.00 | 39.04 | 49.32 | 49.59 | 59.08 | 88.91 | 95.98 | 137.28 | 224.2 | 278.3 | 17.5 | 22.7 |
| 25.28 | 28.2 | 31.42 | 50.08 | 48.96 | 59.24 | 48.99 | 62.95 | 88.48 | 277.9 | 176.7 | 22.7 | 12.1 |
| 19.42 | 21.66 | 23.42 | 41.19 | 40.39 | 50.18 | 42.05 | 46.55 | 70.49 | 301.1 | 171.1 | 24.7 | 11.3 |
| 200.21 | 198.59 | 204.69 | 209.30 | 212.00 | 219.20 | 279.44 | 287.52 | 369.61 | 117.5 | 176.6 | 3.3 | 12.0 |
| 192.00 | 193.00 | 194.41 | 196.00 | 200.70 | 207.70 | 266.00 | 272.98 | 356.00 | 116.7 | 181.6 | 3.1 | 12.7 |
| 265.92 | 270.01 | 297.88 | 310.08 | 319.22 | 332.65 | 325.17 | 338.69 | 479.47 | 130.7 | 154.6 | 5.5 | 9.1 |
| 250.00 | 251.91 | 255.00 | 257.00 | 259.00 | 262.00 | 255.21 | 255.95 | 385.00 | 115.3 | 149.8 | 2.9 | 8.4 |
| 52884 | 55343 | 57802 | 62016 | 64164 | 67051 | 64865 | 70865 | 228260 | 129.1 | 368.1 | 5.2 | 29.8 |
| 29864 | 30103 | 30342 | 32125 | 33342 | 35298 | 32612 | 32710 | 184209 | 111.5 | 573.4 | 2.2 | 41.8 |
| 86698 | 83360 | 87455 | 91981 | 93261 | 95126 | 115168 | 123115 | 419315 | 109.9 | 455.9 | 1.9 | 35.4 |
| 74461 | 75477 | 79244 | 80912 | 82628 | 84694 | 103157 | 111019 | 407134 | 110.8 | 503.2 | 2.1 | 38.1 |
| 11787 | 16492 | 26030 | 38431 | 64831 | 74549 | 98192 | 134657 | 164833 | 669.5 | 428.9 | 46.3 | 33.8 |
| 1373 | 1298 | 1415 | 1349 | 926 | 932 | 637 | 473 | 343 | 81.6 | 25.4 | -4.0 | -24.0 |

## 2-3 续表2

| 指 标 | Item | 总量指标 1995 | 1996 |
|---|---|---|---|
| 报刊期发数 （万份） | Number of Newspapers and Magazines Distributed (10000 copies) | 22 | 19 |
| **国内贸易** | **Domestic Trade** | | |
| 社会消费品零售总额 （亿元） | Total Retail Sales of Consumer Goods (100 million yuan) | 24.30 | 26.19 |
| 市 | City | 11.16 | 12.23 |
| 县 | Country | 7.68 | 8.27 |
| 县以下 | Under Country Level | 5.46 | 5.69 |
| **对外贸易** | **Foreign Trade** | | |
| 进出口总额 （万美元） | Total Exports and Imports (10000 USD) | 7052 | 10471 |
| 出口 | Exports | 3558 | 5929 |
| 进口 | Imports | 3494 | 4542 |
| **旅游** | **Tourism** | | |
| 接待国际旅游人数 （万人次） | Number of International Tourists Received (10000 persons) | 6.78 | 7.50 |
| 旅游外汇收入 （万美元） | Foreign Exchange Earnings from Tourism (10000 USD) | 1130 | 2955 |
| **金融** | **Finance** | | |
| 金融机构各项存款 （亿元） | Deposits of National Banking System (100 million yuan) | 71.63 | 85.47 |
| 金融机构各项贷款 （亿元） | Loans of National Bamking System (100 million yuan) | 52.25 | 59.40 |
| **教育** | **Education** | | |
| 在校学生数 | Students Enrollment | | |
| 高等学校 （人） | Institutions of Higher Education (person) | 3878 | 3412 |
| 中等专业学校 （人） | Specialized Secondary Schools (person) | 5575 | 5383 |
| 普通中学 （人） | Regular Secondary Schools (person) | 32711 | 34957 |
| 小学 （万人） | Primary Schools (10000 persons) | 25.87 | 28.44 |
| **文化** | **Culture** | | |
| 出版数量 | Publications | | |
| 报纸 （千份） | Number of Newspapers Issue (1000 copies) | 17207 | 28680 |
| 杂志 （千册） | Number of Magazines Issue (1000 copies) | 286 | 260 |
| 图书 （千册） | Number of Books Published (1000 copies) | 402 | 494 |
| **卫生** | **Health Care** | | |
| 医院、卫生院 （个） | Number Hospitals | 882 | 882 |
| 医院、卫生院床位数 （张） | Number of Hospital Beds (unit) | 5895 | 5979 |
| 卫生技术人员 （人） | Medical Technical Personnel (person) | 8467 | 8682 |

continued

| Aggregate Data | | | | | | | | | 速度指标 (%) Indices and Growth Rates | | | |
|---|---|---|---|---|---|---|---|---|---|---|---|---|
| | | | | | | | | | 2000年比1995年 | 2005年比2000年 | 平均增长速度 Average Annual Rate | |
| 1997 | 1998 | 1999 | 2000 | 2001 | 2002 | 2003 | 2004 | 2005 | 2000as per-sent 1995 | 2005as per-sent 2000 | 1996-2000 | 2001-2005 |
| 26 | 18 | 27 | 40 | 113 | 24 | 22 | 24 | 27 | 181.8 | 67.5 | 12.7 | -7.6 |
| 32.32 | 34.72 | 37.63 | 42.52 | 48.65 | 52.94 | 57.83 | 63.18 | 73.11 | 175.0 | 171.9 | 11.8 | 11.4 |
| 15.70 | 17.40 | 18.51 | 20.42 | 23.86 | 23.84 | 25.87 | 28.01 | 33.01 | 183.0 | 161.7 | 12.8 | 10.1 |
| 10.88 | 12.10 | 14.02 | 16.43 | 18.98 | 22.39 | 24.80 | 27.18 | 30.82 | 213.9 | 187.6 | 16.4 | 13.4 |
| 5.74 | 5.21 | 5.06 | 5.67 | 5.81 | 6.71 | 7.15 | 7.99 | 9.27 | 103.8 | 163.5 | 0.8 | 10.3 |
| 11833 | 11304 | 16622 | 13029 | 9482 | 13032 | 16115 | 22355 | 20539 | 184.8 | 157.6 | 13.1 | 9.5 |
| 6823 | 3946 | 8017 | 11333 | 8244 | 8110 | 12166 | 13009 | 16532 | 318.5 | 145.9 | 26.1 | 7.8 |
| 5010 | 7358 | 8605 | 1696 | 1238 | 4922 | 3949 | 9346 | 4007 | 48.5 | 236.3 | -13.5 | 18.8 |
| 8.19 | 9.64 | 10.82 | 14.94 | 12.71 | 14.23 | 5.11 | 9.58 | 12.13 | 220.4 | 81.2 | 17.1 | -4.1 |
| 3172 | 3302 | 3630 | 5226 | 4638 | 5166 | 1891 | 3660 | 4443 | 462.5 | 85.0 | 35.8 | -3.2 |
| 97.92 | 110.13 | 131.84 | 144.98 | 212.9 | 284.29 | 320.87 | 361.72 | 455.11 | 202.4 | 313.9 | 15.1 | 25.7 |
| 75.81 | 78.84 | 74.59 | 80.62 | 96.62 | 121.79 | 144.44 | 167.90 | 178.85 | 154.3 | 221.8 | 9.1 | 17.3 |
| 3200 | 3447 | 4021 | 5475 | 6793 | 8438 | 10409 | 14731 | 18979 | 141.2 | 346.6 | 7.1 | 28.2 |
| 5730 | 5579 | 5672 | 6585 | 6819 | 6437 | 6718 | 8549 | 7027 | 118.1 | 106.7 | 3.4 | 1.3 |
| 37413 | 39838 | 44207 | 55232 | 71710 | 90469 | 114136 | 135888 | 154048 | 168.8 | 278.9 | 11.0 | 22.8 |
| 30.05 | 31.02 | 31.04 | 31.38 | 31.20 | 32.00 | 32.21 | 32.70 | 32.75 | 121.3 | 104.4 | 3.9 | 0.9 |
| 26739 | 27360 | 35573 | 28712 | 37008 | 51330 | 45130 | 53520 | 53511 | 166.9 | 186.4 | 10.8 | 13.3 |
| 290 | 329 | 462 | 580 | 874 | 720 | 716 | 750 | 767 | 202.8 | 132.2 | 15.2 | 5.7 |
| 349 | 456 | 4359 | 5240 | 4610 | 8740 | 7810 | 7950 | 8540 | 1303.5 | 163.0 | 67.1 | 10.3 |
| 895 | 876 | 824 | 810 | 808 | 771 | 769 | 764 | 763 | 91.8 | 94.2 | -1.7 | -1.2 |
| 6049 | 6305 | 6255 | 6156 | 6154 | 5694 | 5859 | 5928 | 6412 | 104.4 | 104.2 | 0.9 | 0.8 |
| 8697 | 8785 | 8892 | 8948 | 8820 | 7117 | 8287 | 8569 | 8914 | 105.7 | 99.6 | 1.1 | -0.1 |

# 2-4 国民经济和社会发展结构指标

# STRUCTURAL INDICATORS ON NATIONAL ECONOMIC AND SOCIAL DEVELOPMENT

单位：%　　　　(%)

| 指标 | Item | 1978 | 1990 | 1995 | 2000 | 2001 | 2004 | 2005 |
|---|---|---|---|---|---|---|---|---|
| 人口 | Population | | | | | | | |
| 城乡结构 | Urban and Rural Structure | | | | | | | |
| 城镇 | Urban | 11.3 | 17.4 | 16.7 | 19.3 | 19.5 | 19.8 | 19.8 |
| 乡村 | Rural | 88.7 | 83.6 | 83.3 | 80.7 | 80.5 | 80.2 | 80.2 |
| 性别结构 | Sexual Structure | | | | | | | |
| 男 | Male | 48.8 | 49.6 | 49.4 | 50.6 | 50.6 | 50.6 | 49.6 |
| 女 | Female | 51.2 | 50.4 | 50.6 | 49.4 | 49.4 | 49.4 | 50.4 |
| 地区生产总值 | Gross Domestic Product | | | | | | | |
| 第一产业 | Primary Industry | 50.7 | 50.9 | 41.8 | 30.9 | 27.0 | 20.1 | 19.1 |
| 第二产业 | Secondary Industry | 27.7 | 12.9 | 23.6 | 23.0 | 23.0 | 23.9 | 25.3 |
| 第三产业 | Tertiary Industry | 21.6 | 36.2 | 34.6 | 46.1 | 50.0 | 56.0 | 55.6 |
| 就业产业结构 | Industrial Structure of Employment | | | | | | | |
| 第一产业 | Primary Industry | 82.0 | 80.7 | 77.8 | 73.3 | 70.1 | 62.6 | 60.1 |
| 第二产业 | Secondary Industry | 5.9 | 3.8 | 4.9 | 5.9 | 7.0 | 9.6 | 9.5 |
| 第三产业 | Tertiary Industry | 12.1 | 15.5 | 17.3 | 20.8 | 22.9 | 27.8 | 30.4 |
| 投资 | Investment | | | | | | | |
| 全社会固定资产投资 | Total Investment in Fixed Assets | | | | | | | |
| 资金来源结构 | Structure of Funded Sources | | | | | | | |
| 国家预算内资金 | State Budgetary Appropriation | | | 69.7 | 53.0 | 45.0 | 60.4 | 56.4 |
| 国内贷款 | Domestic Loans | | | 3.5 | 3.8 | 6.8 | 3.8 | 3.0 |
| 自筹和其他投资 | Fundraising | | | 24.8 | 40.1 | 40.0 | 35.8 | 40.6 |
| 农业 | Agriculture | | | | | | | |
| 农林牧渔业产值结构 | Structure of Gross Output Value | | | | | | | |
| 农业 | Farming | 39.6 | 50.3 | 54.1 | 51.5 | 52.3 | 42.3 | 44.1 |
| 林业 | Forestry | 0.4 | 1.7 | 1.9 | 2.6 | 2.4 | 9.1 | 8.4 |
| 牧业 | Animal Husbandry | 59.9 | 48.0 | 44.0 | 45.9 | 45.2 | 46.4 | 44.4 |
| 渔业 | Fishery | … | … | … | … | 0.1 | 2.2 | 3.1 |
| 工业 | Industry | | | | | | | |
| 轻工业 | Light Industry | 38.1 | 39.0 | 31.4 | 37.6 | 39.8 | 42.2 | 40.5 |
| 重工业 | Heavy Industry | 61.9 | 61.0 | 68.6 | 62.4 | 60.2 | 57.8 | 59.5 |
| 财政支出比例 | Structure of Local Government Expenditures | | | | | | | |
| #基本建设支出 | Capital Construction | 30.7 | 11.3 | 23.0 | 24.3 | 33.3 | 23.8 | 30.4 |
| 科教文卫事业费 | Education Science and Health Care | 12.3 | 22.2 | 17.3 | 20.7 | 12.3 | 18.4 | 17.1 |

# 2-5 平均每天主要社会经济活动

# SELECTED IEDICATORS ON AVERAGE DAILY SOCIAL AND ECONOMIC ACTIVITIES

| 指标 | | Item | | 1990 | 1995 | 2000 | 2001 | 2004 | 2005 |
|---|---|---|---|---|---|---|---|---|---|
| 每天创造的财富 | | **Daily Production** | | | | | | | |
| 西藏生产总值 | (万元) | Gross Domestic Product | (10000 yuan) | 759 | 1537 | 3227 | 3812 | 6037 | 6882 |
| 第一产业 | | Primary Industry | | 386 | 643 | 997 | 1028 | 1214 | 1316 |
| 第二产业 | | Secondary Industry | | 98 | 363 | 741 | 876 | 1445 | 1740 |
| 工业 | | Industry | | 53 | 112 | 279 | 298 | 441 | 479 |
| 建筑业 | | Construction | | 45 | 250 | 462 | 578 | 1004 | 1261 |
| 第三产业 | | Tertiary Industry | | 275 | 531 | 1490 | 1908 | 3378 | 3826 |
| 农业总产值 | (万元) | Gross Output Value of Agriculture | (10000 yuan) | 534 | 1321 | 1403 | 1446 | 1719 | 1856 |
| 工业总产值 | (万元) | Gross Industrial Output Value | (10000 yuan) | 102 | 249 | 501 | 547 | 779 | 922 |
| 地方财政收入 | (万元) | Local Government Revenue | (10000 yuan) | 5 | 59 | 173 | 202 | 328 | 393 |
| 财政支出 | (万元) | Government Expenditures | (10000 yuan) | 354 | 955 | 1688 | 2910 | 3728 | 5182 |
| 粮食 | (吨) | Grain | (ton) | 1667 | 1972 | 2636 | 2692 | 2630 | 2559 |
| 油菜籽 | (吨) | Oil-bearing Crops | (ton) | 47 | 92 | 108 | 119 | 148 | 168 |
| 发电量 | (万千瓦时) | Electricity | (10000 kwh) | 87 | 136 | 181 | 191 | 319 | 365 |
| 水泥 | (吨) | Cement | (ton) | 363 | 603 | 1351 | 1359 | 2630 | 3761 |
| 铬矿石 | (吨) | Chromium Ore | (ton) | 255 | 301 | 539 | 437 | 390 | 320 |
| 每天消费量 | | **Daily Consumption** | | | | | | | |
| 最终消费 | (万元) | Final Consumption Expenditure | (10000 yuan) | | 1018 | 1813 | 2268 | 4966 | 5060 |
| 居民消费 | | Resident Consumption | | | 776 | 1287 | 1388 | 2198 | 2280 |
| 政府消费 | | Government Consumption | | | 247 | 526 | 880 | 2768 | 2780 |
| 社会消费品零售总额 | (万元) | Total Retail Sales of Consumer Goods | (10000 yuan) | 353 | 666 | 1164 | 1333 | 1731 | 2003 |
| 每天其他活动 | | **Other Daily Activities** | | | | | | | |
| 邮电业务总量 | (万元) | Business Volume of Postal and telecommunications Services | (10000 yuan) | 5 | 16 | 105 | 178 | 372 | 452 |
| 海外旅游人数 | (人次) | Number of Tourists | (person) | 30 | 186 | 409 | 348 | 262 | 360 |
| 居民储蓄额 | (万元) | Outstanding Amount of Saving Deposit | (10000 yuan) | 109 | 531 | 1109 | 1375 | 2945 | 3372 |
| 出版报纸 | (千印张) | Number of Newspapers Published | (1000 copies) | 37 | 47 | 79 | 101 | 147 | 147 |
| 出版图书 | (千册) | Number of Books Published | (1000 copies) | 12 | 11 | 14 | 13 | 22 | 23 |
| 出生人数 | (人) | Number of Births | (person) | 135 | 162 | 138 | 133 | 130 | 135 |
| 死亡人数 | (人) | Number of Deaths | (person) | 44 | 57 | 47 | 47 | 46 | 54 |

# 2-6 人均主要经济指标

## PER CAPITA MAIN INDICATORS ON ECONOMIC BENEFIT

| 年份<br>Year | 西藏生产总值（元）<br>Gross Domestic Product (yuan) | 农业总产值（元）<br>Gross Output Value of Agriculture (yuan) | 工业总产值（元）<br>Gross Industrial Output Value (yuan) | 粮食产量（公斤）<br>Yield of Grain (kg) | 社会消费品零售总额（元）<br>Total Retail Sales of Consumer Goods (yuan) | 储蓄存款余额（元）<br>Outstanding Amount of Saving Deposit (yuan) | 农牧民人均纯收入（元）<br>Per Capita Net Income of Rural Residents (yuan) | 全部职工人均工资（元）<br>Average Wage of All Staff and Workers (yuna) |
|---|---|---|---|---|---|---|---|---|
| 1965 | 241 | 194 | 17 | 214 | | | | 940 |
| 1970 | 247 | 187 | 25 | 197 | | | | 798 |
| 1975 | 307 | 203 | 67 | 266 | | | | 794 |
| 1978 | 375 | 221 | 84 | 290 | 105 | | 175 | 850 |
| 1979 | 404 | 226 | 92 | 234 | 116 | | 233 | 995 |
| 1980 | 471 | 289 | 81 | 274 | 123 | | 274 | 1025 |
| 1981 | 560 | 354 | 65 | 260 | 142 | 34 | 296 | 1055 |
| 1982 | 544 | 338 | 74 | 239 | 159 | 40 | 324 | 1313 |
| 1983 | 538 | 311 | 77 | 193 | 168 | 51 | 318 | 1362 |
| 1984 | 702 | 406 | 99 | 254 | 396 | 64 | 446 | 1678 |
| 1985 | 894 | 550 | 107 | 268 | 406 | 80 | 535 | 1963 |
| 1986 | 842 | 494 | 101 | 226 | 389 | 99 | 492 | 2375 |
| 1987 | 863 | 506 | 105 | 228 | 422 | 111 | 519 | 2499 |
| 1988 | 964 | 616 | 126 | 242 | 454 | 134 | 573 | 2710 |
| 1989 | 1021 | 640 | 156 | 257 | 551 | 155 | 555 | 2881 |
| 1990 | 1276 | 899 | 171 | 256 | 551 | 180 | 582 | 3181 |
| 1991 | 1358 | 941 | 198 | 289 | 593 | 227 | 617 | 3355 |
| 1992 | 1468 | 990 | 219 | 290 | 651 | 260 | 653 | 3448 |
| 1993 | 1624 | 998 | 260 | 292 | 788 | 334 | 706 | 4085 |
| 1994 | 1964 | 1146 | 325 | 284 | 885 | 472 | 817 | 7115 |
| 1995 | 2358 | 1508 | 382 | 302 | 1021 | 807 | 878 | 7382 |
| 1996 | 2688 | 1594 | 429 | 321 | 1083 | 1098 | 975 | 11087 |
| 1997 | 3144 | 1688 | 479 | 322 | 1315 | 1230 | 1085 | 10098 |
| 1998 | 3666 | 1698 | 578 | 341 | 1391 | 1330 | 1158 | 10987 |
| 1999 | 4180 | 1902 | 655 | 364 | 1484 | 1441 | 1258 | 12904 |
| 2000 | 4572 | 1988 | 710 | 373 | 1650 | 1571 | 1331 | 14976 |
| 2001 | 5324 | 2027 | 764 | 376 | 1861 | 1920 | 1404 | 19144 |
| 2002 | 6117 | 2108 | 816 | 371 | 1998 | 2657 | 1521 | 24766 |
| 2003 | 6893 | 2184 | 892 | 360 | 2153 | 3422 | 1691 | 26931 |
| 2004 | 8103 | 2307 | 1045 | 353 | 2323 | 3928 | 1861 | 29292 |
| 2005 | 9114 | 2460 | 1222 | 339 | 2655 | 4471 | 2078 | 28950 |

# 2-7 西藏生产总值

## GROSS DOMESTIC PRODUCT

单位：亿元 (100 million

| 年份 Year | 西藏生产总值 Gross Domestic Product | 第一产业 Primary Industry | 第二产业 Secondary Industry | 工业 Industry | 建筑业 Construction | 第三产业 Tertiary Industry | 人均生产总值(元) Per Capita GDP (yuan) |
|---|---|---|---|---|---|---|---|
| 1951 | 1.29 | 1.26 | 0.001 | | 0.001 | 0.030 | 114 |
| 1952 | 1.32 | 1.29 | 0.001 | | 0.001 | 0.035 | 115 |
| 1959 | 1.74 | 1.28 | 0.22 | 0.15 | 0.07 | 0.24 | 142 |
| 1965 | 3.27 | 2.32 | 0.22 | 0.09 | 0.13 | 0.73 | 241 |
| 1970 | 3.69 | 2.44 | 0.38 | 0.17 | 0.21 | 0.87 | 247 |
| 1975 | 5.14 | 2.85 | 1.07 | 0.48 | 0.59 | 1.22 | 307 |
| 1978 | 6.65 | 3.37 | 1.84 | 0.61 | 1.23 | 1.44 | 375 |
| 1979 | 7.30 | 3.50 | 2.02 | 0.67 | 1.35 | 1.78 | 404 |
| 1980 | 8.67 | 4.64 | 2.18 | 0.8 | 1.38 | 1.85 | 471 |
| 1981 | 10.40 | 6.30 | 1.68 | 0.70 | 0.98 | 2.42 | 560 |
| 1982 | 10.21 | 5.82 | 2.09 | 0.79 | 1.30 | 2.30 | 544 |
| 1983 | 10.29 | 5.50 | 2.59 | 1.09 | 1.50 | 2.20 | 538 |
| 1984 | 13.68 | 6.38 | 2.80 | 1.01 | 1.79 | 4.50 | 702 |
| 1985 | 17.76 | 8.87 | 3.08 | 1.23 | 1.85 | 5.81 | 894 |
| 1986 | 16.93 | 7.95 | 2.18 | 1.01 | 1.17 | 6.82 | 842 |
| 1987 | 17.71 | 8.07 | 2.13 | 1.09 | 1.04 | 7.51 | 863 |
| 1988 | 20.25 | 9.65 | 2.41 | 1.28 | 1.12 | 8.19 | 964 |
| 1989 | 21.86 | 10.04 | 2.84 | 1.58 | 1.26 | 8.98 | 1021 |
| 1990 | 27.70 | 14.10 | 3.57 | 1.92 | 1.65 | 10.03 | 1276 |
| 1991 | 30.53 | 15.50 | 4.17 | 2.27 | 1.90 | 10.86 | 1358 |
| 1992 | 33.29 | 16.59 | 4.46 | 2.56 | 1.90 | 12.24 | 1468 |
| 1993 | 37.42 | 18.30 | 5.49 | 2.70 | 2.79 | 13.63 | 1624 |
| 1994 | 45.99 | 21.14 | 7.88 | 3.43 | 4.44 | 16.97 | 1964 |
| 1995 | 56.11 | 23.48 | 13.24 | 4.10 | 9.13 | 19.39 | 2358 |
| 1996 | 64.98 | 27.20 | 11.32 | 4.40 | 6.93 | 26.46 | 2688 |
| 1997 | 77.24 | 29.23 | 16.88 | 8.16 | 8.72 | 31.13 | 3144 |
| 1998 | 91.50 | 31.37 | 20.14 | 9.05 | 11.09 | 39.99 | 3666 |
| 1999 | 105.98 | 34.25 | 23.86 | 9.50 | 14.36 | 47.86 | 4180 |
| 2000 | 117.80 | 36.39 | 27.05 | 10.17 | 16.88 | 54.37 | 4572 |
| 2001 | 139.16 | 37.54 | 31.97 | 10.88 | 21.09 | 69.65 | 5324 |
| 2002 | 162.04 | 39.75 | 32.72 | 11.65 | 21.07 | 89.56 | 6117 |
| 2003 | 185.09 | 40.70 | 47.64 | 13.82 | 33.82 | 96.76 | 6893 |
| 2004 | 220.34 | 44.30 | 52.74 | 16.10 | 36.64 | 123.30 | 8103 |
| 2005 | 251.21 | 48.04 | 63.52 | 17.48 | 46.04 | 139.65 | 9114 |

注:本表按当年价格计算。

Note: The indices in this table are caculated at current prices.

# 2-8 西藏生产总值构成

## COMPOSITION OF GROSS DOMESTIC PRODUCT

(%)

| | | | 第二产业 | 工业 | 建筑业 | 第三产业 |
|---|---|---|---|---|---|---|
| | Gross Domestic Product | Primary Industry | Secondary Industry | Industry | Construction | Tertiary Industry |
| 1951 | 100.0 | 97.7 | … | | … | 2.3 |
| 1952 | 100.0 | 97.7 | … | | … | 2.3 |
| 1959 | 100.0 | 73.6 | 12.6 | 8.6 | 4.0 | 13.8 |
| 1965 | 100.0 | 70.9 | 6.8 | 2.8 | 4.0 | 22.3 |
| 1970 | 100.0 | 66.1 | 10.3 | 4.6 | 5.7 | 23.6 |
| 1975 | 100.0 | 55.4 | 20.8 | 9.3 | 11.5 | 23.8 |
| 1978 | 100.0 | 50.7 | 27.7 | 9.2 | 18.5 | 21.6 |
| 1979 | 100.0 | 47.9 | 27.7 | 9.2 | 18.5 | 24.4 |
| 1980 | 100.0 | 53.5 | 25.2 | 9.2 | 15.9 | 21.3 |
| 1981 | 100.0 | 60.6 | 16.2 | 6.7 | 9.4 | 23.2 |
| 1982 | 100.0 | 57.0 | 20.5 | 7.7 | 12.7 | 22.5 |
| 1983 | 100.0 | 53.4 | 25.2 | 10.6 | 14.6 | 21.4 |
| 1984 | 100.0 | 46.6 | 20.5 | 7.4 | 13.1 | 32.9 |
| 1985 | 100.0 | 49.9 | 17.4 | 6.9 | 10.4 | 32.7 |
| 1986 | 100.0 | 47.0 | 12.8 | 6.0 | 6.9 | 40.2 |
| 1987 | 100.0 | 45.6 | 12.0 | 6.2 | 5.9 | 42.4 |
| 1988 | 100.0 | 47.7 | 11.9 | 6.3 | 5.5 | 40.4 |
| 1989 | 100.0 | 45.9 | 13.0 | 7.2 | 5.8 | 41.1 |
| 1990 | 100.0 | 50.9 | 12.9 | 6.9 | 5.8 | 36.2 |
| 1991 | 100.0 | 50.8 | 13.7 | 7.4 | 6.2 | 35.5 |
| 1992 | 100.0 | 49.8 | 13.4 | 7.7 | 5.7 | 36.8 |
| 1993 | 100.0 | 48.9 | 14.7 | 7.2 | 7.5 | 36.4 |
| 1994 | 100.0 | 46.0 | 17.1 | 7.5 | 9.7 | 36.9 |
| 1995 | 100.0 | 41.8 | 23.6 | 7.3 | 16.3 | 34.6 |
| 1996 | 100.0 | 41.9 | 17.4 | 6.8 | 10.7 | 40.7 |
| 1997 | 100.0 | 37.8 | 21.9 | 10.6 | 11.3 | 40.3 |
| 1998 | 100.0 | 34.3 | 22.0 | 9.9 | 12.1 | 43.7 |
| 1999 | 100.0 | 32.3 | 22.5 | 9.0 | 13.5 | 45.2 |
| 2000 | 100.0 | 30.9 | 23.0 | 8.6 | 14.3 | 46.2 |
| 2001 | 100.0 | 27.0 | 23.0 | 7.8 | 15.2 | 50.1 |
| 2002 | 100.0 | 24.5 | 20.2 | 7.2 | 13.0 | 55.3 |
| 2003 | 100.0 | 22.0 | 25.7 | 7.5 | 18.3 | 52.3 |
| 2004 | 100.0 | 20.1 | 23.9 | 7.3 | 16.6 | 56.0 |
| 2005 | 100.0 | 19.1 | 25.3 | 7.0 | 18.3 | 55.6 |

注:本表按当年价格计算。

Note: The indices in this table are caculated at current prices.

# 2-9 西藏生产总值指数

## INDICES OF GROSS DOMESTIC PRODUCT

上年=100　　(preceding year=100)

| 年份 Year | 西藏生产总值 Gross Domestic Product | 第一产业 Primary Industry | 第二产业 Secondary Industry | 工业 Industry | 建筑业 Construction | 第三产业 Tertiary Industry | 人均生产总值 Per Capita GDP |
|---|---|---|---|---|---|---|---|
| 1952 | 102.5 | 102.2 | 128.6 | | 128.6 | 114.3 | 101.8 |
| 1959 | 101.2 | 91.1 | 128.6 | 96.5 | 422.7 | 166.9 | 100.7 |
| 1960 | 145.8 | 115.9 | 292.6 | 270.0 | 339.9 | 167.8 | 141.7 |
| 1965 | 116.1 | 110.1 | 176.2 | 190.9 | 167.0 | 124.8 | 114.2 |
| 1970 | 105.8 | 98.9 | 195.0 | 344.9 | 144.5 | 105.3 | 103.4 |
| 1975 | 105.3 | 101.5 | 114.2 | 106.9 | 121.0 | 107.1 | 103.4 |
| 1978 | 107.2 | 102.9 | 115.3 | 107.4 | 120.1 | 108.5 | 105.1 |
| 1979 | 107.8 | 103.9 | 109.1 | 112.3 | 108.5 | 118.0 | 105.6 |
| 1980 | 122.4 | 139.7 | 100.3 | 107.6 | 96.5 | 100.4 | 120.2 |
| 1981 | 120.5 | 134.5 | 75.1 | 85.9 | 68.9 | 124.8 | 119.5 |
| 1982 | 100.3 | 89.9 | 159.3 | 140.0 | 173.2 | 98.1 | 99.3 |
| 1983 | 94.8 | 90.7 | 100.2 | 115.6 | 91.3 | 104.6 | 93.0 |
| 1984 | 125.3 | 108.0 | 87.1 | 74.2 | 96.7 | 238.4 | 122.9 |
| 1985 | 115.4 | 113.6 | 107.9 | 102.3 | 111.1 | 111.0 | 109.8 |
| 1986 | 90.8 | 91.2 | 67.1 | 96.3 | 52.3 | 100.3 | 89.4 |
| 1987 | 100.1 | 101.5 | 104.2 | 106.2 | 102.2 | 97.6 | 98.0 |
| 1988 | 104.2 | 106.3 | 100.0 | 110.9 | 89.2 | 103.3 | 101.8 |
| 1989 | 108.4 | 104.1 | 117.9 | 116.3 | 118.5 | 110.0 | 106.3 |
| 1990 | 108.9 | 106.5 | 114.4 | 113.5 | 116.3 | 109.5 | 107.8 |
| 1991 | 100.4 | 96.3 | 108.6 | 107.9 | 109.4 | 103.6 | 98.4 |
| 1992 | 107.1 | 103.5 | 105.7 | 107.2 | 98.4 | 112.6 | 106.1 |
| 1993 | 115.5 | 106.6 | 119.7 | 108.6 | 132.9 | 127.4 | 113.7 |
| 1994 | 115.7 | 104.0 | 128.8 | 108.6 | 148.4 | 125.5 | 113.8 |
| 1995 | 117.9 | 104.0 | 167.5 | 109.1 | 208.8 | 113.2 | 116.0 |
| 1996 | 113.2 | 104.2 | 90.8 | 106.9 | 84.8 | 134.9 | 111.5 |
| 1997 | 111.8 | 104.0 | 114.4 | 108.9 | 117.0 | 116.7 | 110.0 |
| 1998 | 112.1 | 101.7 | 121.1 | 107.8 | 126.9 | 115.6 | 110.3 |
| 1999 | 112.3 | 105.3 | 120.2 | 106.1 | 125.4 | 113.2 | 110.5 |
| 2000 | 110.4 | 102.1 | 116.1 | 106.7 | 119.0 | 112.6 | 108.6 |
| 2001 | 112.7 | 103.1 | 117.8 | 106.7 | 124.1 | 116.0 | 111.1 |
| 2002 | 112.9 | 104.4 | 120.5 | 105.7 | 128.1 | 113.9 | 111.4 |
| 2003 | 112.0 | 103.4 | 113.4 | 110.5 | 114.7 | 115.2 | 110.5 |
| 2004 | 112.1 | 105.5 | 111.4 | 116.4 | 109.3 | 115.1 | 110.8 |
| 2005 | 112.1 | 105.5 | 123.6 | 110.1 | 129.6 | 109.7 | 110.6 |

注:本表按可比价格计算。

Note: The indices in this table are caculated at comparable prices.

# 2-10 西藏生产总值指数

## INDICES OF GROSS DOMESTIC PRODUCT

1951年=100 (1951=100)

| 年份<br>Year | 西藏生产总值<br>Gross Domestic Product | 第一产业<br>Primary Industry | 第二产业<br>Secondary Industry | 工业<br>Industry | 建筑业<br>Construction | 第三产业<br>Tertiary Industry | 人均生产总值<br>Per Capita GDP |
|---|---|---|---|---|---|---|---|
| 1952 | 102.5 | 102.2 | 128.6 |  | 128.6 | 114.3 | 101.8 |
| 1959 | 135.4 | 101.8 | 32104.6 | 3102.4 | 10398.0 | 777.1 | 126.5 |
| 1965 | 254.1 | 184.4 | 32192.3 | 1913.9 | 18850.1 | 2826.3 | 212.6 |
| 1970 | 285.4 | 193.2 | 53695.4 | 3414.5 | 29865.8 | 3363.2 | 216.3 |
| 1975 | 398.2 | 225.6 | 153674.6 | 9862.3 | 84825.2 | 4703.8 | 269.7 |
| 1978 | 481.9 | 252.9 | 229859.4 | 11509.6 | 149850.9 | 5521.1 | 308.6 |
| 1979 | 519.5 | 262.8 | 250776.6 | 12925.3 | 162588.2 | 6514.9 | 325.9 |
| 1980 | 635.9 | 367.1 | 251528.9 | 13907.6 | 156897.6 | 6541.0 | 391.7 |
| 1981 | 766.3 | 493.7 | 188898.2 | 11946.6 | 108102.4 | 8163.2 | 468.1 |
| 1982 | 768.6 | 443.8 | 300914.8 | 16725.2 | 187233.4 | 8008.1 | 464.8 |
| 1983 | 728.6 | 402.5 | 301516.6 | 19334.3 | 170944.1 | 8376.5 | 432.3 |
| 1984 | 912.9 | 434.7 | 262621.0 | 14346.1 | 165302.9 | 19969.6 | 531.3 |
| 1985 | 1053.5 | 493.8 | 283368.1 | 14676.1 | 183651.5 | 22166.3 | 583.4 |
| 1986 | 956.6 | 450.3 | 190140.0 | 14133.1 | 96049.5 | 22232.8 | 521.6 |
| 1987 | 957.6 | 457.1 | 198125.9 | 15009.4 | 98162.6 | 21699.2 | 511.2 |
| 1988 | 997.8 | 485.9 | 198125.9 | 16645.4 | 87561.0 | 22415.3 | 520.4 |
| 1989 | 1081.6 | 505.8 | 233590.4 | 19358.6 | 103759.8 | 24656.8 | 553.2 |
| 1990 | 1177.9 | 538.7 | 267227.4 | 21972.0 | 120672.6 | 26999.2 | 596.3 |
| 1991 | 1182.6 | 518.9 | 290209.0 | 23707.8 | 132015.8 | 27971.2 | 586.8 |
| 1992 | 1266.6 | 537.1 | 306750.9 | 25414.8 | 129903.5 | 31495.6 | 622.6 |
| 1993 | 1462.9 | 572.5 | 367180.8 | 27600.4 | 172641.8 | 40125.4 | 707.9 |
| 1994 | 1692.6 | 595.5 | 472928.9 | 29974.1 | 256200.5 | 50357.4 | 805.6 |
| 1995 | 1995.6 | 619.3 | 792155.9 | 32701.7 | 534946.5 | 57004.5 | 934.5 |
| 1996 | 2259.0 | 645.3 | 719277.6 | 34958.1 | 453634.7 | 76899.1 | 1041.9 |
| 1997 | 2525.6 | 671.1 | 822853.5 | 38069.4 | 530752.6 | 89741.3 | 1146.1 |
| 1998 | 2831.1 | 682.5 | 996475.6 | 41038.8 | 673525.0 | 103740.9 | 1264.2 |
| 1999 | 3179.4 | 718.7 | 1197763.7 | 43542.2 | 844600.4 | 117434.7 | 1396.9 |
| 2000 | 3510.0 | 733.8 | 1390603.7 | 46459.5 | 1005074.4 | 132231.5 | 1517.1 |
| 2001 | 3955.8 | 756.5 | 1638131.1 | 49572.3 | 1247297.4 | 153388.5 | 1685.5 |
| 2002 | 4466.1 | 789.8 | 1973948.0 | 52397.9 | 1597787.9 | 174709.5 | 1877.6 |
| 2003 | 5002.0 | 816.6 | 2238457.1 | 57899.7 | 1832662.7 | 201265.4 | 2074.8 |
| 2004 | 5607.3 | 861.6 | 2493641.2 | 67395.2 | 2003100.4 | 231656.5 | 2298.8 |
| 2005 | 6285.8 | 908.9 | 3082140.5 | 74202.2 | 2596018.1 | 254127.2 | 2542.5 |

注:本表按可比价格计算。

Note: The indices in this table are caculated at comparable prices.

# 2-11 各地区生产总值

## GROSS DOMESTIC PRODUCT BY REGION

单位：万元 (10000 yuan)

| 地区 | Region | 2004 地区生产总值 Gross Domestic Product | 2004 第一产业 Primary Industry | 2004 第二产业 Secondary Industry | 2004 第三产业 Tertiary Industry | 2005 地区生产总值 Gross Domestic Product | 2005 第一产业 Primary Industry | 2005 第二产业 Secondary Industry | 2005 第三产业 Tertiary Industry |
|---|---|---|---|---|---|---|---|---|---|
| 拉萨市 | Lhasa | 761411 | 59851 | 177663 | 523897 | 867767 | 62857 | 200858 | 604052 |
| 昌都地区 | Chamdo | 291211 | 101763 | 73830 | 115618 | 324847 | 108144 | 79713 | 136989 |
| 山南地区 | Lhoka | 218657 | 28818 | 72238 | 117601 | 244720 | 29455 | 78904 | 136361 |
| 日喀则地区 | Shigatse | 391453 | 129286 | 85765 | 176402 | 440653 | 140674 | 101294 | 198686 |
| 那曲地区 | Nakchu | 242782 | 60381 | 36304 | 146097 | 286706 | 63738 | 37432 | 185536 |
| 阿里地区 | Ngari | 80018 | 25567 | 9642 | 44809 | 96121 | 22940 | 14866 | 58315 |
| 林芝地区 | Nyingtri | 217449 | 39084 | 72538 | 105827 | 245030 | 41336 | 82295 | 121398 |

注:本表按当年价格计算。

Note: Data in value terms in the table are caculated at current prices.

# 2-12 各地区生产总值增长速度

## INCREASE RATE OF GROSS DOMESTIC PRODUCT BY REGION

| 地区 | Region | 2004 地区生产总值 Gross Domestic Product | 2004 第一产业 Primary Industry | 2004 第二产业 Secondary Industry | 2004 第三产业 Tertiary Industry | 2005 地区生产总值 Gross Domestic Product | 2005 第一产业 Primary Industry | 2005 第二产业 Secondary Industry | 2005 第三产业 Tertiary Industry |
|---|---|---|---|---|---|---|---|---|---|
| 拉萨市 | Lhasa | 17.2 | 6.3 | 19.6 | 18.0 | 14.0 | 3.5 | 15.4 | 15.0 |
| 昌都地区 | Chamdo | 15.1 | 6.1 | 19.6 | 19.6 | 9.2 | 4.7 | 4.9 | 17.6 |
| 山南地区 | Lhoka | 16.4 | -12.0 | 44.9 | 11.0 | 10.7 | 0.7 | 7.7 | 15.9 |
| 日喀则地区 | Shigatse | 16.1 | 5.0 | 23.3 | 20.6 | 11.4 | 7.2 | 14.6 | 13.4 |
| 那曲地区 | Nakchu | 18.8 | 6.5 | 19.6 | 30.8 | 12.4 | 4.0 | -0.6 | 20.5 |
| 阿里地区 | Ngari | 17.0 | 14.0 | 16.7 | 20.1 | 15.8 | -11.6 | 51.7 | 25.5 |
| 林芝地区 | Nyingtri | 17.5 | 5.9 | 19.5 | 14.2 | 11.2 | 4.2 | 11.0 | 14.7 |

注:本表按可比价格计算。

Note: The indices in this table are caculated at comparable prices.

# 第三篇

# 人　口

# Chapter 3

# POPULATION

# 3-1 户数及人口数
# HOUSEHOLD AND POPULATION

| 年份<br>Year | 年末户数(万户)<br>Total Household<br>(year-end)<br>(10000 households) | 年末总人口(万人)<br>Total Population<br>(year-end)<br>(10000 persons) | 年平均人口(万人)<br>Average Person<br>Per Year<br>(10000 persons) | 人口密度<br>(人/平方公里)<br>Density of Population<br>(person/sq.km) |
|---|---|---|---|---|
| 1951 | 20.68 | 114.09 | | 0.93 |
| 1959 | 24.32 | 122.80 | 121.71 | 1.00 |
| 1965 | 27.60 | 137.12 | 135.90 | 1.12 |
| 1970 | 29.11 | 151.20 | 149.63 | 1.23 |
| 1975 | 32.20 | 169.11 | 167.62 | 1.38 |
| 1978 | 34.89 | 178.82 | 177.22 | 1.46 |
| 1979 | 34.39 | 182.69 | 180.76 | 1.49 |
| 1980 | 34.42 | 185.28 | 183.99 | 1.51 |
| 1981 | 35.79 | 185.96 | 185.62 | 1.52 |
| 1982 | 34.25 | 189.25 | 187.61 | 1.54 |
| 1983 | 36.01 | 193.14 | 191.19 | 1.57 |
| 1984 | 35.34 | 196.68 | 194.91 | 1.60 |
| 1985 | 35.49 | 199.48 | 198.08 | 1.62 |
| 1986 | 36.38 | 202.49 | 200.99 | 1.65 |
| 1987 | 36.28 | 207.95 | 205.22 | 1.69 |
| 1988 | 36.53 | 212.31 | 210.13 | 1.73 |
| 1989 | 37.63 | 215.91 | 214.11 | 1.76 |
| 1990 | 38.29 | (221.47)218.05 | 216.98 | 1.78 |
| 1991 | 39.21 | (225.03)221.78 | 219.92 | 1.81 |
| 1992 | 40.21 | (228.53)225.27 | 223.53 | 1.83 |
| 1993 | 39.78 | (232.22)228.88 | 227.08 | 1.86 |
| 1994 | 41.44 | (236.14)231.98 | 230.43 | 1.89 |
| 1995 | 42.31 | (239.84)235.55 | 233.77 | 1.92 |
| 1996 | 43.17 | (243.70)239.30 | 237.43 | 1.93 |
| 1997 | 45.42 | (247.60)242.74 | 241.02 | 1.96 |
| 1998 | 44.68 | (251.54)245.39 | 244.06 | 1.99 |
| 1999 | 47.23 | (255.51)247.72 | 246.55 | 2.01 |
| 2000 | 49.96 | (259.83)251.23 | 248.48 | 2.02 |
| 2001 | 50.17 | (262.95)253.70 | 252.47 | 2.06 |
| 2002 | 50.91 | (266.88)255.44 | 254.57 | 2.08 |
| 2003 | 54.33 | (270.17)259.21 | 257.33 | 2.14 |
| 2004 | 54.56 | (273.68)263.44 | 261.33 | 2.17 |
| 2005 | 58.89 | (277.00)267.55 | 265.50 | 2.21 |

注:括号内的数据为常住人口数，是根据人口普查、每年的人口变动抽样调查及1%人口抽样调查推算数(下同)。

Note: Data in bracket were resident population , it adjusted on the basis of the national population censuses and the sample surveyon population changes every year. The sampling fraction is 1%.

# 3-2 人口出生率、死亡率、自然增长率

## BIRTH RATE,DEATH RATE AND NATURAL GROWTH RATEOF POPULATION

| 年份 Year | 出生 Birth 人数（万人） Population (10000 persons) | 出生率 Birth Rate (‰) | 死亡 Death 人数（万人） Population (10000 persons) | 死亡率 Death Rate (‰) | 自然增加人口（万人） Natural Growth Population (10000 persons) | 自然增长率 Natural Growth Rate (‰) |
|---|---|---|---|---|---|---|
| 1965 | 1.92 | 14.4 | 0.70 | 5.1 | 1.22 | 9.3 |
| 1970 | 3.78 | 25.3 | 1.52 | 10.2 | 2.26 | 15.1 |
| 1975 | 4.08 | 24.3 | 1.53 | 9.1 | 2.55 | 15.2 |
| 1978 | 4.05 | 22.9 | 1.55 | 8.8 | 2.50 | 14.1 |
| 1979 | 4.05 | 22.4 | 1.49 | 8.2 | 2.56 | 14.2 |
| 1980 | 3.93 | 21.4 | 1.51 | 8.2 | 2.42 | 13.2 |
| 1981 | 4.52 | 24.4 | 1.62 | 8.8 | 2.90 | 15.6 |
| 1982 | 4.59 | 24.5 | 1.44 | 7.7 | 3.15 | 16.8 |
| 1983 | 5.17 | 27.0 | 1.65 | 8.6 | 3.52 | 18.4 |
| 1984 | 4.67 | 24.0 | 1.56 | 8.0 | 3.11 | 16.0 |
| 1985 | 4.62 | 23.3 | 2.01 | 10.1 | 2.61 | 13.2 |
| 1986 | 4.93 | 24.5 | 1.69 | 8.4 | 3.24 | 16.1 |
| 1987 | 4.97 | 24.2 | 1.63 | 8.0 | 3.34 | 16.2 |
| 1988 | 4.76 | 22.7 | 1.61 | 7.7 | 3.15 | 15.0 |
| 1989 | 5.17 | 24.2 | 1.70 | 8.0 | 3.47 | 16.2 |
| 1990 | 4.91 | (26.0)22.6 | 1.61 | (8.9)7.4 | 3.30 | (17.1)15.2 |
| 1991 | 5.17 | (24.5)23.5 | 1.63 | (8.4)7.4 | 3.54 | (16.1)16.1 |
| 1992 | 5.06 | (23.6)22.6 | 1.71 | (8.1)7.7 | 3.35 | (15.5)15.0 |
| 1993 | 4.88 | (23.8)21.3 | 1.68 | (7.6)7.3 | 3.20 | (16.2)14.0 |
| 1994 | 4.50 | (24.9)19.5 | 1.79 | (8.7)7.8 | 2.71 | (16.2)11.8 |
| 1995 | 4.82 | (24.9)20.6 | 1.77 | (8.8)7.6 | 3.05 | (16.1)13.0 |
| 1996 | 4.56 | (24.7)19.2 | 1.66 | (8.5)7.0 | 2.90 | (16.2)12.2 |
| 1997 | 4.43 | (23.9)18.4 | 1.81 | (7.9)7.5 | 2.62 | (16.0)10.9 |
| 1998 | 3.94 | (23.7)16.2 | 1.79 | (7.8)6.9 | 2.15 | (15.9)9.2 |
| 1999 | 3.60 | (23.2)14.5 | 1.61 | (7.4)6.5 | 1.99 | (15.8)8.0 |
| 2000 | 4.42 | (19.5)17.6 | 1.65 | (6.6)6.6 | 2.77 | (12.9)11.0 |
| 2001 | 3.60 | (18.6)14.2 | 1.67 | (6.5)6.6 | 1.93 | (12.1)7.6 |
| 2002 | 3.47 | (18.8)13.6 | 1.57 | (6.1)6.1 | 1.90 | (12.7)7.5 |
| 2003 | 3.64 | (17.4)14.2 | 1.71 | (6.3)6.7 | 1.93 | (11.1)7.5 |
| 2004 | 3.71 | (17.4)14.1 | 1.74 | (6.2)6.6 | 1.97 | (11.2)7.5 |
| 2005 | 3.20 | (17.9)12.0 | 1.61 | (7.2)6.0 | 1.59 | (10.8)6.0 |

# 3-3 人口数及构成

# POPULATION AND ITS COMPOSITION

单位:万人 (10000 persons)

| 年份 Year | 总人口 Total Population | 男 Male 人口数 Population | 男 Male 比重(%) Proportion | 女 Female 人口数 Population | 女 Female 比重(%) Proportion | 性别比(女=100) Sex Ratio (female=100) |
|---|---|---|---|---|---|---|
| 1959 | 122.80 | 59.62 | 48.6 | 63.18 | 51.4 | 94.37 |
| 1965 | 137.12 | 66.93 | 48.8 | 70.19 | 51.2 | 95.36 |
| 1970 | 151.20 | 73.47 | 48.6 | 77.73 | 51.4 | 94.42 |
| 1975 | 169.11 | 82.36 | 48.7 | 86.75 | 51.3 | 94.94 |
| 1978 | 178.82 | 87.30 | 48.8 | 91.52 | 51.2 | 95.39 |
| 1979 | 182.69 | 89.38 | 48.9 | 93.31 | 51.1 | 95.79 |
| 1980 | 185.28 | 90.52 | 48.9 | 94.76 | 51.1 | 95.53 |
| 1981 | 185.96 | 91.21 | 49.0 | 94.75 | 51.0 | 96.26 |
| 1982 | 189.25 | 93.01 | 49.1 | 96.24 | 50.9 | 96.64 |
| 1983 | 193.14 | 94.56 | 49.0 | 98.58 | 51.0 | 95.92 |
| 1984 | 196.68 | 96.58 | 49.1 | 100.10 | 50.9 | 96.48 |
| 1985 | 199.48 | 98.41 | 49.3 | 101.07 | 50.7 | 97.37 |
| 1986 | 202.49 | 99.02 | 48.9 | 103.47 | 51.1 | 95.70 |
| 1987 | 207.95 | 102.31 | 49.2 | 105.64 | 50.8 | 96.85 |
| 1988 | 212.31 | 104.64 | 49.3 | 107.67 | 50.7 | 97.19 |
| 1989 | 215.91 | 106.39 | 49.3 | 109.52 | 50.7 | 97.14 |
| 1990 | 218.05 | 108.19 | 49.6 | 109.86 | 50.4 | 98.48 |
| 1991 | 221.79 | 109.20 | 49.2 | 112.59 | 50.8 | 96.99 |
| 1992 | 225.27 | 110.86 | 49.2 | 114.41 | 50.8 | 96.90 |
| 1993 | 228.88 | 113.17 | 49.5 | 115.71 | 50.5 | 97.81 |
| 1994 | 231.98 | 114.62 | 49.4 | 117.36 | 50.6 | 97.70 |
| 1995 | 235.55 | 116.40 | 49.4 | 119.16 | 50.6 | 97.68 |
| 1996 | 239.30 | 118.91 | 49.7 | 120.39 | 50.3 | 98.78 |
| 1997 | 242.74 | 120.90 | 49.8 | 121.84 | 50.2 | 99.23 |
| 1998 | 245.39 | 121.40 | 49.5 | 123.98 | 50.5 | 97.92 |
| 1999 | 247.72 | 123.16 | 49.7 | 124.56 | 50.3 | 98.87 |
| 2000 | 251.23 | 124.95 | 49.7 | 126.29 | 50.3 | 98.94 |
| 2001 | 253.70 | 126.02 | 49.7 | 127.68 | 50.3 | 98.70 |
| 2002 | 255.44 | 127.38 | 49.9 | 128.06 | 50.1 | 99.47 |
| 2003 | 259.21 | 129.50 | 49.9 | 129.71 | 50.1 | 99.84 |
| 2004 | 263.44 | 131.61 | 50.0 | 131.83 | 50.0 | 99.83 |
| 2005 | 267.55 | 135.14 | 50.5 | 132.41 | 49.5 | 102.06 |

3-3 续表 continued

| 年份 Year | 农业人口 Agriculture | | 非农业人口 Non-Agriculture | | 市镇人口 Urban | | 乡村人口 Rural | |
|---|---|---|---|---|---|---|---|---|
| | 人口数 Population | 比重(%) Proportion | 人口数 Population | 比重(%) Proportion | 人口数 Population | 比重(%) Proportion | 人口数 Population | 比重(%) Proportion |
| 1959 | 113.22 | 92.2 | 9.58 | 7.8 | | | | |
| 1965 | 123.84 | 90.3 | 13.28 | 9.7 | | | | |
| 1970 | 134.56 | 89.0 | 16.64 | 11.0 | 10.70 | 7.1 | 140.50 | 92.9 |
| 1975 | 145.56 | 86.1 | 23.55 | 13.9 | 17.65 | 10.4 | 151.46 | 89.6 |
| 1978 | 152.90 | 85.5 | 25.92 | 14.5 | 20.22 | 11.3 | 158.54 | 88.7 |
| 1979 | 155.25 | 85.0 | 27.44 | 15.0 | 21.99 | 12.0 | 160.70 | 88.0 |
| 1980 | 156.53 | 84.5 | 28.75 | 15.5 | 23.77 | 12.8 | 161.51 | 87.2 |
| 1981 | 159.81 | 85.9 | 26.15 | 14.1 | 18.30 | 9.8 | 167.66 | 90.2 |
| 1982 | 164.28 | 86.8 | 24.97 | 13.2 | 17.95 | 9.5 | 171.30 | 90.5 |
| 1983 | 168.38 | 87.2 | 24.76 | 12.8 | 18.77 | 9.7 | 174.37 | 90.3 |
| 1984 | 171.41 | 87.2 | 25.27 | 12.9 | 20.06 | 10.2 | 176.62 | 89.8 |
| 1985 | 173.74 | 87.1 | 25.74 | 12.9 | 20.53 | 10.3 | 178.95 | 89.7 |
| 1986 | 176.74 | 87.3 | 25.75 | 12.7 | 20.59 | 10.2 | 181.90 | 89.8 |
| 1987 | 178.66 | 85.9 | 29.29 | 14.1 | 26.35 | 12.7 | 181.60 | 87.3 |
| 1988 | 182.21 | 85.8 | 31.10 | 14.2 | 27.84 | 13.1 | 184.47 | 86.9 |
| 1989 | 185.77 | 86.0 | 30.14 | 14.0 | 36.09 | 16.7 | 179.82 | 83.3 |
| 1990 | 188.22 | 86.3 | 29.83 | 13.7 | 35.68 | 16.4 | 187.37 | 83.6 |
| 1991 | 191.58 | 86.4 | 30.21 | 13.6 | 36.26 | 16.4 | 185.53 | 83.7 |
| 1992 | 194.44 | 86.3 | 30.83 | 13.7 | 37.01 | 16.4 | 188.26 | 83.6 |
| 1993 | 197.46 | 86.3 | 31.42 | 13.7 | 37.84 | 16.5 | 191.04 | 83.5 |
| 1994 | 200.05 | 86.2 | 31.93 | 13.8 | 38.48 | 16.6 | 193.50 | 83.4 |
| 1995 | 203.06 | 86.2 | 32.49 | 13.8 | 39.83 | 16.7 | 196.17 | 83.3 |
| 1996 | 206.28 | 86.2 | 33.02 | 13.8 | 40.40 | 16.9 | 198.90 | 83.1 |
| 1997 | 209.14 | 86.2 | 33.60 | 13.8 | 41.72 | 17.2 | 201.02 | 82.8 |
| 1998 | 211.40 | 86.2 | 33.99 | 13.8 | 43.86 | 17.9 | 201.53 | 82.1 |
| 1999 | 213.52 | 86.2 | 34.20 | 13.8 | 66.87 | 27.0 | 180.85 | 73.0 |
| 2000 | 215.94 | 86.0 | 35.29 | 14.0 | 79.51 | 31.6 | 171.72 | 68.4 |
| 2001 | 217.44 | 85.7 | 36.26 | 14.3 | 81.30 | 32.0 | 172.40 | 68.0 |
| 2002 | 218.45 | 85.5 | 36.99 | 14.5 | 83.67 | 32.8 | 171.77 | 67.3 |
| 2003 | 219.78 | 84.8 | 39.43 | 15.2 | 98.43 | 38.0 | 160.78 | 62.0 |
| 2004 | 223.37 | 84.8 | 40.07 | 15.2 | 100.04 | 38.0 | 163.42 | 62.0 |
| 2005 | 224.12 | 83.9 | 43.13 | 16.1 | 100.78 | 38.0 | 166.77 | 62.0 |

# 3-4 各民族人口数

## POPULATION NATIONALITY

单位：人 (person)

| 年份 Year | 总人口 Total Population | 藏族 Tibetan | 汉族 Han | 回族 Hui | 珞巴族 Lhoba | 门巴族 Monba | 纳西族 Naxi | 蒙古族 Mongolian | 怒族 Nu | 壮族 Zhuang | 独龙族 Derung |
|---|---|---|---|---|---|---|---|---|---|---|---|
| 1964 | 1251225 | 1208663 | 36717 | 1195 | 712 | 3788 | 6 | 54 | | | |
| 1978 | 1742412 | 1622930 | 112569 | 1595 | 810 | 762 | 799 | 83 | 221 | 64 | 60 |
| 1980 | 1852767 | 1718238 | 122356 | 1669 | 1238 | 5675 | 525 | 50 | 213 | 69 | 69 |
| 1981 | 1859573 | 1747238 | 99873 | 1658 | 1233 | 5666 | 645 | 72 | 203 | 55 | 38 |
| 1982 | 1892393 | 1786544 | 91720 | 1788 | 2023 | 6193 | 851 | 116 | 293 | 61 | 47 |
| 1983 | 1931409 | 1836999 | 79650 | 1301 | 995 | 8446 | 919 | 59 | 232 | 36 | 74 |
| 1984 | 1966805 | 1876422 | 76322 | 1469 | 2095 | 6385 | 927 | 77 | 216 | 45 | 75 |
| 1985 | 1994808 | 1909693 | 70932 | 1529 | 2036 | 6445 | 871 | 72 | 227 | 31 | 80 |
| 1986 | 2024938 | 1937379 | 72340 | 1664 | 2095 | 7358 | 1129 | 91 | 270 | 60 | 86 |
| 1987 | 2079499 | 1983834 | 78804 | 1978 | 2364 | 7542 | 1174 | 87 | 268 | 49 | 5 |
| 1988 | 2123060 | 2026694 | 79871 | 2163 | 2168 | 7175 | 1191 | 94 | 347 | 41 | 10 |
| 1989 | 2159127 | 2067563 | 74989 | 1965 | 2225 | 7304 | 1236 | 90 | 316 | 48 | 13 |
| 1990 | 2180520 | 2095561 | 67407 | 2269 | 2325 | 7463 | 1260 | 79 | 378 | 50 | 32 |
| 1991 | 2217845 | 2134991 | 65101 | 2480 | 2265 | 7523 | 1276 | 109 | 357 | 52 | 18 |
| 1992 | 2252666 | 2167960 | 66318 | 3011 | 2318 | 7654 | 1201 | 83 | 372 | 35 | 27 |
| 1993 | 2288768 | 2206200 | 64890 | 2091 | 2243 | 7695 | 1284 | 96 | 409 | 35 | 20 |
| 1994 | 2319849 | 2235927 | 65749 | 1946 | 2464 | 7943 | 1274 | 114 | 408 | 29 | 22 |
| 1995 | 2355540 | 2268749 | 67772 | 2357 | 2690 | 8084 | 1092 | 118 | 394 | 31 | 21 |
| 1996 | 2392999 | 2305169 | 68725 | 2348 | 2720 | 8144 | 1090 | 94 | 539 | 37 | 1 |
| 1997 | 2427357 | 2339796 | 69205 | 1933 | 2699 | 8204 | 1087 | 96 | 258 | 45 | 40 |
| 1998 | 2453869 | 2361319 | 73841 | 1848 | 3064 | 8327 | 1075 | 47 | 275 | 44 | 34 |
| 1999 | 2477195 | 2388009 | 70145 | 2098 | 2796 | 8420 | 1084 | 83 | 292 | 48 | 35 |
| 2000 | 2512341 | 2421856 | 72122 | 2132 | 2856 | 8471 | 1024 | 104 | 430 | 50 | 32 |
| 2001 | 2537001 | 2440993 | 77003 | 2147 | 2980 | 8496 | 1103 | 105 | 437 | 46 | 24 |
| 2002 | 2554423 | 2449231 | 85166 | 2140 | 3461 | 9308 | 1109 | 102 | 52 | 62 | 26 |
| 2003 | 2592113 | 2464742 | 105379 | 2513 | 3565 | 9584 | 1139 | 161 | 468 | 57 | 30 |
| 2004 | 2634370 | 2520739 | 93306 | 1106 | 2974 | 9341 | 1592 | 142 | 446 | 61 | 33 |
| 2005 | 2675520 | 2549293 | 104647 | 1453 | 2932 | 9488 | 1706 | 221 | 447 | 59 | 30 |

3-4 续表 continued

| 年份<br>Year | 傈僳族<br>Lisu | 土族<br>Tu | 满族<br>Man | 白族<br>Bai | 布依族<br>Bouyei | 维吾尔族<br>Uygur | 苗族<br>Miao | 彝族<br>Yi | 夏尔巴人<br>Xiaerba | 僜人<br>Deng | 其他民族<br>Other Nationality |
|---|---|---|---|---|---|---|---|---|---|---|---|
| 1964 | | 18 | 17 | 2 | 2 | 3 | 4 | | | | 44 |
| 1978 | 49 | 50 | 48 | 28 | 11 | 4 | 51 | | 1265 | 995 | 18 |
| 1980 | 52 | 67 | 46 | 30 | 20 | 6 | 58 | 17 | 1130 | 1040 | 199 |
| 1981 | 20 | 61 | 49 | 31 | 19 | 9 | 47 | 19 | 1323 | 1210 | 104 |
| 1982 | 41 | 52 | 95 | 41 | 25 | 1 | 62 | 36 | 1211 | 1082 | 111 |
| 1983 | 55 | 68 | 63 | 27 | 17 | 11 | 45 | 10 | 1265 | 1065 | 72 |
| 1984 | 60 | 87 | 57 | 39 | 12 | 9 | 44 | 22 | 1318 | 1087 | 37 |
| 1985 | 62 | 90 | 81 | 36 | 12 | 6 | 42 | 21 | 1403 | 1097 | 24 |
| 1986 | 68 | 118 | 128 | 36 | 11 | 18 | 50 | 19 | 1474 | 505 | 39 |
| 1987 | 47 | 141 | 173 | 52 | 12 | 6 | 68 | 39 | 957 | 1830 | 69 |
| 1988 | 46 | 118 | 169 | 43 | 15 | 17 | 58 | 30 | 1550 | 1154 | 106 |
| 1989 | 49 | 142 | 168 | 34 | 13 | 8 | 73 | 34 | 1627 | 1190 | 40 |
| 1990 | 15 | 116 | 168 | 173 | 7 | 10 | 70 | 36 | 1819 | 1248 | 19 |
| 1991 | 17 | 130 | 155 | 105 | 7 | 7 | 70 | 27 | 1863 | 1228 | 64 |
| 1992 | 31 | 165 | 149 | 77 | 7 | 5 | 83 | 22 | 1793 | 1316 | 39 |
| 1993 | 27 | 139 | 172 | 94 | 9 | 5 | 66 | 16 | 1718 | 1497 | 62 |
| 1994 | 18 | 150 | 171 | 59 | 9 | 4 | 66 | 20 | 1881 | 1518 | 66 |
| 1995 | 23 | 155 | 185 | 61 | 5 | 4 | 82 | 35 | 2131 | 1494 | 43 |
| 1996 | 28 | 157 | 173 | 64 | 9 | 5 | 87 | 24 | 1821 | 1570 | 194 |
| 1997 | 75 | 158 | 186 | 91 | 13 | 8 | 87 | 37 | 1836 | 1432 | 71 |
| 1998 | 109 | 165 | 191 | 67 | 10 | 4 | 95 | 42 | 1848 | 1407 | 57 |
| 1999 | 42 | 162 | 190 | 114 | 13 | 4 | 117 | 46 | 2060 | 1397 | 40 |
| 2000 | 41 | 151 | 213 | 61 | 15 | 10 | 89 | 39 | 2152 | 1395 | 98 |
| 2001 | 14 | 166 | 226 | 76 | 15 | 8 | 115 | 62 | 1571 | 1224 | 183 |
| 2002 | 18 | 194 | 215 | 81 | 22 | 11 | 134 | 74 | 1604 | 1238 | 175 |
| 2003 | 18 | 249 | 243 | 101 | 31 | 7 | 170 | 88 | 1645 | 1514 | 409 |
| 2004 | 18 | 241 | 238 | 111 | 38 | 9 | 168 | 113 | 1687 | 1648 | 359 |
| 2005 | 21 | 285 | 327 | 121 | 44 | 32 | 203 | 133 | 1880 | 1670 | 540 |

# 3-5 各地市人口数

## NUMBER OF POPULATION BY REGION

单位：万人 (10000 persons)

| 地市 | Region | 1985 | 1990 | 1995 | 1998 | 1999 | 2000 | 2001 | 2003 | 2004 | 2005 |
|---|---|---|---|---|---|---|---|---|---|---|---|
| 总计 | Total | 199.48 | 218.05 | 235.55 | 245.39 | 247.72 | 251.23 | 253.70 | 259.21 | 263.44 | 267.55 |
| 拉萨市 | Lhasa | 32.39 | 35.66 | 38.33 | 39.62 | 39.79 | 40.37 | 40.73 | 42.08 | 44.04 | 44.93 |
| 昌都地区 | Chamdo | 46.39 | 49.72 | 53.06 | 55.12 | 55.70 | 57.33 | 57.95 | 58.34 | 58.71 | 59.70 |
| 山南地区 | Lhoka | 26.10 | 28.30 | 30.28 | 31.39 | 31.60 | 31.53 | 31.64 | 32.01 | 32.19 | 32.50 |
| 日喀则地区 | Shigatse | 49.98 | 55.38 | 59.96 | 62.38 | 62.97 | 63.03 | 64.02 | 64.81 | 65.43 | 66.39 |
| 那曲地区 | Nakchu | 26.58 | 29.95 | 33.03 | 35.04 | 35.65 | 36.28 | 37.11 | 38.72 | 39.32 | 40.19 |
| 阿里地区 | Ngari | 5.41 | 6.13 | 6.85 | 7.22 | 7.30 | 7.41 | 7.51 | 7.78 | 7.98 | 8.02 |
| 林芝地区 | Nyingtri | 12.63 | 12.91 | 14.04 | 14.62 | 14.71 | 14.38 | 14.74 | 15.47 | 15.77 | 15.82 |

# 3-6 各地市人口出生率、死亡率、自然增长率

## BIRTH RATE,DEATH RATE AND NATURAL GROWTH RATE OF POPULATION BY REGION

| 地市 | Region | 出生率(‰) Birth Rate | | | 死亡率(‰) Death Rate | | | 自然增长率(‰) Natural Growth Rtae | | |
|---|---|---|---|---|---|---|---|---|---|---|
| | | 2000 | 2004 | 2005 | 2000 | 2004 | 2005 | 2000 | 2004 | 2005 |
| 总计 | Total | 17.6 | 13.0 | 12.0 | 6.6 | 5.8 | 6.0 | 11.0 | 7.2 | 6.0 |
| 拉萨市 | Lhasa | 12.3 | 9.6 | 6.7 | 6.3 | 4.1 | 2.7 | 6.0 | 5.5 | 4.0 |
| 昌都地区 | Chamdo | 26.2 | 11.1 | 11.1 | 5.0 | 4.8 | 4.0 | 21.2 | 6.3 | 7.1 |
| 山南地区 | Lhoka | 13.1 | 10.9 | 6.8 | 7.8 | 9.3 | 6.6 | 5.3 | 1.6 | 0.2 |
| 日喀则地区 | Shigatse | 14.4 | 13.3 | 13.1 | 6.7 | 6.4 | 7.2 | 7.8 | 6.9 | 5.9 |
| 那曲地区 | Nakchu | 20.8 | 17.9 | 19.7 | 7.8 | 6.4 | 6.2 | 13.0 | 11.6 | 13.5 |
| 阿里地区 | Ngari | 20.2 | 18.5 | 15.0 | 7.5 | 6.1 | 6.2 | 12.8 | 12.4 | 8.8 |
| 林芝地区 | Nyingtri | 12.2 | 17.3 | 15.2 | 6.6 | 9.3 | 15.8 | 5.6 | 8.0 | -0.6 |

# 3-7 分县人口数

## POPULATION BY REGION

单位：人 (person)

| 地区 | Region | 2000 | | | 2004 | | | 2005 | | |
|---|---|---|---|---|---|---|---|---|---|---|
| | | 总人口 Total Population | 男 Male | 女 Female | 总人口 Total Population | 男 Male | 女 Female | 总人口 Total Population | 男 Male | 女 Female |
| **合计** | **Total** | **2512341** | **1249482** | **1262859** | **2634370** | **1323685** | **1310685** | **2675502** | **1351386** | **1324116** |
| **拉萨市** | **Lhasa** | **403752** | **196793** | **206959** | **440438** | **224911** | **215527** | **449308** | **233082** | **216226** |
| 城关区 | Region of City | 141360 | 69464 | 71896 | 166785 | 89091 | 77694 | 174311 | 93007 | 81304 |
| 林周县 | Lhundup | 54967 | 26953 | 28014 | 56883 | 28016 | 28867 | 57025 | 28127 | 28898 |
| 当雄县 | Damshung | 38842 | 19356 | 19486 | 42758 | 21608 | 21150 | 42943 | 25265 | 17678 |
| 尼木县 | Nyemo | 29007 | 13994 | 15013 | 29271 | 14292 | 14979 | 29703 | 14534 | 15169 |
| 曲水县 | Chushur | 32442 | 15052 | 17390 | 32907 | 16400 | 16507 | 33175 | 16507 | 16668 |
| 堆龙德庆县 | Tolung Dechen | 40730 | 19592 | 21138 | 42870 | 21040 | 21830 | 43114 | 21129 | 21985 |
| 达孜县 | Taktse | 25620 | 12672 | 12948 | 25658 | 12683 | 12975 | 25903 | 12805 | 13098 |
| 墨竹工卡县 | Medro Gongkar | 40784 | 19710 | 21074 | 43306 | 21784 | 21522 | 43134 | 21708 | 21426 |
| **昌都地区** | **Chamdo** | **573268** | **290009** | **283259** | **587068** | **301100** | **285968** | **597014** | **305628** | **291386** |
| 昌都县 | Chamdo | 89190 | 46215 | 42975 | 90998 | 46636 | 44362 | 91207 | 46679 | 44528 |
| 江达县 | Gyamda | 65457 | 28571 | 36886 | 68987 | 34430 | 34557 | 71419 | 36279 | 35140 |
| 贡觉县 | Gongjo | 43992 | 21148 | 22844 | 41624 | 20924 | 20700 | 41688 | 20896 | 20792 |
| 类乌齐县 | Rioche | 40662 | 19843 | 20779 | 41211 | 21240 | 19971 | 42104 | 22033 | 20071 |
| 丁青县 | Tengchen | 60687 | 30646 | 30041 | 62716 | 31382 | 31334 | 63527 | 31982 | 31545 |
| 察雅县 | Dayak | 52516 | 24711 | 27805 | 53987 | 26676 | 27311 | 53147 | 26885 | 26262 |
| 八宿县 | Paksho | 36902 | 17258 | 19644 | 37146 | 18592 | 18554 | 38115 | 19279 | 18836 |
| 左贡县 | Zogong | 41986 | 20526 | 21460 | 43879 | 23976 | 19903 | 43323 | 23385 | 19938 |
| 芒康县 | Markham | 71245 | 45708 | 25537 | 73392 | 39426 | 33966 | 76352 | 39433 | 36919 |
| 洛隆县 | Lhorong | 40665 | 20326 | 20339 | 42447 | 21081 | 21366 | 42879 | 21243 | 21636 |
| 边坝县 | Palbar | 30006 | 15057 | 14949 | 30681 | 16737 | 13944 | 33253 | 17534 | 15719 |
| **山南地区** | **Lhoka** | **315328** | **155389** | **159939** | **321873** | **159309** | **162564** | **325063** | **160202** | **164861** |
| 乃东县 | Nedong | 53677 | 27256 | 26421 | 56860 | 28424 | 28436 | 59168 | 28779 | 30389 |
| 扎囊县 | Danang | 36583 | 17605 | 18978 | 36527 | 17764 | 18763 | 36264 | 17688 | 18576 |
| 贡嘎县 | Gonggar | 46231 | 22947 | 23284 | 46230 | 22967 | 23263 | 46626 | 23176 | 23450 |
| 桑日县 | Sangri | 15623 | 7554 | 8069 | 16111 | 8017 | 8094 | 16615 | 8245 | 8370 |
| 琼结县 | Chong-Gye | 17473 | 8396 | 9077 | 18099 | 8902 | 9197 | 18074 | 8245 | 8370 |
| 曲松县 | Chosum | 15539 | 7679 | 7860 | 15974 | 7989 | 7985 | 16044 | 9120 | 8954 |

## 3-7 续表1 continued

单位：人 (person)

| 地区 Region | | 2000 总人口 Total Population | 男 Male | 女 Female | 2004 总人口 Total Population | 男 Male | 女 Female | 2005 总人口 Total Population | 男 Male | 女 Female |
|---|---|---|---|---|---|---|---|---|---|---|
| 加查县 | Gyatsa | 17705 | 8477 | 9228 | 18018 | 8739 | 9279 | 17889 | 8827 | 9062 |
| 隆子县 | Lhuntse | 32107 | 15877 | 16230 | 32578 | 16279 | 16299 | 33646 | 16813 | 16833 |
| 错那县 | Tsona | 15162 | 7449 | 7713 | 14793 | 7046 | 7747 | 14791 | 7049 | 7742 |
| 措美县 | Tsome | 13420 | 6603 | 6817 | 13895 | 6804 | 7091 | 13360 | 6526 | 6834 |
| 洛扎县 | Lhodak | 18320 | 8954 | 9366 | 18674 | 9353 | 9321 | 18361 | 8926 | 9435 |
| 浪卡子县 | Nakartse | 33488 | 16592 | 16896 | 34114 | 17025 | 17089 | 34225 | 17048 | 17177 |
| **日喀则地区** | **Shigatse** | **639280** | **319032** | **320248** | **654349** | **326873** | **327476** | **663924** | **332431** | **331493** |
| 日喀则市 | Shigatse City | 92227 | 46081 | 46146 | 94590 | 47641 | 46949 | 96694 | 48404 | 48290 |
| 南木林县 | Namling | 72414 | 35851 | 36563 | 75102 | 37356 | 37746 | 78693 | 39156 | 39537 |
| 定日县 | Tingri | 45532 | 22625 | 22907 | 47904 | 24160 | 23744 | 48303 | 24539 | 23944 |
| 萨迦县 | Sakya | 44659 | 22215 | 22444 | 45248 | 22209 | 23039 | 45398 | 22858 | 22540 |
| 拉孜县 | Lhatse | 47461 | 23595 | 23866 | 48672 | 24204 | 24468 | 48936 | 24399 | 24537 |
| 昂仁县 | Ngamring | 45190 | 22460 | 22730 | 46468 | 22891 | 23577 | 46600 | 22957 | 23643 |
| 谢通门县 | Thongmon | 43696 | 22001 | 21695 | 41795 | 21057 | 20738 | 42094 | 21541 | 20533 |
| 定结县 | Tingkye | 17916 | 9071 | 8845 | 18335 | 9294 | 9041 | 18088 | 9132 | 8956 |
| 仲巴县 | Dongpa | 17756 | 8931 | 8825 | 18814 | 9600 | 9214 | 19322 | 9855 | 9467 |
| 吉隆县 | Kyirong | 11579 | 5680 | 5899 | 12510 | 6365 | 6145 | 12859 | 6333 | 6526 |
| 聂拉木县 | Nyalam | 13936 | 7016 | 6920 | 14584 | 7248 | 7336 | 14911 | 7511 | 7400 |
| 萨嘎县 | Saga | 11917 | 5992 | 5925 | 12398 | 6399 | 5999 | 12408 | 6504 | 5904 |
| 江孜县 | Gyantse | 61010 | 30619 | 30391 | 62323 | 30655 | 31668 | 62815 | 30911 | 31904 |
| 白朗县 | Panam | 42281 | 21408 | 20873 | 42681 | 21564 | 21117 | 43490 | 21857 | 21633 |
| 仁布县 | Rinpung | 30685 | 15554 | 15131 | 31136 | 15249 | 15387 | 31145 | 15849 | 15296 |
| 康马县 | Khangmar | 19600 | 9654 | 9946 | 20291 | 9963 | 10328 | 20464 | 10174 | 10290 |
| 亚东县 | Yatung | 12111 | 5643 | 6468 | 11836 | 5663 | 6173 | 11996 | 5755 | 6421 |
| 岗巴县 | Gampa | 9310 | 4636 | 4674 | 9662 | 4855 | 4807 | 9708 | 4876 | 4832 |
| **那曲地区** | **Nakchu** | **362853** | **178948** | **183905** | **393155** | **193187** | **199968** | **401871** | **200804** | **201067** |
| 那曲县 | Nakchu | 79240 | 39639 | 39601 | 87727 | 43663 | 44064 | 89711 | 44567 | 45144 |
| 嘉黎县 | Chali | 24198 | 11963 | 12235 | 27245 | 13741 | 13504 | 27448 | 13734 | 13714 |

3-7 续表2 continued

单位：人 (person)

| 地区 | Region | 2000 总人口 Total Population | 2000 男 Male | 2000 女 Female | 2004 总人口 Total Population | 2004 男 Male | 2004 女 Female | 2005 总人口 Total Population | 2005 男 Male | 2005 女 Female |
|---|---|---|---|---|---|---|---|---|---|---|
| 比如县 | Dirl | 44293 | 21965 | 22328 | 48897 | 22265 | 26632 | 49860 | 24576 | 25284 |
| 聂荣县 | Nyerong | 28526 | 14010 | 14516 | 29912 | 14657 | 15255 | 30591 | 14991 | 15600 |
| 安多县 | Amdo | 32768 | 16340 | 16428 | 34920 | 17431 | 17579 | 35674 | 17873 | 17801 |
| 申扎县 | Shantsa | 16381 | 8301 | 8080 | 17491 | 8657 | 8834 | 17734 | 9063 | 8761 |
| 索　县 | Sokshan | 34939 | 17260 | 17679 | 37616 | 18779 | 18837 | 37859 | 19045 | 18814 |
| 班戈县 | Palgon | 32486 | 15701 | 16785 | 34720 | 16879 | 17841 | 35007 | 17128 | 17879 |
| 巴青县 | Bachen | 36169 | 17409 | 18760 | 38736 | 19383 | 19353 | 41562 | 21792 | 19770 |
| 尼玛县 | Nima | 33853 | 16360 | 17493 | 35891 | 17822 | 18069 | 36425 | 18035 | 18390 |
| **阿里地区** | **Ngari** | **74104** | **36914** | **37190** | **79765** | **39838** | **39927** | **80155** | **40413** | **39742** |
| 普兰县 | Purang | 7792 | 3687 | 4105 | 8233 | 4089 | 4144 | 8363 | 4106 | 4257 |
| 札达县 | Tsada | 5675 | 2739 | 2936 | 5690 | 2750 | 2940 | 5704 | 2760 | 2944 |
| 噶尔县 | Gar | 12169 | 6225 | 5944 | 12944 | 6159 | 6785 | 12437 | 6526 | 5911 |
| 日土县 | Rutok | 7230 | 3529 | 3701 | 7711 | 3862 | 3849 | 7736 | 3773 | 3963 |
| 革吉县 | Gakyi | 12642 | 6427 | 6215 | 13146 | 6840 | 6306 | 13339 | 6944 | 6395 |
| 改则县 | Gertse | 16944 | 8510 | 8434 | 19641 | 9906 | 9735 | 19969 | 9965 | 10004 |
| 措勤县 | Tsochen | 11652 | 5797 | 5855 | 12400 | 6232 | 6168 | 12607 | 6339 | 6268 |
| **林芝地区** | **Nyingtri** | **143756** | **72397** | **71359** | **157722** | **78467** | **79255** | **158167** | **78826** | **79341** |
| 林芝县 | Nyingtri | 30387 | 15329 | 15058 | 35786 | 17821 | 17965 | 36689 | 18201 | 18488 |
| 工布江达县 | Kongpo Gyamda | 23521 | 12480 | 11041 | 25366 | 12818 | 12548 | 25422 | 12855 | 12567 |
| 米林县 | Miling | 16907 | 8404 | 8503 | 18366 | 9023 | 9343 | 17846 | 8648 | 9198 |
| 墨脱县 | Metok | 9721 | 5068 | 4653 | 9990 | 5268 | 4722 | 10019 | 5216 | 4803 |
| 波密县 | Pome | 25147 | 12083 | 13064 | 27893 | 13816 | 14077 | 27825 | 13784 | 14041 |
| 察隅县 | Zayul | 23785 | 11788 | 11997 | 25639 | 12745 | 12894 | 25641 | 12752 | 12889 |
| 朗　县 | Namshan | 14288 | 7245 | 7043 | 14682 | 6976 | 7706 | 14725 | 7370 | 7355 |

# 第四篇

# 从业人员和职工工资

# Chapter 4

## EMPLOYMENT AND WAGE

# 4-1　按三次产业分的从业人员

## NUMBER OF EMPLOYED PERSONS BY TYPE OF INDUSTRY

| 年份 Year | 地区 Region | 合计(万人) Total (10000 persons) | 第一产业 Primary Industry | 第二产业 Secondary Industry | 第三产业 Tertiary Industry | 构成(%) Proportion 第一产业 Primary Industry | 第二产业 Secondary Industry | 第三产业 Tertiary Industry |
|---|---|---|---|---|---|---|---|---|
| 1978 | | 93.09 | 76.34 | 5.53 | 11.22 | 82.0 | 5.9 | 12.1 |
| 1979 | | 98.23 | 80.55 | 5.68 | 12.00 | 82.0 | 5.8 | 12.2 |
| 1980 | | 101.14 | 83.09 | 5.87 | 12.18 | 82.2 | 5.8 | 12.0 |
| 1985 | | 105.72 | 85.58 | 4.88 | 15.26 | 81.0 | 4.6 | 14.4 |
| 1986 | | 107.37 | 85.75 | 5.37 | 16.25 | 79.9 | 5.0 | 15.1 |
| 1987 | | 107.77 | 85.79 | 5.30 | 16.68 | 79.6 | 4.9 | 15.5 |
| 1988 | | 107.24 | 85.38 | 4.90 | 16.96 | 79.6 | 4.6 | 15.8 |
| 1989 | | 107.56 | 86.79 | 4.30 | 16.47 | 80.7 | 4.0 | 15.3 |
| 1990 | | 107.88 | 87.08 | 4.13 | 16.67 | 80.7 | 3.8 | 15.5 |
| 1991 | | 109.73 | 87.13 | 4.32 | 18.28 | 79.4 | 3.9 | 16.7 |
| 1992 | | 110.92 | 86.78 | 4.67 | 19.47 | 78.2 | 4.2 | 17.6 |
| 1993 | | 112.35 | 88.14 | 5.41 | 18.80 | 78.5 | 4.8 | 16.7 |
| 1994 | | 114.34 | 88.21 | 4.21 | 21.92 | 77.1 | 3.7 | 19.2 |
| 1995 | | 115.09 | 89.51 | 5.62 | 19.96 | 77.8 | 4.9 | 17.3 |
| 1996 | | 117.70 | 89.72 | 5.84 | 22.14 | 76.2 | 5.0 | 18.8 |
| 1997 | | 120.47 | 91.01 | 6.38 | 23.08 | 75.5 | 5.3 | 19.2 |
| 1998 | | 120.22 | 89.27 | 6.87 | 24.08 | 74.3 | 5.7 | 20.0 |
| 1999 | | 123.91 | 92.19 | 6.46 | 25.26 | 74.4 | 5.2 | 20.4 |
| 2000 | | 124.18 | 90.98 | 7.35 | 25.85 | 73.3 | 5.9 | 20.8 |
| 2001 | | 126.33 | 89.65 | 8.16 | 28.52 | 71.0 | 6.5 | 22.5 |
| 2002 | | 130.20 | 89.63 | 8.11 | 32.46 | 68.8 | 6.2 | 25.0 |
| 2003 | | 132.81 | 85.14 | 12.36 | 35.31 | 64.1 | 9.3 | 26.6 |
| 2004 | | 137.32 | 86.00 | 13.17 | 38.15 | 62.6 | 9.6 | 27.8 |
| 2005 | | 143.60 | 86.39 | 13.60 | 43.61 | 60.1 | 9.5 | 30.4 |
| 拉萨市 | Lhasa | 20.73 | 9.07 | 4.42 | 7.24 | 43.8 | 21.3 | 34.9 |
| 昌都地区 | Chamdo | 27.59 | 18.92 | 1.65 | 7.02 | 68.6 | 6.0 | 25.4 |
| 山南地区 | Lhoka | 17.46 | 11.75 | 1.13 | 4.58 | 67.3 | 6.5 | 26.2 |
| 日喀则地区 | Shigatse | 38.27 | 25.14 | 3.46 | 9.67 | 65.7 | 9.0 | 25.3 |
| 那曲地区 | Nakchu | 18.94 | 13.39 | 0.37 | 5.18 | 70.7 | 2.0 | 27.3 |
| 阿里地区 | Ngari | 4.84 | 3.20 | 0.11 | 1.53 | 66.1 | 2.3 | 31.6 |
| 林芝地区 | Nyingtri | 7.66 | 4.92 | 0.37 | 2.38 | 64.2 | 4.8 | 31.1 |
| 其它 | Others | 8.11 | 0.01 | 2.09 | 6.01 | 0.1 | 25.8 | 74.1 |

注:其它包括区直单位(下同)。

Note: Others included minority nationality autonomous uints.(The next table is the same)

# 4-2 国民经济各行业从业人员数(2005年底)

## NUMBER OF EMPLOYED PERSONS BY OWNERSHIP (END OF 2005)

单位：人 ( persons)

| 行业 | Sector | 合计 Total | 国有经济单位 State-owned Units | 集体经济单位 Collective-owned Units | 其他经济单位 Others Units | 城镇私营和个体 Urban Private Enterprises | 乡村从业人数 Rural Employed |
|---|---|---|---|---|---|---|---|
| 总计 | **Total** | **1436039** | **169426** | **5192** | **7486** | **165667** | **1088268** |
| 农、林、牧、渔业 | Farming,Forestry,Animal Hus–bandry and Fishery | 863879 | 4811 | 18 | 267 | 3496 | 855287 |
| 采掘业 | Mining and Quarrying | 29649 | 789 | 114 | 16 | 2539 | 26191 |
| 制造业 | Manufacturing | 17456 | 4615 | 1801 | 2037 | 9003 | |
| 电力、燃气及水的生产供应业 | Electricity,Gas Water Production and Supply | 7963 | 7681 | | | 282 | |
| 建筑业 | Construction | 80922 | 3071 | 2478 | 1804 | 17299 | 56270 |
| 交通运输、仓储及邮政业 | Transport,Storage,and Post | 42984 | 6586 | 21 | 241 | 6572 | 29564 |
| 信息传输、计算机服务和软件业 | Information Transmission,Com-puter Servecis and Software | 4187 | 2760 | | | 1216 | 211 |
| 批发和零售业 | Wholesale and Retail Trade | 89068 | 5110 | 512 | 664 | 61039 | 21743 |
| 住宿和餐饮业 | Stay Place and Catering | 37360 | 3808 | 185 | 28 | 26976 | 6363 |
| 金融业 | Finance and Insurance | 6092 | 5812 | | 280 | | |
| 房地产业 | Real Estate Trade | 1978 | 306 | | 57 | 1615 | |
| 租赁和商务服务业 | Tenancy and Commerce Servecis | 2741 | 499 | 36 | 120 | 2086 | |
| 科学研究、技术服务和地质勘查业 | Science Studies,Technical Serve-cis and Geological Prospecting | 5360 | 5360 | | | | |
| 水利、环境和公共设施管理业 | Water Environment and Munici-pal Engineering Conservancy | 1841 | 1841 | | | | |
| 居民服务和其他服务业 | Resideng Services and Other Services | 113505 | 40 | 4 | | 20822 | 92639 |
| 教育 | Education | 32228 | 32228 | | | | |
| 卫生、社会保障和社会福利业 | Health Care,Social Security and Social Welfare | 13267 | 12546 | | | 721 | |
| 文化、体育和娱乐业 | Culture and Arts,Sports and Re–creation | 12929 | 5691 | 23 | | 7215 | |
| 公共管理和社会组织 | Public Management and Social Organization | 67844 | 65872 | | 1972 | | |
| 国际组织 | International Organization | | | | | | |
| 其他 | Others | 4786 | | | | 4786 | |

# 4-3 全区职工人数及构成

## NUMBER OF STAFF AND WORKERS AND ITS PROPORTION

| 年份 Year | 合计（人） Total (person) | 国有经济单位 State-owned Units | 城镇集体经济单位 Urban Collective-owned | 其他经济单位 Units of Other Type of Ownership | 构成(总计=100) Proportion (Total=100) 国有经济单位 State-owned Units | 城镇集体经济单位 Urban Collective-owned | 其他经济单位 Units of Other Type of Ownership |
|---|---|---|---|---|---|---|---|
| 1978 | 135217 | 126663 | 8554 | | 93.7 | 6.3 | |
| 1979 | 178489 | 167533 | 10956 | | 93.9 | 6.1 | |
| 1980 | 193288 | 178433 | 14855 | | 92.3 | 7.7 | |
| 1981 | 174227 | 162637 | 11590 | | 93.3 | 6.7 | |
| 1982 | 182821 | 168301 | 14520 | | 92.1 | 7.9 | |
| 1983 | 174964 | 160191 | 14773 | | 91.6 | 8.4 | |
| 1984 | 176282 | 161695 | 14587 | | 91.7 | 8.3 | |
| 1985 | 166772 | 152566 | 14018 | 188 | 91.5 | 8.4 | 0.1 |
| 1986 | 158985 | 146216 | 12202 | 567 | 92.0 | 7.7 | 0.3 |
| 1987 | 156826 | 146168 | 10189 | 469 | 93.2 | 6.5 | 0.3 |
| 1988 | 160038 | 148718 | 10746 | 574 | 92.9 | 6.7 | 0.4 |
| 1989 | 161385 | 150657 | 10125 | 603 | 93.4 | 6.3 | 0.3 |
| 1990 | 157841 | 149144 | 8557 | 140 | 94.5 | 5.4 | 0.1 |
| 1991 | 163863 | 152573 | 10522 | 768 | 93.1 | 6.4 | 0.5 |
| 1992 | 167790 | 155940 | 11043 | 807 | 92.9 | 6.7 | 0.4 |
| 1993 | 169018 | 157263 | 11194 | 561 | 93.1 | 6.6 | 0.3 |
| 1994 | 160143 | 151134 | 8318 | 691 | 94.4 | 5.2 | 0.4 |
| 1995 | 162896 | 151971 | 10021 | 904 | 93.3 | 6.1 | 0.6 |
| 1996 | 167496 | 155488 | 10818 | 1190 | 92.8 | 6.5 | 0.7 |
| 1997 | 166960 | 154262 | 11348 | 1350 | 92.4 | 6.8 | 0.8 |
| 1998 | 163342 | 149057 | 11752 | 2533 | 91.3 | 7.2 | 1.5 |
| 1999 | 161451 | 147146 | 10076 | 4229 | 91.1 | 6.2 | 2.6 |
| 2000 | 162438 | 149690 | 8187 | 4561 | 92.2 | 5.0 | 2.8 |
| 2001 | 159691 | 144592 | 8512 | 6587 | 90.6 | 5.3 | 4.1 |
| 2002 | 148025 | 137940 | 5580 | 4505 | 93.2 | 3.8 | 3.0 |
| 2003 | 144777 | 136646 | 3688 | 4443 | 94.4 | 2.5 | 3.1 |
| 2004 | 144924 | 136732 | 2940 | 5252 | 94.4 | 2.0 | 3.6 |
| 2005 | 162831 | 154473 | 3226 | 5132 | 94.9 | 2.0 | 3.1 |

注：1998年以后为在岗职工人数；2005年包括临时工在内(下表同)。

Note: Data of 1998 and after year refer to fully employed staff and workers; Data of 2005 Including Short-time Workers(The next tables is the same).

# 4-4 各行业分经济类型、分地区职工人数(2005年底)

单位：人

| 行业 | Sector | 合计<br>Total | 国有经济单位<br>State-owned Units | 集体经济单位<br>Collective-owned Units | 其他经济单位<br>Others Units |
|---|---|---|---|---|---|
| **总计** | **Total** | **162831** | **154473** | **3226** | **5132** |
| 农、林、牧、渔业 | Farming,Forestry,Animal Husbandry and Fishery | 3268 | 2985 | 18 | 265 |
| 采掘业 | Mining and Quarrying | 712 | 677 | 19 | 16 |
| 制造业 | Manufacturing | 7564 | 4074 | 1469 | 2021 |
| 电力、燃气及水生产供应业 | Electricity,Gas Water Production and Supply | 7356 | 7356 | | |
| 建筑业 | Construction | 5049 | 2555 | 954 | 1540 |
| 交通运输、仓储及邮政业 | Transport,Storage,and Post | 6369 | 6107 | 21 | 241 |
| 信息传输、计算机服务和软件业 | Information Transmission,Computer Servecis and Software | 2713 | 2713 | | |
| 批发和零售业 | Wholesale and Retail Trade | 5918 | 4762 | 512 | 644 |
| 住宿和餐饮业 | Stay Place and Catering | 3849 | 3648 | 185 | 16 |
| 金融业 | Finance and Insurance | 6026 | 5812 | | 214 |
| 房地产业 | Real Estate Trade | 302 | 247 | | 55 |
| 租赁和商务服务业 | Tenancy and Commerce Servecis | 566 | 410 | 36 | 120 |
| 科学研究、技术服务和地质勘查业 | Science Studies,Technical Servecis and Geological Prospecting | 5248 | 5248 | | |
| 水利、环境和公共设施管理业 | Water Environment and Municipal Engineering Conservancy | 1818 | 1818 | | |
| 居民服务和其他服务业 | Resideng Services and Other Services | 42 | 40 | 2 | |
| 教育 | Education | 29394 | 29394 | | |
| 卫生、社会保障和社会福利业 | Health Care,Social Security and Social Welfare | 10451 | 10451 | | |
| 文化、体育和娱乐业 | Culture and Arts,Sports and Recreation | 5416 | 5406 | 10 | |
| 公共管理和社会组织 | Public Management and Social Organization | 60770 | 60770 | | |
| 国际组织 | International Orgenization | | | | |

# NUMBER OF STAFF AND WORKERS BY REGION,OWNERSHIP AND SECTOR(END OF 2005)

( persons)

| 拉萨市<br>Lhasa | 昌都地区<br>Chamdo | 山南地区<br>Lhoka | 日喀则地区<br>Shigatse | 那曲地区<br>Nakchu | 阿里地区<br>Ngari | 林芝地区<br>Nyingtri | 其　它<br>Others |
|---|---|---|---|---|---|---|---|
| **18717** | **16916** | **16537** | **22606** | **14342** | **4927** | **11211** | **57575** |
| 425 | 398 | 266 | 380 | 905 | 60 | 834 | |
| | | | | | | | |
| | 25 | 111 | 49 | 46 | 43 | | 438 |
| 1174 | 479 | 823 | 1512 | 149 | 74 | 981 | 2372 |
| 202 | 514 | 170 | 484 | 307 | 86 | 576 | 5017 |
| | | | | | | | |
| 742 | | 1686 | 349 | 45 | 20 | 73 | 2134 |
| 102 | 541 | 657 | 152 | 151 | 26 | 370 | 4370 |
| 83 | | | | | | | 2630 |
| | | | | | | | |
| 764 | 320 | 395 | 719 | 876 | 128 | 293 | 2423 |
| 31 | 45 | 416 | 604 | 77 | 24 | 54 | 2598 |
| | | | | | | | 6026 |
| 157 | | | 55 | | | | 90 |
| | | 43 | 6 | 21 | 75 | | 421 |
| | | 152 | 293 | 38 | 15 | | 4750 |
| | | | | | | | |
| 1041 | 6 | 22 | 536 | | | 201 | 12 |
| | | | | | | | |
| | | | 2 | | | | 40 |
| | | | | | | | |
| 5708 | 4879 | 3582 | 6537 | 2750 | 632 | 1894 | 3412 |
| 1069 | 1429 | 1152 | 1617 | 1388 | 422 | 643 | 2731 |
| | | | | | | | |
| 369 | 457 | 463 | 584 | 360 | 163 | 268 | 2752 |
| | | | | | | | |
| 6850 | 7823 | 6599 | 8727 | 7229 | 3159 | 5024 | 15359 |

# 4-5 女性职工人数

## NUMBER OF FEMALE STAFF AND WORKERS

| 年份 Year | 合计（人） Total (person) | 国有经济单位 State-owned Units | 城镇集体经济单位 Urban Collective-owned | 其他经济单位 Units of Other Type of Ownership | 占职工人数比重(%) Proportion 合计 Total | 国有经济单位 State-owned Units | 城镇集体经济单位 Urban Collective-owned | 其他经济单位 Units of Other Type of Ownership |
|---|---|---|---|---|---|---|---|---|
| 1980 | 66085 | 58936 | 7149 | | 34.2 | 33.0 | 48.1 | |
| 1985 | 57614 | 50945 | 6637 | 32 | 34.6 | 33.4 | 47.4 | 17.0 |
| 1986 | 52229 | 46739 | 5270 | 220 | 32.9 | 32.0 | 43.2 | 38.8 |
| 1987 | 52579 | 47177 | 5181 | 221 | 33.5 | 32.4 | 50.9 | 47.1 |
| 1988 | 52944 | 47410 | 5277 | 257 | 33.1 | 31.9 | 49.1 | 44.8 |
| 1989 | 52856 | 48185 | 4403 | 268 | 32.8 | 32.0 | 43.5 | 44.4 |
| 1990 | 50428 | 46673 | 3677 | 78 | 32.0 | 31.3 | 43.0 | 55.7 |
| 1991 | 53347 | 48555 | 4489 | 303 | 32.6 | 31.8 | 42.7 | 39.5 |
| 1992 | 54336 | 49294 | 4720 | 322 | 32.4 | 31.6 | 42.7 | 39.9 |
| 1993 | 55299 | 49668 | 5336 | 295 | 32.7 | 31.6 | 47.7 | 52.6 |
| 1994 | 54437 | 50512 | 3582 | 343 | 34.0 | 33.4 | 43.1 | 49.6 |
| 1995 | 54539 | 49989 | 4050 | 500 | 33.5 | 32.9 | 40.4 | 55.3 |
| 1996 | 57700 | 53222 | 3869 | 609 | 34.4 | 34.2 | 35.8 | 51.2 |
| 1997 | 58254 | 53364 | 4395 | 495 | 34.9 | 34.6 | 38.7 | 36.7 |
| 1998 | 59971 | 54195 | 5234 | 542 | 36.7 | 36.4 | 44.5 | 21.4 |
| 1999 | 59472 | 53428 | 4656 | 1388 | 33.5 | 33.0 | 43.6 | 29.4 |
| 2000 | 59623 | 54604 | 3522 | 1497 | 36.7 | 36.4 | 43.0 | 32.8 |
| 2001 | 59572 | 54082 | 3220 | 2270 | 37.3 | 37.4 | 37.8 | 34.5 |
| 2002 | 55840 | 52301 | 1639 | 1900 | 37.7 | 37.9 | 29.4 | 42.2 |
| 2003 | 57827 | 54350 | 1604 | 1873 | 39.9 | 39.8 | 43.5 | 42.2 |
| 2004 | 61467 | 58247 | 1280 | 1940 | 42.4 | 42.6 | 43.5 | 36.9 |
| 2005 | 63870 | 60125 | 1490 | 2255 | 39.2 | 38.9 | 46.2 | 43.9 |

注:1999年后为女性从业人员数。

Note: data of 1998 and after year refer to female of fully employed staff and workers.

# 4-6 各地区国有经济单位分行业女性职工人数(2005年底)

## NUMBER OF FEMALE STAFF AND WORKERS OF STATE-OWNED UNITS BY REGION AND SECTOR(END OF 2005)

单位：人　　　　(persons)

| 行业 | Sector | 合计 Total | 拉萨市 Lhasa | 昌都地区 Chamdo | 山南地区 Lhoka | 日喀则地区 Shigatse | 那曲地区 Nakchu | 阿里地区 Ngari | 林芝地区 Nyin-gtri | 其它 Others |
|---|---|---|---|---|---|---|---|---|---|---|
| **总计** | **Total** | **59972** | **8190** | **5002** | **5722** | **8161** | **4914** | **1536** | **4942** | **21505** |
| 农、林、牧、渔业 | Farming,Forestry,Animal Hus-bandry and Fishery | 1112 | 172 | 104 | 84 | 125 | 185 | 13 | 429 | |
| 采掘业 | Mining and Quarrying | 169 | | 6 | 29 | 19 | 21 | 15 | | 79 |
| 制造业 | Manufacturing | 3115 | 517 | 181 | 296 | 623 | 107 | 18 | 414 | 959 |
| 电力、燃气及水生产供应业 | Electricity,Gas Water Production and Supply | 2279 | 114 | 79 | 37 | 140 | 89 | 9 | 284 | 1527 |
| 建筑业 | Construction | 1199 | 232 | | 210 | 93 | 18 | 8 | 29 | 609 |
| 交通运输、仓储及邮政业 | Transport,Storage,and Post | 1960 | 26 | 80 | 244 | 51 | 124 | 6 | 141 | 1288 |
| 信息传输、计算机服务和软件业 | Information Transmission,Com-puter Servecis and Software | 1086 | 35 | | | | | | | 1051 |
| 批发和零售业 | Wholesale and Retail Trade | 2419 | 336 | 122 | 142 | 264 | 366 | 45 | 138 | 1006 |
| 住宿和餐饮业 | Stay Place and Catering | 2027 | 17 | 10 | 254 | 408 | 50 | 20 | 34 | 1234 |
| 金融业 | Finance and Insurance | 2312 | | | | | | | | 2312 |
| 房地产业 | Real Estate Trade | 146 | 66 | | | 29 | | | | 51 |
| 租赁和商务服务业 | Tenancy and Commerce Servecis | 218 | | | 27 | 2 | 16 | 37 | | 136 |
| 科学研究、技术服务和地质勘查业 | Science Studies,Technical Serve-cis and Geological Prospecting | 1601 | | | 62 | 147 | 25 | 5 | | 1362 |
| 水利、环境和公共设施管理业 | Water Environment and Munici-pal Engineering Conservancy | 1005 | 544 | | 8 | 300 | | | 152 | 1 |
| 居民服务和其他服务业 | Resideng Services and Other Services | 5 | | | | | | | | 5 |
| 教育 | Education | 12604 | 2993 | 1926 | 1438 | 2259 | 1162 | 291 | 939 | 1596 |
| 卫生、社会保障和社会福利业 | Health Care,Social Security and Social Welfare | 5723 | 624 | 583 | 627 | 914 | 587 | 197 | 461 | 1730 |
| 文化、体育和娱乐业 | Culture and Arts,Sports and Recreation | 1998 | 165 | 161 | 181 | 187 | 111 | 72 | 105 | 1016 |
| 公共管理和社会组织 | Public Management and Social Organization | 18994 | 2349 | 1750 | 2083 | 2600 | 2053 | 800 | 1816 | 5543 |
| 国际组织 | International Orgenization | | | | | | | | | |

# 4-7 各地市国有经济单位分行业职工人数（2005年底）

## NUMBER OF STAFF AND WORKERS IN STATE-OWNED UNITS UNITS BY SECTOR AND REGION (END OF 2005)

单位：人 (person)

| 行业 | Sector | 合计 Total | 拉萨市 Lhasa | 昌都地区 Chamdo | 山南地区 Lhoka | 日喀则地区 Shigatse | 那曲地区 Nakchu | 阿里地区 Ngari | 林芝地区 Nyingtri | 其它 Others |
|---|---|---|---|---|---|---|---|---|---|---|
| 总计 | **Total** | **154473** | **17557** | **16898** | **15453** | **21391** | **13991** | **4927** | **10654** | **53602** |
| 农、林、牧、渔业 | Farming,Forestry,Animal Husbandry and Fishery | 2985 | 425 | 398 | 251 | 377 | 905 | 60 | 569 | |
| 采掘业 | Mining and Quarrying | 677 | | 25 | 100 | 49 | 46 | 43 | | 414 |
| 制造业 | Manufacturing | 4074 | 478 | 461 | 237 | 892 | 67 | 74 | 733 | 1132 |
| 电力、燃气及水生产供应业 | Electricity,Gas Water Production and Supply | 7356 | 202 | 514 | 170 | 484 | 307 | 86 | 576 | 5017 |
| 建筑业 | Construction | 2555 | 487 | | 1278 | 58 | 45 | 20 | 73 | 594 |
| 交通运输、仓储及邮政业 | Transport,Storage,and Post | 6107 | 102 | 541 | 657 | 131 | 151 | 26 | 370 | 4129 |
| 信息传输、计算机服务和软件业 | Information Transmission,Computer Servecis and Software | 2713 | 83 | | | | | | | 2630 |
| 批发和零售业 | Wholesale and Retail Trade | 4762 | 571 | 320 | 367 | 691 | 607 | 128 | 249 | 1829 |
| 住宿和餐饮业 | Stay Place and Catering | 3648 | 15 | 45 | 416 | 419 | 77 | 24 | 54 | 2598 |
| 金融业 | Finance and Insurance | 5812 | | | | | | | | 5812 |
| 房地产业 | Real Estate Trade | 247 | 157 | | | | | | | 90 |
| 租赁和商务服务业 | Tenancy and Commerce Servecis | 410 | | | 7 | 6 | 21 | 75 | | 301 |
| 科学研究、技术服务和地质勘查业 | Science Studies,Technical Servecis and Geological Prospecting | 5248 | | | 152 | 293 | 38 | 15 | | 4750 |
| 水利、环境和公共设施管理业 | Water Environment and Municipal Engineering Conservancy | 1818 | 1041 | 6 | 22 | 536 | | | 201 | 12 |
| 居民服务和其他服务业 | Resideng Services and Other Services | 40 | | | | | | | | 40 |
| 教育 | Education | 29394 | 5708 | 4879 | 3582 | 6537 | 2750 | 632 | 1894 | 3412 |
| 卫生、社会保障和社会福利业 | Health Care,Social Security and Social Welfare | 10451 | 1069 | 1429 | 1152 | 1617 | 1388 | 422 | 643 | 2731 |
| 文化、体育和娱乐业 | Culture and Arts,Sports and Recreation | 5406 | 369 | 457 | 463 | 574 | 360 | 163 | 268 | 2752 |
| 公共管理和社会组织 | Public Management and Social Organization | 60770 | 6850 | 7823 | 6599 | 8727 | 7229 | 3159 | 5024 | 15359 |
| 国际组织 | International Organization | | | | | | | | | |

# 4-8 各地市城镇集体经济单位分行业职工人数（2005年底）

# NUMBER OF STAFF AND WORKERS IN URBAN COLLECTIVE-OWNED UNITS BY SECTOR AND REGION (END OF 2005)

单位：人　　(person)

| 项目 | Item | 合计 Total | 拉萨市 Lhasa | 昌都地区 Chamdo | 山南地区 Lhoka | 日喀则地区 Shigatse | 那曲地区 Nakchu | 阿里地区 Ngari | 林芝地区 Nyingtri | 其它 Others |
|---|---|---|---|---|---|---|---|---|---|---|
| **总计** | **Total** | **3226** | **851** | **18** | **555** | **1160** | **351** | | **283** | **8** |
| 农、林、牧、渔业 | Farming,Forestry,Animal Husbandry and Fishery | 18 | | | 15 | 3 | | | | |
| 采掘业 | Mining and Quarrying | 19 | | | 11 | | | | | 8 |
| 制造业 | Manufacturing | 1469 | 416 | 18 | 85 | 620 | 82 | | 248 | |
| 电力、燃气及水生产供应业 | Electricity,Gas Water Production and Supply | | | | | | | | | |
| 建筑业 | Construction | 954 | 255 | | 408 | 291 | | | | |
| 交通运输、仓储及邮政业 | Transport,Storage,and Post | 21 | | | | 21 | | | | |
| 信息传输、计算机服务和软件业 | Information Transmission,Computer Servecis and Software | | | | | | | | | |
| 批发和零售业 | Wholesale and Retail Trade | 512 | 180 | | | 28 | 269 | | 35 | |
| 住宿和餐饮业 | Stay Place and Catering | 185 | | | | 185 | | | | |
| 金融业 | Finance and Insurance | | | | | | | | | |
| 房地产业 | Real Estate Trade | | | | | | | | | |
| 租赁和商务服务业 | Tenancy and Commerce Servecis | 36 | | | 36 | | | | | |
| 科学研究、技术服务和地质勘查业 | Science Studies,Technical Servecis and Geological Prospecting | | | | | | | | | |
| 水利、环境和公共设施管理业 | Water Environment and Municipal Engineering Conservancy | | | | | | | | | |
| 居民服务和其他服务业 | Residieng Services and Other Services | 2 | | | | 2 | | | | |
| 教育 | Education | | | | | | | | | |
| 卫生、社会保障和社会福利业 | Health Care,Social Security and Social Welfare | | | | | | | | | |
| 文化、体育和娱乐业 | Culture and Arts,Sports and Recreation | 10 | | | | 10 | | | | |
| 公共管理和社会组织 | Public Management and Social Organization | | | | | | | | | |
| 国际组织 | International Orgenization | | | | | | | | | |

# 4-9 单位从业人员劳动报酬情况 (2005年底)

## WORKING PAY OF EMPLOYED PERSONS IN UNITS (END OF 2005)

单位:万元 (10000 yuan)

| 行业 | Sector | 单位从业人员劳动报酬 Total Wages | 在岗职工工资总额 Staff and Workers at their Posts | 其他从业人员劳动报酬 Others | #聘用的离退休人员 Retired and Ucsrm Engaged and Kept on | 离开本单位仍保留劳动关系职工的生活费 Subsidies and Allowances |
|---|---|---|---|---|---|---|
| **总计** | **Total** | **476628** | **462580** | **14048** | **301** | **4194** |
| **按经济类型分** | **Grouped by Ownership** | | | | | |
| 国有经济单位 | State-owned Units | 460073 | 448477 | 11596 | 283 | 3616 |
| 城镇集体经济单位 | Urban Collective Owned Units | 5043 | 3935 | 1108 | 4 | 4 |
| 其他经济单位 | Units of Other Types of Owner–ship | 11512 | 10168 | 1344 | 14 | 574 |
| **按行业分** | **Grouped by Sector** | | | | | |
| 农、林、牧、渔业 | Farming,Forestry,Animal Hus–bandry and Fishery | 7300 | 6601 | 699 | 3 | 2 |
| 采掘业 | Mining and Quarrying | 1326 | 1219 | 107 | | 18 |
| 制造业 | Manufacturing | 10963 | 10264 | 699 | 20 | 14 |
| 电力、燃气及水生产供应业 | Electricity,Gas Water Production and Supply | 18675 | 17408 | 1267 | 26 | 377 |
| 建筑业 | Construction | 13188 | 10649 | 2539 | 15 | 563 |
| 交通运输、仓储及邮政业 | Transport,Storage,and Post | 18255 | 17835 | 420 | 11 | 34 |
| 信息传输、计算机服务和软件业 | Information Transmission,Com-puter Servecis and Software | 12752 | 12688 | 64 | 28 | 896 |
| 批发和零售业 | Wholesale and Retail Trade | 10156 | 9794 | 362 | 21 | 165 |
| 住宿和餐饮业 | Stay Place and Catering | 5690 | 5412 | 278 | | 123 |
| 金融业 | Finance and Insurance | 30235 | 30098 | 137 | | 1222 |
| 房地产业 | Real Estate Trade | 804 | 655 | 149 | 13 | 28 |
| 租赁和商务服务业 | Tenancy and Commerce Servecis | 1104 | 1026 | 78 | 7 | 3 |
| 科学研究、技术服务和地质勘查业 | Science Studies,Technical Serve-cis and Geological Prospecting | 17918 | 17532 | 386 | 25 | 14 |
| 水利、环境和公共设施管理业 | Water Environment and Munici-pal Engineering Conservancy | 2580 | 2562 | 18 | | |
| 居民服务和其他服务业 | Resideng Services and Other Services | 113 | 112 | 1 | | |
| 教育 | Education | 87128 | 85399 | 1729 | 11 | 213 |
| 卫生、社会保障和社会福利业 | Health Care,Social Security and Social Welfare | 29878 | 29303 | 575 | 9 | 16 |
| 文化、体育和娱乐业 | Culture and Arts,Sports and Re–creation | 16662 | 16508 | 154 | | 3 |
| 公共管理和社会组织 | Public Management and Social Organization | 191901 | 187515 | 4386 | 111 | 503 |
| 国际组织 | International Orgenization | | | | | |

# 4-10 职工工资总额及构成

## TOTAL WAGES OF STAFF AND WORKERS AND ITS COMPOSITION

| 年份 Year | 地区 Region | 绝对数(万元) Value (10000 yuan) 合　计 Total | 国有经济单位 State-Owned Units | 城镇集体经济单位 Urban Collection-Owned Uints | 其他经济单位 Units of Others Types of Ownership | 构成(总计=100)Composition(Total=100) 国有经济单位 State-Owned Units | 城镇集体经济单位 Urban Collection-Owned Uints | 其他经济单位 Units of Others Types of Ownership |
|---|---|---|---|---|---|---|---|---|
| 1965 | | 5861 | 5861 | | | 100.0 | | |
| 1970 | | 6809 | 6809 | | | 100.0 | | |
| 1975 | | 9272 | 9272 | | | 100.0 | | |
| 1978 | | 11125 | 10658 | 467 | | 95.8 | 4.2 | |
| 1979 | | 15609 | 14953 | 656 | | 95.8 | 4.2 | |
| 1980 | | 19548 | 18574 | 974 | | 95.0 | 5.0 | |
| 1985 | | 32856 | 30636 | 2181 | 39 | 93.2 | 6.6 | 0.2 |
| 1986 | | 37562 | 35300 | 2111 | 151 | 94.0 | 5.6 | 0.4 |
| 1987 | | 38638 | 36539 | 1997 | 102 | 94.6 | 5.1 | 0.3 |
| 1988 | | 42662 | 40071 | 2458 | 133 | 93.9 | 5.8 | 0.3 |
| 1989 | | 46576 | 44386 | 2024 | 166 | 95.3 | 4.4 | 0.3 |
| 1990 | | 49071 | 47118 | 1896 | 57 | 96.0 | 3.9 | 0.1 |
| 1991 | | 54513 | 51567 | 2312 | 274 | 95.2 | 4.3 | 0.5 |
| 1992 | | 56851 | 53946 | 2610 | 295 | 94.9 | 4.6 | 0.5 |
| 1993 | | 67869 | 64520 | 3032 | 317 | 95.1 | 4.5 | 0.4 |
| 1994 | | 111934 | 108501 | 2478 | 955 | 96.9 | 2.2 | 0.9 |
| 1995 | | 120652 | 115668 | 4007 | 977 | 95.9 | 3.3 | 0.8 |
| 1996 | | 185405 | 179463 | 4482 | 1460 | 96.8 | 2.4 | 0.8 |
| 1997 | | 170366 | 164175 | 5223 | 968 | 96.3 | 3.1 | 0.6 |
| 1998 | | 179427 | 171185 | 6321 | 1921 | 95.4 | 3.5 | 1.1 |
| 1999 | | 205336 | 195535 | 5389 | 4412 | 95.2 | 2.6 | 2.2 |
| 2000 | | 232007 | 222425 | 4648 | 4934 | 95.9 | 2.0 | 2.1 |
| 2001 | | 295197 | 283439 | 5123 | 6635 | 96.0 | 1.7 | 2.3 |
| 2002 | | 364066 | 351545 | 5437 | 7084 | 96.6 | 1.5 | 2.0 |
| 2003 | | 388303 | 375822 | 3402 | 9079 | 96.8 | 0.9 | 2.3 |
| 2004 | | 422299 | 410205 | 2814 | 9280 | 97.1 | 0.7 | 2.2 |
| 2005 | | 462580 | 448477 | 3935 | 10168 | 97.0 | 0.9 | 2.1 |
| 拉萨市 | Lhasa | 52934 | 50783 | 1461 | 690 | 95.9 | 2.8 | 1.3 |
| 昌都地区 | Chamdo | 45691 | 45672 | 19 | | 100.0 | … | |
| 山南地区 | Lhoka | 43175 | 41830 | 708 | 637 | 96.9 | 1.6 | 1.5 |
| 日喀则地区 | Shigatse | 59839 | 58868 | 886 | 85 | 98.4 | 1.5 | 0.1 |
| 那曲地区 | Nakchu | 41125 | 40565 | 560 | | 98.6 | 1.4 | |
| 阿里地区 | Ngari | 16871 | 16871 | | | 100.0 | | |
| 林芝地区 | Nyingtri | 25918 | 25315 | 285 | 318 | 97.7 | 1.1 | 1.2 |
| 其他 | Others | 177027 | 168573 | 16 | 8438 | 95.2 | … | 4.8 |

注:职工工资总额1998年后为在岗职工工资(下同)。
Note: the data on total wages after 1998 refer to wagws of fully employed staff and workers. ( Similarly in the following tables ).

# 4-11 职工工资总额指数

## INDEX WAGES OF STAFF AND WORKERS

| 年份 Year | 指数(1978=100) Indices (1978=100) | | | | 指数(上年=100) Indices (Preceding year=100) | | | |
|---|---|---|---|---|---|---|---|---|
| | 合计 Total | 国有经济单位 State-Owned Units | 城镇集体经济单位 Urban Collection-Owned Uints | 其他经济单位 Units of Others Types of Ownership | 合计 Total | 国有经济单位 State-Owned Units | 城镇集体经济单位 Urban Collection-Owned Uints | 其他经济单位 Units of Others Types of Ownership |
| 1978 | 100.0 | 100.0 | 100.0 | | | 107.0 | | |
| 1979 | 140.3 | 140.3 | 140.5 | | 140.3 | 140.3 | 140.5 | |
| 1980 | 175.7 | 174.3 | 208.6 | | 125.2 | 124.2 | 148.5 | |
| 1981 | 174.3 | 173.0 | 205.3 | | 99.2 | 99.3 | 98.4 | |
| 1982 | 210.8 | 205.1 | 340.4 | | 102.9 | 118.6 | 165.8 | |
| 1983 | 219.1 | 210.0 | 425.4 | | 103.9 | 102.4 | 125.0 | |
| 1984 | 265.0 | 257.1 | 446.5 | | 121.0 | 122.4 | 105.0 | |
| 1985 | 295.3 | 287.5 | 466.9 | 100.0 | 111.4 | 111.8 | 104.6 | |
| 1986 | 337.6 | 331.2 | 452.0 | 387.2 | 114.3 | 115.2 | 96.8 | 387.2 |
| 1987 | 347.3 | 343.3 | 427.7 | 261.5 | 102.9 | 103.5 | 94.6 | 67.5 |
| 1988 | 383.5 | 376.0 | 426.4 | 341.0 | 110.4 | 109.7 | 123.1 | 130.4 |
| 1989 | 418.7 | 416.5 | 433.4 | 425.6 | 109.2 | 110.8 | 82.3 | 124.8 |
| 1990 | 441.1 | 442.9 | 406.0 | 146.2 | 105.4 | 106.3 | 93.7 | 34.4 |
| 1991 | 486.8 | 483.9 | 495.1 | 702.6 | 110.4 | 109.3 | 121.9 | 480.6 |
| 1992 | 511.0 | 506.2 | 558.9 | 756.4 | 105.0 | 104.6 | 112.9 | 107.7 |
| 1993 | 610.1 | 605.4 | 649.3 | 812.8 | 119.4 | 119.6 | 116.2 | 107.5 |
| 1994 | 1006.2 | 1018.1 | 530.6 | 2448.7 | 164.9 | 168.2 | 81.7 | 301.3 |
| 1995 | 1084.5 | 1085.3 | 858.1 | 2505.1 | 107.8 | 106.6 | 161.7 | 102.4 |
| 1996 | 1666.6 | 1683.8 | 959.7 | 3743.6 | 153.7 | 155.2 | 111.9 | 149.4 |
| 1997 | 1531.4 | 1540.4 | 1118.4 | 2481.5 | 91.9 | 91.5 | 116.5 | 66.3 |
| 1998 | 1612.8 | 1606.2 | 1353.5 | 4925.6 | 105.3 | 104.3 | 121.0 | 198.5 |
| 1999 | 1845.7 | 1834.6 | 1154.0 | 11312.8 | 114.4 | 114.2 | 85.3 | 229.7 |
| 2000 | 2085.6 | 2087.8 | 995.9 | 12647.7 | 113.0 | 113.8 | 86.3 | 111.8 |
| 2001 | 2653.5 | 2659.4 | 1096.8 | 17010.3 | 127.2 | 127.4 | 110.2 | 134.5 |
| 2002 | 3272.5 | 3298.4 | 1097.0 | 18164.1 | 123.3 | 124.0 | 100.0 | 106.8 |
| 2003 | 3490.4 | 3526.2 | 728.5 | 23279.5 | 106.7 | 106.9 | 62.6 | 128.2 |
| 2004 | 3797.6 | 3847.1 | 602.5 | 23791.6 | 108.8 | 109.1 | 82.7 | 102.2 |
| 2005 | 4158.0 | 4207.9 | 842.6 | 26071.8 | 109.5 | 109.3 | 139.8 | 109.6 |

# 4-12各地市国有经济单位分行业职工工资总额（2005年）

## TOTAL WAGES OF STAFF AND WORKERS IN STATE-OWNED UNITS BY SECTOR AND REGION (2005)

单位：万元　　　　(10000yuan)

| 行业 | Sector | 合计 Total | 拉萨市 Lhasa | 昌都地区 Chamdo | 山南地区 Lhoka | 日喀则地区 Shigatse | 那曲地区 Nakchu | 阿里地区 Ngari | 林芝地区 Nyin-gtri | 其它 Others |
|---|---|---|---|---|---|---|---|---|---|---|
| 总计 | Total | 448477 | 50783 | 45672 | 41830 | 58868 | 40565 | 16871 | 25315 | 168573 |
| 农、林、牧、渔业 | Farming,Forestry,Animal Husbandry and Fishery | 6263 | 899 | 1027 | 590 | 1079 | 1773 | 200 | 695 | |
| 采掘业 | Mining and Quarrying | 1176 | | 19 | 178 | 84 | 91 | 87 | | 717 |
| 制造业 | Manufacturing | 5656 | 720 | 634 | 368 | 1347 | 104 | 88 | 736 | 1659 |
| 电力、燃气及水生产供应业 | Electricity,Gas Water Production and Supply | 17408 | 448 | 650 | 318 | 815 | 1036 | 326 | 1052 | 12763 |
| 建筑业 | Construction | 4919 | 1263 | | 2165 | 58 | 71 | 27 | 72 | 1263 |
| 交通运输、仓储及邮政业 | Transport,Storage,and Post | 17413 | 331 | 869 | 1337 | 272 | 252 | 60 | 843 | 13449 |
| 信息传输、计算机服务和软件业 | Information Transmission,Computer Servecis and Software | 12689 | 283 | | | | | | | 12406 |
| 批发和零售业 | Wholesale and Retail Trade | 8191 | 888 | 594 | 536 | 812 | 1236 | 330 | 388 | 3407 |
| 住宿和餐饮业 | Stay Place and Catering | 5228 | 33 | 62 | 645 | 666 | 85 | 33 | 50 | 3654 |
| 金融业 | Finance and Insurance | 29311 | | | | | | | | 29311 |
| 房地产业 | Real Estate Trade | 571 | 413 | | | | | | | 158 |
| 租赁和商务服务业 | Tenancy and Commerce Servecis | 734 | | | 19 | 5 | 28 | 173 | | 509 |
| 科学研究、技术服务和地质勘查业 | Science Studies,Technical Servecis and Geological Prospecting | 17531 | | | 533 | 786 | 118 | 53 | | 16041 |
| 水利、环境和公共设施管理业 | Water Environment and Municipal Engineering Conservancy | 2562 | 1490 | 16 | 65 | 721 | | | 214 | 56 |
| 居民服务和其他服务业 | Resideng Services and Other Services | 108 | | | | | | | | 108 |
| 教育 | Education | 85399 | 17644 | 13616 | 10865 | 19707 | 6668 | 2220 | 5126 | 9553 |
| 卫生、社会保障和社会福利业 | Health Care,Social Security and Social Welfare | 29302 | 3713 | 4147 | 3665 | 5100 | 4326 | 1427 | 1880 | 5044 |
| 文化、体育和娱乐业 | Culture and Arts,Sports and Recreation | 16498 | 1175 | 1438 | 1169 | 1747 | 1120 | 531 | 793 | 8523 |
| 公共管理和社会组织 | Public Management and Social Organization | 187518 | 21483 | 22600 | 19377 | 25668 | 23657 | 11315 | 13466 | 49952 |
| 国际组织 | International Orgenization | | | | | | | | | |

# 4-13 各行业分经济类型、分地区职工工资总额(2005年)

单位：万元

| 项目 | Item | 合计 Total | 国有经济单位 State-owned Units | 集体经济单位 Collective-owned Units | 其他经济单位 Others Units |
|---|---|---|---|---|---|
| **总计** | **Total** | **462580** | **448477** | **3935** | **10168** |
| 农、林、牧、渔业 | Farming,Forestry,Animal Hus–bandry and Fishery | 6601 | 6264 | 23 | 314 |
| 采掘业 | Mining and Quarrying | 1219 | 1176 | 20 | 23 |
| 制造业 | Manufacturing | 10264 | 5656 | 1352 | 3256 |
| 电力、燃气及水生产供应业 | Electricity,Gas Water Production and Supply | 17408 | 17408 | | |
| 建筑业 | Construction | 10649 | 4919 | 1777 | 3953 |
| 交通运输、仓储及邮政业 | Transport,Storage,and Post | 17835 | 17413 | 27 | 395 |
| 信息传输、计算机服务和软件业 | Information Transmission,Computer Servecis and Software | 12688 | 12688 | | |
| 批发和零售业 | Wholesale and Retail Trade | 9794 | 8191 | 539 | 1064 |
| 住宿和餐饮业 | Stay Place and Catering | 5412 | 5228 | 151 | 33 |
| 金融业 | Finance and Insurance | 30098 | 29312 | | 786 |
| 房地产业 | Real Estate Trade | 655 | 571 | | 84 |
| 租赁和商务服务业 | Tenancy and Commerce Servecis | 1026 | 733 | 33 | 260 |
| 科学研究、技术服务和地质勘查业 | Science Studies,Technical Servecis and Geological Prospecting | 17532 | 17532 | | |
| 水利、环境和公共设施管理业 | Water Environment and Municipal Engineering Conservancy | 2562 | 2562 | | |
| 居民服务和其他服务业 | Resideng Services and Other Services | 112 | 108 | 4 | |
| 教育 | Education | 85399 | 85399 | | |
| 卫生、社会保障和社会福利业 | Health Care,Social Security and Social Welfare | 29303 | 29303 | | |
| 文化、体育和娱乐业 | Culture and Arts,Sports and Recreation | 16508 | 16499 | 9 | |
| 公共管理和社会组织 | Public Management and Social Organization | 187515 | 187515 | | |
| 国际组织 | International Organization | | | | |

# TOTAL WAGES OF STAFF AND WORKERS BY REGION,OWNERSHIP AND SECTOR (2005)

(10000yuan)

| 拉萨市<br>Lhasa | 昌都地区<br>Chamdo | 山南地区<br>Lhoka | 日喀则地区<br>Shigatse | 那曲地区<br>Nakchu | 阿里地区<br>Ngari | 林芝地区<br>Nyingtri | 其 它<br>Others |
|---|---|---|---|---|---|---|---|
| **52934** | **45691** | **43175** | **59839** | **41125** | **16871** | **25918** | **177027** |
| 899 | 1027 | 608 | 1083 | 1774 | 201 | 1009 | |
| | 20 | 181 | 84 | 91 | 87 | | 756 |
| 1765 | 655 | 1058 | 1741 | 279 | 87 | 991 | 3688 |
| 448 | 650 | 318 | 815 | 1035 | 326 | 1053 | 12763 |
| 2193 | | 2733 | 337 | 71 | 27 | 72 | 5216 |
| 331 | 869 | 1337 | 298 | 252 | 61 | 843 | 13844 |
| 283 | | | | | | | 12405 |
| 1033 | 594 | 568 | 829 | 1621 | 330 | 422 | 4397 |
| 66 | 62 | 644 | 818 | 85 | 34 | 50 | 3653 |
| | | | | | | | 30098 |
| 413 | | | 85 | | | | 157 |
| | | 52 | 6 | 28 | 173 | | 767 |
| | | 533 | 786 | 118 | 54 | | 16041 |
| 1490 | 17 | 65 | 720 | | | 214 | 56 |
| | | | 4 | | | | 108 |
| 17644 | 13616 | 10864 | 19707 | 6669 | 2220 | 5126 | 9553 |
| 3713 | 4147 | 3667 | 5100 | 4326 | 1427 | 1879 | 5044 |
| 1174 | 1434 | 1170 | 1758 | 1119 | 529 | 793 | 8531 |
| 21482 | 22600 | 19377 | 25668 | 23657 | 11315 | 13466 | 49950 |

# 4-14 各行业分经济类型、分地区职工平均工资(2005年)

单位：元

| 行业 | Sector | 合计 Total | 国有经济单位 State-owned Units | 集体经济单位 Collective-owned Units | 其他经济单位 Others Units |
|---|---|---|---|---|---|
| **总计** | **Total** | **28950** | **29644** | **12336** | **19154** |
| 农、林、牧、渔业 | Farming,Forestry,Animal Husbandry and Fishery | 20379 | 21182 | 13588 | 11860 |
| 采掘业 | Mining and Quarrying | 15672 | 15833 | 10263 | 14625 |
| 制造业 | Manufacturing | 13550 | 13918 | 9117 | 16053 |
| 电力、燃气及水生产供应业 | Electricity,Gas Water Production and Supply | 26380 | 26380 | | |
| 建筑业 | Construction | 19957 | 18039 | 19446 | 23319 |
| 交通运输、仓储及邮政业 | Transport,Storage,and Post | 28083 | 28611 | 12762 | 16209 |
| 信息传输、计算机服务和软件业 | Information Transmission,Computer Servecis and Software | 47826 | 47826 | | |
| 批发和零售业 | Wholesale and Retail Trade | 16802 | 17572 | 10461 | 16313 |
| 住宿和餐饮业 | Stay Place and Catering | 14542 | 14798 | 8785 | 19529 |
| 金融业 | Finance and Insurance | 49889 | 50399 | | 36235 |
| 房地产业 | Real Estate Trade | 21699 | 23105 | | 15382 |
| 租赁和商务服务业 | Tenancy and Commerce Servecis | 18226 | 18020 | 9111 | 21658 |
| 科学研究、技术服务和地质勘查业 | Science Studies,Technical Servecis and Geological Prospecting | 33560 | 33560 | | |
| 水利、环境和公共设施管理业 | Water Environment and Municipal Engineering Conservancy | 14233 | 14233 | | |
| 居民服务和其他服务业 | Resideng Services and Other Services | 26571 | 26925 | 19500 | |
| 教育 | Education | 29824 | 29824 | | |
| 卫生、社会保障和社会福利业 | Health Care,Social Security and Social Welfare | 28268 | 28268 | | |
| 文化、体育和娱乐业 | Culture and Arts,Sports and Recreation | 31000 | 31042 | 8600 | |
| 公共管理和社会组织 | Public Management and Social Organization | 31561 | 31561 | | |
| 国际组织 | International Organization | | | | |

# AVERAGE WAGES OF STAFF AND WORKERS BY REGION,OWNERSHIP AND SECTOR (2005)

(yuan)

| 拉萨市 Lhasa | 昌都地区 Chamdo | 山南地区 Lhoka | 日喀则地区 Shigatse | 那曲地区 Nakchu | 阿里地区 Ngari | 林芝地区 Nyingtri | 其 它 Others |
|---|---|---|---|---|---|---|---|
| **28561** | **28552** | **25826** | **26694** | **28805** | **34423** | **23472** | **31672** |
| 21830 | 26202 | 22617 | 29276 | 19642 | 33367 | 12112 | |
| | 7800 | 5440 | 18261 | 19696 | 19267 | | 26989 |
| 15240 | 13709 | 12414 | 11480 | 18691 | 11797 | 10171 | 15542 |
| 22173 | 13466 | 19372 | 17491 | 33743 | 37791 | 18501 | 29531 |
| 29549 | | 14864 | 9695 | 15867 | 13350 | 13788 | 22777 |
| 33475 | 16067 | 20282 | 18767 | 16695 | 23192 | 22910 | 31840 |
| 34036 | | | | | | | 48271 |
| 13737 | 18621 | 14626 | 11086 | 18569 | 26368 | 14545 | 18842 |
| 20719 | 13844 | 15387 | 13468 | 11091 | 13792 | 9167 | 14828 |
| | | | | | | | 49889 |
| 26287 | | | 15382 | | | | 17556 |
| | | 12000 | 8833 | 13190 | 23351 | | 18346 |
| | | 36521 | 27964 | 30974 | 35867 | | 33814 |
| 14449 | 40500 | 32550 | 13551 | | | 10662 | 46500 |
| | | | 19500 | | | | 26925 |
| 31036 | 31230 | 30605 | 30649 | 24327 | 35405 | 27544 | 28264 |
| 34802 | 29986 | 32408 | 31327 | 31231 | 33976 | 29512 | 18580 |
| 31658 | 32817 | 25364 | 29556 | 31277 | 33050 | 30279 | 31814 |
| 31859 | 29990 | 30085 | 29753 | 32936 | 35997 | 27254 | 33749 |

# 4-15 各地市国有经济单位分行业职工平均工资（2005年）

# AVERAGE WAGES OF STAFF AND WORKERS IN STATE-OWNED UNITS BY SECTOR AND REGION ( 2005)

单位：元 (yuan)

| 行业 | Sector | 合计 Total | 拉萨市 Lhasa | 昌都地区 Chamdo | 山南地区 Lhoka | 日喀则地区 Shigatse | 那曲地区 Nakchu | 阿里地区 Ngari | 林芝地区 Nyingtri | 其它 Others |
|---|---|---|---|---|---|---|---|---|---|---|
| **总计** | **Total** | **29644** | **29231** | **28572** | **26715** | **27774** | **29129** | **34423** | **24137** | **32568** |
| 农、林、牧、渔业 | Farming,Forestry,Animal Husbandry and Fishery | 21182 | 21830 | 26202 | 23122 | 29398 | 19642 | 33367 | 12229 | |
| 采掘业 | Mining and Quarrying | 15833 | | 7800 | 5502 | 18261 | 19696 | 19267 | | 28000 |
| 制造业 | Manufacturing | 13918 | 15589 | 13815 | 14553 | 15242 | 15463 | 11797 | 10120 | 14587 |
| 电力、燃气及水生产供应业 | Electricity,Gas Water Production and Supply | 26380 | 22173 | 13466 | 19372 | 17491 | 33743 | 37791 | 18501 | 29531 |
| 建筑业 | Construction | 18039 | 25938 | | 14717 | 10175 | 15867 | 13350 | 13788 | 21234 |
| 交通运输、仓储及邮政业 | Transport,Storage,and Post | 28611 | 33475 | 16067 | 20282 | 19681 | 16695 | 23192 | 22910 | 32769 |
| 信息传输、计算机服务和软件业 | Information Transmission,Computer Servecis and Software | 47826 | 34036 | | | | | | | 48271 |
| 批发和零售业 | Wholesale and Retail Trade | 17572 | 15891 | 18621 | 15053 | 11371 | 20465 | 26368 | 15645 | 19624 |
| 住宿和餐饮业 | Stay Place and Catering | 14798 | 22067 | 13844 | 15387 | 15320 | 11091 | 13792 | 9167 | 14828 |
| 金融业 | Finance and Insurance | 50399 | | | | | | | | 50399 |
| 房地产业 | Real Estate Trade | 23105 | 26287 | | | | | | | 17556 |
| 租赁和商务服务业 | Tenancy and Commerce Servecis | 18020 | | | 26857 | 8833 | 13190 | 23351 | | 17017 |
| 科学研究、技术服务和地质勘查业 | Science Studies,Technical Servecis and Geological Prospecting | 33560 | | | 36521 | 27964 | 30974 | 35867 | | 33814 |
| 水利、环境和公共设施管理业 | Water Environment and Municipal Engineering Conservancy | 14233 | 14449 | 40500 | 32550 | 13551 | | | 10662 | 46500 |
| 居民服务和其他服务业 | Resideng Services and Other Services | 26925 | | | | | | | | 26925 |
| 教育 | Education | 29824 | 31036 | 31230 | 30605 | 30649 | 24327 | 35405 | 27544 | 28264 |
| 卫生、社会保障和社会福利业 | Health Care,Social Security and Social Welfare | 28268 | 34802 | 29986 | 32408 | 31327 | 31231 | 33976 | 29512 | 18580 |
| 文化、体育和娱乐业 | Culture and Arts,Sports and Recreation | 31042 | 31658 | 32817 | 25364 | 29914 | 31277 | 33050 | 30279 | 31814 |
| 公共管理和社会组织 | Public Management and Social Organization | 31561 | 31859 | 29990 | 30085 | 29753 | 32936 | 35997 | 27254 | 33749 |
| 国际组织 | International Organization | | | | | | | | | |

# 4-16 各地市城镇集体经济单位分行业职工工资总额（2005年）

## TOTAL WAGES OF STAFF AND WORKERS IN URBAN COLLECTIVE-OWNED UNITS BY SECTOR AND REGION ( 2005)

单位：万元　　　　(10000yuan)

| 行业 | Sector | 合计 Total | 拉萨市 Lhasa | 昌都地区 Chamdo | 山南地区 Lhoka | 日喀则地区 Shigatse | 那曲地区 Nakchu | 阿里地区 Ngari | 林芝地区 Nyingtri | 其它 Others |
|---|---|---|---|---|---|---|---|---|---|---|
| **总计** | **Total** | **3935** | **1461** | **19** | **708** | **886** | **560** | | **285** | **16** |
| 农、林、牧、渔业 | Farming,Forestry,Animal Husbandry and Fishery | 23 | | | 19 | 4 | | | | |
| 采掘业 | Mining and Quarrying | 20 | | | 4 | | | | | 16 |
| 制造业 | Manufacturing | 1352 | 424 | 19 | 84 | 395 | 175 | | 255 | |
| 电力、燃气及水生产供应业 | Electricity,Gas Water Production and Supply | | | | | | | | | |
| 建筑业 | Construction | 1777 | 929 | | 569 | 279 | | | | |
| 交通运输、仓储及邮政业 | Transport,Storage,and Post | 27 | | | | 27 | | | | |
| 信息传输、计算机服务和软件业 | Information Transmission,Computer Servecis and Software | | | | | | | | | |
| 批发和零售业 | Wholesale and Retail Trade | 540 | 108 | | | 17 | 385 | | 30 | |
| 住宿和餐饮业 | Stay Place and Catering | 151 | | | | 151 | | | | |
| 金融业 | Finance and Insurance | | | | | | | | | |
| 房地产业 | Real Estate Trade | | | | | | | | | |
| 租赁和商务服务业 | Tenancy and Commerce Servecis | 32 | | | 32 | | | | | |
| 科学研究、技术服务和地质勘查业 | Science Studies,Technical Servecis and Geological Prospecting | | | | | | | | | |
| 水利、环境和公共设施管理业 | Water Environment and Municipal Engineering Conservancy | | | | | | | | | |
| 居民服务和其他服务业 | Resideng Services and Other Services | 4 | | | | 4 | | | | |
| 教育 | Education | | | | | | | | | |
| 卫生、社会保障和社会福利业 | Health Care,Social Security and Social Welfare | | | | | | | | | |
| 文化、体育和娱乐业 | Culture and Arts,Sports and Recreation | 9 | | | | 9 | | | | |
| 公共管理和社会组织 | Public Management and Social Organization | | | | | | | | | |
| 国际组织 | International Orgenization | | | | | | | | | |

# 4-17 各地市城镇集体经济单位分行业职工平均工资（2005年）

## AVERAGE WAGES OF STAFF AND WORKERS IN URBAN COLLECTIVE-OWNED UNITS BY SECTOR AND REGION ( 2005)

单位：元 (yuan)

| 行业 | Sector | 合计 Total | 拉萨市 Lhasa | 昌都地区 Chamdo | 山南地区 Lhoka | 日喀则地区 Shigatse | 那曲地区 Nakchu | 阿里地区 Ngari | 林芝地区 Nyingtri | 其它 Others |
|---|---|---|---|---|---|---|---|---|---|---|
| 总计 | **Total** | **12336** | **17176** | **11000** | **13725** | **7594** | **15952** | | **10161** | **19375** |
| 农、林、牧、渔业 | Farming,Forestry,Animal Husbandry and Fishery | 13588 | | | 13429 | 14333 | | | | |
| 采掘业 | Mining and Quarrying | 10263 | | | 3636 | | | | | 19375 |
| 制造业 | Manufacturing | 9117 | 10202 | 11000 | 9644 | 6226 | 21329 | | 10324 | |
| 电力、燃气及水生产供应业 | Electricity,Gas Water Production and Supply | | | | | | | | | |
| 建筑业 | Construction | 19446 | 36443 | | 15454 | 9601 | | | | |
| 交通运输、仓储及邮政业 | Transport,Storage,and Post | 12762 | | | | 12762 | | | | |
| 信息传输、计算机服务和软件业 | Information Transmission,Computer Servecis and Software | | | | | | | | | |
| 批发和零售业 | Wholesale and Retail Trade | 10461 | 6000 | | | 5088 | 14312 | | 8939 | |
| 住宿和餐饮业 | Stay Place and Catering | 8785 | | | | 8785 | | | | |
| 金融业 | Finance and Insurance | | | | | | | | | |
| 房地产业 | Real Estate Trade | | | | | | | | | |
| 租赁和商务服务业 | Tenancy and Commerce Servecis | 911 | | | 911 | | | | | |
| 科学研究、技术服务和地质勘查业 | Science Studies,Technical Servecis and Geological Prospecting | | | | | | | | | |
| 水利、环境和公共设施管理业 | Water Environment and Municipal Engineering Conservancy | | | | | | | | | |
| 居民服务和其他服务业 | Resideng Services and Other Services | 19500 | | | | 19500 | | | | |
| 教育 | Education | | | | | | | | | |
| 卫生、社会保障和社会福利业 | Health Care,Social Security and Social Welfare | | | | | | | | | |
| 文化、体育和娱乐业 | Culture and Arts,Sports and Recreation | 8600 | | | | 8600 | | | | |
| 公共管理和社会组织 | Public Management and Social Organization | | | | | | | | | |
| 国际组织 | International Organization | | | | | | | | | |

# 4-18 职工平均工资及指数

## AVERAGE WAGE OF STAFF AND WORKERS AND RELATED INDICES

| 年份 Year | 平均工资(元) Average (yuan) | | | | 指数(上年=100) Indices (preceding year=100) | | | |
|---|---|---|---|---|---|---|---|---|
| | 合计 Total | 国有经济单位 State-owned Units | 城镇集体经济单位 Urban Collective Owned Units | 其他经济单位 Units of Others Types of Ownership | 合计 Total | 国有经济单位 State-owned Units | 城镇集体经济单位 Urban Collective Owned Units | 其他经济单位 Units of Others Types of Ownership |
| 1978 | | 854 | | | | | | |
| 1979 | 995 | 928 | 673 | | | 108.7 | | |
| 1980 | 1025 | 1055 | 665 | | 103.0 | 113.7 | 99.9 | |
| 1985 | 1963 | 1995 | 1609 | 2087 | 117.0 | 115.3 | 113.3 | |
| 1986 | 2375 | 2419 | 1819 | 2392 | 120.9 | 181.9 | 113.1 | 114.7 |
| 1987 | 2499 | 2536 | 1982 | 2171 | 105.2 | 104.8 | 109.0 | 90.7 |
| 1988 | 2710 | 2740 | 2331 | 2237 | 108.5 | 108.0 | 117.6 | 103.0 |
| 1989 | 2881 | 2941 | 1997 | 2741 | 106.3 | 107.3 | 85.7 | 122.5 |
| 1990 | 3181 | 3224 | 2384 | 3419 | 110.4 | 109.6 | 119.3 | 124.8 |
| 1991 | 3355 | 3416 | 2507 | 3568 | 105.5 | 106.0 | 105.2 | 104.3 |
| 1992 | 3448 | 3495 | 2689 | 3656 | 108.4 | 108.4 | 112.8 | 106.9 |
| 1993 | 4085 | 4178 | 2720 | 5566 | 118.5 | 120.0 | 101.1 | 152.3 |
| 1994 | 7115 | 7304 | 3067 | 13815 | 174.8 | 174.8 | 112.8 | 248.2 |
| 1995 | 7382 | 7572 | 4090 | 10821 | 103.8 | 103.7 | 133.4 | 78.3 |
| 1996 | 11087 | 11519 | 4370 | 12411 | 150.2 | 152.1 | 106.8 | 114.7 |
| 1997 | 10098 | 10524 | 4588 | 7233 | 91.1 | 91.4 | 105.0 | 58.3 |
| 1998 | 10987 | 11462 | 5382 | 8709 | 108.8 | 108.9 | 117.3 | 120.4 |
| 1999 | 12904 | 13490 | 5364 | 10692 | 117.4 | 117.7 | 99.7 | 122.8 |
| 2000 | 14976 | 15566 | 5835 | 12135 | 116.1 | 115.4 | 108.8 | 113.5 |
| 2001 | 19144 | 20112 | 6236 | 13125 | 127.8 | 129.2 | 106.9 | 108.2 |
| 2002 | 24766 | 25675 | 9761 | 15693 | 129.4 | 127.7 | 156.5 | 119.6 |
| 2003 | 26931 | 27611 | 9348 | 20475 | 108.7 | 107.5 | 95.8 | 130.5 |
| 2004 | 29292 | 30163 | 9600 | 17704 | 108.8 | 109.2 | 102.7 | 86.5 |
| 2005 | 28950 | 29644 | 12336 | 19154 | 98.8 | 98.3 | 128.5 | 108.2 |
| 拉萨市 Lhasa | 28561 | 29231 | 17176 | 22261 | 107.2 | 105.3 | 176.8 | 119.1 |
| 昌都地区 Chamdo | 28552 | 28572 | 11000 | | 104.6 | 102.2 | 167.3 | |
| 山南地区 Lhoka | 25826 | 26715 | 13725 | 11713 | 101.0 | 101.4 | 91.1 | 89.6 |
| 日喀则地区 Shigatse | 26694 | 27774 | 7594 | 15382 | 101.2 | 99.0 | 107.7 | 156.0 |
| 那曲地区 Nakchu | 28805 | 29129 | 15952 | | 83.4 | 83.9 | 80.0 | |
| 阿里地区 Ngari | 34423 | 34423 | | | 86.7 | 86.7 | | |
| 林芝地区 Nyingtri | 23472 | 24137 | 10161 | 11628 | 97.7 | 96.6 | 96.6 | 265.5 |
| 其　它 Others | 31672 | 32568 | 20452 | 19375 | 98.0 | 98.8 | 85.2 | 86.6 |

注：职工平均工资1998年后为在岗职工平均工资(下同)。

Note: the data on average wages after 1998 refer to wages of fully employed staff and workers (Similarlly in the following tables).

# 第五篇

# 固定资产投资

# Chapter 5

## INVESTMENT IN FIXED ASSETS

# 5-1 全社会固定资产投资

## TOTAL INVESTMENT IN FIXED ASSETS

| 指　标 | Item | 2000 | 2001 | 2004 | 2005 |
|---|---|---|---|---|---|
| **投资总额　　　（万元）** | **Total Investment　　　(10000 yuan)** | **665044** | **857725** | **1684361** | **1961916** |
| **按经济类型分** | **Grouped by Ownership** | | | | |
| 国有经济 | State-Owned Units | 630208 | 803821 | 1370848 | 1499411 |
| 集体经济 | Collective-Owned Units | 7723 | 11160 | 11994 | 67369 |
| #农村 | # Rural | 6090 | 9214 | 2704 | 3474 |
| 个体经济 | Individuals | 12436 | 21400 | 77534 | 143964 |
| #农村 | # Rural | 2253 | 5334 | 33516 | 40920 |
| 联营经济 | Joint-Owned Economic Units | 2330 | 39 | 700 | 850 |
| 股份制经济 | Share Holding Economic Units | 8846 | 7143 | 130994 | 115654 |
| 外商投资经济 | Foreign Funded Units | 156 | 6038 | | 3115 |
| 港澳台投资经济 | Economic Units with Funs From Hong Kong, Macao and Taiwan | 1814 | 1283 | 1320 | |
| 其他经济 | Others | 1531 | 6841 | 90971 | 131553 |
| **按资金来源分** | **Grouped by Source of Funds** | | | | |
| 国家预算内投资 | State Budgetary Appropriation | 374105 | 385745 | 1017026 | 1146377 |
| 国内贷款 | Domestic Loans | 29975 | 58321 | 64385 | 62256 |
| 利用外资 | Foreign Investment | 25091 | 988 | 120 | 3241 |
| 自筹投资 | Fundraising | 189713 | 233785 | 418116 | 384389 |
| 其他投资 | Others | 126255 | 109608 | 244016 | 437676 |
| **按管理渠道分** | **Grouped by Channel of Management** | | | | |
| 城镇 | Urban | 558743 | 727814 | 1647838 | 1901593 |
| # 房地产开发 | #Real Estate Development | 9771 | 14993 | 68088 | 60207 |
| 农村 | Rural | | | 36220 | 60323 |
| **按构成分** | **Grouped by Use of Funds** | | | | |
| 建筑安装工程 | Construction and Installation | 597335 | 725569 | 1509891 | 1713405 |
| 设备、工器具购置 | Purchase of Equipment and Instruments | 46695 | 70573 | 123767 | 166113 |
| 其他费用 | Others | 21014 | 61583 | 50703 | 82398 |
| **按建设性质分** | **Grouped by Type of Construction** | | | | |
| #新建 | # New Construction | 418036 | 508341 | 1061773 | 1150969 |
| 扩建 | Expansion | 37308 | 50639 | 221162 | 404421 |
| 改建 | Reconstrction | 155880 | 202838 | 270016 | 206410 |
| **房屋建筑面积（万平方米）** | **Floor Space of Buildings　　　(10000 sq.m)** | | | | |
| 施工面积 | Floor Space Under Construction | 285.97 | 336.55 | 666.97 | 953.59 |
| 竣工面积 | Floor Space Completed | 231.96 | 266.37 | 541.32 | 646.83 |
| #住宅 | # Residential Buildings | 133.71 | 133.37 | 342.92 | 336.6 |

注：投资金来源分组数据为财务拨款数，各项相加不等于投资总额。（以下各表相同）

Note: Total investment grouped by sources of finance refers to financial appropriation, and the broken-down figures do not add up to the total. (The same as in the following tables).

# 5-2 各地区全社会固定资产投资(2005年底)

| 项目 | Item | 合计 Total | 拉萨 Lhasa |
|---|---|---|---|
| **投资总额** （万元） | **Total Investment** (10000 yuan) | **1961916** | **631185** |
| **按经济类型分** | **Grouped by Ownership** | | |
| 国有经济 | State-Owned Units | 1499411 | 468426 |
| 集体经济 | Collective-Owned Units | 67369 | 30469 |
| #农村 | # Rural | 3474 | 33 |
| 个体经济 | Individuals | 143964 | 16970 |
| #农村 | # Rural | 49733 | 12423 |
| 联营经济 | Joint Ownership Economic Units | 850 | |
| 股份制经济 | Share Holding Economic Units | 115654 | 101789 |
| 外商投资经济 | Foreign Funded Economic Units | 3115 | |
| 港澳台投资经济 | Economic Units with Funds From Hong Kong, Macao and Taiwan | | |
| 其他经济 | Others | 131553 | 13531 |
| **按资金来源分** | **Grouped by Source of Funds** | | |
| 国家预算内投资 | State Budgetary Appropriation | 1146377 | 289891 |
| 国内贷款 | Domestic Loans | 62256 | 57827 |
| 利用外资 | Foreign Investment | 3241 | 120 |
| 自筹投资 | Fundraising | 384389 | 170804 |
| 其他投资 | Others | 437676 | 123319 |
| **按管理渠道分** | **Grouped by Channel of Management** | | |
| 城镇投资 | Urban Investment | 1901593 | 614846 |
| #房地产开发 | Real Estate Development | 60207 | 32735 |
| 农村投资 | Counteyside Investment | 60323 | 16339 |
| **按构成分** | **Grouped by Use of Funds** | | |
| 建筑安装工程 | Construction and Installation | 1713405 | 528001 |
| 设备、工器具购置 | Purchase of Equipment and Instruments | 166113 | 71209 |
| 其他费用 | Others | 82398 | 31975 |
| **按建设性质分** | **Grouped by Type of Construction** | | |
| #新建 | # New Construction | 1150979 | 400211 |
| 扩建 | Expansion | 404421 | 223809 |
| 改建 | Reconstrction | 206410 | 34918 |
| **房屋建筑面积** （万平方米） | **Floor Space of Buildings** (10000 sq.m) | | |
| 施工面积 | Floor Space Under Constrction | 953.59 | 204.77 |
| 竣工面积 | Floor Space Completed | 646.83 | 109.87 |
| #住宅 | # Residential Buildings | 336.6 | 45.57 |

# TOTAL INVESTMENT IN FIXED ASSETS BY REGION (END OF 2005)

| 昌都<br>Chamdo | 山南<br>Lhoka | 日喀则<br>Shigatse | 那曲<br>Nakchu | 阿里<br>Ngari | 林芝<br>Nyingtri |
|---|---|---|---|---|---|
| **275404** | **256068** | **351949** | **134505** | **62710** | **250095** |
| | | | | | |
| 217992 | 199836 | 264642 | 124848 | 56886 | 166781 |
| 120 | 559 | 34719 | 1007 | 207 | 288 |
| 120 | 92 | 1872 | 1007 | 207 | 143 |
| 46859 | 12525 | 15132 | 4680 | 5617 | 42181 |
| 22068 | 3232 | 3065 | 1055 | 1651 | 6239 |
| | | 850 | | | |
| 9095 | 2730 | 300 | | | 1740 |
| | | 3065 | | | 50 |
| | | | | | |
| | | | | | |
| 1338 | 40418 | 33241 | 3970 | | 39055 |
| | | | | | |
| 171255 | 171285 | 193715 | 129553 | 51493 | 139185 |
| 129 | 1049 | 2434 | | | 817 |
| | | 2481 | | 600 | 40 |
| 51211 | 89244 | 38226 | 10488 | 2900 | 21516 |
| 52820 | 61151 | 89055 | 12971 | 10078 | 88282 |
| | | | | | |
| 263246 | 245628 | 341929 | 126043 | 62503 | 247398 |
| | 17059 | 5550 | | | 4863 |
| 12158 | 10440 | 10020 | 8462 | 207 | 2697 |
| | | | | | |
| 265443 | 218553 | 308323 | 115226 | 55755 | 222104 |
| 7261 | 15578 | 39622 | 14602 | 4614 | 13227 |
| 2700 | 21937 | 4004 | 4677 | 2341 | 14764 |
| | | | | | |
| 159792 | 177867 | 102657 | 81241 | 22000 | 207201 |
| 58416 | 31493 | 33065 | 24262 | 28045 | 5331 |
| 3702 | 7424 | 139539 | 5702 | 100 | 15025 |
| | | | | | |
| 110.42 | 166.81 | 265.10 | 62.98 | 15.76 | 127.75 |
| 104.40 | 133.58 | 131.1 | 55.05 | 14.97 | 97.86 |
| 68.36 | 61.51 | 68.37 | 20.39 | 8.87 | 63.53 |

# 5-3 全社会固定资产投资

## TOTAL INVESTMENT IN FIXED ASSETS

单位:万元 (10000 yuan)

| 年份 Year | 总计 Total | 国有经济 State-owned Units | 集体经济 Collective-owned Units | 个体经济 Individuals | 其他经济 Other Types of Ownership |
|---|---|---|---|---|---|
| 1978-1980 | 57412 | 57412 | | | |
| 1978 | 18534 | 18534 | | | |
| 1979 | 20750 | 20750 | | | |
| 1980 | 18128 | 18128 | | | |
| 1981-1985 | 170424 | 158542 | 949 | 10933 | |
| 1981 | 12172 | 12172 | | | |
| 1982 | 15558 | 15558 | | | |
| 1983 | 19875 | 19875 | | | |
| 1984 | 47879 | 47188 | 691 | | |
| 1985 | 74940 | 63749 | 258 | 10933 | |
| 1986-1990 | 307626 | 256419 | 717 | 50490 | |
| 1986 | 53492 | 44375 | 717 | 8400 | |
| 1987 | 53000 | 39613 | | 13387 | |
| 1988 | 58087 | 47085 | | 11002 | |
| 1989 | 66942 | 57680 | | 9262 | |
| 1990 | 76105 | 67666 | | 8439 | |
| 1991-1995 | 1001630 | 935994 | 26026 | 27331 | 12279 |
| 1991 | 105665 | 87425 | 7120 | 11120 | |
| 1992 | 133297 | 120582 | 6380 | 6335 | |
| 1993 | 181458 | 166460 | 6844 | 5795 | 2359 |
| 1994 | 211718 | 200955 | 5667 | 4081 | 1015 |
| 1995 | 369492 | 360572 | 15 | | 8905 |
| 1996-2000 | 2307631 | 2146817 | 35263 | 59443 | 66108 |
| 1996 | 303605 | 281686 | 716 | 9118 | 12085 |
| 1997 | 345495 | 316286 | 4124 | 8864 | 16221 |
| 1998 | 427457 | 394888 | 4708 | 12870 | 14991 |
| 1999 | 566030 | 524029 | 17992 | 15867 | 8142 |
| 2000 | 665044 | 629928 | 7723 | 12724 | 14669 |
| 2001-2005 | 6980035 | 5983622 | 130590 | 306026 | 559797 |
| 2001 | 857725 | 803541 | 11160 | 24080 | 18944 |
| 2002 | 1089868 | 1036629 | 12562 | 30610 | 10067 |
| 2003 | 1386165 | 1273193 | 27505 | 29838 | 55629 |
| 2004 | 1684361 | 1370848 | 11994 | 77534 | 223985 |
| 2005 | 1961916 | 1499411 | 67369 | 143964 | 251172 |

注:其他经济类型包括联营经济、股份制经济、外商投资经济、港澳台投资经济等国有、集体和个体经济以外的经济成份。

Note:Other types of ownership refer to the types of ownership other than state-owned units, collective-owned units and individuals, including joint-owned economic units, share holding economic units, foreign-funded economic units, economic units funded by the enterpreneurs from Hong Kong,Macao and Taiwan, etc.

# 5-4 城镇投资完成情况

## INVESTMENT IN URBAN

单位：万元　　(10000 yuan)

| 年份 Year | 本年完成投资 Total Investment Completed This Year | 按资金来源分 Grouped by Source of Finance #国家预算内资金 State Budgetary Appropriation | #自筹资金 Fundraising | 本年新增固定资产 Newly Increased Fixed Assets This Year | 固定资产交付使用率(%) Rate of Fixed Assets Put into Use (%) |
|---|---|---|---|---|---|
| 1959 | 2906 | 2906 | | | |
| 1965 | 5356 | 5297 | 58 | | |
| 1970 | 5724 | 5470 | 254 | 2118 | 37.0 |
| 1975 | 10860 | 10350 | 510 | 6409 | 59.0 |
| 1978 | 17548 | 14992 | 1578 | 11777 | 67.1 |
| 1979 | 19750 | 16820 | 2930 | 11635 | 58.9 |
| 1980 | 17116 | 15051 | 2065 | 14070 | 82.2 |
| 1981 | 10360 | 8604 | 1756 | 7773 | 75.0 |
| 1982 | 14220 | 10356 | 3864 | 8831 | 62.1 |
| 1983 | 16115 | 12017 | 4098 | 11304 | 76.2 |
| 1984 | 43320 | 14831 | 27961 | 17799 | 41.1 |
| 1985 | 58408 | 20473 | 33924 | 67069 | 114.8 |
| 1986 | 40971 | 18408 | 15912 | 40532 | 98.9 |
| 1987 | 37371 | 18687 | 14181 | 30001 | 80.3 |
| 1988 | 44530 | 20505 | 22729 | 35256 | 79.2 |
| 1989 | 51698 | 24219 | 20698 | 33407 | 64.6 |
| 1990 | 65209 | 40358 | 21085 | 51032 | 78.3 |
| 1991 | 86326 | 43324 | 39308 | 87107 | 100.9 |
| 1992 | 118981 | 57662 | 57782 | 112710 | 94.7 |
| 1993 | 163540 | 65365 | 65651 | 109694 | 67.1 |
| 1994 | 183331 | 91681 | 75284 | 114691 | 62.6 |
| 1995 | 329023 | 227418 | 63932 | 225972 | 68.7 |
| 1996 | 266874 | 69732 | 121965 | 177677 | 66.6 |
| 1997 | 303246 | 79317 | 133902 | 183684 | 60.6 |
| 1998 | 366071 | 176582 | 124299 | 213176 | 58.2 |
| 1999 | 474663 | 248485 | 170417 | 384314 | 81.0 |
| 2000 | 558743 | 340073 | 136766 | 570192 | 102.0 |
| 2001 | 727814 | 375416 | 173231 | 615641 | 84.6 |
| 2002 | 869549 | 693267 | 89830 | 492572 | 56.6 |
| 2003 | 1195111 | 804659 | 279586 | 801591 | 67.1 |
| 2004 | 1647838 | 1017026 | 363941 | 1330081 | 80.7 |
| 2005 | 1901593 | 1145425 | 348367 | 1763662 | 92.7 |

# 5-5 按各种分组的城镇投资

## INVESTMENT IN URBAN BY MANY GROUP

单位：万元

| 指 标 | Item | 2004 | 2005 |
|---|---|---|---|
| **投资总额** | **Total Investment** | **1647838** | **1901593** |
| **按经济类型分** | **Grouped by Ownership** | | |
| 国有经济 | State-Owned Units | 1370848 | 1487502 |
| 集体经济 | Collective-Owned Units | 9107 | 63720 |
| 其他经济类型 | Others | 267883 | 350371 |
| 联营经济 | Joint-Owned Economic Units | 700 | 850 |
| 股份制经济 | Share Holding Economic Units | 95483 | 116324 |
| 其他经济 | Others | 55353 | 47280 |
| **按隶属关系分** | **Grouped by Administrative Relationship** | | |
| 中 央 | Central Government Projects | 933078 | 993030 |
| 地 方 | Local Projects | 714760 | 908563 |
| **按构成分** | **Grouped by Use of Funds** | | |
| 建筑工程 | Construction | 1423554 | 1610933 |
| 安装工程 | Installation | 57983 | 56302 |
| 设备工器具购置 | Purchase of Equipment and Instruments | 117285 | 155499 |
| 其他费用 | Others | 49016 | 78859 |
| **按建设性质分** | **Grouped by Type of Construction** | | |
| 新 建 | New Construction | 1040761 | 1125929 |
| 扩 建 | Expansion | 218911 | 400562 |
| 改 建 | Reconstruction | 268041 | 202620 |
| 单纯建造生活设施 | Living Installation | 73463 | 102191 |
| 迁 建 | Movement | 4329 | 3840 |
| 恢 复 | Recovery | 1606 | 1135 |
| 单纯购置 | Purchase of Equipment | 40727 | 65316 |
| **按建设阶段分** | **Grouped by Phase of Construction** | | |
| 本年正式施工 | Started This Year | 1565066 | 1825048 |
| 本年收尾 | Projects Completed | 55966 | 11229 |
| 单纯购置 | Purchase of Equipment | 26806 | 65316 |
| **按国民经济行业分** | **Grouped by Economic Sector** | | |
| 农林牧渔业 | Farming,Forestry,Animal Husbandry and Fishery | 71469 | 128301 |
| 采矿业 | Mining Industry | 8471 | 15850 |
| 制造业 | Manufacturing | 70044 | 43659 |

## 5-5 续表 continued

(10000 yuan)

| 指标 | Item | 2004 | 2005 |
|---|---|---|---|
| 电力、燃气及水生产和供应业 | Production and Supply of Electricity | 159419 | 160882 |
| 建筑业 | Construction | 33908 | 18504 |
| 交通运输、仓储及邮政业 | Transportation, Storage and Post Industries | 564620 | 630632 |
| 信息传输、计算机服务和软件业 | Information Transmission, Computer services and Software Industries | 69794 | 124743 |
| 批发和零售业 | Retail and Wholesale | 24844 | 48218 |
| 住宿和餐饮业 | Hotels and Easteries | 21009 | 24610 |
| 金融业 | Financial Industry | 8101 | 17725 |
| 房地产业 | Real Estate Industry | 114767 | 169230 |
| 租赁和商务服务业 | Tenancy and Commerce Servecis | 5430 | 4842 |
| 科学研究、技术服务和地质勘查业 | Scientific Research,Technology Services and Geological Prospecting | 5036 | 7708 |
| 水利、环境和公共设施管理业 | Water Conservancy,Environment and Public Facility Management | 138569 | 87055 |
| 居民服务和其他 服务业 | Resident Services and Other Services | 2787 | 4108 |
| 教育 | Education | 101532 | 114301 |
| 卫生、社会保障和社会福利业 | Health, Social Security and Welfare | 16114 | 23781 |
| 文化、体育和娱乐业 | Culture, Sports and Entertainment | 13499 | 30294 |
| 公共管理和社会组织 | Public Administration and Social Organizations | 218420 | 247150 |
| **按资金来源分** | **Grouped by Source of Funds** | | |
| 国家预算内资金 | State Budgetary Appropriation | 1017026 | 1145425 |
| 国内贷款 | Domestic Loans | 61500 | 54649 |
| 利用外资 | Foreign Investment | | 3241 |
| 自筹资金 | Fundraising | 363941 | 348367 |
| 其他资金来源 | Others | 120776 | 424934 |
| **本年新增固定资产** | **Newly Increased Fixed Assets** | **1368364** | **1763662** |
| **本年施工房屋面积 （万平方米）** | **Floor Space of Buildings Under Construction (10000 sq.m)** | **423.51** | **798.05** |
| 其中:住宅 | # Residential Buildings | 193.78 | 323.46 |
| **本年竣工房屋面积 （万平方米）** | **Floor Space of Buildings Completed (10000 sq.m)** | **303.65** | **492.30** |
| 其中:住宅 | # Residential Buildings | 145.35 | 220.41 |
| **本年竣工房屋价值** | **Value of Buildings Completed** | **334243** | **3730511** |
| 其中:住宅 | # Residential Buildings | 120776 | 1219999 |
| **施工项目个数** | **Number of Projects Under Construction (unit)** | **2240** | **3065** |
| 其中:本年新开工 | # Started This Year | 1674 | 2557 |
| **本年投产项目个数** | **Number of Projects Completed and Put into Use (unit)** | **1496** | **2461** |

# 5-6 国民经济分行业城镇投资施工、投产项目个数（2005年底）

## NUMBER OF URBAN PROJECTS UNDER CONSTRUCTION AND PUT IN TO USE BY SECTOR

| 行业 | Sector | 施工项目（个）Number of Projects under Construction (unit) | 全部建成投产项目（个）Number of Projects Completed and Put into Use (unit) | 项目建成投产率(%) Rate of Projects Completed and Put into Use (%) |
|---|---|---|---|---|
| **总 计** | **Total** | **3067** | **2461** | **80.2** |
| 农、林、牧、渔业 | Farming,Forestry,Animal Husbandry and Fishery | 299 | 252 | 84.3 |
| 采矿业 | Mining Industry | 33 | 24 | 72.7 |
| #有色金属矿采选业 | Mining and Dressing of Nonferrous Metals | 9 | 5 | 55.6 |
| 制造业 | Manufacturing | 52 | 40 | 76.9 |
| #农副食品加工业 | Farm and Sideline Products Processing | 9 | 7 | 77.8 |
| 食品制造业 | Food Production | 1 | 1 | 100.0 |
| 饮料制造业 | Beverages | 6 | 5 | 83.3 |
| 医药制造业 | Medical and Pharmaceutical Products | 3 | 2 | 66.7 |
| 非金属矿物制品业 | Nonmetal Mineral Products | 4 | 4 | 100.0 |
| 电力、燃气及水的生产和供应业 | Production and Supply of Electric Power, Gas and Water | 153 | 113 | 73.9 |
| #电力 | Electric Power | 129 | 92 | 71.3 |
| 建筑业 | Construction | 28 | 24 | 85.7 |
| 交通运输、仓储及邮政业 | Transportation, Storage, Postal and Telecommunications | 487 | 362 | 74.3 |
| #城市公共交通业 | Public Traffic | 1 | 1 | 100.0 |
| 仓储业 | Storage | 4 | 4 | 100.0 |
| 邮政业 | Postal | 8 | 8 | 100.0 |
| 信息传输、计算机服务和软件业 | Information Transmission, Computer Services and Software Industries | 80 | 72 | 90.0 |

注:本表不含房地产开发投资.

Note: This table does not contain the real estate development investment

## 5-6 续表 continued

| 行 业 | Sector | 施工项目（个）Number of Projects under Constr-uction (unit) | 全部建成投产项目（个）Number of Projects Completed and Put into Use (unit) | 项目建成投产率(%) Rate of Projects Completed and Put into Use (%) |
|---|---|---|---|---|
| #电信和其他信息传输服务业 | Telecommunication and Other Information Transmission | 80 | 72 | 90 |
| 批发和零售业 | Wholesale and Retail | 57 | 51 | 89.5 |
| 住宿和餐饮业 | Hotel and Catering | 58 | 42 | 72.4 |
| 住宿业 | Hotel | 49 | 35 | 71.4 |
| 餐饮业 | Catering | 9 | 7 | 77.8 |
| 金融业 | Financeial Industry | 48 | 42 | 87.5 |
| 房地产业 | Real Estate Industry | 34 | 22 | 64.7 |
| 租赁和商务服务业 | Leasing and Business Services | 5 | 3 | 60.0 |
| 商务服务业 | Business Services | 5 | 3 | 60.0 |
| 科学研究、技术服务和地质勘查业 | Scientific Research, Technology Services and Geological Prospecting | 31 | 30 | 96.8 |
| 水利、环境和公共设施管理业 | Water Conservaney,Environment and Public Facility Management | 203 | 172 | 84.7 |
| 水利管理业 | Water Conservaney Management | 141 | 124 | 87.9 |
| 环境管理业 | Environment Management | 8 | 7 | 87.5 |
| 公共设施管理业 | Public facility Management | 54 | 41 | 75.9 |
| 居民服务和其他服务业 | Resident Services and Other Services | 13 | 13 | 100.0 |
| 教育 | Education | 270 | 225 | 83.3 |
| 卫生、社会保障和社会福利业 | Health Care, Social Security and Welfare | 213 | 185 | 86.9 |
| 文化、体育和娱乐业 | Cultrre, sport and Recreational | 70 | 48 | 68.6 |
| 广播、电视、电影和音像业 | Radio, Film and Television and Video | 20 | 11 | 55.0 |
| 文化艺术业 | Culture and Arts | 28 | 20 | 71.4 |
| 体育 | Sports | 5 | 4 | 80.0 |
| 娱乐业 | Recreational | 14 | 12 | 85.7 |
| 公共管理和社会组织 | Public Administration and Social Organizations | 933 | 741 | 79.4 |

# 5-7 国民经济分行业城镇投资和新增固定资产（2005年底）

## INVESTMENT IN URBAN AND NEWLY INCREASED FIXED ASSETS BY SECTOR (END OF 2005)

| 行业 | Sector | 投资额（万元）Investment (10000 yuan) | 新增固定资产（亿元）Newly Increased Fixed Assets (10000 yuan) | 固定资产交付使用率（%）Rate of Fixed Assets Put into Use (%) |
|---|---|---|---|---|
| **总　计** | **Total** | **1774189** | **1647934** | **92.9** |
| 农、林、牧、渔业 | Farming,Forestry,Animal Husbandry and Fishery | 128301 | 65448 | 51.0 |
| 采矿业 | Mining Industry | 15850 | 16840 | 106.2 |
| #有色金属矿采选业 | Mining and Dressing of Nonferrous Metals | 6422 | 5289 | 82.4 |
| 制造业 | Manufacturing | 43659 | 97774 | 223.9 |
| #农副食品加工业 | Farm and Sideline Products Processing | 2104 | 1904 | 90.5 |
| 食品制造业 | Food Production | 500 | 500 | 100.0 |
| 饮料制造业 | Beverages | 7815 | 7115 | 91.0 |
| 医药制造业 | Medical and Pharmaceutical Products | 2263 | 2187 | 96.6 |
| 非金属矿物制品业 | Nonmetal Mineral Products | 23686 | 80075 | 338.1 |
| 电力、燃气及水的生产和供应业 | Production and Supply of Electric Power, Gas and Water | 160882 | 79435 | 49.4 |
| #电力 | Electric Power | 151020 | 66687 | 44.2 |
| 建筑业 | Construction | 18504 | 13354 | 72.2 |
| 交通运输、仓储及邮政业 | Transportation, Storage, Postal and Telecommunications | 630632 | 640482 | 101.6 |
| #城市公共交通业 | Public Traffic | 1766 | 1766 | 100.0 |
| 仓储业 | Storage | 379 | 943 | 248.8 |
| 邮政业 | Postal | 3910 | 4110 | 105.1 |
| 信息传输、计算机服务和软件业 | Information Transmission, Computer Services and Software Industries | 124743 | 115212 | 92.4 |

注：本表不含房地产开发投资

Note: This table does not contain the real estate development investment

## 5-7 续表 continued

| 行　业 | Sector | 投资额(万元) Investment (10000 yuan) | 新增固定资产(亿元) Newly Increased Fixed Assets (10000 yuan) | 固定资产交付使用率(%) Rate of Fixed Assets Put into Use (%) |
|---|---|---|---|---|
| #电信和其他信息传输服务业 | Telecommunication and Other Information Transmission | 1247473 | 115212 | 92.4 |
| 批发和零售业 | Wholesale and Retail | 48218 | 49116 | 101.9 |
| 住宿和餐饮业 | Hotel and Catering | 24610 | 17963 | 73.0 |
| 住宿业 | Hotel | 23415 | 17488 | 74.7 |
| 餐饮业 | Catering | 1195 | 475 | 39.7 |
| 金融业 | Financeial Industry | 17725 | 12506 | 70.6 |
| 房地产业 | Real Estate Industry | 41826 | 35579 | 85.1 |
| 租赁和商务服务业 | Leasing and Business Services | 4842 | 992 | 20.5 |
| 商务服务业 | Business Services | 4842 | 992 | 20.5 |
| 科学研究、技术服务和地质勘查业 | Scientific Research, Technology Services and Geological Prospecting | 7708 | 7886 | 102.3 |
| 水利、环境和公共设施管理业 | Water Conservaney,Environment and Public Facility Management | 87055 | 98808 | 113.5 |
| 水利管理业 | Water Conservaney Management | 50924 | 72612 | 142.6 |
| 环境管理业 | Environment Management | 1396 | 1361 | 97.5 |
| 公共设施管理业 | Public facility Management | 34735 | 24835 | 71.5 |
| 居民服务和其他服务业 | Resident Services and Other Services | 4018 | 4378 | 109.0 |
| 教育 | Education | 114301 | 133646 | 116.9 |
| 卫生、社会保障和社会福利业 | Health Care, Social Security and Welfare | 23781 | 18885 | 79.4 |
| 文化、体育和娱乐业 | Cultrre, sport and Recreational | 30294 | 23782 | 78.5 |
| 广播、电视、电影和音像业 | Radio, Film and Television and Video | 11581 | 9735 | 84.1 |
| 文化艺术业 | Culture and Arts | 9312 | 5616 | 60.3 |
| 体育 | Sports | 2728 | 4728 | 173.3 |
| 娱乐业 | Recreational | 4834 | 3364 | 70.0 |
| 公共管理和社会组织 | Public Administration and Social Organizations | 247240 | 215848 | 87.3 |

# 5-8 按各种分组的农村投资

## INVESTMENT IN RURAL AREAS BY MANY GROUP

单位：万元

| 指标 | Item | 2004 | 2005 |
|---|---|---|---|
| **投资总额** | **Total Investment** | 36220 | 60323 |
| **按经济类型分** | **Grouped by Ownership** | | |
| 国有经济 | State-Owned Units | | 11909 |
| 集体经济 | Collective-Owned Units | 2704 | 3649 |
| 其他经济类型 | Others | 33516 | 44765 |
| **按隶属关系分** | **Grouped by Administrative Relationship** | | |
| 中　央 | Central Government Projects | | |
| 地　方 | Local Projects | 36220 | 60323 |
| **按构成分** | **Grouped by Use of Funds** | | |
| 建筑工程 | Construction | 28354 | 40477 |
| 安装工程 | Installation | | 7043 |
| 设备工器具购置 | Purchase of Equipment and Instruments | 6482 | 10614 |
| 其他费用 | Others | 1384 | 2189 |
| **按建设性质分** | **Grouped by Type of Construction** | | |
| 新　建 | New Construction | 21010 | 305 |
| 扩　建 | Expansion | 2251 | |
| 改　建 | Reconstruction | 1975 | 545 |
| 单纯建造生活设施 | Living Installation | 4805 | 15709 |
| 恢　复 | Recovery | | |
| 单纯购置 | Purchase of Equipment | 6179 | 43764 |
| **按国民经济行业分** | **Grouped by Economic Sector** | | |
| 农林牧渔业 | Farming,Forestry,Animal Husbandry and Fishery | 33164 | 40954 |
| 采矿业 | Mining Industry | | |
| 制造业 | Manufacturing | | |
| 电力、燃气及水生产和供应业 | Production and Supply of Electricity | | |
| 建筑业 | Construction | 337 | 1086 |
| 交通运输、仓储及邮政业 | Transportation, Storage and Post Industries | 628 | 2419 |

## 5-8 续表 continued

单位：万元 (10000 yuan)

| 指标 | Item | 2004 | 2005 |
|---|---|---|---|
| 信息传输、计算机服务和软件业 | Information Transmission, Computer services and Software Industries | | |
| 批发和零售业 | Retail and Wholesale | 23 | |
| 住宿和餐饮业 | Hotels and Easteries | | 65 |
| 金融业 | Financial Industry | | |
| 房地产业 | Real Estate Development | | 15604 |
| 科学研究、技术服务和地质勘查业 | Scientific Research,Technology Services and Geological Prospecting | | |
| 水利、环境和公共设施管理业 | Water Conservancy,Environment and Public Facility Management | | |
| 居民服务和其他 服务业 | Resident Services and Other Services | 85 | |
| 教育 | Education | 120 | |
| 卫生、社会保障和社会福利业 | Health, Social Security and Welfare | 11 | |
| 文化、体育和娱乐业 | Culture, Sports and Entertainment | | |
| 公共管理和社会组织 | Public Administration and Social Organizations | 1852 | 195 |
| **按资金来源分** | **Grouped by Source of Funds** | | |
| 国家预算内资金 | State Budgetary Appropriation | | 952 |
| 国内贷款 | Domestic Loans | 2885 | 7607 |
| 利用外资 | Foreign Investment | 120 | |
| 自筹资金 | Fundraising | 15892 | 39022 |
| 其他资金来源 | Others | 17323 | 12742 |
| **本年新增固定资产** | **Newly Increased Fixed Assets** | **36220** | **60323** |
| **本年施工房屋面积** （万平方米） | **Floor Space of Buildings Under Construction** **(10000 sq.m)** | **164.09** | **165.77** |
| 其中:住宅 | # Residential Buildings | 134.60 | 125.75 |
| **本年竣工房屋面积** （万平方米） | **Floor Space of Buildings Completed** **(10000 sq.m)** | **164.09** | **164.72** |
| 其中:住宅 | # Residential Buildings | 134.60 | 124.71 |
| **本年竣工房屋价值** | **Value of Buildings Completed** | **303** | **15199** |
| 其中:住宅 | # Residential Buildings | | 11704 |
| **施工项目个数** | **Number of Projects Under Construction** **(unit)** | **2** | **10** |
| 其中:本年新开工 | # Started This Year | 2 | 10 |
| **本年投产项目个数** | **Number of Projects Completed and Put into Use** **(unit)** | **2** | **9** |

# 5-9 各地区国有经济按各种分组的固定资产投资（2005年底）

| 指 标 | Item | 合计 Total | 拉萨 Lhasa |
|---|---|---|---|
| **投资总额　（万元）** | **Total Investment　(10000 yuan)** | **1499411** | **468426** |
| **按资金来源分** | **Grouped by Source of Funds** | | |
| 国家预算内投资 | State Budgetary Appropriation | 1155216 | 302891 |
| 国内贷款 | Domestic Loans | 10973 | 10076 |
| 利用外资 | Foreign Investment | 720 | 120 |
| 自筹投资 | Fundraising | 223203 | 111090 |
| 其他投资 | Others | 179601 | 62535 |
| **按构成分** | **Grouped by Use of Funds** | | |
| 建筑安装工程 | Construction and Installation | 1360401 | 404807 |
| 设备、工器具购置 | Purchase of Equipment and Instruments | 80181 | 40610 |
| 其他费用 | Others | 58829 | 23009 |
| **按建设性质分** | **Grouped by Type of Construction** | | |
| #新建 | New Construction | 840344 | 214715 |
| 扩建 | Expansion | 364110 | 195503 |
| 改建 | Reconstrction | 187646 | 20773 |
| **按产业分** | **Grouped by Type of Industry** | | |
| 第一产业 | Primary Industry | 120887 | 72079 |
| 第二产业 | Secondary Industry | 173369 | 57062 |
| 第三产业 | Tertiary Industry | 1205155 | 339285 |
| **按国民经济主要行业分** | **Grouped by Main Sector** | | |
| 农林牧渔业 | Farming,Forestry,Animal Husbandry and Fishery | 120887 | 72079 |
| 工　业 | Industry | 169537 | 57033 |
| #能源工业 | # Energy | 150600 | 54973 |
| 交通运输、仓储和邮政业 | Transportation, Storage, Postal and Telecommunications | 589262 | 103865 |
| 信息传输、计算机服务和软件业 | Information Transmission, Computer Services and Software Industries | 64462 | 41729 |
| **新增固定资产** | **Newly Increased Fixed Assets　(10000 yuan)** | **1356869** | **270723** |
| **固定资产交付使用率** | **Rate of Fixed Assets Put into Use　(%)** | **90.5** | **57.8** |
| **房屋建筑面积　（万平方米）** | **Floor Space of Buildings　(10000 sq.m)** | | |
| 施工面积 | Floor Space Under Constrction | 450.26 | 142.22 |
| 竣工面积 | Floor Space Completed | 293.21 | 103.8 |
| #住宅 | # Residential Buildings | 88.53 | 39.94 |

# INVESTMENT IN FIXED ASSETS OF STATE-OWNED UNITS BY REGION (END OF 2005)

| 昌都 Chamdo | 山南 Lhoka | 日喀则 Shigatse | 那曲 Nakchu | 阿里 Ngari | 林芝 Nyingtri |
|---|---|---|---|---|---|
| **217992** | **199836** | **264642** | **124848** | **56886** | **166781** |
| | | | | | |
| 171255 | 170463 | 191462 | 129553 | 51493 | 138099 |
| 18 | | 879 | | | |
| | | | | 600 | |
| 32741 | 60104 | 7735 | 2026 | 2693 | 6814 |
| 13989 | 25171 | 41514 | 11776 | 2500 | 22116 |
| | | | | | |
| 216245 | 175756 | 259721 | 108721 | 50093 | 145058 |
| 1747 | 7924 | 2536 | 11896 | 4452 | 11016 |
| | 16156 | 2385 | 4231 | 2341 | 10707 |
| | | | | | |
| 155494 | 147571 | 76131 | 81241 | 22000 | 143192 |
| 54181 | 33193 | 25975 | 24262 | 28045 | 2951 |
| 2702 | 6760 | 137639 | 5702 | 100 | 13970 |
| | | | | | |
| 1191 | 15214 | 14088 | 7319 | 4379 | 6617 |
| 44320 | 12920 | 15795 | 10561 | 24036 | 8675 |
| 172481 | 171702 | 234759 | 106968 | 28471 | 151489 |
| | | | | | |
| 1191 | 15214 | 14088 | 7319 | 4379 | 6617 |
| 43630 | 12538 | 13235 | 10561 | 24036 | 8504 |
| 39102 | 6826 | 8477 | 10123 | 24036 | 7063 |
| 128910 | 96586 | 107112 | 43570 | 6632 | 102587 |
| 780 | 5105 | 7868 | 544 | 5190 | 3246 |
| | | | | | |
| **319447** | **249684** | **221162** | **111147** | **36587** | **148119** |
| **146.5** | **124.9** | **83.5** | **89.0** | **64.3** | **88.8** |
| | | | | | |
| 32.42 | 80.06 | 98.92 | 47.88 | 9.40 | 39.36 |
| 26.39 | 28.96 | 62.64 | 39.96 | 8.61 | 22.85 |
| 4.58 | 5.23 | 21.7 | 9.18 | 2.98 | 4.92 |

# 5-10 国有经济按各种分组的固定资产投资

## INVESTMENT IN FIXED ASSETS OF STATE-OWNED UNITS

| 指标 | Item | 2000 | 2001 | 2004 | 2005 |
|---|---|---|---|---|---|
| **投资总额 (万元)** | **Total Investment (10000 yuan)** | **629928** | **803541** | **1370848** | **1499411** |
| **按资金来源分** | **Grouped by Source of Funds** | | | | |
| 国家预算内投资 | State Budgetary Appropriation | 369006 | 384300 | 991787 | 1155216 |
| 国内贷款 | Domestic Loans | 25402 | 49870 | 38110 | 10973 |
| 利用外资 | Foreign Investment | 172 | 590 | | 720 |
| 自筹投资 | Fundraising | 159935 | 209879 | 291962 | 223203 |
| 其他投资 | Others | 72048 | 77380 | 92201 | 179601 |
| **按构成分** | **Grouped by Use of Funds** | | | | |
| 建筑安装工程 | Construction and Installation | 569836 | 706431 | 1260991 | 1360401 |
| 设备、工器具购置 | Purchase of Equipment and Instruments | 41151 | 67632 | 73637 | 80181 |
| 其他费用 | Others | 18941 | 29478 | 36220 | 58829 |
| **按建设性质分** | **Grouped by Type of Construction** | | | | |
| #新建 | New Construction | 393676 | 496616 | 819038 | 840344 |
| 扩建 | Expansion | 34162 | 49773 | 200108 | 364110 |
| 改建 | Reconstruction | 152264 | 198583 | 224447 | 187646 |
| **按产业分** | **Grouped by Type of Industry** | | | | |
| 第一产业 | Primary Industry | 26354 | 38780 | 71469 | 120887 |
| 第二产业 | Secondary Industry | 151435 | 134132 | 271842 | 173369 |
| 第三产业 | Tertiary Industry | 452139 | 630629 | 1027537 | 1205155 |
| **按国民经济主要行业分** | **Grouped by Main Sector** | | | | |
| 农林牧渔业 | Farming,Forestry,Animal Husbandry and Fishery | 13181 | 32497 | 71469 | 120887 |
| 工 业 | Industry | 151435 | 83522 | 237934 | 169537 |
| #能源工业 | # Energy | 102491 | 75564 | 159419 | 150600 |
| 交通运输、仓储和邮政业 | Transportation, Storage and Post Industries | 172925 | 231856 | 564249 | 589262 |
| 信息传输、计算机服务和软件业 | Information Transmission, Computer Services and Software | 60530 | 77718 | 69794 | 64462 |
| **新增固定资产 (万元)** | **Newly Increased Fixed Assets (10000 yuan)** | 631768 | 669806 | 1134061 | 1356869 |
| **固定资产交付使用率 (%)** | **Rate of Fixed Assets Put into Use (%)** | 100.3 | 83.4 | 82.7 | 90.5 |
| **房屋建筑面积 (万平方米)** | **Floor Space of Buildings (10000 sq.m)** | | | | |
| 施工面积 | Floor Space Under Construction | 210.50 | 207.30 | 308.52 | 450.26 |
| 竣工面积 | Floor Space Completed | 138.80 | 142.00 | 232.40 | 293.21 |
| #住宅 | # Residential Buildings | 46.70 | 43.90 | 95.11 | 88.53 |

# 第六篇

# 财　政

# Chapter 6

## PUBLIC FINANCE

# 6-1　历年财政收支总额及指数

## TOTAL REVENUC AND TOTAL EXPENDITURES AND ITS INDICES OF LOCAL FINANCE OF THE YEARS

| 年份 Year | 总收入(万元) Total Revenue (10000 yuan) | 地方财政收入 Local Government Revenue | #一般预算收入 General Budgetary Financial Revenue | 国家财政补助收入 Subsidies Revenue of Government | 总支出(万元) Total Expenditures (10000 yuan) | #一般预算支出 General Budgetary Financial Expenditures | 指数(上年=100) Indices (preceding year=100) 总收入 Total Revenue | 总支出 Total Expenditures |
|---|---|---|---|---|---|---|---|---|
| 1952 | 1305 | 258 | | 1047 | 971 | | | |
| 1959 | 13302 | 2190 | | 11112 | 7010 | | 351.1 | 259.5 |
| 1965 | 14044 | 2239 | | 11805 | 11313 | | 82.6 | 83.0 |
| 1970 | 16203 | -2142 | | 18345 | 10613 | | 148.8 | 119.1 |
| 1975 | 26194 | -2985 | | 29179 | 24026 | | 100.5 | 110.7 |
| 1978 | 47063 | -1558 | | 48620 | 45734 | | 125.7 | 139.9 |
| 1979 | 49236 | -2205 | | 51441 | 49996 | | 104.6 | 109.3 |
| 1980 | 54131 | -5973 | | 60104 | 46602 | | 109.9 | 93.2 |
| 1985 | 99735 | -6037 | | 105772 | 102941 | | 149.0 | 100.6 |
| 1986 | 94938 | -741 | | 95679 | 89749 | | 95.2 | 87.2 |
| 1987 | 101707 | -353 | | 102060 | 91341 | | 107.1 | 101.8 |
| 1988 | 103303 | -226 | | 103077 | 104766 | | 101.6 | 114.7 |
| 1989 | 125095 | 1380 | | 123715 | 119231 | | 121.1 | 113.8 |
| 1990 | 128470 | 1810 | | 126660 | 129242 | | 102.7 | 108.4 |
| 1991 | 139694 | 2325 | | 137369 | 150018 | | 108.7 | 116.1 |
| 1992 | 157270 | 10869 | | 146401 | 166120 | | 112.6 | 110.7 |
| 1993 | 189868 | 15601 | | 174267 | 216012 | | 120.7 | 130.0 |
| 1994 | 309781 | 14235 | | 295546 | 302998 | | 163.2 | 140.3 |
| 1995 | 334940 | 21500 | | 313440 | 348749 | | 108.1 | 115.1 |
| 1996 | 336502 | 24388 | 24141 | 312114 | 381195 | 368458 | 100.5 | 109.3 |
| 1997 | 386989 | 38254 | 29537 | 348735 | 390961 | 381952 | 115.0 | 102.6 |
| 1998 | 459820 | 44273 | 36393 | 415547 | 461966 | 453225 | 118.8 | 118.2 |
| 1999 | 627292 | 54581 | 45731 | 572711 | 544223 | 532544 | 136.4 | 117.8 |
| 2000 | 699222 | 63265 | 53848 | 635957 | 616108 | 599693 | 111.5 | 113.2 |
| 2001 | 1018566 | 73790 | 61108 | 944776 | 1062067 | 1045690 | 145.7 | 172.4 |
| 2002 | 1398795 | 87325 | 73082 | 1311470 | 1398904 | 1378433 | 137.3 | 131.7 |
| 2003 | 1387906 | 100342 | 81499 | 1287564 | 1481966 | 1459054 | 99.2 | 105.9 |
| 2004 | 1479554 | 119899 | 100188 | 1359655 | 1360690 | 1338335 | 106.6 | 91.8 |
| 2005 | 2058670 | 143330 | 120312 | 1915340 | 1891612 | 1854502 | 139.1 | 139.0 |

# 6-2 地方财政收入占西藏生产总值的比重

## LOCAL GOVERNMENTS REVENUE AS PERCENTAGE TO GROSS DOMESTIC PRODUCT

| 年份 Year | 地方财政收入 (亿元) Local Government Revenue (100 million yuan) | 西藏生产总值 (亿元) Gross Domestic Products (100 million yuan) | 地方财政收入占西藏生产总值的比重(%) Percentage of Local Government Revenue to GDP(%) |
|---|---|---|---|
| 1978 | -0.16 | 6.65 | |
| 1979 | -0.22 | 7.30 | |
| 1980 | -0.60 | 8.67 | |
| 1981 | -0.57 | 10.40 | |
| 1982 | -0.56 | 10.21 | |
| 1983 | -0.48 | 10.29 | |
| 1984 | -1.10 | 13.68 | |
| 1985 | -0.60 | 17.76 | |
| 1986 | -0.07 | 16.93 | |
| 1987 | -0.04 | 17.71 | |
| 1988 | -0.02 | 20.25 | |
| 1989 | 0.14 | 21.86 | 0.6 |
| 1990 | 0.18 | 27.70 | 0.6 |
| 1991 | 0.23 | 30.53 | 0.8 |
| 1992 | 1.09 | 33.29 | 3.3 |
| 1993 | 1.56 | 37.28 | 4.2 |
| 1994 | 1.42 | 45.84 | 3.1 |
| 1995 | 2.15 | 55.98 | 3.8 |
| 1996 | 2.44 | 64.76 | 3.8 |
| 1997 | 3.83 | 76.98 | 5.0 |
| 1998 | 4.43 | 91.18 | 4.9 |
| 1999 | 5.46 | 105.61 | 5.2 |
| 2000 | 6.33 | 117.46 | 5.4 |
| 2001 | 7.38 | 138.73 | 5.3 |
| 2002 | 8.73 | 161.42 | 5.4 |
| 2003 | 10.03 | 184.50 | 5.4 |
| 2004 | 11.99 | 211.54 | 5.7 |
| 2005 | 14.33 | 251.21 | 5.7 |

# 6-3 地方财政收入基本情况

## LOCAL GOVERNMENT FINANCIAL REVENUE IN CURRENT BUDGET

单位：万元 (10000 yuan)

| 项目 | Item | 1998 | 1999 | 2000 | 2001 | 2003 | 2004 | 2005 |
|---|---|---|---|---|---|---|---|---|
| **地方财政收入** | **Local Government Financial Revenue** | **44273** | **54581** | **63265** | **73790** | **100342** | **119899** | **143330** |
| **一般预算收入** | **General Budgetary Financial Revenue** | **36393** | **45731** | **53848** | **61108** | **81499** | **100188** | **120312** |
| 各项税收 | Taxes | 35935 | 43073 | 50652 | 53587 | 65387 | 71917 | 81458 |
| 增值税 | Value-added Tax | 5962 | 6954 | 7892 | 8493 | 9364 | 10725 | 11824 |
| 营业税 | Operation Tax | 14870 | 16758 | 19390 | 22617 | 40160 | 43139 | 48721 |
| 企业所得税 | Enterprises' Income Tax | 9855 | 12623 | 16123 | 13011 | 7160 | 7514 | 8879 |
| 个人所得税 | Individual Income Tax | 2319 | 2697 | 3127 | 4626 | 2851 | 3542 | 4475 |
| 资源税 | Resources Tax | 1319 | 1534 | 1654 | 1906 | 1999 | 2297 | 2399 |
| 城市维护建设税 | Building Tax on City Maintenance | 1668 | 1912 | 2117 | 2410 | 3168 | 3768 | 4114 |
| 印花税 | Stemp tax | 191 | 151 | 168 | 396 | 482 | 641 | 654 |
| 土地增值税 | Land Value Added Tax | 519 | 437 | 144 | 108 | 182 | 246 | 296 |
| 其他税收 | Other Taxes | -768 | 7 | 37 | 20 | 21 | 45 | 96 |
| 国有资产经营收益 | Operational Income of State-owned Assets | 922 | 1014 | 837 | 822 | 872 | 1169 | 1683 |
| 国有企业计划亏损补贴 | Subsidies to Loss-suffering State-owned Enterprises | -11795 | -10076 | -10156 | -9703 | -9186 | -9123 | -9149 |
| 行政性收费收入 | Fee Collection | 521 | 689 | 834 | 4908 | 6318 | 10505 | 16289 |
| 罚没收入 | Penalty | 1664 | 1530 | 2029 | 2405 | 2928 | 7941 | 5841 |
| 专项收入 | Special Revenue | 762 | 1153 | 1607 | 1833 | 2580 | 3106 | 3469 |
| 其他收入 | Other Revenue | 8384 | 8348 | 8045 | 7256 | 12572 | 14673 | 20721 |
| **基金预算收入** | **Fund Budgetary Revenue** | **7880** | **8850** | **9417** | **12682** | **18843** | **19711** | **23018** |
| 工业交通部门基金收入 | Fund Revenue of Industry andTransportation | 7700 | 8834 | 9410 | 10478 | 17400 | 19711 | 23018 |
| 文教部门基金收入 | Fund Revenue of Department of Culture and Education | | | | | | | |
| 农业部门基金收入 | Fund Revenue of Agricultural Department | | 16 | 7 | 14 | | | |
| 其他部门基金收入 | Others | 180 | | | 2190 | 1443 | | |

# 6-4 财政支出

## FINANCIAL EXPENDITURE

单位：万元 (10000 yuan)

| 年份 Year | 财政支出合计 Total Financial Expenditure | 一般预算支出 General Budgetary Financial Expenditures | 基本建设支出 Expenditure for Capital Construction | 企业挖潜改造资金 Expenditure for Innovation Enterprises | 科技三项费 Expenditure for Science and Technology Promotion | 农业支出 Expenditure for Agriculture | 工、交、商事业费 Operating Expenses of Industrial, Commercial Departments | 文教卫生事业费 Operating Expenses for Culture, Education and Health Care | 城市维护费 Expenditure for City Maintenance | 行政管理费 Expenditure for Government Administration | 其他 Others | 基金预算支出 Fund Budgetary Expenditures |
|---|---|---|---|---|---|---|---|---|---|---|---|---|
| 1952 | 977 | | 43 | | | 20 | | 192 | 3 | 712 | 7 | |
| 1959 | 7010 | | 2906 | | | 104 | 35 | 595 | 53 | 1326 | 1991 | |
| 1965 | 11313 | | 3648 | | 114 | 531 | 1452 | 1268 | 39 | 2899 | 1362 | |
| 1970 | 10613 | | 4619 | | 40 | 524 | 1190 | 1062 | 100 | 2494 | 584 | |
| 1975 | 24026 | | 8143 | | 71 | 2805 | 1785 | 3430 | 50 | 3360 | 4382 | |
| 1978 | 45734 | | 14042 | 405 | 186 | 5760 | 2504 | 5457 | 90 | 5296 | 11994 | |
| 1979 | 49996 | | 15898 | 494 | 275 | 8671 | 2554 | 6330 | 275 | 6394 | 9105 | |
| 1980 | 46602 | | 15716 | 753 | 189 | 6130 | 1446 | 7692 | 203 | 7600 | 6873 | |
| 1985 | 102941 | | 34241 | 1071 | 698 | 10903 | 6077 | 16525 | 1618 | 13249 | 18559 | |
| 1986 | 89749 | | 15376 | 1106 | 512 | 8865 | 4707 | 19444 | 1243 | 14427 | 24069 | |
| 1987 | 91341 | | 11899 | 902 | 474 | 9196 | 4798 | 23064 | 939 | 15326 | 24743 | |
| 1988 | 104766 | | 12901 | 1062 | 680 | 10573 | 5572 | 25002 | 1067 | 19236 | 28673 | |
| 1989 | 119231 | | 15353 | 921 | 600 | 5193 | 5820 | 26668 | 1284 | 17297 | 46095 | |
| 1990 | 129242 | | 14651 | 1054 | 575 | 7236 | 5829 | 28076 | 1483 | 19647 | 50691 | |
| 1991 | 150018 | | 19920 | 1181 | 664 | 8786 | 5640 | 30002 | 1246 | 22769 | 82579 | |
| 1992 | 166120 | | 25920 | 1443 | 680 | 10163 | 7493 | 32637 | 1932 | 25665 | 60187 | |
| 1993 | 216012 | | 36817 | 2354 | 734 | 10451 | 7225 | 39829 | 1566 | 34278 | 82758 | |
| 1994 | 302998 | | 56490 | 3119 | 724 | 11485 | 16007 | 60067 | 1566 | 51902 | 101638 | |
| 1995 | 348749 | | 80222 | 1753 | 817 | 9462 | 10557 | 59440 | 1830 | 54276 | 130758 | |
| 1996 | 381195 | 368458 | 48560 | 2027 | 1211 | 10892 | 20091 | 86153 | 3293 | 80130 | 116101 | 12737 |
| 1997 | 390961 | 381952 | 48980 | 3231 | 2187 | 14169 | 14728 | 78837 | 2752 | 67546 | 149522 | 9009 |
| 1998 | 461966 | 453225 | 78810 | 3701 | 2171 | 15715 | 8929 | 93499 | 3027 | 76567 | 170806 | 8741 |
| 1999 | 544223 | 532544 | 116338 | 2481 | 2024 | 14218 | 23871 | 112467 | 4125 | 87662 | 169358 | 11679 |
| 2000 | 616108 | 599693 | 145768 | 3465 | 2300 | 13397 | 19791 | 122233 | 3848 | 106392 | 182499 | 16415 |
| 2001 | 1062067 | 1045690 | 348096 | 3261 | 2616 | 12663 | 27855 | 151273 | 4837 | 143065 | 352024 | 16377 |
| 2002 | 1398904 | 1378433 | 546749 | 2314 | 6704 | 12536 | 36052 | 168824 | 5401 | 186273 | 413580 | 20471 |
| 2003 | 1481966 | 1459054 | 594347 | 2233 | 3603 | 40011 | 31348 | 219362 | 5020 | 200566 | 362564 | 22912 |
| 2004 | 1360690 | 1338335 | 324028 | 4037 | 4039 | 51159 | 40386 | 250344 | 4050 | 241636 | 418656 | 22355 |
| 2005 | 1891612 | 1854502 | 563995 | 3292 | 4437 | 59904 | 43372 | 312830 | 4329 | 279559 | 582784 | 37110 |

注：在农业支出一栏中，2003年以前的数据为支援农村生产支出数据，2004年以后的数据为农业支出数据。

Note: In the agricultural expenditure column, the rural data before 2003 in order to support produced the expenditure data, the data will be the agricultural expenditure data after 2004.

## 6-5　各地市财政收支情况

## FINANCIAL REVENUE AND EXPENDITURES BY REGION

单位：亿元　　(100 million yuan)

| 地区 Region | | 1995 | | 2004 | | 2005 | |
|---|---|---|---|---|---|---|---|
| | | 财政收入 Financial Revenue | 财政支出 Financial Expenditures | 财政收入 Financial Revenue | 财政支出 Financial Expenditures | 财政收入 Financial Revenue | 财政支出 Financial Expenditures |
| 拉萨市 | Lhasa | 0.87 | 2.93 | 2.81 | 11.48 | 3.22 | 14.27 |
| 昌都地区 | Chamdo | 0.19 | 2.06 | 0.81 | 8.11 | 1.04 | 9.94 |
| 山南地区 | Lhoka | 0.18 | 2.11 | 1.11 | 8.40 | 1.54 | 9.62 |
| 日喀则地区 | Shigatse | 0.28 | 2.75 | 1.13 | 11.08 | 1.53 | 12.88 |
| 那曲地区 | Nakchu | 0.16 | 1.53 | 0.85 | 7.32 | 1.01 | 8.45 |
| 阿里地区 | Ngari | 0.22 | 0.98 | 0.54 | 3.59 | 0.61 | 4.73 |
| 林芝地区 | Nyingtri | 0.32 | 1.38 | 1.07 | 5.49 | 1.29 | 6.57 |

## 6-6　各地市财政收入占地区生产总值的比重

## LOCAL GOVERNMENT REVENUE BY REGION AS PERCENTAGE TO GROSS DOMESTIC PRODUCE

| 地 区 Region | | 2004 | | | 2005 | | |
|---|---|---|---|---|---|---|---|
| | | 财政收入（亿元） Local Govern-ment Revenue (100 millin yuan) | 地区生产总值（亿元） Gross Domestic Products (100 million yuan) | 财政收入占地区生产总值比重(%) Percentage of Local Government Revenue to GDP (%) | 财政收入（亿元） Local Govern-ment Revenue (100 millin yuan) | 地区生产总值（亿元） Gross Domestic Products (100 million yuan) | 财政收入占地区生产总值比重(%) Percentage of Local Government Revenue to GDP (%) |
| 拉萨市 | Lhasa | 2.81 | 75.24 | 3.7 | 3.22 | 86.78 | 3.7 |
| 昌都地区 | Chamdo | 0.81 | 28.21 | 2.9 | 1.04 | 32.48 | 3.2 |
| 山南地区 | Lhoka | 1.11 | 19.05 | 5.8 | 1.54 | 24.47 | 6.3 |
| 日喀则地区 | Shigatse | 1.13 | 40.79 | 2.8 | 1.53 | 44.07 | 3.5 |
| 那曲地区 | Nakchu | 0.85 | 19.31 | 4.4 | 1.01 | 28.67 | 3.5 |
| 阿里地区 | Ngari | 0.54 | 6.27 | 8.6 | 0.61 | 9.61 | 6.3 |
| 林芝地区 | Nyingtri | 1.07 | 22.83 | 4.7 | 1.29 | 24.50 | 5.3 |

# 第七篇

# 物　价

# Chapter 7

**PRICE**

# 7-1 全区物价指数

## GENERAL PRICE INDICES

| 年份 Year | 商品零售价格指数 General Retail | 城镇 Urban Areas | 农村 Rural Areas | 居民消费价格指数 General Consumer Price Index | 城镇 Urban Areas | 农村 Rural Areas |
|---|---|---|---|---|---|---|
| 上年=100 (preceding year=100) | | | | | | |
| 1990 | 104.5 | 105.1 | 103.9 | 105.0 | 105.2 | 104.7 |
| 1991 | 108.7 | 109.3 | 108.1 | 109.2 | 109.4 | 108.9 |
| 1992 | 108.3 | 108.9 | 107.7 | 108.8 | 109.0 | 108.5 |
| 1993 | 111.9 | 113.3 | 110.4 | 113.4 | 115.2 | 111.6 |
| 1994 | 118.9 | 115.9 | 121.8 | 128.3 | 125.5 | 130.6 |
| 1995 | 117.4 | 116.5 | 118.8 | 119.4 | 121.3 | 117.5 |
| 1996 | 107.2 | 106.4 | 108.5 | 107.8 | 109.5 | 106.1 |
| 1997 | 104.2 | 103.7 | 104.6 | 105.0 | 104.8 | 105.6 |
| 1998 | 98.8 | 99.0 | 98.9 | 100.7 | 99.8 | 101.5 |
| 1999 | 98.8 | 98.5 | 99.0 | 100.0 | 99.4 | 100.5 |
| 2000 | 99.2 | 99.1 | 99.5 | 99.9 | 100.4 | 99.8 |
| 2001 | 99.6 | 99.6 | 99.4 | 100.2 | 99.2 | 100.9 |
| 2002 | 99.5 | 99.4 | 99.6 | 100.4 | 101.0 | 99.9 |
| 2003 | 99.4 | 99.1 | 100.0 | 100.9 | 100.8 | 100.9 |
| 2004 | 100.7 | 100.5 | 101.2 | 102.7 | 102.0 | 103.4 |
| 2005 | 100.8 | 100.8 | 100.4 | 101.5 | 101.5 | 100.9 |
| 1989年=100 (1989=100) | | | | | | |
| 1990 | 104.5 | 105.1 | 103.9 | 105.0 | 105.2 | 104.7 |
| 1991 | 113.6 | 114.9 | 112.3 | 114.7 | 115.1 | 114.0 |
| 1992 | 123.0 | 125.1 | 120.9 | 124.8 | 125.5 | 123.7 |
| 1993 | 137.6 | 141.7 | 133.5 | 141.5 | 144.6 | 138.0 |
| 1994 | 163.6 | 164.2 | 162.6 | 181.5 | 181.5 | 180.2 |
| 1995 | 192.1 | 191.3 | 193.2 | 216.7 | 220.2 | 211.7 |
| 1996 | 205.9 | 203.5 | 209.6 | 233.6 | 241.1 | 224.6 |
| 1997 | 214.5 | 211.0 | 219.2 | 245.3 | 252.7 | 237.2 |
| 1998 | 211.9 | 208.9 | 216.8 | 247.0 | 252.2 | 240.8 |
| 1999 | 209.4 | 205.8 | 214.6 | 247.0 | 250.7 | 242.0 |
| 2000 | 207.7 | 203.9 | 213.5 | 246.8 | 251.8 | 241.5 |
| 2001 | 206.9 | 203.1 | 212.2 | 247.3 | 249.8 | 243.7 |
| 2002 | 205.9 | 201.9 | 211.4 | 248.3 | 252.3 | 243.5 |
| 2003 | 204.7 | 200.1 | 211.4 | 250.5 | 254.3 | 245.7 |
| 2004 | 206.1 | 201.1 | 213.9 | 257.3 | 259.4 | 254.1 |
| 2005 | 207.8 | 202.7 | 214.8 | 261.2 | 263.3 | 256.4 |

# 7-2 居民消费价格分类指数

## CONSUMER PRICE INDICES BY CATEGORY

上年=100 (preceding year=100)

| 项　目 | Item | 2000 | 2001 | 2002 | 2004 | 2005 |
|---|---|---|---|---|---|---|
| **居民消费价格总指数** | **General Consumer Price Index** | **99.9** | **100.2** | **100.4** | **102.7** | **101.5** |
| **非食品价格指数** | **Consumer Price Index Without Food** | | **100.6** | **100.8** | **101.0** | **101.6** |
| **服务项目价格指数** | **Services Price Index** | **106.4** | **101.7** | **100.9** | **100.7** | **102.0** |
| **消费品价格指数** | **Consumer Goods Price Index** | | **99.9** | **100.3** | **103.0** | **101.4** |
| **食品类** | **Food** | **98.9** | **99.4** | **99.6** | **105.3** | **101.3** |
| 粮食 | Grain | 101.5 | 99.9 | 96.3 | 112.4 | 102.1 |
| 淀粉及薯类 | Starches and Tubers | 102.4 | 98.0 | 99.7 | 98.5 | 105.5 |
| 干豆类及豆制品 | Bean and Its Products | 98.6 | 99.4 | 100.9 | 105.3 | 106.0 |
| 油脂类 | Oil or Fat | 98.8 | 97.2 | 97.6 | 109.7 | 100. 4 |
| 肉禽及其制品 | Meal, Poultry and Their Products | 94.0 | 102.4 | 100.2 | 111.9 | 104.5 |
| 蛋类 | Eggs | 98.0 | 97.1 | 103.1 | 102.0 | 106.9 |
| 水产品 | Aquatic Products | 97.6 | 100.9 | 92.3 | 111.5 | 96 |
| 菜类 | Vegetables | 105.0 | 92.4 | 107.4 | 92.6 | 101.3 |
| 调味品 | Flavoring | 99.9 | 99.8 | 101.5 | 99.0 | 100.5 |
| 糖类 | Carbohydrate | 101.1 | 99.0 | 97.9 | 97.8 | 98.9 |
| 茶及饮料 | Tea and Beverages | | 100.3 | 98.6 | 102.2 | 100.3 |
| 干鲜瓜果类 | Dried and Fresh Melons and Fruits | 97.8 | 101.5 | 92.6 | 107.3 | 92.3 |
| 糕点、饼干和面包 | Cakes,Biscuits and Bread | 94.9 | 98.9 | 99.5 | 97.5 | 100.6 |
| 奶及奶制品 | Milk and Its Products | 108.3 | 100.1 | 101.8 | 106.0 | 107.4 |
| 在外用膳食品 | Out-of-home Food | | 100.0 | 99.0 | 99.7 | 101.2 |
| 其他食品及食品加工服务 | Other Food | 102.8 | 100.2 | 99.3 | 100.2 | 100.1 |
| **烟酒及用品** | **Cigarettes,Liquors and Related Items** | | **99.6** | **100.1** | **100.0** | **102.2** |
| 烟草 | Tobacco | | 99.1 | 100.3 | 100.7 | 101.2 |
| 酒 | Liquors | | 100.4 | 100.4 | 99.2 | 104.3 |
| 吸烟饮酒用品 | Cigarettes and Spirits Related Items | | 100.1 | 98.1 | 98.3 | 101.4 |
| **衣着类** | **Clothing** | **99.7** | **101.1** | **103.1** | **100.4** | **100.7** |

## 7-2 续表 continued

上年=100 (preceding year=100)

| 项目 | Item | 2000 | 2001 | 2002 | 2004 | 2005 |
|---|---|---|---|---|---|---|
| 服装 | Garments | 100.0 | 100.4 | 105.0 | 100.9 | 101.3 |
| 衣着材料 | Clothing Material | 94.1 | 102.1 | 100.2 | 99.8 | 98.0 |
| 鞋、袜、帽 | Shoes,Socks and Hats | 99.7 | 102.8 | 101.4 | 97.3 | 100.9 |
| 衣着加工服务 | Garment Processing Service | 98.9 | 100.2 | 97.4 | 99.0 | 97.6 |
| **家庭设备用品及维修服务** | **Home Appliances and Repair Service** | **101.5** | **99.4** | **100.2** | **99.9** | **99.6** |
| 耐用消费品 | Durable Consumer Goods | 101.5 | 98.9 | 99.6 | 99.7 | 97.8 |
| 室内装饰品 | Interior Decorations | 101.3 | 99.8 | 100.5 | 98.8 | 101.4 |
| 床上用品 | Bed Articles | 100.3 | 99.9 | 101.1 | 100.7 | 99.9 |
| 家庭日杂用品 | Daily Use Household Articles | 103.0 | 99.5 | 101.0 | 99.4 | 99.1 |
| 家庭服务及加工维修服务 | Household Service and Repair Service | 100.0 | 101.7 | 100.7 | 102.9 | 116.2 |
| **医疗保健和个人用品** | **Medicine,Medical Service and Personal Aricles** | **100.3** | **100.1** | **101.1** | **100.3** | **100.4** |
| 医疗保健 | Medical Appliances and Articles | 99.6 | 100.1 | 101.3 | 100.3 | 100.5 |
| 个人用品及服务 | Personal Articles and Service | | | | 100.3 | 100.1 |
| **交通和通讯** | **Transportation and Communication** | **98.4** | **103.6** | **101.9** | **100.3** | **100.2** |
| 交通 | Transportation | 99.3 | 101.6 | 101.0 | 101.1 | 102.1 |
| 通信 | Communication | 92.7 | 106.2 | 103.0 | 99.2 | 97.5 |
| **娱乐教育文化用品及服务** | **Recreation,Education ,Culture Articles and It's Service** | **97.4** | **98.7** | **99.9** | **99.4** | **99.6** |
| 文娱用耐用消费品及服务 | Durable Consumer Goods for Recreational Use | 91.7 | 94.8 | 99.7 | 96.3 | 95.6 |
| 教育 | Education | 102.1 | 100.2 | 100.5 | 100.3 | 105.0 |
| 文化娱乐用品 | Cultural and Recreational Articles | 108.9 | 103.6 | 101.5 | 99.8 | 100.6 |
| 旅游及外出 | Tourism | | | | 102.6 | 98.7 |
| **居住** | **Residence** | **103.5** | **101.3** | **98.8** | **106.2** | **106.7** |
| 建房及装修材料 | Construction and Decoration Materials | 102.1 | 100.5 | 97.9 | 100.7 | 101.6 |
| 租房 | Building Materials | 103.2 | 100.0 | 102.0 | 102.8 | 105.3 |
| 自有住房 | Self-owned House | | | 100.3 | 100.0 | 100.1 |
| 水电燃料 | Water, Electricity and Fuels | 104.0 | 101.7 | 97.5 | 111.7 | 111.1 |

# 7-3 居民消费价格分类指数（2005年）

## CONSUMER PRICE INDICES BY CATEGORY (2005)

上年=100 (preceding year=100)

| 指标 | Item | 1月Jan. | 2月Feb. | 3月Mar. | 4月Apr. | 5月May. | 6月June. |
|---|---|---|---|---|---|---|---|
| **总指数** | **General Consumer Price Index** | **101.5** | **101.4** | **101.3** | **101.3** | **101.7** | **101.7** |
| 食品类 | Food | 101.4 | 102.9 | 102.6 | 101.8 | 100.2 | 102.3 |
| 粮食 | Grain | 112.8 | 112.7 | 109.5 | 103.1 | 100.3 | 97.3 |
| 肉禽及其制品 | Meal, Poultry and Their Products | 107.7 | 104.2 | 104.7 | 105.7 | 103.3 | 103.7 |
| 蛋类 | Eggs | 98.6 | 98.3 | 98.4 | 105.4 | 100.3 | 103.2 |
| 水产品 | Aquatic Products | 93.6 | 90.8 | 89.9 | 95.6 | 92.0 | 95.1 |
| 菜类 | Vegetables | 88.1 | 90.5 | 91.4 | 96.3 | 101.5 | 102.0 |
| 茶和饮料 | Tea and Beverages | 99.9 | 99.9 | 100.1 | 100.2 | 100.6 | 100.6 |
| 干鲜瓜果类 | Dried and Fresh Melons and Fruits | 93.0 | 93.4 | 90.4 | 90.2 | 86.9 | 89.6 |
| 烟酒及用品 | Cigarettes,Liquors and Related Items | 101.6 | 101.7 | 102.1 | 101.9 | 102.2 | 102.6 |
| 衣着类 | Clothing | 99.3 | 99.9 | 100.2 | 100.2 | 100.0 | 100.5 |
| 家庭设备用品及维修服务 | Home Appliances and Repair Service | 98.8 | 99.1 | 99.3 | 99.3 | 99.4 | 99.7 |
| 医疗保健和个人用品 | Medicine,Medical Service and Personal Aricles | 100.0 | 100.1 | 100.1 | 100.2 | 100.0 | 100.2 |
| 交通和通讯 | Transportation and Communication | 100.7 | 100.5 | 101.0 | 100.4 | 100.0 | 99.3 |
| 娱乐教育文化用品及服务 | Recreation, Education and Culture Articles | 98.6 | 99.3 | 98.3 | 98.3 | 98.4 | 98.1 |
| 居住 | Residence | 111.4 | 111.5 | 110.6 | 112.3 | 104.6 | 105.9 |
| 服务项目 | Services | 101.5 | 101.4 | 101.6 | 101.6 | 101.2 | 100.7 |

7-3 续表 continued

| 指标 | Item | 7月July | 8月Aug. | 9月Sep. | 10月Oct. | 11月Nov. | 12月Dec. |
|---|---|---|---|---|---|---|---|
| **总指数** | **General Consumer Price Index** | **101.8** | **101.4** | **101.6** | **101.7** | **102.1** | **101.9** |
| 食品类 | Food | 100.3 | 101.9 | 101.4 | 101.6 | 102.5 | 102.6 |
| 粮食 | Grain | 96.3 | 98.4 | 98.8 | 98.8 | 98.3 | 101.5 |
| 肉禽及其制品 | Meal, Poultry and Their Products | 104.9 | 104.3 | 102.6 | 104.3 | 104.0 | 105.1 |
| 蛋类 | Eggs | 105.3 | 114.1 | 113.0 | 116.5 | 112.7 | 112.6 |
| 水产品 | Aquatic Products | 94.5 | 96.3 | 100.2 | 102.0 | 101.8 | 101.5 |
| 菜类 | Vegetables | 99.9 | 108.5 | 107.5 | 105.8 | 114.0 | 114.5 |
| 茶和饮料 | Tea and Beverages | 100.7 | 100.7 | 100.7 | 100.2 | 100.2 | 100.2 |
| 干鲜瓜果类 | Dried and Fresh Melons and Fruits | 92.3 | 92.3 | 96.7 | 93.7 | 96.3 | 93.1 |
| 烟酒及用品 | Cigarettes,Liquors and Related Items | 102.6 | 102.6 | 102.6 | 102.6 | 102.9 | 101.5 |
| 衣着类 | Clothing | 100.5 | 100.6 | 101.6 | 101.7 | 102.0 | 102.0 |
| 家庭设备用品及维修服务 | Home Appliances and Repair Service | 99.8 | 100.0 | 100.3 | 100.1 | 99.8 | 99.8 |
| 医疗保健和个人用品 | Medicine,Medical Service and Personal Aricles | 100.2 | 100.3 | 100.3 | 100.4 | 102.2 | 100.4 |
| 交通和通讯 | Transportation and Communication | 99.2 | 99.8 | 99.9 | 100.5 | 100.7 | 100.0 |
| 娱乐教育文化用品及服务 | Recreation, Education and Culture Articles | 100.0 | 101.1 | 101.2 | 101.2 | 101.1 | 101.1 |
| 居住 | Residence | 106.0 | 104.6 | 104.5 | 104.4 | 102.8 | 103.5 |
| 服务项目 | Services | 101.9 | 102.4 | 102.6 | 102.8 | 103.4 | 102.5 |

# 7-4 商品零售价格分类指数（2005年）

## PRICE INDICES BY CATEGORY OF COMMODITIES（2005）

上年=100 (preceding year=100)

| 项 目 | Item | 全 区 Average | 城 市 Urban Areas | 农 村 Rural Areas |
|---|---|---|---|---|
| **商品零售价格总指数** | **General Retail Price Index** | **100.8** | **100.8** | **100.4** |
| **食品类** | **Food** | **103.0** | **103.0** | **102.8** |
| 粮食 | Grain | 106.0 | 110.0 | 104.0 |
| 淀粉及薯类 | Amylum and Potato | 104.6 | 112.3 | 99.3 |
| 干豆类及豆制品 | Dry Bean and Bean Products | 105.8 | 105.5 | 107.5 |
| 油脂 | Oil or Fat | 101.6 | 101.6 | 100.1 |
| 肉禽及其制品 | Meat, Pourtry and It's Products | 104.1 | 107.8 | 103.7 |
| 蛋 | Eggs | 104.7 | 102.7 | 106.6 |
| 水产品 | Aquatic Products | 99.2 | 97.1 | 102.9 |
| 菜 | Vegetable | 100.2 | 100.4 | 100.2 |
| #鲜菜 | Fresh Vegetables | 100.4 | 100.8 | 99.9 |
| 调味品 | Flavoring | 100.0 | 100.8 | 99.5 |
| 糖 | Sugar | 101.5 | 97.0 | 103.3 |
| 干鲜瓜果 | Dried and Fresh Fruits | 95.1 | 90.4 | 96.0 |
| 糕点饼干面包 | Cake, Biscuits and Bread | 103.2 | 100.0 | 103.8 |
| 奶及奶制品 | Milk and Its Products | 107.4 | 103.2 | 109.3 |
| 在外用膳食品 | Out-dining Food | 103.0 | 100.6 | 105.2 |
| 其他食品 | Other Food | 99.1 | 100.0 | 97.9 |
| **饮料、烟酒类** | **Beverages,Tobacco and Liquor** | **101.8** | **101.1** | **102.0** |
| 茶及饮料 | Tea and Beverages | 100.1 | 100.0 | 99.9 |
| 烟草 | Tobacco | 102.0 | 100.5 | 102.7 |
| 酒 | Liquor | 102.5 | 102.4 | 102.5 |
| **服装、鞋帽类** | **Garments,Shoes and Hats** | **103.0** | **100.5** | **103.0** |
| 服装 | Garments | 103.9 | 100.5 | 104.3 |
| 鞋袜帽 | Shoes and Hats | 100.9 | 100.7 | 101.0 |
| 其他 | Others | 99.1 | 99.8 | 98.4 |
| **纺织品类** | **Textiles** | **99.4** | **100.0** | **98.7** |
| 衣着材料 | Clothing Material | 99.6 | 99.8 | 98.5 |
| 床上用品 | Bed Articles | 99.1 | 100.2 | 99.0 |
| **家用电器及音像器材类** | **Household Appliances and Video Appliances** | **96.1** | **97.9** | **93.5** |
| 家庭设备 | Home Appliances | 97.1 | 97.0 | 97.2 |
| 文娱耐用消费品 | Culture and Recreat Durable Consumable | 91.4 | 99.1 | 89.1 |
| 音像器材类 | Video Appliances | 96.0 | 90.6 | 98.3 |

## 7-4 续表 continued

上年=100 (preceding year=100)

| 项目 | Item | 全区 Average | 城市 Urban Areas | 农村 Rural Areas |
|---|---|---|---|---|
| **文化办公用品类** | **Culture and Office Articles** | **97.5** | **97.6** | **97.4** |
| **日用品类** | **Articles for Daily Use** | **99.3** | **98.6** | **100.4** |
| 日用百货 | Articles for Daily Use | 100.1 | 98.7 | 100.8 |
| 日用杂品 | Sundries for Daily Use | 99.1 | 99.9 | 98.7 |
| 洗涤用品 | Washing Articles | 100.7 | 97.4 | 102.1 |
| 其他日用品 | Others | 98.9 | 98.7 | 99.1 |
| **体育娱乐用品类** | **Sports and Recreation Goods** | **96.4** | **97.5** | **95.2** |
| 体育用品 | Sports Goods | 96.1 | 97.7 | 96.2 |
| 娱乐用品 | Recreationa Goods | 95.9 | 97.2 | 94.5 |
| **交通通信用品类** | **Transportation and Communication Goods** | **97.6** | **99.3** | **97.2** |
| 交通运输机械 | Transportation Machines | 101.5 | 99.8 | 101.5 |
| 通讯器材类 | Telecommunication Appliances | 94.4 | 98.9 | 93.3 |
| **家具类** | **Furniture** | **99.7** | **99.7** | **99.6** |
| **化妆品类** | **Cosmetics** | **98.3** | **99.7** | **96.9** |
| **金银珠宝类** | **Jewelry** | **98.7** | **97.8** | **99.6** |
| **中西药及医疗保健品类** | **Traditional Chinese and Western Medicine** | **100.5** | **99.8** | **100.9** |
| 医疗器具及用品 | Special Appliances of Medicines | 100.0 | 100.0 | 100.0 |
| 中药材及中成药 | Traditional Chinese Medicine | 99.9 | 100.4 | 99.7 |
| 西药 | Western Medicine | 101.6 | 99.1 | 102.6 |
| 保健器具及用品 | Healthcare Equipment | 99.2 | 100.0 | 99.1 |
| **书报杂志及电子出版物类** | **Newspapers, Magazines and Electronic Publications** | **100.0** | **100.2** | **99.8** |
| 教材及参考书 | Teaching Materials and Reference Books | 101.3 | 100.8 | 101.4 |
| 书报杂志 | Newspapers and Magazines | 100.1 | 100.0 | 100.3 |
| 电子音像制品 | Electronic Audio-video Products | 99.3 | 100.0 | 97.9 |
| **燃料类** | **Fuels** | **107.5** | **111.9** | **103.7** |
| 煤炭及制品类 | Coal and Their Products | 100.0 | 99.1 | 100.3 |
| 石油及制品类 | Petroleum and Their Products | 111.0 | 117.9 | 105.3 |
| **建筑材料及五金电料类** | **Building Materials and Hardwares** | **99.7** | **97.9** | **101.0** |
| 建筑装潢材料 | Building Decoration Materials | 101.2 | 99.7 | 102.4 |
| 五金电料类 | Hardwares | 95.8 | 94.3 | 98.5 |

# 7-5 商品零售价格分类指数（2005年）

## PRICE INDICES BY CATEGORY OF COMMODITIES (2005)

上年=100　　(preceding year=100)

| | Item | 1月 Jan. | 2月 Feb. | 3月 Mar. | 4月 Apr. | 5月 May. | 6月 June |
|---|---|---|---|---|---|---|---|
| **总指数** | **General Consumer Price Index** | **100.1** | **100.6** | **100.7** | **100.5** | **100.3** | **100.7** |
| 食品类 | Food | 100.7 | 102.7 | 100.8 | 103.0 | 102.7 | 102.9 |
| #粮食 | Grain | 107.1 | 108.0 | 103.4 | 100.7 | 101.1 | 103.8 |
| 鲜菜 | Fresh Vegetables | 87.3 | 87.8 | 89.9 | 94.1 | 97.5 | 99.5 |
| 饮料、烟酒类 | Beverages,Tobacco and Liquor | 101.0 | 101.1 | 101.8 | 101.8 | 102.0 | 102.1 |
| 服装、鞋帽类 | Garments,Shoes and Hats | 101.7 | 102.7 | 102.6 | 102.5 | 102.5 | 101.7 |
| 纺织品类 | Textiles | 98.3 | 98.9 | 99.3 | 99.3 | 99.6 | 99.6 |
| 家用电器及音像器材类 | Household Appliances and Audio-vides Appliance | 94.4 | 94.6 | 96.2 | 95.9 | 96.3 | 95.8 |
| 文化办公用品类 | Cultural Office Article | 98.7 | 98.4 | 98.8 | 97.9 | 97.5 | 97.0 |
| 日用品类 | Articles for Daily Use | 100.9 | 100.9 | 99.9 | 98.4 | 98.4 | 98.5 |
| 体育娱乐用品类 | Sports and Recreation Goods | 98.1 | 97.7 | 97.7 | 94.0 | 94.1 | 96.0 |
| 交通通信用品类 | Transportation and Communication Goods | 97.0 | 97.8 | 98.3 | 97.6 | 97.4 | 97.4 |
| 家具类 | Furniture | 99.0 | 99.2 | 99.2 | 99.2 | 99.8 | 99.8 |
| 化妆品类 | Cosmetics | 99.8 | 100.4 | 99.8 | 96.4 | 96.3 | 98.1 |
| 金银珠宝类 | Jewelry | 100.4 | 100.1 | 100.1 | 100.1 | 100.0 | 98.7 |
| 中西药及医疗保健品类 | Traditional Chinese and Western Medicine | 100.0 | 100.1 | 100.1 | 100.2 | 100.1 | 100.6 |
| 书报杂志及电子出版物类 | Newspapers and Magazines | 100.0 | 100.1 | 100.2 | 99.2 | 99.1 | 99.1 |
| 燃料类 | Fuels | 112.9 | 113.3 | 113.5 | 114.5 | 102.4 | 102.9 |
| 建筑材料及五金电料类 | Building Materials and Hardwares | 97.4 | 97.9 | 99.7 | 101.0 | 99.6 | 100.7 |

7-5 续表 continued

| | Item | 7月July. | 8月Aug. | 9月 Sep. | 10月 Oct. | 11月 Nov. | 12月 Dec. |
|---|---|---|---|---|---|---|---|
| **总指数** | **General Consumer Price Index** | **100.7** | **101.2** | **100.8** | **100.9** | **100.8** | **100.5** |
| 食品类 | Food | 102.6 | 103.8 | 103.6 | 103.5 | 104.0 | 102.4 |
| #粮食 | Grain | 103.7 | 108.3 | 108.3 | 107.9 | 108.0 | 107.5 |
| 鲜菜 | Fresh Vegetables | 99.7 | 104.6 | 101.3 | 96.8 | 100.1 | 100.3 |
| 饮料、烟酒类 | Beverages,Tobacco and Liquor | 102.0 | 102.0 | 102.0 | 102.0 | 102.0 | 101.8 |
| 服装、鞋帽类 | Garments,Shoes and Hats | 101.6 | 100.8 | 103.5 | 102.7 | 104.1 | 104.2 |
| 纺织品类 | Textiles | 99.4 | 99.5 | 99.6 | 99.5 | 99.9 | 99.9 |
| 家用电器及音像器材类 | Household Appliances and Audio-vides Appliance | 95.9 | 96.5 | 96.5 | 96.2 | 96.6 | 96.5 |
| 文化办公用品类 | Cultural Office Article | 98.2 | 97.6 | 97.7 | 97.7 | 97.7 | 95.7 |
| 日用品类 | Articles for Daily Use | 99.0 | 99.2 | 99.2 | 99.1 | 99.0 | 99.8 |
| 体育娱乐用品类 | Sports and Recreation Goods | 94.1 | 97.5 | 94.1 | 94.1 | 94.0 | 94.8 |
| 交通通信用品类 | Transportation and Communication Goods | 97.9 | 97.8 | 98.0 | 97.4 | 97.7 | 97.9 |
| 家具类 | Furniture | 100.0 | 100.1 | 100.1 | 100.5 | 100.6 | 100.6 |
| 化妆品类 | Cosmetics | 97.5 | 97.4 | 95.4 | 95.2 | 95.2 | 95.8 |
| 金银珠宝类 | Jewelry | 99.2 | 98.3 | 98.5 | 98.5 | 98.5 | 98.9 |
| 中西药及医疗保健品类 | Traditional Chinese and Western Medicine | 100.5 | 100.8 | 100.9 | 100.6 | 100.9 | 100.8 |
| 书报杂志及电子出版物类 | Newspapers and Magazines | 99.7 | 100.3 | 100.2 | 100.2 | 100.2 | 100.2 |
| 燃料类 | Fuels | 103.2 | 105.5 | 106.0 | 106.1 | 105.7 | 107.3 |
| 建筑材料及五金电料类 | Building Materials and Hardwares | 100.7 | 100.2 | 100.1 | 100.0 | 99.9 | 100.0 |

# 7-6 农业生产资料价格分类指数(2005年)

## INDEXES OF AGRICULTURAL PRODUCTIVE MATERIALS BY CATEGORY OF COMMODITIES (2005)

上年=100 (preceding year=100)

| 项目 | Item | 全年 The Year | 1月 Jan. | 2月 Feb. | 3月 Mar. | 4月 Apr. | 5月 May. | 6月 June |
|---|---|---|---|---|---|---|---|---|
| **总指数** | **General Consumer Price Index** | **100.6** | **100.5** | **100.5** | **100.3** | **100.6** | **100.6** | **100.5** |
| 小农具 | Small Farm Tools | 103.7 | 102.2 | 102.2 | 102.3 | 102.8 | 103.4 | 103.0 |
| 饲料 | Forage | 99.1 | 100.8 | 100.8 | 98.6 | 98.6 | 98.6 | 98.6 |
| 幼禽家畜 | Young Livestock and Fowls | 101.5 | 100.7 | 100.7 | 101.2 | 101.6 | 101.6 | 101.6 |
| 大牲畜 | Large Animals | 101.6 | 101.2 | 101.2 | 101.2 | 101.4 | 101.4 | 101.4 |
| 半机械化农具 | Semi-mechanized Farm Implements | 103.2 | 101.6 | 101.8 | 101.8 | 105.7 | 104.2 | 104.2 |
| 机械化农具 | Mechanized Farm Implements | 98.7 | 99.1 | 99.1 | 99.1 | 99.1 | 98.6 | 98.6 |
| 化学肥料 | Chemecal Fertilizer | 98.7 | 100.5 | 100.1 | 100.2 | 98.5 | 98.5 | 98.4 |
| 氮肥 | Nitrogenous Fertilizer | 100.0 | 101.3 | 100.6 | 100.8 | 100.5 | 100.5 | 100.0 |
| 磷肥 | Phosphate | 99.2 | 99.4 | 99.4 | 99.5 | 99.5 | 99.5 | 99.5 |
| 钾肥 | Kalium Fertilizer | 99.5 | 99.7 | 99.7 | 99.7 | 99.4 | 99.5 | 99.5 |
| 复合肥料 | Compound Fertilizer | 96.1 | 100.6 | 100.2 | 100.2 | 94.8 | 94.8 | 94.8 |
| 农药及农药械 | Pesticide and Its Appliances | 100.7 | 100.7 | 100.8 | 100.8 | 100.7 | 100.7 | 100.7 |
| 化学农药 | Chemecal Pesticide | 100.1 | 100.1 | 100.3 | 100.3 | 100.1 | 100.0 | 100.0 |
| 农药械 | Chemecal Pesticide Appliances | 102.6 | 102.6 | 102.6 | 102.6 | 102.6 | 102.6 | 102.6 |
| 农用机油 | Oil for Farm Machinery | 99.1 | 97.9 | 97.9 | 97.9 | 98.1 | 99.6 | 99.1 |
| 其他 | Others | 101.3 | 101.6 | 101.6 | 101.7 | 101.5 | 101.5 | 101.4 |

7-6 续表 continued

| 项目 | Item | 7月July. | 8月Aug. | 9月 Sep. | 10月Oct. | 11月Nov. | 12月Dec. |
|---|---|---|---|---|---|---|---|
| **总指数** | **General Consumer Price Index** | **100.5** | **100.8** | **100.8** | **100.6** | **100.6** | **100.6** |
| 小农具 | Small Farm Tools | 102.9 | 104.2 | 104.2 | 105.0 | 106.5 | 106.0 |
| 饲料 | Forage | 98.6 | 98.6 | 98.6 | 99.8 | 98.6 | 99.3 |
| 幼禽家畜 | Young Livestock and Fowls | 101.6 | 101.9 | 101.9 | 101.3 | 101.9 | 101.9 |
| 大牲畜 | Large Animals | 101.4 | 101.8 | 101.8 | 102.0 | 101.9 | 102.2 |
| 半机械化农具 | Semi-mechanized Farm Implements | 104.2 | 104.2 | 104.2 | 102.5 | 102.0 | 101.8 |
| 机械化农具 | Mechanized Farm Implements | 98.6 | 98.6 | 98.6 | 98.3 | 98.3 | 98.3 |
| 化学肥料 | Chemecal Fertilizer | 98.4 | 98.4 | 98.4 | 97.7 | 97.6 | 97.6 |
| 氮肥 | Nitrogenous Fertilizer | 100.0 | 100.0 | 100.0 | 98.8 | 99.0 | 99.0 |
| 磷肥 | Phosphate | 99.5 | 99.5 | 99.5 | 99.4 | 98.0 | 98.0 |
| 钾肥 | Kalium Fertilizer | 99.5 | 99.5 | 99.5 | 98.9 | 99.5 | 99.5 |
| 复合肥料 | Compound Fertilizer | 94.8 | 94.8 | 94.8 | 94.4 | 94.4 | 94.4 |
| 农药及农药械 | Pesticide and Its Appliances | 100.7 | 100.7 | 100.7 | 100.6 | 100.6 | 100.6 |
| 化学农药 | Chemecal Pesticide | 100.0 | 100.0 | 100.0 | 99.9 | 99.9 | 99.9 |
| 农药械 | Chemecal Pesticide Appliances | 102.6 | 102.6 | 102.6 | 102.6 | 102.6 | 102.6 |
| 农用机油 | Oil for Farm Machinery | 99.4 | 99.9 | 99.9 | 99.9 | 99.9 | 99.9 |
| 其他 | Others | 101.4 | 101.4 | 101.4 | 101.4 | 100.5 | 100.5 |

# 第八篇

# 人民生活

# Chapter 8

## PEOPLE'S LIVELIHOOD

# 8-1 人民物质文化生活提高情况

## IMPROVEMENT IN PEOPLE'S MATRERIAL AND CULTURAL LIFE

| 指 标 | | Item | | 1990 | 1995 | 2000 | 2004 | 2005 |
|---|---|---|---|---|---|---|---|---|
| **就业** | | **Employment** | | | | | | |
| 每一农村劳动力负担人数 | (人) | Number of Dependents per Rural Laborer | (persons) | 1.44 | 1.63 | 1.74 | 1.66 | 1.77 |
| 每一城镇就业者负担人数 | (人) | Number of Dependents per Urban Employee | (persons) | 2.01 | 1.96 | 1.89 | 1.92 | 2.00 |
| **收入** | | **Income of Rural and Urban Residents** | | | | | | |
| 农牧民人均纯收入 | (元) | Annual Per Capita Net Income of Rural Residents | (yuan) | 582 | 878 | 1331 | 1861 | 2078 |
| 城镇居民家庭人均可支配收入 | (元) | Annual Per Capita Disposable Income of Urban Residents | (yuan) | 1631 | 4000 | 6448 | 8200 | 8411 |
| 职工年平均工资 | (元) | Annual Average Wages of Staff and Workers | (yuan) | 3181 | 7382 | 14976 | 29292 | 28950 |
| **消费水平** | | **Annual Per Capita Consumption** | | | | | | |
| 全区居民消费水平 | (元) | Per Capita Consumption of All Residents | (yuan) | 734 | 1202 | 1823 | 2950 | 3019 |
| 农村居民 | (元) | Urban Residents | (yuan) | 485 | 762 | 1144 | 1483 | 1532 |
| 城镇居民 | (元) | Rural Residents | (yuan) | 2329 | 3981 | 4737 | 8895 | 9040 |
| **储蓄** | | **Savings** | | | | | | |
| 城乡居民年末储蓄存款余额 | (亿元) | Balance of Savings Deposit of Rural and Urban Residents (year-end) | (100 million yuan) | 4.85 | 19.70 | 40.48 | 107.49 | 123.10 |
| 平均每人年末储蓄存款余额 | (元) | Per Capita Balance of Saving Deposit | (yuan) | 223 | 836 | 1571 | 3928 | 4471 |
| **住房** | (平方米) | **Per Capita Floor Space of Residential Buildings** | **(sq. m)** | | | | | |
| 农村平均每人住房面积 | | Rural Areas | | 18.94 | 20.00 | 23.16 | 21.30 | 19.55 |
| 城市平均每人居住面积 | | Urban Areas | | . | 14.02 | 19.86 | 20.11 | 19.91 |
| **文化、教育** | | **Culture and Education** | | | | | | |
| 城市每百户拥有彩色电视机 | (台) | Number of Color TV Sets Per 100 Households in Urban | | 94 | 102 | 120 | 133 | 135 |
| 农村每百户拥有电视机 | (台) | Number of TV Sets Per 100 Households in Rural | | 0.4 | 1.3 | 13.7 | 39.6 | 49.4 |
| 学龄儿童入学率 | (%) | Enrollment Ratio of School-Age Children | (%) | 67.4 | 70.4 | 85.8 | 94.7 | 95.9 |
| 每万人口中在校学生数 | (人) | Number of Students Per 10000 Persons | (persons) | 857 | 1287 | 1467 | 1777 | 1832 |
| **卫生** | | **Public Health** | | | | | | |
| 每千人拥有床位数 | (张) | Every Thousand People Has Berths to Count | | 2.30 | 2.62 | 2.52 | 2.34 | 2.44 |
| 每千人拥有卫生技术人员数 | (人) | Number of Medical Technical Personnel Per 1000 Persons | (persons) | 3.39 | 3.53 | 3.44 | 3.13 | 3.22 |

# 8-2 城乡居民家庭人均收入及指数

# PER CAPITA ANNUAL INCOME OF URBAN AND RURAL HOUSEHOLDS

| 年份 Year | 农牧民人均纯收入 Per Capita Net Income of Rural Residents | | 城镇居民人均可支配收入 Per Capita Annual Disposable Income of Rural Areas | |
|---|---|---|---|---|
| | 绝对数 Value | 指数(上年=100) Indeces (Preceding year=100) | 绝对数 Value | 指数(上年=100) Indeces (Preceding year=100) |
| 1978 | 175 | | 565 | |
| 1979 | 233 | 133.1 | 625 | 110.6 |
| 1980 | 274 | 117.6 | 683 | 109.3 |
| 1981 | 296 | 108.0 | 715 | 104.7 |
| 1982 | 324 | 109.5 | 768 | 107.4 |
| 1983 | 318 | 98.1 | 840 | 109.4 |
| 1984 | 446 | 140.3 | 915 | 108.9 |
| 1985 | 535 | 120.0 | 984 | 107.5 |
| 1986 | 492 | 92.0 | 1026 | 104.3 |
| 1987 | 519 | 105.5 | 1229 | 119.8 |
| 1988 | 573 | 110.4 | 1376 | 112.0 |
| 1989 | 555 | 96.9 | 1477 | 107.3 |
| 1990 | 582 | 104.9 | 1613 | 109.2 |
| 1991 | 617 | 106.0 | 1995 | 123.7 |
| 1992 | 653 | 105.8 | 2083 | 104.4 |
| 1993 | 706 | 108.1 | 2348 | 112.7 |
| 1994 | 817 | 115.7 | 3330 | 141.8 |
| 1995 | 878 | 107.5 | 4000 | 120.1 |
| 1996 | 975 | 111.0 | 5030 | 125.8 |
| 1997 | 1085 | 111.3 | 5135 | 102.1 |
| 1998 | 1158 | 106.7 | 5439 | 105.9 |
| 1999 | 1258 | 108.6 | 5998 | 110.3 |
| 2000 | 1331 | 105.8 | 6448 | 107.5 |
| 2001 | 1404 | 105.5 | 7119 | 110.4 |
| 2002 | 1521 | 108.3 | 7762 | 109.0 |
| 2003 | 1691 | 111.2 | 8058 | 103.8 |
| 2004 | 1861 | 110.1 | 8200 | 101.8 |
| 2005 | 2078 | 111.7 | 8411 | 102.6 |

# 8-3 各地区农牧民人均纯收入

## PER CAPITA ANNUAL NET INCOME OF RURAL HOUSEHOLDS BY REGION

单位：元、%　　(yuan,%)

| 年份 Year | 地区 Region | 拉萨市 Lhasa | 昌都地区 Chamdo | 山南地区 Lhoka | 日喀则地区 Shigatse | 那曲地区 Nakchu | 阿里地区 Ngari | 林芝地区 Nyingtri |
|---|---|---|---|---|---|---|---|---|
| **绝对数 Value** | | | | | | | | |
| 2000 | | 1427 | 1258 | 1298 | 1195 | 1335 | 1169.0 | 1656 |
| 2001 | | 1559 | 1358 | 1340 | 1336 | 1417 | 1279.0 | 1807 |
| 2002 | | 1714 | 1441 | 1461 | 1467 | 1531 | 1374.0 | 1934 |
| 2003 | | 1896 | 1532 | 1612 | 1541 | 1679 | 1464.0 | 2112 |
| 2004 | | 2179 | 1679 | 1892 | 1739 | 1935 | 1620 | 2392 |
| 2005 | | 2402 | 1844 | 2159 | 1896 | 2123 | 1801 | 2723 |
| **增长速度 Increase rate** | | | | | | | | |
| 2001 | | 9.3 | 7.9 | 3.2 | 11.8 | 6.1 | 9.4 | 9.1 |
| 2002 | | 9.9 | 6.1 | 9.0 | 9.8 | 8.0 | 7.4 | 7.0 |
| 2003 | | 10.6 | 6.3 | 10.3 | 5.0 | 9.7 | 6.6 | 9.2 |
| 2004 | | 14.9 | 9.6 | 17.4 | 12.8 | 15.2 | 10.7 | 13.3 |
| 2005 | | 9.3 | 9.8 | 14.1 | 9.0 | 9.7 | 11.2 | 13.8 |

# 8-4 各地区农牧民人均纯收入和生活消费支出　(2005年)

## PER CAPITA ANNUAL NET INCOME AND CONSUMPTION EXPENDITURE OF RURAL HOUSEHOLDS BY REGION (2005年)

单位：元　　(yuan)

| 年份 Year | 地区 Region | 拉萨市 Lhasa | 昌都地区 Chamdo | 山南地区 Lhoka | 日喀则地区 Shigatse | 那曲地区 Nakchu | 阿里地区 Ngari | 林芝地区 Nyingtri |
|---|---|---|---|---|---|---|---|---|
| **人均纯收入** | **Annual Per Capita Net Income of Rural Residents** | **2402** | **1844** | **2159** | **1896** | **2123** | **1801** | **2723** |
| 工资性收入 | Income of Wages and Salaries | 733 | 580 | 800 | 741 | 127 | 165 | 219 |
| 家庭经营收入 | Income from Household Business Operation | 1026 | 1120 | 1034 | 950 | 1812 | 1468 | 2231 |
| 转移性和财产性收入 | Transfer Income and Property Income | 643 | 144 | 325 | 205 | 184 | 168 | 273 |
| **生活消费支出** | **Living Expenditure** | **1624** | **1434** | **1338** | **1162** | **2076** | **2467** | **1940** |
| 食品 | Food | 867 | 942 | 715 | 744 | 1340 | 1421 | 1032 |
| 衣着 | Clothing | 207 | 249 | 161 | 238 | 155 | 338 | 208 |
| 居住 | Residence | 182 | 26 | 188 | 109 | 6 | 102 | 115 |
| 家庭设备用品及服务 | Household Facilities, Articles and Services | 100 | 114 | 86 | 25 | 116 | 154 | 89 |
| 交通通讯 | Transportation and Communications | 143 | 17 | 60 | 22 | 293 | 155 | 246 |
| 其他 | Others | 125 | 86 | 128 | 24 | 166 | 297 | 250 |

# 8-5 全区居民消费水平

# ANNUAL PER CAPITA CONSUMPTION OF ALL RESIDENTS

| 年份<br>Year | 居民消费水平 Annual Per Capita Consumption of All Residents<br>全区居民 (元/人) All Residents (yuan/person) | 农村居民 Rural Residents | 城镇居民 Urban Residents | 指数(上年=100) Indeces (Preceding year=100)<br>全区居民 (%) All Residents (%) | 农村居民 Rural Residents | 城镇居民 Urban Residents |
|---|---|---|---|---|---|---|
| 1979 | 218 | 147 | 620 | | | |
| 1980 | 276 | 210 | 635 | 126.6 | 142.9 | 102.4 |
| 1981 | 301 | 198 | 878 | 109.1 | 94.3 | 138.3 |
| 1982 | 319 | 209 | 968 | 106.0 | 105.6 | 110.3 |
| 1983 | 293 | 215 | 814 | 91.3 | 102.9 | 84.1 |
| 1984 | 359 | 268 | 971 | 122.5 | 124.7 | 119.3 |
| 1985 | 422 | 309 | 1182 | 117.5 | 115.3 | 121.7 |
| 1986 | 438 | 296 | 1387 | 103.8 | 95.8 | 117.3 |
| 1987 | 499 | 374 | 1478 | 113.9 | 126.4 | 106.6 |
| 1988 | 543 | 382 | 1519 | 108.8 | 102.1 | 102.8 |
| 1989 | 647 | 412 | 2078 | 119.2 | 107.9 | 136.8 |
| 1990 | 735 | 484 | 2329 | 113.6 | 117.5 | 112.1 |
| 1991 | 839 | 554 | 2721 | 114.1 | 114.5 | 116.8 |
| 1992 | 903 | 594 | 2825 | 107.6 | 107.2 | 104.8 |
| 1993 | 931 | 591 | 3083 | 102.9 | 99.5 | 109.1 |
| 1994 | 1110 | 694 | 3700 | 119.2 | 117.4 | 120.0 |
| 1995 | 1202 | 762 | 3981 | 108.2 | 109.8 | 107.6 |
| 1996 | 1312 | 873 | 4023 | 109.2 | 114.6 | 101.1 |
| 1997 | 1471 | 939 | 4744 | 112.1 | 107.6 | 117.9 |
| 1998 | 1551 | 981 | 4169 | 105.3 | 100.6 | 107.8 |
| 1999 | 1669 | 1030 | 4579 | 107.6 | 105.0 | 109.8 |
| 2000 | 1823 | 1144 | 4737 | 109.2 | 111.0 | 103.4 |
| 2001 | 1939 | 1223 | 4992 | 106.4 | 106.9 | 105.4 |
| 2002 | 2725 | 1365 | 8278 | 119.3 | 109.2 | 237.4 |
| 2003 | 2825 | 1272 | 9112 | 103.7 | 93.2 | 110.1 |
| 2004 | 2950 | 1483 | 8895 | 112.1 | 111.8 | 112.2 |
| 2005 | 3019 | 1532 | 9040 | 102.3 | 103.3 | 101.6 |

# 8-6 城镇居民家庭基本情况

## BASIC CONDITIONS OF URBAN HOUSEHOLDS

| 项　目 | Item | 1990 | 1995 | 2000 | 2004 | 2005 |
|---|---|---|---|---|---|---|
| **调查户数　（户）** | **Number of Households Surveyed (household)** | **100** | **100** | **100** | **100** | **100** |
| **平均每户家庭人口数　（人）** | **Average Household Size (person)** | **3.95** | **3.53** | **3.41** | **3.40** | **3.41** |
| **平均每户就业人口数　（人）** | **Average Number of Enployed Persons Per Household (person)** | **1.97** | **1.80** | **1.80** | **1.77** | **1.70** |
| **平均每户就业面　（%）** | **Percentage of Employment per Household (%)** | **50.8** | **55.6** | **55.6** | **56.5** | **58.8** |
| **平均每一就业者负担人数　（人）** | **Number of Persons Supported by Each Employee Including the Employee Himself (person)** | **2.01** | **1.96** | **1.89** | **1.92** | **2.00** |
| **平均每人每年可支配收入　（元）** | **Per Capita Annual Disposable Income (yuan)** | **1685** | **5071** | **7426** | **9106** | **9437** |
| **平均每人每年总收入　（元）** | **Per Capita Annual Income (yuan)** | **2120** | **5360** | **11772** | **10396** | **10664** |
| 工薪收入 | Wage Income | | | | 10205 | 10399 |
| 经营收入 | Management Income | | | | 43 | 48 |
| 财产性收入 | Property Income | 2 | 26 | 5 | 1 | 5 |
| 转移性收入 | Transfering Income | 204 | 323 | 356 | 148 | 212 |
| 出售财物收入 | Selling Asset Income | | | | | 2 |
| 借贷收入 | Debit and Credit Income | | 276 | 4295 | 450 | 2881 |
| **平均每人消费性支出　（元）** | **Per Capita Annual Living Expenditures for Consumption (yuan)** | **1340** | **3912** | **5554** | **8338** | **8673** |
| 食品 | Food | 888 | 2255 | 2570 | 3799 | 3828 |
| 衣着 | Clothing | 208 | 774 | 876 | 1080 | 1086 |
| 家庭设备用品及服务 | Household Facilities,Articles and Service | 122 | 134 | 275 | 470 | 480 |
| 医疗保健 | Medicine and Medical Service | 10 | 109 | 265 | 321 | 333 |
| 交通和通讯 | Transportation and Communication | 12 | 102 | 443 | 1185 | 1320 |
| 娱乐教育文化服务 | Recreation, Education and Cultural Service | 48 | 156 | 419 | 617 | 694 |
| 居住 | Residence | 27 | 151 | 340 | 483 | 516 |
| 杂项商品与服务 | Miscellaneous Commodities and Services | 24 | 231 | 367 | 384 | 417 |

注：本表至8-11表为拉萨市城市居民家庭收支抽样调查资料。

Note: Date in tables 4 to 11 are obtained from the sample survey on income and expenditures of Lhasa urban households.

# 8-7 城镇居民家庭平均每百户年底耐用消费品拥有量

## NUMBER OF MAJOR DURABLE CONSUMER GOODS OWNED PER 100 URBAN HOUSEHOLDS AT YEAR-END

| 项目 | | Item | | 1990 | 1995 | 2000 | 2001 | 2003 | 2004 | 2005 |
|---|---|---|---|---|---|---|---|---|---|---|
| 成套家具 | (套) | Composite Furniture | (sets) | | | | | 85 | 86 | 88 |
| 助力车 | (辆) | Auto-bicycle | (unit) | | | | | | | |
| 家用汽车 | (辆) | Automobile | (unit) | | | | | 2 | 2 | 3 |
| 冰柜 | (台) | Freezer | (unit) | | | | 3 | 6 | 9 | 7 |
| 影碟机 | (台) | VCD | (unit) | | | 52 | 59 | 72 | 74 | 77 |
| 录放像机 | (台) | Videorecorder | (unit) | | 39 | 38 | 39 | 45 | 45 | 43 |
| 家用电脑 | (台) | Household Computer | (unit) | | | 1 | 9 | 16 | 17 | 19 |
| 组合音响 | (台) | Hi-Fi Stereo Component System | (unit) | | 13 | 24 | 26 | 33 | 33 | 32 |
| 自行车 | (辆) | Bicycle | (unit) | 229 | 222 | 200 | 209 | 124 | 137 | 136 |
| 微波炉 | (台) | Microwave Oven | (unit) | | | 3 | 8 | 24 | 30 | 34 |
| 电风扇 | (台) | Electric Fan | (unit) | 3 | 3 | 4 | 5 | 8 | 11 | 11 |
| 洗衣机 | (台) | Washing Machine | (unit) | 42 | 78 | 100 | 89 | 91 | 93 | 95 |
| 电冰箱 | (台) | Refrigerator | (unit) | 24 | 50 | 74 | 74 | 84 | 84 | 88 |
| 摩托车 | (辆) | Motorcycle | (unit) | 1 | 9 | 5 | 8 | 6 | 7 | 7 |
| 彩色电视机 | (台) | Color TV Set | (unit) | 88 | 98 | 120 | 130 | 131 | 133 | 135 |
| 取暖器 | (台) | Electric Warming Appliances | (unit) | | | | | 43 | 54 | 58 |
| 录音机 | (台) | Stereo Recorder | (unit) | 58 | 36 | 69 | 68 | 59 | 59 | 59 |
| 淋浴热水器 | (台) | Shower | (unit) | | 1 | 12 | 13 | 22 | 25 | 25 |
| 照相机 | (架) | Camera | (unit) | 26 | 46 | 54 | 55 | 50 | 55 | 56 |
| 中高档乐器 | (件) | Other Medium and High Grade Musical Instrument | (unit) | 8 | 2 | 2 | 2 | 2 | 2 | 2 |
| 摄像机 | (台) | Cold Wind Machine | (unit) | | | | 2 | 5 | 5 | 6 |
| 空调器 | (台) | Air Conditioner | (unit) | | 2 | 3 | 3 | 4 | 5 | 5 |
| 电炊具 | (个) | Electric Cooking Appliances | (unit) | 1 | 17 | 9 | 8 | 20 | 23 | 25 |
| 排油烟机 | (台) | Range Hoods | (unit) | | 3 | 1 | 18 | 33 | 37 | 40 |
| 消毒碗柜 | (台) | Dish-sterilization Boxes | (unit) | | | | | 6 | 8 | 8 |
| 洗碗机 | (台) | Dish-washer | (unit) | | | | | 2 | 2 | 2 |
| 饮水机 | (台) | Wster Dispensor | (unit) | | | | | 30 | 37 | 39 |
| 吸尘器 | (台) | Dust Catcher | (unit) | | 6 | | | 7 | 7 | 7 |
| 健身器材 | (套) | Healthy Equipment | (sets) | | | | | 1 | 1 | 1 |
| 普通电话 | (部) | Common Telephones | (unit) | | | | | 87 | 88 | 89 |
| 移动电话 | (部) | Mobile Telephone | (unit) | | | 30 | 58 | 107 | 108 | 112 |
| 钢琴 | (架) | Piano | (unit) | | | | | | | |
| 传真机 | (部) | Fax Machine | (unit) | | | | | | | |

# 8-8 城镇居民家庭平均每人全年购买主要商品数量

## PER CAPITA ANNUAL PURCHASES OF MAJOR COMMODITIES IN URBAN HOUSEHOLDS

| 指标 | Item | | 1990 | 1995 | 2000 | 2001 | 2003 | 2004 | 2005 |
|---|---|---|---|---|---|---|---|---|---|
| 粮 食 （千克） | Grain | (kg) | 149.7 | 117.9 | 91.4 | 86.5 | 91.9 | 92.8 | 99.7 |
| 淀粉及薯类 （千克） | Starches and Tubers | (kg) | | 12.2 | 12.0 | 12.5 | 7.0 | 6.6 | 8.4 |
| 干豆类及豆制品 （千克） | Beans and Bean Products | (kg) | 2.0 | | 3.7 | 3.6 | 1.0 | 0.8 | 0.7 |
| 油脂类 （千克） | Oil and Fats | (kg) | 7.2 | 6.5 | 7.6 | 9.7 | 13.3 | 14.0 | 14.4 |
| 猪肉 （千克） | Pork | (kg) | 10.4 | 16.5 | 14.4 | 14.5 | 13.9 | 13.2 | 12.8 |
| 牛肉 （千克） | Beef | (kg) | 5.4 | 13.5 | 13.8 | 13.9 | 13.3 | 14.0 | 15.4 |
| 羊肉 （千克） | Mutton | (kg) | 5.4 | 2.0 | 1.7 | 1.3 | 2.9 | 3.0 | 2.6 |
| 家禽 （千克） | Poultry | (kg) | 1.4 | 2.6 | 4.9 | 5.7 | 9.6 | 8.0 | 9.1 |
| 其他禽及制品 （千克） | Other Poulty and Related Products | (kg) | | 0.2 | 0.2 | 0.2 | 0.2 | 0.2 | 0.3 |
| 鲜蛋 （千克） | Eggs | (kg) | 3.8 | 9.5 | 4.9 | 5.1 | 8.4 | 7.0 | 5.9 |
| 水产品类 （千克） | Aquatic Products | (kg) | 2.7 | | 5.7 | 6.2 | 4.6 | 5.0 | 6.0 |
| 鲜菜 （千克） | Fresh Vegetables | (kg) | 52.4 | 68.9 | 84.7 | 84.0 | 94.3 | 105.9 | 105.7 |
| 干菜 （千克） | Dry Vegetables | (kg) | | | | | | 2.4 | 2.2 |
| 食糖 （千克） | Sugar | (kg) | 2.5 | 2.2 | 1.6 | 2.5 | 5.6 | 4.7 | 1.9 |
| 卷烟 （盒） | Cigarettes | (pack) | 50.1 | 49.3 | 38.5 | 40.7 | 47.6 | 45.6 | 39.3 |
| 白酒 （千克） | Liquor | (kg) | 1.5 | 0.9 | 0.7 | 1.0 | 0.5 | 0.4 | 0.4 |
| 啤酒 （千克） | Beer | (kg) | 9.3 | 12.9 | 6.4 | 6.7 | 16.3 | 10.7 | 10.0 |
| 茶叶 （千克） | Tea | (kg) | 1.0 | 1.6 | 1.4 | 1.3 | 0.5 | 0.4 | 0.6 |
| 干鲜瓜果 （千克） | Dried and Fresh Melons and Fruits | (kg) | 15.6 | 26.9 | 35.7 | 30.0 | 46.6 | 40.8 | 42.8 |
| 糕点 （千克） | Cake | (kg) | 1.2 | 1.5 | 1.9 | 2.0 | 2.8 | 3.4 | 2.5 |
| 服装 （千克） | Garments | (kg) | 1.8 | 5.0 | 5.0 | 4.2 | 4.2 | 3.4 | 3.4 |

# 8-9 按收入等级分的城镇居民家庭平均每百户年底耐用消费品拥有量（2005年）

| 项目 | | Item | | 总平均 Average | 最低收入户 Lowest Incme Households | #贫困户 Difficult Households |
|---|---|---|---|---|---|---|
| 成套家具 | (套) | Composite Furniture | (sets) | 88 | 100 | 100 |
| 助力车 | (辆) | Auto-bicycle | (unit) | | | |
| 家用汽车 | (辆) | Automobile | (unit) | 3 | | |
| 冰柜 | (台) | Freezer | (unit) | 7 | | |
| 影碟机 | (台) | VCD | (unit) | 77 | 40 | 20 |
| 录放像机 | (台) | Videorecorder | (unit) | 43 | 90 | 100 |
| 家用电脑 | (台) | Household Computer | (unit) | 19 | | |
| 组合音响 | (台) | Hi-Fi Stereo Component System | (unit) | 32 | | |
| 自行车 | (辆) | Bicycle | (unit) | 136 | 170 | 200 |
| 微波炉 | (台) | Microwave Oven | (unit) | 34 | | |
| 电风扇 | (台) | Electric Fan | (unit) | 11 | 30 | |
| 洗衣机 | (台) | Washing Machine | (unit) | 95 | 100 | 100 |
| 电冰箱 | (台) | Refrigerator | (unit) | 88 | 100 | 100 |
| 摩托车 | (辆) | Motorcycle | (unit) | 7 | | |
| 彩色电视机 | (台) | Color TV Set | (unit) | 135 | 100 | 100 |
| 取暖器 | (台) | Electric Warming Appliances | (unit) | 58 | 10 | |
| 录音机 | (台) | Stereo Recorder | (unit) | 59 | 20 | 20 |
| 淋浴热水器 | (台) | Shower | (unit) | 25 | | |
| 照相机 | (架) | Camera | (unit) | 56 | | |
| 中高档乐器 | (件) | Other Medium and High Grade Musical Instrument | (unit) | 2 | | |
| 摄像机 | (台) | Cold Wind Machine | (unit) | 6 | | |
| 空调器 | (台) | Air Conditioner | (unit) | 5 | | |
| 电炊具 | (个) | Electric Cooking Appliances | (unit) | 25 | | |
| 排油烟机 | (台) | Range Hoods | (unit) | 40 | 10 | |
| 消毒碗柜 | (台) | Dish-sterilization Boxes | (unit) | 8 | | |
| 洗碗机 | (台) | Dish-washer | (unit) | 2 | | |
| 饮水机 | (台) | Wster Dispensor | (unit) | 39 | | |
| 吸尘器 | (台) | Dust Catcher | (unit) | 7 | | |
| 健身器材 | (套) | Healthy Equipment | (sets) | 1 | | |
| 普通电话 | (部) | Common Telephones | (unit) | 89 | 70 | 60 |
| 移动电话 | (部) | Mobile Telephone | (unit) | 112 | 20 | |
| 钢琴 | (架) | Piano | (unit) | | | |
| 传真机 | (部) | Fax Mchine | (unit) | | | |

## NUMBER OF MAJOR DURABLE CONSUMER GOODS OWNED PER 100 URBAN HOUSEHOLDS AT YEAR-END BY LEVEL OF INCOME (2005)

| 低收入户 Low Income Households | 中等偏下户 Lower Middle Income Huoseholds | 中等收入户 Middle Income Households | 中等偏上户 Upper Middle Income Households | 高收入户 High Income Households | 最高收入户 Highest Income Households |
|---|---|---|---|---|---|
| 40 | 100 | 105 | 90 | 100 | 50 |
| | | | | | |
| | | 10 | | 10 | |
| | 10 | 10 | | 10 | 20 |
| 80 | 75 | 75 | 95 | 80 | 80 |
| 10 | 50 | 45 | 45 | 20 | 30 |
| | 25 | 20 | 10 | 40 | 40 |
| 30 | 25 | 25 | 45 | 50 | 50 |
| 100 | 145 | 140 | 145 | 110 | 120 |
| 20 | 35 | 40 | 35 | 40 | 60 |
| | | 10 | 5 | 40 | 10 |
| 100 | 95 | 85 | 95 | 100 | 100 |
| 90 | 80 | 90 | 90 | 90 | 80 |
| | 5 | 15 | 15 | | |
| 120 | 150 | 165 | 125 | 120 | 130 |
| 50 | 65 | 70 | 50 | 100 | 50 |
| 50 | 60 | 70 | 65 | 70 | 60 |
| 20 | 35 | 35 | 25 | 20 | 20 |
| 30 | 80 | 60 | 75 | 50 | 50 |
| 10 | 5 | | | | |
| | | | | | |
| 10 | 5 | 15 | | | 10 |
| | 10 | 10 | 5 | | |
| 10 | 45 | 35 | 5 | 40 | 30 |
| 50 | 40 | 35 | 40 | 80 | 30 |
| | 10 | 10 | 15 | 10 | |
| | 5 | | 5 | | |
| 10 | 60 | 40 | 45 | 60 | 30 |
| | 15 | | | 30 | 10 |
| | 5 | | | | |
| 70 | 95 | 95 | 95 | 110 | 70 |
| 110 | 115 | 130 | 115 | 90 | 180 |

# 8-10 城镇居民家庭平均每人全年消费性支出

## ANNUAL PER CAPITAL LIVING EXPENDITURES OF URBAN HOUSEHOLDS

单位：元 (yuan)

| 项 目 | Item | 1990 | 1995 | 2000 | 2001 | 2004 | 2005 |
|---|---|---|---|---|---|---|---|
| **消费性支出** | **Total Living Expenditurs** | **1340** | **3912** | **5554** | **5994** | **8338** | **8673** |
| **食 品** | **Food** | **888** | **2255** | **2570** | **2627** | **3799** | **3828** |
| 粮食 | Grain | 83 | 343 | 280 | 266 | 324 | 355 |
| 淀粉及薯类 | Starches and tubers | | 37 | 35 | 35 | 21 | 25 |
| 干豆类及豆制品 | Btarches and Tubers | 9 | 12 | 11 | 11 | 10 | 9 |
| 油脂类 | Oil and Fats | 17 | 62 | 72 | 80 | 134 | 139 |
| 肉类 | Meat | | | | | 595 | 635 |
| 禽类 | Poultry | | | | | 128 | 139 |
| 蛋类 | Eggs | 21 | 57 | 50 | 48 | 55 | 59 |
| 水产品类 | Aquatic Products | 14 | 44 | 97 | 111 | 106 | 125 |
| 鲜菜 | Fresh Vegetables | | | | | 404 | 429 |
| 干菜 | Dry Vegetables | | | | | 17 | 39 |
| 菜制品 | Vegetables Products | | | | | 3 | 4 |
| 调味品 | Condiments | 10 | 13 | 20 | 22 | 49 | 53 |
| 糖类 | Sugar | 18 | 47 | 69 | 63 | 122 | 115 |
| 烟草类 | Tobacco | 123 | 243 | 275 | 306 | 455 | 443 |
| 酒类 | Liquor and Beverages | | | | | 20 | 213 |
| 饮料 | Beverages | | | | | 134 | 125 |
| 鲜果 | Fresh Fruits | | | | | 203 | 203 |
| 鲜瓜 | Fresh Melons | | | | | 23 | 25 |
| 干果 | Dried Fruits | | | | | 8 | 8 |
| 瓜果制品 | Melons and Fruits Products | | | | | 1 | 1 |
| 坚果及果仁 | Nuts and Kernels | | 17 | 21 | 22 | 9 | 4 |
| 糕点类 | Cake | 6 | 16 | 35 | 30 | 62 | 38 |
| 奶及奶制品 | Milk and Dairy Products | 21 | 251 | 283 | 299 | 398 | 333 |
| 其他食品 | Other Food | 121 | 13 | 36 | 33 | 2 | 35 |
| 食品加工服务费 | Food Processig Service Fees | | 2 | 13 | 8 | 2 | 5 |
| 在外饮食 | Dining Out | 26 | 75 | 103 | 106 | 283 | 269 |

## 8-10 续表 continued

单位：元 (yuan)

| 项目 | Item | 1990 | 1995 | 2000 | 2001 | 2004 | 2005 |
|---|---|---|---|---|---|---|---|
| **衣　着** | **Clothing** | **208** | **774** | **876** | **1002** | **1080** | **1086** |
| 服装 | Garments | 77 | 565 | 657 | 777 | 753 | 684 |
| 衣着材料 | Clothing Materials | 71 | 27 | 22 | 12 | 5 | 2 |
| 鞋类 | Shoes | | | | | 303 | 381 |
| 其他衣着用品 | Other Clothing | | | | | 14 | 14 |
| 衣着加工服务费 | Tailoring and Laundering Service Fees | | 2 | 2 | 1 | 4 | 6 |
| **家庭设备用品及服务** | **Household Facilities , Articles and Services** | **122** | **134** | **275** | **258** | **470** | **480** |
| 耐用消费品 | Durable Consumer Goods | 50 | 42 | 151 | 144 | 121 | 98 |
| 室内装饰品 | Room Decorations | 1 | 10 | 17 | 15 | 36 | 42 |
| 床上用品 | Bed Articles | | 27 | 28 | 16 | 138 | 136 |
| 家庭日用杂品 | Household Articles for Daily Use | 6 | 51 | 73 | 62 | 160 | 177 |
| 家具材料 | Furniture Materials | 64 | … | … | 9 | 4 | 8 |
| 家庭服务 | Household Services | | 4 | 6 | 13 | 11 | 19 |
| **医疗保健** | **Medicine and Medical Services** | **10** | **109** | **265** | **220** | **321** | **333** |
| **交通和通讯** | **Transportation and Communications** | **12** | **102** | **443** | **628** | **1185** | **1320** |
| 交通 | Transportation | 5 | 93 | 134 | 152 | 446 | 529 |
| 通讯 | Communications | 7 | 9 | 309 | 476 | 739 | 790 |
| **教育文化娱乐服务** | **Education, Recreation and Cultural Services** | **48** | **156** | **419** | **495** | **617** | **694** |
| 文化娱乐用品 | Culture and Recreation Articles | 3 | 36 | 105 | 186 | 130 | 125 |
| 教育 | Education | 25 | 104 | 256 | 258 | 401 | 435 |
| 文化娱乐服务 | Cultrre and Recreation Service | 20 | 16 | 58 | 51 | 87 | 134 |
| **居住** | **Residence** | **27** | **151** | **340** | **369** | **483** | **516** |
| 住房 | Housing | 2 | 40 | 100 | 114 | 80 | 113 |
| 水电燃料其他 | Water , Electricity , Fuels and Others | 25 | 111 | 240 | 255 | 382 | 384 |
| 居住服务费 | Residence Services | | | | | 21 | 19 |
| **杂项商品和服务** | **Miscel-laneous Commodities and Services** | **24** | **231** | **367** | **395** | **384** | **417** |
| 杂项商品服务 | Miscel-laneous Commodities and Services | 24 | 231 | 367 | 395 | 384 | 417 |

# 8-11 按收入等级分组城镇居民家庭人均消费支出情况 (2005)

单位：元

| 项目 | Item | 总平均 Average | 最低收入户 Lowest-Income Households | #贫困户 Difficult Households |
|---|---|---|---|---|
| **消费性支出** | **Total Living Expenditurs** | **8673** | **2783** | **2216** |
| **食　品** | **Food** | **3828** | **1454** | **1137** |
| 粮油类 | Grain and Oil | 528 | 268 | 187 |
| 肉禽蛋水产品类 | Meat,Poultry,Eggs and Aquatic Products | 958 | 495 | 428 |
| 蔬菜类 | Vegetables | 472 | 164 | 136 |
| 调味品 | Condiments | 53 | 11 | 9 |
| 糖烟酒饮料类 | Suger,Cigarette and Liquor | 896 | 138 | 80 |
| 干鲜瓜果类 | Dried and Fresh Melons and Fruits | 240 | 65 | 50 |
| 糕点、奶及奶制品 | Cake,Milk and Dairy Products | 371 | 245 | 208 |
| 其他食品 | Other Food | 35 | 18 | 10 |
| 饮食服务 | Dining Service | 274 | 52 | 30 |
| **衣　着** | **Clothing** | **1086** | **418** | **351** |
| 服装 | Garments | 684 | 251 | 231 |
| 衣着材料 | Clothing Materials | 2 | | |
| 鞋类 | Shoes | 381 | 162 | 118 |
| 其他衣着用品 | Other Clothing | 14 | 3 | 1 |
| 衣着加工服务费 | Tailoring and Laundering Service Fees | 6 | 2 | 1 |
| **家庭设备用品及服务** | **Household Facilities , Articles and Services** | **480** | **52** | **22** |
| 耐用消费品 | Durable Consumer Goods | 98 | 12 | 0 |
| 室内装饰品 | Room Decorations | 42 | | |
| 床上用品 | Bed Articles | 136 | 8 | 4 |
| 家庭日用杂品 | Household Articles for Daily Use | 177 | 28 | 18 |

# PER CAPITAL ANNUAL LIVING EXPENDITURE OF URBAN HOUSEHOLDS (GROUPED BY LEVEL OF INCOME) (2005)

(yuan)

| 低收入户 Low Income Households | 中等偏下户 Lower Middle Income Households | 中等收入户 Middle Income Households | 中等偏上户 Upper Middle Income Households | 高收入户 High Income Households | 最高收入户 Highest Income Households |
|---|---|---|---|---|---|
| **5225** | **7423** | **9964** | **10054** | **13470** | **16859** |
| **2843** | **3119** | **4078** | **4334** | **6169** | **7714** |
| 456 | 479 | 508 | 585 | 799 | 913 |
| 685 | 817 | 1044 | 999 | 1416 | 1951 |
| 354 | 414 | 487 | 555 | 647 | 1027 |
| 25 | 42 | 53 | 66 | 105 | 113 |
| 637 | 654 | 922 | 1132 | 1719 | 1907 |
| 133 | 204 | 284 | 282 | 351 | 519 |
| 309 | 343 | 384 | 343 | 562 | 638 |
| 24 | 21 | 40 | 39 | 58 | 91 |
| 219 | 146 | 356 | 333 | 514 | 554 |
| **544** | **1011** | **1164** | **1373** | **1597** | **1864** |
| 286 | 651 | 724 | 847 | 1045 | 1281 |
| | | 2 | 1 | 6 | 9 |
| 237 | 344 | 422 | 500 | 516 | 538 |
| 12 | 10 | 11 | 23 | 21 | 23 |
| 9 | 6 | 6 | 1 | 9 | 13 |
| **228** | **372** | **509** | **670** | **900** | **947** |
| 67 | 48 | 84 | 184 | 212 | 133 |
| 26 | 42 | 17 | 60 | 116 | 75 |
| 33 | 108 | 170 | 191 | 272 | 204 |
| 102 | 159 | 208 | 218 | 250 | 359 |

## 8-11 续表 continued

单位:元

| 项目 | Item | 总计 Total | 最低收入户 Lowest Income Households | #贫困户 Difficult Households |
|---|---|---|---|---|
| 家具材料 | Furniture Materials | 8 | | |
| 家庭服务 | Household Services | 19 | 4 | |
| **医疗保健** | **Medicine and Medical Services** | **333** | **45** | **23** |
| 医疗器具 | Medical Treatment Apparatus | | | |
| 保健器具 | Medical Services Apparatus | 2 | | |
| 药品费 | Medicines | 188 | 27 | 23 |
| 滋补保健品 | Medical Prouducts | 55 | | |
| 医疗费 | Medical Treatment | 87 | 18 | |
| 其他 | Others | … | | |
| **交通和通讯** | **Transportation and Communications** | **1320** | **351** | **318** |
| 交通 | Transportation | 529 | 33 | 24 |
| 通讯 | Communications | 790 | 318 | 294 |
| **教育文化娱乐服务** | **Education, Recreation and Cultural Services** | **694** | **194** | **152** |
| 文化娱乐用品 | Recreational Articles | 125 | 5 | 2 |
| 文化娱乐服务 | Recreational Services | 134 | 10 | 4 |
| 教育 | Education | 435 | 179 | 146 |
| **居住** | **Residence** | **516** | **238** | **201** |
| 住房 | Housing | 113 | | |
| 水电燃料及其他 | Water , Electricity , Fuels and Others | 384 | 231 | 197 |
| 居住服务费 | Residence Services | 19 | 7 | 4 |
| **杂项商品和服务** | **Miscel-laneous Commodities and Services** | **417** | **31** | **11** |
| 杂项商品 | Miscel-laneous Commodities | 203 | 14 | 5 |
| 服务 | Services | 214 | 17 | 6 |

8-11　续表　continued

(yuan)

| 低收入户<br>Low Income Households | 中等偏下户<br>Lower Middle Income Households | 中等收入户<br>Middle Income Households | 中等偏上户<br>Upper Middle Income Households | 高收入户<br>High Income Households | 最高收入户<br>Highest Income Households |
|---|---|---|---|---|---|
|  | 6 | 23 |  | 17 | 16 |
|  | 9 | 6 | 17 | 33 | 159 |
| **168** | **346** | **366** | **359** | **620** | **579** |
|  |  |  |  |  |  |
|  | 10 |  |  |  |  |
| 127 | 171 | 236 | 210 | 336 | 265 |
| 12 | 45 | 40 | 64 | 162 | 148 |
| 29 | 120 | 90 | 85 | 123 | 162 |
|  |  |  |  |  | 4 |
| **650** | **999** | **2116** | **1410** | **1565** | **2618** |
| 183 | 331 | 1252 | 483 | 484 | 819 |
| 467 | 667 | 864 | 926 | 1081 | 1799 |
| **342** | **654** | **760** | **814** | **1077** | **1407** |
| 17 | 106 | 70 | 186 | 246 | 476 |
| 55 | 104 | 158 | 150 | 283 | 321 |
| 270 | 445 | 533 | 479 | 548 | 610 |
| **346** | **496** | **551** | **604** | **693** | **836** |
| 44 | 107 | 145 | 158 | 163 | 173 |
| 289 | 365 | 392 | 415 | 526 | 622 |
| 13 | 24 | 14 | 30 | 4 | 41 |
| **104** | **426** | **420** | **490** | **847** | **895** |
| 30 | 198 | 215 | 271 | 430 | 338 |
| 74 | 228 | 205 | 219 | 417 | 558 |

# 8-12 城镇居民家庭平均每人全年现金收支情况 (2005年)

单位:元

| 项 目 | Item | 总平均 Average | 最低收入户 Lowest Incme Households | #贫困户 Difficult Households |
|---|---|---|---|---|
| **可支配收入** | **Disposable Income** | **9437** | **2726** | **2164** |
| **家庭总收入** | **Household Total Income** | **10664** | **2807** | **2191** |
| 工薪收入 | Wage and Salary | 10399 | 2468 | 2068 |
| #工资及补贴收入 | Wage and Subsidies | 10367 | 2362 | 1918 |
| 经营净收入 | Business Income | 48 | 198 | |
| 财产性收入 | Property Income | 5 | | |
| 转移性收入 | Transfer Income | 212 | 141 | 122 |
| #养老金或离退休金 | Pensions | 140 | | |
| **出售财物收入** | **Income of Selling Assets** | **2** | | |
| **借贷收入** | **Income for Savings and Credit** | **2881** | **74** | **104** |
| #提取储蓄存款 | Drawing Deposita from Bank | 331 | 12 | 22 |
| #住房贷款 | Housing Loans | 2187 | | |
| **家庭总支出** | **Household Total Expenditures** | **12879** | **2867** | **2277** |
| 消费支出 | Living Expenditure | 8673 | 2783 | 2216 |
| #服务性消费支出 | Service Expenditure | 2190 | 606 | 491 |
| #食品 | Food | 3828 | 1454 | 1137 |
| 购房与建房支出 | Purchasing and Constructing Housese | 2340 | | |
| 转移性支出 | Transfer Expenditures | 694 | 34 | 61 |
| 财产性支出 | Property Expenditures | 1 | | |
| 社会保障支出 | Social Security Expenditures | 1172 | 51 | |
| **借贷支出** | **Expenditure for Savings and Credit** | **566** | | |
| #存入储蓄款 | Deposit Money in Bank | 163 | | |
| #归还住房贷款 | Returning Housing Loans | 229 | | |

# URBAN HOUSEHOLD ANNUAL PER CAPITAL CASH INCOME (2005)

(yuan)

| 低收入户<br>Low Income<br>Households | 中等偏下户<br>Lower Middle<br>Income<br>Huoseholds | 中等收入户<br>Middle Income<br>Households | 中等偏上户<br>Upper Middle<br>Income<br>Households | 高收入户<br>High Income<br>Households | 最高收入户<br>Highest Income<br>Households |
|---:|---:|---:|---:|---:|---:|
| **5527** | **8019** | **9984** | **11242** | **15399** | **20385** |
| **6364** | **9141** | **11260** | **12665** | **17536** | **23104** |
| 6091 | 9102 | 10697 | 12397 | 17329 | 23035 |
| 6088 | 9063 | 10697 | 12397 | 17328 | 22861 |
| 108 | | 62 | | | |
| 19 | | | | 33 | |
| 146 | 39 | 501 | 267 | 174 | 69 |
| | | 430 | 227 | 129 | |
| **17** | | | | | |
| **226** | **4784** | **1313** | **4134** | **7134** | **714** |
| 110 | 364 | 540 | 389 | 177 | 632 |
| | 4370 | | 3636 | 5217 | |
| **6220** | **13345** | **12044** | **15799** | **23717** | **21883** |
| 5225 | 7423 | 9964 | 10054 | 13470 | 16859 |
| 1229 | 2033 | 2532 | 2493 | 3201 | 4393 |
| 2843 | 3119 | 4078 | 4334 | 6169 | 7714 |
| | 4370 | | 3636 | 6957 | |
| 290 | 463 | 872 | 726 | 1206 | 2374 |
| | | 3 | | | |
| 705 | 1090 | 1205 | 1383 | 2085 | 2649 |
| **316** | **501** | **350** | **863** | **887** | **1810** |
| 58 | 157 | 146 | 316 | 157 | 302 |
| 188 | 201 | 28 | 459 | 557 | 338 |

# 8-13 按收入等级分的城镇居民家庭平均每人全年购买主要商品数量（2005年）

单位：斤

| 指标 | Item | 总平均<br>Average | 最低收入户<br>Lowest Incme Households | #贫困户<br>Difficult Households |
|---|---|---|---|---|
| 粮 食 | Grain | 99.7 | 61.4 | 45.7 |
| 淀粉及薯类 | Starches and Tubers | 8.4 | 1.2 | 0.1 |
| 干豆类及豆制品 | Beans and Bean Products | 0.8 | … | |
| 油脂类 | Oil and Fats | 14.4 | 6.4 | 4.6 |
| 猪肉 | Pork | 12.8 | 5.9 | 4.5 |
| 牛肉 | Beef | 15.4 | 16.7 | 16.5 |
| 羊肉 | Mutton | 2.6 | 1.1 | 0.4 |
| 家禽 | Poultry | 9.1 | 0.7 | 0.5 |
| 其他禽及制品 | Other Poulty and Related Products | 0.3 | | |
| 鲜蛋 | Eggs | 5.9 | 1.8 | 0.9 |
| 水产品类 | Aquatic Products | 6.0 | 0.2 | 0.2 |
| 鲜菜 | Fresh Vegetables | 105.7 | 42.3 | 37.1 |
| 干菜 | Dry Vegetables | 2.2 | 0.9 | 0.5 |
| 食糖 | Sugar | 1.9 | 0.4 | 0.3 |
| 卷烟 | Cigarettes | 39.3 | 14.1 | 10.0 |
| 白酒 | Liquor | 0.4 | … | |
| 啤酒 | Beer | 10.0 | 1.8 | 1.1 |
| 茶叶 | Tea | 0.6 | 0.4 | 0.4 |
| 干鲜瓜果 | Dried and Fresh Melons and Fruits | 42.8 | 13.3 | 10.4 |
| 糕点 | Cake | 2.5 | 0.2 | 0.2 |
| 服装 | Garments | 3.4 | 2.3 | 2.1 |

# PER CAPITA ANNUAL PURCHASES OF MAJOR COMMODITIES OF URBAN HOUSEHOLDS BY LEVEL OF INCOME (2005)

(kg)

| 低收入户 Low Income Households | 中等偏下户 Lower Middle Income Huoseholds | 中等收入户 Middle Income Households | 中等偏上户 Upper Middle Income Households | 高收入户 High Income Households | 最高收入户 Highest Income Households |
|---|---|---|---|---|---|
| 99.5 | 94.3 | 102.6 | 104.9 | 122.8 | 144.5 |
| 7.1 | 6.7 | 8.3 | 10.9 | 13.2 | 18.3 |
| 0.3 | 0.7 | 0.7 | 1.1 | 1.8 | 1.6 |
| 13.4 | 12.9 | 13.6 | 16.5 | 18.5 | 28.8 |
| 11.9 | 11.4 | 13.2 | 14.6 | 15.3 | 24.1 |
| 13.1 | 15.0 | 15.9 | 13.4 | 18.4 | 19.6 |
| 1.3 | 2.5 | 2.2 | 4.0 | 5.3 | 1.3 |
| 4.6 | 7.1 | 10.2 | 10.4 | 13.1 | 29.2 |
|  | … | 0.4 | 0.3 | 0.8 | 0.8 |
| 3.8 | 5.7 | 6.0 | 6.8 | 9.0 | 11.4 |
| 3.8 | 3.8 | 7.4 | 6.9 | 10.4 | 17.8 |
| 86.6 | 90.9 | 107.9 | 124.1 | 138.2 | 224.9 |
| 1.2 | 2.3 | 2.5 | 2.6 | 2.0 | 3.7 |
| 0.9 | 3.0 | 1.2 | 2.2 | 3.4 | 1.3 |
| 40.3 | 25.1 | 35.7 | 57.3 | 53.8 | 81.4 |
| 0.2 | 0.4 | 0.4 | 0.4 | 0.7 | 0.7 |
| 7.6 | 9.2 | 11.9 | 9.8 | 18.1 | 17.1 |
| 1.1 | 0.5 | 0.5 | 0.8 | 0.9 | 0.8 |
| 26.8 | 36.6 | 49.9 | 50.5 | 56.4 | 92.2 |
| 0.8 | 2.7 | 2.9 | 3.6 | 3.2 | 4.0 |
| 1.8 | 3.4 | 3.3 | 3.8 | 4.0 | 6.1 |

# 8-14 农村居民家庭基本情况

## BASIC CONDITIONS OF RURAL HOUSEHOLDS

| 项目 | Item | 1990 | 1995 | 2000 | 2001 | 2004 | 2005 |
|---|---|---|---|---|---|---|---|
| **调查户数 (户)** | **Number of Households Surveyed (unit)** | **480** | **480** | **480** | **480** | **480** | **1480** |
| **调查户人口 (人)** | **Number of Residents Surveyed (person)** | | | | | | |
| 常住人口 | Number of Permanent Residents in the Households Surveyed | 2787 | 3145 | 3255 | 2875 | 2934 | 9264 |
| 平均每户常住人口 | Average Number of Permanent Residents Per Household | 5.81 | 6.55 | 6.78 | 5.98 | 6.11 | 6.26 |
| 平均每户整半劳力 | Average Number of Able-bodied and Semi-able-bodied Laborers per Household | 3.43 | 4.03 | 3.91 | 3.58 | 3.68 | 3.53 |
| 平均每个劳动力负担人口(含本人) | Average Number of Persons Supported by a Laborer(including the laborer himself or herself) | 1.44 | 1.63 | 1.74 | 1.66 | 1.66 | 1.77 |
| **平均每人年收入 (元)** | **Per Capita Annual Income (yuan)** | | | | | | |
| 总收入 | Total Revenue | 623 | 1501 | 1727 | 1809 | 2409 | 2813 |
| 纯收入 | Net Income | 447 | 1200 | 1331 | 1404 | 1861 | 2078 |
| **平均每人年支出 (元)** | **Per Capita Annual Expenditure (yuan)** | | | | | | |
| 总支出 | Total Expenditure | 485 | 1211 | 1477 | 1533 | 1804 | 2174 |
| 家庭经营费用支出 | Expenditure for Household Business | 110 | 180 | 227 | 189 | 321 | 415 |
| 生活消费支出 | Expenditure for Consumption | 341 | 873 | 1117 | 1124 | 1233 | 1562 |
| 其他非生产性支出 | Other Nonproductive Expenditure | 35 | 157 | 133 | 220 | 250 | 197 |
| 现金支出 | Cash Expenditure | 262 | 704 | 719 | 907 | 1214 | 1420 |
| 生产费用 | Productive Costs | 63 | 223 | 228 | 291 | 344 | 329 |
| 缴纳税金和上交集体税费支出 | Expenditure for Tax and Fee | 0.46 | 2.59 | 4.90 | 6.65 | 2.92 | 2.31 |
| 生活消费支出 | Expenditure for Consumption | 173 | 413 | 477 | 597 | 839 | 1049 |
| 储蓄借贷支出 | Expenditure for Savings and Credit | 16 | 52 | 10 | 13 | 182 | 186 |

注：本表至8-19表为农村住户抽样调查资料。

Note: Data in Tables 8-12 to 8-19 are obtained from the sample surveys on rural households.

# 8-15 农村居民家庭平均每人总收入

## PER CAPITA ANNUAL GROSS INCOME OF RURAL HOUSEHOLDS

单位:元 (yuan)

| 项目 | Item | 1990 | 1995 | 2000 | 2001 | 2004 | 2005 |
|---|---|---|---|---|---|---|---|
| **总收入** | **Gross Income** | **623** | **1501** | **1727** | **1809** | **2409** | **2813** |
| 基本收入 | Basic Income | 582 | 1392 | 1547 | 1595 | 2176 | 2541 |
| 工资性收入 | Income of Wages and Salaries | 1 | 79 | 232 | 134 | 530 | 549 |
| 集体组织劳动报酬 | From Collectivev Organization | 1 | … | 107 | 94 | 107 | 78 |
| 企业劳动报酬 | From Enterprises | … | … | 22 | 9 | 3 | 16 |
| 其他单位劳动报酬 | From Other Units | … | 79 | 102 | 31 | 420 | 455 |
| 家庭经营收入 | Income from Household Business Operation | 580 | 1313 | 1316 | 1462 | 1646 | 1992 |
| 转移性和财产性收入 | Transfer Income and Property Income | 42 | 109 | 179 | 214 | 233 | 272 |
| **按收入来源分** | **Grouped by Sourse** | | | | | | |
| 基本收入 | Basic Income | 582 | 1392 | 1547 | 1595 | 2176 | 2541 |
| 工资性收入 | Income of Wages and Salaries | 1 | 79 | 232 | 134 | 530 | 549 |
| 家庭经营收入 | Income from Household Business Operation | 580 | 1313 | 1316 | 1462 | 1646 | 1992 |
| 农业收入 | Farming | 288 | 586 | 517 | 562 | 934 | 1004 |
| 林业收入 | Forestry | 15 | 45 | 9 | 40 | 56 | 89 |
| 牧业收入 | Animal Husbandry | 130 | 307 | 271 | 401 | 367 | 582 |
| 渔业收入 | Fishery | … | … | … | … | … | … |
| 工业收入 | Industry | 1 | 10 | 34 | 41 | 14 | 5 |
| 建筑业收入 | Construction | 9 | 20 | 143 | 162 | 37 | 41 |
| 运输业收入 | Transportion | 22 | 85 | 161 | 85 | 143 | 150 |
| 批发和零售贸易餐饮业收入 | Wholesale and Retail Trades and Catering Trades | 11 | 57 | 47 | 14 | 39 | 72 |
| 服务业收入 | Service Trade | 1 | 13 | 15 | 22 | 26 | 20 |
| 其他收入 | Others | 39 | 148 | 115 | 134 | 30 | 29 |
| 转移性和财产性收入 | Transfer Income and Property Income | 42 | 109 | 179 | 214 | 233 | 272 |
| **按收入性质分** | **Grouped by Type of Income** | | | | | | |
| 生产性收入 | Productive Income | 580 | 1392 | 1547 | 1595 | 2176 | 2541 |
| 第一产业收入 | Primary Industry | 505 | 1127 | 913 | 1137 | 1357 | 1675 |
| 第二产业收入 | Secondary Industry | 18 | 50 | 177 | 203 | 480 | 506 |
| 第三产业收入 | Teriary Industry | 57 | 215 | 458 | 255 | 339 | 360 |
| 非生产性收入 | Nonproductive Income | 42 | 109 | 179 | 214 | 233 | 272 |

# 8-16 农村居民家庭平均每人纯收入

## PER CAPITA ANNUAL NET INCOME OF RURAL HOUSEHOLDS

单位:元 (yuan)

| 项目 | Item | 1990 | 1995 | 2000 | 2001 | 2004 | 2005 |
|---|---|---|---|---|---|---|---|
| **纯收入** | **Net Income** | **447** | **1200** | **1331** | **1404** | **1861** | **2078** |
| 基本收入 | Basic Income | 417 | 1101 | 1221 | 1213 | 1633 | 1816 |
| 工资性收入 | Income of Wages | 1 | 79 | 232 | 134 | 530 | 549 |
| 集体组织劳动报酬 | From Collectivev Organization | 1 | … | 107 | 94 | 107 | 78 |
| 企业劳动报酬 | From Enterprises | … | … | 22 | 9 | 3 | 16 |
| 其他单位劳动报酬 | From Other Units | … | 79 | 102 | 31 | 420 | 455 |
| 家庭经营收入 | Income from Household Business Operation | 416 | 1022 | 989 | 1080 | 1103 | 1267 |
| 转移性和财产性收入 | Transfer Income and Property Income | 30 | 99 | 110 | 191 | 228 | 262 |
| **按收入来源分** | **Grouped by Sourse** | | | | | | |
| 基本收入 | Basic Income | 417 | 1101 | 1221 | 1213 | 1633 | 1816 |
| 工资性收入 | Income of Wages | 1 | 79 | 232 | 134 | 530 | 549 |
| 家庭经营收入 | Income from Household Business Operation | 416 | 1022 | 989 | 1080 | 1103 | 1267 |
| 农业收入 | Farming | 206 | 457 | 314 | 248 | 701 | 668 |
| 林业收入 | Forestry | 11 | 35 | 9 | 38 | 54 | 86 |
| 牧业收入 | Animal Husbandry | 93 | 239 | 218 | 370 | 177 | 296 |
| 渔业收入 | Fishery | … | … | … | … | … | … |
| 工业收入 | Industry | 1 | 8 | 31 | 40 | 3 | 4 |
| 建筑业收入 | Construction | 7 | 16 | 143 | 162 | 24 | 34 |
| 运输业收入 | Transportion | 16 | 66 | 112 | 67 | 75 | 71 |
| 批发和零售贸易餐饮业收入 | Wholesale and Retail Trades and Catering Trades | 8 | 45 | 46 | 12 | 28 | 66 |
| 服务业收入 | Service Trade | 1 | 10 | 14 | 21 | 24 | 20 |
| 其他收入 | Others | 28 | 115 | 102 | 121 | 17 | 22 |
| 转移性和财产性收入 | Transfer Income and Property Income | 30 | 99 | 110 | 191 | 228 | 262 |
| **按收入性质分** | **Grouped by Type of Income** | | | | | | |
| 生产性收入 | Productive Income | 417 | 1101 | 1221 | 1213 | 1633 | 1816 |
| 第一产业收入 | Primary Industry | 356 | 877 | 752 | 983 | 932 | 1050 |
| 第二产业收入 | Secondary Industry | 8 | 44 | 174 | 202 | 451 | 486 |
| 第三产业收入 | Teriary Industry | 54 | 181 | 295 | 29 | 250 | 280 |
| 非生产性收入 | Nonproductive Income | 30 | 99 | 110 | 191 | 228 | 262 |

# 8-17　农村居民家庭平均每人生活消费支出

## PER CAPTA LIVING EXPENDITURE OF RURAL HOUSEHOLDS

单位:元　　　　(yuan)

| 项目 | Item | 1990 | 1995 | 2000 | 2001 | 2004 | 2005 |
|---|---|---|---|---|---|---|---|
| **生活消费支出** | **Living Expenditure** | **341** | **873** | **1117** | **1124** | **1233** | **1562** |
| **按消费类别分** | **By Category of Consumption** | | | | | | |
| 食品 | Food | 253 | 644 | 886 | 750 | 703 | 942 |
| #主食 | Staple Food | 114 | 106 | 263 | 267 | 323 | 393 |
| 副食 | Non-Staple Food | 91 | 191 | 399 | 193 | 307 | 549 |
| 其他食品 | Other Food | 48 | 347 | 216 | 280 | 73 | 67 |
| 衣着 | Clothing | 43 | 93 | 87 | 116 | 158 | 222 |
| 居住 | Residence | 20 | 45 | 47 | 112 | 118 | 96 |
| 家庭设备用品及服务 | Household Facilities , Articles and Services | 19 | 62 | 40 | 67 | 76 | 83 |
| 医疗保健 | Medicines and Medical Services | … | 6 | 16 | 41 | 29 | 49 |
| 交通通讯 | Transportation and Communications | … | 8 | 15 | 14 | 89 | 106 |
| 文教娱乐用品及服务 | Cultural , Educational and Recreational Articles and Services | 2 | 6 | 11 | 11 | 38 | 26 |
| 其他商品及服务 | Other Commodities and Services | 5 | 9 | 14 | 13 | 22 | 38 |
| **按消费性质分** | **By Source of Consumption** | | | | | | |
| 货币性消费 | Consumption Paid in Money | 173 | 413 | 477 | 597 | 839 | 1049 |
| 食品 | Food | 87 | 204 | 257 | 281 | 321 | 484 |
| 衣着 | Clothing | 43 | 92 | 87 | 116 | 154 | 180 |
| 居住 | Residence | 18 | 26 | 36 | 54 | 114 | 88 |
| 家庭设备用品及服务 | Household Facilities , Articles and Services | 19 | 61 | 40 | 67 | 74 | 78 |
| 医疗保健 | Medicines and Medical Services | … | 6 | 16 | 41 | 29 | 49 |
| 交通通讯 | Transportation and Communications | … | 8 | 15 | 14 | 89 | 106 |
| 文教娱乐用品及服务 | Cultural , Educational and Recreational Article and Services | 2 | 6 | 11 | 11 | 38 | 26 |
| 其他商品及服务 | Other Commodities and Services | 5 | 9 | 14 | 13 | 20 | 38 |
| 实物性消费 | Consumption in kind | 168 | 460 | 640 | 527 | 394 | 513 |
| 食品 | Food | 165 | 440 | 629 | 469 | 382 | 458 |
| 衣着 | Clothing | | 1 | … | … | 4 | 42 |
| 居住 | Residence | 3 | 19 | 11 | 58 | 4 | 8 |
| 家庭设备用品及服务 | Household Facilities , Articles and Services | | 1 | | | 2 | 5 |
| 医疗保健 | Medicines and Medical Services | | | | | | |
| 交通通讯 | Transportation and Communications | | | | | | |
| 文教娱乐用品及服务 | Cultural , Educational and Recreational Article and Services | … | | | | | |
| 其他商品及服务 | Other Commodities and Services | | … | | | 2 | |

# 8-18 农村居民家庭主要实物消费量

## MAIN CONSUMPTIONS IN KIND OF RURAL HOUSEHOLDS

| 项目 | | Item | | 1990 | 1995 | 2000 | 2001 | 2004 | 2005 |
|---|---|---|---|---|---|---|---|---|---|
| 粮食(原粮) | (公斤/人) | Grain (Unprocessed) | (kg/person) | 183.63 | 264.56 | 280.18 | 286.66 | 248.14 | 282.32 |
| 细粮 | | Wheat and Rice | | 155.64 | 89.08 | 134.73 | 133.39 | 138.40 | 170.58 |
| 稻谷 | | Rice | | 4.12 | 13.04 | 40.06 | 42.8 | 56.14 | 69.31 |
| 小麦 | | Wheat | | 55.45 | 76.04 | 94.67 | 90.59 | 82.26 | 101.27 |
| 粗粮 | | Non-Wheat and Rice | | 27.99 | 175.48 | 145.45 | 153.27 | 109.74 | 111.74 |
| 蔬菜 | (公斤/人) | Vegetables | (kg/person) | 22.83 | 23.31 | 23.58 | 26.2 | 14.51 | 21.78 |
| 食用油 | (公斤/人) | Edible oil | (kg/person) | 3.56 | 4.59 | 6.17 | 5.78 | 2.70 | 4.83 |
| 植物油 | | Vegetable Oil | | 2.18 | 3.55 | 5.00 | 4.44 | 2.68 | 4.80 |
| 动物油 | | Animal Oil | | 1.38 | 1.04 | 1.17 | 1.34 | 0.02 | 0.03 |
| 肉类 | (公斤/人) | Meat | (kg/person) | 14.69 | 12.17 | 11.83 | 10.71 | 10.98 | 23.60 |
| #猪肉 | | Pork | | 1.48 | 1.06 | 1.90 | 1.94 | 2.09 | 2.05 |
| 牛羊奶 | (公斤/人) | Cow and Sheep Milk | (kg/person) | 50.02 | 14.06 | 12.25 | 30.71 | 36.09 | 42.47 |
| 家禽 | (公斤/人) | Poultry | (kg/person) | 0.01 | 0.01 | 0.01 | 0.03 | 0.01 | 0.04 |
| 蛋类 | (公斤/人) | Eggs | (kg/person) | 0.51 | 1.05 | 0.64 | 0.47 | 0.43 | 0.48 |
| 鱼虾 | (公斤/人) | Fish and Shrimp | (kg/person) | | 0.01 | 0.01 | 0.01 | 0.01 | 0.01 |
| 食糖 | (公斤/人) | Sugar | (kg/person) | 1.06 | 2.43 | 2.62 | 2.62 | 1.57 | 2.92 |
| 酒 | (公斤/人) | Liquor | (kg/person) | 96.37 | 0.53 | 0.89 | 0.82 | 1.18 | 1.29 |
| 茶叶 | (公斤/人) | Tea | (kg/person) | 3.97 | 2.35 | 1.77 | 7.17 | 8.21 | 7.83 |
| 建筑材料 | | Building Material | | | | | | | |
| 水泥 | (公斤/人) | Cement | (kg/person) | 0.73 | 0.22 | 0.94 | 1.74 | 1.51 | 6.38 |
| 木材 | (立方米/户) | Timber | (cu.m/person) | 0.24 | 0.21 | 0.95 | 0.4 | 0.04 | 0.09 |
| 玻璃 | (平方米/户) | Glass | (sq.m/household) | 0.03 | 0.11 | 0.09 | | 0.06 | 0.01 |
| 服装 | (件/人) | Garments | (piece/person) | 0.69 | 0.99 | 1.06 | 1.30 | 1.23 | 1.57 |
| 化肥 | (公斤/人) | Chemical Fertilizers | (kg/person) | 70.85 | 73.25 | 14.5 | 18.23 | 8.60 | 13.04 |
| 农药 | (公斤/人) | Pesticides | (kg/person) | | 0.47 | 1.32 | 0.11 | 0.26 | 0.45 |
| 生产用燃料 | (公斤/人) | Fuels for Prodution | (kg/person) | 13.26 | 15.03 | 13.17 | 8.39 | 3.87 | 8.06 |

# 8-19 农村居民家庭人均粮食收支平衡情况

## PER CAPITA GRAIN BALANCE OF RURAL HOUSEHOLDS

单位：公斤　　(kg)

| 项目 | Item | 1990 | 1995 | 2000 | 2001 | 2004 | 2005 |
|---|---|---|---|---|---|---|---|
| **年初粮食结存** | **Grain Remainder at Year-head** | **617.69** | **578.41** | **960.11** | **442.02** | **510.83** | **533.36** |
| **年内粮食收入合计** | **Total Grain Income This Year** | **516.45** | **553.82** | **680.36** | **659.98** | **555.84** | **454.82** |
| 家庭经营 | From Household Management | 495.59 | 528.95 | 628.89 | 600.39 | 490.77 | 337.43 |
| 购入 | Purchase | 16.85 | 24.06 | 50.31 | 54.59 | 63.76 | 111.81 |
| 收回借出粮 | Grains Took Back Lending | 0.14 | 0.05 | 0.12 | 0.75 |  | 0.05 |
| 其他 | Others | 3.86 | 0.57 | 1.04 | 1.64 | 1.30 | 5.39 |
| **年内粮食支出** | **Total Grain Expenditure This Year** | **379.51** | **390.43** | **411.63** | **394.33** | **354.63** | **414.98** |
| 主食用粮 | Grains for Staple Food | 198.03 | 233.14 | 282.66 | 292.39 | 248.14 | 282.32 |
| 其他生活用粮 | For Other Consumption | 6.46 | 2.85 | 1.24 | … | 1.86 | 5.05 |
| 出售 | Sale | 52.22 | 56.53 | 47.34 | 29.58 | 37.89 | 51.93 |
| 种籽 | Seeds | 42.65 | 30.07 | 24.95 | 29.83 | 19.74 | 20.30 |
| 饲料 | Fodder | 39.04 | 38.58 | 48.47 | 41.62 | 45.88 | 53.49 |
| 借出 | Lended | 0.02 | 0.12 | 0.12 | 0.3 | 0.04 |  |
| 归还借粮 | Grains Returned Borrowing | 0.07 | 0.02 | 0.17 | 0.54 |  | 0.02 |
| 其他 | Others | 7.28 | 0.55 | 6.68 | 0.03 | 1.08 | 1.87 |
| **年末粮食结存** | **Grains Remainder at Year-end** | **754.53** | **741.79** | **1228.84** | **706.23** | **712.04** | **555.63** |
| #口粮 | Grain Ration | 303.87 | 425.94 | 749.59 | 468.33 | 206.35 | 149.57 |
| 饲料 | Fodder | 29.60 | 74.72 | 191.35 | 47.57 | 59.65 | 45.47 |
| 种籽 | Seeds | 31.48 | 67.77 | 113.61 | 42.95 | 32.81 | 35.56 |

# 8-20 农村居民家庭平均每百户主要耐用物品拥有量

## NUMBER OF DURABLE CONSUMER GOODS OWNED PER 100 RURAL HOUSEHOLDS AT THE YEAR-END

| 项目 | | Item | | 1990 | 1995 | 2000 | 2001 | 2004 | 2005 |
|---|---|---|---|---|---|---|---|---|---|
| 自行车 | (辆) | Bicycle | (unit) | 6.80 | 11.73 | 79.38 | 59.79 | 57.29 | 28.65 |
| 洗衣机 | (台) | Washing Machine | (unit) | | 0.13 | 2.29 | 2.7 | 4.17 | 7.03 |
| 摩托车 | (辆) | Motorcycle | (unit) | | 0.03 | 0.20 | 0.83 | 3.33 | 14.73 |
| 大型家具 | (件) | Big Furniture | (unit) | | | | 466.25 | 395.42 | 475.95 |
| 黑白电视机 | (台) | Black and White TV Set | (unit) | 0.32 | 0.73 | 4.79 | 3.75 | 7.29 | 2.03 |
| 彩色电视机 | (台) | Colour TV Set | (unit) | 0.04 | 0.57 | 8.96 | 14.58 | 32.29 | 47.36 |
| 收录机 | (台) | Recorder | (unit) | 3.72 | 7.12 | 45.00 | 69.37 | 71.25 | 48.04 |
| 组合音响 | (台) | Music Center | (unit) | | | 0.20 | 0.83 | 0.83 | 0.68 |
| 照相机 | (台) | Camera | (unit) | 0.04 | 0.03 | 0.83 | 1.45 | 1.04 | 1.55 |
| 电冰箱 | (台) | Refrigerator | (unit) | | | 0.41 | 1.45 | 3.13 | 4.39 |
| 电话机 | (部) | Telephone | (unit) | | | 0.20 | 2.91 | 6.67 | 13.04 |
| 影碟机 | (台) | VCD Player | (unit) | | | 0.41 | | 2.29 | 21.08 |

# 8-21 农村居民家庭主要农产品生产量、出售量

## PRODUCTS AND SALES OF MAJOR AGRICULTURE OF RURAL HOUSEHOLDS

| 项目 | | Item | | 1990 | 1995 | 2000 | 2001 | 2004 | 2005 |
|---|---|---|---|---|---|---|---|---|---|
| **生产量** | | **Products** | | | | | | | |
| 粮食 | (公斤/人) | Grain | (kg/person) | 496.66 | 528.95 | 628.89 | 600.39 | 490.77 | 337.43 |
| 油料 | (公斤/人) | Oil-bearing Crops | (kg/person) | 16.97 | 20.90 | 20.66 | 35.11 | 26.40 | 18.76 |
| 蔬菜 | (公斤/人) | Vegetables | (kg/person) | 63.90 | 61.73 | 74.17 | 9.42 | 19.24 | 84.76 |
| 水果 | (公斤/人) | Fruits | (kg/person) | 2.83 | 4.37 | 4.16 | 3.54 | 1.92 | 1.36 |
| **出售量** | | **Sales** | | | | | | | |
| 粮食 | (公斤/人) | Grain | (kg/person) | 10.71 | 56.54 | 47.34 | 29.58 | 37.90 | 51.92 |
| 油料 | (公斤/人) | Oil-bearing Crops | (kg/person) | 22.57 | 4.34 | 3.21 | 5.75 | 4.19 | 1.44 |
| 蔬菜 | (公斤/人) | Vegetables | (kg/person) | 5.10 | 4.28 | 6.47 | 12.49 | 2.49 | 3.33 |
| 水果 | (公斤/人) | Fruits | (kg/person) | 20.40 | 0.69 | 0.82 | 1.86 | 0.54 | 1.52 |
| 猪肉 | (公斤/人) | Pork | (kg/person) | 14.05 | 0.32 | 0.96 | 1.52 | 1.17 | 0.82 |
| 羊肉 | (公斤/人) | Mutton | (kg/person) | 17.27 | 1.05 | 0.18 | 1.37 | 1.10 | 4.07 |
| 牛羊奶 | (公斤/人) | Cow and Goat Milk | (kg/person) | 0.35 | 3.14 | 1.89 | 1.10 | 0.27 | 0.58 |
| 家禽 | (只/人) | Poultry | (head/person) | 2.82 | 0.26 | 0.23 | 0.29 | 0.12 | 0.08 |
| 禽蛋 | (公斤/人) | Poultry Eggs | (kg/person) | 15.27 | 0.62 | 0.69 | 1.33 | 0.24 | 0.28 |
| 羊毛 | (公斤/户) | Wool | (kg/household) | 18.11 | 0.56 | 7.64 | 1.90 | 2.92 | 11.75 |

# 第九篇

# 农　业

# Chapter 9

## AGRICULTURE

# 9-1　农村基层组织和农业基本情况

# BASIC CONDITIONS OF RURAL GRASSROOTS UNITS AND AGRICULTURE

| 项目 | | Item | | 2000 | 2004 | 2005 |
|---|---|---|---|---|---|---|
| 乡镇数 | (个) | Number of Township and Town Governments | | 720 | 685 | 685 |
| #镇数 | | Number of Town Governments | | 114 | 145 | 145 |
| 村民委员会 | (个) | Number of Villager Committees | | 6449 | 6009 | 5886 |
| 乡村户数 | (万户) | Number of Rural Households | (10000 units) | 37.83 | 39.26 | 40.35 |
| 乡村劳动力 | (万人) | Number of Rural Laborers | (10000 persons) | 100.83 | 105.69 | 108.83 |
| 男 | | Male | | 50.80 | 53.52 | 55.31 |
| 女 | | Female | | 50.03 | 52.17 | 53.52 |
| 按行业分乡村劳动力 | (万人) | Number of Rural Laborers by Sector | (10000 persons) | 100.83 | 105.69 | 108.83 |
| 农业林牧渔业 | | Farming,Forestry,Animal Husbandry & Fishery | | 90.12 | 85.19 | 85.53 |
| 工业 | | Industry | | 1.57 | 2.03 | 2.62 |
| 建筑业 | | Construction | | 2.33 | 5.96 | 5.63 |
| 交通运输业、仓储及邮电通信业 | | Transport,Storage,Post and Telecommunications | | 1.89 | 2.52 | 2.98 |
| 批发零售贸易业餐饮业 | | Wholesale and Retail Trade & Catering Services | | 1.99 | 2.57 | 2.81 |
| 其他非农业行业 | | Other Non-agricultural Trades | | 2.93 | 7.43 | 9.26 |
| 年末实有耕地面积 | (千公顷) | Cultivated Areas (Year-end) | (1000 hectares) | 230.85 | 222.74 | 223.02 |
| 水田 | | Paddy Fields | | 1.09 | 0.97 | 0.98 |
| 旱地 | | Dry Fields | | 229.76 | 221.77 | 222.04 |
| 当年减少耕地面积 | (千公顷) | Decrease in Cultivated Area by Cause | (1000 hectares) | 0.94 | 4.03 | 1.55 |
| 农村机械总动力 | (千瓦) | Total Agricultural Machinery Power | (1000 kw) | 1145276 | 1916271 | 2308583 |
| 农用大中型拖拉机 | (台) | Number of Large & Medium Tractors | (unit) | 2025 | 5818 | 6658 |
| 农用大中型拖拉机 | (千瓦) | Capacity of Large & Medium Tractors | (1000 kw) | 126960 | 183605 | 190768 |
| 小型拖拉机 | (台) | Number of Mini-tractors | (unit) | 30999 | 64899 | 79020 |
| 小型拖拉机 | (千瓦) | Capacity of Mini-tractors | (1000 kw) | 332177 | 816330 | 898755 |
| 化肥施用量 | (吨) | Consumption of Chemical Fertilizers | (ton) | 24955 | 39756 | 42073 |
| 农林牧渔业总产值 | (万元) | Gross Output of Farming, Forestry, Animal Husbandry and Fishery | (10000 yuan) | 512185 | 627373 | 677408 |
| #农业 | | Farming | | 263649 | 265638 | 298887 |
| 牧业 | | Animal Husbandry | | 235282 | 291197 | 300498 |
| 农作物总播种面积 | (千公顷) | Total Sown Area | (1000 hectares) | 231.05 | 231.23 | 234.95 |
| #粮食 | | Grain Crops | | 201.44 | 179.79 | 177.68 |
| 油料 | | Oil-bearing Crops | | 16.11 | 24.36 | 26.11 |
| 蔬菜 | | Vegetables | | | | 18.04 |
| 粮食总产量 | (万吨) | Yield of Grain Crops | (10000 tons) | 96.22 | 96.00 | 93.39 |
| #小麦 | | Wheat | | 30.73 | 25.73 | 25.55 |
| 年末牲畜总头数 | (万头) | Number of Animals (Year-end) | (10000 heads) | 2266.31 | 2509.35 | 2414.70 |
| 猪牛羊肉产量 | (万吨) | Output of Pork,Beef and Mutton | (10000 tons) | 14.93 | 20.82 | 21.46 |

# 9-2 农村基层组织情况

# BASIC CONDITIONS OF RURAL GRASSROOTS UNITS

| 年份 地区<br>Year Region | | 乡镇数（个）<br>Number of Township and Town Governments | #镇数<br>Town Governments | 村民委员会（个）<br>Number of Villagers' Committees | 乡村户数（万户）<br>Number of Households (10000 households) | 乡村人口数（万人）<br>Rural Population (10000 persons) | 乡村从业人员（万人）<br>Number of Rural Employed Persons (10000 persons) | 男<br>Male | 女<br>Female |
|---|---|---|---|---|---|---|---|---|---|
| 1965 | | 2033 | | 8552 | 23.14 | 123.84 | 67.94 | | |
| 1970 | | 2014 | | 9291 | 25.14 | 134.56 | 74.64 | | |
| 1975 | | 2053 | | 9998 | 28.84 | 145.56 | 78.89 | | |
| 1978 | | 2065 | | 10008 | 30.84 | 152.28 | 80.86 | | |
| 1979 | | 2060 | | 9870 | 30.99 | 151.26 | 80.38 | | |
| 1980 | | 2068 | | 10052 | 31.31 | 154.32 | 81.82 | 38.69 | 43.13 |
| 1985 | | 2083 | | 10576 | 31.81 | 172.26 | 87.83 | 43.69 | 44.14 |
| 1986 | | 2096 | | 10115 | 32.31 | 177.27 | 89.64 | 43.82 | 45.82 |
| 1987 | | 2071 | 8 | 10149 | 32.55 | 179.41 | 90.15 | 44.60 | 45.55 |
| 1988 | | 895 | 30 | 7410 | 32.81 | 182.89 | 89.15 | 44.57 | 44.58 |
| 1989 | | 905 | 31 | 7501 | 33.15 | 185.95 | 90.33 | 45.22 | 45.11 |
| 1990 | | 899 | 31 | 7468 | 33.49 | 189.77 | 90.85 | 45.00 | 45.85 |
| 1991 | | 908 | 30 | 7473 | 33.89 | 193.08 | 91.19 | 45.35 | 45.84 |
| 1992 | | 908 | 30 | 7466 | 34.21 | 195.65 | 91.55 | 46.03 | 45.52 |
| 1993 | | 907 | 31 | 7481 | 35.04 | 197.44 | 92.81 | 46.20 | 46.61 |
| 1994 | | 907 | 32 | 7489 | 35.79 | 202.68 | 94.35 | 47.21 | 47.33 |
| 1995 | | 924 | 34 | 7577 | 35.44 | 205.60 | 94.71 | 47.57 | 47.14 |
| 1996 | | 918 | 34 | 7203 | 34.87 | 208.90 | 95.34 | 47.71 | 47.63 |
| 1997 | | 916 | 34 | 7212 | 36.28 | 211.27 | 97.77 | 49.03 | 48.72 |
| 1998 | | 914 | 34 | 7120 | 36.75 | 213.21 | 97.52 | 50.14 | 47.38 |
| 1999 | | 720 | 97 | 6406 | 37.11 | 214.85 | 100.91 | 51.05 | 49.86 |
| 2000 | | 720 | 114 | 6449 | 37.83 | 216.77 | 100.83 | 50.80 | 50.03 |
| 2001 | | 719 | 115 | 6422 | 38.34 | 218.58 | 100.67 | 51.08 | 49.60 |
| 2002 | | 683 | 142 | 6050 | 38.87 | 220.07 | 103.50 | 52.64 | 50.86 |
| 2003 | | 685 | 142 | 6047 | 39.02 | 221.15 | 103.61 | 52.66 | 50.95 |
| 2004 | | 685 | 145 | 6009 | 39.26 | 223.63 | 105.69 | 53.52 | 52.17 |
| 2005 | | 685 | 145 | 5886 | 40.35 | 225.26 | 108.83 | 55.31 | 53.52 |
| 拉萨市 | Lhasa | 57 | 9 | 241 | 4.99 | 26.62 | 13.77 | 6.94 | 6.83 |
| 昌都地区 | Chamdo | 138 | 28 | 1310 | 8.29 | 55.17 | 24.30 | 12.68 | 11.62 |
| 山南地区 | Lhoka | 82 | 24 | 595 | 6.36 | 28.34 | 14.07 | 7 | 7.07 |
| 日喀则地区 | Sgigatse | 203 | 29 | 1760 | 10.12 | 59.52 | 31.15 | 15.76 | 15.39 |
| 那曲地区 | Nakchu | 114 | 25 | 1284 | 6.78 | 36.7 | 16.85 | 8.4 | 8.45 |
| 阿里地区 | Ngari | 36 | 7 | 136 | 1.53 | 6.96 | 3.54 | 1.76 | 1.78 |
| 林芝地区 | Nyingtri | 55 | 23 | 560 | 2.28 | 11.95 | 5.15 | 2.77 | 2.38 |

# 9-3　乡村从业人员

## RURAL EMPLOYED PERSONS BY SECTOR

单位：万人　　(10000 persons)

| 年份 Year | 地区 Region | 合计 Total | 农林牧渔业 Farming Forestry, Animal Husbandry and Fishery | 工　业 Industry | 建筑业 Construction | 交通运输、仓储和邮政业 Transportation, Storage and Post | 批发和零售餐饮业 Wholesale, Retail Trade and Catering Services | 其它非农行业 Other Non-agricultural Trades |
|---|---|---|---|---|---|---|---|---|
| 1978 | | 80.86 | 79.65 | 0.30 | | | | 0.91 |
| 1980 | | 81.82 | 80.13 | 0.75 | | | | 0.94 |
| 1985 | | 87.83 | 85.02 | 0.37 | 0.21 | 0.41 | 0.80 | 1.02 |
| 1986 | | 89.64 | 84.68 | 0.66 | 0.43 | 0.59 | 0.89 | 2.39 |
| 1987 | | 90.15 | 84.75 | 0.99 | 0.42 | 0.62 | 0.87 | 2.50 |
| 1988 | | 89.15 | 84.35 | 0.90 | 0.50 | 0.68 | 0.87 | 1.85 |
| 1989 | | 90.33 | 85.71 | 0.51 | 0.51 | 0.75 | 0.84 | 2.01 |
| 1990 | | 90.85 | 86.01 | 0.40 | 0.48 | 0.79 | 0.67 | 2.50 |
| 1991 | | 91.19 | 86.05 | 0.52 | 0.41 | 0.91 | 0.73 | 2.57 |
| 1992 | | 91.55 | 85.86 | 0.63 | 0.47 | 0.92 | 0.76 | 2.91 |
| 1993 | | 92.81 | 87.15 | 1.07 | 0.69 | 0.95 | 0.84 | 2.11 |
| 1994 | | 94.35 | 88.92 | 1.02 | 0.87 | 1.01 | 0.93 | 1.60 |
| 1995 | | 94.72 | 88.48 | 1.23 | 0.79 | 1.17 | 1.12 | 1.93 |
| 1996 | | 95.34 | 88.68 | 1.29 | 1.03 | 1.42 | 1.18 | 1.74 |
| 1997 | | 97.77 | 90.34 | 1.40 | 1.32 | 1.37 | 1.23 | 2.11 |
| 1998 | | 97.52 | 88.79 | 1.56 | 1.63 | 1.63 | 1.39 | 2.52 |
| 1999 | | 100.91 | 91.75 | 1.33 | 1.56 | 1.68 | 1.43 | 3.16 |
| 2000 | | 100.83 | 90.12 | 1.57 | 2.33 | 1.89 | 1.99 | 2.93 |
| 2001 | | 100.68 | 88.84 | 1.86 | 2.72 | 2.04 | 1.74 | 3.48 |
| 2002 | | 103.50 | 88.80 | 1.66 | 2.97 | 2.39 | 2.11 | 5.57 |
| 2003 | | 103.61 | 84.39 | 1.95 | 5.75 | 2.28 | 2.21 | 7.03 |
| 2004 | | 105.69 | 85.19 | 2.03 | 5.96 | 2.52 | 2.57 | 7.42 |
| 2005 | | 108.83 | 85.53 | 2.62 | 5.63 | 2.98 | 2.81 | 9.26 |
| 拉萨市 | Lhasa | 13.78 | 8.68 | 0.60 | 1.15 | 0.78 | 0.62 | 1.95 |
| 昌都地区 | Chamdo | 24.30 | 21.21 | 0.64 | 0.50 | 0.29 | 0.66 | 1.00 |
| 山南地区 | Lhoka | 14.07 | 10.87 | 0.30 | 1.54 | 0.37 | 0.30 | 0.69 |
| 日喀则地区 | Shigatse | 31.14 | 22.50 | 0.90 | 0.99 | 0.82 | 0.75 | 4.18 |
| 那曲地区 | Nakchu | 16.85 | 14.77 | 0.12 | 0.24 | 0.44 | 0.24 | 1.04 |
| 阿里地区 | Ngari | 3.54 | 3.03 | 0.05 | 0.18 | 0.10 | 0.11 | 0.07 |
| 林芝地区 | Nyingtri | 5.15 | 4.47 | 0.01 | 0.03 | 0.18 | 0.13 | 0.33 |

注：2002年以前交通运输\仓储和邮政业为交通运输、仓储和邮电通讯业资料，批发和零售业为批发零售贸易餐饮业资料。

Note:The Data of Transportation,Storage and Post Included Telecommunacations Before 2002.

The Data of Wholesale and Retail Sale Included Catering at 2002.

# 9-4 农林牧渔业总产值

## GROSS OUTPUT VALUE OF FARMING, FORESTRY, ANIMAL HUSBANDRY AND FISHERY

单位：万元 (10000 yuan)

| 年份 Year | 地区 Region | 农林牧渔业总产值 Gross Output Value | 农业 Farming | 林业 Forestry | 牧业 Animal Husbandry | 渔业 Fishery | 农林牧渔服务业 FFAF Services |
|---|---|---|---|---|---|---|---|
| 11.6 | | 14010 | 4603 | | 9407 | | |
| 1959 | | 14417 | 4704 | | 9713 | | |
| 1965 | | 26420 | 8522 | 20 | 17878 | 2 | |
| 1970 | | 28028 | 8671 | 12 | 19340 | 5 | |
| 1975 | | 34030 | 13364 | 106 | 20550 | 10 | |
| 1978 | | 39228 | 14657 | 167 | 24386 | 18 | |
| 1979 | | 40785 | 13340 | 404 | 27026 | 15 | |
| 1980 | | 53215 | 24846 | 765 | 27597 | 7 | |
| 1985 | | 108875 | 50999 | 2274 | 55562 | 40 | |
| 1986 | | 99206 | 43793 | 1625 | 53756 | 32 | |
| 1987 | | 103761 | 45692 | 1528 | 56506 | 35 | |
| 1988 | | 129484 | 59684 | 1752 | 67986 | 62 | |
| 1989 | | 137126 | 64077 | 1584 | 71408 | 57 | |
| 1990 | | 195023 | 98138 | 3250 | 93573 | 62 | |
| 1991 | | 210063 | 95755 | 2949 | 111278 | 81 | |
| 1992 | | 224530 | 101092 | 3485 | 119863 | 90 | |
| 1993 | | 229860 | 100452 | 5659 | 123661 | 89 | |
| 1994 | | 268249 | 131327 | 6487 | 130335 | 100 | |
| 1995 | | 358961 | 177927 | 7151 | 173782 | 101 | |
| 1996 | | 385282 | 192157 | 8773 | 184083 | 269 | |
| 1997 | | 414546 | 218195 | 8577 | 187624 | 150 | |
| 1998 | | 423770 | 224346 | 8821 | 190350 | 253 | |
| 1999 | | 482155 | 260666 | 9224 | 212062 | 202 | |
| 2000 | | 512185 | 263649 | 13130 | 235282 | 124 | |
| 2001 | | 527791 | 276113 | 12849 | 238695 | 134 | |
| 2002 | | 558874 | 290759 | 12221 | 255772 | 122 | |
| 2003 | | 586339 | 252779 | 53084 | 270867 | 78 | 9531 |
| 2004 | | 627373 | 265638 | 57186 | 291197 | 87 | 13265 |
| 2005 | | 677408 | 298887 | 56997 | 300498 | 136 | 20890 |
| 拉萨市 | Lhasa | 100255 | 56125 | 4011 | 37757 | 91 | 2271 |
| 昌都地区 | Chamdo | 163423 | 47095 | 33031 | 79075 | | 4222 |
| 山南地区 | Lhoka | 55463 | 23002 | 8606 | 19790 | 2 | 4063 |
| 日喀则地区 | Shigatse | 179421 | 112667 | 4094 | 55875 | 13 | 6772 |
| 那曲地区 | Nakchu | 89761 | 28431 | 27 | 60332 | | 971 |
| 阿里地区 | Ngari | 30463 | 1023 | 102 | 27853 | | 1485 |
| 林芝地区 | Nyingtri | 57975 | 29944 | 7126 | 19769 | 30 | 1106 |
| 其它 | Others | 647 | 600 | | 47 | | |

注:①本表按当年价格计算。②2002年以前农林牧渔业总产值不含农林牧渔服务业产值。

Note:The data in terms of value in this table are calculated at current prices.

The Data of Gross Output of FFAF Didn't Include FFAF Services.

# 9-5 农林牧渔业总产值指数

## INDICES OF GROSS OUTPUT VALUE OF FARMING，FORESTRY，ANIMALS HUSBANDRY AND FISHERY

上年=100　　(preceding year=100)

| 年份<br>Year | 农林牧渔业总产值<br>Gross Output Value | 农业<br>Farming | 林业<br>Forestry | 牧业<br>Animal | 渔业<br>Fishery | 农林牧渔服务业<br>FFAF Services |
|---|---|---|---|---|---|---|
| 1952 | 102.1 | 102.2 | | 102.1 | | |
| 1959 | 92.1 | 109.8 | | 85.0 | | |
| 1965 | 111.3 | 107.3 | 105.0 | 113.6 | | |
| 1970 | 100.1 | 101.4 | 100.7 | 99.3 | 135.7 | |
| 1975 | 102.7 | 103.9 | 297.4 | 100.6 | 120.8 | |
| 1978 | 103.9 | 103.2 | 130.7 | 103.9 | 293.7 | |
| 1979 | 104.0 | 87.1 | 239.4 | 105.2 | 82.8 | |
| 1980 | 111.0 | 130.0 | 89.4 | 102.0 | 80.2 | |
| 1985 | 112.3 | 106.6 | 119.4 | 111.4 | 79.9 | |
| 1986 | 104.8 | 85.7 | 77.1 | 107.4 | 76.3 | |
| 1987 | 104.4 | 104.4 | 103.8 | 105.6 | 105.4 | |
| 1988 | 102.6 | 107.9 | 112.5 | 96.7 | 103.9 | |
| 1989 | 101.4 | 102.2 | 86.3 | 99.0 | 131.4 | |
| 1990 | 106.4 | 116.2 | 132.6 | 98.8 | 64.5 | |
| 1991 | 104.5 | 91.1 | 189.5 | 103.1 | 106.6 | |
| 1992 | 103.4 | 100.4 | 96.0 | 104.4 | 119.1 | |
| 1993 | 100.3 | 123.4 | 111.7 | 98.7 | 89.0 | |
| 1994 | 104.5 | 102.3 | 119.8 | 104.8 | 109.3 | |
| 1995 | 104.4 | 108.9 | 119.4 | 100.7 | 102.1 | |
| 1996 | 103.4 | 107.4 | 107.3 | 100.2 | 153.1 | |
| 1997 | 103.4 | 104.2 | 85.4 | 104.5 | 94.6 | |
| 1998 | 102.4 | 104.5 | 103.1 | 100.9 | 135.4 | |
| 1999 | 107.5 | 110.8 | 97.5 | 105.9 | 100.0 | |
| 2000 | 101.9 | 102.2 | 104.0 | 101.6 | 45.2 | |
| 2001 | 105.4 | 108.5 | 84.7 | 104.5 | 91.8 | |
| 2002 | 103.8 | 103.0 | 119.8 | 103.6 | 70.3 | |
| 2003 | 103.2 | 84.9 | 218.7 | 102.2 | 41.9 | |
| 2004 | 104.1 | 102.0 | 102.7 | 104.2 | 156.4 | 152.0 |
| 2005 | 103.9 | 102.3 | 103.9 | 100.8 | 160.7 | 157.5 |

注：本表按可比价格计算。

Note:The indices in this table are calculated at comparable prices.

# 9-6 农林牧渔业总产值指数

# INDICES OF GROSS OUTPUT VALUE OF FARMING, FORESTRY, ANIMALS HUSBANDRY AND FISHERY

1951年=100 (1951=100)

| 年份 Year | 农林牧渔业总产值 Gross Output Value | 农业 Farming | 林业 Forestry | 牧业 Animal | 渔业 Fishery | 农林牧渔服务业 FFAF Services |
|---|---|---|---|---|---|---|
| 1952 | 102.1 | 102.2 | | 102.1 | | |
| 1959 | 102.1 | 113.2 | | 108.2 | | |
| 1965 | 187.1 | 205.1 | 145.3 | 190.3 | 100.0 | |
| 1970 | 198.6 | 209.3 | 84.5 | 198 | 330.6 | |
| 1975 | 241.1 | 316.2 | 785.7 | 228.4 | 557.4 | |
| 1978 | 277.9 | 344.4 | 1239.8 | 263 | 1010.9 | |
| 1979 | 289.0 | 300.0 | 2968.1 | 276.7 | 837.0 | |
| 1980 | 320.8 | 390 | 2653.5 | 282.2 | 671.3 | |
| 1985 | 396.5 | 419 | 8122.4 | 341.7 | 1317.8 | |
| 1986 | 415.5 | 359.1 | 6262.4 | 367 | 1005.5 | |
| 1987 | 433.8 | 374.9 | 6500.4 | 387.6 | 1059.8 | |
| 1988 | 445.1 | 404.5 | 7313.0 | 374.8 | 1101.1 | |
| 1989 | 451.3 | 413.4 | 6311.1 | 371.1 | 1446.8 | |
| 1990 | 480.2 | 280.4 | 8368.5 | 366.6 | 933.2 | |
| 1991 | 501.9 | 437.6 | 7489.8 | 378.0 | 994.8 | |
| 1992 | 519.0 | 439.4 | 7190.2 | 394.6 | 1184.8 | |
| 1993 | 520.6 | 542.2 | 8031.5 | 389.5 | 1054.5 | |
| 1994 | 544.0 | 554.7 | 9621.7 | 408.2 | 1152.6 | |
| 1995 | 565.8 | 604.1 | 11488.3 | 411.1 | 1176.8 | |
| 1996 | 583.9 | 648.8 | 12326.9 | 411.9 | 1801.7 | |
| 1997 | 603.8 | 676 | 10527.2 | 430.4 | 1704.4 | |
| 1998 | 618.3 | 706.4 | 10853.5 | 434.3 | 2307.8 | |
| 1999 | 664.7 | 782.7 | 10582.2 | 459.9 | 2307.8 | |
| 2000 | 677.3 | 799.9 | 11005.5 | 467.3 | 1043.1 | |
| 2001 | 713.8 | 867.9 | 9321.6 | 488.3 | 957.6 | |
| 2002 | 740.9 | 893.9 | 11167.3 | 505.9 | 673.2 | |
| 2003 | 764.6 | 758.9 | 24422.9 | 517.0 | 282.1 | 100.0 |
| 2004 | 795.9 | 774.1 | 25082.3 | 538.7 | 441.2 | 152.0 |
| 2005 | 826.9 | 791.9 | 26060.5 | 543.0 | 709.0 | 239.4 |

注：本表按可比价格计算。

Note:The indices in this table are calculated at comparable prices.

# 9-7　各地市农林牧渔业总产值
# GROSS OUTPUT VALUE OF FARMING，FORESTRY，ANIMAL HUSBANDRY AND FISHERY BY REGION

单位：万元　　　　(10000 yuan)

| 年份 Year | 合计 Total | 拉萨 Lhasa | 昌都 Chamdo | 山南 Lhoka | 日喀则 Shigatse | 那曲 Nakchu | 阿里 Nagari | 林芝 Nyingtri | 其它 Others |
|---|---|---|---|---|---|---|---|---|---|
| 1990 | 195023 | 22357 | 46599 | 27074 | 52437 | 19714 | 7679 | 17545 | 1618 |
| 1995 | 358961 | 42984 | 85761 | 39532 | 107492 | 37493 | 21472 | 24091 | 136 |
| 1996 | 385282 | 55666 | 82676 | 42492 | 114739 | 40015 | 19474 | 27491 | 2729 |
| 1997 | 414546 | 58087 | 103000 | 44558 | 116097 | 43111 | 16718 | 29539 | 3436 |
| 1998 | 423770 | 62134 | 105601 | 47863 | 122013 | 39022 | 13863 | 28534 | 4740 |
| 1999 | 482155 | 71864 | 115291 | 52693 | 131448 | 56173 | 17004 | 32838 | 4843 |
| 2000 | 512185 | 85059 | 124269 | 53416 | 132220 | 56272 | 22473 | 34151 | 4325 |
| 2001 | 527791 | 73916 | 126207 | 53969 | 146264 | 67220 | 21003 | 36017 | 3195 |
| 2002 | 558874 | 84212 | 131970 | 54160 | 148314 | 75969 | 23832 | 40417 | |
| 2003 | 586339 | 86548 | 149635 | 50852 | 144143 | 79603 | 26760 | 46273 | 2525 |
| 2004 | 627373 | 93403 | 150532 | 56521 | 161838 | 80070 | 30619 | 53159 | 1231 |
| 2005 | 677408 | 100255 | 163423 | 55463 | 179421 | 89761 | 30463 | 57975 | 647 |

注：本表按当年价格计算

Note: The indices in this table are caculated at current prices.

# 9-8　各地市农林牧渔业总产值指数
# INDEX OF GROSS OUTPUT VALUE OF FARMING，FORESTRY，ANIMAL HUSBANDRY AND FISHERY BY REGION

上年=100　　　　preed=100

| 年份 Year | 合计 Total | 拉萨 Lhasa | 昌都 Chamdo | 山南 Lhoka | 日喀则 Shigatse | 那曲 Nakchu | 阿里 Nagari | 林芝 Nyingtri | 其它 Others |
|---|---|---|---|---|---|---|---|---|---|
| 1991 | 104.5 | 102.3 | 101.2 | 95.8 | 107.4 | 143.3 | 128.5 | 114.2 | 111.0 |
| 1995 | 104.4 | 113.9 | 105.4 | 98.3 | 97.5 | 103.9 | 131.7 | 107.7 | 100.0 |
| 1996 | 103.4 | 105.2 | 108.2 | 104.0 | 105.6 | 91.2 | 104.2 | 100.6 | 113.3 |
| 1997 | 103.4 | 103.2 | 104.3 | 103.5 | 101.1 | 111.6 | 96.5 | 93.8 | 126.3 |
| 1998 | 102.4 | 101.6 | 103.1 | 105.1 | 106.3 | 97.7 | 89.0 | 98.6 | 151.4 |
| 1999 | 107.5 | 105.6 | 105.5 | 108.4 | 107.8 | 108.7 | 116.4 | 109.3 | 83.6 |
| 2000 | 101.9 | 105.7 | 106.3 | 100.5 | 101.0 | 97.4 | 100.7 | 99.8 | 90.1 |
| 2001 | 105.4 | 101.0 | 98.2 | 99.7 | 114.2 | 111.5 | 107.9 | 99.7 | |
| 2002 | 103.8 | 111.3 | 103.3 | 102.1 | 101.2 | 104.4 | 101.9 | 102.9 | |
| 2003 | 103.2 | 100.4 | 111.3 | 89.9 | 94.6 | 100.4 | 108.2 | 115.5 | |
| 2004 | 104.1 | 103.6 | 101.5 | 103.7 | 105.2 | 106.6 | 108.9 | 101.3 | 82.0 |
| 2005 | 103.9 | 105.8 | 104.7 | 101.1 | 107.2 | 104.0 | 88.5 | 104.2 | 97.5 |

注:本表按可比价格计算。

Note:The indices in this table are caculated at comparable prices .

# 9-9 农林牧渔业分项产值

## GROSS OUTPUT VALUE OF FARMING, FORESTRY, ANIMAL HUSBANDRY AND FISHERY BY BRANCH

| 指标 | Item | 绝对数(万元) Value (10000 yuan) | | | | | 2005年为2004年% 2005/2004 Rate |
|---|---|---|---|---|---|---|---|
| | | 2000 | 2001 | 2003 | 2004 | 2005 | |
| **农林牧渔业总产值** | **Gross Output Value** | **512185** | **527791** | **586339** | **627373** | **677408** | **103.9** |
| **农业产值** | **Farming** | **263649** | **276112** | **252779** | **265638** | **298887** | **102.3** |
| 谷物及其它作物 | Corn and Other Crops | 190664 | 193001 | 183092 | 189707 | 198301 | 100.9 |
| #谷物 | #Corn | 172777 | 175910 | 162398 | 161302 | 168087 | 100.1 |
| # 粮食作物 | #Grain Grops | 178246 | 191291 | 168417 | 178272 | 175788 | 98.8 |
| #小麦 | #Wheat | | 47548 | 38157 | 42168 | 43569 | 98.0 |
| 玉米 | Maize | | 2555 | 2253 | 2638 | 2918 | 101.1 |
| 其他 | Others | 1030 | 1244 | 865 | 3513 | 4012 | 114.2 |
| 薯类 | Potato | | 120 | 417 | 3349 | 1000 | 24.5 |
| 油料 | Oil Plants | | 11718 | 13810 | 15635 | 18500 | 113.6 |
| #油菜籽 | #Rapeseed | | 11687 | 12252 | 15621 | 18431 | 113.4 |
| **林业产值** | **Forestry** | **13130** | **12849** | **53085** | **57186** | **56996** | **103.9** |
| 林木培育和种植 | Tree Breeding and Planting | 2668 | 5484 | 6591 | 6257 | 7608 | 95.3 |
| 林产品 | Forest Products | 4898 | 3276 | 30909 | 42538 | 37427 | 62.6 |
| 村及村以下竹木采伐 | Lumbering in Village and Below | 5564 | 4089 | 9584 | 4731 | 7150 | 109.7 |
| **牧业产值** | **Animal Husbandry** | **235282** | **238695** | **270867** | **291197** | **300498** | **100.8** |
| 牲　畜 | Domestic Animals | 152357 | 167208 | 258429 | 278954 | 284578 | 99.8 |
| 牛 | Cattles | 78157 | 82714 | 97436 | 102338 | 111844 | 106.1 |
| 猪 | Hogs | 10614 | 5545 | 6606 | 9203 | 10569 | 115.5 |
| 羊 | Sheep and Goats | 63586 | 72451 | 65259 | 82097 | 67886 | 78.5 |
| 家禽饲养 | Poultry Raising | 1161 | 1072 | 2749 | 2795 | 4625 | 151.9 |
| 捕　猎 | Hunting | 136 | 172 | 634 | 128 | 118 | 33.3 |
| 其他畜牧业 | Others | 1504 | 1819 | 2448 | 116 | 609 | 183.9 |
| **渔业产值** | **Fishery** | **124** | **134** | **78** | **87** | **136** | **160.7** |
| **农林牧渔服务业产值** | **FFAF Services** | | | **9531** | **13265** | **20891** | **181.3** |

注:本表绝对数按当年价计算,指数按可比价计算。

Note:Data in terms of value in this table are calculated at current prices,while the related indices are caleulated at comparable prices.

# 9-10 农林牧渔业分项产值构成

# COMPOSITION OF GROSS OUTPUT VALUE OF FARMING，FORESTRY，ANIMAL HUSBANDRY AND FISHERY BY BRANCH

| 指标 | Item | 构成 Composition (%) | | | | |
|---|---|---|---|---|---|---|
| | | 2000 | 2002 | 2003 | 2004 | 2005 |
| **农林牧渔业** | **Gross Output Value** | **100.0** | **100.0** | **100.0** | **100.0** | **100.0** |
| **农业** | **Farming** | **51.5** | **52.0** | **43.1** | **42.3** | **44.1** |
| 谷物及其它作物 | Corn and Other Crops | 37.2 | 34.6 | 31.2 | 30.2 | 29.3 |
| #谷物 | #Corn | 33.7 | 31.1 | 27.7 | 25.7 | 24.8 |
| #粮食作物 | #Grain Grops | 34.8 | 32.3 | 28.7 | 28.4 | 25.9 |
| #小麦 | #Wheat | | 8.1 | 6.5 | 6.7 | 6.4 |
| 玉米 | Maize | | 0.5 | 0.4 | 0.4 | 0.4 |
| 其他 | Others | 2.0 | 0.2 | 0.1 | 0.6 | 0.6 |
| 薯类 | Potato | | 0.1 | 0.1 | 0.5 | 0.1 |
| 油料 | Oil Plants | | 2.2 | 2.4 | 2.5 | 2.7 |
| #油菜籽 | #Rapeseed | | 2.2 | 2.1 | 2.5 | 2.7 |
| **林业** | **Forestry** | **2.6** | **2.2** | **9.1** | **9.1** | **8.4** |
| 林木培育和种植 | Tree Breeding and Planting | 0.5 | 0.8 | 1.1 | 1.0 | 1.1 |
| 林产品 | Forest Products | 1.0 | 0.6 | 5.3 | 6.7 | 5.5 |
| 村及村以下竹木采伐 | Lumbering in Village and Below | 1.1 | 0.8 | 1.6 | 0.8 | 1.1 |
| **牧业** | **Animal Husbandry** | **45.9** | **45.8** | **46.2** | **46.4** | **44.4** |
| 牲　畜 | Domestic Animals | 29.7 | 30.9 | 44.1 | 44.5 | 42.0 |
| 牛 | Cattles | 15.3 | 15.5 | 16.6 | 16.3 | 16.5 |
| 猪 | Hogs | 2.1 | 1.5 | 1.1 | 1.5 | 1.6 |
| 羊 | Sheep and Goats | 12.4 | 12.7 | 11.1 | 13.1 | 10.0 |
| 家禽饲养 | Poultry Raising | 0.2 | 0.2 | 0.5 | 0.4 | 0.7 |
| 捕　猎 | Hunting | … | 0.1 | 0.1 | … | … |
| 其他畜牧业 | Others | 0.3 | 0.2 | 0.4 | … | 0.1 |
| **渔业** | **Fishery** | **…** | **…** | **…** | **0.1** | **…** |
| **农林牧渔服务业** | **FFAF Services** | **…** | **…** | **1.6** | **2.1** | **3.1** |

注:本表构成按当年价计算。

Note:The data in terms of composition in this table are calculated at current prices.

# 9-11 全区农村社会总产值

## RURAL SOCIAL GROSS OUTPUT VALUE

单位：万元 (10000) yuan

| 年份 Year | 地区 Region | 农村社会总产值 Rural Social Gross Output Value | 农林牧渔业总产值 Gross Output Value | 农村工业总产值 Rural Industry Gross Output Value | 农村建筑业总产值 Rural Constration Gross Output Value | 农村运输业总产值 Rural Transportation Gross Output Value | 农村商业总产值 Rural Commerce Gross Output Value |
|---|---|---|---|---|---|---|---|
| 1985 | | 177142 | 106316 | 1233 | 3410 | 3106 | 3077 |
| 1986 | | 106147 | 97985 | 1199 | 2315 | 2303 | 2345 |
| 1987 | | 113062 | 102986 | 3204 | 1997 | 1993 | 2882 |
| 1988 | | 139970 | 128528 | 3053 | 2365 | 2541 | 3483 |
| 1989 | | 146382 | 135808 | 2064 | 2436 | 3014 | 3060 |
| 1990 | | 182283 | 170347 | 2055 | 2712 | 3433 | 3736 |
| 1991 | | 221175 | 208923 | 1551 | 2550 | 4458 | 3693 |
| 1992 | | 236362 | 223249 | 1942 | 2910 | 5009 | 3252 |
| 1993 | | 242776 | 229860 | 2381 | 2336 | 4632 | 3567 |
| 1994 | | 282293 | 268113 | 2628 | 2532 | 5206 | 2314 |
| 1995 | | 389605 | 358961 | 5857 | 5447 | 8957 | 10383 |
| 1996 | | 416824 | 382553 | 6711 | 5279 | 10992 | 11289 |
| 1997 | | 455711 | 414546 | 8901 | 8459 | 13454 | 10350 |
| 1998 | | 470337 | 423770 | 14076 | 8888 | 11820 | 11783 |
| 1999 | | 536358 | 482155 | 14588 | 10624 | 14570 | 14421 |
| 2000 | | 570808 | 512185 | 13307 | 14546 | 17086 | 13684 |
| 2001 | | 577709 | 527791 | 14244 | 12407 | 13274 | 9993 |
| 2002 | | 618802 | 558874 | 11707 | 14788 | 20832 | 12601 |
| 2003 | | 675593 | 586339 | 20033 | 23995 | 26120 | 19106 |
| 2004 | | 757243 | 627373 | 26536 | 40567 | 41556 | 21211 |
| 2005 | | 823658 | 677408 | 27207 | 43925 | 45077 | 30041 |
| 拉萨市 | Lhasa | 131066 | 100255 | 3047 | 8261 | 12697 | 6806 |
| 昌都地区 | Chamdo | 184233 | 163423 | 3833 | 7868 | 3877 | 5232 |
| 山南地区 | Lhoka | 87312 | 55463 | 4895 | 12894 | 9257 | 4803 |
| 日喀则地区 | Shigatse | 225057 | 179421 | 14305 | 9380 | 12934 | 9017 |
| 那曲地区 | Nakchu | 96549 | 89761 | 56 | 2903 | 1887 | 1942 |
| 阿里地区 | Ngari | 32287 | 30463 | 9 | 655 | 496 | 664 |
| 林芝地区 | Nyingtri | 66507 | 57975 | 1062 | 1964 | 3929 | 1577 |

注:本表按当年价计算，2005年农林牧渔业总产值中含有区直产值。

Note:The data in value terms in this table are calculated at current prices. Straight output value of containing area in the gross output value of the agriculture, forestry, animal husbandry and fishery of 2004.

# 9-12　农村社会总产值构成

## RURAL SOCIAL GROSS OUTPUT PERCENTAGE

单位：%　　(%)

| 年份 Year | 地区 Region | 农村社会总产值 Rural Social Gross Output Value | 农林牧渔业总产值 Gross Output Value | 农村工业总产值 Rural Industry Gross Output Value | 农村建筑业总产值 Rural Constration Gross Output Value | 农村运输业总产值 Rural Transportation Gross Output Value | 农村商业总产值 Rural Commerce Gross Output Value |
|---|---|---|---|---|---|---|---|
| 1985 | | 100.0 | 90.8 | 1.0 | 2.9 | 2.7 | 2.6 |
| 1986 | | 100.0 | 92.3 | 1.1 | 2.2 | 2.2 | 2.2 |
| 1987 | | 100.0 | 91.0 | 2.8 | 1.8 | 1.8 | 2.6 |
| 1988 | | 100.0 | 91.8 | 2.2 | 1.7 | 1.8 | 2.5 |
| 1989 | | 100.0 | 92.8 | 1.4 | 1.7 | 2.0 | 2.1 |
| 1990 | | 100.0 | 93.4 | 1.1 | 1.5 | 1.9 | 2.1 |
| 1991 | | 100.0 | 94.4 | 0.7 | 1.2 | 2.0 | 1.7 |
| 1992 | | 100.0 | 94.5 | 0.8 | 1.2 | 2.1 | 1.4 |
| 1993 | | 100.0 | 94.6 | 1.0 | 1.0 | 1.9 | 1.5 |
| 1994 | | 100.0 | 95.0 | 0.9 | 0.9 | 1.8 | 1.4 |
| 1995 | | 100.0 | 92.1 | 1.5 | 1.4 | 2.3 | 2.7 |
| 1996 | | 100.0 | 91.8 | 1.6 | 1.3 | 2.6 | 2.7 |
| 1997 | | 100.0 | 91.0 | 2.0 | 1.9 | 3.0 | 2.3 |
| 1998 | | 100.0 | 90.1 | 3.0 | 1.9 | 2.5 | 2.5 |
| 1999 | | 100.0 | 89.9 | 2.7 | 2.0 | 2.7 | 2.7 |
| 2000 | | 100.0 | 89.7 | 2.4 | 2.5 | 3.0 | 2.4 |
| 2001 | | 100.0 | 91.4 | 2.5 | 2.1 | 2.3 | 1.7 |
| 2002 | | 100.0 | 90.3 | 1.9 | 2.4 | 3.4 | 2.0 |
| 2003 | | 100.0 | 86.7 | 3.0 | 3.6 | 3.9 | 2.8 |
| 2004 | | 100.0 | 82.8 | 3.5 | 5.4 | 5.5 | 2.8 |
| 2005 | | 100.0 | 82.2 | 3.3 | 5.4 | 5.5 | 3.6 |
| 拉萨市 | Lhasa | 100.0 | 76.5 | 2.3 | 6.3 | 9.7 | 5.2 |
| 昌都地区 | Chamdo | 100.0 | 88.7 | 2.1 | 4.3 | 2.1 | 2.8 |
| 山南地区 | Lhoka | 100.0 | 63.5 | 5.6 | 14.8 | 10.6 | 5.5 |
| 日喀则地区 | Shigatse | 100.0 | 79.7 | 6.4 | 4.2 | 5.7 | 4.0 |
| 那曲地区 | Nakchu | 100.0 | 93.0 | 0.1 | 3.0 | 1.9 | 2.0 |
| 阿里地区 | Ngari | 100.0 | 94.4 | | 2.0 | 1.5 | 2.1 |
| 林芝地区 | Nyingtri | 100.0 | 87.2 | 1.6 | 2.9 | 5.9 | 2.4 |

注：本表按当年价格计算。

Note:The data in value terms in this table are calculated at current prices.

# 9-13 农业商品产值

## GROSS OUTPUT VALUE OF AGRICULTURE

单位：万元 (10000 yuan)

| 年份 Year | 地区 Region | 合计 Total | 农业 Farming | 林业 Forestry | 牧业 Animal Husbandry | 渔业 Fishery |
|---|---|---|---|---|---|---|
| 1990 | | 39571 | 10512 | 1218 | 19648 | 13 |
| 1991 | | 45911 | 14059 | 1187 | 22861 | 15 |
| 1992 | | 52423 | 13619 | 1024 | 27893 | 24 |
| 1993 | | 55278 | 21169 | 1003 | 33086 | 20 |
| 1994 | | 75214 | 32384 | 2163 | 40640 | 27 |
| 1995 | | 108615 | 40283 | 5084 | 63215 | 33 |
| 1996 | | 111774 | 47668 | 3984 | 60032 | 90 |
| 1997 | | 122948 | 53337 | 4170 | 65398 | 43 |
| 1998 | | 123332 | 48887 | 3242 | 71055 | 148 |
| 1999 | | 153485 | 71350 | 3500 | 78485 | 150 |
| 2000 | | 166980 | 73846 | 4220 | 88829 | 85 |
| 2001 | | 184887 | 84725 | 4955 | 95084 | 122 |
| 2002 | | 204237 | 95700 | 5235 | 103194 | 108 |
| 2003 | | 235559 | 104097 | 9192 | 122177 | 93 |
| 2004 | | 300929 | 136705 | 8126 | 156000 | 98 |
| 2005 | | 327154 | 153080 | 8494 | 165477 | 103 |
| 拉萨市 | Lhasa | 47674 | 18881 | 1476 | 27226 | 91 |
| 昌都地区 | Chamdo | 106757 | 58324 | 3154 | 45279 | |
| 山南地区 | Lhoka | 27343 | 17892 | 367 | 9082 | 2 |
| 日喀则地区 | Shigatse | 46902 | 19412 | 763 | 26718 | 9 |
| 那曲地区 | Nakchu | 60555 | 27158 | 7 | 33390 | |
| 阿里地区 | Ngari | 17371 | 257 | | 17114 | |
| 林芝地区 | Nyingtri | 20552 | 11156 | 2727 | 6668 | 1 |

注：本表按当年价格计算。

Note:The data in value terms in this table are calculated at current prices.

# 9-14 耕地面积

## AREAS UNDER CULTIVATION

| 年份 | Year | 年末实有耕地面积（千公顷）Cultivated Area (1000 hectares) | 旱地 Dry Fields | 水田 Paddy Fields | 当年减少（千公顷）Decrease in This Year (1000 hectares) | #国家基建占地 Capital Construction | 当年增加（千公顷）Increase in This Year (1000 hectares) |
|---|---|---|---|---|---|---|---|
| | 1952 | 163.33 | | | | | |
| | 1959 | 167.63 | | | | | |
| | 1965 | 202.77 | | | | | |
| | 1970 | 218.31 | | | | | |
| | 1975 | 225.73 | | | | | |
| | 1978 | 227.60 | | | | | |
| | 1980 | 228.67 | | | | | |
| | 1985 | 223.55 | 223.14 | 0.41 | 4.76 | 0.13 | 2.97 |
| | 1986 | 222.33 | 221.74 | 0.59 | 1.99 | 0.06 | 0.34 |
| | 1987 | 221.40 | 220.84 | 0.56 | 1.97 | 1.60 | 1.04 |
| | 1988 | 221.50 | 220.85 | 0.65 | 0.96 | 0.06 | 2.61 |
| | 1989 | 222.35 | 221.47 | 0.88 | 0.45 | 0.21 | 1.35 |
| | 1990 | 222.50 | 221.86 | 0.64 | 1.31 | 0.10 | 1.20 |
| | 1991 | 222.90 | 222.30 | 0.60 | 1.33 | 0.04 | 1.73 |
| | 1992 | 223.79 | 222.97 | 0.83 | 0.73 | 0.02 | 1.60 |
| | 1993 | 222.62 | 221.83 | 0.79 | 0.52 | 0.07 | 0.75 |
| | 1994 | 222.84 | 222.07 | 0.77 | 0.35 | 0.09 | 0.57 |
| | 1995 | 224.47 | 221.68 | 0.79 | 0.31 | 0.08 | 2.17 |
| | 1996 | 224.80 | 223.99 | 0.81 | 3.37 | 0.34 | 3.72 |
| | 1997 | 228.76 | 227.91 | 0.85 | 0.61 | 0.20 | 3.94 |
| | 1998 | 230.32 | 229.44 | 0.88 | 0.98 | 0.17 | 2.31 |
| | 1999 | 231.16 | 230.23 | 0.93 | 1.33 | 0.09 | 2.15 |
| | 2000 | 230.83 | 229.76 | 1.07 | 0.39 | … | 0.06 |
| | 2001 | 230.20 | 229.15 | 1.05 | 1.40 | 0.25 | 0.77 |
| | 2002 | 229.89 | 228.90 | 1.00 | 2.45 | 0.66 | 2.15 |
| | 2003 | 225.34 | 224.38 | 0.96 | 6.22 | 0.79 | 2.77 |
| | 2004 | 222.74 | 221.77 | 0.97 | 4.03 | 0.35 | 1.46 |
| | 2005 | 223.01 | 222.03 | 0.98 | 1.55 | 0.37 | 1.83 |
| 拉萨市 | Lhasa | 34.74 | 34.74 | | 0.86 | 0.20 | 0.09 |
| 昌都地区 | Chamdo | 47.12 | 47.12 | | 0.04 | 0.02 | 0.47 |
| 山南地区 | Lhoka | 29.08 | 29.08 | | 0.22 | 0.08 | 0.38 |
| 日喀则地区 | Shigatse | 85.49 | 85.49 | | 0.11 | 0.05 | 0.33 |
| 那曲地区 | Nakchu | 5.46 | 5.46 | | 0.10 | 0.01 | 0.01 |
| 阿里地区 | Ngari | 2.96 | 2.96 | | | | 0.41 |
| 林芝地区 | Nyingtri | 18.16 | 17.18 | 0.98 | 0.22 | 0.01 | 0.14 |
| 其 他 | Others | | | | | | |

# 9-15 主要农业机械年末拥有量

(年底数) (year-end)

| 指标 | | Item | | 2000 | 2001 | 2002 |
|---|---|---|---|---|---|---|
| **农业机械总动力** | (千瓦) | **Total Power of Agricultural Machinery** | (kw) | **1145276** | **1232123** | **1458024** |
| **耕作机械** | | **Cultivation Machinery** | | | | |
| 农用大中型拖拉机 | (台) | Large and Medium Agricultural Tractors | (unit) | 2025 | 2538 | 3205 |
| | (千瓦) | | (kw) | 126960 | 112967 | 106499 |
| 小型拖拉机及手扶拖拉机 | (台) | Mini and Walking Tractors | (unit) | 30999 | 38318 | 50598 |
| | (千瓦) | | (kw) | 332177 | 409866 | 513355 |
| 大中型拖拉机配套农具 | (部) | Farm Tools for Large and Medium Tractor | (unit) | 1033 | 2136 | 2558 |
| 小型拖拉机配套农具 | (部) | Farm Tools for Mini Tractor | (unit) | 11450 | 10424 | 11684 |
| 农用排灌动力机械 | | Irrigating Machinery | | | | |
| 柴油机 | (台) | Diesel Engines | (unit) | 2608 | 2853 | 3596 |
| | (千瓦) | | (kw) | 24469 | 27168 | 36276 |
| 电动机 | (台) | Electromotors | (unit) | 1476 | 1075 | 1487 |
| | (千瓦) | | (kw) | 14610 | 11697 | 15997 |
| 农用水泵 | (台) | Pumps | (unit) | 627 | 446 | 754 |
| **收获机械** | | **Harvest Machinery** | | | | |
| 联合收割机 | (台) | Combine Harvesters | (unit) | 129 | 1694 | 625 |
| | (千瓦) | | (kw) | 2354 | 2602 | 5614 |
| 机动脱粒机 | (台) | Thresher Threshing Machines | (unit) | 6859 | 8201 | 13721 |
| **运输机械** | | **Transport Machinery** | | | | |
| 农用运输车 | (辆) | Transport Vehicles for Agricultureal Use | (unit) | 3665 | 3462 | 8781 |
| | (千瓦) | | (kw) | 139727 | 168407 | 607526 |

# MAIN AGRICULTURL MACHINERY YEAR-END POSSESSED

| 2003 | 2004 | 2005 | 拉萨 Lhasa | 昌都 Chamdo | 山南 Lhoka | 日喀则 Shigatse | 那曲 Nakchu | 阿里 Ngari | 林芝 Nyingtri |
|---|---|---|---|---|---|---|---|---|---|
| **1812121** | **1916271** | **2308583** | **386582** | **238484** | **219378** | **658601** | **310126** | **104572** | **390840** |
| 5302 | 5818 | 6658 | 504 | 310 | 2317 | 2176 | 6 | 12 | 1333 |
| 158915 | 183605 | 190768 | 23619 | 4576 | 35338 | 53569 | 165 | 470 | 73031 |
| 60524 | 64899 | 79020 | 18413 | 4136 | 11224 | 30647 | 3753 | 4700 | 6147 |
| 662170 | 816330 | 898755 | 233473 | 58857 | 121340 | 341058 | 33101 | 51680 | 59246 |
| 2507 | 2209 | 2531 | 588 | 33 | 665 | 475 | | | 770 |
| 15252 | 16174 | 14405 | 999 | 551 | 2745 | 8534 | | 353 | 1223 |
| 4675 | 3370 | 2744 | 17 | 693 | 1609 | 41 | | | 384 |
| 43134 | 32320 | 26187 | 120 | 6933 | 14439 | 1750 | | | 2945 |
| 2420 | 2349 | 2979 | 629 | 906 | 306 | 207 | | | 931 |
| 17091 | 21597 | 39223 | 16390 | 7989 | 3886 | 5958 | | | 5000 |
| 786 | 789 | 790 | 42 | | 102 | 626 | | | 20 |
| 2176 | 3013 | 2853 | 97 | 625 | 260 | 1855 | | | 16 |
| 35938 | 49401 | 46142 | 1679 | 15664 | 3637 | 24684 | | | 478 |
| 13032 | 13538 | 16457 | 3591 | 2278 | 6573 | 1019 | 24 | | 2972 |
| 11044 | 14492 | 14512 | 3135 | 2005 | 493 | 2425 | 3139 | 747 | 2568 |
| 777161 | 883144 | 1038476 | 85965 | 143547 | 38723 | 211397 | 276860 | 51838 | 230146 |

# 9-16 农业电气化、化学化及水利情况

| 指标 | | Item | | 2000 |
|---|---|---|---|---|
| 农村电气化情况 | | **Electrization in Rural Areas** | | |
| 农村小型水电站个数 | (个) | Number of Small Hydropower Station in Rural Areas | (unit) | 231 |
| 农村用电量 | (万千瓦时) | Electricity Consumed in Rural Area | (10000 kwh) | 3392 |
| 发电量 | (万千瓦时) | Generate Electricity | (10000 kwh) | 2127 |
| 装机容量 | (万千瓦) | Capacity of Power Generating Sets | (10000 kwh) | 1.57 |
| 农业化学化情况 | | **Chemistry in Rural Areas** | | |
| 农用化肥施用折纯量 | (吨) | Consumption of Chemical Fertilizers | (ton) | 24955 |
| 氮肥 | | Nitrogenous Fertilizer | | 11610 |
| 磷肥 | | Phosphate Fertilizer | | 5359 |
| 钾肥 | | Potash Fertilizer | | 1721 |
| 复合肥 | | Compound Fertilizer | | 6266 |
| 每公顷耕地平均化肥施用量 | (公斤) | Chemical Fertilizer Per Hectare | (kg) | 108 |
| 农用塑料薄膜使用量 | (吨) | Plastic Film for Agricultural Use | (ton) | 128 |
| 农药使用量 | (吨) | Consumption of Chemical Fertilizers | (ton) | 651 |
| 每公顷播种面积用农药 | (公斤) | Chemical Fertilizer Per Hectare | (kg) | 3 |
| 农业水利化情况 | | **Irrigation Works in Rural Areas** | | |
| 农田有效灌溉面积 | (千公顷) | Effective Irrigated Areas | (1000 hectares) | 157.03 |
| #机电灌溉面积 | (千公顷) | Irrigated Areas by Power | (1000 hectares) | 8.05 |
| 有效灌溉面积占耕地面积比重 | (%) | Effective Irrigated Areas as Proportion of Cultivated Areas | (%) | 68.00 |
| 有效灌溉面积占播种面积比重 | (%) | Effective Irrigated Areas Proportion of Areas | (%) | 68.00 |
| 机电灌溉面积占有效灌溉面积比重 | (%) | Irrigated Areas by Power as Proportion of Irrigated Land | (%) | 5.10 |
| 旱涝保收面积 | (千公顷) | Dried and Flooded Area Under Control and Ensuring Stable Yields | (1000 hectares) | 87.58 |
| 旱涝保收面积占播种面积比重 | (%) | Rate of Dried and Flooded Area Under Control and Ensuring Stable Yields | (%) | 37.90 |
| 草场灌溉面积 | (千公顷) | Irrigated Area of Grass | (1000 hectares) | 722.10 |

# ELECTRIFICATION，CHEMICAL AND WATER CONSERVANCY OF AGRICULTURE

| 2001 | 2002 | 2003 | 2004 | 2005 | 拉 萨 Lhasa | 昌都 Chamdo | 山南 Lhoka | 日喀则 Shigatse | 那曲 Nakchu | 阿里 Ngari | 林芝 Nyingtri |
|---|---|---|---|---|---|---|---|---|---|---|---|
| 235 | 237 | 239 | 343 | 356 | 6 | 91 | 36 | 126 | 40 | 17 | 40 |
| 3117 | 3586 | 4305 | 5901 | 6354 | 933 | 1685 | 2055 | 862 | 177 | 1 | 641 |
| 1540 | 5173 | 4941 | 8826 | 9343 | 419 | 7098 | 213 | 662 | 282 | 1 | 668 |
| 1.88 | 2.08 | 2.10 | 3.17 | 3.85 | 0.38 | 0.93 | 0.55 | 0.92 | 0.54 | 0.11 | 0.42 |
| 30164 | 30361 | 31837 | 39756 | 42073 | 9363 | 10088 | 2920 | 12217 | 82 | 3838 | 3565 |
| 15730 | 14081 | 16957 | 16549 | 17969 | 5321 | 799 | 1558 | 8404 | 56 | 69 | 1762 |
| 4719 | 6165 | 5694 | 11989 | 12688 | 1218 | 7667 | 513 | 2888 |  | 16 | 386 |
| 1312 | 1597 | 1572 | 1166 | 1176 | 582 | 202 | 230 | 53 |  | 22 | 87 |
| 8404 | 8518 | 7614 | 10050 | 10240 | 2242 | 1420 | 619 | 872 | 26 | 3731 | 1330 |
| 131 | 132 | 141 | 178 | 188 | 269 | 214 | 100 | 143 | 15 | 1296 | 196 |
| 294 | 521 | 579 | 679 | 720 | 156 | 234 | 213 | 72 |  | 1 | 44 |
| 583 | 1611 | 596 | 728 | 725 | 98 | 40 | 257 | 222 |  | 11 | 97 |
| 3 | 7 | 3 | 3 | 3 | 3 | 1 | 9 | 3 |  | 6 | 5 |
| 154.37 | 159.73 | 154.95 | 153.68 | 153.01 | 28.26 | 12.49 | 24.80 | 73.62 | 0.35 | 1.85 | 11.64 |
| 5.81 | 6.82 | 8.99 | 9.02 | 6.21 |  | 0.10 | 4.18 | 1.85 | 0.06 |  | 0.02 |
| 67.10 | 69.48 | 68.76 | 68.70 | 68.61 | 81.35 | 26.51 | 85.28 | 86.12 | 6.41 | 62.84 | 64.06 |
| 66.90 | 68.58 | 66.31 | 66.46 | 65.12 | 72.99 | 24.24 | 84.90 | 87.19 | 6.87 | 96.37 | 56.12 |
| 3.80 | 4.26 | 5.80 | 5.87 | 4.06 |  | 1.00 | 16.85 | 2.51 | 17.14 |  | 17.18 |
| 82.99 | 94.20 | 90.36 | 93.98 | 83.72 | 14.28 | 3.17 | 9.73 | 50.86 | 0.23 | 0.97 | 4.48 |
| 36.00 | 40.44 | 38.67 | 40.64 | 35.63 | 36.88 | 6.15 | 33.31 | 60.23 | 4.20 | 50.26 | 21.60 |
| 16.41 | 208.44 | 514.54 | 1164.36 | 1210.82 | 70.22 | 20.09 | 137.95 | 226.50 | 744.29 | 1.46 | 10.31 |

# 9-17 主要农作物播种面积

单位：千公顷

| 年份 Year | | 总计 Total | 粮食作物 Grain Crops | #青稞 Qingke | #小麦 Wheat | #冬小麦 Winter Wheat | #豆类 Soybeans |
|---|---|---|---|---|---|---|---|
| 1951 | | 134.15 | 128.74 | | | | |
| 1959 | | 140.23 | 133.47 | | | | |
| 1965 | | 184.68 | 176.87 | | | | |
| 1970 | | 200.23 | 188.73 | | | | |
| 1975 | | 210.04 | 196.33 | 117.46 | 48.65 | 32.58 | 22.55 |
| 1978 | | 219.83 | 205.00 | 106.68 | 65.65 | 47.90 | 21.43 |
| 1980 | | 220.67 | 198.67 | 106.00 | 58.67 | 41.51 | 8.670 |
| 1985 | | 209.97 | 194.03 | 121.78 | 38.71 | 23.15 | 25.79 |
| 1986 | | 210.84 | 190.23 | 121.45 | 35.74 | 21.47 | 25.22 |
| 1987 | | 209.52 | 190.07 | 118.87 | 38.11 | 23.00 | 24.10 |
| 1988 | | 208.45 | 187.86 | 117.47 | 38.01 | 21.58 | 24.11 |
| 1989 | | 211.75 | 189.57 | 118.76 | 39.35 | 24.39 | 23.25 |
| 1990 | | 213.71 | 191.95 | 120.17 | 41.80 | 27.43 | 21.83 |
| 1991 | | 215.72 | 191.91 | 121.36 | 43.31 | 29.51 | 19.58 |
| 1992 | | 214.99 | 192.29 | 122.26 | 43.57 | 31.12 | 18.53 |
| 1993 | | 215.57 | 192.55 | 120.32 | 46.75 | 35.82 | 18.54 |
| 1994 | | 216.46 | 187.28 | 116.67 | 48.12 | 34.06 | 17.31 |
| 1995 | | 220.17 | 189.14 | 109.38 | 52.04 | 33.75 | 16.71 |
| 1996 | | 225.02 | 191.86 | 119.90 | 52.51 | 35.37 | 14.52 |
| 1997 | | 229.15 | 197.94 | 123.09 | 53.91 | 38.81 | 13.92 |
| 1998 | | 229.40 | 200.41 | 126.31 | 55.04 | 38.86 | 12.47 |
| 1999 | | 230.44 | 200.76 | 127.10 | 54.73 | 39.71 | 11.78 |
| 2000 | | 231.04 | 201.44 | 131.56 | 51.91 | 38.41 | 10.53 |
| 2001 | | 230.86 | 199.12 | 134.62 | 46.99 | 33.70 | 10.60 |
| 2002 | | 232.90 | 195.01 | 129.60 | 44.77 | 28.72 | 11.08 |
| 2003 | | 234.35 | 186.12 | 125.71 | 42.38 | 28.13 | 9.93 |
| 2004 | | 231.23 | 179.79 | 120.11 | 40.64 | 25.03 | 9.00 |
| 2005 | | 234.95 | 177.68 | 120.27 | 42.00 | 27.95 | 8.97 |
| 拉萨市 | Lhasa | 38.72 | 26.35 | 15.65 | 9.08 | 7.70 | 1.54 |
| 昌都地区 | Chamdo | 51.52 | 43.11 | 32.26 | 7.32 | 3.30 | 1.37 |
| 山南地区 | Lhoka | 29.21 | 21.47 | 12.99 | 7.16 | 6.70 | 1.31 |
| 日喀则地区 | Shigatse | 84.44 | 61.56 | 49.13 | 8.02 | 3.12 | 4.19 |
| 那曲地区 | Nakchu | 5.09 | 3.87 | 3.72 | 0.12 | | 0.03 |
| 阿里地区 | Ngari | 1.93 | 1.41 | 1.21 | 0.02 | | 0.17 |
| 林芝地区 | Nyingtri | 20.74 | 17.27 | 5.31 | 7.66 | 4.55 | 0.36 |
| 其他 | Others | 3.30 | 2.64 | | 2.62 | 2.58 | |

# TOTAL SOWN AREAS OF FARM CROPS

(1000 hectares)

| # 薯类 Tubers | 油料 Oil-bearing Crops | #油菜籽 Rapeseeds | #花生 Peanuts | 其他 Others | #蔬菜 Vegetables | #青饲料 Fresh |
|---|---|---|---|---|---|---|
| | 4.73 | 4.73 | | 0.68 | | |
| | 5.03 | 5.03 | | 1.73 | | |
| | 5.87 | 5.87 | | 1.95 | | |
| | 5.53 | 5.53 | | 5.96 | | |
| | 9.09 | 9.09 | | 4.62 | | |
| | 10.54 | 10.54 | | 4.29 | | |
| 0.11 | 12.00 | 11.33 | 0.02 | 10.00 | 8.00 | 2.00 |
| 1.72 | 10.38 | 9.99 | 0.39 | 5.56 | 3.38 | 2.01 |
| 1.72 | 9.31 | 9.31 | | 11.30 | 8.41 | 2.86 |
| 1.37 | 9.07 | 9.03 | 0.02 | 10.38 | 7.48 | 2.63 |
| 1.19 | 9.85 | 9.83 | 0.01 | 10.74 | 6.35 | 3.93 |
| 1.19 | 11.23 | 11.23 | 0.01 | 10.95 | 7.73 | 3.04 |
| 1.23 | 10.74 | 10.73 | 0.01 | 11.02 | 8.11 | 2.87 |
| 1.11 | 11.65 | 11.63 | 0.01 | 12.16 | 8.28 | 3.86 |
| 1.21 | 11.53 | 11.51 | 0.02 | 11.17 | 6.61 | 4.11 |
| 3.27 | 12.13 | 12.08 | 0.01 | 10.89 | 6.14 | 4.52 |
| 1.57 | 16.21 | 16.20 | 0.01 | 12.97 | 7.80 | 4.14 |
| 1.28 | 18.52 | 18.50 | 0.02 | 12.51 | 7.24 | 4.77 |
| 0.87 | 18.33 | 18.30 | 0.03 | 14.83 | 9.29 | 4.85 |
| 0.05 | 17.34 | 17.33 | 0.01 | 13.87 | 9.01 | 3.49 |
| 0.11 | 16.98 | 16.95 | 0.02 | 12.10 | 7.35 | 4.44 |
| 0.15 | 17.12 | 17.06 | 0.05 | 12.56 | 7.36 | 4.65 |
| 0.22 | 16.11 | 16.08 | 0.03 | 13.48 | 7.47 | 5.74 |
| 0.28 | 16.82 | 16.77 | 0.03 | 13.82 | 8.71 | 5.11 |
| 0.56 | 20.39 | 18.74 | 0.03 | 16.23 | 9.74 | 6.50 |
| 0.42 | 21.64 | 21.61 | 0.02 | 26.59 | 14.11 | 10.00 |
| 1.87 | 24.35 | 24.32 | 0.03 | 27.02 | 15.15 | 10.50 |
| 0.55 | 26.11 | 26.05 | 0.06 | 31.15 | 18.04 | 12.14 |
| | 5.50 | 5.50 | | 6.86 | 3.80 | 3.06 |
| 0.19 | 3.66 | 3.66 | | 4.74 | 1.87 | 2.09 |
| | 4.98 | 4.98 | | 2.76 | 1.83 | 0.93 |
| 0.07 | 9.87 | 9.86 | | 13.02 | 8.22 | 4.79 |
| | 0.01 | 0.01 | | 1.21 | 0.56 | 0.55 |
| 0.01 | 0.15 | 0.00 | | 0.38 | 0.03 | 0.35 |
| 0.27 | 1.94 | 0.89 | 0.06 | 1.52 | 1.07 | 0.37 |
| 0.01 | | | | 0.66 | 0.66 | |

# 9-18 主要农作物产品产量

单位：吨

| 年份 | Year | 粮食总产量 Total | 稻谷 Rice | 小麦 Wheat | #冬小麦 Winter Wheat | 青稞 Qingke |
|---|---|---|---|---|---|---|
| 1951 | | 153200 | | | | |
| 1959 | | 182905 | | | | |
| 1965 | | 290725 | | | | |
| 1970 | | 294916 | | | | |
| 1975 | | 445827 | 2278 | 127284 | 96820 | 236357 |
| 1978 | | 513449 | 2631 | 192959 | 153223 | 245233 |
| 1980 | | 504970 | 2210 | 181085 | 143830 | 237230 |
| 1985 | | 530669 | 2488 | 118519 | 72621 | 333736 |
| 1986 | | 454448 | 3128 | 94528 | 61181 | 284393 |
| 1987 | | 467043 | 2350 | 106882 | 71864 | 290844 |
| 1988 | | 508670 | 3013 | 111340 | 68558 | 324280 |
| 1989 | | 549923 | 3097 | 134046 | 92739 | 342355 |
| 1990 | | 608280 | 3264 | 164271 | 115911 | 369294 |
| 1991 | | 644186 | 2717 | 183088 | 133874 | 392309 |
| 1992 | | 657121 | 3905 | 196282 | 150679 | 393429 |
| 1993 | | 672185 | 3889 | 212417 | 170673 | 386806 |
| 1994 | | 664480 | 4108 | 223177 | 181120 | 379059 |
| 1995 | | 719605 | 4731 | 249366 | 187865 | 380922 |
| 1996 | | 777249 | 4897 | 261422 | 193082 | 448663 |
| 1997 | | 791904 | 5239 | 283052 | 212053 | 446564 |
| 1998 | | 849793 | 4937 | 290773 | 210880 | 498482 |
| 1999 | | 922138 | 5550 | 312117 | 237536 | 547530 |
| 2000 | | 962234 | 5517 | 307288 | 245319 | 597094 |
| 2001 | | 982508 | 6024 | 284453 | 220672 | 628400 |
| 2002 | | 983970 | 5831 | 278250 | 208505 | 635978 |
| 2003 | | 966001 | 5564 | 272308 | 211484 | 619137 |
| 2004 | | 959950 | 5533 | 257279 | 192324 | 612273 |
| 2005 | | 933918 | 5452 | 255506 | 171172 | 613548 |
| 拉萨市 | Lhasa | 170181 | | 68563 | 41368 | 94403 |
| 昌都地区 | Chamdo | 165825 | | 30256 | 14939 | 123592 |
| 山南地区 | Lhoka | 150274 | | 64425 | 61689 | 80501 |
| 日喀则地区 | Shigatse | 353164 | | 56004 | 26294 | 280684 |
| 那曲地区 | Nakchu | 10108 | | 421 | | 9290 |
| 阿里地区 | Ngari | 4504 | | 64 | | 3950 |
| 林芝地区 | Nyingtri | 79363 | 5432 | 35605 | 26714 | 21128 |
| 其他 | Others | 499 | 20 | 168 | 168 | |

# YIELD OF MAJOR FARM CROPS

(ton)

| 豆类 Bean | 其他 Others | 油菜籽 Repeseed | 花生 Peanut | 蔬菜 Vegetable | 青饲料 Fodder |
|---|---|---|---|---|---|
| | | 1750 | | | |
| | | 2610 | | | |
| | | 5264 | | | |
| | | 5985 | | | |
| 40763 | 39101 | 8812 | | | |
| 49266 | 23360 | 7914 | | | |
| 24370 | 60075 | 10770 | | | |
| 57296 | 18630 | 14455 | | 60244 | |
| 53973 | 18426 | 11617 | 2 | 68924 | 8761 |
| 49729 | 17238 | 11796 | 23 | 80417 | 17099 |
| 53288 | 16749 | 14141 | 16 | 71212 | 20191 |
| 53936 | 16489 | 16727 | 12 | 83939 | 26077 |
| 52439 | 19012 | 17140 | 11 | 84545 | 27898 |
| 48090 | 17982 | 18457 | 37 | 98394 | 26265 |
| 44975 | 18530 | 17862 | 35 | 51364 | 24026 |
| 49023 | 20050 | 26040 | | 51610 | 46081 |
| 44362 | 13774 | 29373 | 34 | 96773 | 37356 |
| 45962 | 38624 | 33689 | 29 | 93400 | 59342 |
| 40816 | 21451 | 35104 | 33 | 123300 | 36383 |
| 33402 | 23647 | 33682 | 30 | 141478 | 38429 |
| 33758 | 21843 | 34009 | 34 | 137920 | 45515 |
| 33295 | 23646 | 41091 | 121 | 170734 | 49553 |
| 29467 | 22867 | 39564 | 46 | 173727 | 54820 |
| 31813 | 31818 | 43469 | 74 | 202654 | 216598 |
| 34435 | 29476 | 45157 | 94 | 234506 | 84109 |
| 33541 | 35453 | 49378 | 100 | 281979 | 121088 |
| 30780 | 53937 | 53944 | 50 | 299858 | 149247 |
| 32371 | 27041 | 61164 | 154 | 429225 | 152852 |
| 6782 | 433 | 18399 | | 116000 | 32927 |
| 3178 | 8799 | 2870 | | 46453 | 28142 |
| 5307 | 41 | 11541 | | 30216 | 16458 |
| 15403 | 1073 | 24830 | | 197566 | 60403 |
| 64 | 333 | 2 | | 2099 | 2352 |
| 428 | 62 | 165 | | 265 | 4842 |
| 1209 | 15989 | 3357 | 154 | 18348 | 7728 |
| | 311 | | | 18278 | |

# 9-19 主要农产品单位面积产量

## YIELD OF MAJOR FARM CROPS PER HECTARE (BY SOWN AREAS)

单位：公斤/公顷 (kg / hectare)

| 年份 Year | 粮食作物 Grain Crops | # 小麦 Wheat | #冬小麦 Winter Wheat | #青稞 Qingke | #豆类 Bean | 油菜籽 Repeseed |
|---|---|---|---|---|---|---|
| 1959 | 1370 | | | | | 519 |
| 1965 | 1644 | | | | | 896 |
| 1970 | 1563 | | | | | 1082 |
| 1975 | 2271 | | | | | 969 |
| 1978 | 2505 | 2940 | 3025 | 2300 | 2300 | 750 |
| 1979 | 2048 | 2325 | 2968 | 1950 | 2108 | 765 |
| 1980 | 2543 | 3090 | 3480 | 2235 | 2813 | 953 |
| 1985 | 2738 | 3060 | 3135 | 2738 | 2220 | 1448 |
| 1986 | 2390 | 2646 | 2849 | 2342 | 2448 | 1250 |
| 1987 | 2495 | 2805 | 3123 | 2447 | 2957 | 1307 |
| 1988 | 2708 | 2816 | 3177 | 2760 | 2246 | 1439 |
| 1989 | 2901 | 3407 | 3803 | 2883 | 2321 | 1490 |
| 1990 | 3170 | 3930 | 3365 | 3074 | 2403 | 1598 |
| 1991 | 3357 | 4227 | 3365 | 3233 | 2456 | 1587 |
| 1992 | 3417 | 4499 | 4842 | 3218 | 2427 | 1551 |
| 1993 | 3491 | 4544 | 3888 | 3215 | 2642 | 2147 |
| 1994 | 3548 | 4638 | 5318 | 3255 | 2564 | 1814 |
| 1995 | 3804 | 4793 | 4804 | 3483 | 2751 | 1821 |
| 1996 | 4051 | 4779 | 5459 | 3928 | 2811 | 1919 |
| 1997 | 4017 | 5250 | 5463 | 3628 | 2399 | 1944 |
| 1998 | 4240 | 5283 | 5427 | 3946 | 2705 | 2006 |
| 1999 | 4593 | 5703 | 5982 | 4095 | 2827 | 2408 |
| 2000 | 4777 | 5920 | 6387 | 4539 | 2798 | 2456 |
| 2001 | 4934 | 6053 | 6546 | 4667 | 3000 | 2592 |
| 2002 | 5045 | 6215 | 7260 | 4907 | 3106 | 2409 |
| 2003 | 5195 | 6451 | 7516 | 4926 | 3377 | 2285 |
| 2004 | 5339 | 6330 | 7684 | 5098 | 3420 | 2220 |
| 2005 | 5256 | 6083 | 6124 | 5101 | 3609 | 2348 |

# 9-20 农作物播种面积及产量

## SOWN AREAS AND OUTPUT OF FARM CROPS

| 指标 | Item | 播种面积(千公顷) Sown Area (1000 hectare) | | | | 产 量(吨) Yield (ton) | | | |
|---|---|---|---|---|---|---|---|---|---|
| | | 2000 | 2004 | 2005 | 2005年比2004年± % 2005Increase Over2004 | 2000 | 2004 | 2005 | 2005年比2004年± % 2005Increase Over 2004 |
| **农作物总播种面积** | **Total Sown Area** | **231.05** | **231.23** | **234.95** | **1.6** | | | | |
| **粮食作物** | **Grain Crops** | **201.44** | **179.79** | **177.68** | **-1.2** | **962234** | **959950** | **933917** | **-2.7** |
| 谷物 | Cereal | 190.68 | 168.91 | 168.16 | -0.4 | 931829 | 895321 | 895854 | … |
| #稻谷 | Rice | 1.01 | 1.05 | 1.02 | -2.8 | 5518 | 5533 | 5452 | -1.5 |
| 小麦 | Wheat | 51.91 | 40.64 | 42.00 | 3.3 | 307288 | 257279 | 255506 | -0.7 |
| #冬小麦 | Winter Wheat | 38.41 | 25.03 | 27.95 | 11.7 | 245319 | 192324 | 171172 | -11.0 |
| 玉米 | Corn | 3.15 | 3.30 | 3.34 | 1.2 | 14131 | 15725 | 16532 | 5.1 |
| 青稞 | Qingke | 131.56 | 120.11 | 120.27 | 0.1 | 597094 | 612273 | 613548 | 0.2 |
| 其他谷物 | Other Cereal | 3.06 | 3.81 | 1.53 | -59.8 | 7798 | 69140 | 4816 | -93.0 |
| 豆类 | Bean | 10.53 | 9.00 | 8.97 | -0.3 | 29467 | 30780 | 32371 | 5.2 |
| 大豆 | Soybean | 0.31 | 0.28 | 0.54 | 92.8 | 554 | 614 | 1262 | 105.5 |
| 杂豆 | Other Beans | 10.22 | 8.72 | 8.43 | -3.3 | 28913 | 30166 | 31108 | 3.1 |
| 薯类(按折粮计算) | Tuber | 0.23 | 1.87 | 0.55 | -70.6 | 938 | 33849 | 5693 | -83.2 |
| **油料** | **Oil-bearing** | **16.11** | **24.35** | **26.11** | **7.2** | **39564** | **53993** | **61318** | **13.6** |
| #花生油 | Peanut | 0.03 | 0.03 | 0.06 | 100. 0 | 45 | 50 | 154 | 208.0 |
| 油菜籽 | Rapeseed | 16.08 | 24.32 | 26.05 | 7.1 | 39518 | 53944 | 61164 | 13.4 |
| **蔬菜、瓜类** | **Vegetable and Melon** | **7.47** | **15.22** | **18.04** | **18.5** | **176728** | **300325** | **429225** | **42.9** |
| 蔬菜 | Vegetable | 7.47 | 15.15 | 17.86 | 17.9 | 176695 | 299858 | 422081 | 40.8 |
| 瓜类 | Melon | … | 0.07 | 0.18 | 157.0 | 33 | 467 | 7144 | 1429.8 |
| **其他作物** | **Other Crops** | **6.01** | **11.87** | **13.11** | **10.4** | **57622** | **165186** | **215482** | **30.5** |
| #青饲料 | Succulence | 5.74 | 10.50 | 12.14 | 15.6 | 54820 | 149247 | 152852 | 2.4 |

## 9-21 茶园、果园面积各茶叶、水果产量

## TEA PLANTATIONS，ORCHARDS AND OUTPUT OF TEA AND FRUIT

| 指标 | Item | 1990 | 1995 | 2000 | 2004 | 2005 |
|---|---|---|---|---|---|---|
| 面积 （公顷） | **Ares** (hectare) | | | | | |
| 茶园面积 | Ares of Tea Plantations | 149 | 146 | 48 | 128 | 184 |
| 果园面积 | Area of Orchards | 629 | 1277 | 1235 | 825 | 1139 |
| #苹果园 | Apple Plantations | 508 | 1145 | 1051 | 586 | 742 |
| 梨园 | Pear Plantations | 41 | 58 | 112 | 70 | 82 |
| 产量 （吨） | **Yield** (ton) | | | | | |
| 茶叶产量 | Yield of Tea | 66 | 130 | 1 | 1 | 3 |
| 水果产量 | Yield of Fruits | 5445 | 6242 | 7418 | 8433 | 11078 |
| #苹果 | Apple | 3696 | 3615 | 5299 | 5327 | 5674 |
| 梨 | Pear | 319 | 705 | 803 | 513 | 836 |

## 9-22 各地市造林面积情况(2005年)

## AFFORESTATIONS AREA BY REGION（2005）

单位：公顷 (hectare)

| 地区 | Region | 当年造林面积 Current New Forest Areas | #用材林 Commercial Forest | #经济林 Ecomonic Forest | 育苗面积 Nursery Garden Areas | 幼林抚育面积 Actual Nursery Areas | 成林抚育面积 | 迹地更新面积 Update Areas |
|---|---|---|---|---|---|---|---|---|
| 全区合计 | **Total** | **14749** | **2910** | **2725** | **307** | **6995** | **18819** | **5345** |
| 拉萨市 | Lhasa | 1994 | 404 | 410 | 97 | 1 | 1850 | 6 |
| 昌都地区 | Chamdo | 4408 | 332 | 664 | 42 | 33 | 9077 | 653 |
| 山南地区 | Lhoka | 2027 | 116 | 4 | 63 | 1051 | 1596 | 84 |
| 日喀则地区 | Shigatse | 4405 | 2011 | 17 | 80 | 5843 | 5762 | 4407 |
| 那曲地区 | Nakchu | 47 | 47 | | | | | |
| 阿里地区 | Ngari | 48 | | | 21 | | | |
| 林芝地区 | Nyingtri | 1820 | | 1630 | 4 | 67 | 534 | 195 |

# 9-23 林业生产情况

## OUTPUT OF FOREST PRODUCTS

| 指标 | | Item | | 1990 | 1995 | 2000 | 2003 | 2004 | 2005 |
|---|---|---|---|---|---|---|---|---|---|
| **营林情况** | | **Tree Planting and Forestation** | | | | | | | |
| 当年造林面积 | （公顷） | Current New Forest Areas | （hectare） | 868 | 4012 | 5792 | 16173 | 16546 | 14749 |
| 用材林 | | Commercial Forest | | 193 | 478 | 2293 | 6530 | 2053 | 2910 |
| 经济林 | | Economic Forest | | 15 | 179 | 398 | 800 | 1548 | 2725 |
| 防护林 | | Shelter Forest | | 440 | 3306 | 2721 | 8292 | 12640 | 8894 |
| 薪炭林 | | Firewood Charcoal Forest | | 18 | 2 | 299 | 112 | 306 | 135 |
| 其他林 | | Other Forest | | 201 | 48 | 80 | | | 85 |
| 迹地更新面积 | （公顷） | Update Areas | （hectare） | 550 | 821 | 2243 | 4997 | 6210 | 5346 |
| 零星植树 | （万株） | Odd Pieces of Planting | | 28 | 1893 | 840 | 1275 | 979 | 942 |
| 育苗面积 | （公顷） | Nursery Garden Areas | （hectare） | 203 | 147 | 186 | 449 | 440 | 307 |
| 幼林抚育作业面积 | （公顷） | Actual Nursery Areas | （hectare） | 989 | 1893 | 2626 | 8707 | 6513 | 6995 |
| 成林抚育面积 | （公顷） | Forest Areas | （hectare） | 2660 | 3269 | 6150 | 10761 | 11925 | 18819 |
| **主要林产品产量** | | **Output of Major Forest Products** | | | | | | | |
| 松茸 | （吨） | Songrong | （ton） | 8 | 155 | | | | 642 |
| 香菇 | （吨） | Xianggu | | | | | | | 131 |
| 核桃 | （吨） | Walnuts | （ton） | 98 | 1386 | 1829 | 1872 | 2044 | 2024 |
| 花椒 | （吨） | Huajiao | （ton） | 1 | | 35 | 39 | 49 | 81 |
| **农村竹木采伐** | | **Cut Bamboo and Timber in Rural Areas** | | | | | | | |
| 木材 | （万立方米） | Timber | （10000cu. M） | 13.13 | 14.09 | 13.39 | 21.21 | 25.14 | 24.86 |
| 竹材 | （万根） | Lumbering | （10000unit） | 45.68 | 118.98 | 170.31 | 171.40 | 129.77 | 124.12 |

# 9-24 年末牲畜存栏情况

## NUMBER OF LIVESTOCK IN YEAR-END

单位：万头(只) (10000 heads)

| 年份 Year | 地区 Region | 牲畜总头数 Number of Animal | 大牲畜 Large Animal | #牛 Cattle and Buffalo | 羊 Sheep and Goat | #绵羊 Sheep | 猪 Hog |
|---|---|---|---|---|---|---|---|
| 1951 | | 955 | 242 | 221 | 710 | 463 | 3 |
| 1959 | | 956 | 243 | 222 | 707 | 474 | 6 |
| 1965 | | 1701 | 459 | 427 | 1229 | 799 | 13 |
| 1970 | | 1919 | 484 | 452 | 1423 | 896 | 12 |
| 1975 | | 2117 | 488 | 454 | 1611 | 1061 | 18 |
| 1978 | | 2349 | 509 | 474 | 1815 | 1236 | 25 |
| 1979 | | 2349 | 508 | 471 | 1816 | 1249 | 25 |
| 1980 | | 2351 | 502 | 465 | 1825 | | 24 |
| 1985 | | 2179 | 539 | 499 | 1627 | 1086 | 13 |
| 1986 | | 2258 | 556 | 514 | 1687 | 1122 | 14 |
| 1987 | | 2326 | 563 | 519 | 1747 | 1168 | 16 |
| 1988 | | 2319 | 568 | 522 | 1736 | 1160 | 15 |
| 1989 | | 2300 | 578 | 530 | 1706 | 1135 | 15 |
| 1990 | | 2251 | 554 | 506 | 1681 | 1113 | 16 |
| 1991 | | 2317 | 575 | 526 | 1724 | 1146 | 18 |
| 1992 | | 2395 | 598 | 547 | 1779 | 1188 | 19 |
| 1993 | | 2320 | 588 | 537 | 1713 | 1145 | 20 |
| 1994 | | 2297 | 582 | 531 | 1695 | 1126 | 20 |
| 1995 | | 2379 | 590 | 539 | 1767 | 1168 | 22 |
| 1996 | | 2276 | 560 | 511 | 1693 | 1109 | 23 |
| 1997 | | 2310 | 574 | 524 | 1715 | 1126 | 21 |
| 1998 | | 2252 | 559 | 509 | 1671 | 1096 | 21 |
| 1999 | | 2290 | 579 | 528 | 1689 | 1104 | 22 |
| 2000 | | 2266 | 579 | 526 | 1664 | 1074 | 23 |
| 2001 | | 2360 | 607 | 553 | 1729 | 1111 | 24 |
| 2002 | | 2439 | 633 | 577 | 1782 | 1139 | 24 |
| 2003 | | 2451 | 647 | 591 | 1779 | 1134 | 25 |
| 2004 | | 2509 | 668 | 613 | 1816 | 1151 | 26 |
| 2005 | | 2415 | 686 | 632 | 1698 | 1072 | 30 |
| 拉萨市 | Lhasa | 168 | 76 | 72 | 89 | 51 | 3 |
| 昌都地区 | Chamdo | 373 | 188 | 170 | 179 | 93 | 5 |
| 山南地区 | Lhoka | 204 | 55 | 50 | 147 | 111 | 2 |
| 日喀则地区 | Shigatse | 564 | 113 | 103 | 449 | 283 | 1 |
| 那曲地区 | Nakchu | 743 | 198 | 188 | 545 | 390 | 1 |
| 阿里地区 | Ngari | 295 | 18 | 16 | 277 | 138 | 1 |
| 林芝地区 | Nyingtri | 66 | 38 | 33 | 12 | 6 | 16 |
| 其 他 | Others | 2 | | … | … | | 2 |

# 9-25 牛、猪、羊出栏情况

## SLAUGHTERED OF CATTLE AND BUFFALA，HOG AND SHEEP AND GOAT

单位：万头 (10000 heads)

| 年份 Year | 地区 Region | 牛 Cattle 出栏数 Number of Slaughtered | 牛 Cattle 出栏率(%) Come Out Rate (%) | 猪 Hog 出栏数 Number of Slaughtered | 猪 Hog 出栏率(%) Come Out Rate (%) | 羊 Sheep and Goat 出栏数 Number of Slaughtered | 羊 Sheep and Goat 出栏率(%) Come Out Rate (%) |
|---|---|---|---|---|---|---|---|
| 1978 | | 22.87 | 4.8 | 4.96 | 22.8 | 213.72 | 12.3 |
| 1979 | | 23.50 | 4.9 | 5.05 | 20.3 | 255.15 | 14.1 |
| 1980 | | 23.27 | 4.9 | 6.47 | 26.2 | 225.03 | 12.4 |
| 1985 | | 34.30 | 7.0 | 5.65 | 45.2 | 283.32 | 17.4 |
| 1986 | | 35.82 | 7.2 | 6.39 | 48.3 | 384.74 | 23.7 |
| 1987 | | 39.68 | 7.7 | 7.84 | 54.3 | 358.39 | 21.2 |
| 1988 | | 42.52 | 7.5 | 7.47 | 48.7 | 314.74 | 18.1 |
| 1989 | | 43.94 | 8.4 | 7.12 | 46.4 | 324.54 | 18.7 |
| 1990 | | 43.74 | 7.6 | 7.10 | 43.4 | 317.49 | 18.6 |
| 1991 | | 43.32 | 7.8 | 8.81 | 53.9 | 333.74 | 19.9 |
| 1992 | | 47.16 | 8.2 | 9.02 | 50.6 | 357.04 | 20.7 |
| 1993 | | 53.73 | 9.0 | 9.66 | 52.0 | 352.94 | 19.9 |
| 1994 | | 58.08 | 9.9 | 9.86 | 49.9 | 365.13 | 21.5 |
| 1995 | | 68.17 | 11.7 | 9.46 | 52.7 | 388.66 | 22.9 |
| 1996 | | 62.49 | 11.6 | 12.23 | 55.6 | 328.82 | 18.6 |
| 1997 | | 66.59 | 13.0 | 13.24 | 57.6 | 403.28 | 23.8 |
| 1998 | | 69.63 | 12.1 | 12.64 | 60.2 | 411.33 | 24.0 |
| 1999 | | 77.49 | 15.2 | 12.95 | 60.9 | 439.16 | 26.3 |
| 2000 | | 80.13 | 15.2 | 13.64 | 62.0 | 437.52 | 25.9 |
| 2001 | | 85.31 | 16.2 | 12.73 | 55.3 | 467.74 | 28.1 |
| 2002 | | 89.47 | 16.2 | 14.38 | 59.9 | 530.38 | 30.7 |
| 2003 | | 96.28 | 16.3 | 13.93 | 55.7 | 516.19 | 29.0 |
| 2004 | | 105.10 | 17.1 | 15.26 | 61.0 | 475.92 | 26.8 |
| 2005 | | 106.07 | 16.8 | 18.84 | 62.8 | 483.07 | 28.4 |
| 拉萨市 | Lhasa | 13.90 | 19.3 | 2.56 | 85.3 | 30.07 | 33.8 |
| 昌都地区 | Chamdo | 39.70 | 23.3 | 2.98 | 59.6 | 58.21 | 32.5 |
| 山南地区 | Lhoka | 9.36 | 18.7 | 2.77 | 138.5 | 44.90 | 30.5 |
| 日喀则地区 | Shigatse | 11.08 | 10.7 | 0.55 | 55.0 | 115.44 | 25.7 |
| 那曲地区 | Nakchu | 25.87 | 13.8 | 0.10 | 10.0 | 169.05 | 31.0 |
| 阿里地区 | Ngari | 1.84 | 11.5 | | | 64.02 | 23.1 |
| 林芝地区 | Nyingtri | 4.32 | 13.1 | 8.29 | 51.8 | 1.38 | 11.5 |
| 其他 | Others | | | 1.59 | 79.5 | | |

# 9-26 畜产品产量

## OUTPUT OF LIVESTOCK PRODUCTS

| 年份 Year | 地区 Region | 猪牛羊肉总产量（万吨）Output of Pork Beef and Mutton (10000 tons) | 猪肉 Pork | 牛肉 Beef | 羊肉 Mutton | 奶类产量（万吨）Milk (10000 tons) | #牛奶 Cow Milk |
|---|---|---|---|---|---|---|---|
| 1978 | | 4.71 | 0.19 | 2.09 | 2.43 | 9.34 | 6.01 |
| 1979 | | 5.12 | 0.19 | 2.12 | 2.81 | 9.50 | 6.04 |
| 1980 | | 4.75 | 0.24 | 2.09 | 2.40 | 9.87 | 7.02 |
| 1985 | | 7.07 | 0.28 | 3.38 | 3.41 | 10.28 | 8.79 |
| 1986 | | 7.48 | 0.32 | 3.68 | 3.48 | 17.26 | 13.94 |
| 1987 | | 8.80 | 0.33 | 4.08 | 4.39 | 18.49 | 14.13 |
| 1988 | | 8.64 | 0.31 | 4.34 | 3.99 | 14.75 | 12.13 |
| 1989 | | 9.02 | 0.39 | 4.55 | 4.08 | 17.46 | 14.04 |
| 1990 | | 8.78 | 0.50 | 4.35 | 3.93 | 15.75 | 12.55 |
| 1991 | | 9.10 | 0.47 | 4.42 | 4.21 | 17.71 | 14.03 |
| 1992 | | 9.74 | 0.51 | 4.85 | 4.38 | 18.60 | 14.82 |
| 1993 | | 10.25 | 0.53 | 5.31 | 4.41 | 16.56 | 13.20 |
| 1994 | | 10.39 | 0.47 | 5.60 | 4.33 | 16.16 | 13.08 |
| 1995 | | 11.21 | 0.56 | 6.13 | 4.52 | 17.61 | 14.10 |
| 1996 | | 11.54 | 0.66 | 6.24 | 4.64 | 16.62 | 13.51 |
| 1997 | | 12.15 | 0.69 | 6.67 | 4.79 | 18.60 | 14.90 |
| 1998 | | 12.91 | 0.67 | 7.33 | 4.91 | 19.56 | 15.58 |
| 1999 | | 14.69 | 0.73 | 8.29 | 5.67 | 20.88 | 16.72 |
| 2000 | | 14.93 | 0.79 | 8.48 | 5.66 | 20.40 | 16.20 |
| 2001 | | 16.01 | 0.83 | 8.94 | 6.23 | 23.05 | 18.14 |
| 2002 | | 17.21 | 0.92 | 9.40 | 6.89 | 24.30 | 19.00 |
| 2003 | | 18.98 | 0.86 | 10.76 | 7.36 | 25.13 | 19.62 |
| 2004 | | 20.82 | 1.04 | 12.19 | 7.59 | 26.20 | 20.29 |
| 2005 | | 21.46 | 1.22 | 12.76 | 7.47 | 26.98 | 21.21 |
| 拉萨市 | Lhasa | 2.73 | 0.29 | 1.89 | 0.54 | 2.35 | 2.14 |
| 昌都地区 | Chamdo | 6.02 | 0.17 | 4.83 | 1.02 | 6.80 | 5.76 |
| 山南地区 | Lhoka | 1.75 | 0.14 | 1.05 | 0.56 | 3.99 | 3.61 |
| 日喀则地区 | Shigatse | 2.82 | 0.06 | 1.00 | 1.75 | 6.50 | 4.27 |
| 那曲地区 | Nakchu | 5.86 | 0.01 | 3.24 | 2.61 | 4.68 | 3.30 |
| 阿里地区 | Ngari | 1.14 | | 0.19 | 0.96 | 0.64 | 0.13 |
| 林芝地区 | Nyingtri | 1.01 | 0.43 | 0.56 | 0.03 | 2.02 | 2.00 |
| 其他 | Others | 0.13 | 0.12 | | | | |

# 第十篇

# 工　业

## Chapter 10

## INDUSTRY

# 10-1 乡及乡以上工业企业单位数

## NUMBER OF INDUSTRIAL ENTERPRISES FOR TOWNSHIPS LEVEL AND ABOVE IT

单位：个　　　　(unit)

| 分类 | Item | 2000 | 2001 | 2002 | 2004 | 2005 |
|---|---|---|---|---|---|---|
| **总 计** | **Total** | **482** | **489** | **488** | **486** | **492** |
| **按登记注册类型分** | **Grouped by Ownership** | | | | | |
| 国有经济 | State-owned | 288 | 267 | 265 | 243 | 240 |
| 集体经济 | Collective-Owned | 105 | 128 | 132 | 117 | 114 |
| 其他经济 | Others | 89 | 94 | 91 | 126 | 138 |
| **按轻重工业分** | **Grouped by Light and Heavy Industry** | | | | | |
| 轻工业 | Enterprises of Light Industry | 202 | 208 | 199 | 198 | 200 |
| 重工业 | Enterprises of Heavy Industry | 280 | 281 | 289 | 288 | 292 |
| **按企业规模分** | **Grouped by Size of Enterprises** | | | | | |
| 中型企业 | Medium-sized | 4 | 4 | 4 | 12 | 11 |
| 小型企业 | Small | 478 | 485 | 484 | 474 | 481 |
| **按国民经济行业分** | **Grouped by Sectors** | | | | | |
| 煤炭开采和洗选业 | Coal Mining and Dressing | 2 | 3 | 3 | 2 | 2 |
| 黑色金属矿采选业 | Ferrous Metals Mining and Dressing | 10 | 9 | 5 | 5 | 5 |
| 有色金属矿采选业 | Nonferrous Metals Mining and Dressing | 19 | 22 | 21 | 27 | 29 |
| 非金属矿采选业 | Nonmetal Minerals Mining and Dressing | 17 | 21 | 19 | 31 | 29 |
| 其他矿采选业 | Other Minerals Mining and Dressing | 1 | | | | |
| 农副食品加工业 | Farm and Sideline Products Processing | 38 | 36 | 35 | 30 | 30 |
| 食品制造业 | Food Production | 10 | 15 | 14 | 16 | 16 |
| 饮料制造业 | Beverage Production | 16 | 16 | 16 | 23 | 23 |
| 烟草加工业 | Tobacco Processing | 1 | | | | |
| 纺织业 | Textile Industry | 18 | 20 | 17 | 11 | 16 |
| 纺织服装、鞋、帽制造业 | Garments,shoes and Accessories Manufactring | 22 | 18 | 18 | 13 | 13 |

注：2002年以前总计中含“木材及竹材采运业”。

Note:Before 2002, Total has excluded Loffing and Transport of Timber.

10-1 续表 continued

单位：个 (unit)

| 分类 | Item | 2000 | 2001 | 2002 | 2004 | 2005 |
|---|---|---|---|---|---|---|
| 皮革、毛皮、羽毛(绒)及其制品业 | Leather, Furs,and Wool Products Manufacturing | 1 | 1 | 1 | 5 | 1 |
| 木材加工及竹、藤、棕草制品业 | Timber Processing , Bamboo, Cane, Palm Fiber and Straw Products | 25 | 30 | 40 | 31 | 33 |
| 家具制造业 | Furniture Manufacturing | 9 | 13 | 12 | 9 | 10 |
| 造纸及纸制品业 | Papermaking and Paper Products | 1 | 1 | 1 | 2 | 1 |
| 印刷业和记录媒介的复制 | Printing and Record Medium Reproduction | 16 | 18 | 17 | 18 | 19 |
| 文教体育用品制造业 | Cultural, Educational and Sports Goods | 5 | | | | |
| 化学原料及化学制品制造业 | Raw Chemical Materials and Chemical Products | 9 | 8 | 8 | 10 | 11 |
| 医药制造业 | Medical and Pharmaceutical Products | 16 | 17 | 19 | 20 | 20 |
| 塑料制品业 | Plastic Products | 3 | 3 | 3 | 1 | 1 |
| 非金属矿物制品业 | Nonmetal Mineral Products | 45 | 40 | 42 | 38 | 42 |
| 黑色金属矿冶炼及压延加工业 | Smelting and Pressing of Ferrous Metals | 2 | 2 | 2 | | |
| 有色金属矿冶炼及压延加工业 | Smelting and Pressing of Nonferrous Metals | | | | 2 | 1 |
| 金属制品业 | Metal Products | 6 | 6 | 5 | 5 | 5 |
| 通用设备制造业 | General Equipment | 2 | 1 | 1 | 1 | 1 |
| 专用设备制造业 | Special Purposes Equipment | 9 | 6 | 6 | 5 | 1 |
| 交通运输设备制造业 | Transport Equipment | 33 | 34 | 33 | 27 | 33 |
| 工艺品及其他制造业 | Artworks and Other Manufacturing | 26 | 24 | 24 | 35 | 33 |
| 电力、热力的生产和供应业 | Production and Supply of Electricity and Thermal Power | 102 | 107 | 108 | 108 | 107 |
| 自来水生产和供应业 | Production and Supply of Tap Water | 7 | 8 | 11 | 11 | 10 |

# 10-2 乡及乡以上独立核算工业企业职工人数

# STAFF AND WORKERS OF INDUSTRIAL ENTERPRISES WITH INDEPENDENT ACCOUNTING SYSTEMS BY TOWNSHIPS LEVEL AND ABOVE IT

单位：人 (person)

| 分类 | Item | 2000 | 2001 | 2002 | 2004 | 2005 |
|---|---|---|---|---|---|---|
| **总 计** | **Total** | **29241** | **29202** | **27612** | **23310** | **24239** |
| **按登记注册类型分** | **Grouped by Ownership** | | | | | |
| 国有经济 | State-owned | 18641 | 14805 | 14763 | 12572 | 12919 |
| 集体经济 | Collective-owned | 5653 | 6157 | 4606 | 3992 | 3785 |
| 其他经济 | Others | 4947 | 8240 | 8243 | 6746 | 7535 |
| **按轻重工业分** | **Grouped by light and Heavy Industry** | | | | | |
| 轻工业 | Enterprises of Light Industry | 9526 | 10487 | 9720 | 8102 | 8390 |
| 重工业 | Enterprises of Heavy Industry | 19715 | 18715 | 17892 | 15208 | 15849 |
| **按企业规模分** | **Grouped by Size of Enterprises** | | | | | |
| 中型企业 | Medium-sized | 2413 | 2506 | 2260 | 4565 | 6200 |
| 小型企业 | Small | 26828 | 26696 | 25352 | 18745 | 18039 |
| **按国民经济行业分** | **Grouped by Sectors** | | | | | |
| 煤炭开采和洗选业 | Coal Mining and Dressing | 60 | 42 | 42 | 67 | 42 |
| 黑色金属矿采选业 | Ferrous Metals Mining and Dressing | 1728 | 1773 | 1721 | 729 | 1145 |
| 有色金属矿采选业 | Nonferrous Metals Mining and Dressing | 1728 | 2049 | 2403 | 1011 | 1107 |
| 非金属矿采选业 | Nonmetal Minerals Mining and Dressing | 1092 | 989 | 866 | 450 | 235 |
| 其他矿采选业 | Other Minerals Mining and Dressing | 231 | | | | |
| 农副食品加工业 | Farm and Sideline Products Processing | 831 | 885 | 707 | 647 | 731 |
| 食品制造业 | Food Production | 271 | 344 | 194 | 397 | 521 |
| 饮料制造业 | Beverage Production | 895 | 901 | 860 | 876 | 958 |
| 纺织业 | Textile Industry | 536 | 802 | 739 | 390 | 476 |
| 纺织服装、鞋、帽制造业 | Garments,Shoes and Accessories Manufactruring | 1171 | 1119 | 462 | 265 | 284 |

10-2 续表 continued

单位：人 (person)

| 分类 | Item | 2000 | 2001 | 2002 | 2004 | 2005 |
|---|---|---|---|---|---|---|
| 皮革、毛皮、羽毛(绒)及其制品业 | Leather, Fur and Wool Products Manufacturing | 180 | 180 | 104 | 176 | 143 |
| 木材加工及竹、藤、棕草制品业 | Timber Processing , Bamboo, Cane, Palm Fiber and Straw Products | 1357 | 1419 | 1716 | 1426 | 1211 |
| 家具制造业 | Furniture Manufacturing | 317 | 458 | 408 | 162 | 441 |
| 造纸及纸制品业 | Papermaking and Paper Products | | | | 16 | 10 |
| 印刷业和记录媒介的复制 | Printing and Record Medium Reproduction | 937 | 1309 | 1167 | 1243 | 1225 |
| 化学原料及化学制品制造业 | Raw Chemical Materials and Chemical Products | 316 | 225 | 133 | 324 | 374 |
| 医药制造业 | Medical and Pharmaceutical Products | 1191 | 1532 | 1535 | 1365 | 1352 |
| 塑料制品业 | Plastic Products | 66 | 66 | 243 | | 1 |
| 非金属矿物制品业 | Nonmetal Mineral Products | 4610 | 4369 | 4501 | 4529 | 5178 |
| 黑色金属矿冶炼及压延加工业 | Smelting and Pressing of Ferrous Metals | 12 | 50 | 50 | | |
| 有色金属矿冶炼及压延加工业 | Smelting and Pressing of Nonferrous Metals | | | | 67 | 15 |
| 金属制品业 | Metal Products | 141 | 49 | 348 | 150 | 58 |
| 通用设备制造业 | General Equipment | 15 | 26 | | 15 | 14 |
| 专用设备制造业 | Special Purposes Equipment | 404 | 379 | 187 | 40 | 25 |
| 交通运输设备制造业 | Transport Equipment | 2321 | 1883 | 1918 | 1638 | 1631 |
| 工艺品及其他制造业 | Artworks and Other Manufacturing | 2468 | 1900 | 1575 | 1946 | 1550 |
| 电力、热力的生产和供应业 | Production and Supply of Electricity and Thermal Power | 4900 | 4895 | 4931 | 4875 | 5003 |
| 自来水生产和供应业 | Production and Supply of Tap Water | 376 | 398 | 408 | 506 | 509 |

# 10-3 工业总产值

## GROSS OUTPUT VALUE OF INDUSTRY

单位：万元　　　　(10000 yuan)

| 年份<br>Year | 合计<br>Total | 按登记注册类型分<br>Grouped by Ownership | | | 按轻重工业分<br>Grouped by Light and Heavy Industry | | 按企业规模分<br>Grouped by Size of Enterprises | |
|---|---|---|---|---|---|---|---|---|
| | | 国有经济<br>State-owned | 集体经济<br>Collective-owned | 其他经济<br>Other | 轻工业<br>Light Industry | 重工业<br>Heavy Industry | 中型企业<br>Medium-sized | 小型企业<br>Small |
| 1956 | 140 | 140 | | | | 140 | | 140 |
| 1959 | 4344 | 4243 | 101 | | 164 | 4180 | | 4344 |
| 1965 | 2349 | 1797 | 522 | | 892 | 1457 | | 2349 |
| 1970 | 3734 | 2857 | 877 | | 1419 | 2315 | | 3734 |
| 1975 | 11306 | 8649 | 2657 | | 4296 | 7010 | | 11306 |
| 1978 | 14934 | 11438 | 3496 | | 5691 | 9243 | | 14934 |
| 1979 | 16698 | 12774 | 3924 | | 5220 | 11478 | 548 | 16150 |
| 1980 | 14894 | 13818 | 1076 | | 4600 | 10294 | 477 | 14417 |
| 1981 | 12061 | 10832 | 1229 | | 5321 | 6740 | 668 | 11393 |
| 1982 | 13834 | 12710 | 1124 | | 5423 | 8411 | 1664 | 12170 |
| 1983 | 14662 | 13294 | 1307 | 61 | 5631 | 9031 | 1858 | 12804 |
| 1984 | 19289 | 13870 | 5195 | 244 | 7330 | 11959 | 2164 | 17125 |
| 1985 | 21247 | 13950 | 1958 | 5339 | 10765 | 10482 | 1101 | 20146 |
| 1986 | 20200 | 13085 | 2022 | 5093 | 7734 | 12466 | 1343 | 18857 |
| 1987 | 21608 | 15353 | 2255 | 4000 | 9500 | 12108 | 2173 | 19435 |
| 1988 | 26496 | 19615 | 2881 | 4000 | 11088 | 15408 | 1628 | 24868 |
| 1989 | 33300 | 24119 | 3406 | 5775 | 12900 | 20400 | 1578 | 31722 |
| 1990 | 37200 | 25395 | 4230 | 7575 | 14518 | 22682 | 2102 | 35098 |
| 1991 | 44214 | 28709 | 3805 | 11700 | 20307 | 23907 | 1815 | 42399 |
| 1992 | 49696 | 31502 | 4871 | 13323 | 23053 | 26643 | 3559 | 46137 |
| 1993 | 59873 | 39637 | 5475 | 14761 | 23531 | 36342 | 4263 | 55610 |
| 1994 | 76200 | 48895 | 6139 | 21166 | 35964 | 40236 | 3997 | 72203 |
| 1995 | 90816 | 65679 | 13909 | 11228 | 28479 | 62337 | 12774 | 78042 |
| 1996 | 103617 | 69561 | 20642 | 13414 | 28137 | 75480 | 11507 | 92110 |
| 1997 | 117586 | 78033 | 17648 | 21905 | 40981 | 76605 | 21905 | 40981 |
| 1998 | 144313 | 94543 | 22381 | 27389 | 47554 | 96759 | 13842 | 130471 |
| 1999 | 166010 | 94686 | 14090 | 57234 | 65626 | 100384 | 11804 | 154206 |
| 2000 | 183036 | 94970 | 44529 | 43537 | 68814 | 114222 | 26749 | 156287 |
| 2001 | 199769 | 85086 | 44612 | 70071 | 79495 | 120274 | 50337 | 149432 |
| 2002 | 216337 | 96244 | 44899 | 75194 | 87977 | 128360 | 51343 | 164994 |
| 2003 | 239635 | 105503 | 40209 | 93923 | 89753 | 149882 | 98005 | 141630 |
| 2004 | 284243 | 116453 | 43073 | 124717 | 119924 | 164319 | 104399 | 179844 |
| 2005 | 336462 | 133805 | 44358 | 158299 | 136300 | 200162 | 111569 | 224893 |

# 10-4 工业总产值指数

## INDICES OF GROSS OUTPUT VALUE OF INDUSTRY

(上年=100) (Preceding year=100)

| 年 份<br>Year | 合 计<br>Total | 按登记注册类型分<br>Grouped by Ownership | | | 按轻重工业分<br>Grouped by Light and Heavy Industry | | 按企业规模分<br>Grouped by Size of Enterprises | |
|---|---|---|---|---|---|---|---|---|
| | | 国有经济<br>State-owned | 集体经济<br>Collective-owned | 其他经济<br>Other | 轻工业<br>Light Industry | 重工业<br>Heavy Industry | 中型企业<br>Medium-sized | 小型企业<br>Small |
| 1957 | 252.7 | 252.7 | | | | 252.7 | | 252.7 |
| 1959 | 96.5 | 95.8 | 138.3 | | 137.0 | 95.4 | | 96.5 |
| 1965 | 119.2 | 102.6 | 251.3 | | 251.2 | 90.2 | | 119.2 |
| 1970 | 306.9 | 306.9 | 306.9 | | 306.9 | 306.9 | | 306.9 |
| 1975 | 112.2 | 112.2 | 112.2 | | 112.2 | 112.2 | | 112.2 |
| 1978 | 113.5 | 113.5 | 113.5 | | 107.1 | 117.8 | | 113.5 |
| 1979 | 111.7 | 111.7 | 111.7 | | 91.7 | 124.0 | | 108.0 |
| 1980 | 91.9 | 111.7 | 27.4 | | 95.1 | 90.4 | 87.0 | 92.1 |
| 1981 | 70.1 | 67.7 | 102.0 | | 94.1 | 58.7 | 125.2 | 68.4 |
| 1982 | 104.6 | 106.3 | 89.5 | | 101.7 | 106.7 | 95.4 | 105.1 |
| 1983 | 106.5 | 105.1 | 114.3 | | 104.3 | 108.1 | 115.8 | 106.0 |
| 1984 | 129.9 | 98.1 | 141.4 | | 171.2 | 100.7 | 123.9 | 130.2 |
| 1985 | 102.6 | 99.8 | 92.7 | 118.3 | 99.9 | 105.9 | 101.4 | 102.6 |
| 1986 | 92.7 | 89.2 | 117.7 | 92.9 | 68.3 | 120.4 | 98.1 | 92.4 |
| 1987 | 113.7 | 119.7 | 113.7 | 98.7 | 129.5 | 103.5 | 111.9 | 113.7 |
| 1988 | 110.3 | 99.4 | 118.0 | 139.3 | 119.4 | 103.0 | 111.6 | 110.2 |
| 1989 | 109.5 | 108.7 | 108.2 | 112.0 | 109.1 | 109.9 | 112.8 | 109.3 |
| 1990 | 106.3 | 101.2 | 117.3 | 135.8 | 110.4 | 102.6 | 92.1 | 107.2 |
| 1991 | 107.2 | 97.9 | 99.0 | 160.0 | 135.0 | 89.7 | 84.7 | 108.7 |
| 1992 | 108.2 | 105.0 | 110.5 | 113.8 | 112.6 | 103.9 | 169.5 | 105.0 |
| 1993 | 108.5 | 109.5 | 97.4 | 110.6 | 102.1 | 115.1 | 135.2 | 106.3 |
| 1994 | 113.1 | 104.0 | 116.9 | 129.0 | 111.8 | 114.2 | 86.0 | 116.0 |
| 1995 | 114.7 | 132.9 | 202.0 | 51.0 | 108.5 | 117.8 | 300.7 | 99.2 |
| 1996 | 110.4 | 113.3 | 104.9 | 103.7 | 97.1 | 117.8 | 91.2 | 120.7 |
| 1997 | 112.2 | 102.1 | 116.2 | 175.2 | 133.0 | 123.2 | 29.8 | 129.3 |
| 1998 | 113.5 | 106.7 | 124.6 | 123.7 | 111.4 | 114.8 | 125.7 | 105.3 |
| 1999 | 108.7 | 111.2 | 104.0 | 103.8 | 121.2 | 101.7 | 100.8 | 109.2 |
| 2000 | 108.1 | 103.7 | 115.2 | 109.4 | 114.0 | 107.5 | 103.2 | 105.4 |
| 2001 | 108.0 | 98.4 | 96.8 | 137.2 | 108.1 | 106.3 | 110.7 | 102.9 |
| 2002 | 108.0 | 107.5 | 103.3 | 112.0 | 113.1 | 103.2 | 113.5 | 107.2 |
| 2003 | 109.6 | 113.4 | 92.2 | 118.6 | 106.8 | 111.9 | 112.1 | 108.6 |
| 2004 | 114.6 | 111.0 | 118.7 | 126.9 | 116.4 | 113.1 | 104.5 | 118.4 |
| 2005 | 116.5 | 104.7 | 109.7 | 123.4 | 120.4 | 113.0 | 112.7 | 117.5 |

注:本表按可比价格计算。

Note:Data in this table are calculated at comparable prices.

# 10-5 工业总产值指数
## INDICES OF GROSS OUTPUT VALUE OF INDUSTRY

(1956年=100)　　(1956=100)

| 年份 Year | 合计 Total | 按登记注册类型分 Grouped by Ownership | | | 按轻重工业分 Grouped by Light and Heavy Industry | | 按企业规模分 Grouped by Size of Enterprises | |
|---|---|---|---|---|---|---|---|---|
| | | 国有经济 State-owned | 集体经济 Collective-owned | 其他经济 Other | 轻工业 Light Industry | 重工业 Heavy Industry | 中型企业 Medium-sized | 小型企业 Small |
| 1957 | 252.7 | 252.7 | | | | 252.7 | | 252.7 |
| 1959 | 3095.7 | 3501.0 | 213.2 | | 137.0 | 3060.4 | | 3095.7 |
| 1965 | 1673.9 | 1485.2 | 1148.9 | | 746.1 | 1065.6 | | 1673.9 |
| 1970 | 2662.4 | 2362.2 | 1827.0 | | 1186.5 | 1693.2 | | 2662.4 |
| 1975 | 7152.1 | 6318.2 | 4907.7 | | 3187.4 | 4548.4 | | 7152.1 |
| 1978 | 9459.1 | 8356.1 | 6490.7 | | 3977.8 | 6243.4 | | 9459.1 |
| 1979 | 10565.8 | 9333.8 | 7250.1 | | 3647.6 | 7741.8 | 100.0 | 10215.8 |
| 1980 | 9710.0 | 10425.9 | 1986.5 | | 3468.9 | 2998.6 | 87.0 | 9408.8 |
| 1981 | 6806.7 | 7058.3 | 2026.2 | | 3264.2 | 4108.2 | 108.9 | 6435.6 |
| 1982 | 7119.8 | 7503.0 | 1813.4 | | 3319.7 | 4383.4 | 103.8 | 6763.8 |
| 1983 | 7582.6 | 7885.7 | 2072.7 | | 3462.4 | 4738.5 | 120.2 | 7169.6 |
| 1984 | 9849.8 | 7735.9 | 2930.8 | 100.0 | 5927.6 | 4771.7 | 148.9 | 9334.8 |
| 1985 | 10105.9 | 7720.4 | 2716.9 | 118.3 | 5921.8 | 5053.2 | 151.0 | 9577.5 |
| 1986 | 9368.2 | 6886.6 | 3197.8 | 109.9 | 4044.6 | 6084.1 | 148.0 | 8849.6 |
| 1987 | 10651.6 | 8243.3 | 3635.9 | 108.5 | 5237.8 | 6297.0 | 165.7 | 10062.0 |
| 1988 | 11748.7 | 8193.8 | 4290.4 | 151.1 | 6253.9 | 6485.9 | 185.0 | 11088.3 |
| 1989 | 12864.8 | 8906.7 | 4642.2 | 169.1 | 6823.0 | 7128.0 | 208.7 | 12119.5 |
| 1990 | 13675.3 | 9013.6 | 5445.3 | 198.4 | 7532.6 | 7313.3 | 192.3 | 12992.1 |
| 1991 | 14659.9 | 8824.3 | 5390.8 | 198.3 | 10169.0 | 6560.0 | 206.6 | 14122.4 |
| 1992 | 15862.0 | 9265.5 | 5956.8 | 225.8 | 11450.3 | 6815.8 | 350.3 | 14828.5 |
| 1993 | 17210.3 | 10145.7 | 5801.9 | 249.7 | 11690.8 | 7845.0 | 473.6 | 15762.7 |
| 1994 | 19464.8 | 10551.5 | 6782.4 | 322.1 | 13070.3 | 8959.0 | 407.3 | 18284.7 |
| 1995 | 22534.9 | 14022.9 | 13700.4 | 164.3 | 14181.3 | 10553.7 | 1224.8 | 18436.0 |
| 1996 | 24878.0 | 15887.9 | 14371.7 | 170.4 | 13770.0 | 12432.3 | 1117.0 | 22252.3 |
| 1997 | 27913.7 | 16221.5 | 16699.9 | 298.5 | 18314.1 | 15316.6 | 332.9 | 28772.2 |
| 1998 | 31682.0 | 17308.3 | 20808.1 | 369.2 | 20401.9 | 17583.5 | 418.5 | 30297.1 |
| 1999 | 34438.3 | 19246.8 | 21640.4 | 383.2 | 24727.1 | 17882.4 | 421.8 | 33084.4 |
| 2000 | 37227.8 | 19958.9 | 24929.7 | 419.2 | 28188.9 | 19223.6 | 435.3 | 34871.0 |
| 2001 | 40206.0 | 19639.6 | 24131.9 | 575.1 | 30472.2 | 20434.7 | 481.9 | 35882.3 |
| 2002 | 43422.5 | 21112.6 | 24928.3 | 644.1 | 34464.1 | 21088.6 | 546.9 | 38465.8 |
| 2003 | 47591.1 | 23941.7 | 22983.9 | 763.9 | 36807.7 | 23598.1 | 613.1 | 41773.9 |
| 2004 | 54539.4 | 26575.3 | 27281.9 | 969.4 | 42844.2 | 26689.5 | 640.7 | 49460.3 |
| 2005 | 63538.4 | 27824.3 | 29928.2 | 1225.0 | 51584.4 | 30159.1 | 722.1 | 58115.9 |

注:本表按可比价格计算。

Note:Data in this table are calculated at comparable prices.

# 10-6 乡及乡以上分行业工业总产值
# GROSS OUTPUT VALUE OF INDUSTRY AT TOWNSHIPS LEVEL AND ABOVE BY BRANCH

单位：万元 (10000 yuau)

| 分类 | Item | 2000 | 2001 | 2002 | 2004 | 2005 |
|---|---|---|---|---|---|---|
| 总 计 | **Total** | **176035** | **191769** | **205850** | **257185** | **311349** |
| **按登记注册类型分** | **Grouped by Ownership** | | | | | |
| 国有企业 | State-owned Enterprises | 94969 | 85085 | 96244 | 116453 | 133805 |
| 集体企业 | Collective-owned Enterprises | 44529 | 49169 | 44899 | 43073 | 44358 |
| 股份合作企业 | Cooperative Share Holding Enterprises | 2170 | 2633 | 3830 | 4724 | 10491 |
| 股份制企业 | Share Holding Enterprises | 24535 | 45277 | 55140 | 80976 | 85649 |
| 外商及港澳台商企业 | Foreign-invested and Hong Kong, Macao and Taiwan Funded | 682 | 500 | 444 | 431 | 21998 |
| 其他经济企业 | Other Enterprises | 9150 | 9105 | 5293 | 11528 | 15048 |
| **按国民经济行业分** | **Grouped by Sectors** | | | | | |
| 煤炭开采和洗选业 | Coal Mining and Processing | 799 | 861 | 534 | 633 | 1429 |
| 黑色金属矿采选业 | Ferrous Metals Mining and Dressing | 13222 | 12297 | 7618 | 15846 | 16644 |
| 有色金属矿采选业 | Nonferrous Metals Mining and Dressing | 15317 | 19349 | 15460 | 14069 | 15569 |
| 非金属矿采选业 | Nonmetal Minerals Mining and Dressing | 8847 | 10206 | 9779 | 7073 | 8042 |
| 其他矿采选业 | Other Minerals Mining and Dressing | 774 | | | | |
| 农副食品加工业 | Farm and Sideline Products Processing | 2258 | 2869 | 2249 | 6217 | 9551 |
| 食品制造业 | Food Production | 3413 | 3490 | 3197 | 3480 | 8232 |
| 饮料制造业 | Beverage Production | 13700 | 15902 | 16910 | 22809 | 29240 |
| 烟草加工业 | Tobacco Processing | 19 | | | | |
| 纺织业 | Textile Industry | 1700 | 1660 | 2517 | 1199 | 1486 |
| 纺织服装、鞋、帽制造业 | Garments,Shoes and Accessories Manufacturing | 789 | 429 | 389 | 325 | 272 |
| 皮革、毛皮及其制品业 | Leather,Fur, and Wool Products Manufacturing | 608 | 302 | 529 | 505 | 479 |
| 木材加工及竹、藤、棕草制品业 | Timber Processing , Bamboo, Cane, Palm Fiber and Straw Products | 6532 | 5150 | 7016 | 6683 | 4998 |
| 家具制造业 | Furniture Manufacturing | 600 | 536 | 484 | 321 | 598 |
| 造纸及纸制品业 | Papermaking and Paper Products | 250 | 261 | 82 | 27 | |
| 印刷业和记录媒介的复制 | Printing and Record Medium Reproduction | 3925 | 4745 | 7350 | 8449 | 8784 |
| 文教体育用品制造业 | Cultural, Educational and Sports Goods | 342 | | | | |
| 化学原料及化学制品制造业 | Raw Chemical Materials and Chemical Products | 1114 | 1171 | 1046 | 2643 | 2865 |
| 医药制造业 | Medical and Pharmaceutical Products | 25800 | 31562 | 33655 | 42492 | 45828 |
| 化学纤维制造业 | Chemical Fiber | | 1178 | 1344 | | |
| 塑料制品业 | Plastic Products | 179 | 158 | 244 | | 353 |
| 非金属矿物制品业 | Nonmetal Mineral Products | 32690 | 32759 | 44984 | 64016 | 86261 |
| 黑色金属矿冶炼及压延加工业 | Smelting and Pressing of Ferrous Metals | 560 | 258 | | | |
| 有色金属矿冶炼及压延加工业 | Smelting and Pressing of Nonferrous Metals | | | | 88 | |
| 金属制品业 | Metal Products | 116 | 188 | 94 | 183 | 159 |
| 通用设备制造业 | General Equipment | 31 | 1 | 3 | 96 | 112 |
| 专用设备制造业 | Special Purposes Equipment | 1510 | 1079 | 689 | 1190 | 1600 |
| 交通运输设备制造业 | Transport Equipment | 5800 | 6577 | 9523 | 7877 | 8158 |
| 工艺品及其他制造业 | Artworks and Other Manufacturing | 2724 | 1856 | 1943 | 2818 | 2971 |
| 电力、热力的生产和供应业 | Production and Supply of Electricity and Thermal Power | 23701 | 26726 | 30015 | 41832 | 51509 |
| 自来水生产和供应业 | Production and Supply of Tap Water | 4007 | 5348 | 6025 | 6314 | 6209 |

# 10-7 分地市乡及乡以上工业企业单位数及工业总产值（2005年）

# SNUMBER OF ENTERPRISES AND GROSS OUTPUT VALUE OF INDUSTRY AT TOWNSHIPS LEVEL AND ABOVE BY REGION (2005)

| 地 区 | Region | 合 计 Total | 国有经济 State-owned | 集体经济 Collective-owned | 其他经济 Other | 轻工业 Light Industry | 重工业 Heavy Industry |
|---|---|---|---|---|---|---|---|
| **单位数　（个）** | **Number (unit)** | **492** | **240** | **114** | **138** | **200** | **292** |
| 拉萨市 | Lhasa | 79 | 14 | 31 | 34 | 44 | 35 |
| 昌都地区 | Chamdo | 59 | 29 | 15 | 15 | 21 | 38 |
| 山南地区 | Lhoka | 57 | 29 | 17 | 11 | 29 | 28 |
| 日喀则地区 | Shigatse | 62 | 38 | 22 | 2 | 31 | 31 |
| 那曲地区 | Nakchu | 41 | 33 | 5 | 3 | 13 | 28 |
| 阿里地区 | Ngari | 27 | 18 | 4 | 5 | 2 | 25 |
| 林芝地区 | Nyingtri | 67 | 45 | 17 | 5 | 15 | 52 |
| 其他 | Others | 100 | 34 | 3 | 63 | 45 | 55 |
| **工业总产值（万元）** | **Total Industry (10000 yuan)** | **311349** | **133804** | **44358** | **133187** | **114522** | **196827** |
| 拉萨市 | Lhasa | 42708 | 7844 | 16788 | 18076 | 17048 | 25660 |
| 昌都地区 | Chamdo | 25100 | 16666 | 1182 | 7252 | 10208 | 14892 |
| 山南地区 | Lhoka | 36828 | 22989 | 343 | 13496 | 5783 | 31045 |
| 日喀则地区 | Shigatse | 28954 | 25274 | 2248 | 1432 | 4827 | 24127 |
| 那曲地区 | Nakchu | 13804 | 11642 | 1706 | 456 | 620 | 13184 |
| 阿里地区 | Ngiri | 11089 | 8074 | 528 | 2487 | 12 | 11077 |
| 林芝地区 | Nyingtri | 33177 | 8703 | 21363 | 3111 | 24845 | 8332 |
| 其他 | Others | 119689 | 32612 | 200 | 86877 | 51179 | 68510 |

注:本表按当年价格计算。

Note:Data in this table are calculated at current prices.

# 10-8 全部国有及规模以上非国有工业企业主要经济指标

## MAIN INDICATORS OF ALL STATE-OWNED AND NON-STATE-OWNED ABOVE DESIGNED SIZE INDUSTRIAL ENTERPRISES

单位：万元 (10000 yuau)

| 指标 | Item | 2000 | 2001 | 2002 | 2004 | 2005 |
|---|---|---|---|---|---|---|
| 企业单位数 (个) | Number of Industrial Enterprises (unit) | 219 | 205 | 190 | 189 | 197 |
| #亏损企业 | Number of Loss Making Enterprises | 45 | 48 | 47 | 30 | 38 |
| 工业总产值(当年价) | Gross Industrial Output Value (at current price) | 152376 | 160363 | 174845 | 228183 | 272851 |
| 工业增加值(当年价) | Added Value of Industry (at current price) | 86419 | 85332 | 93922 | 127015 | 153066 |
| 工业销售产值(当年价) | Sales Value of Industry (at current price) | 141582 | 143829 | 159247 | 211877 | 256011 |
| #出口交货值 | Delivery Value of Industry | 1094 | 375 | 372 | 1006 | 807 |
| 流动资产合计 | Circulating Funds | 223916 | 204455 | 229362 | 278230 | 299747 |
| 流动资产年平均余额 | Annual Average Balance of Circulating Funds | 186791 | 195696 | 220030 | 262881 | 285776 |
| 固定资产原价 | Original Value of Fixed Assets | 562109 | 579977 | 594383 | 756209 | 884819 |
| 固定资产净值年平均余额 | Annual Average Balance of Net Value of Fixed Asset | 324986 | 445322 | 438709 | 563546 | 704935 |
| 资产总计 | Total Assets | 752352 | 766752 | 805723 | 1091546 | 1124278 |
| 流动负债合计 | Liquid Liabilities | 137495 | 123942 | 163613 | 172765 | 179869 |
| 长期负债合计 | Long-term Liabilities | 46655 | 37334 | 38423 | 47065 | 84264 |
| 所有者权益合计 | Creditors Equity | 566057 | 605476 | 603118 | 856771 | 850261 |
| 实收资本 | Total Capital Hold | 437438 | 462800 | 457665 | 646116 | 628331 |
| 主营业务收入 | Business Income of the Main Products | 144227 | 156288 | 162449 | 240866 | 283930 |
| 主营业务成本 | Core Business Cost | 81691 | 104000 | 110604 | 162423 | 186205 |
| 主营业务税金及附加 | Sales Tax of the Core Business and Adding | 4053 | 3889 | 3553 | 3844 | 4331 |
| 营业利润 | Business Profits | 14012 | 19834 | 16376 | 31055 | 41961 |
| 利润总额 | Total Profits | 26848 | 26646 | 19733 | 34563 | 44719 |
| 亏损企业亏损总额 | Total Loss of Loss-suffering Enterprises | 2773 | 3383 | 8155 | 2326 | 5583 |
| 应交所得税 | Income Taxes Payable | 1504 | 1288 | 1789 | 4121 | 3452 |
| 工业中间投入 | Industrial Inter-mediate Input | 77173 | 86513 | 91809 | 121239 | 145491 |
| 本年应交增值税 | Value Added Tax Payable | 11216 | 11416 | 10886 | 20071 | 25706 |
| 本年应付工资总额 | Wages Payable in This Year | 27462 | 19875 | 23613 | 31572 | 33053 |
| 本年应付福利费总额 | Welfarisms Payable in This Year | 2224 | 2691 | 3065 | 3759 | 3926 |
| 劳动、失业保险费 | Work, Unemployment in Surance Premium | 1201 | 870 | 934 | 1536 | 851 |
| 全部从业人员年平均人数(人) | Average Number of Employees (person) | 22934 | 21571 | 20737 | 18502 | 19884 |

# 10-9 规模以下非国有工业企业主要经济指标

## MAIN ECONOMIC INDICATOR OF NON-STATE-OWNED INDUSTRIAL ENTERPRISE UNDER THE SCALE

单位：万元

| 指标 | Item | 2004 | 2005 |
|---|---|---|---|
| 企业单位数（个） | Number of Industrial Enterprises (unit) | 169 | 159 |
| #亏损企业 | #Number of Loss Making Enterprises | 24 | 20 |
| 工业总产值(当年价) | Gross Industrial Output Value (at current price) | 21504 | 15372 |
| 工业销售产值(当年价) | Sales Value of Industry (at current price) | 20333 | 14221 |
| #出口交货值 | #Delivery Value of Industry | 45 | 94 |
| 固定资产原价 | Original Value of Fixed Assets | 41645 | 40795 |
| 本年折旧 | Depreciation in This Year | 1971 | 664 |
| 资产合计 | Total Assets | 69875 | 70684 |
| 负债合计 | Total Liabilities | 27468 | 17802 |
| 实收资本 | Total Capital Hold | 45185 | 31621 |
| 所有者权益 | Creditor's Equity | | 52883 |
| #产品销售收入 | #Sales Revenue | 18295 | 10205 |
| 产品销售成本 | Cost of Sales | 11091 | 6319 |
| 产品销售税金及附加 | Sales Tax and Extra Charges | 732 | 429 |
| 费用合计 | Total Expenses | 3853 | 2401 |
| 营业利润 | Business Profits | 4098 | 194 |
| 利润总额 | Total Profits | 2989 | 40 |
| 亏损企业亏损总额 | Total Loss of Loss-suffering Enterprises | 903 | 1165 |
| 从业人员劳动报酬 | Labour Remuneration of Employees | 4567 | 3696 |
| 劳动、失业保险费 | Work, Unemployment in Surance Premium | 79 | 6 |
| 全部从业人员年平均人数（人） | Average Number of Employees (person) | 4808 | 4315 |

# 10-10 全部国有及规模以上非国有工业企业分类型主要经济指标（2005）

单位：万元

| 指标 | Item | 企业单位数（个）Number of Enterprises (unit) | #亏损企业 Number of Loss Making Enterprises 9unit) | 工业总产值（当年价）Gross Industrial Output Value (At current price) |
|---|---|---|---|---|
| **总　计** | **Total** | **197** | **38** | **272851** |
| **按登记注册类型分** | **Grouped by Ownership** | | | |
| 国有企业 | State-owned Enterprises | 157 | 33 | 121763 |
| 集体企业 | Collective-owned Enterprises | 7 | | 18353 |
| 股份合作企业 | Cooperative Share Holding Enterprises | 2 | | 4523 |
| 股份制企业 | Share Holding Enterprises | 25 | 5 | 82957 |
| 外商及港澳台商企业 | Foreign-invested and Hong kong, Macao and Taiwan Funded | 1 | | 21624 |
| 其他经济企业 | Other Enterprises | 5 | | 23631 |
| **按轻重工业分** | **By Light Industry and Heavy Industry** | | | |
| 轻工业 | Light Industry | 69 | 13 | 98334 |
| 重工业 | Heavy Industry | 128 | 25 | 174517 |
| **按企业规模分** | **By Size of Enterprises** | | | |
| 中型企业 | Medium-sized | 11 | | 111569 |
| 小型企业 | Small | 186 | 38 | 161282 |
| **总计中：** | **Of the Toatl:** | | | |
| 国有及国有控股企业 | State-owned Enterprises ( Including Enterprises with Controlling Share Hold by the State | 172 | 36 | 182766 |
| **按国民经济行业分** | **Grouped by Sectors** | | | |
| 煤炭开采和洗选业 | Coal Mining and Processing | 1 | | 1429 |
| 黑色金属矿采选业 | Ferrous Metals Mining and Dressing | 3 | | 16278 |
| 有色金属矿采选业 | Nonferrous Metals Mining and Dressing | 12 | 5 | 12424 |
| 非金属矿采选业 | Nonmetal Minerals Mining and Dressing | 3 | | 1440 |

# CLASSIFYING TYPE MAIN INDICATORS OF ALL STATE-OWNED AND NON-STATE-OWNED ABOVE DESIGNED SIZE INDUSTRIAL ENTERPRISES (2005)

(10000 yuan)

| 工业增加值（当年价） Added Value of Industry (At Current Prices) | 工业销售产值（当年价） Sales Revenue (At Current Prices) | 出口交货值 Delivery Value of Industry | 流动资产合计 Circulating Funds | 流动资产年平均余额 Annual Average Balance of Circulating Funds | 固定资产原价 Original Value of Fixed Assets | 固定资产净值年平均余额 Annual Average Balance of Net Value of Fixed Assets |
|---|---|---|---|---|---|---|
| **153066** | **256011** | **807** | **299747** | **285776** | **884819** | **704935** |
| 70971 | 113330 | | 137667 | 130277 | 633744 | 498374 |
| 11728 | 18499 | | 14669 | 14237 | 17554 | 12232 |
| 2780 | 2658 | | 4114 | 4391 | 8806 | 7603 |
| 41386 | 77189 | 700 | 89332 | 84211 | 184005 | 148700 |
| 12587 | 19062 | | 10659 | 10659 | 35427 | 33557 |
| 13614 | 25273 | 107 | 43306 | 42001 | 5283 | 4469 |
| 52125 | 89382 | 807 | 117188 | 114786 | 154516 | 129365 |
| 100941 | 166629 | | 182559 | 170990 | 730303 | 575570 |
| 65307 | 106634 | | 102341 | 96876 | 258474 | 187508 |
| 87759 | 149377 | 807 | 197406 | 188900 | 626245 | 517427 |
| 101068 | 171258 | 700 | 210994 | 197356 | 787818 | 618559 |
| 757 | 1429 | | 790 | 949 | 2384 | 2365 |
| 13255 | 17155 | | 43594 | 42093 | 67708 | 42956 |
| 7238 | 11785 | | 13437 | 11682 | 28839 | 22206 |
| 798 | 1420 | | 1173 | 1474 | 849 | 666 |

10-10 续表1

单位：万元

| 指 标 | Item | 资产总计 Total Assets | 流动负债合计 Liquid Liabilities | 长期负责合计 Long-term Liabilities |
|---|---|---|---|---|
| **总 计** | **Total** | **1124278** | **179869** | **84264** |
| **按登记注册类型分** | **Grouped by Ownership** | | | |
| 国有企业 | State-owned Enterprises | 704588 | 88578 | 16832 |
| 集体企业 | Collective-owned Enterprises | 34012 | 12139 | 2060 |
| 股份合作企业 | Cooperative Share Holding Enterprises | 13216 | 4383 | |
| 股份制企业 | Share Holding Enterprises | 275389 | 70221 | 65122 |
| 外商及港澳台商企业 | Foreign-invested and Hong kong, Macao and Taiwan Funded | 46708 | 584 | |
| 其他经济企业 | Other Enterprises | 50365 | 3964 | 250 |
| **按轻重工业分** | **By Light Industry and Heavy Industry** | | | |
| 轻工业 | Light Industry | 275796 | 40872 | 18240 |
| 重工业 | Heavy Industry | 848482 | 138997 | 66024 |
| **按企业规模分** | **By Size of Enterprises** | | | |
| 中型企业 | Medium-sized | 331127 | 84206 | 46390 |
| 小型企业 | Small | 793151 | 95663 | 37874 |
| **总计中：** | **Of the Toatl:** | | | |
| 国有及国有控股企业 | State-owned Enterprises ( Including Enterprises with Controlling Share Hold by the State | 927975 | 153009 | 75587 |
| **按国民经济行业分** | **Grouped by Sectors** | | | |
| 煤炭开采和洗选业 | Coal Mining and Processing | 2877 | 217 | |
| 黑色金属矿采选业 | Ferrous Metals Mining and Dressing | 115236 | 31205 | 19349 |
| 有色金属矿采选业 | Nonferrous Metals Mining and Dressing | 48860 | 13300 | 99 |
| 非金属矿采选业 | Nonmetal Minerals Mining and Dressing | 2412 | 622 | 10 |

continued

(10000 yuan)

| 所有者权益合计 Creditor's Equity | 实收资本 Total Capital Hold | 主营业务收入 Business Income of The Main Products | 主营业务成本 Core Business Cost | 主营业务税金及附加 Sales Tax of The Core Business and Adding | 营业利润 Business Profits | 利润总额 Total Profits |
|---|---|---|---|---|---|---|
| **850261** | **628331** | **283930** | **186205** | **4331** | **41961** | **44719** |
| 591068 | 491396 | 111481 | 80427 | 1914 | 8424 | 10997 |
| 19562 | 14845 | 15077 | 10278 | 273 | 2602 | 2447 |
| 8331 | 7700 | 6127 | 4294 | 157 | 459 | 459 |
| 139024 | 70212 | 110369 | 73183 | 1603 | 11744 | 11168 |
| 46124 | 38000 | 17243 | 9844 |  | 5510 | 5985 |
| 46152 | 6178 | 23633 | 8179 | 384 | 13222 | 13663 |
| 215099 | 117607 | 95115 | 49079 | 1469 | 23097 | 24551 |
| 635162 | 510724 | 188815 | 137126 | 2862 | 18864 | 20168 |
| 200531 | 119855 | 119945 | 77699 | 1384 | 22743 | 22398 |
| 649730 | 508476 | 163985 | 108506 | 2947 | 19218 | 22321 |
| 691097 | 539174 | 191988 | 131129 | 3152 | 16347 | 19638 |
| 2660 | 2660 | 708 | 560 | 3 | 7 | 3 |
| 64682 | 24980 | 42368 | 24135 | 654 | 9269 | 9604 |
| 29820 | 22426 | 10914 | 7322 | 241 | 1043 | 632 |
| 866 | 279 | 2255 | 1279 | 34 | 637 | 601 |

# 10-10续表2

单位：万元

| 指 标 | Item | 亏损企业亏损总额 Total Loss of Loss-making Enterprises | 应交所得税 Income Taxes Payable |
|---|---|---|---|
| **总 计** | **Total** | **5583** | **3452** |
| **按登记注册类型分** | **Grouped by Ownership** | | |
| 国有企业 | State-owned Enterprises | 4275 | 1146 |
| 集体企业 | Collective-owned Enterprises | | 335 |
| 股份合作企业 | Cooperative Share Holding Enterprises | | |
| 股份制企业 | Share Holding Enterprises | 1308 | 1971 |
| 外商及港澳台商企业 | Foreign-invested and Hong kong, Macao and Taiwan Funded | | |
| 其他经济企业 | Other Enterprises | | |
| **按轻重工业分** | **By Light Industry and Heavy Industry** | | |
| 轻工业 | Light Industry | 1575 | 386 |
| 重工业 | Heavy Industry | 4008 | 3066 |
| **按企业规模分** | **By Size of Enterprises** | | |
| 中型企业 | Medium-sized | | 3048 |
| 小型企业 | Small | 5583 | 404 |
| **总计中：** | **Of the Toatl:** | | |
| 国有及国有控股企业 | State-owned Enterprises ( Including Enterprises with Controlling Share Hold by the State | 5428 | 3043 |
| **按国民经济行业分** | **Grouped by Sectors** | | |
| 煤炭开采和洗选业 | Coal Mining and Processing | | |
| 黑色金属矿采选业 | Ferrous Metals Mining and Dressing | | 1746 |
| 有色金属矿采选业 | Nonferrous Metals Mining and Dressing | 917 | -344 |
| 非金属矿采选业 | Nonmetal Minerals Mining and Dressing | | 26 |

continued

(10000 yuan)

| 工　业<br>中间投入<br>Industrial Inter-mediate Input | 本年应交<br>增值税<br>Value Added Tax Payable | 本年应付<br>工资总额<br>Wages Payable in This Year | 本年应付<br>福利费总额<br>Welfarisms Payable in This Year | 劳动、失业<br>保险费<br>Work, Unemployment in Surance Premium | 全部从业人员<br>年平均人数(人)<br>Average Number of Employees |
|---|---|---|---|---|---|
| **145491** | **25706** | **33053** | **3926** | **851** | **19884** |
| 61978 | 11187 | 23492 | 2802 | 736 | 12901 |
| 8164 | 1539 | 1697 | 308 | 1 | 1750 |
| 1962 | 219 | 189 | 23 | | 125 |
| 49919 | 8348 | 6572 | 623 | 95 | 4301 |
| 10812 | 1776 | 594 | 113 | 16 | 560 |
| 12656 | 2637 | 509 | 57 | 3 | 247 |
| 53276 | 7067 | 8878 | 1341 | 211 | 5570 |
| 92215 | 18639 | 24175 | 2585 | 640 | 14314 |
| 58066 | 11804 | 10364 | 1216 | 182 | 6200 |
| 87425 | 13902 | 22689 | 2710 | 669 | 13684 |
| 100648 | 18949 | 29068 | 3359 | 831 | 16218 |
| 715 | 43 | 91 | 13 | 2 | 42 |
| 7134 | 4111 | 2147 | 241 | 3 | 1012 |
| 5372 | 186 | 1086 | 104 | 8 | 941 |
| 648 | 6 | 391 | 12 | 3 | 182 |

# 10-11 全部国有及规模以上非国有工业企业分行业主要经济指标（2005年）

单位：万元

| 指标 | Item | 企业单位数（个）Number of Enterprises (unit) | #亏损企业 Number of Loss Making Enterprises (unit) | 工业总产值（当年价）Gross Industrial Output Value (At current price) |
|---|---|---|---|---|
| 农副食品加工业 | Farm and Sideline Products Processing | 14 | 3 | 9289 |
| 食品制造业 | Food Production | 5 | 1 | 7068 |
| 饮料制造业 | Beverage Production | 7 | 1 | 23438 |
| 纺织业 | Textile Industry | 3 | 2 | |
| 纺织服装、鞋、帽制造业 | Garments, Shoes and Accessories Manufacturing | 1 | | 7 |
| 皮革、毛皮、羽毛(绒)及其制品业 | Leather, Fur, and Wool Products Manufacturing | 2 | 1 | 1117 |
| 木材加工及竹、藤、棕草制品业 | Timber Processing , Bamboo, Cane, Palm Fiber and Straw Products | 5 | 1 | 3450 |
| 家具制造业 | Furniture Manufacturing | 2 | | 599 |
| 印刷业和记录媒介的复制 | Printing and Record Medium Reproduction | 10 | 2 | 7026 |
| 化学原料及化学制品制造业 | Row Chemical Materials and Chemical Products | 5 | 1 | 1998 |
| 医药制造业 | Medical and Pharmaceutical Products | 12 | 1 | 41722 |
| 塑料制品业 | Plastic Products | | | |
| 非金属矿物制品业 | Nonmetal Mineral Products | 16 | 4 | 81268 |
| 黑色金属矿冶炼及压延加工业 | Smelting and Pressing of Ferrous Metals | | | |
| 金属制品业 | Metal Products | | | |
| 通用设备制造业 | General Equipment | 1 | | 3 |
| 专用设备制造业 | General Equipment | | | |
| 交通运输设备制造业 | Transport Equipment | 10 | 3 | 7294 |
| 工艺品及其他制造业 | Artworks and Other Manufacturing | 4 | 1 | 1509 |
| 电力、热力的生产和供应业 | Production and Supply of Electricity and Thermal Power | 73 | 11 | 49310 |
| 自来水生产和供应业 | Production and Supply of Tap Water | 8 | 1 | 6182 |

# MAIN INDICATORS OF BRANCH TRADE OF ALL STATE-OWNED AND NON-STATE-OWNED ABOVE DESIGNED SIZE INDUSTRIAL ENTERPRISES (2005)

(10000 yuan)

| 工业增加值（当年价） Added Value of Industry (At Current Prices) | 工业销售产值（当年价） Sales Revenue (At Current Prices) | 出口交货值 Delivery Value of Industry | 流动资产合计 Circulating Funds | 流动资产年平均余额 Annual Average Balance of Circulating Funds | 固定资产原价 Original Value of Fixed Assets | 固定资产净值年平均余额 Annual Average Balance of Net Value of Fixed Assets |
|---|---|---|---|---|---|---|
| 7268 | 7127 | | 7355 | 7271 | 19238 | 16743 |
| 3651 | 6714 | | 6937 | 6465 | 14156 | 11692 |
| 13606 | 20676 | | 11981 | 11762 | 38229 | 35690 |
| | 700 | 700 | 1583 | 1682 | 5215 | 2139 |
| 5 | 14 | | 99 | 56 | 357 | 306 |
| 560 | 1084 | | 2831 | 3063 | 4182 | 3027 |
| 2401 | 2392 | | 5977 | 5536 | 13372 | 10011 |
| | | | | | | |
| 300 | 582 | | 46 | 46 | 56 | 46 |
| 3869 | 6984 | | 8325 | 8188 | 16944 | 14854 |
| 736 | 2357 | | 2500 | 2571 | 4755 | 4162 |
| 19346 | 37867 | 107 | 70478 | 68403 | 20790 | 17428 |
| | | | | | | |
| 40335 | 75952 | | 49268 | 42972 | 123387 | 99675 |
| | | | | | | |
| | | | | | | |
| 1 | 3 | | 3 | 4 | 5 | 8 |
| | | | | | | |
| 3261 | 7326 | | 8312 | 8649 | 6539 | 4633 |
| 747 | 1072 | | 1539 | 1532 | 5009 | 4084 |
| 32319 | 47204 | | 58085 | 55482 | 483656 | 389939 |
| | | | | | | |
| 3042 | 6168 | | 5434 | 5896 | 29149 | 22305 |

## 10-11 续表1

单位：万元

| 指 标 | Item | 资产总计 Total Assets | 流动负债合计 Liquid Liabilities | 长期负责合计 Long-term Liabilities |
|---|---|---|---|---|
| 农副食品加工业 | Farm and Sideline Products Processing | 27172 | 10431 | 183 |
| 食品制造业 | Food Production | 21667 | 2374 | 2236 |
| 饮料制造业 | Beverage Production | 50894 | 1714 | |
| 纺织业 | Textile Industry | 10588 | 2563 | 317 |
| 纺织服装、鞋、帽制造业 | Garments, Shoes and Accessories Manufacturing | 503 | 13 | 70 |
| 皮革、毛皮、羽毛(绒)及其制品业 | Leather, Fur, and Wool Products Manufacturing | 5859 | 1332 | 149 |
| 木材加工及竹、藤、棕草制品业 | Timber Processing , Bamboo, Cane, Palm Fiber and Straw Products | 16334 | 5605 | 376 |
| 家具制造业 | Furniture Manufacturing | 1024 | | |
| 印刷业和记录媒介的复制 | Printing and Record Medium Reproduction | 25662 | 4330 | 4020 |
| 化学原料及化学制品制造业 | Row Chemical Materials and Chemical Products | 7715 | 2076 | 1608 |
| 医药制造业 | Medical and Pharmaceutical Products | 91521 | 13698 | 11103 |
| 塑料制品业 | Plastic Products | | | |
| 非金属矿物制品业 | Nonmetal Mineral Products | 160380 | 54388 | 37677 |
| 黑色金属矿冶炼及压延加工业 | Smelting and Pressing of Ferrous Metals | | | |
| 金属制品业 | Metal Products | | | |
| 通用设备制造业 | General Equipment | 16 | 5 | |
| 专用设备制造业 | General Equipment | | | |
| 交通运输设备制造业 | Transport Equipment | 15878 | 6089 | 747 |
| 工艺品及其他制造业 | Artworks and Other Manufacturing | 5612 | 364 | |
| 电力、热力的生产和供应业 | Production and Supply of Electricity and Thermal Power | 480823 | 26296 | 6160 |
| 自来水生产和供应业 | Production and Supply of Tap Water | 33245 | 3247 | 160 |

continued

(10000 yuan)

| 所有者权益合计 Creditor's Equity | 实收资本 Total Capital Hold | 主营业务收入 Business Income of The Main Products | 主营业务成本 Core Business Cost | 主营业务税金及附加 Sales Tax of The Core Business and Adding | 营业利润 Business Profits | 利润总额 Total Profits |
|---|---|---|---|---|---|---|
| 15924 | 15615 | 9546 | 7090 | 167 | 666 | 557 |
| 17058 | 6012 | 13580 | 8728 | 378 | 3001 | 1510 |
| 49082 | 40490 | 18975 | 10920 | 109 | 5535 | 5890 |
| 7709 | 2543 | 1162 | 836 | 3 | -164 | -259 |
| 383 | 248 | 12 | 9 | 1 | | |
| 4378 | 2344 | 1216 | 724 | 81 | 47 | 47 |
| 10353 | 6572 | 3541 | 1819 | 314 | 645 | 733 |
| 989 | 989 | 862 | 632 | 1 | 224 | |
| 17303 | 11100 | 5363 | 5454 | 45 | -2110 | 193 |
| 4031 | 3181 | 3756 | 3121 | 7 | 169 | 176 |
| 66487 | 22558 | 36533 | 9352 | 662 | 15240 | 15777 |
| | | | | | | |
| 67825 | 42740 | 64714 | 46707 | 668 | 7739 | 8149 |
| | | | | | | |
| | | | | | | |
| 9 | 9 | 7 | 1 | | 2 | 1 |
| | | | | | | |
| 8920 | 5038 | 13592 | 10758 | 108 | 564 | 631 |
| 5213 | 4026 | 814 | 628 | 4 | 11 | 23 |
| 447239 | 404039 | 48887 | 43274 | 833 | -1203 | -356 |
| 29330 | 10482 | 5125 | 2856 | 18 | 639 | 806 |

10-11 续表2

单位：万元

| 指 标 | Item | 亏损企业亏损总额 Total Loss of Loss-making Enterprises | 应交所得税 Income Taxes Payable |
|---|---|---|---|
| 农副食品加工业 | Farm and Sideline Products Processing | 38 | |
| 食品制造业 | Food Production | 37 | 152 |
| 饮料制造业 | Beverage Production | 290 | 9 |
| 纺织业 | Textile Industry | 259 | |
| 纺织服装、鞋、帽制造业 | Garments, Shoes and Accessories Manufacturing | | |
| 皮革、毛皮、羽毛(绒)及其制品业 | Leather, Fur, and Wool Products Manufacturing | 32 | |
| 木材加工及竹、藤、棕草制品业 | Timber Processing , Bamboo, Cane, Palm Fiber and Straw Products | 21 | 3 |
| 家具制造业 | Furniture Manufacturing | | |
| 印刷业和记录媒介的复制 | Printing and Record Medium Reproduction | 101 | 21 |
| 化学原料及化学制品制造业 | Row Chemical Materials and Chemical Products | 76 | 13 |
| 医药制造业 | Medical and Pharmaceutical Products | 751 | 202 |
| 塑料制品业 | Plastic Products | | |
| 非金属矿物制品业 | Nonmetal Mineral Products | 262 | 1432 |
| 黑色金属矿冶炼及压延加工业 | Smelting and Pressing of Ferrous Metals | | |
| 金属制品业 | Metal Products | | |
| 通用设备制造业 | General Equipment | | |
| 专用设备制造业 | General Equipment | | |
| 交通运输设备制造业 | Transport Equipment | 225 | 58 |
| 工艺品及其他制造业 | Artworks and Other Manufacturing | 63 | |
| 电力、热力的生产和供应业 | Production and Supply of Electricity and Thermal Power | 2507 | 133 |
| 自来水生产和供应业 | Production and Supply of Tap Water | 4 | 1 |

continued

(10000 yuan)

| 工　业<br>中间投入<br>Industrial<br>Inter-mediate<br>Input | 本年应交<br>增值税<br>Value Added<br>Tax Payable | 本年应付<br>工资总额<br>Wages<br>Payable in<br>This Year | 本年应付<br>福利费总额<br>Welfarisms<br>Payable in<br>This Year | 劳动、失业<br>保险费<br>Work,<br>Unemployment<br>in Surance<br>Premium | 全部从业人员<br>年平均人数(人)<br>Average<br>Number of<br>Employees |
|---|---|---|---|---|---|
| 2206 | 185 | 558 | 80 | | 531 |
| 3797 | 380 | 352 | 15 | | 432 |
| 11639 | 1807 | 799 | 128 | 16 | 754 |
| 467 | 38 | 243 | 33 | 89 | 225 |
| 2 | | 34 | 8 | | 28 |
| 664 | 107 | 240 | | 3 | 143 |
| 1569 | 520 | 1040 | 135 | 19 | 889 |
| 299 | | 130 | | | 133 |
| 3336 | 179 | 2962 | 786 | 47 | 1152 |
| 1353 | 91 | 481 | 28 | 5 | 292 |
| 26701 | 4325 | 2067 | 265 | 49 | 1085 |
| 47986 | 7052 | 6264 | 788 | 161 | 4613 |
| 1 | | 8 | | | 14 |
| 4223 | 189 | 744 | 68 | 9 | 1407 |
| 763 | | 384 | 1 | | 497 |
| 23434 | 6443 | 12111 | 1197 | 429 | 5003 |
| 3182 | 44 | 921 | 24 | 8 | 509 |

# 10-12 规模以下非国有工业企业分类型主要经济指标（2005）

单位：万元

| 指标 | Item | 企业单位数（个）Number of Enterprises (unit) | #亏损企业 Number of Loss Making Enterprises (unit) |
|---|---|---|---|
| 总　计 | **Total** | **159** | **20** |
| **按登记注册类型分** | **Grouped by Ownership** | | |
| 国有企业 | State-owned Enterprises | | |
| 集体企业 | Collective-owned Enterprises | 78 | 2 |
| 股份合作企业 | Cooperative Share Holding Enterprises | 1 | |
| 股份制企业 | Share Holding Enterprises | 45 | 13 |
| 外商及港澳台商企业 | Foreign-invested and Hong kong, Macao and Taiwan Funded | 7 | 3 |
| 其他经济企业 | Other Enterprises | 28 | 2 |
| **按轻重工业分** | **By Light Industry and Heavy Industry** | | |
| 轻工业 | Light Industry | 103 | 15 |
| 重工业 | Heavy Industry | 56 | 5 |
| **按企业规模分** | **By Size of Enterprises** | | |
| 中型企业 | Medium-sized | | |
| 小型企业 | Small | 159 | 20 |
| **总计中：** | **Of the Toatl:** | | |
| 国有及国有控股企业 | State-owned Enterprises ( Including Enterprises with Controlling Share Hold by the State | | |
| **按国民经济行业分** | **Grouped by Sectors** | | |
| 煤炭开采和洗选业 | Coal Mining and Processing | | |
| 黑色金属矿采选业 | Ferrous Metals Mining and Dressing | 2 | |
| 有色金属矿采选业 | Nonferrous Metals Mining and Dressing | 7 | |
| 非金属矿采选业 | Nonmetal Minerals Mining and Dressing | 7 | |

# CLASSIFYING TYPE MAIN ECONOMIC INDICATOR OF NON-STATE-OWNED INDUSTRIAL ENTERPRISE UNDER THE SCALE (2005)

(10000 yuan)

| 工业总产值（当年价） Gross Industrial Output Value (At current price) | 工业销售产值（当年价） Sales Revenue (At Current Prices) | 出口交货值 Delivery Value of Industry | 固定资产原价 Original Value of Fixed Assets |
|---|---|---|---|
| 15372 | 14221 | 94 | 40795 |
| 4220 | 3867 | | 15494 |
| 21 | 21 | | 300 |
| 5542 | 5665 | 39 | 19866 |
| 2874 | 2064 | 55 | 3632 |
| 2715 | 2604 | | 1503 |
| 8471 | 7605 | 94 | 32866 |
| 6901 | 6616 | | 7929 |
| 15372 | 14221 | 94 | 40795 |
| 267 | 267 | | 485 |
| 698 | 698 | | 794 |
| 128 | 116 | | 478 |

10-12 续表1

| 指 标 | Item | 本年折旧 Depreciation in This Year | 资产总计 Total Assets |
|---|---|---|---|
| **总 计** | **Total** | **664** | **70684** |
| **按登记注册类型分** | **Grouped by Ownership** | | |
| 国有企业 | State-owned Enterprises | | |
| 集体企业 | Collective-owned Enterprises | 99 | 28400 |
| 股份合作企业 | Cooperative Share Holding Enterprises | 1 | 462 |
| 股份制企业 | Share Holding Enterprises | 432 | 32125 |
| 外商及港澳台商企业 | Foreign-invested and Hong kong, Macao and Taiwan Funded | 89 | 5302 |
| 其他经济企业 | Other Enterprises | 43 | 4395 |
| **按轻重工业分** | **By Light Industry and Heavy Industry** | | |
| 轻工业 | Light Industry | 447 | 57779 |
| 重工业 | Heavy Industry | 217 | 12905 |
| **按企业规模分** | **By Size of Enterprises** | | |
| 中型企业 | Medium-sized | | |
| 小型企业 | Small | 664 | 70684 |
| **总计中：** | **Of the Toatl:** | | |
| 国有及国有控股企业 | State-owned Enterprises ( Including Enterprises with Controlling Share Hold by the State | | |
| **按国民经济行业分** | **Grouped by Sectors** | | |
| 煤炭开采和洗选业 | Coal Mining and Processing | | |
| 黑色金属矿采选业 | Ferrous Metals Mining and Dressing | 1 | 613 |
| 有色金属矿采选业 | Nonferrous Metals Mining and Dressing | 26 | 1427 |
| 非金属矿采选业 | Nonmetal Minerals Mining and Dressing | 15 | 1171 |

continued

(10000 yuan)

| 负责合计 Total Liabilities | 实收资本 Total Capital Hold | 所有者权益 Creditor's Equity | 产品销售收入 Sales Revenue | 产品销售成本 Cost of Sales |
|---|---|---|---|---|
| **17802** | **31621** | **52883** | **10205** | **6319** |
| 3235 | 10853 | 25165 | 3242 | 1771 |
| 22 | 300 | 440 | 300 | 155 |
| 10444 | 15604 | 21680 | 3926 | 2540 |
| 1785 | 3415 | 3518 | 657 | 385 |
| 2316 | 1449 | 2080 | 2080 | 1468 |
| 12174 | 25816 | 45605 | 5106 | 2947 |
| 5628 | 5805 | 7278 | 5099 | 3372 |
| 17802 | 31621 | 52883 | 10205 | 6319 |
| 141 | 127 | 472 | 267 | 98 |
| 45 | 1242 | 1382 | 1015 | 741 |
| 876 | 295 | 295 | 88 | 33 |

10-12 续表2

单位：万元

| 指 标 | Item | 产品销售税金及附加 Sales Tax and Extra Charges | 费用合计 Total Expenses |
|---|---|---|---|
| **总 计** | **Total** | **429** | **2401** |
| **按登记注册类型分** | **Grouped by Ownership** | | |
| 国有企业 | State-owned Enterprises | | |
| 集体企业 | Collective-owned Enterprises | 194 | 372 |
| 股份合作企业 | Cooperative Share Holding Enterprises | 22 | 25 |
| 股份制企业 | Share Holding Enterprises | 95 | 1417 |
| 外商及港澳台商企业 | Foreign-invested and Hong kong, Macao and Taiwan Funded | 21 | 170 |
| 其他经济企业 | Other Enterprises | 97 | 417 |
| **按轻重工业分** | **By Light Industry and Heavy Industry** | | |
| 轻工业 | Light Industry | 161 | 1493 |
| 重工业 | Heavy Industry | 268 | 908 |
| **按企业规模分** | **By Size of Enterprises** | | |
| 中型企业 | Medium-sized | | |
| 小型企业 | Small | 429 | 2401 |
| **总计中：** | **Of the Toatl:** | | |
| 国有及国有控股企业 | State-owned Enterprises ( Including Enterprises with Controlling Share Hold by the State | | |
| **按国民经济行业分** | **Grouped by Sectors** | | |
| 煤炭开采和洗选业 | Coal Mining and Processing | | |
| 黑色金属矿采选业 | Ferrous Metals Mining and Dressing | | 38 |
| 有色金属矿采选业 | Nonferrous Metals Mining and Dressing | 61 | 77 |
| 非金属矿采选业 | Nonmetal Minerals Mining and Dressing | 9 | 22 |

continued

(10000 yuan)

| 营　业 利 润 Business Profits | 利　润 总　额 Total Profits | 亏损企业 亏损总额 Total Loss of Loss-making Enterprises | 从业人员 劳动报酬 Labour Remuneration of Employees | 劳动、失业 保险费 Work, Unemployment in Surance Premium | 全部从业人员 年平均人数(人) Average Number of Employees |
|---|---|---|---|---|---|
| 194 | 40 | 1165 | 3696 | 6 | 4315 |
| | | | | | |
| | | | | | |
| 562 | 498 | 36 | 1713 | 3 | 2053 |
| 98 | 98 | | 96 | | 79 |
| -420 | -420 | 839 | 1260 | 3 | 1211 |
| -59 | -144 | 178 | 192 | | 320 |
| | | | | | |
| 13 | 8 | 112 | 435 | | 652 |
| | | | | | |
| 180 | 26 | 584 | 2133 | 1 | 2820 |
| 14 | 14 | 581 | 1563 | 5 | 1495 |
| | | | | | |
| | | | | | |
| 194 | 40 | 1165 | 3696 | 6 | 4315 |
| | | | | | |
| | | | | | |
| | | | | | |
| | | | | | |
| | | | | | |
| 16 | 16 | | 104 | | 133 |
| 135 | 135 | | 584 | | 166 |
| 35 | 39 | | 33 | 1 | 53 |

# 10-13 规模以下非国有工业企业分行业主要经济指标（2005年）

单位：万元

| 指标 | Item | 企业单位数（个） Number of Enterprises (unit) | #亏损企业 Number of Loss Making Enterprises (unit) |
|---|---|---|---|
| 农副食品加工业 | Farm and Sideline Products Processing | 11 | 1 |
| 食品制造业 | Food Production | 5 | 2 |
| 饮料制造业 | Beverage Production | 12 | 3 |
| 纺织业 | Textile Industry | 9 | 1 |
| 纺织服装、鞋、帽制造业 | Garments, Shoes and Accessories Manufacturing | 12 | |
| 皮革、毛皮、羽毛（绒）及其制品业 | Leather, Fur, and Wool Products Manufacturing | | |
| 木材加工及竹、藤、棕草制品业 | Timber Processing , Bamboo, Cane, Palm Fiber and Straw Products | 13 | 1 |
| 家具制造业 | Furniture Manufacturing | 8 | |
| 造纸及纸制品业 | Papermaking and Paper Products | 1 | |
| 印刷业和记录媒介的复制 | Printing and Record Medium Reproduction | 5 | 1 |
| 化学原料及化学制品制造业 | Row Chemical Materials and Chemical Products | 3 | 2 |
| 医药制造业 | Medical and Pharmaceutical Products | 7 | 2 |
| 塑料制品业 | Plastic Products | 1 | |
| 非金属矿物制品业 | Nonmetal Mineral Products | 13 | 2 |
| 有色金属矿冶炼及压延加工业 | Smelting and Pressing of Nonferrous Metals | 1 | |
| 金属制品业 | Metal Products | 3 | 1 |
| 专用设备制造业 | General Equipment | 1 | |
| 交通运输设备制造业 | Transport Equipment | 10 | 1 |
| 工艺品及其他制造业 | Artworks and Other Manufacturing | 28 | 3 |
| 电力、热力的生产和供应业 | Production and Supply of Electricity and Thermal Power | | |
| 自来水生产和供应业 | Production and Supply of Tap Water | | |

# MAIN ECONOMIC INDICATOR OF BRANCH TRADE OF NON-STATE-OWNED INDUSTRIAL ENTERPRISE UNDER THE SCALE (2005)

| 工业总产值 (当年价) Gross Industrial Output Value (At current price) | 工业销售产值 (当年价) Sales Revenue (At Current Prices) | #出口交货值 Delivery Value of Industry | 固定资产原价 Original Value of Fixed Assets |
|---|---|---|---|
| 759 | 666 | | 5999 |
| 237 | 234 | | 394 |
| 599 | 609 | | 4674 |
| 722 | 703 | | 364 |
| 225 | 209 | | 642 |
| 825 | 734 | | 998 |
| 189 | 171 | | 9694 |
| 490 | 495 | | 213 |
| 1273 | 1301 | | 1281 |
| 3691 | 3051 | 39 | 5102 |
| 2441 | 2222 | | 2978 |
| 99 | 99 | | 180 |
| 143 | 141 | | 10 |
| 353 | 353 | | 107 |
| 1056 | 1056 | | 1140 |
| 1177 | 1096 | 55 | 5262 |

10-13 续表1

单位：万元

| 指 标 | Item | 本年折旧 Depreciation in This Year | 资产总计 Total Assets |
|---|---|---|---|
| 农副食品加工业 | Farm and Sideline Products Processing | 132 | 14466 |
| 食品制造业 | Food Production | 5 | 615 |
| 饮料制造业 | Beverage Production | 49 | 4845 |
| 纺织业 | Textile Industry | 3 | 498 |
| 纺织服装、鞋、帽制造业 | Garments, Shoes and Accessories Manufacturing | 8 | 2649 |
| 皮革、毛皮、羽毛(绒)及其制品业 | Leather, Fur, and Wool Products Manufacturing | | |
| 木材加工及竹、藤、棕草制品业 | Timber Processing , Bamboo, Cane, Palm Fiber and Straw Products | 32 | 2964 |
| 家具制造业 | Furniture Manufacturing | 31 | 17607 |
| 造纸及纸制品业 | Papermaking and Paper Products | | |
| 印刷业和记录媒介的复制 | Printing and Record Medium Reproduction | 19 | 389 |
| 化学原料及化学制品制造业 | Row Chemical Materials and Chemical Products | 59 | 1475 |
| 医药制造业 | Medical and Pharmaceutical Products | 107 | 5767 |
| 塑料制品业 | Plastic Products | | 520 |
| 非金属矿物制品业 | Nonmetal Mineral Products | 50 | 4672 |
| 有色金属矿冶炼及压延加工业 | Smelting and Pressing of Nonferrous Metals | 20 | 180 |
| 金属制品业 | Metal Products | | 11 |
| 专用设备制造业 | General Equipment | 7 | 239 |
| 交通运输设备制造业 | Transport Equipment | 25 | 1269 |
| 工艺品及其他制造业 | Artworks and Other Manufacturing | 75 | 9307 |
| 电力、热力的生产和供应业 | Production and Supply of Electricity and Thermal Power | | |
| 自来水生产和供应业 | Production and Supply of Tap Water | | |

continued

(10000 yuan)

| 负责合计 Total Liabilities | 实收资本 Total Capital Hold | 所有者权益 Creditor's Equity | 产品销售收入 Sales Revenue | 产品销售成本 Cost of Sales |
|---|---|---|---|---|
| 5275 | 3843 | 9192 | 746 | 279 |
| 66 | 510 | 550 | 312 | 278 |
| 912 | 3737 | 3933 | 1194 | 869 |
| 36 | 249 | 461 | 187 | 120 |
| 357 | 924 | 2293 | 196 | 144 |
| | | | | |
| 1482 | 430 | 1482 | 1411 | 548 |
| 1048 | 6889 | 16559 | 198 | 109 |
| | | | | |
| 132 | 109 | 257 | 449 | 222 |
| 1282 | 516 | 193 | 783 | 597 |
| 862 | 4906 | 4906 | 396 | 166 |
| 489 | 31 | 31 | | |
| 1862 | 2496 | 2810 | 863 | 734 |
| 0 | 180 | 180 | 88 | 62 |
| 2 | 9 | 9 | 5 | 5 |
| 6 | 205 | 233 | 288 | 247 |
| 202 | 480 | 1067 | 659 | 490 |
| 2727 | 4443 | 6578 | 1060 | 577 |
| | | | | |
| | | | | |

10-13 续表2

单位：万元

| 指　标 | Item | 产品销售税金及附加 Sales Tax and Extra Charges | 费　用合　计 Total Expenses |
|---|---|---|---|
| 农副食品加工业 | Farm and Sideline Products Processing | 7 | 321 |
| 食品制造业 | Food Production | 1 | 42 |
| 饮料制造业 | Beverage Production | 66 | 293 |
| 纺织业 | Textile Industry | 7 | 51 |
| 纺织服装、鞋、帽制造业 | Garments, Shoes and Accessories Manufacturing | 11 | 13 |
| 皮革、毛皮、羽毛(绒)及其制品业 | Leather, Fur, and Wool Products Manufacturing | | |
| 木材加工及竹、藤、棕草制品业 | Timber Processing , Bamboo, Cane, Palm Fiber and Straw Products | 133 | 328 |
| 家具制造业 | Furniture Manufacturing | 5 | 40 |
| 造纸及纸制品业 | Papermaking and Paper Products | | |
| 印刷业和记录媒介的复制 | Printing and Record Medium Reproduction | 6 | 179 |
| 化学原料及化学制品制造业 | Row Chemical Materials and Chemical Products | 7 | 247 |
| 医药制造业 | Medical and Pharmaceutical Products | 16 | 81 |
| 塑料制品业 | Plastic Products | | |
| 非金属矿物制品业 | Nonmetal Mineral Products | 25 | 247 |
| 有色金属矿冶炼及压延加工业 | Smelting and Pressing of Nonferrous Metals | 6 | 20 |
| 金属制品业 | Metal Products | | |
| 专用设备制造业 | General Equipment | 4 | 29 |
| 交通运输设备制造业 | Transport Equipment | 40 | 75 |
| 工艺品及其他制造业 | Artworks and Other Manufacturing | 25 | 298 |
| 电力、热力的生产和供应业 | Production and Supply of Electricity and Thermal Power | | |
| 自来水生产和供应业 | Production and Supply of Tap Water | | |

continued

(10000 yuan)

| 营业利润 Business Profits | 利润总额 Total Profits | 亏损企业亏损总额 Total Loss of Loss-making Enterprises | 从业人员劳动报酬 Labour Remuneration of Employees | 劳动、失业保险费 Work, Unemployment in Surance Premium | 全部从业人员年平均人数(人) Average Number of Employees |
|---|---|---|---|---|---|
| 126 | 124 | 63 | 170 | | 200 |
| -14 | -22 | 22 | 61 | | 89 |
| -69 | -97 | 146 | 235 | 1 | 204 |
| 9 | 5 | 24 | 125 | | 251 |
| 20 | 17 | | 271 | | 256 |
| 239 | 225 | 60 | 300 | 2 | 322 |
| 44 | 43 | | 255 | | 308 |
| | | | | | 10 |
| 10 | 8 | 9 | 79 | | 73 |
| -69 | -68 | 129 | 104 | 2 | 82 |
| -12 | -12 | 83 | 205 | | 267 |
| | | | | | 1 |
| -355 | -365 | 433 | 373 | | 565 |
| | | | 26 | | 15 |
| -1 | -1 | 1 | 6 | | 18 |
| 9 | 9 | | 27 | | 25 |
| 4 | 21 | 26 | 132 | | 224 |
| 67 | -37 | 169 | 606 | | 1053 |

## 10-14 分地区全部国有及规模以上非国有工业企业主要经济指标（2005年）

单位：万元

| 指标 | Item | 合 计<br>Total | 拉 萨<br>Lhasa |
|---|---|---|---|
| 企业单位数（个） | Number of Industrial Enterprises (unit) | 197 | 28 |
| #亏损企业 | Number of Loss Making Enterprises | 38 | 4 |
| 工业总产值(当年价) | Gross Industrial Output Value (at current price) | 272851 | 39015 |
| 工业增加值(当年价) | Added Value of Industry (at current price) | 153066 | 22903 |
| 工业销售产值(当年价) | Sales Value of Industry (at current price) | 256011 | 37568 |
| #出口交货值 | Delivery Value of Industry | 807 | |
| 流动资产合计 | Circulating Funds | 299747 | 37376 |
| 流动资产年平均余额 | Annual Average Balance of Circulating Funds | 285776 | 37984 |
| 固定资产原价 | Original Value of Fixed Assets | 884819 | 78075 |
| 固定资产净值年平均余额 | Annual Average Balance of Net Value of Fixed Assets | 704935 | 64913 |
| 资产总计 | Total Assets | 1124278 | 118859 |
| 流动负债合计 | Liquid Liabilities | 179869 | 24261 |
| 长期负债合计 | Long-term Liabilities | 84264 | 3604 |
| 所有者权益合计 | Creditors Equity | 850261 | 88332 |
| 实收资本 | Total Capital Hold | 628331 | 45446 |
| 主营业务收入 | Business Income of the Main Products | 283930 | 38158 |
| 主营业务成本 | Core Business Cost | 186205 | 26272 |
| 主营业务税金及附加 | Sales Tax of the Core Business and Adding | 4331 | 737 |
| 营业利润 | Business Profits | 41961 | 4554 |
| 利润总额 | Total Profits | 44719 | 4344 |
| 亏损企业亏损总额 | Total Loss of Loss-suffering Enterprises | 5583 | 459 |
| 应交所得税 | Income Taxes Payable | 3452 | -73 |
| 工业中间投入 | Industrial Inter-mediate Input | 145492 | 18004 |
| 本年应交增值税 | Value Added Tax Payable | 25706 | 1891 |
| 本年应付工资总额 | Wages Payable in This Year | 33053 | 3585 |
| 本年应付福利费总额 | Welfarisms Payable in This Year | 3926 | 289 |
| 劳动、失业保险费 | Work, Unemployment in Surance Premium | 851 | 4 |
| 全部从业人员年平均人数（人） | Average Number of Employees (person) | 19884 | 2654 |

# MAIN INDICATORS OF ALL STATE-OWNED AND NON-STATE-OWNED ABOVE DESIGNED SIZE INDUSTRIAL ENTERPRISES BY REGION (2005)

(10000 yuan)

| 昌 都<br>Chamdo | 山 南<br>Lhoka | 日喀则<br>Shigatse | 那 曲<br>Nakchu | 阿 里<br>Ngari | 林 芝<br>Nyingtri | 其 他<br>Others |
|---|---|---|---|---|---|---|
| 28 | 24 | 36 | 21 | 5 | 18 | 37 |
| 2 | 5 | 2 | 6 | 4 | 5 | 10 |
| 16621 | 35149 | 28075 | 8650 | 2538 | 29542 | 113261 |
| 8880 | 19604 | 13912 | 5897 | 1473 | 17310 | 63087 |
| 15720 | 33453 | 23610 | 7184 | 2150 | 30102 | 106224 |
|  |  |  |  |  | 107 | 700 |
| 8924 | 24899 | 11152 | 5461 | 2111 | 52125 | 157699 |
| 7361 | 20571 | 15524 | 3437 | 1959 | 50127 | 148813 |
| 51210 | 150305 | 60176 | 24385 | 7125 | 46817 | 466726 |
| 38838 | 129277 | 50252 | 15494 | 5607 | 33069 | 367485 |
| 52255 | 161843 | 72817 | 38860 | 7653 | 105687 | 566304 |
| 6035 | 19363 | 19460 | 5180 | 3357 | 11482 | 90731 |
| 1939 | 11641 | 3966 | 280 |  | 1007 | 61827 |
| 44281 | 130597 | 47651 | 28238 | 4296 | 93121 | 413745 |
| 43180 | 121144 | 39923 | 27851 | 4833 | 37885 | 308069 |
| 13076 | 36856 | 20053 | 3636 | 834 | 29775 | 141542 |
| 7423 | 23453 | 13973 | 1265 | 1508 | 12413 | 99898 |
| 149 | 499 | 194 | 146 | 3 | 672 | 1931 |
| 3325 | 7226 | 1760 | -260 | -1335 | 13508 | 13183 |
| 3326 | 7194 | 1093 | -245 | -414 | 13851 | 15570 |
| 75 | 795 | 314 | 793 | 447 | 521 | 2179 |
| 7 | 888 | 349 |  |  | 13 | 2268 |
| 8796 | 17621 | 15201 | 2855 | 1124 | 15778 | 66113 |
| 1056 | 2076 | 1038 | 102 | 59 | 3546 | 15938 |
| 1900 | 3827 | 3331 | 970 | 368 | 2748 | 16324 |
| 173 | 355 | 209 | 146 | 48 | 331 | 2375 |
| 167 | 21 | 129 | 0 | 57 | 141 | 332 |
| 1324 | 1931 | 2151 | 964 | 172 | 1885 | 8803 |

# 10-15 分地区规模以下非国有工业企业主要经济指标（2005年）

单位：万元

| 指标 | Item | 合 计<br>Total | 拉 萨<br>Lhasa |
|---|---|---|---|
| 企业单位数 （个） | Number of Industrial Enterprises (unit) | 159 | 49 |
| #亏损企业 | #Number of Loss Making Enterprises | 20 | 11 |
| 工业总产值(当年价) | Gross Industrial Output Value (at current price) | 15372 | 6552 |
| 工业销售产值(当年价) | Sales Value of Industry (at current price) | 14221 | 6576 |
| #出口交货值 | #Delivery Value of Industry | 94 | |
| 固定资产原价 | Original Value of Fixed Assets | 40795 | 30235 |
| 本年折旧 | Depreciation in This Year | 664 | 408 |
| 资产合计 | Total Assets | 70684 | 53078 |
| 负债合计 | Total Liabilities | 17802 | 9047 |
| 实收资本 | Total Capital Hold | 31621 | 24182 |
| 所有者权益 | Creditor's Equity | 52883 | 44030 |
| #产品销售收入 | #Sales Revenue | 10205 | 5395 |
| 产品销售成本 | Cost of Sales | 6319 | 3512 |
| 产品销售税金及附加 | Sales Tax and Extra Charges | 429 | 160 |
| 费用合计 | Total Expenses | 2401 | 1256 |
| 营业利润 | Business Profits | 194 | 89 |
| 利润总额 | Total Profits | 40 | 67 |
| 亏损企业亏损总额 | Total Loss of Loss-suffering Enterprises | 1165 | 702 |
| 从业人员劳动报酬 | Labour Remuneration of Employees | 3696 | 2527 |
| 劳动、失业保险费 | Work, Unemployment in Surance Premium | 6 | |
| 全部从业人员年平均人数 （人） | Average Number of Employees (person) | 4315 | 2031 |

# MAIN ECONOMIC INDICATOR OF NON-STATE-OWNED INDUSTRIAL ENTERPRISE UNDER THE SCALE BY PROVINCE (2005)

(10000 yuan)

| 昌 都<br>Chamdo | 山 南<br>Lhoka | 日喀则<br>Shigatse | 那 曲<br>Nakchu | 阿 里<br>Ngari | 林 芝<br>Nyingtri | 其 他<br>Others |
|---|---|---|---|---|---|---|
| 20 | 19 | 24 | 2 | | 11 | 34 |
| | | 1 | | | | 8 |
| 4781 | 495 | 389 | 96 | | 376 | 2683 |
| 3811 | 450 | 309 | 68 | | 299 | 2708 |
| | | | | | | 94 |
| 1624 | 238 | 2626 | | | 494 | 5578 |
| 9 | 8 | 17 | | | 16 | 206 |
| 1852 | 309 | 5867 | | | 1879 | 7699 |
| 599 | 1 | 3032 | | | 1190 | 3933 |
| 1254 | 308 | 1506 | | | 307 | 4064 |
| 1254 | 308 | 2835 | | | 689 | 3767 |
| 328 | 209 | 423 | | | 1101 | 2749 |
| 90 | 162 | 200 | | | 406 | 1949 |
| 13 | 10 | 20 | | | 119 | 107 |
| 11 | 6 | 78 | | | 176 | 874 |
| 74 | 31 | 55 | | | 233 | -288 |
| 45 | 31 | 28 | | | 222 | -353 |
| | | 24 | | | | 439 |
| 62 | 24 | 324 | | | 185 | 574 |
| | | | | | 3 | 3 |
| 362 | 264 | 648 | 85 | | 195 | 730 |

# 10-16 主要工业产品产量

| 年份 Year | 铬矿石（吨） Chromium Ore (ton) | 发电量（万千瓦时） Electricity (10000 kwh) | # 水电 Hydropower | 水泥（吨） Cement (ton) | 木材（万立方米） Timber (10000 cu.m) | 啤酒（吨） Beer (ton) | 中成药（吨） Traditional Chinese Medicine (ton) |
|---|---|---|---|---|---|---|---|
| 1956 | | 3 | 3 | | 1 | | |
| 1959 | | 88 | 88 | | 6 | | |
| 1965 | | 2782 | 2782 | 10600 | 7 | | |
| 1970 | 300 | 5302 | 5302 | 3600 | 7 | | |
| 1975 | 200 | 10488 | 10488 | 34000 | 17 | | |
| 1978 | 12500 | 13398 | 13398 | 62000 | 23 | | 71 |
| 1979 | 38800 | 15310 | 15310 | 67800 | 25 | | 81 |
| 1980 | 50300 | 17459 | 17459 | 52200 | 21 | | 101 |
| 1981 | 62159 | 17195 | 15220 | 53536 | 18 | | 65 |
| 1982 | 50129 | 19443 | 17273 | 57494 | 16 | | 65 |
| 1983 | 50262 | 21094 | 16177 | 57357 | 19 | | 72 |
| 1984 | 24535 | 22708 | 20158 | 53233 | 21 | | 109 |
| 1985 | 14101 | 24668 | 16561 | 46668 | 21 | | 82 |
| 1986 | 42118 | 26266 | 18193 | 29822 | 25 | | 45 |
| 1987 | 64193 | 25665 | 20295 | 44516 | 20 | | 44 |
| 1988 | 72091 | 26860 | 19414 | 94869 | 25 | | 48 |
| 1989 | 87047 | 27492 | 21969 | 119815 | 22 | | 47 |
| 1990 | 93120 | 31582 | 24798 | 132345 | 21 | | 55 |
| 1991 | 75513 | 34491 | 24991 | 136637 | 25 | 1635 | 61 |
| 1992 | 84175 | 35602 | 26095 | 140911 | 25 | 2659 | 76 |
| 1993 | 71277 | 39288 | 37998 | 130893 | 25 | 1858 | 48 |
| 1994 | 74000 | 44584 | 28252 | 150188 | 14 | 2029 | 47 |
| 1995 | 109882 | 48343 | 30361 | 219952 | 16 | 1211 | 222 |
| 1996 | 111979 | 51511 | 38119 | 231100 | 13 | 4527 | 271 |
| 1997 | 122138 | 57766 | 45133 | 322300 | 10 | 16571 | 85 |
| 1998 | 213719 | 62162 | 49644 | 370000 | 10 | 13440 | 652 |
| 1999 | 183661 | 63323 | 52204 | 390378 | 13 | 24080 | 538 |
| 2000 | 196628 | 66075 | 55350 | 493200 | 12 | 25017 | 591 |
| 2001 | 159446 | 69690 | 58958 | 495900 | 10 | 27525 | 697 |
| 2002 | 124222 | 79650 | 68796 | 590800 | 5 | 29105 | 995 |
| 2003 | 155796 | 101600 | 92083 | 889100 | 6 | 32942 | 889 |
| 2004 | 142251 | 116469 | 104628 | 959800 | 4 | 38860 | 1090 |
| 2005 | 116679 | 133389 | 120970 | 1372800 | 4 | 48917 | 1210 |

# OUTPUT OF MAIN INDUSTRIAL PRODUCTS

| 面粉（吨）Flour (ton) | 食用植物油（吨）Edible Vegetable Oil (ton) | 硼砂（吨）Borax Ore (ton) | 毛线（吨）Knitting Wool (ton) | 毛毯（条）Blanketry (piece) | 呢绒（万米）Woolen Piece Goods (10000 m) | 地毯（平方米）Carpet (sq. m) | 服装（件）Garments (unit) |
|---|---|---|---|---|---|---|---|
| | | 225 | | | | | |
| 10 | | 42832 | | | | | |
| 3252 | 856 | | | | | | |
| 4762 | 563 | | | 26200 | 17.6 | | |
| 7507 | 1604 | | 353 | 34500 | 40.2 | 615 | |
| 17486 | 1908 | | 410 | 44700 | 39.3 | 6762 | |
| 14200 | 1883 | | 383 | 34800 | 36.3 | 6996 | |
| 14407 | 1841 | | 371 | 22500 | 34.0 | 6182 | |
| 12807 | 1843 | | 309 | 22141 | 20.6 | 11554 | |
| 11827 | 1784 | | 321 | 30800 | 24.3 | 8709 | 128545 |
| 11950 | 2256 | | 302 | 26081 | 26.5 | 19224 | 179856 |
| 5765 | 2185 | | 181 | 37085 | 26.2 | 16751 | 48199 |
| 9390 | 2434 | | 146 | 38127 | 26.0 | 12973 | 154261 |
| 14801 | 3637 | 1690 | 69 | 30012 | 26.0 | 1908 | 24900 |
| 5279 | 1962 | 15187 | 186 | 17945 | 23.7 | 9034 | 37221 |
| 6501 | 1465 | 30252 | 211 | 25775 | 12.1 | 37861 | 45140 |
| 10014 | 1638 | 7183 | 167 | 23079 | 12.3 | 13889 | 38078 |
| 9319 | 1917 | 2225 | 72 | 16510 | 13.6 | 16799 | 25576 |
| 9048 | 1593 | 1500 | 27 | 16672 | 15.5 | 30659 | 42450 |
| 11128 | 2150 | 5803 | 25 | 24115 | 12.6 | 15709 | 67324 |
| 14663 | 4496 | 12688 | 34 | 24905 | 11.7 | 69489 | 41410 |
| 10423 | 2447 | 16349 | 26 | 24917 | 9.0 | 80000 | 40000 |
| 8337 | 1562 | 48271 | 89 | 29709 | 11.0 | 21841 | 100900 |
| 3319 | 747 | 3711 | 39 | 23529 | 6.8 | 16001 | 126518 |
| 10699 | 1330 | 2963 | 55 | 19799 | 7.2 | 17516 | 351700 |
| | 1278 | 17595 | 84 | 6400 | 2.0 | 18807 | 128898 |
| 8661 | 1502 | 25807 | 38 | 3983 | 1.0 | 22660 | 50728 |
| 9210 | 1020 | | 30 | 1997 | 2.0 | 22880 | 441900 |
| 34700 | 342 | | 28 | 2885 | 1.6 | 20426 | 63600 |
| 18600 | 352 | | 17 | 1746 | 0.3 | 20933 | 36400 |
| 5500 | 192 | | 7 | 4112 | | 25984 | 17900 |
| 7900 | 1126 | | 10 | 159 | | 34042 | 15500 |
| 8300 | 1121 | | 2 | 88 | | 37118 | 20900 |

# 第十一篇

# 建　筑　业

# Chapter 11

**CONSTRUTION**

# 11-1 建筑业企业生产情况

## MAJOR INDICATORS FOR CONSTRUCTION ENTERPRISES

| 指标 | Item | | 2000 | 2004 | 2005 |
|---|---|---|---|---|---|
| 企业个数 (个) | Construction Enterprises | (unit) | 141 | 142 | 168 |
| 建筑业总产值 (万元) | Gross Output Value of Construction | (10000 yuan) | 168178 | 291032 | 406118 |
| 建筑工程 | Construction | | 153122 | 267217 | 374757 |
| 安装工程 | Installation | | 10099 | 13554 | 7554 |
| 其他 | Others | | 4957 | 10261 | 23807 |
| 建筑业增加值 (万元) | Value Added of Construction | (10000 yuan) | 45811 | 78788 | 97400 |
| 竣工产值 (万元) | Value of Building Completed | (10000 yuan) | 133086 | 238669 | 293228 |
| 房屋建筑施工面积 (万平方米) | Floor Space of Building Under Construction | (10000 sq.m) | 86.98 | 183.79 | 151.33 |
| 房屋建筑工程竣工面积 (万平方米) | Floor Space of Building Under Completed | (10000 sq.m) | 81.06 | 146.72 | 114.37 |
| 住宅面积 | Floor Space of Residential Buildings | | 27.53 | 61.98 | 50.67 |
| 自有机械设备年末总台数 (台) | Machinery and Equipment Owned Unit | | 5381 | 12926 | 9206 |
| 施工机械功率 (万千瓦) | Power of Construction Machines | (10000 kw) | 5.16 | 48.75 | 16.18 |
| 自有机械设备净值 (万元) | Net Value of Machinery and Equipment Owned | (10000 yuan) | 14509 | 56451 | 49816 |
| 全部职工平均人数 (人) | Staff and Workers of Annual Average | (person) | 26782 | 31861 | 39680 |
| 全员劳动生产率 (元/人·年) | Overall Labor Productivity | (yuan/person.year) | | | |
| 按总产值计算 | In Terms of Gross Output Valuc | | 62795 | 91344 | 102348 |
| 按增加值计算 | In Terms of Construction Valuc-added | | 17105 | 24729 | 24546 |

# 11-2 国有建筑企业生产情况

## MAJOR INDICATORS FOR STATE-OWNED CONSTRUCTION ENTERPRISES

| 指标 | Item | | 2000 | 2004 | 2005 |
|---|---|---|---|---|---|
| 企业个数 (个) | Construction Enterprises | (unit) | 39 | 19 | 28 |
| 建筑业总产值 (万元) | Gross Output Value of Construction | (10000 yuan) | 104699 | 49829 | 61666 |
| 建筑工程 | Construction Output Value | | 97918 | 43129 | 45713 |
| 安装工程 | Construction and Installation | | 5794 | 2168 | 3837 |
| 其他 | Others | | 987 | 4532 | 12116 |
| 建筑业增加值 (万元) | Value Added of Construction | (10000 yuan) | 22486 | 12785 | 17551 |
| 竣工产值 (万元) | Value of Building Completed | (10000 yuan) | 73484 | 47913 | 36946 |
| 房屋建筑施工面积 (万平方米) | Floor Space of Building Under Construction | (10000 sq.m) | 35.13 | 20.02 | 18.37 |
| 房屋建筑工程竣工面积 (万平方米) | Floor Space of Building Under Completed | (10000 sq.m) | 31.73 | 18.98 | 17.35 |
| 住宅面积 | Floor Space of Residential Buildings | | 9.37 | 7.65 | 1.52 |
| 自有机械设备年末总台数 (台) | Machinery and Equipment Owned Unit | (unit) | 2180 | 940 | 1256 |
| 施工机械功率 (万千瓦) | Power of Construction Machines | (10000 kw) | 2.88 | 16.88 | 1.59 |
| 自有机械设备净值 (万元) | Net Value of Machinery and Equipment | (10000 yuan) | 6323 | 16135 | 7420 |
| 全部职工平均人数 (人) | Staff and Workers of Annual Average | (person) | 12897 | 5988 | 5826 |
| 全员劳动生产率 (元/人.年) | Overall Labor Productivity | (yuan/person.year) | | | |
| 按总产值计算 | In Terms of Gross Output Valuc | | 81181 | 83215 | 105846 |
| 按增加值计算 | In Terms of Construction Valuc-added | | 17435 | 21351 | 30125 |

# 11-3 集体建筑企业生产情况

## MAJOR INDICATORS FOR URBAN COLLECTIVE-OWNED CONSTRUCTION ENTERPRISES

| 指标 | | Item | | 2000 | 2004 | 2005 |
|---|---|---|---|---|---|---|
| 企业个数 | (个) | Construction Enterprises | (unit) | 87 | 32 | 51 |
| 建筑业总产值 | (万元) | Gross Output Value of Construction | (10000 yuan) | 35099 | 36050 | 95579 |
| 建筑工程 | | Construction Output Value | | 30197 | 32034 | 84358 |
| 安装工程 | | Construction and Installation | | 3427 | 2477 | 666 |
| 其他 | | Others | | 1475 | 1539 | 10555 |
| 建筑业增加值 | (万元) | Value Added of Construction | (10000 yuan) | 15150 | 10643 | 20969 |
| 竣工产值 | (万元) | Value of Building Completed | (10000 yuan) | 31529 | 38656 | 81238 |
| 房屋建筑施工面积 | (万平方米) | Floor Space of Building Under Construction | (10000 sq.m) | 35.21 | 29.78 | 39.69 |
| 房屋建筑工程竣工面积 | (万平方米) | Floor Space of Building Under Completed | (10000 sq.m) | 33.98 | 28.58 | 33.50 |
| 住宅面积 | | Floor Space of Residential Buildings | | 4.11 | 12.84 | 22.12 |
| 自有机械设备年末总台数 | (台) | Machinery and Equipment Owned Unit | (unit) | 2325 | 1079 | 2481 |
| 施工机械功率 | (万千瓦) | Power of Construction Machines | (10000 kw) | 1.48 | 0.68 | 2.41 |
| 自有机械设备净值 | (万元) | Net Value of Machinery and Equipment Owned | (10000 yuan) | 3492 | 5973 | 11498 |
| 全部职工平均人数 | (人) | Staff and Workers of Annual Average | (person) | 9741 | 4067 | 9651 |
| 全员劳动生产率 | (元/人·年) | Overall Labor Productivity | (yuan/person.year) | | | |
| 按总产值计算 | | In Terms of Gross Output Valuc | | 36032 | 88640 | 99035 |
| 按增加值计算 | | In Terms of Construction Valuc-added | | 15553 | 26169 | 21727 |

# 11-4 建筑业企业财务状况

## FINANCIAL INDICATORS OF CONSTRUCTION ENTERPRISES

单位:万元 (10000 yuan)

| 指标 | Item | 2000 | 2004 | 2005 |
|---|---|---|---|---|
| **资本金合计** | **Total Capital** | 67267 | 246580 | 217226 |
| **年末资产负债** | **Assets and Liabilities** | | | |
| 流动资产合计 | Total Circalating Funds | 89937 | 237102 | 217963 |
| #存货 | Stock | 19983 | 38784 | 37882 |
| 固定资产合计 | Fixed Assets | 88112 | 177136 | 172961 |
| 固定资产原价合计 | Original Value of Fixed Assets | 74517 | 188584 | 203467 |
| 累计折旧 | Accumulative Depreciation | 48804 | 46827 | 60801 |
| #本年折旧 | Depreciation in this Year | 3985 | 18324 | 10999 |
| 资产总计 | Total Assets | 194577 | 469567 | 441492 |
| 流动负债合计 | Liquid Liabilites | 69002 | 142392 | 136904 |
| 长期负债合计 | Long-term Liabilities | 4654 | 15059 | 12158 |
| 所有者权益合计 | Ownership Rights and Interests | 120921 | 312116 | 292430 |
| **损益及分配** | **Profits and Loss** | | | |
| 工程结算收入 | Revenue of Proiect Settled Accounts | 108808 | 279819 | 292085 |
| 工程结算税金及附加 | Taxes and Addea of Engineering Settle Accounts | 4536 | 7515 | 13748 |
| 工程结算利润 | Profits of Enginecring Settle Accounts | 18004 | 28162 | 47666 |
| 管理费用 | Management Costs | 9848 | 12687 | 17221 |
| #税金 | Taxes | 884 | 1006 | 2950 |
| 劳动、失业保险费 | Permium for Employment Insurance | 723 | 1016 | 1261 |
| 利润总额 | Profits of Enginecring Settle Accounts | 7385 | 17809 | 28184 |
| **工资 、福利费** | **Wages and Welfarism** | | | |
| 本年应付工资额 | Wages Payable | 19021 | 33225 | 35734 |
| 本年应付福利费总额 | Welfare Payable | 1930 | 2653 | 2167 |
| **建筑业增加值** | **Add-value of Construction Enterprises** | 45811 | 78788 | 97400 |

# 11-5 国有建筑企业财务状况

## FINANCIAL INDICATORS OF STATE-OWNED CONSTRUCTION ENTERPRISES

单位:万元 (10000 yuan)

| 指标 | Item | 2000 | 2004 | 2005 |
|---|---|---|---|---|
| **资本金合计** | **Total Capital** | 23839 | 30684 | 46360 |
| **年末资产负债** | **Assets and Liabilities** | | | |
| 流动资产合计 | Total Circalating Funds | 59417 | 50286 | 48218 |
| #存货 | Stock | 12167 | 8497 | 11273 |
| 固定资产合计 | Fixed Assets | 57726 | 41794 | 56043 |
| 固定资产原价合计 | Original Value of Fixed Assets | 38934 | 46376 | 67591 |
| 累计折旧 | Accumulative Depreciation | 32274 | 9485 | 17921 |
| #本年折旧 | Depreciation in this Year | 3351 | 4341 | 3994 |
| 资产总计 | Total Assets | 129897 | 96634 | 110453 |
| 流动负债合计 | Liquid Liabilites | 51784 | 45679 | 40380 |
| 长期负债合计 | Long-term Liabilities | 3050 | 5435 | 1668 |
| 所有者权益合计 | Ownership Rights and Interests | 75063 | 45520 | 68406 |
| **损益及分配** | **Profits and Loss** | | | |
| 工程结算收入 | Revenue of Proiect Settled Accounts | 53167 | 51393 | 48889 |
| 工程结算税金及附加 | Taxes and Addea of Enginecring Settle Accounts | 1749 | 1383 | 3048 |
| 工程结算利润 | Profits of Enginecring Settle Accounts | 6504 | 4292 | 5056 |
| 管理费用 | Management Costs | 4530 | 3952 | 2350 |
| #税金 | Taxes | 270 | 473 | 775 |
| 劳动、待业保险费 | Permium for Employment Insurance | 610 | 377 | 219 |
| 利润总额 | Profits of Enginecring Settle Accounts | 2102 | 64 | 3326 |
| **工资 、福利费** | **Wages and Welfarism** | | | |
| 本年应付工资额 | Wages Payable | 10194 | 5451 | 5366 |
| 本年应付福利费总额 | Welfare Payable | 1822 | 436 | 575 |
| **建筑业增加值** | **Add-value of Construction Enterprises** | 22486 | 12785 | 17551 |

# 11-6 集体建筑企业财务状况

## FINANCIAL INDICATORS OF URBAN COLLECTIVE-OWNED CONSTRUCTION ENTERPRISES

单位:万元 (10000 yuan)

| 指标 | Item | 2000 | 2004 | 2005 |
|---|---|---|---|---|
| **资本金合计** | **Total Capital** | **30577** | **26805** | **40921** |
| **年末资产负债** | **Assets and Liabilities** | | | |
| 流动资产合计 | Total Circalating Funds | 12775 | 17101 | 17787 |
| #存货 | Stock | 3478 | 3247 | 1383 |
| 固定资产合计 | Fixed Assets | 18317 | 22830 | 26810 |
| 固定资产原价合计 | Original Value of Fixed Assets | 17160 | 21747 | 29776 |
| 累计折旧 | Accumulative Depreciation | 9347 | 4710 | 6195 |
| #本年折旧 | Depreciation in this Year | 417 | 2564 | 1277 |
| 资产总计 | Total Assets | 33274 | 46359 | 49781 |
| 流动负债合计 | Liquid Liabilites | 8646 | 8196 | 4291 |
| 长期负债合计 | Long-term Liabilities | 556 | 951 | 411 |
| 所有者权益合计 | Ownership Rights and Interests | 24072 | 37212 | 45079 |
| **损益及分配** | **Profits and Loss** | | | |
| 工程结算收入 | Revenue of Proiect Settled Accounts | 29926 | 29921 | 56228 |
| 工程结算税金及附加 | Taxes and Addea of Enginecring Settle Accounts | 2064 | 925 | 3305 |
| 工程结算利润 | Profits of Enginecring Settle Accounts | 6524 | 3354 | 10161 |
| 管理费用 | Management Costs | 3095 | 1168 | 2733 |
| #税金 | Taxes | 526 | 87 | 707 |
| 劳动、失业保险费 | Permium for Employment Insurance | 20 | 5 | 121 |
| 利润总额 | Profits of Enginecring Settle Accounts | 3061 | 2227 | 5989 |
| **工资 、福利费** | **Wages and Welfarism** | | | |
| 本年应付工资额 | Wages Payable | 5945 | 4495 | 7931 |
| 本年应付福利费总额 | Welfare Payable | 103 | 312 | 204 |
| **建筑业增加值** | **Add-value of Construction Enterprises** | **15150** | **10643** | **20969** |

## 11-7 国有建筑业主要经济指标

## MAJOR ECONOMIC INDICATORS OF STATE-OWNED CONSTRUCTION

| 指标 | | Item | | 2000 | 2004 | 2005 |
|---|---|---|---|---|---|---|
| 总产值 | (万元) | Gross Output Value | (10000 yuan) | 104699 | 49829 | 61666 |
| #施工产值 | | Gross Output Value of Construction | | 104699 | 49829 | 61666 |
| 全员劳动生产率 | (元/人) | Overall Labor Productivity | | | | |
| 按总产值计算 | | In Terms of Gross Output Value | (yuan/person) | 81181 | 83215 | 105846 |
| 按施工产值计算 | | In Terms of Construction Gross Output Value | | 81181 | 83215 | 105846 |
| 全部职工平均人数(人) | | Staff and Workers of Annual Average | (person) | 12897 | 5988 | 5826 |
| 房屋建筑施工面积 | (平方米) | Floor Space of Building Under Construction | (sq. m) | 351333 | 200171 | 183743 |
| 房屋建筑竣工面积 | (平方米) | Floor Space of Building Completed | (sq. m) | 317347 | 189778 | 173492 |
| #住宅 | | Residential Buildings | | 93693 | 76478 | 15192 |
| 房屋建筑面积竣工率 | (%) | Rate of Floor Space of Buildings Completed | (%) | 90.3 | 94.8 | 94.5 |
| 技术装备率 | (元/人) | Value of Machinese Per Laborer | (yuan/person) | 7641 | 17165 | 16814 |
| 动力装备率 | (千瓦/人) | Power of Machinese Per Laborer | (kw/person) | 6.8 | 25.3 | 4.0 |
| 利润总额 | (万元) | Total Profits | (10000 yuan) | 2101 | 64 | 3326 |
| 产值利润率 | (元/百元) | Ratio of Profit to Gross Output Value | (yuan/ 100 yuan) | 2.0 | 0.1 | 5.4 |
| 工资总额 | (万元) | Total Wages | (10000 yuan) | 10194 | 5451 | 5366 |
| 产值工资率 | (元/百元) | Ratio of Output Value to Wages | (yuan/100 yuan) | 9.7 | 10.9 | 8.7 |

## 11-8 集体建筑业主要经济指标

## MAJOR ECONOMIC INDICATORS OF URBAN COLLECTIVE-OWNED CONSTRUCTION

| 指标 | | Item | | 2000 | 2004 | 2005 |
|---|---|---|---|---|---|---|
| 总产值 | (万元) | Gross Output Value | (10000 yuan) | 35099 | 36050 | 95579 |
| #施工产值 | | Gross Output Value of Construction | | 35099 | 36050 | 95579 |
| 全员劳动生产率 | (元/人) | Overall Labor Productivity | | | | |
| 按总产值计算 | | In Terms of Gross Output Value | (yuan/person) | 36032 | 88640 | 99035 |
| 按施工产值计算 | | In Terms of Construction Gross Output Value | | 36032 | 88640 | 99035 |
| 全部职工平均人数(人) | | Staff and Workers of Annual Average | (person) | 9741 | 4067 | 9651 |
| 房屋建筑施工面积 | (平方米) | Floor Space of Building Under Construction | (sq. m) | 352127 | 297778 | 396899 |
| 房屋建筑竣工面积 | (平方米) | Floor Space of Building Completed | (sq. m) | 336835 | 285770 | 335035 |
| #住宅 | | Residential Buildings | | 41089 | 128403 | 221186 |
| 房屋建筑面积竣工率 | (%) | Rate of Floor Space of Buildings Completed | (%) | 95.7 | 96.0 | 66.0 |
| 技术装备率 | (元/人) | Value of Machinese Per Laborer | (yuan/person) | 43006 | 12227 | 14001 |
| 动力装备率 | (千瓦/人) | Power of Machinese Per Laborer | (kw/person) | 2.1 | 13.9 | 2.9 |
| 利润总额 | (万元) | Total Profits | (10000 yuan) | 3061 | 2227 | 5989 |
| 产值利润率 | (元/百元) | Ratio of Profit to Gross Output Value | (yuan/ 100 yuan) | 8.7 | 6.2 | 6.3 |
| 工资总额 | (万元) | Total Wages | (10000 yuan) | 5945 | 4495 | 7931 |
| 产值工资率 | (元/百元) | Ratio of Output Value to Wages | (yuan/100 yuan) | 16.9 | 12.5 | 8.3 |

# 11-9 建筑业生产效益指标

## ECONOMIC RESULTS INDICATORS OF CONSTRUCTION

| 指标 | | Item | | 2000 | 2004 | 2005 |
|---|---|---|---|---|---|---|
| 房屋建筑面积竣工率 | (%) | Rat of Floor Space of Buildings Completed | (%) | 93.2 | 79.8 | 75.6 |
| 技术装备率 | (元/人) | Value of Machines per Labourer | (yuan/person) | 7049 | 15162 | 14428 |
| 动力装备率 | (千瓦/人) | Power of Machines per Labourer | (kw/person) | 6.92 | 13.1 | 4.7 |
| 产值利润率 | (%) | Ratio of profit to Gross Output Value | (%) | 4.4 | 6.1 | 7.0 |
| 资本金利润率 | (%) | Ratio of Profit to Principal | (%) | 11.0 | 7.2 | 13.1 |
| 工资利润率 | (%) | Ratio of Profit to Wages | (%) | 38.8 | 53.6 | 78.9 |
| 产值工资率 | (%) | Ratio of Wages to Production Value | (%) | 11.3 | 11.4 | 8.8 |
| 百元产值占用流动资金 | (元) | Per 100 Output Value Engross Circulating Capital | (%) | 53.48 | 81.5 | 53.7 |
| 流动比率 | (%) | Circulating Rate | (%) | 130.3 | 166.5 | 159.2 |
| 速动比率 | (%) | Speed Rate | (%) | 101.4 | 139.3 | 131.5 |
| 资产负债率 | (%) | Ratio of Liabilities to Assets | (%) | 37.9 | 33.5 | 33.8 |
| 职工人均生产房屋竣工面积 | (平方米/人) | Per Staff and Workers Products Floor Space of Buildings Completed | (sq. m/person) | 30.27 | 46.05 | 32.23 |

# 11-10 国有建筑业生产效益指标

## ECONOMIC RESULTS INDICATORS OF STATE-OWNED CONSTRUCTION

| 指标 | | Item | | 2000 | 2004 | 2005 |
|---|---|---|---|---|---|---|
| 房屋建筑面积竣工率 | (%) | Rat of Floor Space of Buildings Completed | (%) | 90.3 | 94.8 | 94.5 |
| 技术装备率 | (元/人) | Value of Machines per Labourer | (yuan/person) | 7641 | 17165 | 16814 |
| 动力装备率 | (千瓦/人) | Power of Machines per Labourer | (kw/person) | 6.77 | 25.3 | 4.0 |
| 产值利润率 | (%) | Ratio of profit to Gross Output Value | (%) | 2.0 | 0.1 | 5.4 |
| 资本金利润率 | (%) | Ratio of Profit to Principal | (%) | 9.3 | 0.2 | 7.2 |
| 工资利润率 | (%) | Ratio of Profit to Wages | (%) | 20.6 | 1.2 | 62.0 |
| 产值工资率 | (%) | Ratio of Wages to Production Value | (%) | 9.7 | 10.9 | 8.7 |
| 百元产值占用流动资金 | (元) | Per 100 Output Value Engross Circulating Capital | (%) | 49.46 | 100.9 | 78.2 |
| 流动比率 | (%) | Circulating Rate | (%) | 114.7 | 110.1 | 119.4 |
| 速动比率 | (%) | Speed Rate | (%) | 91.2 | 91.5 | 91.5 |
| 资产负债率 | (%) | Ratio of Liabilities to Assets | (%) | 42.2 | 52.9 | 38.1 |
| 职工人均生产房屋竣工面积 | (平方米/人) | Per Staff and Workers Products Floor Space of Buildings Completed | (sq. m/person) | 38.35 | 31.70 | 34.09 |

# 11-11 各地市建筑业生产情况（2005年）

| 指标 | | Item | | 总计 Total | 拉萨市 Lhasa |
|---|---|---|---|---|---|
| 企业个数 | (个) | Construction Enterprises | (unit) | 168 | 65 |
| 建筑业总产值 | (万元) | Gross Output Value of Construction | (10000 yuan) | 406118 | 200366 |
| 建筑工程 | | Construction Output Value | | 374757 | 173944 |
| 安装工程 | | Construction and Installation | | 7554 | 3339 |
| 其他 | | Others | | 23807 | 23083 |
| 建筑业增加值 | (万元) | Value Added of Construction | (10000 yuan) | 97400 | 41622 |
| 竣工产值 | (万元) | Value of Building Completed | (10000 yuan) | 293228 | 103093 |
| 房屋建筑施工面积 | (万平方米) | Floor Space of Building Under Construction | (10000 sq.m) | 151.33 | 67.85 |
| 房屋建筑工程竣工面积 | (万平方米) | Floor Space of Building Under Completed | (10000 sq.m) | 114.37 | 59.81 |
| # 住宅面积 | | Floor Space of Residential Buildings | | 50.67 | 27.91 |
| 自有机械设备年末总台数 | (台) | Machinery and Equipment Owned Unit | (unit) | 9206 | 3950 |
| 施工机械功率 | (万千瓦) | Power of Construction Machines | (10000 kw) | 16.18 | 10.63 |
| 自有机械设备净值 | (万元) | Net Value of Machinery and Equipment Owned | (10000 yuan) | 49816 | 26384 |
| 全部职工平均人数 | (人) | Staff and Workers of Annual Average | (person) | 39680 | 18910 |
| 全员劳动生产率 | (元/人·年) | Overall Labor Productivity | (yuan/person.year) | | |
| 按总产值计算 | | In Terms of Gross Output Valuc | | 102348 | 105958 |
| 按增加值计算 | | In Terms of Construction Valuc-added | | 24546 | 22011 |

# MAJOR INDICATORS FOR CONSTRUCTION ENTERPRISES BY REGION (2005)

| 昌都地区 Chamdo | 山南地区 Lhoka | 日喀则地区 Shigatse | 那曲地区 Nakchu | 阿里地区 Ngari | 林芝地区 Nyingtri |
|---|---|---|---|---|---|
| 34 | 28 | 11 | 6 | 9 | 15 |
| 103459 | 33829 | 15187 | 22954 | 7075 | 23248 |
| 103459 | 31888 | 15113 | 22954 | 5934 | 21465 |
|  | 1491 | 74 |  | 867 | 1783 |
|  | 450 |  |  | 274 |  |
| 20921 | 16227 | 3725 | 7076 | 2767 | 5062 |
| 103459 | 19871 | 15140 | 23752 | 6682 | 21231 |
| 16.86 | 16.20 | 16.47 | 10.71 | 4.97 | 18.27 |
| 12.86 | 13.34 | 15.02 | 6.41 | 3.29 | 3.64 |
| 4.21 | 4.48 | 8.48 | 2.61 | 0.68 | 2.30 |
| 929 | 2334 | 494 | 708 | 182 | 609 |
| 1.10 | 1.49 | 0.38 | 1.33 | 0.29 | 0.96 |
| 9148 | 7925 | 2155 | 1712 | 495 | 1997 |
| 7022 | 4924 | 2318 | 2712 | 1036 | 2758 |
| 147336 | 68702 | 65518 | 84639 | 68291 | 84293 |
| 29794 | 32955 | 16070 | 26091 | 26708 | 18354 |

# 第十二篇

# 运输和邮电业

# Chapter 12

# TRANSPORTATION,POSTAL AND TELECON MUNICATIONS SERVICES

# 12-1 公路、桥梁、渡口

## HIGHWAY , BRIDGE AND FERRY

| 年 份<br>Year | 公路通车<br>里程 (公里)<br>Highways in<br>Operation (km) | # 晴雨通车<br>Length of Highways<br>in All Weathers | 公路养护<br>(公里)<br>Maintain<br>Highways (km) | 桥梁<br>(座/米)<br>Bridge<br>(seat/meter) | 渡口<br>(处)<br>Ferry<br>(unit) |
|---|---|---|---|---|---|
| 1954 | 1988 | 1988 | | | |
| 1959 | 7343 | 7343 | | | |
| 1965 | 14721 | 5713 | 5792 | 631/11286 | 6 |
| 1970 | 15098 | 6995 | 5792 | 643/13741 | 7 |
| 1975 | 15852 | 7247 | 6342 | 658/15420 | 7 |
| 1978 | 15852 | 7247 | 7247 | 665/15919 | 6 |
| 1979 | 15852 | 7247 | 7247 | 665/15919 | 6 |
| 1980 | 21511 | 20663 | 7944 | 712/18358 | 10 |
| 1981 | 21551 | 20663 | 8252 | 713/18452 | 10 |
| 1982 | 21551 | 20663 | 8541 | 717/18594 | 10 |
| 1983 | 21551 | 20663 | 8571 | 721/18753 | 10 |
| 1984 | 21611 | 20723 | 13656 | 726/19553 | 10 |
| 1985 | 21660 | 20733 | 17863 | 730/19845 | 10 |
| 1986 | 21662 | 20733 | 17863 | 744/20178 | 10 |
| 1987 | 21695 | 20766 | 17863 | 744/20178 | 10 |
| 1988 | 21695 | 20845 | 17863 | 746/20281 | 10 |
| 1989 | 21834 | 20970 | 17973 | 757/20549 | 10 |
| 1990 | 21842 | 20978 | 17981 | 777/21697 | 10 |
| 1991 | 21944 | 21066 | 17981 | 780/21718 | 10 |
| 1992 | 21944 | 20978 | 17981 | 881/23960 | 10 |
| 1993 | 21944 | 20978 | 17981 | 881/23960 | 10 |
| 1994 | 21842 | 20978 | 17981 | 881/23960 | 10 |
| 1995 | 22391 | 20988 | 17081 | 882/23988 | 10 |
| 1996 | 22391 | 16719 | 17081 | 948/27775 | 10 |
| 1997 | 22455 | 16719 | 17981 | 948/27775 | 8 |
| 1998 | 22455 | 8895 | 17981 | 948/27775 | 7 |
| 1999 | 22475 | 8895 | 17981 | 948/27775 | 7 |
| 2000 | 22503 | 8895 | 17981 | 1011/29472 | 7 |
| 2001 | 35537 | 17317 | 12419 | 1293/35240 | 5 |
| 2002 | 39760 | 18455 | 12419 | 1293/35240 | |
| 2003 | 41302 | 17104 | 13129 | 1528/42106 | 5 |
| 2004 | 42203 | 16762 | 39243 | 1831/47328 | 5 |
| 2005 | 43716 | 10916 | 39501 | 2012/59514 | 5 |

注：2001年公路通车里程为第二次公路普查数据。

Note:Date of highways in operation of 2001 is from the second highways cecsuses.

# 12-2 全社会客、货运输量及周转量

| 指标 | Item | 1959 | 1965 | 1985 | 1990 |
|---|---|---|---|---|---|
| **客运量总计 （万人次）** | **Total Passenger Traffic (10000 persons)** | **6.30** | **9.30** | **43.48** | **202.65** |
| 公 路 | Highways | 6.30 | 9.30 | 35.48 | 192.84 |
| #交通部门 | Traffic Units | | | 35.00 | 26.05 |
| 民 航 | Total Civil Aviation Routes | | | 8.00 | 9.81 |
| **旅客周转量总计 （万人公里）** | **Total Passenger-Kilometers (10000 person-km)** | **3706** | **5694** | **16682** | **38966** |
| 公 路 | Highways | 3706 | 5694 | 6858 | 26220 |
| #交通部门 | Traffic Units | | | 6428 | 13352 |
| 民 航 | Total Civil Aviation Routes | | | 9824 | 12747 |
| **货运量总计 （万吨）** | **Total Freight Traffic (10000 tons)** | **31.10** | **29.60** | **87.01** | **162.74** |
| 公 路 | Highways | 31.10 | 29.60 | 79.00 | 153.55 |
| #交通部门 | Traffic Units | | | 43.00 | 44.91 |
| 民 航 | Total Civil Aviation Routes | | | 0.01 | 0.16 |
| 管 道 | Petroleum and Gas Pipelines | | | 8.00 | 9.03 |
| **货物周转量总计 （万吨公里）** | **Total Freight Ton-kilometers (10000 ton-km)** | **15612** | **17874** | **60458** | **84027** |
| 公 路 | Highways | 15612 | 17874 | 52200 | 75051 |
| #交通部门 | Traffic Units | | | 36264 | 54480 |
| 民 航 | Total Civil Aviation Routes | | | 18 | 209 |
| 管 道 | Petroleum and Gas Pipelines | | | 8240 | 8767 |
| **换算周转量总计 （万吨公里）** | **Converted in to Turnover Volume (10000 ton-km)** | **15983** | **18443** | **62125** | **86759** |
| 公 路 | Highways | 15983 | 18443 | 52885 | 76846 |
| #交通部门 | Traffic Units | | | 36907 | 56732 |
| 民 航 | Total Civil Aviation Routes | | | 1000 | 1126 |
| 管 道 | Petroleum and Gas Pipelines | | | 8240 | 8767 |

# TURNOVER VOLUME OF PASSENGER AND FREIGHT TRAFFIC BY REGION

| 1991 | 1992 | 1993 | 1994 | 1995 | 1996 | 1998 | 1999 | 2000 | 2001 | 2003 | 2004 | 2005 |
|---|---|---|---|---|---|---|---|---|---|---|---|---|
| **131.59** | **180.29** | **218.70** | **231.88** | **237.21** | **259.74** | **270.01** | **297.88** | **310.08** | **319.32** | **325.17** | **338.69** | **479.47** |
| 121.56 | 169.28 | 207.42 | 218.97 | 222.97 | 243.75 | 251.91 | 255.00 | 257.00 | 259.00 | 255.21 | 255.95 | 385.00 |
| 18.19 | 38.83 | 35.24 | 28.29 | 24.74 | 21.00 | 16.00 | 15.00 | 11.00 | 44.00 | 75.00 | 76.00 | 78.00 |
| 10.03 | 11.00 | 11.28 | 12.91 | 14.24 | 15.99 | 18.10 | 42.88 | 53.08 | 60.32 | 69.96 | 82.74 | 94.47 |
| **36514** | **40766** | **41077** | **46497** | **48035** | **52372** | **55343** | **57800** | **62016** | **64164** | **64865** | **70865** | **228266** |
| 22469 | 25914 | 25844 | 27132 | 28811 | 30626 | 30103 | 30340 | 32125 | 33342 | 32612 | 32710 | 184209 |
| 10904 | 15081 | 13744 | 12381 | 13060 | 11261 | 3961 | 1100 | 11368 | 22052 | 31078 | 31171 | 31264 |
| 14045 | 14853 | 15233 | 19365 | 19224 | 21746 | 25240 | 27460 | 29891 | 30822 | 32253 | 38155 | 44057 |
| **131.37** | **144.86** | **153.62** | **160.95** | **178.12** | **198.43** | **198.59** | **204.69** | **209.30** | **212.00** | **279.44** | **287.52** | **369.61** |
| 121.70 | 137.14 | 144.68 | 151.85 | 168.02 | 187.37 | 193.00 | 194.41 | 196.00 | 200.70 | 266.00 | 273.98 | 356.00 |
| 28.29 | 38.82 | 33.06 | 33.51 | 42.45 | 29.32 | 25.00 | 10.00 | 15.00 | 15.00 | 6.40 | 6.59 | 6.78 |
| 0.16 | 0.15 | 0.14 | 0.17 | 0.17 | 0.22 | 0.20 | 0.28 | 1.30 | 1.30 | 1.44 | 1.54 | 1.61 |
| 9.51 | 7.56 | 8.80 | 8.93 | 9.93 | 10.84 | 5.39 | 10.00 | 12.00 | 10.00 | 12.00 | 12.00 | 12.00 |
| **73132** | **72517** | **73244** | **73934** | **83716** | **85847** | **83360** | **89955** | **91981** | **93261** | **115168** | **123115** | **419315** |
| 63460 | 64836 | 63550 | 64064 | 73032 | 77375 | 75477 | 79244 | 80912 | 82628 | 103157 | 111019 | 407134 |
| 26787 | 34612 | 30976 | 31301 | 35881 | 22573 | 23076 | 10217 | 16110 | 13652 | 15872 | 16348 | 16824 |
| 265 | 206 | 191 | 225 | 230 | 299 | 283 | 290 | 310 | 310 | 463 | 548 | 633 |
| 9407 | 7476 | 9503 | 9645 | 10454 | 8173 | 7600 | 10421 | 10759 | 10323 | 11548 | 11548 | 11548 |
| **76091** | **76140** | **77352** | **78584** | **87981** | **90476** | **88187** | **94966** | **97346** | **98814** | **120751** | **129133** | **440908** |
| 65674 | 74866 | 66135 | 66777 | 75913 | 80438 | 78487 | 82278 | 84125 | 85962 | 106418 | 114290 | 425555 |
| 27877 | 36120 | 32350 | 32538 | | 37187 | 27433 | 10327 | 17247 | 15857 | 18980 | 19465 | 19950 |
| 1010 | 1274 | 1714 | 2162 | 1614 | 1865 | 2100 | 2267 | 2462 | 2529 | 2785 | 3295 | 3805 |
| 9407 | 7476 | 9503 | 9645 | 10454 | 8173 | 7600 | 10421 | 10759 | 10323 | 11548 | 11548 | 11548 |

# 12-3 民用车辆拥有量（2005）

## NUMBER OF CIVIL MOTOR VEHICIES OWNED (2005)

单位：辆 (unit)

| 指标 | Item | 总计 Total | 营运 In Management | 非营运 Out Management | 进口 Import | 个人 Private | 新注册 Newly Register | 报废 Useless |
|---|---|---|---|---|---|---|---|---|
| | | | 总计中 | | | | | |
| **合计** | **Total** | **106362** | **35992** | **70370** | **6313** | **74064** | **16555** | **917** |
| **汽车** | **Vehicles** | **72461** | **34257** | **38204** | **6184** | **42098** | **14705** | **742** |
| 载客汽车 | Buses and Cars | 31078 | 6736 | 24342 | 5728 | 14869 | 9056 | 346 |
| 大型 | Large | 1784 | 1340 | 444 | 202 | 500 | 238 | 54 |
| 中型 | Middle | 4152 | 1554 | 2598 | 243 | 2361 | 1806 | 105 |
| 小型 | Small | 22263 | 3578 | 18685 | 5250 | 9949 | 3941 | 171 |
| 微型 | Mini | 2879 | 264 | 2615 | 33 | 2059 | 3071 | 16 |
| 载货汽车 | Trucks | 39568 | 26194 | 13374 | 450 | 25689 | 5556 | 382 |
| 重型 | Heavy-duty | 21744 | 15064 | 6680 | 328 | 13152 | 1646 | 217 |
| 中型 | Middle | 9351 | 6626 | 2725 | 84 | 7181 | 2778 | 99 |
| 轻型 | Light | 5703 | 2842 | 2861 | 37 | 3422 | 836 | 33 |
| 微型 | Small | 2770 | 1662 | 1108 | 1 | 1934 | 296 | 33 |
| 其他汽车 | Others | 1815 | 1327 | 488 | 6 | 1540 | 93 | 14 |
| **摩托车** | **Motorcycle** | **28175** | **843** | **27332** | **122** | **26378** | **1827** | **143** |
| 普通 | Common | 25828 | 770 | 25058 | 120 | 24132 | 1519 | 98 |
| 轻便 | Brisk | 2347 | 73 | 2274 | 2 | 2246 | 308 | 45 |
| **拖拉机** | **Tractors** | **5494** | **677** | **4817** | **7** | **5552** | | **32** |
| 大型 | Large | 986 | 487 | 499 | | 1033 | | 25 |
| 小型 | Small | 4508 | 190 | 4318 | 7 | 4519 | | 7 |
| **挂车** | **Trailers** | **232** | **215** | **17** | | **36** | **23** | |

# 12-4 邮电通信网

# SYSTEM OF POSTAL AND TELECOMMUNICATIONS SERVICES

| 年 份 Year | 邮电局所（个）Number of post and Telecommunications Offices(unit) | 邮路总长度（公里）Length of Postal Routes (km) | 农村投递路线（公里）Rural Delivery Routes (km) | 电报电路（路）Number of Telephone Lines (line) | 长话电路（2兆）Mumber of Long-distance Telephone Lines(2 trillion) |
|---|---|---|---|---|---|
| 1958 | 12 | 2816 | | 25 | 0.10 |
| 1959 | 51 | 4839 | | 75 | 0.20 |
| 1965 | 90 | 12378 | 10498 | 91 | 0.13 |
| 1970 | 156 | 8750 | 27612 | 97 | 0.13 |
| 1975 | 102 | 12016 | 84897 | 131 | 0.93 |
| 1978 | 112 | 95338 | 82480 | 147 | 1.73 |
| 1979 | 112 | 82518 | 69608 | 137 | 1.83 |
| 1980 | 117 | 15865 | 57487 | 114 | 2.07 |
| 1985 | 124 | 14355 | 59478 | 99 | 2.13 |
| 1986 | 124 | 17000 | 60252 | 99 | 2.13 |
| 1987 | 118 | 14837 | 59937 | 104 | 2.20 |
| 1988 | 117 | 14882 | 60996 | 99 | 3.27 |
| 1989 | 118 | 14676 | 56725 | 105 | 3.77 |
| 1990 | 119 | 14678 | 56725 | 103 | 4.30 |
| 1991 | 120 | 14391 | 55769 | 100 | 4.80 |
| 1992 | 123 | 15395 | 54999 | 100 | 6.10 |
| 1993 | 125 | 15175 | 55186 | 101 | 10.03 |
| 1994 | 133 | 17320 | 55367 | 106 | 16.70 |
| 1995 | 138 | 17648 | 55367 | 106 | 33.17 |
| 1996 | 139 | 16407 | 55260 | 101 | 47.27 |
| 1997 | 134 | 16435 | 55260 | 93 | 90.77 |
| 1998 | 134 | 16332 | 58368 | 105 | 174.83 |
| 1999 | 138 | 16720 | 42016 | 102 | 221.53 |
| 2000 | 142 | 16646 | 42677 | 83 | 396.53 |
| 2001 | 133 | 16357 | 42677 | 42 | 536.10 |
| 2002 | 129 | 16576 | 42677 | 32 | 541.07 |
| 2003 | 128 | 18544 | 42677 | | 995.57 |
| 2004 | 126 | 18615 | 44185 | | 921.00 |
| 2005 | 126 | 15357 | 116710 | | 2852.00 |

12-4 续表2 continued

| 年份<br>year | 市话交换机容量(门)<br>Capacity of Local Telephone Exchange(line) | 长途光缆线路长度(公里)<br>Length of Long Distance Optical Cable Lines (km) | 长途自动交换机容量(路端)<br>Capacity of Long-distance Telephone Exchanges (circuit) | 电话机用户(万部)<br>Number of Telephone User (10 000 sets) | 邮政主要设备汽车(辆)<br>Postal Trucks (unit) |
|---|---|---|---|---|---|
| 1958 | 150 | | | 0.01 | 15 |
| 1959 | 360 | | | 0.05 | 19 |
| 1965 | 1185 | | | 0.13 | 48 |
| 1970 | 1780 | | | 0.15 | 60 |
| 1975 | 3680 | | | 0.21 | 120 |
| 1978 | 5720 | | | 0.32 | 183 |
| 1979 | 6850 | | | 0.38 | 182 |
| 1980 | 9530 | | | 0.41 | 200 |
| 1985 | 10960 | | | 0.72 | 188 |
| 1986 | 11080 | | | 0.66 | 198 |
| 1987 | 10585 | | | 0.68 | 193 |
| 1988 | 11910 | | | 0.74 | 168 |
| 1989 | 11760 | | | 0.79 | 166 |
| 1990 | 15840 | | | 0.93 | 177 |
| 1991 | 15985 | | | 1.61 | 113 |
| 1992 | 20995 | | 210 | 1.86 | 175 |
| 1993 | 35385 | | | 2.24 | 155 |
| 1994 | 38146 | | 2810 | 2.77 | 146 |
| 1995 | 46571 | | 3678 | 3.52 | 155 |
| 1996 | 57700 | 423 | 5224 | 3.42 | 173 |
| 1997 | 90256 | 4076 | 4076 | 4.92 | 174 |
| 1998 | 149280 | 1450 | 7800 | 4.69 | 189 |
| 1999 | 158980 | 2532 | 20000 | 8.83 | 210 |
| 2000 | 170228 | 5317 | 28320 | 11.93 | 286 |
| 2001 | 244160 | 6789 | 52800 | 14.9 | 341 |
| 2002 | 272036 | 6872 | 41000 | 19.5 | 363 |
| 2003 | 293533 | 6405 | 41000 | 24.2 | 406 |
| 2004 | 340824 | 7565 | 41166 | 77.5 | 415 |
| 2005 | 362093 | 9576 | 44768 | 99.5 | 464 |

注：电话机用户指标1958年至2003年为电话机部数

Note: Number of Telephone Subscribers is Date Frome 1958 to 2003 Were The Figures of Number of Telephone

# 12-5　邮电业务量

## PLSTAL AND TELECOMMUNICATIONS SERVICES

| 年份<br>Year | 邮电业务总量（万元）<br>Business Volume of Post and Telecommunications Services (10000 yuan) | 邮政业务总量<br>Business Volume of Post | 电信业务总量<br>Business Volume of Telecommunications | 函件（万件）<br>Number of Letters (10000 pcs) | 包件（万件）<br>Number of Parcels (10000 pcs) | 特快专递（万件）<br>Pieces of Express Mail Services (10 000 pcs) | 报刊期发数（万份）<br>Number of Newspapers & Magazines Circulation (10000 copies) | 电报（万份）<br>Number of Telegrams (10000 copies) |
|---|---|---|---|---|---|---|---|---|
| 1958 | 60 | 12 | 48 | 96 | 0.1 | | 2 | 13 |
| 1959 | 99 | 31 | 43 | 273 | 0.2 | | 3 | 50 |
| 1965 | 284 | 63 | 58 | 478 | 1 | | 4 | 59 |
| 1970 | 151 | 48 | 33 | 363 | 1 | | 2 | 21 |
| 1975 | 176 | 88 | 78 | 534 | 2 | | 9 | 61 |
| 1978 | 214 | 89 | 125 | 557 | 5 | | 19 | 68 |
| 1979 | 228 | 100 | 128 | 565 | 5 | | 20 | 69 |
| 1980 | 269 | 104 | 165 | 576 | 6 | | 23 | 72 |
| 1985 | 813 | 32 | 781 | 657 | 5 | | 30 | 102 |
| 1986 | 829 | 191 | 638 | 727 | 6 | | 29 | 99 |
| 1987 | 894 | 203 | 691 | 804 | 8 | | 24 | 104 |
| 1988 | 1205 | 296 | 909 | 799 | 10 | | 25 | 115 |
| 1989 | 1524 | 396 | 1128 | 784 | 12 | | 21 | 126 |
| 1990 | 1713 | 836 | 877 | 792 | 12 | | 25 | 129 |
| 1991 | 2121 | 1127 | 994 | 753 | 9 | | 27 | 124 |
| 1992 | 2726 | 1480 | 1246 | 867 | 9 | | 25 | 129 |
| 1993 | 3273 | 1399 | 1874 | 1168 | 12 | 1 | 26 | 116 |
| 1994 | 4112 | 1527 | 2585 | 1460 | 17 | 1 | 58 | 121 |
| 1995 | 5740 | 1665 | 4075 | 1653 | 16 | 3 | 22 | 100 |
| 1996 | 7991 | 1858 | 6133 | 1587 | 20 | | 19 | 96 |
| 1997 | 11787 | 2282 | 9505 | 1373 | 20 | 5 | 26 | 76 |
| 1998 | 16492 | 2410 | 14082 | 1298 | 27 | 6 | 18 | 71 |
| 1999 | 26030 | 3073 | 22960 | 1415 | 34 | 10 | 27 | 75 |
| 2000 | 38431 | 3220 | 35211 | 1349 | 31 | 13 | 40 | 74 |
| 2001 | 64831 | 7276 | 28165 | 926 | 31 | 17 | 20 | 63 |
| 2002 | 74549 | 8184 | 66364 | 932 | 35 | 20 | 24 | 13 |
| 2003 | 98192 | 9288 | 88904 | 637 | 35 | 28 | 22 | 7 |
| 2004 | 134657 | 10040 | 124617 | 473 | 36 | 31 | 24 | |
| 2005 | ·164833 | 10466 | 154367 | 343 | 36 | 33 | 27 | |

注：邮电业务总量1980年以前按1970年不变价格计算，1981年至1990年按1980年不变价格计算，1991年至2000年按1990年不变价格计算，2001年以后按2000年不变价格计算。

Note: The business volume of post and telecommunications in 1980 and perrious years was calculated at 1970 constant prices while that in 1981-1990 was calculated in 1980 constant prices. Since 1990, it has caculated in 1990 constant prices.

## 12-5 续表2 continued

| 年份 year | 长途电话 (万次) Number of Long-distance Calls (10000 times) | 无线寻呼用户 (户) Number of Subscribers of Pageing Service (subscriber) | 年末市内电话户数 (户) Local Telephone Subscribers Year-end (subscriber) | 移动电话用户 (户) Number of Mobile Telephone Subscribers (subscriber) | 年末农村电话户数 (户) Rural Telephone Subscribers Year-end (subscriber) |
|---|---|---|---|---|---|
| 1958 | 0.1 | | 139 | | |
| 1959 | 0.1 | | 276 | | |
| 1965 | 1 | | 735 | | |
| 1970 | 1.1 | | 1007 | | |
| 1975 | 2 | | 1851 | | 66 |
| 1978 | 3.3 | | 3189 | | 530 |
| 1979 | 7.2 | | 3859 | | 570 |
| 1980 | 8 | | 3923 | | 529 |
| 1985 | 11 | | 5981 | | 280 |
| 1986 | 12 | | 6233 | | 358 |
| 1987 | 16 | | 6429 | | 371 |
| 1988 | 20 | | 7051 | | 332 |
| 1989 | 25 | | 7688 | | 310 |
| 1990 | 30 | 190 | 9056 | | 307 |
| 1991 | 44 | 175 | 10052 | | 307 |
| 1992 | 80 | 298 | 11715 | | 304 |
| 1993 | 144 | 753 | 15026 | 374 | 304 |
| 1994 | 229 | 1565 | 19778 | 717 | 312 |
| 1995 | 488 | 3177 | 26230 | 1422 | 300 |
| 1996 | 899 | 6976 | 32794 | 2218 | 321 |
| 1997 | 1762 | 11598 | 43326 | 6580 | 310 |
| 1998 | 2204 | 15811 | 58867 | 11513 | 299 |
| 1999 | 3037 | 32094 | 79022 | 27774 | 530 |
| 2000 | 4048 | 46680 | 105005 | 72300 | 620 |
| 2001 | 5563 | 29126 | 144852 | 112836 | 4713 |
| 2002 | 6316 | 12849 | 187954 | 210521 | 9492 |
| 2003 | 6795 | | 247661 | 330900 | 9094 |
| 2004 | 68510 | | 378424 | 396557 | 24998 |
| 2005 | 80153 | | 495313 | 469303 | 30396 |

# 第十三篇

# 国内贸易

## Chapter 13

## DOMESTIC TRADE

# 13-1 限额以上批发零售贸易业商品购进、销售总额 (2005年)

# TOTAL PURCHASES IN WHOLESALE AND RETAIL SALE TRADES ABOVR DESIGNATED SIZE (2005)

单位：万元　　(10000 yuan)

| 指标 | Item | 购进总额 Total Purchases | 销售总额 Total Sales |
|---|---|---|---|
| 总 计 | **Total** | **232917** | **195492** |
| 其中：国有及国有控股 | State-owned and Controlling Share Owned by the Seate | 203022 | 191803 |
| **按经济类型分组** | **Grouped by Status of Registration** | | |
| 国有企业 | State-owned Enterprises | 107524 | 120342 |
| 股份合作 | Cooperative Enterprises | 6741 | 8 |
| 有限责任公司 | Limited Liability Corporations | 84455 | 51879 |
| #国有独资企业 | State-funded Corporations | 84455 | 51879 |
| 股份有限公司 | Share-holding Corporations Ltd. | 21723 | 20999 |
| 私营企业 | Private Enterprises | 12474 | 2264 |
| **按国民经济行业分组** | **Grouped by Sectors** | | |
| 农畜产品批发业 | Primary and Livestock Products | 5397 | 11061 |
| 食品、饮料、烟草制品批发业 | Wholesale of Food , Beverages and Tobaccos | 84547 | 19102 |
| #米、面制品及食用油批发业 | Wholesale of Rice,Flour and Edible oil | | 939 |
| 烟草制品批发业 | Whole of Tobaccos | 75062 | 17733 |
| 纺织、服装及日用品批发业 | Wholesale of Textiles,Garments and Daily Articles | 120 | 1474 |
| 文化、体育用品及器材批发业 | Wholesale of Cultural ,Sports Goods and Appliances | | |
| 药品及医疗器材批发业 | Wholesale of Medicines and Medical Appliances | | |
| 机械设备、五金交电及电子产品批发业 | Wholesale of Mechinery Equipments,Hardwares,Electric Appliances and Electronic Products | 31323 | 3823 |
| 综合零售业 | Retail of Comprehensive | 13669 | 22777 |
| #百货零售业 | Retail of Articles For Daily Use | 8993 | 22777 |
| 汽车、摩托车、燃料及零配件专门零售业 | Retail of Automobiles,Motocycles,Fuels and Their Parts | 49842 | 99265 |
| #汽车零售业 | Retail of Automobiles | 13529 | 18517 |
| #机动车燃料零售业 | Retail of Fuels of Power-Vehicles | 36313 | 80748 |
| 家用电器及电子产品专门零售业 | Retail of Household Appliances and Electronic Products | | 37776 |
| #通讯设备零售业 | Retail of Telecommunication Appliances | | 37122 |
| 无店铺及其他零售业 | No Shop and Other Retail Trade | 6362 | 214 |

# 13-2 限额以上批发零售贸易业主要经济指标 (2005年)

单位：万元

| 指标 | Item | 流动资产合计 Circulating Funds | 固定资产原价 Original Value of Fixed Assets |
|---|---|---|---|
| 总 计 | **Total** | **143998** | **123435** |
| 一、批发业 | **Wholesale Trade** | 105276 | 47207 |
| 按经济类型分组 | **Grouped by Status of Registration** | | |
| 国有企业 | State-owned Enterprises | 33614 | 15845 |
| 股份合作企业 | Cooperative Enterprises | 4369 | 65 |
| 有限责任公司 | Limited Liability Corporations | 59324 | 21155 |
| 股份有限公司 | Share-holding Corporations Ltd. | 2668 | 6392 |
| 私营企业 | Private Enterprises | 5301 | 3750 |
| 按国民经济行业分组 | **Grouped by Sectors** | | |
| 农畜产品批发业 | Primary and Livestock Products | 7417 | 2379 |
| 食品、饮料、烟草制品批发业 | Wholesale of Food , Beverages and Tobaccos | 59280 | 14983 |
| # 烟草制品批发业 | #Whole of Tobaccos | 37704 | 10639 |
| 纺织、服装及日用品批发业 | Wholesale of Textiles,Garments and Daily Articles | 1326 | 2366 |
| # 服装批发业 | Wholesale of clothinges | 1326 | 2366 |
| 矿产品、建材及化工产品批发业 | Minerals, building materials and chemical product | 3566 | 7941 |
| #石油及制品批发业 | Wholesale of Petroleum and Related Products | 2668 | 6392 |
| 化肥批发业 | Wholesale of Fertilizer | 898 | 1549 |
| 机械设备、五金交电及电子产品批发业 | Wholesale of Mechinery Equipments,Hardwares,Electric Appliances and Electronic Products | 33687 | 19538 |
| #汽车、摩托车及零配件批发业 | Wholesale of Automobiles,Motocycles,Fuels and Their Parts | 10373 | 7860 |
| 二、零售业 | **Retail Trade** | 38721 | 76228 |
| 按经济类型分组 | **Grouped by Status of Registration** | | |
| 国有企业 | State-owned Enterprises | 32762 | 73258 |
| 有限责任公司 | Limited Liability Corporations | 1417 | 662 |
| 私营企业 | Private Enterprises | 4542 | 2308 |
| 按国民经济行业分组 | **Grouped by Sectors** | | |
| 综合零售业 | Retail of Comprehensive | 10327 | 23169 |
| #百货零售业 | Retail of Articles For Daily Use | 1957 | 11829 |
| 食品、饮料、烟草制品批发业 | Retail of Food , Beverages and Tobaccos | 8080 | 21240 |
| 文化、体育用品及器材专门零售业 | Retail of Cultural ,Sports Goods and Appliances | 3439 | 1474 |
| # 图书零售业 | Retail of Books | 3439 | 1474 |
| 医药及医疗器材专门零售业 | Retail of Medicines amd Medical Appliances | 3430 | 880 |
| # 药品零售业 | Retail of Medicines | 3430 | 880 |
| 汽车、摩托车、燃料及零配件专门零售业 | Retail of Automobiles,Motocycles,Fuels and Their Parts | 10222 | 13304 |
| # 汽车零售业 | Retail of Automobiles | 4968 | 2734 |
| #机动车燃料零售业 | Retail of Fuels of Power-Vehicles | 5254 | 10570 |
| 无店铺及其他零售业 | No Shop and Other Retail Trade | 3223 | 16161 |

# MAIN ECONOMIC INDICATOR OF ABOVER QUOTA WHOLESALE AND RETAIL TRADE

(10000 yuan)

| 累　计<br>折　旧<br>Accumulative Depreciation | 资　产<br>合　计<br>Total Assets | 负　债<br>合　计<br>Total Lialbilities | 所有者<br>权益合计<br>Creditor's Equity | 主营业务<br>收　入<br>Business Income of The Main Products | 主营业务<br>成　本<br>Core Business Cost | 利　润<br>总　额<br>Business Profits | 应交所<br>得税<br>Income Taxes Payable |
|---|---|---|---|---|---|---|---|
| **24705** | **265889** | **129060** | **136830** | **286352** | **224179** | **34540** | **3588** |
| **11264** | **157136** | **88798** | **68338** | **185777** | **153888** | **22054** | **3246** |
| | | | | | | | |
| 3982 | 52434 | 41902 | 10532 | 37441 | 32410 | 124 | 71 |
| | 4435 | 3324 | 1111 | 6687 | 6192 | 348 | |
| 6029 | 80656 | 37222 | 43435 | 108602 | 92918 | 13981 | 2070 |
| 1253 | 14310 | 2795 | 11515 | 30481 | 20547 | 7366 | 1105 |
| | 5301 | 3555 | 1745 | 2566 | 1821 | 483 | |
| | | | | | | | |
| 479 | 9727 | 6315 | 3413 | 5733 | 4961 | 272 | 4 |
| 3806 | 78696 | 42219 | 36477 | 102819 | 80697 | 13322 | 2061 |
| 2717 | 52607 | 15896 | 36711 | 95091 | 73459 | 13734 | 2061 |
| 536 | 3455 | 671 | 2784 | 1384 | 1344 | 2 | |
| 536 | 3455 | 671 | 2784 | 1384 | 1345 | 2 | |
| 1806 | 17433 | 5420 | 12013 | 35506 | 25387 | 7432 | 1105 |
| 1253 | 14310 | 2795 | 11515 | 30481 | 20547 | 7366 | 1105 |
| 553 | 3123 | 2625 | 497 | 5025 | 4840 | 66 | |
| 4637 | 47825 | 34173 | 13652 | 40335 | 41499 | 1026 | 76 |
| | | | | | | | |
| 1114 | 16671 | 10853 | 5818 | 15780 | 13971 | 509 | 25 |
| | | | | | | | |
| **13441** | **108753** | **40262** | **68492** | **100608** | **70291** | **12487** | **344** |
| | | | | | | | |
| 12992 | 97900 | 33703 | 64197 | 85304 | 56066 | 12371 | 340 |
| 263 | 2603 | 1771 | 832 | 5271 | 4905 | 70 | 4 |
| 186 | 8250 | 4788 | 3463 | 10033 | 9320 | 46 | |
| | | | | | | | |
| 3059 | 24313 | 6045 | 18267 | 10150 | 7304 | 1085 | 190 |
| 2211 | 14068 | 5220 | 8849 | 8327 | 7223 | 855 | 190 |
| 1334 | 18985 | 12286 | 6700 | 11787 | 8360 | 85 | 82 |
| 529 | 8050 | 3666 | 4384 | 3345 | | | 18 |
| 529 | 8050 | 3666 | 4384 | 3346 | | | 18 |
| 598 | 5030 | 5435 | -405 | 2196 | 2040 | -201 | |
| 598 | 5030 | 5435 | -405 | 2196 | 2040 | -201 | |
| 4790 | 33703 | 8762 | 24942 | 55227 | 40471 | 9130 | 54 |
| 370 | 8899 | 5133 | 3766 | 14594 | 13793 | 71 | 4 |
| 4419 | 24804 | 3629 | 21176 | 40634 | 26678 | 9059 | 50 |
| 3131 | 18672 | 4068 | 14604 | 17903 | 12116 | 2388 | |

# 13-3 限额以上批发零售贸易业商品销售库存类值 (2005年)

## TOTAL SALES AND INVENTORY IN WHOLESALE AND RETAIL SALE TRADES GROUPED BY CATEGORY OF COMMODITIES (2005)

单位：万元 (10000 yuan)

| 指标 | Item | 批 发<br>Wholesale | 零 售<br>Retail | 年末库存<br>Inventory<br>(year-end) |
|---|---|---|---|---|
| **类值合计** | **Total** | **35460** | **160032** | **55256** |
| 食品、饮料、烟酒类 | Food,Beverages,Tobaccos and Liquor | 19102 | 12844 | 21708 |
| 粮油类 | Provisions and Oil | 939 | 878 | 2330 |
| 肉禽类 | Meat and Poultry | | | 726 |
| 饮料类 | Beverages | 257 | 460 | 325 |
| 烟酒类 | Tobacco and Liquor | 17733 | 11060 | 17514 |
| 其他食品类 | Others | 173 | 446 | 813 |
| 服装鞋帽、针、纺织品类 | Clothing,Shoes,Hats and Textiles | 1474 | 3009 | 1533 |
| 服装类 | Clothing | 175 | 1789 | 702 |
| 鞋帽类 | Shoes and Hats | 183 | 704 | 200 |
| 针、纺织品类 | Knitwear and Textiles | 1116 | 516 | 631 |
| 化妆品类 | Cosmectics | | 1317 | 731 |
| 金银珠宝类 | Gold,Sliver and Jewelry | | 1588 | 1156 |
| 日用品类 | Articles for Daily Use | 36 | 430 | 161 |
| #洗涤用品类 | Washing Articles | 29 | 362 | 106 |
| 儿童玩具类 | Children Toys | 7 | 62 | 55 |
| 五金、电料类 | Hardwarea and Electrical Materials | | 47 | 128 |
| 体育、娱乐用品类 | Sports and Recreation Articles | | 39 | 8 |
| 书报杂志类 | Newspapers ang Magazines | | 3000 | 2733 |
| 电子出版物及音像制品类 | E-journal and Video Products | | 46 | 130 |
| 家用电器和音像器材类 | Household Appliances and Video Appliances | 1 | 608 | 507 |
| 中西药品类 | Traditional Chinese and Western Medicines | | 320 | 3415 |
| #西药 | Western Medicines | | 233 | 2923 |
| 中草药及中成药 | Traditional Chinese Medicines | | 86 | 492 |
| 文化办公用品类 | Culture and Official Goods | | 154 | 617 |
| 家俱类 | Furniture | | 29 | 81 |
| 通讯器材类 | Communication Appliances | | 37122 | 2743 |
| 石油及制品类 | Petroleum and Relateel Products | 1526 | 80748 | 9877 |
| 化工材料及制品类 | Raw Chemical Materials | 3228 | | 1827 |
| #化肥类 | Fertilizer | 3228 | | 1827 |
| 机电产品及设备类 | Mechanical and Electrical Products | 3823 | | 2109 |
| #农机类 | Agricultural Machinery | 3823 | | 2109 |
| 汽车类 | Automobile | | 18517 | 4520 |
| 其他类 | Others | 6270 | 214 | 1272 |

# 13-4　社会消费品零售总额

## TOTAL RETAIL SALES OF CONSUMER GOODS

单位：万元 (10000 yuan)

| 年份 Year | 地区 Region | 社会消费品零售总额 Total Retail Sales of Consumer Goods | 按地区分 Grouped by Region 市 City | 县 Country | 县以下 Under Country Level |
|---|---|---|---|---|---|
| 1978 | | 24479 | 9474 | 3665 | 11340 |
| 1979 | | 27114 | 10493 | 3758 | 12863 |
| 1980 | | 28687 | 11101 | 4446 | 13140 |
| 1981 | | 33151 | 12829 | 6831 | 13491 |
| 1982 | | 37051 | 14080 | 5782 | 17189 |
| 1983 | | 39386 | 15243 | 5908 | 18235 |
| 1984 | | 92422 | 35767 | 13863 | 42792 |
| 1985 | | 94983 | 36759 | 14891 | 43333 |
| 1986 | | 91009 | 35199 | 22752 | 33058 |
| 1987 | | 98571 | 34499 | 24642 | 39430 |
| 1988 | | 106239 | 32979 | 28833 | 44427 |
| 1989 | | 128783 | 34636 | 50166 | 43981 |
| 1990 | | 128700 | 33059 | 54082 | 41559 |
| 1991 | | 138532 | 59933 | 47234 | 31365 |
| 1992 | | 152265 | 68519 | 45680 | 38066 |
| 1993 | | 181563 | 76256 | 68994 | 36313 |
| 1994 | | 207363 | 87299 | 78866 | 41198 |
| 1995 | | 243030 | 111633 | 76782 | 54615 |
| 1996 | | 261865 | 122269 | 82736 | 56860 |
| 1997 | | 323246 | 157045 | 108761 | 57440 |
| 1998 | | 347198 | 174043 | 121030 | 52125 |
| 1999 | | 376258 | 185116 | 140223 | 50919 |
| 2000 | | 425209 | 204237 | 164287 | 56685 |
| 2001 | | 486482 | 238647 | 189758 | 58077 |
| 2002 | | 529390 | 238427 | 223892 | 67071 |
| 2003 | | 578253 | 258705 | 248035 | 71513 |
| 2004 | | 631799 | 280126 | 271778 | 79895 |
| 2005 | | 731050 | 330127 | 308224 | 92699 |
| 拉萨市 | Lhasa | 336378 | 261632 | 53625 | 21121 |
| 昌都地区 | Chamdo | 58995 | | 52363 | 6632 |
| 山南地区 | Lhoka | 67056 | | 57804 | 9252 |
| 日喀则地区 | Shigatse | 135200 | 68495 | 31072 | 35633 |
| 那曲地区 | Nakchu | 69320 | | 66180 | 3140 |
| 阿里地区 | Ngari | 21527 | | 18944 | 2583 |
| 林芝地区 | Nyingtri | 42574 | | 28236 | 14338 |

# 13-5 按经济类型分的社会消费品零售总额

## TOTAL RETAIL SALES OF CONSUMER GOODS BY OWNERSHIP

| 年份<br>Year | 地区<br>Region | 合计<br>(万元)<br>Total<br>(10000 yuan) | 国有经济<br>State-owned | 集体经济<br>Collective-Owned | 联营经济<br>Joint Owned | 个体经济<br>Individual | 其他经济<br>Others |
|---|---|---|---|---|---|---|---|
| 1978 | | 24479 | 22763 | | | 493 | 1223 |
| 1979 | | 27114 | 25215 | | | 543 | 1356 |
| 1980 | | 28687 | 26679 | | | 574 | 1434 |
| 1981 | | 33151 | 26520 | 1658 | 663 | 3315 | 995 |
| 1982 | | 37051 | 29640 | 1853 | 741 | 3705 | 1112 |
| 1983 | | 39386 | 37639 | 417 | | 33 | 1297 |
| 1984 | | 92422 | 33171 | 44726 | 294 | 10046 | 4185 |
| 1985 | | 94983 | 34914 | 20628 | 639 | 9928 | 28874 |
| 1986 | | 91009 | 38357 | 23782 | 1742 | 18870 | 8258 |
| 1987 | | 98571 | 47430 | 24177 | 1080 | 17817 | 8067 |
| 1988 | | 106239 | 49207 | 29976 | 1158 | 21870 | 4028 |
| 1989 | | 128783 | 64997 | 32191 | 53 | 23260 | 8282 |
| 1990 | | 128700 | 77726 | 28082 | 526 | 15340 | 7026 |
| 1991 | | 138532 | 85594 | 17108 | 8 | 33068 | 2754 |
| 1992 | | 152265 | 89032 | 19292 | 881 | 39547 | 3513 |
| 1993 | | 181563 | 65622 | 11601 | 3137 | 57533 | 43670 |
| 1994 | | 207363 | 68148 | 3388 | 1037 | 94874 | 39916 |
| 1995 | | 243030 | 74680 | 4107 | 571 | 128763 | 34909 |
| 1996 | | 261865 | 77773 | 6611 | 1064 | 144371 | 32045 |
| 1997 | | 323246 | 96585 | 14424 | 3631 | 186035 | 22571 |
| 1998 | | 347198 | 89274 | 8527 | 1398 | 222130 | 25869 |
| 1999 | | 376258 | 84792 | 8452 | 3144 | 248498 | 31372 |
| 2000 | | 425209 | 87095 | 9034 | 4894 | 280153 | 44033 |
| 2001 | | 486482 | 140623 | 10720 | 4626 | 291787 | 38726 |
| 2002 | | 529390 | 140474 | 13568 | 4691 | 331452 | 39205 |
| 2003 | | 578253 | 116669 | 25992 | 3913 | 386968 | 44711 |
| 2004 | | 631799 | 116046 | 47631 | 606 | 365907 | 101609 |
| 2005 | | 731050 | 152510 | 73193 | 771 | 323484 | 181092 |
| 拉萨市 | Lhasa | 336378 | 74651 | 58451 | 51 | 83549 | 119676 |
| 昌都地区 | Chamdo | 58995 | 8365 | 816 | 265 | 42293 | 7256 |
| 山南地区 | Lhoka | 67056 | 14182 | 514 | 392 | 45104 | 6864 |
| 日喀则地区 | Shigatse | 135200 | 25468 | 8562 | | 75414 | 25756 |
| 那曲地区 | Nakchu | 69320 | 19238 | 4798 | | 25199 | 20085 |
| 阿里地区 | Ngari | 21527 | 1226 | | | 19139 | 1162 |
| 林芝地区 | Nyingtri | 42574 | 9380 | 52 | 63 | 32786 | 293 |

# 13-6　按行业分的社会消费品零售总额

## TOTAL RETAIL SALES OF CONSUMER GOODS BY SECTOR

| 年份 Year | 地区 Region | 合计 (万元) Total (10000 yuan) | 批发和零售业 Wholesale and Retail Trades | 住宿和餐饮业 Hotel and Restaurants | 其他行业 Others |
|---|---|---|---|---|---|
| 1978 | | 24477 | 22679 | 169 | 1631 |
| 1979 | | 27114 | 24885 | 179 | 2050 |
| 1980 | | 28687 | 26220 | 189 | 2278 |
| 1981 | | 33151 | 28723 | 221 | 4207 |
| 1982 | | 37051 | 33728 | 532 | 2791 |
| 1983 | | 39386 | 37426 | 187 | 1773 |
| 1984 | | 92422 | 76086 | 2662 | 13674 |
| 1985 | | 94983 | 79556 | 3553 | 11874 |
| 1986 | | 91009 | 70628 | 3640 | 16741 |
| 1987 | | 98571 | 79510 | 4020 | 15041 |
| 1988 | | 106239 | 86370 | 4961 | 14908 |
| 1989 | | 128783 | 109325 | 5027 | 14431 |
| 1990 | | 128700 | 110935 | 4657 | 13108 |
| 1991 | | 138532 | 103539 | 9277 | 25716 |
| 1992 | | 152265 | 123382 | 6240 | 22643 |
| 1993 | | 181563 | 136325 | 11203 | 34035 |
| 1994 | | 207363 | 168470 | 15724 | 23169 |
| 1995 | | 243030 | 170493 | 37624 | 34913 |
| 1996 | | 261865 | 175803 | 44556 | 41506 |
| 1997 | | 323246 | 262961 | 36315 | 23970 |
| 1998 | | 347198 | 265795 | 52623 | 28780 |
| 1999 | | 376258 | 293794 | 53051 | 29413 |
| 2000 | | 425209 | 319695 | 65861 | 39653 |
| 2001 | | 486482 | 366299 | 73722 | 46461 |
| 2002 | | 529390 | 419709 | 77131 | 32550 |
| 2003 | | 578253 | 462009 | 81027 | 35217 |
| 2004 | | 631799 | 510970 | 109958 | 10871 |
| 2005 | | 731050 | 591990 | 123773 | 15287 |
| 拉萨市 | Lhasa | 336378 | 285181 | 47020 | 4177 |
| 昌都地区 | Chamdo | 58995 | 45476 | 12542 | 977 |
| 山南地区 | Lhoka | 67056 | 56056 | 11000 | |
| 日喀则地区 | Shigatse | 135200 | 95790 | 30791 | 8619 |
| 那曲地区 | Nakchu | 69320 | 63893 | 4975 | 452 |
| 阿里地区 | Ngari | 21527 | 14940 | 6200 | 387 |
| 林芝地区 | Nyingtri | 42574 | 30654 | 11245 | 675 |

# 第十四篇

# 对外经济贸易和旅游

# Chapter 14

## FOREIGN TRADE AND TOURISM

# 14-1 进出口贸易总额

## TOTAL VALUE OF IMPORTS AND EXPORTS

| 年份 Year | 人民币(万元) RMB(10000 Yuan) | | | 美元(万美元) USD (10000 US Dollars) | | |
|---|---|---|---|---|---|---|
| | 进出口总额 Total Imports And Exports | 出口总额 Total Exports | 进口总额 Total Imports | 进出口总额 Total Imports And Exports | 出口总额 Total Exports | 进口总额 Total Imports |
| 1953 | 1387 | 236 | 1151 | 402 | 68 | 334 |
| 1959 | 672 | 352 | 320 | 195 | 102 | 93 |
| 1965 | 693 | 110 | 583 | 243 | 39 | 204 |
| 1970 | 474 | 35 | 439 | 190 | 14 | 176 |
| 1975 | 1760 | 144 | 1616 | 898 | 73 | 825 |
| 1978 | 2869 | 272 | 2597 | 1664 | 158 | 1506 |
| 1979 | 2395 | 315 | 2080 | 1557 | 205 | 1352 |
| 1980 | 2463 | 381 | 2082 | 1650 | 255 | 1395 |
| 1981 | 3179 | 441 | 2738 | 1907 | 265 | 1642 |
| 1982 | 2049 | 757 | 1292 | 1107 | 409 | 698 |
| 1983 | 3202 | 941 | 2261 | 1633 | 480 | 1153 |
| 1984 | 3257 | 860 | 2397 | 1466 | 387 | 1079 |
| 1985 | 5422 | 1494 | 3928 | 1844 | 508 | 1336 |
| 1986 | 4119 | 2914 | 1205 | 1195 | 845 | 350 |
| 1987 | 9160 | 4501 | 4659 | 2473 | 1215 | 1258 |
| 1988 | 8219 | 5949 | 2270 | 2219 | 1606 | 613 |
| 1989 | 14481 | 7342 | 7139 | 3910 | 1982 | 1928 |
| 1990 | 14267 | 6581 | 7686 | 3022 | 1394 | 1628 |
| 1991 | 18460 | 8581 | 9879 | 3470 | 1613 | 1857 |
| 1992 | 34891 | 10466 | 24425 | 6434 | 1930 | 4504 |
| 1993 | 89305 | 13076 | 76229 | 10265 | 1503 | 8762 |
| 1994 | 266887 | 41857 | 225030 | 31288 | 4907 | 26381 |
| 1995 | 53726 | 24942 | 28784 | 7052 | 3494 | 3558 |
| 1996 | 84765 | 36768 | 47996 | 10471 | 4542 | 5929 |
| 1997 | 97954 | 41473 | 56481 | 11833 | 5010 | 6823 |
| 1998 | 93576 | 60911 | 32665 | 11304 | 7358 | 3946 |
| 1999 | 146140 | 75655 | 70485 | 16622 | 8605 | 8017 |
| 2000 | 113352 | 98597 | 14755 | 13029 | 11333 | 1696 |
| 2001 | 78416 | 68178 | 10238 | 9482 | 8244 | 1238 |
| 2002 | 107775 | 67070 | 40705 | 13032 | 8110 | 4922 |
| 2003 | 133271 | 100613 | 32658 | 16115 | 12166 | 3949 |
| 2004 | 184876 | 107584 | 77292 | 22355 | 13009 | 9346 |
| 2005 | 166366 | 133909 | 32457 | 20539 | 16532 | 4007 |

注:本表1998年以前为外贸部门统计数，1999年开始为海关统计数(下同)。

Note:Data before 1998 were obtained from the Ministry of Foreign Trade ,and the data since 1999 have been obtained from the Customs statistics.

# 14-2 边境进出口贸易总额

## TOTAL VALUE OF IMPORTS AND EXPORTS FOR FRONTIER TRADE

| 年份 Year | 人民币(万元) RMB(10000 Yuan) 边境进出口总额 Total Value of Imports And Exports for Frontier Trade | 出口总额 Total Exports | 进口总额 Total Imports | 美元(万美元) USD (10000 US Dollars) 进出口总额 Total Value of Imports and Exports for Frontier Trade | 出口总额 Total Exports | 进口总额 Total Imports |
|---|---|---|---|---|---|---|
| 1953 | 1387 | 236 | 1151 | 402 | 68 | 334 |
| 1959 | 672 | 352 | 320 | 195 | 102 | 93 |
| 1965 | 429 | 110 | 319 | 150 | 39 | 111 |
| 1970 | 257 | 35 | 222 | 103 | 14 | 89 |
| 1975 | 355 | 144 | 211 | 181 | 73 | 108 |
| 1978 | 601 | 272 | 329 | 349 | 158 | 191 |
| 1979 | 675 | 315 | 360 | 439 | 205 | 234 |
| 1980 | 761 | 381 | 380 | 500 | 255 | 245 |
| 1981 | 840 | 406 | 434 | 504 | 244 | 260 |
| 1982 | 994 | 446 | 548 | 537 | 241 | 296 |
| 1983 | 1328 | 631 | 697 | 664 | 316 | 348 |
| 1984 | 1136 | 562 | 574 | 511 | 253 | 258 |
| 1985 | 1647 | 819 | 828 | 559 | 278 | 281 |
| 1986 | 2876 | 1920 | 956 | 834 | 557 | 277 |
| 1987 | 2679 | 2087 | 592 | 723 | 563 | 160 |
| 1988 | 821 | 605 | 216 | 221 | 163 | 58 |
| 1989 | 5205 | 3168 | 2037 | 1405 | 855 | 550 |
| 1990 | 4026 | 2475 | 1551 | 902 | 524 | 378 |
| 1991 | 3625 | 2995 | 630 | 682 | 564 | 118 |
| 1992 | 5829 | 5352 | 477 | 1075 | 987 | 88 |
| 1993 | 7760 | 6072 | 1688 | 892 | 698 | 194 |
| 1994 | 10500 | 3557 | 6943 | 1231 | 417 | 814 |
| 1995 | 4806 | 4059 | 747 | 579 | 489 | 90 |
| 1996 | 9715 | 7448 | 2267 | 1200 | 920 | 280 |
| 1997 | 2989 | 2724 | 265 | 361 | 329 | 32 |
| 1998 | 6664 | 4892 | 1772 | 805 | 591 | 214 |
| 1999 | 69356 | 62014 | 7342 | 7972 | 7128 | 844 |
| 2000 | 94430 | 88644 | 5786 | 10854 | 10189 | 665 |
| 2001 | 67078 | 62951 | 4127 | 8111 | 7612 | 499 |
| 2002 | 50786 | 46792 | 3994 | 6141 | 5658 | 483 |
| 2003 | 64150 | 59883 | 4267 | 7757 | 7241 | 516 |
| 2004 | 74860 | 70816 | 4044 | 9052 | 8563 | 489 |
| 2005 | 98982 | 93806 | 5176 | 12220 | 11581 | 639 |

# 14-3 出口贸易总额

## TOTAL VALUE OF EXPORTS

单位：万美元　　　　(10000 USD)

| 指标 | Item | 1990 | 1995 | 1997 | 1998 | 1999 | 2000 | 2001 | 2002 | 2004 | 2005 |
|---|---|---|---|---|---|---|---|---|---|---|---|
| 出口总额 | Total Exports | 1394 | 3494 | 5010 | 7358 | 8605 | 11333 | 8244 | 8110 | 13009 | 16532 |
| #粮油食品类 | Grain and Oil or Fat | 89 | 14 | 426 | 180 | 302 | 334 | | | 688 | 898 |
| 畜产品 | Output of Livestock Products | 1077 | 15 | 329 | 389 | 1021 | 2342 | 265 | 261 | 700 | 785 |
| 中药材 | Traditional Chinese Medicine | 129 | 15 | 330 | | 95 | 78 | … | 0.54 | 1521 | 1364 |
| 地　毯 | Carpets | 51 | 26 | 184 | 4 | 162 | 178 | 101 | 975 | 21 | 15 |
| 轻工品类 | Light Industry Products | 39 | 68 | 350 | | 2237 | 4032 | 6865 | 5122 | 10113 | 12513 |

# 14-4 进口贸易总额

## TOTAL VALUE OF IMPORTS

单位：万美元　　　　(10000 USD)

| 指标 | Item | 1990 | 1995 | 1997 | 1998 | 1999 | 2000 | 2001 | 2002 | 2004 | 2005 |
|---|---|---|---|---|---|---|---|---|---|---|---|
| 进口贸易总额 | Total Value of Imports | 1628 | 3558 | 6823 | 3946 | 8017 | 1696 | 1238 | 4922 | 9346 | 4007 |
| #汽车及摩托车 | Motor Vehicals And Motor-cyclea | 529 | 1729 | 106 | 12 | 73 | 268 | 172 | 374 | 41 | 236 |
| 其他机械类 | Others | 13 | 1252 | 500 | 50 | 392 | 327 | 50 | 278 | 7286 | 2850 |
| 仪器类 | Instruments | 3 | 541 | | 1 | 593 | 252 | 3 | 33 | 61 | 21 |
| 橡胶及制品 | Rubber and Articles | 2 | | 3 | 350 | 689 | 21 | … | | 4 | |
| 化工原料 | Chemical Materials | | 20 | 756 | | 3816 | 1 | … | | 6 | 133 |

# 14-5 旅游人数及旅游收入

## NUMBER OF TOURISTS AND FOREIGN EARNINGS

| 年 份 Year | 接待旅游者人数(人次) Number of International Tourists Received (persons-times) | 国际旅游者人数 International tourists | #外国人 Foreigners | 国内旅游者人数 Number of Civil Tourists | 旅游总收入(万元) Business Income (10000 yuan) | 国内旅游收入(万元) Earnings from International tourism (10000 yuan) | 外汇收入(万美元) Foreign Exchange Earnings from Tourism (USD 10000) |
|---|---|---|---|---|---|---|---|
| 1980 | 3525 | 1059 | 1004 | 2466 | 131 | | 80 |
| 1981 | 8624 | 2056 | 2005 | 6568 | 258 | | 171 |
| 1982 | 18201 | 1580 | 1578 | 16621 | 186 | | 130 |
| 1983 | 37564 | 1723 | 1596 | 35841 | 263 | | 150 |
| 1984 | 60183 | 1579 | 1508 | 58604 | 257 | | 100 |
| 1985 | 71980 | 15402 | 15041 | 56578 | 399 | | 120 |
| 1986 | 87968 | 31000 | 29553 | 56968 | 2970 | | 620 |
| 1987 | 127554 | 108750 | 42889 | 18804 | 5600 | | 800 |
| 1988 | 103255 | 56293 | 21835 | 46962 | 6229 | | 700 |
| 1989 | 29833 | 8287 | 3341 | 21546 | 3726 | | 222 |
| 1990 | 23954 | 6654 | 9842 | 17300 | 684 | | 145 |
| 1991 | 117196 | 38286 | 14768 | 78883 | 5069 | | 770 |
| 1992 | 161163 | 50963 | 49823 | 110201 | 7257 | | 997 |
| 1993 | 184262 | 54409 | 53192 | 129853 | 9348 | | 675 |
| 1994 | 198928 | 65980 | 62233 | 132948 | 15321 | | 1045 |
| 1995 | 206598 | 67814 | 65428 | 138784 | 21375 | 6340 | 1130 |
| 1996 | 325468 | 75003 | 72580 | 250465 | 23258 | 7835 | 2955 |
| 1997 | 366610 | 81800 | 73412 | 284810 | 25974 | 10338 | 3172 |
| 1998 | 386643 | 96444 | 87039 | 290199 | 26491 | 10998 | 3302 |
| 1999 | 448547 | 108224 | 98966 | 340323 | 57000 | 22234 | 3630 |
| 2000 | 608335 | 149441 | 134539 | 458894 | 67462 | 25834 | 5226 |
| 2001 | 686116 | 127148 | 116440 | 558968 | 75053 | 37053 | 4638 |
| 2002 | 867320 | 142279 | 129617 | 725041 | 98777 | 55899 | 5166 |
| 2003 | 928639 | 51120 | 45685 | 877519 | 103723 | 88028 | 1891 |
| 2004 | 1223098 | 95816 | 88797 | 1127282 | 153195 | 122817 | 3660 |
| 2005 | 1800623 | 121308 | 111018 | 1679315 | 193524 | 157536 | 4443 |

# 第十五篇

# 金融和保险

# Chapter 15

# BANKING AND INSURANCE

# 15-1 金融机构各项存款

## BALANCE OF DEPOSITS OF BANKING SYSTEM

单位：万元　　　　(10000 yuan)

| 年 份<br>Year | 存款合计<br>Total Deposita | #企业存款<br>Deposits of Enterprises | #财政性存款<br>Treasury Deposits | #城乡储蓄存款<br>Urban and Rural Savings Deposits |
|---|---|---|---|---|
| 1959 | 10182 | 2827 | | 975 |
| 1965 | 23029 | 2897 | 9572 | 2514 |
| 1970 | 41210 | 6942 | 15557 | 2960 |
| 1975 | 60568 | 8165 | 27002 | 3213 |
| 1978 | 70608 | 10878 | 26349 | 3340 |
| 1979 | 76961 | 14816 | 31789 | 4412 |
| 1980 | 87234 | 14612 | 31703 | 6054 |
| 1981 | 101153 | 20812 | 37500 | 6282 |
| 1982 | 108201 | 25027 | 34158 | 7611 |
| 1983 | 134543 | 24043 | 56092 | 9791 |
| 1984 | 104475 | 28979 | 24725 | 12622 |
| 1985 | 133799 | 33316 | 37260 | 15974 |
| 1986 | 143599 | 35745 | 33482 | 19978 |
| 1987 | 175649 | 52076 | 47448 | 23134 |
| 1988 | 196274 | 64973 | 42464 | 28360 |
| 1989 | 215016 | 62291 | 52762 | 33563 |
| 1990 | 212611 | 80335 | 32722 | 39961 |
| 1991 | 262275 | 92473 | 48162 | 51143 |
| 1992 | 290493 | 103950 | 30106 | 59412 |
| 1993 | 326750 | 116592 | 23824 | 77566 |
| 1994 | 525744 | 157307 | 59706 | 111572 |
| 1995 | 716307 | 329620 | 171699 | 193747 |
| 1996 | 854659 | 420991 | 122534 | 267651 |
| 1997 | 977201 | 499006 | 51638 | 304515 |
| 1998 | 1101308 | 538961 | 67252 | 334481 |
| 1999 | 1318361 | 626238 | 121042 | 368169 |
| 2000 | 1449755 | 734012 | 74919 | 404807 |
| 2001 | 2129002 | 1256992 | 96742 | 501778 |
| 2002 | 2829653 | 1705832 | 62803 | 703825 |
| 2003 | 3208709 | 1816101 | 47630 | 918982 |
| 2004 | 3617220 | 2074667 | 97697 | 1074935 |
| 2005 | 4551139 | 2196389 | 158668 | 1230959 |

# 15-2 金融机构各项贷款

## BALANCE LOAN OF BANKING SYSTEM

单位：万元 (10000 yuan)

| 年 份<br>Year | 贷款合计<br>All Loans | #工业贷款<br>Industry | #商业贷款<br>Commerce | #乡镇企业贷款<br>Township Enterprises Loans |
|---|---|---|---|---|
| 1959 | 1379 | 7 | 1274 | |
| 1965 | 9092 | 980 | 7281 | |
| 1970 | 15231 | 4298 | 10403 | |
| 1975 | 27932 | 4156 | 14159 | |
| 1978 | 16091 | 1684 | 13616 | |
| 1979 | 24626 | 4476 | 19386 | |
| 1980 | 23223 | 4987 | 17172 | |
| 1981 | 20709 | 2727 | 17092 | |
| 1982 | 22580 | 1503 | 20655 | |
| 1983 | 31542 | 1482 | 29573 | |
| 1984 | 59135 | 9737 | 46504 | |
| 1985 | 73413 | 7854 | 62311 | |
| 1986 | 66909 | 9659 | 54309 | |
| 1987 | 55915 | 6318 | 42865 | |
| 1988 | 108054 | 17282 | 66116 | |
| 1989 | 153021 | 15820 | 95061 | |
| 1990 | 177156 | 18837 | 123348 | |
| 1991 | 171817 | 17727 | 119468 | |
| 1992 | 208413 | 19790 | 116668 | |
| 1993 | 329067 | 42895 | 180248 | |
| 1994 | 403420 | 53000 | 222544 | 3691 |
| 1995 | 522528 | 33505 | 252170 | 4397 |
| 1996 | 593957 | 43215 | 273736 | 4726 |
| 1997 | 758123 | 60985 | 253562 | 5896 |
| 1998 | 788391 | 58181 | 248924 | 4710 |
| 1999 | 745852 | 60654 | 246008 | 6445 |
| 2000 | 806248 | 84600 | 240382 | 7521 |
| 2001 | 966246 | 89714 | 261107 | 8120 |
| 2002 | 1211279 | 92530 | 328332 | 7838 |
| 2003 | 1444358 | 94193 | 308971 | 7250 |
| 2004 | 1678969 | 56021 | 186296 | 5608 |
| 2005 | 1788521 | 76921 | 153160 | 6683 |

# 15-3 银行现金收支

## CASH RECEIPTS AND EXPENDITURES OF BANKING SYSTEM

单位：万元 (10000 yuan)

| 年份<br>Year | 收入合计<br>Total of Revenue | #商品销售收入<br>Income from Commodity Sales | #服务业收入<br>Income From Service Trade | 支出合计<br>Total of Expenditures | #国家工资支出<br>Expenditure for Wages of Government | #农产品收购支出<br>Purchases of Agricultural Sideline Products | 投放回笼差<br>Cash Statistics |
|---|---|---|---|---|---|---|---|
| 1960 | 4442 | 2566 | 56 | 4715 | 1365 | 1258 | 273 |
| 1965 | 10820 | 6498 | 210 | 12272 | 3692 | 2059 | 1452 |
| 1970 | 11250 | 6489 | 200 | 13825 | 4567 | 1697 | 2575 |
| 1975 | 17646 | 10763 | 802 | 19865 | 6635 | 1527 | 2219 |
| 1978 | 19884 | 11952 | 1156 | 21894 | 8603 | 729 | 2010 |
| 1979 | 24655 | 13832 | 1266 | 28022 | 11433 | 661 | 3367 |
| 1980 | 30752 | 16909 | 1374 | 37131 | 15175 | 1226 |  |
| 1981 | 31599 | 18403 | 1417 | 35204 | 13465 | 1327 | 3605 |
| 1982 | 34330 | 19159 | 1606 | 40011 | 15523 | 2296 | 5681 |
| 1983 | 38465 | 19906 | 1829 | 46089 | 17241 | 1962 | 7624 |
| 1984 | 47333 | 22492 | 2489 | 63092 | 21798 | 1669 | 15759 |
| 1985 | 63842 | 27155 | 3780 | 84735 | 27552 | 3178 | 20893 |
| 1986 | 69834 | 28171 | 4274 | 87694 | 31335 | 3949 | 17860 |
| 1987 | 79837 | 31193 | 5799 | 95657 | 32115 | 4591 | 15820 |
| 1988 | 104360 | 41154 | 7589 | 23642 | 31690 | 9094 | 19282 |
| 1989 | 122840 | 44566 | 9339 | 158964 | 37647 | 10871 | 36124 |
| 1990 | 128841 | 38942 | 11193 | 182467 | 43328 | 9364 | 53626 |
| 1991 | 142094 | 37850 | 13145 | 202303 | 47532 | 8732 | 60219 |
| 1992 | 178801 | 42793 | 14191 | 252630 | 52844 | 9531 | 73830 |
| 1993 | 273017 | 56807 | 24502 | 367403 | 65177 | 11424 | 94386 |
| 1994 | 380723 | 68191 | 41039 | 555340 | 112741 | 14794 | 174618 |
| 1995 | 691710 | 79585 | 51075 | 945820 | 141211 | 20007 | 254111 |
| 1996 | 882667 | 106625 | 81980 | 1122786 | 206472 | 30786 | 240119 |
| 1997 | 1064042 | 116196 | 111691 | 1290921 | 199922 | 29246 | 226879 |
| 1998 | 1171173 | 129354 | 133723 | 1389642 | 200443 | 11549 | 218469 |
| 1999 | 1510834 | 154487 | 167547 | 1708721 | 239174 | 44084 | 197887 |
| 2000 | 1713563 | 189615 | 190123 | 1947659 | 261551 | 30703 | 234096 |
| 2001 | 2081952 | 230764 | 232507 | 2362862 | 314822 | 39830 | 280910 |
| 2002 | 2809173 | 271247 | 277812 | 3132293 | 413019 | 41584 | 323120 |
| 2003 | 3853063 | 425675 | 379400 | 4261426 | 484037 | 50355 | 408363 |
| 2004 | 5288637 | 423618 | 428992 | 5625297 | 551693 | 68883 | 336660 |
| 2005 | 5209620 | 572290 | 467463 | 5584708 | 562488 | 68391 | 375088 |

# 15-4 银行现金收入

## CASH RECEIPTS OF BANKING SYSTEM

单位：万元

| 指标 | Item | 1990 | 1995 | 2000 | 2004 | 2005 |
|---|---|---|---|---|---|---|
| **合　计** | **Total** | **128841** | **691710** | **1665286** | **5288637** | **5209620** |
| 商品销售收入 | Income from Commodity Sales | 39143 | 79585 | 182914 | 423618 | 572290 |
| 服务业收入 | Income from Service Trade | 11295 | 51662 | 189061 | 428992 | 467463 |
| 税款收入 | Income from Taxes | 1074 | 5187 | 17993 | 32298 | 50552 |
| 城乡个体经营收入 | Income from Individual Business | 2856 | 16900 | 111839 | 261488 | 322019 |
| 储蓄收入 | Income from Savings Deposits | 43032 | 251310 | 704881 | 3310283 | 2916258 |
| 其他金融机构收入 | Income from Other Financial Institutions | 7440 | 15146 | 11877 | 6796 | 4540 |
| 居民归还贷款收入 | Income from Household Loan Recovery | | | 34824 | 132114 | 144180 |
| 汇兑收入 | Income from Remittances | 13383 | | 278754 | 262026 | 235327 |
| 有价证券收入 | Income from Debts | | 12775 | 5397 | 1317 | 466 |
| 其他收入 | Other Income | 10618 | 159145 | 127746 | 429705 | 496525 |

# 15-5 银行现金支出

## CASH EXPENDITURES OF BANKING SYSTEM

单位：万元

| 指标 | Item | 1990 | 1995 | 2000 | 2004 | 2005 |
|---|---|---|---|---|---|---|
| **合　计** | **Total** | **182467** | **945820** | **1910296** | **5625297** | **5584708** |
| 工资性支出 | Wages | 88795 | 280914 | 577171 | 1309006 | 1317076 |
| 国家工资及奖金支出 | Expenditure for Wages of Government | 46541 | 148404 | 261521 | 551693 | 562488 |
| 国家对个人其他支出 | Other Payments to Individuals of Government | 13757 | 40956 | 82876 | 191881 | 189032 |
| 部队存款支出 | Expenditure for Amry Deposits | 22939 | 71181 | 188588 | 342428 | 329337 |
| 其他单位工资性支出 | Expenditure for Wages of Other Units | 5558 | 20373 | 44186 | 223004 | 236219 |
| 产品采购支出 | Purchases of Products | 9688 | 23370 | 40423 | 72633 | 76774 |
| #农副产品采购支出 | Purchases of Agricultural and Sideline Products | 9364 | 20007 | 30453 | 68883 | 68391 |
| 行政企事业管理费支出 | Government and Enterprises Overhead | 10101 | 65419 | 194677 | 383945 | 439624 |
| 城乡个体经营支出 | Expenditure for Individual Business | 4375 | 39186 | 136078 | 255002 | 247602 |
| 储蓄存款支出 | Expenditure for Savings Deposits | 35457 | 214797 | 697287 | 2746551 | 2570481 |
| 其他金融机构支出 | Expenditure for Other Financial Institutions | 16452 | 68399 | 2117 | 6298 | 6744 |
| 居民提取贷款支出 | Expenditure for Household Loan Draw | | | 28297 | 145267 | 155399 |
| 汇兑支出 | Expenditure for Remittances | 2266 | 23661 | 72112 | 131629 | 155498 |
| 有价证券支出 | Expenditure for Debts | 172 | 87117 | 3837 | 991 | 3432 |
| 其他支出 | Other Expenditure | 15616 | 142960 | 158297 | 573975 | 612078 |
| **投放(+)　回笼(−)** | **Withdrawn(+)Or Curency Issuance(−)** | **53626** | **254111** | **245010** | **336660** | **375088** |

# 15-6 保险业务经济技术指标

## ECONOMIC AND TECHNICAL INDICATORS OF INSURANCE COMPANIES

| 指 标 | Item | 1990 | 1995 | 1998 | 1999 | 2000 | 2001 | 2004 | 2005 |
|---|---|---|---|---|---|---|---|---|---|
| **保险金额 (万元)** | **Amount Insured (10000 yuan)** | **79486** | **1703029** | **415264** | **708697** | **687201** | **766728** | **2443600** | **5586017** |
| 财产险 | Projects Insurance | 47635 | 1516061 | 174762 | 218156 | 215207 | 369425 | 521809 | 1449461 |
| 企业财产险 | Enterprise Property Insurance | 34717 | 88023 | 145367 | 134742 | 102170 | 149859 | 127161 | 137831 |
| 家庭财产险 | Family Property Insurance | 65 | 20395 | 16151 | 17731 | 47293 | 38191 | 98639 | 68725 |
| 工程险 | Projects Insurance | | | | | 4050 | | 130486 | 138790 |
| 责任险 | Related Liability | | 5427 | 13244 | 65682 | 61354 | 100225 | 165351 | 1103836 |
| 保证险 | Guarantee Insurance | | | | | 340 | | | 15 |
| 其它险 | Other Insurance | | 1402216 | | | | 81150 | | 264 |
| 机动车辆险 | Motor Vehicle Insurance | 31800 | 175051 | 224433 | 484534 | 462684 | 354594 | 891284 | 874501 |
| 货物运输险 | Freight Transport Insurance | 42 | 11917 | 16069 | 6008 | 9310 | 42709 | 1373 | 4198 |
| 航空航天险 | Aerospase Insurance | | | | | | | | 20277 |
| 人身意外伤害险 | Unforeseen Human Injury Insurance | | | | | | | 1029134 | 3237580 |
| **保费收入 (万元)** | **Premiums Income (10000 yuan)** | **665** | **2894** | **4550** | **5619** | **7010** | **7951** | **14351** | **15699** |
| 财产险 | Projects Insurance | 194 | 735 | 716 | 1287 | 1491 | 1830 | 2249 | 2125 |
| 企业财产险 | Enterprise Property Insurance | 110 | 296 | 508 | 555 | 488 | 650 | 454 | 545 |
| 家庭财产险 | Family Property Insurance | 1 | 30 | 105 | 136 | 187 | 210 | 340 | 276 |
| 工程险 | Projects Insurance | | | | | 6 | | 504 | 542 |
| 责任险 | Related Liability | | 19 | 103 | 596 | 796 | 944 | 950 | 762 |
| 保证险 | Guarantee Insurance | | | | | 7 | | | 0.1 |
| 其它险 | Other Insurance | | 390 | | | 8 | 26 | 1 | 0.2 |
| 机动车辆险 | Motor Vehicle Insurance | 466 | 2075 | 3764 | 4281 | 5432 | 6046 | 11426 | 12604 |
| 航空航天险 | Aerospase Insurance | | | | | | | | 10 |
| 货物运输险 | Freight Transport Insurance | 4 | 84 | 70 | 51 | 87 | 75 | 10 | 52 |
| 人身意外伤害险 | Unforeseen Human Injury Insurance | | | | | | | 666 | 908 |

## 15-6 续表 continued

| 指标 | | Item | 1990 | 1995 | 1998 | 1999 | 2000 | 2001 | 2004 | 2005 |
|---|---|---|---|---|---|---|---|---|---|---|
| **已决赔案件数** | | **Number of Indemnity** | **408** | **1873** | **2848** | **3315** | **4250** | **4452** | **6206** | **6194** |
| 财产险 | | Projects Insurance | | | | | | | | 789 |
| 企业财产险 | （笔） | Enterprise Property Insurance | 3 | 51 | 102 | 97 | 90 | 220 | 187 | 124 |
| 家庭财产险 | （户） | Family Property Insurance | 3 | 101 | 370 | 548 | 567 | 440 | 368 | 577 |
| 工程险 | （笔） | Projects Insurance | | | | | | | 8 | 8 |
| 责任险 | （笔） | Related Liability | | 2 | 36 | 153 | 120 | 131 | 129 | 80 |
| 保证险 | （笔） | Guarantee Insurance | | | | | | | | |
| 其它险 | （笔） | Other Insurance | | 67 | | | | | | |
| 机动车辆险 | （笔） | Motor Vehicle Insurance | 401 | 1645 | 2335 | 2517 | 3467 | 3660 | 5429 | 5292 |
| 货物运输险 | （辆） | Freight Transport Insurance | 1 | 7 | 5 | | 6 | 1 | | 1 |
| 人身意外伤害险 | （笔） | Unforeseen Human Injury Insurance | | | | | | | 85 | 112 |
| **已决赔款金额** | **（万元）** | **Indemnity Expenditure (10000 yuan)** | **200** | **1397** | **2041** | **2334** | **2533** | **3405** | **5459** | **5360** |
| 财产险 | | Projects Insurance | 186 | 224 | 204 | 503 | 355 | 471 | 571 | 507 |
| 企业财产险 | | Enterprise Property Insurance | 2 | 144 | 138 | 245 | 185 | 316 | 163 | 207 |
| 家庭财产险 | | Family Property Insurance | 1 | 9 | 27 | 25 | 31 | 26 | 48 | 34 |
| 工程险 | | Projects Insurance | | | | | | | 105 | 83 |
| 责任险 | | Related Liability | | 1 | 39 | 233 | 139 | 129 | 255 | 183 |
| 保证险 | | Guarantee Insurance | | | | | | | | |
| 其它险 | | Other Insurance | | 70 | | | | | | |
| 机动车辆险 | | Motor Vehicle Insurance | 183 | 1131 | 1829 | 1831 | 2166 | 2930 | 4725 | 4725 |
| 货物运输险 | | Freight Transport Insurance | … | 42 | 8 | | 13 | 4 | | |
| 人身意外伤害险 | | Unforeseen Human Injury Insurance | | | | | | | 163 | 127 |

# 第十六篇

# 教育 科技 文化

# Chapter 16

## EDUCATION,SCIENCE AND CULTURE

# 16-1 教育事业基本情况

## BASIC STATISTICS ON EDUCATION

| 指标 | Item | 2000 | 2001 | 2004 | 2005 |
|---|---|---|---|---|---|
| **学校数　（所）** | **Number of Schools　(unit)** | **956** | **1010** | **1010** | **1022** |
| 普通高等学校 | Gegular Institutions of Higher Education | 4 | 4 | 4 | 4 |
| 中等学校 | Secondary Schools | 110 | 111 | 120 | 128 |
| #专业学校 | Specialized Secondary Schools | 12 | 11 | 10 | 10 |
| 普通中学 | Regular Secondary Schools | 98 | 100 | 110 | 118 |
| 小学 | Primary Schools | 842 | 895 | 886 | 890 |
| **专任教师　（人）** | **Number of Full-time Teachers　(person)** | **19042** | **18643** | **22836** | **24450** |
| 普通高等学校 | Gegular Institutions of Higher Education | 813 | 867 | 1081 | 1187 |
| 中等学校 | Secondary Schools | 5048 | 5781 | 8145 | 8996 |
| #专业学校 | Specialized Secondary Schools | 742 | 802 | 774 | 835 |
| 普通中学 | Regular Secondary Schools | 4306 | 4979 | 7371 | 8161 |
| 小学 | Primary Schools | 13181 | 11995 | 13610 | 14267 |
| **招生数　（人）** | **New Students Enrollment　(person)** | **88908** | **97305** | **122073** | **121938** |
| 普通高等学校 | Gegular Institutions of Higher Education | 2320 | 2420 | 6009 | 7589 |
| 中等学校 | Secondary Schools | 28619 | 35912 | 56938 | 59684 |
| #专业学校 | Specialized Secondary Schools | 2957 | 2089 | 4223 | 2856 |
| 普通中学 | Regular Secondary Schools | 25662 | 33823 | 52715 | 56828 |
| 小学 | Primary Schools | 57969 | 58973 | 59126 | 54665 |
| **在校学生　（人）** | **Student Enrollment　(person)** | **381099** | **397315** | **486120** | **507551** |
| 普通高等学校 | Gegular Institutions of Higher Education | 5475 | 6793 | 14731 | 18979 |
| 中等学校 | Secondary Schools | 61817 | 78529 | 144437 | 161075 |
| #专业学校 | Specialized Secondary Schools | 6585 | 6819 | 8549 | 7027 |
| 普通中学 | Regular Secondary Schools | 55232 | 71710 | 135888 | 154048 |
| 小学 | Primary Schools | 313807 | 311993 | 326952 | 327497 |
| **毕业生数　（人）** | **Graduates　(person)** | **51822** | **57795** | **80860** | **91142** |
| 普通高等学校 | Gegular Institutions of Higher Education | 764 | 1050 | 2108 | 3172 |
| 中等学校 | Secondary Schools | 14019 | 14701 | 33570 | 40010 |
| #专业学校 | Specialized Secondary Schools | 1895 | 1517 | 2544 | 2930 |
| 普通中学 | Regular Secondary Schools | 12124 | 13184 | 31026 | 37080 |
| 小学 | Primary Schools | 37039 | 42044 | 45182 | 47960 |
| **每一教师负担学生数　（人）** | **Student-teacher Ratio　(person)** | **20.01** | **21.31** | **21.29** | **20.76** |
| 普通高等学校 | Gegular Institutions of Higher Education | 6.73 | 7.84 | 13.63 | 15.99 |
| 中等学校 | Secondary Schools | 12.24 | 13.58 | 17.73 | 17.91 |
| #专业学校 | Specialized Secondary Schools | 8.87 | 8.5 | 11.05 | 8.42 |
| 普通中学 | Regular Secondary Schools | 12.83 | 14.4 | 18.44 | 18.88 |
| 小学 | Primary Schools | 23.81 | 26.01 | 24.02 | 22.95 |

# 16-2 各级各类学校数
## NUMBER OF SCHOOLS BY LEVEL AND TYPE

单位：所 (unit)

| 年份 Year | 高等学校 Regular Institutions of Higher Education | 中等学校 Secondary Schools | 中等专业学校 Specialized Secondary Schools | 普通中学 Regular Secondary Schools | 小学 Primary Schools | 幼儿园 Kinder-gartens |
|---|---|---|---|---|---|---|
| 1956 | | | | | 10 | |
| 1959 | | 3 | 1 | 2 | 462 | |
| 1965 | 1 | 5 | 1 | 4 | 1822 | |
| 1970 | 1 | 5 | | 5 | 1707 | |
| 1975 | 2 | 60 | 23 | 37 | 4994 | |
| 1978 | 4 | 88 | 28 | 60 | 6819 | |
| 1979 | 4 | 83 | 28 | 55 | 6266 | |
| 1980 | 4 | 98 | 24 | 74 | 6266 | 256 |
| 1985 | 3 | 70 | 14 | 56 | 2315 | 21 |
| 1986 | 3 | 78 | 14 | 64 | 2388 | |
| 1987 | 3 | 81 | 14 | 67 | 2437 | 26 |
| 1988 | 3 | 82 | 15 | 67 | 2453 | 36 |
| 1989 | 3 | 83 | 15 | 68 | 2398 | 40 |
| 1990 | 3 | 78 | 15 | 63 | 2474 | 37 |
| 1991 | 3 | 76 | 15 | 61 | 2652 | 31 |
| 1992 | 3 | 76 | 14 | 62 | 2831 | 36 |
| 1993 | 4 | 84 | 15 | 69 | 3090 | 32 |
| 1994 | 4 | 93 | 16 | 77 | 3477 | 26 |
| 1995 | 4 | 102 | 16 | 86 | 3943 | 29 |
| 1996 | 4 | 104 | 16 | 88 | 790 | 46 |
| 1997 | 4 | 106 | 16 | 90 | 806 | 36 |
| 1998 | 4 | 106 | 16 | 90 | 814 | 31 |
| 1999 | 4 | 113 | 16 | 97 | 820 | 36 |
| 2000 | 4 | 110 | 12 | 98 | 842 | 21 |
| 2001 | 4 | 111 | 11 | 100 | 895 | 20 |
| 2002 | 3 | 114 | 11 | 103 | 899 | 32 |
| 2003 | 4 | 115 | 10 | 105 | 892 | 41 |
| 2004 | 4 | 120 | 10 | 110 | 886 | 41 |
| 2005 | 4 | 128 | 10 | 118 | 890 | 42 |

注:1996年以前小学校数包括教学点。(以下同)

Note: The total number of the primary schools in 1996 and previous year included teaching classes. ( The same as in the following tables.)

# 16-3 各级各类学校教职工数

# NUMBER OF SCHOOLS STAFF AND WORKERS BY LEVEL AND TYPE OF SCHOOL

单位：人 (person)

| 年份 Year | 高等学校 Regular Institutions of Higher Education | 中等学校 Secondary Schools | 中等专业学校 Specialized Secondary Schools | 普通中学 Regular Secondary Schools | 小学 Primary Schools | 幼儿园 Kindergartens |
|---|---|---|---|---|---|---|
| 1959 | | | 396 | | | |
| 1965 | 703 | 232 | 110 | 122 | 2475 | |
| 1970 | 599 | 204 | 25 | 179 | 2552 | |
| 1975 | 1005 | 1103 | 338 | 765 | 8565 | |
| 1978 | 1399 | 2578 | 978 | 1600 | 12169 | |
| 1979 | 1601 | 2817 | 1025 | 1792 | 11620 | |
| 1980 | 1689 | 2970 | 1174 | 1796 | 13964 | 254 |
| 1985 | 1750 | 3260 | 945 | 2315 | 9060 | 99 |
| 1986 | 1675 | 3611 | 1078 | 2533 | 9115 | 107 |
| 1987 | 2883 | 4023 | 1215 | 2808 | 8685 | 212 |
| 1988 | 1757 | 4312 | 1269 | 3043 | 9186 | 317 |
| 1989 | 1791 | 4323 | 1258 | 3065 | 9072 | 291 |
| 1990 | 1737 | 4382 | 1202 | 3180 | 9573 | 224 |
| 1991 | 1763 | 4416 | 1237 | 3179 | 9399 | 288 |
| 1992 | 1773 | 4525 | 1315 | 3210 | 9659 | 300 |
| 1993 | 1744 | 4502 | 1340 | 3162 | 10528 | 289 |
| 1994 | 1771 | 5041 | 1441 | 3600 | 12390 | 300 |
| 1995 | 1818 | 5129 | 1463 | 3666 | 14090 | 347 |
| 1996 | 1720 | 5444 | 1462 | 3982 | 14712 | 416 |
| 1997 | 1737 | 5624 | 1398 | 4226 | 14750 | 360 |
| 1998 | 1762 | 5789 | 1320 | 4469 | 14659 | 343 |
| 1999 | 1736 | 6125 | 1264 | 4861 | 14418 | 397 |
| 2000 | 1673 | 6431 | 1255 | 5176 | 13936 | 322 |
| 2001 | 1836 | 7129 | 1254 | 5875 | 12926 | 283 |
| 2002 | 1829 | 7722 | 1222 | 6500 | 13631 | 537 |
| 2003 | 1794 | 8442 | 1108 | 7334 | 13767 | 628 |
| 2004 | 1913 | 9402 | 1155 | 8247 | 14378 | 616 |
| 2005 | 2033 | 10220 | 1214 | 9006 | 14967 | 672 |

# 16-4 各级各类学校教师数

## NUMBER OF TEACHERS BY LEVEL AND TYPE OF SCHOOL

单位：人 (person)

| 年份 Year | 合计 Total | 高等学校 Regular Institutions of Higher Education | 中等学校 Secondary Schools | 中等专业学校 Specialized Secondary Schools | 普通中学 Regular Secondary Schools | 小学 Primary Schools | 幼儿园 Kindergartens |
|---|---|---|---|---|---|---|---|
| 1972 | 140 | 140 | | | | | |
| 1975 | 986 | 255 | 196 | | 196 | 535 | |
| 1978 | 1890 | 438 | 1452 | 391 | 1061 | | |
| 1979 | 11917 | 554 | 1641 | 451 | 1190 | 9722 | |
| 1980 | 14544 | 625 | 1618 | 418 | 1200 | 12301 | |
| 1981 | 12354 | 571 | 1619 | 456 | 1163 | 10164 | |
| 1982 | 10490 | 534 | 1634 | 440 | 1194 | 8322 | |
| 1983 | 10363 | 518 | 1464 | 280 | 1184 | 8381 | |
| 1984 | 10445 | 567 | 1760 | 354 | 1406 | 8118 | |
| 1985 | 10476 | 571 | 1875 | 382 | 1493 | 7931 | 99 |
| 1986 | 10583 | 659 | 2182 | 458 | 1724 | 7742 | |
| 1987 | 11221 | 1071 | 2570 | 574 | 1996 | 7368 | 212 |
| 1988 | 11979 | 723 | 2894 | 626 | 2268 | 8045 | 317 |
| 1989 | 11922 | 756 | 2936 | 619 | 2317 | 7939 | 291 |
| 1990 | 12390 | 719 | 2941 | 618 | 2323 | 8506 | 224 |
| 1991 | 12412 | 741 | 2975 | 631 | 2344 | 8408 | 288 |
| 1992 | 12705 | 727 | 3031 | 654 | 2377 | 8647 | 300 |
| 1993 | 13664 | 761 | 3027 | 685 | 2342 | 9587 | 289 |
| 1994 | 16026 | 777 | 3435 | 744 | 2691 | 11514 | 300 |
| 1995 | 18058 | 782 | 3580 | 746 | 2834 | 13349 | 347 |
| 1996 | 19101 | 833 | 3936 | 794 | 3142 | 13916 | 416 |
| 1997 | 19279 | 849 | 4132 | 784 | 3348 | 13938 | 360 |
| 1998 | 19466 | 834 | 4381 | 765 | 3616 | 13908 | 343 |
| 1999 | 19673 | 765 | 4785 | 740 | 4045 | 13726 | 397 |
| 2000 | 19238 | 813 | 5048 | 742 | 4306 | 13181 | 196 |
| 2001 | 18814 | 867 | 5781 | 802 | 4979 | 11995 | 171 |
| 2002 | 20334 | 885 | 6359 | 782 | 5577 | 12792 | 298 |
| 2003 | 21501 | 972 | 7162 | 701 | 6461 | 13026 | 341 |
| 2004 | 23181 | 1081 | 8145 | 774 | 7371 | 13610 | 345 |
| 2005 | 24828 | 1187 | 8996 | 835 | 8161 | 14267 | 378 |

# 16-5 各级各类学校在校学生数

## NUMBER OF STUDENTS ENROLLMENT BY LEVEL AND TYPE OF SCHOOL

单位：人 (person)

| 年份 Year | 合计 Total | 高等学校 Regular Institutions of Higher Education | 中等学校 Secondary Schools | 中等专业学校 Specialized Secondary Schools | 普通中学 Regular Secondary Schools | 小学 Primary Schools | 幼儿园 Kinder-gartens |
|---|---|---|---|---|---|---|---|
| 1959 | 18032 | | 1732 | 1390 | 342 | 16300 | |
| 1965 | 70546 | 2251 | 1514 | 455 | 1059 | 66781 | |
| 1970 | 70354 | | 909 | | 909 | 69445 | |
| 1975 | 224357 | 1964 | 12028 | 2508 | 9520 | 210365 | |
| 1978 | 287011 | 2081 | 22319 | 4640 | 17679 | 262611 | |
| 1979 | 274325 | 1476 | 24849 | 5061 | 19788 | 248000 | |
| 1980 | 268082 | 1494 | 22286 | 3489 | 18797 | 240811 | 3491 |
| 1981 | 211139 | 1522 | 19244 | 2327 | 16917 | 186882 | 3491 |
| 1982 | 162161 | 1214 | 18340 | 1573 | 16767 | 141587 | 1020 |
| 1983 | 146230 | 1326 | 19561 | 1403 | 18158 | 124612 | 731 |
| 1984 | 148402 | 1370 | 20713 | 1826 | 18887 | 125469 | 850 |
| 1985 | 145279 | 1577 | 22671 | 2249 | 20422 | 119939 | 1092 |
| 1986 | 149260 | 1850 | 25011 | 3062 | 21949 | 121156 | 1243 |
| 1987 | 167660 | 1801 | 27112 | 3231 | 23881 | 137069 | 1678 |
| 1988 | 176097 | 1736 | 26904 | 3465 | 23439 | 144809 | 2648 |
| 1989 | 170669 | 1973 | 27186 | 3960 | 23226 | 138875 | 2635 |
| 1990 | 187162 | 2025 | 25478 | 4175 | 21303 | 157402 | 2257 |
| 1991 | 198878 | 1961 | 26187 | 4385 | 21802 | 168062 | 2668 |
| 1992 | 224945 | 2239 | 27964 | 4713 | 23251 | 191768 | 2974 |
| 1993 | 247691 | 2813 | 30641 | 4948 | 25693 | 211872 | 2365 |
| 1994 | 272688 | 3280 | 33915 | 5190 | 28725 | 232976 | 2517 |
| 1995 | 304902 | 3878 | 38286 | 5575 | 32711 | 258651 | 4087 |
| 1996 | 333243 | 3412 | 40340 | 5383 | 34957 | 284350 | 5141 |
| 1997 | 352879 | 3200 | 44143 | 5730 | 38413 | 300453 | 5083 |
| 1998 | 363667 | 3447 | 45417 | 5579 | 39838 | 310220 | 4583 |
| 1999 | 369611 | 4021 | 49879 | 5672 | 44207 | 310437 | 5274 |
| 2000 | 385590 | 5475 | 61817 | 6585 | 55232 | 313807 | 4491 |
| 2001 | 401134 | 6793 | 78529 | 6819 | 71710 | 311993 | 3819 |
| 2002 | 432011 | 8438 | 96906 | 6437 | 90469 | 319569 | 7098 |
| 2003 | 461199 | 10409 | 120854 | 6718 | 114136 | 322060 | 7876 |
| 2004 | 494324 | 14731 | 144437 | 8549 | 135888 | 326952 | 8204 |
| 2005 | 517147 | 18979 | 161075 | 7027 | 154048 | 327497 | 9596 |

# 16-6 各级各类学校招生数

## NEW STUDENTS ENROLLMENT BY LEVEL AND TYPE OF SCHOOL

单位：人 (person)

| 年份 Year | 合计 Total | 高等学校 Regular Institutions of Higher Education | 中等学校 Secondary Schools | 中等专业学校 Specialized Secondary Schools | 普通中学 Regular Secondary Schools | 小学 Primary Schools |
|---|---|---|---|---|---|---|
| 1959 | 76 | | 76 | | 76 | |
| 1965 | 1790 | 910 | 880 | 455 | 425 | |
| 1970 | 807 | | 807 | | 807 | |
| 1975 | 6783 | 772 | 6011 | 1902 | 4109 | |
| 1978 | 9433 | 711 | 8722 | 1896 | 6826 | |
| 1979 | 74451 | 465 | 9188 | 1899 | 7289 | 64798 |
| 1980 | 70075 | 233 | 8530 | 334 | 8196 | 61312 |
| 1981 | 45072 | 284 | 6682 | 310 | 6372 | 38106 |
| 1982 | 32529 | 245 | 6712 | 422 | 6290 | 25572 |
| 1983 | 38381 | 266 | 7379 | 542 | 6837 | 30736 |
| 1984 | 52398 | 471 | 8181 | 904 | 7277 | 43746 |
| 1985 | 33367 | 530 | 7555 | 615 | 6940 | 25282 |
| 1986 | 39081 | 579 | 8169 | 1031 | 7138 | 30333 |
| 1987 | 41619 | 404 | 9158 | 913 | 8245 | 32057 |
| 1988 | 46526 | 568 | 8301 | 1060 | 7241 | 37657 |
| 1989 | 44038 | 670 | 8760 | 1150 | 7610 | 34608 |
| 1990 | 46670 | 645 | 7687 | 1171 | 6516 | 38338 |
| 1991 | 51281 | 552 | 8981 | 1117 | 7864 | 41748 |
| 1992 | 64077 | 683 | 10655 | 1303 | 9352 | 52739 |
| 1993 | 65148 | 1193 | 11215 | 1306 | 9909 | 52740 |
| 1994 | 76845 | 1095 | 12262 | 1531 | 10731 | 63488 |
| 1995 | 75084 | 1175 | 13946 | 1707 | 12239 | 59963 |
| 1996 | 88945 | 909 | 14818 | 1517 | 13301 | 73218 |
| 1997 | 76645 | 717 | 16317 | 1552 | 14765 | 59611 |
| 1998 | 78554 | 1385 | 16784 | 1300 | 15484 | 60385 |
| 1999 | 80451 | 1681 | 19831 | 1664 | 18167 | 58939 |
| 2000 | 88908 | 2320 | 28619 | 2957 | 25662 | 57969 |
| 2001 | 97305 | 2420 | 35912 | 2089 | 33823 | 58973 |
| 2002 | 104318 | 3414 | 40080 | 2107 | 37973 | 60824 |
| 2003 | 112330 | 4279 | 49138 | 2203 | 46935 | 58913 |
| 2004 | 122073 | 6009 | 56938 | 4223 | 52715 | 59126 |
| 2005 | 121938 | 7589 | 59684 | 2856 | 56828 | 54665 |

# 16-7 各级各类学校毕业生数

## NUMBER OF GRADUATES BY LEVEL AND TYPE OF SCHOOL

单位：人　　　　(person)

| 年份<br>Year | 合计<br>Total | 高等学校<br>Regular Institutions of Higher Education | 中等学校<br>Secondary Schools | 中等专业学校<br>Specialized Secondary Schools | 普通中学<br>Regular Secondary Schools | 小学<br>Primary Schools |
|---|---|---|---|---|---|---|
| 1959 | 2287 | | 2287 | 2287 | | |
| 1965 | 1269 | 1063 | 206 | | 206 | |
| 1970 | 1300 | 877 | 423 | | 423 | |
| 1975 | 1452 | 211 | 1241 | 311 | 930 | |
| 1978 | 6121 | 783 | 5338 | 1388 | 3950 | |
| 1979 | 26875 | 232 | 5709 | 1478 | 4231 | 20934 |
| 1980 | 23105 | 193 | 5861 | 1288 | 4573 | 17051 |
| 1981 | 18129 | 205 | 5725 | 1422 | 4303 | 12199 |
| 1982 | 12194 | 539 | 5679 | 1209 | 4470 | 11088 |
| 1983 | 18557 | 106 | 4866 | 257 | 4609 | 13585 |
| 1984 | 16593 | 411 | 4682 | 435 | 4247 | 11500 |
| 1985 | 16366 | 305 | 4680 | 133 | 4547 | 11381 |
| 1986 | 17755 | 315 | 5716 | 452 | 5264 | 11724 |
| 1987 | 20458 | 424 | 6867 | 667 | 6200 | 13167 |
| 1988 | 15064 | 683 | 6914 | 833 | 6081 | 7467 |
| 1989 | 15130 | 394 | 7253 | 581 | 6672 | 7483 |
| 1990 | 16674 | 587 | 6773 | 900 | 5873 | 9314 |
| 1991 | 15820 | 543 | 6670 | 895 | 5775 | 8607 |
| 1992 | 20945 | 593 | 7949 | 1006 | 6943 | 12403 |
| 1993 | 18651 | 564 | 6644 | 1080 | 5564 | 11443 |
| 1994 | 20815 | 621 | 7600 | 1291 | 6309 | 12594 |
| 1995 | 23288 | 525 | 8351 | 1196 | 7155 | 14412 |
| 1996 | 27320 | 1242 | 10104 | 1353 | 8751 | 15974 |
| 1997 | 31383 | 857 | 11148 | 1366 | 9782 | 19378 |
| 1998 | 38777 | 1151 | 13015 | 1693 | 11322 | 24611 |
| 1999 | 45310 | 1066 | 13519 | 1427 | 12092 | 30725 |
| 2000 | 51822 | 764 | 14019 | 1895 | 12124 | 37039 |
| 2001 | 57795 | 1050 | 14701 | 1517 | 13184 | 42044 |
| 2002 | 63638 | 1686 | 18023 | 2311 | 15712 | 43929 |
| 2003 | 70703 | 1745 | 23263 | 1973 | 21290 | 45695 |
| 2004 | 80860 | 2108 | 33570 | 2544 | 31026 | 45182 |
| 2005 | 91142 | 3172 | 40010 | 2930 | 37080 | 47960 |

## 16-8 高等学校分科在校学生数
## STUDENT ENROLLMENT IN INSTITUTIONS OF HIGHER EDUCATION BY FIELD OF STUDY

单位：人 (person)

| 项目 Item | | 2000 | | | 2004 | | | 2005 | | |
|---|---|---|---|---|---|---|---|---|---|---|
| | | 合计 Total | 本科 Regular College Course | 专科 Specialized Subject (Three Years) | 合计 Total | 本科 Regular College Course | 专科 Specialized Subject (Three Years) | 合计 Total | 本科 Regular College Course | 专科 Specialized Subject (Three Years) |
| **合计** | **Toatl** | **5475** | **2251** | **3224** | **14371** | **9395** | **5336** | **18979** | **12747** | **6232** |
| 哲学 | Philosophy | 64 | 64 | | 32 | 32 | | | | |
| 经济学 | Economics | 1004 | 195 | 809 | 762 | 594 | 168 | 955 | 921 | 34 |
| 法学 | Law | 527 | 236 | 291 | 1404 | 733 | 671 | 2262 | 1148 | 1114 |
| 教育学 | Education | 259 | 29 | 230 | 670 | 229 | 441 | 2046 | 260 | 1786 |
| 文学 | Literature | 1120 | 608 | | 4357 | 2450 | 1907 | 4025 | 3262 | 763 |
| 历史学 | History | 370 | 58 | 311 | 208 | 144 | 64 | 109 | 109 | |
| 理学 | Science | 510 | 362 | 148 | 1592 | 724 | 868 | 927 | 927 | |
| 工学 | Engineering | 525 | 195 | 330 | 1226 | 932 | 294 | 2076 | 1330 | 746 |
| 农学 | Agriculture | 639 | 196 | 443 | 778 | 639 | 139 | 1460 | 1002 | 458 |
| 医学 | Medicine | 457 | 307 | 150 | 1117 | 865 | 252 | 1536 | 1207 | 329 |
| 管理学 | Management | | | | 2585 | 2053 | 532 | 3583 | 2581 | 1002 |

## 16-9 高等学校分科招生数
## NEW STUDENT ENROLLMENT IN INSTITUTIONS OF HIGHER EDUCATION BY FIELD OF STUDY

单位：人 (person)

| 项目 Item | | 2000 | | | 2004 | | | 2005 | | |
|---|---|---|---|---|---|---|---|---|---|---|
| | | 合计 Total | 本科 Regular College Course | 专科 Specialized Subject (Three Years) | 合计 Total | 本科 Regular College Course | 专科 Specialized Subject (Three Years) | 合计 Total | 本科 Regular College Course | 专科 Specialized Subject (Three Years) |
| **合计** | **Toatl** | **2320** | **998** | **1322** | **6009** | **3915** | **2094** | **7589** | **4597** | **2992** |
| 哲学 | Philosophy | | | | | | | | | |
| 经济学 | Economics | 459 | 91 | 368 | 321 | 282 | 39 | 383 | 383 | |
| 法学 | Law | 238 | 68 | 170 | 626 | 349 | 277 | 900 | 461 | 439 |
| 教育学 | Education | 192 | 29 | 163 | 181 | 100 | 81 | 1322 | 110 | 1212 |
| 文学 | Literature | 455 | 251 | 204 | 1897 | 943 | 954 | 1369 | 1191 | 178 |
| 历史学 | History | 126 | 59 | 67 | 30 | 30 | | | | |
| 理学 | Science | 176 | 176 | | 725 | 334 | 391 | 294 | 294 | |
| 工学 | Engineering | 212 | 142 | 70 | 380 | 251 | 129 | 1014 | 512 | 502 |
| 农学 | Agriculture | 302 | 112 | 190 | 321 | 321 | | 574 | 339 | 235 |
| 医学 | Medicine | 160 | 70 | 90 | 571 | 461 | 110 | 543 | 408 | 135 |
| 管理学 | Management | | | | 957 | 844 | 113 | 1190 | 899 | 291 |

# 16-10　高等学校分科毕业生数

## GRADUATES OF INSTITUTIONS OF HIGHER EDUCATION BY FIELD OF STUDY

单位：人　　(person)

| 项目 Item | | 2000 合计 Total | 2000 本科 Regular College Course | 2000 专科 Specialized Subject (Three Years) | 2004 合计 Total | 2004 本科 Regular College Course | 2004 专科 Specialized Subject (Three Years) | 2005 合计 Total | 2005 本科 Regular College Course | 2005 专科 Specialized Subject (Three Years) |
|---|---|---|---|---|---|---|---|---|---|---|
| **合计** | **Toatl** | **764** | **252** | **512** | **2108** | **964** | **1144** | **3143** | **1296** | **1847** |
| 哲学 | Philosophy | | | | | | | 32 | 32 | |
| 经济学 | Economics | 92 | | 92 | 87 | | 87 | 40 | 40 | |
| 法学 | Law | 23 | | 23 | 87 | 38 | 49 | 148 | 71 | 77 |
| 教育学 | Education | 55 | | 55 | 47 | 47 | | 927 | 30 | 897 |
| 文学 | Literature | 165 | 124 | 41 | 634 | 239 | 395 | 629 | 364 | 265 |
| 历史学 | History | 92 | | 92 | 59 | 59 | | 34 | 34 | |
| 理学 | Science | 69 | 53 | 16 | 485 | 158 | 327 | 73 | 73 | |
| 工学 | Engineering | 47 | | 47 | 161 | 113 | 48 | 371 | 141 | 230 |
| 农学 | Agriculture | 144 | 26 | 118 | 110 | 77 | 33 | 236 | 119 | 117 |
| 医学 | Medicine | 77 | 49 | 28 | 119 | 68 | 51 | 154 | 53 | 101 |
| 管理学 | Management | | | | 319 | 165 | 154 | 499 | 339 | 160 |

# 16-11　中等专业学校分科学生数

## NUMBER OF STUDENTS BY FIELD STUDY IN SPECIALIZED SECONDARY SCHOOLS

单位：人　　(person)

| 项目 Item | | 2004 毕业生数 Graduates | 2004 招生数 New Student Enrollment | 2004 在校学生数 Student Enrollment | 2005 毕业生数 Graduates | 2005 招生数 New Student Enrollment | 2005 在校学生数 Student Enrollment |
|---|---|---|---|---|---|---|---|
| **合计** | **Toatl** | **2544** | **4223** | **8549** | **2930** | **2759** | **7027** |
| 农林类 | Agriculture,Forestry | 550 | 686 | 1423 | 580 | 365 | 1076 |
| 资源与环境类 | Resource and Environment | | | | | | |
| 能源类 | Power | 65 | 213 | 494 | | 118 | 303 |
| 土木水利工程类 | Constrution and Water Conservancy Engineering | 142 | 310 | 426 | 270 | 178 | 246 |
| 加工制造类 | Machining and Manufacture | 19 | | 36 | 36 | 45 | 45 |
| 交通运输类 | Transport | 50 | 80 | 80 | 80 | 71 | 71 |
| 信息技术类 | Information Technology | 275 | 287 | 668 | 241 | 230 | 507 |
| 医药卫生类 | Health | 321 | 656 | 1061 | 241 | 411 | 1059 |
| 商贸与旅游类 | Trade and Tour | 132 | 147 | 591 | 374 | 94 | 303 |
| 财经类 | Finance and Economics | 213 | 299 | 802 | 153 | 201 | 452 |
| 文化艺术与体育类 | Arts and Physical Culture | 111 | 523 | 826 | 219 | 327 | 821 |
| 社会公共事物类 | Society Commonality Business | 176 | 55 | 238 | 88 | 39 | 186 |
| 其他 | Others | 490 | 967 | 1904 | 648 | 680 | 1958 |

# 16-12 各级学校教师负担学生数
## STUDENT-TEACHER RATIO BY LEVEL OF SCHOOL

单位：人 (person)

| 年份 Year | 高等学校 Institutions of Higher Education | | 中等专业学校 Specialized Secondary Schools | | 普通中学 Regular Secondary Schools | | 小学 Primary Schools | |
|---|---|---|---|---|---|---|---|---|
| | 教师数 Number of of Teachers | 平均每个教师负担学生数 Student-Teacher Ratio | 教师数 Number of of Teachers | 平均每个教师负担学生数 Student-Teacher Ratio | 教师数 Number of of Teachers | 平均每个教师负担学生数 Student-Teacher Ratio | 教师数 Number of of Teachers | 平均每个教师负担学生数 Student-Teacher Ratio |
| 1972 | 140 | 6.37 | | | | | | |
| 1975 | 255 | 7.70 | 196 | 12.80 | 535 | 17.79 | | |
| 1978 | 438 | 4.75 | 391 | 11.87 | 1061 | 16.66 | | |
| 1979 | 554 | 2.66 | 451 | 12.55 | 1190 | 16.63 | 9722 | 25.51 |
| 1980 | 625 | 2.39 | 418 | 8.35 | 1200 | 15.66 | 12301 | 19.58 |
| 1981 | 571 | 2.67 | 456 | 5.10 | 1163 | 14.55 | 10164 | 18.39 |
| 1982 | 534 | 2.27 | 440 | 3.58 | 1194 | 14.04 | 8322 | 17.01 |
| 1983 | 518 | 2.56 | 280 | 5.01 | 1184 | 15.34 | 8381 | 14.87 |
| 1984 | 567 | 2.42 | 354 | 5.16 | 1406 | 13.43 | 8118 | 15.46 |
| 1985 | 571 | 2.76 | 382 | 5.89 | 1493 | 13.68 | 7931 | 15.12 |
| 1986 | 659 | 2.81 | 458 | 6.69 | 1724 | 12.73 | 7742 | 15.65 |
| 1987 | 1071 | 1.68 | 574 | 5.63 | 1996 | 11.96 | 7368 | 18.60 |
| 1988 | 723 | 2.40 | 626 | 5.54 | 2268 | 10.33 | 8045 | 18.00 |
| 1989 | 756 | 2.61 | 619 | 6.40 | 2317 | 10.02 | 7939 | 17.49 |
| 1990 | 719 | 2.82 | 618 | 6.76 | 2323 | 9.17 | 8506 | 16.44 |
| 1991 | 741 | 2.65 | 631 | 6.95 | 2344 | 9.30 | 8408 | 19.99 |
| 1992 | 727 | 3.08 | 654 | 7.21 | 2377 | 9.78 | 8647 | 22.18 |
| 1993 | 761 | 3.70 | 685 | 7.22 | 2342 | 10.97 | 9587 | 22.10 |
| 1994 | 777 | 4.22 | 744 | 6.98 | 2691 | 10.67 | 11514 | 20.23 |
| 1995 | 782 | 4.96 | 746 | 7.47 | 2834 | 11.54 | 13349 | 19.38 |
| 1996 | 833 | 4.10 | 794 | 6.78 | 3142 | 11.13 | 13916 | 20.43 |
| 1997 | 849 | 3.76 | 784 | 7.31 | 3348 | 11.47 | 13938 | 21.56 |
| 1998 | 834 | 4.13 | 765 | 7.29 | 3616 | 11.02 | 13908 | 22.31 |
| 1999 | 765 | 5.26 | 740 | 7.66 | 4045 | 10.93 | 13726 | 22.62 |
| 2000 | 813 | 6.73 | 742 | 8.87 | 4306 | 12.83 | 13181 | 23.81 |
| 2001 | 867 | 7.84 | 802 | 8.50 | 4979 | 14.40 | 11995 | 26.01 |
| 2002 | 885 | 9.53 | 782 | 8.23 | 5577 | 16.22 | 12792 | 24.98 |
| 2003 | 972 | 10.71 | 701 | 9.58 | 6461 | 17.67 | 13026 | 24.72 |
| 2004 | 1081 | 13.63 | 774 | 11.05 | 7371 | 18.44 | 13610 | 24.02 |
| 2005 | 1187 | 15.99 | 835 | 8.42 | 8161 | 18.88 | 14267 | 22.95 |

# 16-13 初中毕业生和小学毕业生升学率及小学学龄儿童入学率

# PERCENTAGE GRADUATES OF JUNIOR SECONDARY SCHOOLS AND PRIMARY SCHOOLS ENTERING HIGHER LEVEL SCHOOLS, PERCENTAGE OF SCHOOL-AGE CHILDREN ENROLLED

单位：%　　(%)

| 年份 Year | 初中毕业生升学率 Percentage of Graduates of Junior Secondary Schools Entering Senior Secondary Schools | 小学毕业生升学率 Percentage of Graduates of Primary Schools Entering Senior Secondary Schools | 小学学龄儿童入学率 Percentage of School-Age Children Enrolled |
|---|---|---|---|
| 1981 | | 29.6 | 76.0 |
| 1982 | 38.1 | 41.1 | 78.0 |
| 1983 | 39.2 | 49.7 | 42.1 |
| 1984 | 36.0 | 44.0 | 46.4 |
| 1985 | 49.4 | 44.9 | 46.0 |
| 1986 | 44.4 | 47.9 | 50.0 |
| 1987 | 48.8 | 53.2 | 48.4 |
| 1988 | 41.3 | 39.6 | 55.7 |
| 1989 | 40.7 | 73.6 | 53.1 |
| 1990 | 36.2 | 62.1 | 67.4 |
| 1991 | 32.9 | 67.7 | 45.6 |
| 1992 | 32.4 | 62.7 | 52.4 |
| 1993 | 30.2 | 74.0 | 58.9 |
| 1994 | 29.9 | 87.3 | 66.6 |
| 1995 | 43.2 | 67.7 | 70.4 |
| 1996 | 35.6 | 66.7 | 73.5 |
| 1997 | 52.8 | 61.7 | 78.2 |
| 1998 | 47.1 | 62.9 | 81.3 |
| 1999 | 66.6 | 45.2 | 81.7 |
| 2000 | 82.5 | 55.0 | 85.8 |
| 2001 | 73.3 | 67.0 | 87.2 |
| 2002 | 77.3 | 71.1 | 88.3 |
| 2003 | 72.1 | 82.9 | 91.8 |
| 2004 | 61.7 | 92.3 | 94.7 |
| 2005 | 50.5 | 91.7 | 95.9 |

# 16-14 平均每万人口中在校学生数和大中小学学生构成

## STUDENT ENROLLMENT PER 10000 POPULATION AND COMPOSITION OF STUDENTS ENROLLED

| 年份 Year | 平均每万人口中 Number of Students per 10000 Population | | | | 大中小学学生占学生总数 Students of Different Level as Percentage of Total Students | | | |
|---|---|---|---|---|---|---|---|---|
| | 大学生 (人) University and College Students (person) | 中专生 (人) Specialized Secondary School Students (person) | 中学生 (人) Secondary School Students (person) | 小学生 (人) Primary School Students (person) | 大学生 (%) University and College Students (%) | 中专生 (%) Specialized Secondary School Students (%) | 中学生 (%) Secondary School Students (%) | 小学生 (%) Primary School Students (%) |
| 1965 | 16 | 3 | 8 | 487 | | | | |
| 1970 | | | 6 | 459 | | | | |
| 1975 | 12 | 15 | 56 | 1244 | 0.9 | 1.1 | 4.2 | 93.8 |
| 1978 | 12 | 26 | 99 | 1469 | 0.7 | 1.6 | 6.2 | 91.5 |
| 1979 | 8 | 31 | 108 | 1358 | 0.5 | 1.9 | 7.2 | 90.4 |
| 1980 | 8 | 19 | 102 | 1300 | 0.6 | 1.3 | 7.1 | 91.0 |
| 1985 | 8 | 11 | 102 | 601 | 1.1 | 1.6 | 14.2 | 83.2 |
| 1986 | 9 | 15 | 108 | 598 | 1.3 | 2.1 | 14.8 | 81.9 |
| 1987 | 9 | 16 | 115 | 659 | 1.1 | 1.9 | 14.4 | 82.6 |
| 1988 | 8 | 16 | 110 | 682 | 1.0 | 2.0 | 13.5 | 83.5 |
| 1989 | 9 | 19 | 109 | 654 | 1.2 | 2.4 | 13.8 | 82.7 |
| 1990 | 9 | 19 | 98 | 725 | 1.1 | 2.3 | 11.5 | 85.1 |
| 1991 | 9 | 20 | 98 | 758 | 1.0 | 2.2 | 11.1 | 85.7 |
| 1992 | 10 | 21 | 104 | 858 | 1.0 | 2.1 | 10.5 | 86.4 |
| 1993 | 12 | 22 | 112 | 926 | 1.2 | 2.0 | 10.5 | 86.4 |
| 1994 | 14 | 23 | 125 | 1011 | 1.2 | 1.9 | 10.6 | 86.2 |
| 1995 | 17 | 24 | 139 | 1098 | 1.3 | 1.9 | 10.9 | 86.0 |
| 1996 | 14 | 23 | 146 | 1188 | 1.0 | 1.6 | 10.7 | 86.7 |
| 1997 | 13 | 24 | 162 | 1238 | 0.9 | 1.7 | 11.0 | 86.4 |
| 1998 | 14 | 23 | 163 | 1271 | 1.0 | 1.6 | 11.1 | 86.4 |
| 1999 | 16 | 23 | 179 | 1253 | 1.1 | 1.6 | 12.1 | 85.2 |
| 2000 | 21 | 25 | 213 | 1199 | 1.4 | 1.7 | 14.6 | 82.3 |
| 2001 | 26 | 26 | 273 | 1187 | 1.7 | 1.7 | 18.1 | 78.5 |
| 2002 | 32 | 24 | 339 | 1197 | 2.0 | 1.5 | 21.3 | 75.2 |
| 2003 | 39 | 25 | 422 | 1192 | 2.3 | 1.5 | 25.2 | 71.0 |
| 2004 | 54 | 31 | 497 | 1195 | 3.0 | 1.8 | 28.0 | 67.3 |
| 2005 | 69 | 25 | 556 | 1182 | 3.7 | 1.4 | 30.4 | 64.5 |

## 16-15 高等学校分科专任教师数（2005年）

## NUMBER OF FULL-TIME TEACHERS BY FIELD OF STUDY IN REGULAR HIGHER EDUCATIONAL INSTITUTIONS (2005)

单位：人 (person)

| 项目 | Item | 合计<br>Total | 正高级<br>Senior Title | 副高级<br>Associate Title | 中级<br>Junior Title | 初级<br>Primary Title | 无职称<br>Non-title |
|---|---|---|---|---|---|---|---|
| **合计** | **Total** | **1187** | **29** | **220** | **425** | **445** | **68** |
| 哲学 | Philosophy | 38 | 3 | 10 | 16 | 8 | 1 |
| 经济学 | Economics | 53 | | 9 | 11 | 28 | 5 |
| 法学 | Law | 80 | | 18 | 25 | 29 | 8 |
| 教育学 | Education | 96 | 4 | 17 | 33 | 34 | 8 |
| 文学 | Literature | 370 | 7 | 58 | 136 | 157 | 12 |
| 历史学 | History | 48 | 3 | 12 | 25 | 6 | 2 |
| 理学 | Science | 153 | 1 | 35 | 70 | 44 | 3 |
| 工学 | Engineering | 126 | 2 | 13 | 21 | 82 | 8 |
| 农学 | Agriculture | 114 | 6 | 29 | 52 | 22 | 5 |
| 医学 | Medicine | 71 | 3 | 18 | 31 | 7 | 12 |
| 管理学 | Management | 38 | | 1 | 5 | 28 | 4 |

## 16-16 高等学校专任教师、聘请校外教师学历情况（2005年）

## EDUCATIONAL BACKGROUND OF FULL-TIME TEACHERS IN INSTITUTIONS OF HIGHER EDUCATION (2005)

单位：人 (person)

| 项目 | Item | 合计<br>Total | 博士<br>Doctor | 硕士<br>Master | 大学本科<br>Regular College Course | 大学专科及以下<br>Specializ subjec and Below |
|---|---|---|---|---|---|---|
| **专任教师** | **Full-time Teachers** | **1187** | **17** | **141** | **882** | **147** |
| 正高级 | Senior Title | 29 | 2 | 1 | 13 | 13 |
| 副高级 | Associate Title | 220 | 7 | 21 | 163 | 29 |
| 中级 | Junior Title | 425 | 4 | 55 | 301 | 65 |
| 初级 | Primary Title | 445 | 2 | 48 | 358 | 37 |
| 无职称 | Non-title | 68 | 2 | 16 | 47 | 3 |
| **聘请校外教师** | **Engage The Teacher Outside School** | 61 | 5 | 5 | 43 | 8 |
| 正高级 | Senior Title | 1 | 1 | | | |
| 副高级 | Associate Title | 20 | 2 | 4 | 10 | 4 |
| 中级 | Junior Title | 35 | 2 | 1 | 29 | 3 |
| 初级 | Primary Title | 5 | | | 4 | 1 |
| 无职称 | Non-title | | | | | |

# 16-17 各级学校女学生和女教师数

## NUMBER OF FEMALE STUDENTS AND TEACHERS BY LEVEL OF SCHOOL

单位：人 (person)

| 项目 | Item | 2000 | 2001 | 2004 | 2005 |
|---|---|---|---|---|---|
| **女学生数** | **Number of Female Students** | **176102** | **183871** | **226230** | **238462** |
| 高等学校 | Institutions of Higher Education | 2049 | 3064 | 6857 | 9000 |
| 中等专业学校 | Specialized Secondary Schools | 3433 | 3347 | 4317 | 3700 |
| 普通中学 | Regular Secondary Schools | 25946 | 33926 | 62658 | 71969 |
| 小学 | Primaey Schools | 144674 | 143534 | 152398 | 153793 |
| **女学生占学生总数的百分比 (%)** | **Percentage of Female Students to Total Students (%)** | **46.2** | **46.3** | **46.5** | **47.0** |
| 高等学校 | Institutions of Higher Education | 37.4 | 45.1 | 46.6 | 47.4 |
| 中等专业学校 | Specialized Secondary Schools | 52.1 | 49.1 | 50.5 | 52.7 |
| 普通中学 | Regular Secondary Schools | 47.0 | 47.3 | 46.1 | 46.7 |
| 小学 | Primaey Schools | 46.1 | 40.0 | 46.6 | 47.7 |
| **女教师数** | **Number of Female Teachers** | **7721** | **7728** | **9766** | **10694** |
| 高等学校 | Institutions of Higher Education | 290 | 319 | 439 | 491 |
| 中等专业学校 | Specialized Secondary Schools | 299 | 321 | 333 | 367 |
| 普通中学 | Regular Secondary Schools | 1514 | 1759 | 2756 | 3127 |
| 小学 | Primaey Schools | 5618 | 5329 | 6238 | 6709 |
| **女教师数占教师总数的百分比 (%)** | **Percentage of Female Teachers to Total Teachers (%)** | **40.6** | **41.5** | **43.2** | **43.7** |
| 高等学校 | Institutions of Higher Education | 35.7 | 36.8 | 40.6 | 41.4 |
| 中等专业学校 | Specialized Secondary Schools | 40.3 | 40.0 | 43.0 | 44.0 |
| 普通中学 | Regular Secondary Schools | 35.2 | 35.3 | 37.4 | 38.3 |
| 小学 | Primaey Schools | 42.6 | 44.4 | 45.8 | 47.0 |

# 16-18 各地区普通中学基本情况(2005年)

## BASIC STATISTICS OF REGULAR SECONDARY SCHOOLS BY REGION(2005)

单位：人 (person)

| 地区 | Region | 学校(所) Schools (unit) | 毕业生数 Graduates | 招生数 New Students Enrollment | 在校学生 Students Enrollment | 教职员工 Staff and Workers | # 专任教师 Full-time Teachers |
|---|---|---|---|---|---|---|---|
| **合计** | **Total** | **118** | **37080** | **56828** | **154048** | **9006** | **8161** |
| 拉萨市 | Lhasa | 25 | 10157 | 11560 | 32695 | 2461 | 2219 |
| 昌都地区 | Chamdo | 16 | 6034 | 11332 | 32937 | 1390 | 1286 |
| 山南地区 | Lhoka | 17 | 5968 | 7942 | 21745 | 1267 | 1161 |
| 日喀则地区 | Shigatse | 27 | 8998 | 15754 | 41823 | 2247 | 2031 |
| 那曲地区 | Nakchu | 15 | 1641 | 3725 | 7891 | 549 | 484 |
| 阿里地区 | Ngari | 5 | 230 | 711 | 1606 | 123 | 106 |
| 林芝地区 | Nyingtri | 10 | 2263 | 3899 | 9941 | 599 | 552 |
| 其他 | Others | 3 | 1789 | 1905 | 5410 | 370 | 322 |

# 16-19 各地区普通小学基本情况(2005年)

## BASIC STATISTICS OF REGULAR PRIMARY SCHOOLS BY REGION(2005)

单位：人 (person)

| 地区 | Region | 学校(所) Schools (unit) | 毕业生数 Graduates | 招生数 New Students Enrollment | 在校学生 Students Enrollment | 教职员工 Staff and Workers | # 专任教师 Full-time Teachers |
|---|---|---|---|---|---|---|---|
| **合计** | **Total** | **890** | **47960** | **54665** | **327497** | **14967** | **14267** |
| 拉萨 市 | Lhasa | 109 | 9130 | 7871 | 50835 | 3346 | 3107 |
| 昌都地区 | Chamdo | 191 | 11374 | 12304 | 74866 | 2741 | 2639 |
| 山南地区 | Lhoka | 110 | 6074 | 5340 | 35399 | 1956 | 1908 |
| 日喀则地区 | Shigatse | 220 | 13521 | 11891 | 80783 | 3493 | 3382 |
| 那曲地区 | Nakchu | 151 | 3297 | 11355 | 54465 | 1735 | 1608 |
| 阿里地区 | Ngari | 39 | 1102 | 1884 | 8539 | 401 | 376 |
| 林芝地区 | Nyingtri | 67 | 3225 | 3747 | 21137 | 1214 | 1174 |
| 其他 | Others | 3 | 237 | 273 | 1473 | 81 | 73 |

# 16-20 各类专业技术人员数

# SCIENTIFIC AND TECHNICAL PERSONNEL

单位：人 (person)

| 指标 | Item | 1985 | 1990 | 1995 | 2000 | 2001 | 2004 | 2005 |
|---|---|---|---|---|---|---|---|---|
| **总计** | **Total** | **23537** | **26751** | **30353** | **36587** | **36279** | **39019** | **42332** |
| 自然科技术员 | Natural Science | 17615 | 19704 | 24548 | 30924 | 31532 | 34732 | 38032 |
| 工程技术人员 | Engineering | 1735 | 2367 | 2963 | 4093 | 3139 | 3047 | 3487 |
| 农业技术人员 | Agriculture | 1838 | 1578 | 1726 | 1852 | 1766 | 1298 | 1559 |
| 科学研究人员 | Scientific Research | 324 | 360 | 417 | 352 | 363 | 445 | 509 |
| 卫生技术人员 | Health Care | 6019 | 6530 | 7353 | 7304 | 7131 | 6737 | 7062 |
| 教学人员 | Teaching | 7699 | 8869 | 12089 | 17323 | 19133 | 23205 | 25415 |
| 社会科技人员 | Social Science | 5922 | 7047 | 5805 | 5663 | 4747 | 4287 | 4300 |
| 会计人员 | Financial Accounting | 3447 | 2671 | 1735 | 1956 | 1269 | 874 | 856 |
| 统计人员 | Statistical | 773 | 533 | 283 | 162 | 118 | 84 | 88 |
| 新闻、出版、播音人员 | Editor, Reporter and Announcer | 361 | 492 | 534 | 689 | 713 | 799 | 889 |
| 翻译人员 | Translator | 79 | 310 | 332 | 391 | 376 | 397 | 403 |
| 体育教练人员 | Physical Coaches | 50 | 48 | 57 | 42 | 42 | 45 | 42 |
| 经济人员 | Economic | 370 | 1755 | 1028 | 870 | 478 | 363 | 305 |
| 图书、档案、文博人员 | Books, Archives and Data | 118 | 364 | 440 | 509 | 546 | 425 | 430 |
| 工艺美术人员 | Industrial Arts | 8 | 16 | 26 | 2 | 4 | 20 | 24 |
| 艺术人员 | Literature | 716 | 800 | 831 | 471 | 825 | 854 | 924 |
| 律师、公证人员 | Lawyer |  | 58 | 51 | 66 | 52 | 36 | 29 |
| 政工人员 | Politics |  |  | 488 | 505 | 324 | 390 | 310 |

# 16-21 自治区科协系统科技活动情况

## BASIC STATISTICS ON SCIENTIFIC AND TECHNOLOGICAL ACTIVITIES OF TIBET ASSOCIATIONS FOR SCIENCE AND TECHNOLOGY

| 项目 | | Item | | 2000 | 2001 | 2004 | 2005 |
|---|---|---|---|---|---|---|---|
| **学术活动** | | **Academic Activities** | | | | | |
| 参加活动次数 | (次) | Number of Academic Meeting | (time) | 41 | 34 | 36 | 31 |
| 参加人数 | (人) | Number of Participants | (person) | 4419 | 4250 | 7800 | 1235 |
| 交流论文数 | (篇) | Number of Papers Presented | (piece) | 579 | 500 | 586 | 278 |
| **科普活动** | | **Activities for Popular Science** | | | | | |
| 讲座次数 | (次) | Number of Lectures | (time) | 19 | 41 | 52 | 54 |
| 参加人数 | (人) | Number of Participants | (person) | 5028 | 16683 | 6200 | 32490 |
| 展览次数 | (次) | Number of Exhibitions | (time) | 6 | 4 | 44 | 64 |
| 参观人数 | (人) | Number of Participants | (person) | 30000 | 56 | 84850 | 100400 |
| 参加科技咨询的科技人员数 | (人) | Number of Consultation for Decision-Making | (person) | 150 | 150 | 702 | 848 |
| **出版** | | **Publications** | | | | | |
| 科技期刊总数 | (种) | Number of Academic Journals | (kind) | 9 | 9 | 12 | 7 |
| 学术论著发行量 | (册) | Number of Copies Distributed for Science Treatise | (copies) | 21000 | 100 | | 19100 |
| 论文集种数 | (种) | Number of Collections Articles | (kind) | 1 | 1 | 6 | 6 |
| 发行量 | (册) | Number of Copies Distributed | (copies) | 1000 | 1000 | | |
| 科技报纸种数 | (种) | Number of Scientific and Technologica Newspapers | (kind) | 2 | 2 | 2 | 2 |
| 发行份数 | (万份) | Number of Copies Distributed | (10000 copies) | 50 | 50 | 312 | 24 |

# 16-22 文化艺术、文物和出版行业事业机构和人员情况

## NUMBER OF INSTITUTIONS AND PERSONNEL IN CULTURE, ART, CULTURAL RELICS, NWS AND PUBLISHING UNDERTAKINGS

| 机构类别 | Catetory of Institutions | 机构数(个) Number of Institutions (unit) | | | 从业人员(人) Number of Persons Engaged (person) | | |
|---|---|---|---|---|---|---|---|
| | | 2000 | 2004 | 2005 | 2000 | 2004 | 2005 |
| **文化事业合计** | **Culture** | **143** | **286** | **263** | **1683** | **1961** | **1785** |
| 艺术事业 | Art Institutions | 46 | 56 | 49 | 1255 | 1405 | 1376 |
| 剧团、文工团 | Troupe and Cultural Troupes | 10 | 10 | 8 | 816 | 873 | 776 |
| 乌兰牧骑、文宣队 | Ulanmuchi and Performance Troupes | 16 | 17 | 17 | 234 | 349 | 425 |
| 艺术表演场所 | Art Centers | 20 | 29 | 24 | 205 | 183 | 175 |
| 图书馆事业 | Libraries | 1 | 4 | 4 | 43 | 49 | 62 |
| 群众文化事业 | Mass Culture | 94 | 220 | 208 | 333 | 449 | 289 |
| 群众艺术馆 | Mass Art Centers | 7 | 8 | 8 | 183 | 174 | 176 |
| 文化馆 | Culture Centers | 52 | 37 | 33 | 118 | 100 | 83 |
| 文化站 | Culture Stations | 35 | 175 | 167 | 32 | 175 | 30 |
| 其他文化事业 | Other Culture Units | 2 | 2 | 2 | 52 | 58 | 58 |
| **文物事业** | **Cultural Relics** | **18** | **17** | **17** | **286** | **270** | **273** |
| **出版发行事业** | **News and Publishing Undertakings** | **71** | **72** | **72** | **376** | **273** | **297** |

# 16-23 图书、杂志出版情况

## NUMBER OF BOOKS，MAGAZINES PUBLISHED

| 年份 Year | 图书 Books Published 合计 (万册) Total (10000 copies) | 汉文 Chinese | 藏文 Tibetan | 杂志 Magazines Published 合计 Total 种数 (种) Number of Publications (kind) | 印数 (千册) Printed Copies (1000 copies) | 汉文 Chinese 种数 (种) Number of Publications (kind) | 印数 (千册) Printed Copies (1000 copies) | 藏文 Tibetan 种数 (种) Number of Publications (kind) | 印数 (千册) Printed Copies (1000 copies) |
|---|---|---|---|---|---|---|---|---|---|
|  | 50 | 10 | 40 |  |  |  |  |  |  |
| 1970 | 34 | 16 | 18 |  |  |  |  |  |  |
| 1975 | 370 | 134 | 236 |  |  |  |  |  |  |
| 1978 | 306 | 61 | 245 | 4 | 74 | 4 | 74 |  |  |
| 1979 | 365 | 140 | 225 | 1 | 40 | 1 | 40 |  |  |
| 1980 | 359 | 159 | 200 | 7 | 835 | 4 | 519 | 3 | 316 |
| 1985 | 310 | 96 | 214 | 14 | 417 | 8 | 298 | 6 | 119 |
| 1986 | 293 | 124 | 169 |  |  |  |  |  |  |
| 1987 | 378 | 153 | 225 | 12 | 218 | 6 | 107 | 6 | 111 |
| 1988 | 301 | 118 | 184 | 17 | 277 | 9 | 181 | 7 | 96 |
| 1989 | 372 | 125 | 247 | 15 | 217 | 7 | 137 | 8 | 80 |
| 1990 | 435 | 225 | 210 | 16 | 205 | 7 | 96 | 8 | 106 |
| 1991 | 363 | 114 | 249 | 18 | 299 | 8 | 109 | 9 | 187 |
| 1992 | 368 | 119 | 249 | 26 | 355 | 14 | 220 | 11 | 133 |
| 1993 | 416 | 108 | 308 | 26 | 297 | 15 | 171 | 11 | 126 |
| 1994 | 308 | 122 | 186 | 23 | 293 | 12 | 181 | 11 | 112 |
| 1995 | 402 | 94 | 308 | 23 | 286 | 12 | 182 | 11 | 104 |
| 1996 | 450 |  |  | 21 | 252 |  |  |  |  |
| 1997 | 349 | 87 | 262 | 20 | 290 | 10 | 177 | 10 | 113 |
| 1998 | 456 | 88 | 369 | 20 | 329 | 10 | 172 | 10 | 157 |
| 1999 | 436 | 103 | 333 | 23 | 462 | 12 | 302 | 11 | 160 |
| 2000 | 524 | 151 | 373 | 32 | 580 | 17 | 347 | 15 | 233 |
| 2001 | 461 | 219 | 235 | 33 | 874 | 19 | 518 | 14 | 356 |
| 2002 | 874 | 400 | 474 | 34 | 720 | 14 | 263 | 20 | 457 |
| 2003 | 781 | 367 | 414 | 34 | 716 | 20 | 517 | 14 | 199 |
| 2004 | 795 | 374 | 421 | 34 | 750 | 20 | 531 | 14 | 219 |
| 2005 | 854 | 369 | 485 | 34 | 767 | 20 | 587 | 14 | 180 |

# 16-24 报纸出版情况
## NUMBER OF NEWSPAPER PUBLISHED

| 年份 Year | 合计 Total | | 汉文报 Chinese | | 藏文报 Tibetan | |
|---|---|---|---|---|---|---|
| | 种数 (种) Number of Newspaper Published (kind) | 总印数 (千印张) Total Printed Copies (1000 copies) | 种数 (种) Number of Newspaper Published (kind) | 总印数 (千印张) Total Printed Copies (1000 copies) | 种数 (种) Number of Newspaper Published (kind) | 总印数 (千印张) Total Printed Copies (1000 copies) |
| 1959 | | 1560 | | 800 | | 760 |
| 1965 | | 3258 | | 2008 | | 1250 |
| 1970 | | 8426 | | 5139 | | 3289 |
| 1975 | | 20952 | | 8867 | | 12085 |
| 1978 | | 26669 | | 10112 | | 16557 |
| 1979 | | 23153 | | 9102 | | 14051 |
| 1980 | | 20739 | | 8342 | | 12397 |
| 1981 | | 15129 | | 5788 | | 9341 |
| 1982 | | 15167 | | 6593 | | 8574 |
| 1983 | 6 | 17251 | 3 | 6854 | 3 | 10397 |
| 1984 | 6 | 17253 | 3 | 7329 | 3 | 9924 |
| 1985 | 13 | 16529 | 6 | 9035 | 7 | 7494 |
| 1986 | | | | | | |
| 1987 | 10 | 15121 | 5 | 8103 | 5 | 7018 |
| 1988 | 11 | 15046 | 5 | 8177 | 6 | 6869 |
| 1989 | 12 | 14782 | 6 | 8973 | 6 | 5809 |
| 1990 | 11 | 13441 | 5 | 7493 | 6 | 5948 |
| 1991 | 13 | 15535 | 6 | 8851 | 7 | 6684 |
| 1992 | 14 | 16454 | 7 | 9325 | 7 | 7129 |
| 1993 | 15 | 15377 | 8 | 9072 | 7 | 6305 |
| 1994 | 15 | 27004 | 8 | 15451 | 7 | 11553 |
| 1995 | 15 | 27207 | 8 | 15593 | 7 | 11614 |
| 1996 | 10 | 28690 | | | | |
| 1997 | 12 | 26739 | 7 | 20261 | 5 | 7578 |
| 1998 | 14 | 27360 | 8 | 20134 | 6 | 7226 |
| 1999 | 16 | 35573 | 9 | 26482 | 7 | 9091 |
| 2000 | 16 | 28712 | 9 | 21987 | 7 | 6725 |
| 2001 | 16 | 34370 | 10 | 24470 | 6 | 9900 |
| 2002 | 19 | 51330 | 11 | 43953 | 8 | 7377 |
| 2003 | 19 | 45130 | 11 | 37722 | 8 | 7408 |
| 2004 | 19 | 53520 | 11 | 44737 | 8 | 8783 |
| 2005 | 23 | 53511 | 13 | 45632 | 10 | 7879 |

# 16-25 广播、电视基本情况

## BASIC STATISTICS BROADCASTING AND TELEVISIONSTATIONS

| 项目 | | Item | | 1990 | 1995 | 2000 | 2004 | 2005 |
|---|---|---|---|---|---|---|---|---|
| **广播电台** | **（座）** | **Broadcasting Stations** | **(unit)** | **2** | **2** | **2** | **3** | **3** |
| 节目套数 | （套） | Produced Programs | (set) | 3 | 4 | 3 | 6 | 6 |
| 中、短波转播发射台 | （座） | Transmission Stations and Relaying Stations of MW & SW | (unit) | 20 | 39 | 36 | 34 | 34 |
| 中、短波转播发射功率 | （千瓦） | Power of MW & SW Transmitters | (kw) | 435.7 | 1041.1 | 1401.9 | 119.0 | 119.0 |
| 广播综合人口覆盖率 | （%） | Listener Rating | (%) | 26.0 | 55.0 | 77.7 | 83.1 | 84.9 |
| **电视台** | **（座）** | **Television Stations** | **(unit)** | **2** | **2** | **2** | **2** | **2** |
| 节目套数 | （套） | Produced Programs | (set) | 3 | 3 | 3 | 4 | 4 |
| 电视转播发射台 | （座） | Television Transmitters Stations and Relaying Stations | (unit) | 164.0 | 333.0 | 647 | 1440 | 1440 |
| 电视转播发射功率 | （千瓦） | Power of Transmitters | (kw) | 18.6 | 19.8 | 21.6 | 32.7 | 32.7 |
| 电视综合人口覆盖率 | （%） | Viewer Rating | (%) | 35.0 | 55.0 | 76.1 | 84.5 | 86.0 |
| **卫星电视地面站** | **（座）** | Secondary Planet TV Stations | (unit) | 164 | 1156 | 2759 | 9481 | 9481 |
| **县(市)有线广播台站** | **（座）** | Number of Wire Broadcast Stations in Counties and Cities | (unit) | 74 | 76 | 72 | 72 | 72 |

# 16-26 广播电视节目播出时间

## BROADCAST IN THE BROADCAST TIME OF TV PROGRAMME

单位：小时　　(hours)

| 项目 | Item | 2005 | 项目 | Item | 2005 |
|---|---|---|---|---|---|
| **广播电台** | **Broadcasting Stations** | | **电视广播** | **Television Broadcasting** | |
| 播出公共节目时间 | Broadcast Public Program Time | 62055 | 播出公共节目时间 | Broadcast Public Program Time | 28676 |
| 转中央台节目时间 | Transfer to the Program time of chinese central Broadcasting | 9565 | 转中央台节目时间 | Transfer to the Program time of chinese central Broadcasting | 10822 |
| 转省级台节目时间 | Transfer to and Save one Grade of Programs time | | 转省级台节目时间 | Transfer to and Save one Grade of Programs time | |
| 播出制作节目时间 | Broadcast and Make Program time | 31886 | 播出制作节目时间 | Broadcast and Make Program time | 13858 |
| #首播 | Show for the First time | 118385 | #首播 | Show for the First time | 8024 |

# 第十七篇

# 体育 卫生 环保

# Chapter 17

# SPORTS,PUBLIC HEALTH AND ENVIRONMENTAL PROTECTION

## 17-1 体委系统职工人数

## NUMBE OF STAFF AND WORKERS IN SPORTS COMMISSIONS

单位：人　　　　(person)

| 人员分类 | Category Personnel | 1990 | 1995 | 2000 | 2001 | 2004 | 2005 |
|---|---|---|---|---|---|---|---|
| **合计** | **Total** | **610** | **707** | **640** | **559** | **473** | **600** |
| 专职教练员 | Full-time Coaches | 33 | 40 | 22 | 23 | 41 | 20 |
| 专职文化教师 | Full-time Teachers | 16 | 53 | 3 | 14 | 14 | 34 |
| 医务人员 | Medical Personnel | 13 | 17 | 11 | 13 | 13 | 9 |
| 行政管理干部 | Administrative Personnel | 271 | 140 | 120 | 109 | 94 | 119 |
| 工人 | Workers | 93 | 457 | 325 | 289 | 162 | 76 |
| 其他 | Others | 184 | | 137 | 111 | 149 | 342 |

## 17-2 等级运动员、裁判员人数(2005年)

## NUMBER OF ATHLETES AND REGEREES IN GRADES BY TYPE OF SPORTS (2005)

单位：人　　　　(person)

| 运动项目 | Item | 等级运动员 Number of Athletes in Grades | 国际运动健将 International Master of Sports | 运动健将 Master of Sports | 一级运动员 First Grade Sportsman | 其他 Others |
|---|---|---|---|---|---|---|
| **合计** | **Total** | **17** | **4** | **3** | **10** | |
| 田径 | Track and Field | 4 | | | 4 | |
| 举重 | Weightlifting | | | | | |
| 艺术体操 | Artistic Gymnastics | | | | | |
| 射击 | Shooting | | | | | |
| 射箭 | Archery | | | | | |
| 摔跤 | Wrestling | 1 | | | 1 | |
| 柔道 | Judo | | | | | |
| 足球 | Football | | | | | |
| 篮球 | Basketball | | | | | |
| 武术 | Wu Shu | | | | | |
| 登山 | Mountaineering | 12 | 4 | 3 | 5 | |
| 马术 | Horsemanship | | | | | |

# 17-3 卫生事业发展情况

| 指标 | Item | 1980 | 1985 | 1990 | 1991 |
|---|---|---|---|---|---|
| **全区机构数 （个）** | **Number of Health Institutions (unit)** | **832** | **958** | **1110** | **1197** |
| 医院、卫生院 | Hospitals | 528 | 525 | 742 | 479 |
| #医院 | Hospitals | 92 | 96 | 83 | 107 |
| 疗养院 | Sanatoriums | | | | 1 |
| 门诊部(所) | Clinics | 247 | 374 | 548 | 595 |
| 卫生防疫站 | Sanitation and Antiepidemic Stations | 31 | 75 | 80 | 80 |
| 妇幼保健所(站) | Maternity and Child Care Centers | | 4 | 13 | 21 |
| 卫生监督所 | Health Supervise Bureau | 1 | 1 | 1 | 1 |
| 医学科学研究机构 | Research Institutes of Medical Sciences | 1 | 1 | 1 | 1 |
| 其他卫生事业机构 | Other Health Care Institutions | 20 | 20 | 15 | 15 |
| **全区床位数 （张）** | **Nmber of Beds (unit)** | **4328** | **4580** | **5381** | **5397** |
| 医院、卫生院 | Hospitals | 4261 | 4412 | 5015 | 5077 |
| #医院 | Hospitals | 3719 | 3679 | 3361 | 4388 |
| 疗养院 | Sanatoriums | | | 150 | 150 |
| 门诊部 | Clinics | 67 | 160 | 207 | 139 |
| 妇幼保健所(站) | Maternity and Child Care Centers | | 8 | 9 | 31 |
| 其他卫生事业机构 | Other Health Care Institutions | | | | |
| **全区人员数 （人）** | **Personnel (person)** | **8382** | **8461** | **9513** | **9740** |
| 卫生技术人员 | Medical Technical Personnel | 6663 | 6837 | 7498 | 7749 |
| #执业医师、助理医师 | Working Traditional Doctors and Assistants | 3564 | 3628 | 4514 | 4620 |
| #注册护士 | Registered Nurses | 1104 | 1351 | 1883 | 1730 |
| 其他技术人员 | Other Technical Personnel | 100 | 16 | 185 | 180 |
| 管理人员 | Managerial Personnel | 644 | 584 | 584 | 655 |
| 工勤人员 | Logistics Workers | 975 | 1024 | 1246 | 1156 |

注：执业医师、助理医师和注册护士数2001年及以前各年份分别为医生和护士(师)数

Note:The data of Working Traditional Doctors and Assistants and Registered Nurses is the data of Doctors and Nurses before 2001.

# DEVELOPMENT OF HEALTH INSTITUTIONS

| 1992 | 1993 | 1994 | 1995 | 1996 | 1997 | 1998 | 1999 | 2000 | 2001 | 2004 | 2005 |
|---|---|---|---|---|---|---|---|---|---|---|---|
| **1223** | **1068** | **1152** | **1198** | **1300** | **1324** | **1307** | **1254** | **1237** | **1284** | **1326** | **1378** |
| 491 | 293 | 838 | 882 | 882 | 895 | 876 | 824 | 810 | 808 | 764 | 763 |
| 108 | 103 | 103 | 104 | 106 | 108 | 108 | 107 | 105 | 105 | 97 | 97 |
| 1 | 1 | 1 | 1 | 1 | 1 | 1 | 1 | 1 | 1 | 1 | 1 |
| 609 | 667 | 196 | 195 | 302 | 303 | 303 | 303 | 303 | 355 | 422 | 474 |
| 82 | 78 | 81 | 83 | 82 | 84 | 84 | 83 | 81 | 81 | 79 | 81 |
| 21 | 17 | 23 | 24 | 21 | 30 | 32 | 32 | 32 | 30 | 55 | 55 |
| 1 | 1 | 1 | 1 |  | 1 | 1 | 1 | 1 |  | 1 | 1 |
| 1 | 1 | 1 | 1 |  | 1 | 1 | 1 | 1 | 1 | 1 | 1 |
| 14 | 10 | 10 | 4 | 12 | 8 | 2 | 8 | 7 | 7 | 2 | 2 |
| **5857** | **5042** | **5602** | **6176** | **6136** | **6246** | **6512** | **6440** | **6348** | **6372** | **6413** | **6767** |
| 5555 | 5515 | 5333 | 5895 | 5979 | 6049 | 6305 | 6255 | 6156 | 6164 | 5928 | 6412 |
| 4647 | 3862 | 4131 | 4331 | 4546 | 4498 | 4572 | 4462 | 4426 | 4385 | 4238 | 4426 |
| 150 | 150 | 150 | 150 | 120 | 150 | 150 | 120 | 120 | 150 | 140 | 58 |
| 114 | 347 | 78 | 78 |  |  |  |  |  |  |  |  |
| 32 | 27 | 41 | 43 | 37 | 47 | 57 | 65 | 72 | 68 | 343 | 297 |
| 6 | 3 |  | 10 |  |  |  |  |  |  | 2 |  |
| **10063** | **9683** | **10424** | **10747** | **10935** | **10929** | **10974** | **10957** | **11027** | **10898** | **10260** | **10782** |
| 8030 | 7540 | 8176 | 8467 | 8682 | 8697 | 8785 | 8892 | 8948 | 8820 | 8569 | 8914 |
| 4597 | 4457 | 4760 | 4851 | 4909 | 5149 | 5089 | 5181 | 5262 | 5051 | 4356 | 4594 |
| 1729 | 1501 | 1572 | 1657 | 1669 | 1669 | 1760 | 1687 | 1816 | 1783 | 1849 | 1896 |
| 120 | 308 | 350 | 272 | 190 | 154 | 126 | 154 | 211 | 124 | 147 | 260 |
| 640 | 755 | 713 | 758 | 817 | 743 | 811 | 714 | 676 | 811 | 585 | 658 |
| 1273 | 1080 | 1185 | 1250 | 1246 | 1335 | 1252 | 1197 | 1192 | 1143 | 959 | 950 |

# 17-4 卫生机构数

## NUMBER OF HEALTH INSTITUTIONS

单位：个 (unit)

| 年份 Year | 合计 Total | 医院、卫生院 Hospitals | # 医院 Hospitals | 门诊部、所 Clinice | 卫生防疫机构 Sanitation and Antiepidemic Agencies |
|---|---|---|---|---|---|
| 1958 | 43 | 8 | 8 | 35 | |
| 1959 | 62 | 11 | 11 | 51 | |
| 1965 | 193 | 86 | 83 | 106 | 1 |
| 1970 | 400 | 278 | 87 | 119 | 2 |
| 1975 | 713 | 488 | 91 | 206 | 7 |
| 1978 | 855 | 519 | 92 | 297 | 14 |
| 1979 | 817 | 528 | 93 | 251 | 17 |
| 1980 | 832 | 528 | 92 | 247 | 31 |
| 1981 | 924 | 530 | 92 | 337 | 30 |
| 1982 | 958 | 529 | 93 | 351 | 50 |
| 1983 | 940 | 519 | 94 | 432 | 52 |
| 1984 | 927 | 520 | 95 | 315 | 64 |
| 1985 | 958 | 525 | 96 | 330 | 75 |
| 1986 | 770 | 450 | 84 | 213 | 72 |
| 1987 | 868 | 544 | 85 | 188 | 81 |
| 1988 | 883 | 564 | 83 | 211 | 80 |
| 1989 | 1008 | 638 | 83 | 263 | 80 |
| 1990 | 1110 | 742 | 83 | 255 | 80 |
| 1991 | 1197 | 787 | 83 | 287 | 80 |
| 1992 | 1223 | 831 | 85 | 269 | 82 |
| 1993 | 1068 | 614 | 80 | 345 | 78 |
| 1994 | 1152 | 838 | 88 | 196 | 81 |
| 1995 | 1198 | 882 | 104 | 195 | 83 |
| 1996 | 1300 | 882 | 106 | 231 | 83 |
| 1997 | 1324 | 895 | 108 | 303 | 84 |
| 1998 | 1307 | 876 | 108 | 303 | 84 |
| 1999 | 1254 | 824 | 107 | 303 | 83 |
| 2000 | 1237 | 810 | 105 | 303 | 81 |
| 2001 | 1284 | 808 | 105 | 355 | 81 |
| 2002 | 1346 | 771 | 98 | 361 | 82 |
| 2003 | 1305 | 769 | 97 | 397 | 81 |
| 2004 | 1326 | 764 | 97 | 422 | 79 |
| 2005 | 1378 | 763 | 97 | 474 | 81 |

# 17-5 卫生机构床位数和卫生技术人员数

## NUMBER OF BEDS AND TECHNICAL PERSONNEL IN HEALTH INSTITUTIONS

单位：张、人　　　　(unit,person)

| 年份 Year | 床位数 Beds | 医院、卫生院 Hospitals | # 医院 Hospitals | 卫生技术人员数 Medical Technical Personnel | 每千人拥有床位数 Every Thousand People has Berths to Count | 每千人卫生技术人员数 Number of Medical Technical Personnel Per 1000 Population |
|---|---|---|---|---|---|---|
| 1958 | 174 | 174 | 174 | 502 | 0.14 | 0.42 |
| 1959 | 480 | 480 | 480 | 791 | 0.39 | 0.64 |
| 1965 | 1631 | 1570 | 1570 | 2424 | 1.14 | 1.77 |
| 1970 | 2132 | 1982 | 1982 | 3023 | 1.31 | 2.00 |
| 1975 | 3827 | 3586 | 3413 | 4320 | 2.12 | 2.55 |
| 1978 | 4421 | 4198 | 3488 | 5780 | 2.35 | 3.23 |
| 1979 | 4295 | 4125 | 3650 | 6606 | 2.26 | 3.62 |
| 1980 | 4328 | 4261 | 3719 | 6663 | 2.30 | 3.60 |
| 1981 | 4622 | 4507 | 3837 | 7268 | 2.42 | 3.91 |
| 1982 | 4396 | 4353 | 3670 | 7189 | 2.30 | 3.82 |
| 1983 | 4455 | 4307 | 3642 | 6899 | 2.23 | 3.57 |
| 1984 | 4738 | 4594 | 3892 | 6725 | 2.34 | 3.42 |
| 1985 | 4580 | 4412 | 3679 | 6837 | 2.20 | 3.43 |
| 1986 | 4983 | 4720 | 2881 | 7001 | 2.30 | 3.46 |
| 1987 | 5222 | 4986 | 3414 | 7003 | 2.40 | 3.37 |
| 1988 | 5197 | 4876 | 3233 | 7097 | 2.30 | 3.34 |
| 1989 | 5355 | 4999 | 3325 | 8064 | 2.30 | 3.73 |
| 1990 | 5381 | 5015 | 3361 | 7498 | 2.30 | 3.39 |
| 1991 | 5397 | 5077 | 3337 | 7749 | 2.30 | 3.44 |
| 1992 | 5857 | 5555 | 3569 | 8030 | 2.50 | 3.51 |
| 1993 | 5042 | 4515 | 3036 | 7540 | 2.00 | 3.25 |
| 1994 | 5602 | 5333 | 3087 | 8176 | 2.29 | 3.46 |
| 1995 | 6176 | 5895 | 4331 | 8467 | 2.62 | 3.53 |
| 1996 | 6136 | 5979 | 4546 | 8006 | 2.56 | 3.29 |
| 1997 | 6246 | 6049 | 4498 | 7999 | 2.57 | 3.23 |
| 1998 | 6512 | 6305 | 4572 | 8785 | 2.65 | 3.49 |
| 1999 | 6440 | 6255 | 4462 | 8892 | 2.60 | 3.48 |
| 2000 | 6348 | 6156 | 4426 | 8948 | 2.52 | 3.44 |
| 2001 | 6372 | 6153 | 4385 | 8820 | 2.51 | 3.35 |
| 2002 | 6087 | 5694 | 4297 | 7913 | 2.38 | 2.97 |
| 2003 | 6216 | 5859 | 4261 | 8287 | 2.40 | 3.07 |
| 2004 | 6413 | 5928 | 4238 | 8569 | 2.34 | 3.13 |
| 2005 | 6767 | 6412 | 4426 | 8914 | 2.44 | 3.22 |

## 17-6 全部卫生机构、床位和人员情况 （2005年）

| 指　标 | Item | 机构数（个）Number of Institutions (person) | 床位数（张）Beds (unit) | 人员数（个）Number of Personnel (person) |
|---|---|---|---|---|
| 总　计 | Total | **1378** | **6767** | **10782** |
| 按市县分 | Grouped by Region | | | |
| 市 | City | 436 | 1608 | 3937 |
| 县 | Country | 942 | 5159 | 6845 |
| 按经济类型分 | Grouped by Ownership | | | |
| 国有经济 | State-owned | 1023 | 6767 | 10148 |
| 集体经济 | Collective-owned | 33 | | 66 |
| 联营经济 | Joint Ownership | | | |
| 私营经济 | Privite-owned | 321 | | 558 |
| 其他经济 | Others | 1 | | 10 |
| 按主办单位分 | Grouped by Owner | | | |
| 政府办 | State | 921 | 6767 | 9853 |
| #卫生部门 | Health Department | 904 | 6767 | 9824 |
| 企业办 | Corporation | 25 | | 21 |
| 其他 | Others | 432 | | 908 |

## 17-7 卫生机构、床位和人员数（不含诊所）（2005年）

| 指　标 | Item | 机构数（个）Number of Institutions (person) | 床位数（张）Beds (unit) | 人员数（个）Number of Personnel (person) |
|---|---|---|---|---|
| 总　计 | Total | **904** | **6767** | **9824** |
| 医院 | Hospitals | 97 | 4426 | 6183 |
| 综合医院 | Comprehensive Hospitals | 80 | 3817 | 5132 |
| 民族医院 | Native Hospitals | 17 | 609 | 1051 |
| 疗养院 | Sanatoriums | 1 | 58 | 43 |
| 卫生院 | Rural Township Hospitals | 666 | 1986 | 1891 |
| #乡镇卫生院 | Township Hospitals | | | |
| 中心卫生院 | Center Hospitals | 107 | 405 | 325 |
| 妇幼保健院 | Meternity and Child Care Centers | 55 | 297 | 520 |
| 专科疾病防治院(所、站) | Specializeed Stations | | | |
| 防疫站 | Diseases Control Stations | 81 | | 1090 |
| 医学在职培训机构 | Institutions of Medical Education | 1 | | 12 |
| 其他卫生机构 | Others | 3 | | 85 |

# NUMBER OF ALL HEALTH INSTITUTIONS,BEDS AND PERSONS ENGAGED BY TYPE OF INSTITUTIONS (2005)

| 卫生技术人员(人) Medical Technical Personnel (person) | 执业医师(人) Working Traditional Doctors (person) | 执业助理医师 Working Traditional Doctor's Assitants (person) | 注册护士(人) Registered Nurses (person) | 药剂人员(人) Pharmaceutical Personnel (person) | 检验人员(人) Laboratory Personnel (person) | 其他(人) Others (person) | 其他技术人员(人) Other Technical Personnel (person) | 管理人员(人) Managerial Personnel (person) | 工勤人员(人) Logistics Workers (person) |
|---|---|---|---|---|---|---|---|---|---|
| 8914 | 3576 | 1018 | 1896 | 399 | 403 | 1622 | 260 | 658 | 950 |
| | | | | | | | | | |
| 3108 | 1253 | 264 | 915 | 181 | 156 | 339 | 88 | 294 | 447 |
| 5806 | 2323 | 754 | 981 | 218 | 247 | 1283 | 172 | 364 | 503 |
| | | | | | | | | | |
| 8280 | 3246 | 938 | 1754 | 383 | 393 | 1566 | 260 | 658 | 950 |
| 66 | 35 | 14 | 10 | 1 | 1 | 5 | | | |
| | | | | | | | | | |
| 558 | 292 | 65 | 132 | 15 | 7 | 47 | | | |
| 10 | 3 | 1 | | | 2 | 4 | | | |
| | | | | | | | | | |
| 7985 | 3141 | 910 | 1687 | 370 | 382 | 1495 | 260 | 658 | 950 |
| 7956 | 3136 | 910 | 1685 | 370 | 382 | 1473 | 260 | 658 | 950 |
| 21 | 8 | 3 | 4 | 1 | 1 | 4 | | | |
| 908 | 427 | 105 | 205 | 28 | 20 | 123 | | | |

# NUMBER OF HEALTH INSTITUTION AND IT'S BEDS AND PERSONNEL (NOT INCLOUDING CLINICS) (2005)

| 卫生技术人员(人) Medical Technical Personnel (person) | 执业医师(人) Working Traditional Doctors (person) | 执业助理医师 Working Traditional Doctor's Assitants (person) | 注册护士(人) Registered Nurses (person) | 药剂人员(人) Pharmaceutical Personnel (person) | 检验人员(人) Laboratory Personnel (person) | 其他(人) Others (person) | 其他技术人员(人) Other Technical Personnel (person) | 管理人员(人) Managerial Personnel (person) | 工勤人员(人) Logistics Workers (person) |
|---|---|---|---|---|---|---|---|---|---|
| 7956 | 3136 | 910 | 1685 | 370 | 382 | 1473 | 260 | 658 | 950 |
| 4847 | 1797 | 562 | 1467 | 333 | 247 | 441 | 158 | 473 | 705 |
| 4142 | 1431 | 498 | 1358 | 260 | 230 | 365 | 140 | 361 | 489 |
| 705 | 366 | 64 | 109 | 73 | 17 | 76 | 18 | 112 | 216 |
| 13 | 3 | | 9 | | 1 | | | 14 | 16 |
| 1782 | 599 | 170 | 106 | 8 | 11 | 888 | 49 | 34 | 26 |
| | | | | | | | | | |
| 318 | 67 | 56 | 13 | 1 | 4 | 177 | 3 | | 4 |
| 422 | 201 | 49 | 77 | 21 | 20 | 54 | 10 | 37 | 51 |
| | | | | | | | | | |
| 831 | 514 | 118 | 24 | 4 | 87 | 84 | 40 | 87 | 132 |
| 4 | 2 | 2 | | | | | | 2 | 6 |
| 57 | 20 | 9 | 2 | 1 | 16 | 6 | 3 | 11 | 14 |

## 17-8 专业卫生人员学历、职称情况（不含诊所等）（2005年）

| 指标 | Item | 卫生技术人员(人) Medical Technical Personnel (person) | 执业医师(人) Working Traditional Doctors (person) | 执业助理医师 Working Traditional Doctor's Assitants (person) |
|---|---|---|---|---|
| **总计** | Total | **7595** | **2864** | **864** |
| 按学历分 | Distingushed By Education Background | | | |
| 博士 | Doctor Degree | 2 | 2 | |
| 硕士 | Master Degree | 8 | 7 | |
| 学士/大学本科 | Bachelor Degree | 624 | 463 | 78 |
| 大专 | Obtained Specialized Education | 1155 | 607 | 184 |
| 中专 | Obtained Lower Specialized Education | 4176 | 1386 | 522 |
| 高中 | Educated from Higher Middle School | 314 | 72 | 15 |
| 初中及以下 | Educated from Secondary Middle School | 1316 | 327 | 65 |
| 按专业技术资格分 | Distingushed By Technical Qualifications | | | |
| 正高 | Professor | 15 | 14 | |
| 副高 | Asso-Professer | 115 | 93 | 1 |
| 中级 | Lecturers | 1109 | 738 | 14 |
| 助理/师级 | Assistant | 3106 | 1634 | 249 |
| 员/士 | Junior | 1969 | 129 | 533 |
| 其他 | Others | 1281 | 256 | 67 |

## 17-9 各地区卫生机构、床位和人员情况（不含诊所等）（2005年）

| 地区 | Region | 机构数(个) Number of Institutions (person) | 床位数(张) Beds (unit) | 人员数(个) Number of Personnel (person) | 卫生技术人员(人) Medical Technical Personnel (person) | 执业医师 Working Traditional Doctors (person) | 执业助理医师 Working Traditional Doctor's Assitants (person) |
|---|---|---|---|---|---|---|---|
| 拉萨市 | Lhasa | 82 | 1564 | 3078 | 2306 | 1005 | 114 |
| 昌都地区 | Chamdo | 178 | 1005 | 1228 | 1039 | 388 | 128 |
| 山南地区 | Lhoka | 106 | 683 | 1082 | 933 | 436 | 174 |
| 日喀则地区 | Shigatse | 244 | 1455 | 1851 | 1566 | 384 | 307 |
| 那曲地区 | Nakchu | 168 | 909 | 1342 | 1043 | 422 | 43 |
| 阿里地区 | Ngari | 52 | 504 | 470 | 420 | 156 | 95 |
| 林芝地区 | Nyingtri | 74 | 647 | 773 | 649 | 345 | 49 |

## CIRCUMSTANCE OF MEDICAL TECHNICAL PERSONNEL (2005)

| 注册护士(人) Registered Nurses (person) | 药剂人员(人) Pharmaceutical Personnel (person) | 检验人员(人) Laboratory Personnel (person) | 其他(人) Others (person) | 其他技术人员(人) Other Technical Personnel (person) | 管理人员(人) Managerial Personnel (person) |
|---|---|---|---|---|---|
| **1515** | **363** | **356** | **1633** | **424** | **406** |
| | | | | | |
| | | 1 | | | 1 |
| 10 | 17 | 17 | 39 | 16 | 38 |
| 138 | 42 | 45 | 139 | 46 | 100 |
| 1082 | 223 | 265 | 698 | 159 | 156 |
| 101 | 33 | 12 | 81 | 56 | 39 |
| 184 | 48 | 16 | 676 | 147 | 72 |
| | | | | | |
| | | 1 | | 1 | 7 |
| 3 | 5 | 9 | 4 | 5 | 28 |
| 188 | 52 | 59 | 58 | 13 | 116 |
| 631 | 222 | 140 | 230 | 58 | 67 |
| 642 | 61 | 97 | 507 | 122 | 50 |
| 51 | 23 | 50 | 834 | 225 | 1138 |

## NUMBER OF HEALTH INSTITUTION AND IT'S BEDS AND PERSONNEL BY REGION(NOT INCLOUDING CLINICS) (2005)

| 注册护士(人) Registered Nurses (person) | 药剂人员(人) Pharmaceutical Personnel (person) | 检验人员(人) Laboratory Personnel (person) | 其他(人) Others (person) | 其他技术人员(人) Other Technical Personnel (person) | 管理人员(人) Managerial Personnel (person) |
|---|---|---|---|---|---|
| 660 | 128 | 130 | 269 | 86 | 260 |
| 193 | 42 | 46 | 242 | 46 | 72 |
| 168 | 41 | 51 | 63 | 21 | 41 |
| 277 | 73 | 70 | 455 | 36 | 114 |
| 174 | 55 | 43 | 306 | 54 | 121 |
| 72 | 11 | 16 | 70 | 17 | 14 |
| 141 | 20 | 26 | 68 | | 36 |

## 17-10 环保系统机构、人员数

## NUMBER OF ENVIRONMENTAL PROTECTION AGENCIES AND PERSONS

| 指标 | Item | 1995 | 2000 | 2004 | 2005 |
|---|---|---|---|---|---|
| 机构总数 （个） | Number of Agencies (unit) | 9 | 21 | 74 | 81 |
| 人员总数 （人） | Total Number of Staff & Workers (person) | 140 | 176 | 350 | 388 |
| #科技人员 | Scientific and Technical Personnel | | 25 | 25 | 25 |
| 监测人员 | Monitoring Personal | 55 | 48 | 48 | 66 |
| 监理人员 | Supervising and Administrative Personnel | | 5 | 17 | 22 |

## 17-11 “三废”排放及治理情况

## DISCHARGE AND TREATMENT OF WASTE WATER, WASTE GAS AND SOLID WASTES

| 指标 | Item | 1995 | 2000 | 2004 | 2005 |
|---|---|---|---|---|---|
| 废水 | Waste Water | | | | |
| 废水排放总量 （万吨） | Total Volume of Industrial Waste Water Discharged (10000 tons) | 4200 | 5204 | 4501 | 4572 |
| 废水排放达标量 （万吨） | Volume of Industrial Waste Water up to the Standards for Discharge (10000 tons) | 3500 | 4477 | | |
| 废水处理量 （万吨） | Total Volume of Industrial Waste Water Treated (10000 tons) | 1400 | 1615 | | |
| 废水处理排放达标量 （万吨） | Volume of Treated Industrial Waste Water up to the Standards for Discharge (10000 tons) | 1400 | 1615 | | |
| 废气 | Waste Gas | | | | |
| 废气排放总量 （万标立方米） | Total Volume of Industrial Waste Gas Emission (ten thousands cu.m) | 18500 | 12000 | 134084 | 132960 |
| 烟尘排放量 （吨） | Volume of Soot Emission (tons) | 5200 | 1150 | 1578 | 1517 |
| 工业粉尘排放量 （吨） | Volume of Industrial Dust Emission (tons) | 14600 | 7380 | 1785 | 1773 |
| 固体废物 | Solid Wastes | | | | |
| 工业固体废物产生量 （万吨） | Volume of Industrial Solid Wastes Produced (10000 tons) | 0.51 | 17.05 | 13.60 | 10.00 |
| 工业固体废物处置量 （万吨） | Volume of Industrial Solid Wastes Accumulated (10000 tons) | | | 7.83 | 3.00 |
| 工业固体废物排放量 （万吨） | Volume of Industrial Solid Wastes Treated (10000 tons) | 0.22 | 17.04 | 5.77 | 7.00 |
| 污染治理 | Pollution Treatment | | | | |
| 污染治理项目数 （个） | Number of Projects for Pollution Treatment (unit) | | 17 | 29 | 2 |
| 污染治理项目完成投资额 （万元） | Actual Investment in Implementation of th Project for Pollution Treatment (10000 yuan) | | 600 | 512 | 320 |
| #治理废水 | Treatment for Waste Water | | 450 | 132 | 320 |
| 治理废气 | Treatment for Waste Gas | | 125.00 | 380.30 | |
| 治理固体废物 | Treatment for Solid Wastes | | | | |
| 治理其它 | Others | | 25 | | |

第十八篇

# 各县（市、区）主要统计指标

Chapter 18

# MAIN ECONOMIC INDICATORS BY COUNTIES(CITY AND REGIONS)

# 18-1　乡村从业人员（2005年）

## RURAL LABOR FORCE BY SECTOR (2005)

单位：人　　(person)

| 地区 | Region | 乡村从业人员 Number of Rural Laborers | 农林牧渔业 Farming, Forestry, Animal Husbandry and Fishery | 工　业 Industry | 建筑业 Construction | 其他非农从业人员 Other Non-agricultural Trades |
|---|---|---|---|---|---|---|
| **拉萨市** | **Lhasa** | | | | | |
| 城关区 | Region of City | 13585 | 3772 | 3028 | 948 | 5837 |
| 林周县 | Lhundup | 27490 | 24636 | 29 | | 2825 |
| 当雄县 | Damshung | 18220 | 7622 | 880 | 4128 | 5590 |
| 尼木县 | Nyemo | 15016 | 11806 | 359 | 1479 | 1372 |
| 曲水县 | Chushur | 16604 | 11309 | 698 | 1336 | 3261 |
| 堆龙德庆县 | Tolung Dechen | 21158 | 12129 | 426 | 1521 | 7082 |
| 达孜县 | Taktse | 12873 | 5852 | 597 | 988 | 5436 |
| 墨竹工卡县 | Medro Gongkar | 12797 | 9614 | 9 | 1124 | 2050 |
| **昌都地区** | **Chamdo** | | | | | |
| 昌都县 | Chamdo | 23716 | 21381 | 1235 | 61 | 1039 |
| 江达县 | Gyamda | 41852 | 31081 | 3596 | 2046 | 5129 |
| 贡觉县 | Gongjo | 17506 | 14045 | | 1812 | 1649 |
| 类乌齐县 | Rioche | 14370 | 12971 | 85 | 53 | 1261 |
| 丁青县 | Tengchen | 23462 | 22300 | 211 | 200 | 751 |
| 察雅县 | Dayak | 22911 | 19159 | 659 | 295 | 2798 |
| 八宿县 | Paksho | 15165 | 14160 | 19 | 136 | 850 |
| 左贡县 | Zogong | 19669 | 18592 | 11 | 223 | 843 |
| 芒康县 | Markham | 43203 | 38926 | 637 | 41 | 3599 |
| 洛隆县 | Lhorong | 12361 | 11280 | | 31 | 1050 |
| 边坝县 | Palbar | 8789 | 8234 | | | 555 |
| **山南地区** | **Lhoka** | | | | | |
| 乃东县 | Nedong | 19729 | 12468 | 750 | 3076 | 3435 |
| 扎囊县 | Danang | 15900 | 10225 | 16 | 2105 | 3554 |
| 贡嘎县 | Gonggar | 21957 | 17405 | 418 | 1725 | 2409 |

## 18-1 续表1 continued

单位：人 (person)

| 地区 | Region | 乡村从业人员 Number of Rural Laborers | 农林牧渔业 Farming, Forestry, Animal Husbandry and Fishery | 工 业 Industry | 建筑业 Construction | 其他非农从业人员 Other Non-agricultural Trades |
|---|---|---|---|---|---|---|
| 桑日县 | Sangri | 6032 | 5426 | | 455 | 151 |
| 琼结县 | Chong-Gye | 8731 | 8515 | | | 216 |
| 曲松县 | Chosum | 7035 | 4571 | 1120 | 469 | 875 |
| 措美县 | Tsome | 6650 | 6067 | 26 | 237 | 320 |
| 洛扎县 | Lhodak | 8662 | 7861 | 22 | 362 | 417 |
| 隆子县 | Lhuntse | 14972 | 10403 | 130 | 3768 | 671 |
| 错那县 | Tsona | 6678 | 6435 | 15 | | 228 |
| 浪卡子县 | Nakartse | 17741 | 12979 | 462 | 3197 | 1103 |
| 加查县 | Gyatsa | 6575 | 6338 | | 4 | 233 |
| **日喀则地区** | **Shigatse** | | | | | |
| 日喀则市 | Shigatse City | 35440 | 23287 | 1124 | 5623 | 5406 |
| 南木林县 | Namling | 39211 | 35328 | | 8 | 3875 |
| 定日县 | Tingri | 27361 | 17890 | 2280 | 17 | 7174 |
| 萨迦县 | Sakya | 20659 | 16162 | 410 | 1590 | 2497 |
| 拉孜县 | Lhatse | 24895 | 9496 | 512 | 276 | 14611 |
| 谢通门县 | Thongmon | 18398 | 14984 | 460 | 584 | 2370 |
| 昂仁县 | Ngamring | 22373 | 21319 | 334 | 229 | 491 |
| 定结县 | Tingkye | 9636 | 6421 | 627 | 1218 | 1370 |
| 仲巴县 | Dongpa | 8535 | 7515 | | | 1020 |
| 吉隆县 | Kyirong | 6699 | 6351 | 75 | | 273 |
| 聂拉木县 | Nyalam | 7909 | 6901 | 35 | 170 | 803 |
| 萨嘎县 | Saga | 5165 | 5144 | | | 21 |
| 江孜县 | Gyantse | 27035 | 13757 | 640 | | 12638 |
| 白朗县 | Panam | 22101 | 16155 | 1779 | 1838 | 2329 |
| 仁布县 | Rinpung | 16212 | 7230 | 288 | 7782 | 912 |
| 康马县 | Khangmar | 8857 | 7633 | 151 | 399 | 674 |
| 岗巴县 | Gampa | 5354 | 5094 | 40 | 60 | 160 |
| 亚东县 | Yatung | 5612 | 4376 | 229 | 134 | 873 |

## 18-1　续表2　continued

单位：人　　　　(person)

| 地区 | Region | 乡村从业人员 Number of Rural Laborers | 农林牧渔业 Farming,Forestry, Animal Husbandry and Fishery | 工　业 Industry | 建筑业 Construction | 其他非农从业人员 Other Non-agricultural Trades |
|---|---|---|---|---|---|---|
| **那曲地区** | **Nakchu** | | | | | |
| 那曲县 | Nakchu | 32076 | 26502 | 326 | 523 | 4725 |
| 嘉黎县 | Chali | 10642 | 9700 | 4 | 447 | 491 |
| 比如县 | Dirl | 19981 | 18633 | 33 | | 1315 |
| 聂荣县 | Nyerong | 14115 | 12345 | | 83 | 1687 |
| 安多县 | Amdo | 16219 | 11136 | | 1146 | 3937 |
| 申扎县 | Shantsa | 7755 | 6022 | 761 | 228 | 744 |
| 索　县 | Sokshan | 12931 | 12041 | | | 890 |
| 班戈县 | Palgon | 17839 | 16830 | | | 1009 |
| 巴青县 | Bachen | 17420 | 16676 | | | 744 |
| 尼玛县 | Nima | 14193 | 13186 | 37 | | 970 |
| **阿里地区** | **Ngari** | | | | | |
| 普兰县 | Purang | 4186 | 3412 | | 320 | 454 |
| 札达县 | Tsada | 2615 | 2312 | | | 303 |
| 噶尔县 | Gar | 3243 | 3045 | 3 | 113 | 82 |
| 日土县 | Rutok | 4133 | 2805 | | 1116 | 212 |
| 革吉县 | Gakyi | 6227 | 5529 | 542 | | 156 |
| 改则县 | Gertse | 9520 | 8802 | | | 718 |
| 措勤县 | Tsochen | 5481 | 4369 | | 322 | 790 |
| **林芝地区** | **Nyingtri** | | | | | |
| 林芝县 | Nyingtri | 5833 | 4932 | 29 | 28 | 844 |
| 工布江达县 | Kongpo Gyamda | 8512 | 5949 | | 100 | 2463 |
| 米林县 | Miling | 6511 | 6398 | | | 113 |
| 墨脱县 | Metok | 3512 | 3512 | | | |
| 波密县 | Pome | 9450 | 7333 | | 22 | 2095 |
| 察隅县 | Zayul | 10236 | 9619 | 13 | 1 | 603 |
| 朗　县 | Namshan | 7456 | 6972 | 21 | 73 | 390 |

# 18-2 农林牧渔业、工业总产值 （2005年）

## GROSS OUTPUT VALUE OF FARMING，FORESTRY，ANIMAL HUSBANDRY，FISHERY AND INDUSTRY (2005)

单位：万元 (10000 yuan)

| 地区 | Region | 农林牧渔业产值 Gross Out Value of Farming Forestry, Animal,Husbandry and Fishery | 农业 Farming | 林业 Forestry | 牧业 Animal Husbandry | 渔业 Fishery | 服务业 Service | 工业总产值 Gross Output Value of Industry |
|---|---|---|---|---|---|---|---|---|
| **拉萨市** | **Lhasa** | | | | | | | |
| 城关区 | Region of City | 6096 | 4359 | 75 | 1262 | | 400 | 128851 |
| 林周县 | Lhundup | 20758 | 11749 | 339 | 8345 | | 325 | |
| 当雄县 | Damshung | 11733 | 727 | 3412 | 7344 | | 250 | 1561 |
| 尼木县 | Nyemo | 6199 | 3337 | 302 | 2560 | | | 547 |
| 曲水县 | Chushur | 9359 | 6899 | 450 | 1954 | 56 | | 7568 |
| 堆龙德庆县 | Tolung Dechen | 13583 | 7644 | 401 | 5439 | | 100 | 18734 |
| 达孜县 | Taktse | 12025 | 6427 | 336 | 4566 | | 696 | 3397 |
| 墨竹工卡县 | Medro Gongkar | 14963 | 6553 | 2573 | 5838 | | | 1739 |
| **昌都地区** | **Chamdo** | | | | | | | |
| 昌都县 | Chamdo | 8399 | 2037 | 334 | 5813 | | 215 | 20669 |
| 江达县 | Gyamda | 8338 | 1275 | 477 | 5920 | | 666 | 119 |
| 贡觉县 | Gongjo | 4742 | 1494 | 13 | 3090 | | 146 | 97 |
| 类乌齐县 | Rioche | 5176 | 1095 | 32 | 3918 | | 131 | 729 |
| 丁青县 | Tengchen | 6323 | 2994 | 15 | 2981 | | 333 | 337 |
| 察雅县 | Dayak | 5130 | 1436 | 348 | 3213 | | 132 | 83 |
| 八宿县 | Paksho | 3888 | 1017 | 76 | 2607 | | 188 | 1640 |
| 左贡县 | Zogong | 5770 | 1459 | 208 | 3610 | | 493 | 361 |
| 芒康县 | Markham | 10625 | 2145 | 1536 | 6246 | | 698 | 621 |
| 洛隆县 | Lhorong | 5027 | 2052 | 187 | 2650 | | 139 | 336 |
| 边坝县 | Palbar | 3962 | 1218 | 78 | 2536 | | 130 | 108 |
| **山南地区** | **Lhoka** | | | | | | | |
| 乃东县 | Nedong | 10225 | 4731 | 935 | 2402 | | 2157 | 29422 |
| 扎囊县 | Danang | 5451 | 3145 | 312 | 1759 | | 235 | |
| 贡嘎县 | Gonggar | 6691 | 3953 | 569 | 2129 | 2 | 38 | 40 |

## 18-2 续表1 continued

单位：万元 (10000 yuan)

| 地区 | Region | 农林牧渔业产值 Gross Out Value of Farming Forestry, Animal,Husbandry and Fishery | 农业 Farming | 林业 Forestry | 牧业 Animal Husbandry | 渔业 Fishery | 服务业 Service | 工业总产值 Gross Output Value of Industry |
|---|---|---|---|---|---|---|---|---|
| 桑日县 | Sangri | 3771 | 1166 | 1408 | 965 | | 232 | 6080 |
| 琼结县 | Chong-Gye | 2705 | 1600 | 392 | 544 | | 169 | 576 |
| 曲松县 | Chosum | 2825 | 1255 | 135 | 1416 | … | 19 | 0 |
| 措美县 | Tsome | 2546 | 468 | 606 | 1328 | | 144 | 59 |
| 洛扎县 | Lhodak | 3216 | 1827 | 213 | 1092 | | 84 | 64 |
| 隆子县 | Lhuntse | 5617 | 2056 | 824 | 2716 | | 21 | 45 |
| 错那县 | Tsona | 2022 | 598 | 495 | 751 | | 178 | 58 |
| 浪卡子县 | Nakartse | 4965 | 1052 | 33 | 3135 | | 745 | 384 |
| 加查县 | Gyatsa | 5426 | 1150 | 2684 | 1551 | | 41 | 102 |
| 日喀则地区 | Shigatse | | | | | | | |
| 日喀则市 | Shigatse City | 23060 | 18058 | 922 | 3312 | | 768 | 21270 |
| 南木林县 | Namling | 16339 | 13559 | 333 | 2414 | | 33 | 23 |
| 定日县 | Tingri | 11201 | 6627 | 356 | 3839 | | 379 | 87 |
| 萨迦县 | Sakya | 11977 | 7349 | 718 | 3755 | | 155 | 131 |
| 拉孜县 | Lhatse | 15542 | 12309 | 271 | 2639 | | 323 | 25 |
| 谢通门县 | Thongmon | 10765 | 6248 | 108 | 4168 | | 241 | 90 |
| 昂仁县 | Ngamring | 11589 | 6299 | 39 | 5082 | | 169 | 78 |
| 定结县 | Tingkye | 4145 | 2449 | 84 | 1523 | | 89 | 120 |
| 仲巴县 | Dongpa | 7955 | 8 | - | 7516 | | 431 | 123 |
| 吉隆县 | Kyirong | 4100 | 1512 | 538 | 1939 | | 111 | 117 |
| 聂拉木县 | Nyalam | 5612 | 2335 | 447 | 2404 | | 426 | 2214 |
| 萨嘎县 | Saga | 2928 | 359 | 9 | 2440 | | 120 | 127 |
| 江孜县 | Gyantse | 20746 | 13794 | 632 | 5865 | | 455 | 1992 |
| 白朗县 | Panam | 14334 | 11523 | 326 | 2387 | | 98 | |
| 仁布县 | Rinpung | 4462 | 2315 | 58 | 1317 | | 772 | 4 |
| 康马县 | Khangmar | 6142 | 3352 | 373 | 2187 | | 230 | 109 |
| 岗巴县 | Gampa | 2647 | 977 | 194 | 1442 | | 34 | 1941 |
| 亚东县 | Yatung | 3962 | 917 | 1346 | 1621 | 13 | 65 | 502 |

## 18-2 续表2 continued

单位：万元 (10000 yuan)

| 地区 | Region | 农林牧渔业产值 Gross Out Value of Farming Forestry, Animal,Husbandry and Fishery | 农业 Farming | 林业 Forestry | 牧业 Animal Husbandry | 渔业 Fishery | 服务业 Service | 工业总产值 Gross Output Value of Industry |
|---|---|---|---|---|---|---|---|---|
| **那曲地区** | **Nakchu** | | | | | | | |
| 那曲县 | Nakchu | 15575 | | 5978 | 9569 | | 28 | 4200 |
| 嘉黎县 | Chali | 5562 | 159 | 2866 | 2516 | | 21 | 121 |
| 比如县 | Dirl | 13115 | 564 | 8455 | 3933 | | 163 | 173 |
| 聂荣县 | Nyerong | 5610 | | 990 | 4607 | | 13 | 93 |
| 安多县 | Amdo | 8232 | | | 8187 | | 45 | 12 |
| 申扎县 | Shantsa | 3766 | | | 3741 | | 25 | 3843 |
| 索　县 | Sokshan | 7122 | 997 | 3240 | 2634 | | 251 | 170 |
| 班戈县 | Palgon | 8973 | | | 8763 | | 210 | 21 |
| 巴青县 | Bachen | 10097 | 56 | 5116 | 4857 | | 68 | 134 |
| 尼玛县 | Nima | 6740 | 37 | | 6647 | | 56 | 5038 |
| **阿里地区** | **Ngari** | | | | | | | |
| 普兰县 | Purang | 1756 | 567 | 5 | 955 | | 229 | 899 |
| 札达县 | Tsada | 1402 | 182 | 24 | 1024 | | 172 | 575 |
| 噶尔县 | Gar | 2201 | 53 | 56 | 2036 | | 56 | 8876 |
| 日土县 | Rutok | 3820 | 218 | 19 | 3521 | | 62 | 144 |
| 革吉县 | Gakyi | 4546 | | | 4154 | | 392 | 382 |
| 改则县 | Gertse | 12625 | | | 12239 | | 386 | 214 |
| 措勤县 | Tsochen | 4112 | | | 3924 | | 188 | |
| **林芝地区** | **Nyingtri** | | | | | | | |
| 林芝县 | Nyingtri | 9394 | 3003 | 2051 | 4062 | 22 | 256 | 29463 |
| 工布江达县 | Kongpo Gyamda | 10936 | 2525 | 3642 | 4589 | | 180 | 1072 |
| 米林县 | Miling | 7179 | 1861 | 2380 | 2703 | | 235 | 873 |
| 墨脱县 | Metok | 1053 | 831 | 22 | 200 | | | |
| 波密县 | Pome | 13912 | 7018 | 2583 | 4146 | | 165 | 842 |
| 察隅县 | Zayul | 6086 | 3737 | 1010 | 1212 | 7 | 120 | 606 |
| 朗　县 | Namshan | 6675 | 1502 | 2542 | 2481 | | 150 | 320 |

# 18-3 农林牧渔业产值

## GROSS OUTPUT VALUE OF FARMING，FORESTRY，ANIMAL HUSBANDRY AND FISHERY

单位：万元　　(10000 yuan)

| 地区 | Region | 农林牧渔业产值 Gross Output Value 2004 | 2005 | 指数 Index |
|---|---|---|---|---|
| 拉萨市 | **Lhasa** | | | |
| 城关区 | Region of City | 5328 | 6096 | 109.4 |
| 林周县 | Lhundup | 19518 | 20758 | 104.5 |
| 当雄县 | Damshung | 11315 | 11733 | 101.1 |
| 尼木县 | Nyemo | 5001 | 6199 | 104.2 |
| 曲水县 | Chushur | 9145 | 9359 | 112.2 |
| 堆龙德庆县 | Tolung Dechen | 12983 | 13583 | 119.3 |
| 达孜县 | Taktse | 11742 | 12025 | 104.0 |
| 墨竹工卡县 | Medro Gongkar | 14063 | 14963 | 100.3 |
| 昌都地区 | **Chamdo** | | | |
| 昌都县 | Chamdo | 22133 | 22068 | 99.1 |
| 江达县 | Gyamda | 17652 | 19180 | 100.9 |
| 贡觉县 | Gongjo | 9827 | 10702 | 127.7 |
| 类乌齐县 | Rioche | 11058 | 12042 | 112.3 |
| 丁青县 | Tengchen | 17869 | 19332 | 94.7 |
| 察雅县 | Dayak | 11353 | 12294 | 100.8 |
| 八宿县 | Paksho | 7961 | 8642 | 100.2 |
| 左贡县 | Zogong | 11837 | 12849 | 101.0 |
| 芒康县 | Markham | 19792 | 21450 | 117.7 |
| 洛隆县 | Lhorong | 10762 | 11598 | 98.8 |
| 边坝县 | Palbar | 9748 | 10570 | 92.3 |
| 山南地区 | **Lhoka** | | | |
| 乃东县 | Nedong | 8872 | 10225 | 113.0 |
| 扎囊县 | Danang | 4871 | 5451 | 107.9 |
| 贡嘎县 | Gonggar | 6387 | 6691 | 101.5 |

## 18-3 续表1 continued

单位：万元 (10000 yuan)

| 地区 | Region | 农林牧渔业产值 Gross Output Value 2004 | 2005 | 指数 Index |
|---|---|---|---|---|
| 桑日县 | Sangri | 3526 | 3771 | 100.5 |
| 琼结县 | Chong-Gye | 2609 | 2705 | 104.2 |
| 曲松县 | Chosum | 2819 | 2825 | 98.7 |
| 措美县 | Tsome | 2720 | 2546 | 87.7 |
| 洛扎县 | Lhodak | 3350 | 3217 | 102.2 |
| 隆子县 | Lhuntse | 5249 | 5617 | 103.8 |
| 错那县 | Tsona | 2020 | 2022 | 85.1 |
| 浪卡子县 | Nakartse | 4858 | 4966 | 100.9 |
| 加查县 | Gyatsa | 5281 | 5427 | 86.0 |
| **日喀则地区** | **Shigatse** | | | |
| 日喀则市 | Shigatse City | 20942 | 23060 | 107.7 |
| 南木林县 | Namling | 13169 | 16339 | 108.6 |
| 定日县 | Tingri | 10864 | 11201 | 100.1 |
| 萨迦县 | Sakya | 11372 | 11978 | 103.7 |
| 拉孜县 | Lhatse | 13869 | 15542 | 100.5 |
| 谢通门县 | Thongmon | 8762 | 10765 | 101.3 |
| 昂仁县 | Ngamring | 10640 | 11589 | 102.4 |
| 定结县 | Tingkye | 4394 | 4145 | 84.1 |
| 仲巴县 | dongpa | 7527 | 7955 | 113.5 |
| 吉隆县 | Kyirong | 3510 | 4100 | 122.9 |
| 聂拉木县 | Nyalam | 5044 | 5612 | 103.6 |
| 萨嘎县 | Saga | 3039 | 2928 | 94.4 |
| 江孜县 | Gyantse | 20085 | 20746 | 104.7 |
| 白朗县 | Panam | 13286 | 14334 | 101.7 |
| 仁布县 | Rinpung | 4012 | 4462 | 128.6 |
| 康马县 | Khangmar | 5741 | 6142 | 105.8 |
| 岗巴县 | Gampa | 2218 | 2647 | 113.2 |
| 亚东县 | Yatung | 3516 | 3962 | 94.5 |

## 18-3 续表2 continued

单位：万元　　(10000 yuan)

| 地区 | Region | 农林牧渔业产值 Gross Output Value 2004 | 2005 | 指数 Index |
|---|---|---|---|---|
| **那曲地区** | **Nakchu** | | | |
| 那曲县 | Nakchu | 14107 | 15575 | 107.8 |
| 嘉黎县 | Chali | 6248 | 5562 | 104.9 |
| 比如县 | Dirl | 13184 | 13115 | 112.4 |
| 聂荣县 | Nyerong | 5266 | 5610 | 110.4 |
| 安多县 | Amdo | 8788 | 8232 | 99.2 |
| 申扎县 | Shantsa | 4630 | 3766 | 85.2 |
| 索　县 | Sokshan | 7308 | 7122 | 126.3 |
| 班戈县 | Palgon | 8840 | 8973 | 114.0 |
| 巴青县 | Bachen | 10194 | 10097 | 131.5 |
| 尼玛县 | Nima | 9362 | 6740 | 88.5 |
| **阿里地区** | **Ngari** | | | |
| 普兰县 | Purang | 1876 | 1756 | 85.6 |
| 札达县 | Tsada | 1878 | 1402 | 84.8 |
| 噶尔县 | Gar | 3937 | 2201 | 77.6 |
| 日土县 | Rutok | 4049 | 3820 | 96.5 |
| 革吉县 | Gakyi | 4035 | 4546 | 90.7 |
| 改则县 | Gertse | 11928 | 12625 | 98.9 |
| 措勤县 | Tsochen | 3915 | 4112 | 67.5 |
| **林芝地区** | **Nyingtri** | | | |
| 林芝县 | Nyingtri | 8354 | 9394 | 102.9 |
| 工布江达县 | Kongpo Gyamda | 9429 | 10936 | 108.2 |
| 米林县 | Miling | 7233 | 7179 | 112.6 |
| 墨脱县 | Metok | 971 | 1053 | 89.2 |
| 波密县 | Pome | 10075 | 13912 | 109.3 |
| 察隅县 | Zayul | 6006 | 6087 | 97.5 |
| 朗　县 | Namshan | 6341 | 6675 | 101.0 |

# 18-4 年末耕地面积（2005年）

## AREA UNDER CULTIVATED AT THE YEAR-END (2005)

单位：公顷 (heactares)

| 地区 | Region | 年末实有耕地面积 Cultivated Areas (Year-end) | # 旱地 Dry Fields | 农田有效灌溉面积 Irrigated Areas |
|---|---|---|---|---|
| **拉萨市** | **Lhasa** | | | |
| 城关区 | Region of City | 1818 | 1818 | 518 |
| 林周县 | Lhundup | 11111 | 11111 | 6529 |
| 当雄县 | Damshung | | | |
| 尼木县 | Nyemo | 2448 | 2448 | 2448 |
| 曲水县 | Chushur | 4195 | 4195 | 4195 |
| 堆龙德庆县 | Tolung Dechen | 5682 | 5682 | 5604 |
| 达孜县 | Taktse | 4398 | 4398 | 3962 |
| 墨竹工卡县 | Medro Gongkar | 4975 | 4975 | 4975 |
| **昌都地区** | **Chamdo** | | | |
| 昌都县 | Chamdo | 5442 | 5442 | |
| 江达县 | Gyamda | 4880 | 4880 | 1005 |
| 贡觉县 | Gongjo | 3378 | 3378 | 1508 |
| 类乌齐县 | Rioche | 2887 | 2887 | |
| 丁青县 | Tengchen | 8037 | 8037 | 862 |
| 察雅县 | Dayak | 2958 | 2958 | 112 |
| 八宿县 | Paksho | 2701 | 2701 | 2077 |
| 左贡县 | Zogong | 2675 | 2675 | 1769 |
| 芒康县 | Markham | 5328 | 5328 | 3810 |
| 洛隆县 | Lhorong | 5297 | 5297 | |
| 边坝县 | Palbar | 3533 | 3533 | 1348 |
| **山南地区** | **Lhoka** | | | |
| 乃东县 | Nedong | 3932 | 3932 | 3778 |
| 扎囊县 | Danang | 4382 | 4382 | 3939 |
| 贡嘎县 | Gonggar | 4863 | 4863 | 3195 |

## 18-4 续表1 continued

单位：公顷 (heactares)

| 地区 | Region | 年末实有耕地面积 Cultivated Areas (Year-end) | #旱地 Dry Fields | 农田有效灌溉面积 Irrigated Areas |
|---|---|---|---|---|
| 桑日县 | Sangri | 1531 | 1531 | 1531 |
| 琼结县 | Chong-Gye | 1822 | 1822 | 1766 |
| 曲松县 | Chosum | 1599 | 1599 | 1372 |
| 措美县 | Tsome | 979 | 979 | 979 |
| 洛扎县 | Lhodak | 1918 | 1918 | 1899 |
| 隆子县 | Lhuntse | 2814 | 2814 | 2802 |
| 错那县 | Tsona | 1432 | 1432 | 829 |
| 浪卡子县 | Nakartse | 2492 | 2492 | 2486 |
| 加查县 | Gyatsa | 1315 | 1315 | 221 |
| **日喀则地区** | **Shigatse** | | | |
| 日喀则市 | Shigatse City | 12440 | 12440 | 8686 |
| 南木林县 | Namling | 7891 | 7891 | 6721 |
| 定日县 | Tingri | 7058 | 7058 | 6250 |
| 萨迦县 | Sakya | 7528 | 7528 | 6446 |
| 拉孜县 | Lhatse | 7931 | 7931 | 5570 |
| 谢通门县 | Thongmon | 4012 | 4012 | 4012 |
| 昂仁县 | Ngamring | 4996 | 4996 | 4968 |
| 定结县 | Tingkye | 2673 | 2673 | 2365 |
| 仲巴县 | Dongpa | 51 | 51 | |
| 吉隆县 | Kyirong | 1186 | 1186 | 900 |
| 聂拉木县 | Nyalam | 1384 | 1384 | 1342 |
| 萨嘎县 | Saga | 456 | 456 | |
| 江孜县 | Gyantse | 10784 | 10784 | 10230 |
| 白朗县 | Panam | 8182 | 8182 | 7764 |
| 仁布县 | Rinpung | 3413 | 3413 | 3192 |
| 康马县 | Khangmar | 3120 | 3120 | 3120 |
| 岗巴县 | Gampa | 1475 | 1475 | 1475 |
| 亚东县 | Yatung | 854 | 854 | 564 |

18-4 续表2 continued

单位：公顷 (heactares)

| 地区 | Region | 年末实有耕地面积 Cultivated Areas (Year-end) | # 旱地 Dry Fields | 农田有效灌溉面积 Irrigated Areas |
|---|---|---|---|---|
| **那曲地区** | **Nakchu** | | | |
| 那曲县 | Nakchu | | | |
| 嘉黎县 | Chali | 331 | 331 | 192 |
| 比如县 | Dirl | 2027 | 2027 | 155 |
| 聂荣县 | Nyerong | | | |
| 安多县 | Amdo | | | |
| 申扎县 | Shantsa | | | |
| 索 县 | Sokshan | 2711 | 2711 | |
| 班戈县 | Palgon | | | |
| 巴青县 | Bachen | 287 | 287 | |
| 尼玛县 | Nima | 105 | 105 | |
| **阿里地区** | **Ngari** | | | |
| 普兰县 | Purang | 637 | 637 | 637 |
| 札达县 | Tsada | 690 | 690 | 690 |
| 噶尔县 | Gar | 1054 | 1054 | 193 |
| 日土县 | Rutok | 574 | 574 | 338 |
| 革吉县 | Gakyi | 4 | 4 | |
| 改则县 | Gertse | | | |
| 措勤县 | Tsochen | | | |
| **林芝地区** | **Nyingtri** | | | |
| 林芝县 | Nyingtri | 2478 | 2478 | 2364 |
| 工布江达县 | Kongpo Gyamda | 3296 | 3296 | 1663 |
| 米林县 | Miling | 2742 | 2742 | 2240 |
| 墨脱县 | Metok | 1605 | 1278 | |
| 波密县 | Pome | 3952 | 3952 | 1839 |
| 察隅县 | Zayul | 2594 | 1941 | 1865 |
| 朗 县 | Namshan | 1223 | 1223 | 1139 |

# 18-5 农作物播种面积（2005年）

## TOTAL SOWN AREAS OF FARM CROPS (2005)

单位：公顷 (hectares)

| 地区 | Region | 农作物播种面积 Total Sown Area | 粮食作物 Grain Crops | #谷物 Cereal | #豆类 Beans | 油料 Oil-bearing Crops |
|---|---|---|---|---|---|---|
| **拉萨市** | **Lhasa** | | | | | |
| 城关区 | Region of City | 1719 | 948 | 938 | 11 | 133 |
| 林周县 | Lhundup | 11514 | 9922 | 9165 | 757 | 1283 |
| 当雄县 | Damshung | 2421 | | | | |
| 尼木县 | Nyemo | 2564 | 1448 | 1328 | 120 | 1000 |
| 曲水县 | Chushur | 4084 | 3405 | 3348 | 57 | 401 |
| 堆龙德庆县 | Tolung Dechen | 6382 | 3597 | 3272 | 325 | 825 |
| 达孜县 | Taktse | 4714 | 3337 | 3272 | 65 | 485 |
| 墨竹工卡县 | Medro Gongkar | 5210 | 3684 | 3476 | 208 | 1377 |
| **昌都地区** | **Chamdo** | | | | | |
| 昌都县 | Chamdo | 5768 | 4620 | 4547 | 73 | 400 |
| 江达县 | Gyamda | 4754 | 4143 | 4100 | 43 | 186 |
| 贡觉县 | Gongjo | 3865 | 3205 | 3128 | 77 | 427 |
| 类乌齐县 | Rioche | 2887 | 2339 | 2339 | | |
| 丁青县 | Tengchen | 7885 | 7000 | 6799 | 201 | 526 |
| 察雅县 | Dayak | 3600 | 3183 | 2867 | 302 | 151 |
| 八宿县 | Paksho | 3171 | 2675 | 2459 | 203 | 191 |
| 左贡县 | Zogong | 3719 | 3312 | 3173 | 24 | 75 |
| 芒康县 | Markham | 6868 | 5682 | 5614 | 68 | 308 |
| 洛隆县 | Lhorong | 5467 | 4430 | 4228 | 150 | 733 |
| 边坝县 | Palbar | 3533 | 2519 | 2290 | 229 | 667 |
| **山南地区** | **Lhoka** | | | | | |
| 乃东县 | Nedong | 4009 | 2960 | 2834 | 126 | 642 |
| 扎囊县 | Danang | 4345 | 2614 | 2593 | 21 | 1333 |
| 贡嘎县 | Gonggar | 4863 | 3524 | 3431 | 92 | 866 |

## 18-5 续表1 continued

单位：公顷 (hectares)

| 地区 | Region | 农作物播种面积 Total Sown Area | 粮食作物 Grain Crops | #谷物 Cereal | #豆类 Beans | 油料 Oil-bearing Crops |
|---|---|---|---|---|---|---|
| 桑日县 | Sangri | 1531 | 1033 | 823 | 210 | 328 |
| 琼结县 | Chong-Gye | 1817 | 1334 | 1230 | 104 | 309 |
| 曲松县 | Chosum | 1653 | 985 | 919 | 66 | 450 |
| 措美县 | Tsome | 979 | 750 | 732 | 18 | 121 |
| 洛扎县 | Lhodak | 1918 | 1646 | 1342 | 303 | 215 |
| 隆子县 | Lhuntse | 2814 | 2327 | 2110 | 217 | 320 |
| 错那县 | Tsona | 1479 | 1196 | 1063 | 133 | 145 |
| 浪卡子县 | Nakartse | 2486 | 1966 | 1947 | 19 | 174 |
| 加查县 | Gyatsa | 1315 | 1135 | 1133 | 3 | 79 |
| **日喀则地区** | **Shigatse** | | | | | |
| 日喀则市 | Shigatse City | 12227 | 9110 | 9036 | 73 | 1635 |
| 南木林县 | Namling | 7891 | 5376 | 4877 | 499 | 681 |
| 定日县 | Tingri | 6774 | 5415 | 4985 | 430 | 446 |
| 萨迦县 | Sakya | 7526 | 5444 | 4931 | 513 | 1147 |
| 拉孜县 | Lhatse | 7874 | 4972 | 4786 | 186 | 1528 |
| 谢通门县 | Thongmon | 4012 | 2799 | 2661 | 138 | 419 |
| 昂仁县 | Ngamring | 4953 | 4063 | 3896 | 167 | 291 |
| 定结县 | Tingkye | 2411 | 1824 | 1428 | 396 | 248 |
| 仲巴县 | Dongpa | 51 | | | | |
| 吉隆县 | Kyirong | 1186 | 861 | 755 | 43 | 161 |
| 聂拉木县 | Nyalam | 1384 | 1122 | 1076 | 46 | 161 |
| 萨嘎县 | Saga | 455 | 378 | 303 | 75 | 31 |
| 江孜县 | Gyantse | 10784 | 7808 | 7053 | 754 | 1108 |
| 白朗县 | Panam | 8145 | 5955 | 5891 | 64 | 976 |
| 仁布县 | Rinpung | 3413 | 2560 | 2276 | 284 | 525 |
| 康马县 | Khangmar | 3120 | 2461 | 1946 | 151 | 364 |
| 岗巴县 | Gampa | 1352 | 1000 | 1000 | | 133 |
| 亚东县 | Yatung | 851 | 392 | 392 | | 3 |

18-5 续表2 continued

单位：公顷 (hectares)

| 地区 | Region | 农作物播种面积 Total Sown Area | 粮食作物 Grain Crops | #谷物 Cereal | #豆类 Beans | 油料 Oil-bearing Crops |
|---|---|---|---|---|---|---|
| **那曲地区** | **Nakchu** | | | | | |
| 那曲县 | Nakchu | | | | | |
| 嘉黎县 | Chali | 331 | 257 | 235 | 22 | |
| 比如县 | Dirl | 1831 | 1555 | 1555 | | |
| 聂荣县 | Nyerong | | | | | |
| 安多县 | Amdo | | | | | |
| 申扎县 | Shantsa | | | | | |
| 索　县 | Sokshan | 2639 | 1872 | 1860 | 12 | 5 |
| 班戈县 | Palgon | | | | | |
| 巴青县 | Bachen | 185 | 110 | 110 | | |
| 尼玛县 | Nima | 105 | 80 | 80 | | |
| **阿里地区** | **Ngari** | | | | | |
| 普兰县 | Purang | 637 | 555 | 429 | 126 | 76 |
| 札达县 | Tsada | 461 | 382 | 335 | 41 | 21 |
| 噶尔县 | Gar | 494 | 206 | 203 | | 25 |
| 日土县 | Rutok | 338 | 263 | 260 | 3 | 24 |
| 革吉县 | Gakyi | | | | | |
| 改则县 | Gertse | | | | | |
| 措勤县 | Tsochen | | | | | |
| **林芝地区** | **Nyingtri** | | | | | |
| 林芝县 | Nyingtri | 2762 | 1843 | 1782 | 61 | 503 |
| 工布江达县 | Kongpo Gyamda | 2918 | 2296 | 2165 | 19 | 511 |
| 米林县 | Miling | 2712 | 2206 | 2200 | 6 | 319 |
| 墨脱县 | Metok | 1604 | 1429 | 1384 | 45 | 15 |
| 波密县 | Pome | 4301 | 3743 | 3599 | 92 | 287 |
| 察隅县 | Zayul | 4529 | 4113 | 3955 | 124 | 118 |
| 朗　县 | Namshan | 1222 | 1032 | 977 | 4 | 152 |

# 18-6 主要农作物产量（2005年）

## YIELD OF MAJOR FARM CROPS （2005）

单位：万吨 (10000 tons)

| 地区 | Region | 粮食 Grain | # 谷物 Cereal | # 豆类 Beans | 油菜籽 Oil-bearing Crops |
|---|---|---|---|---|---|
| **拉萨市** | **Lhasa** | | | | |
| 城关区 | Region of City | 0.55 | 0.54 | 0.01 | 0.02 |
| 林周县 | Lhundup | 6.26 | 5.85 | 0.41 | 0.35 |
| 当雄县 | Damshung | | | | |
| 尼木县 | Nyemo | 0.83 | 0.79 | 0.04 | 0.37 |
| 曲水县 | Chushur | 2.42 | 2.40 | 0.02 | 0.19 |
| 堆龙德庆县 | Tolung Dechen | 2.39 | 2.29 | 0.10 | 0.29 |
| 达孜县 | Taktse | 2.36 | 2.33 | 0.02 | 0.21 |
| 墨竹工卡县 | Medro Gongkar | 2.2 | 2.12 | 0.08 | 0.41 |
| **昌都地区** | **Chamdo** | | | | |
| 昌都县 | Chamdo | 1.76 | 1.74 | 0.02 | 0.02 |
| 江达县 | Gyamda | 1.12 | 1.11 | 0.01 | 0.02 |
| 贡觉县 | Gongjo | 1.38 | 1.37 | 0.01 | 0.04 |
| 类乌齐县 | Rioche | 0.74 | 0.74 | | |
| 丁青县 | Tengchen | 2.33 | 2.27 | 0.06 | 0.05 |
| 察雅县 | Dayak | 1.33 | 1.22 | 0.07 | 0.02 |
| 八宿县 | Paksho | 1.06 | 0.99 | 0.04 | 0.02 |
| 左贡县 | Zogong | 1.58 | 1.50 | 0.01 | 0.01 |
| 芒康县 | Markham | 2.48 | 2.47 | 0.01 | 0.03 |
| 洛隆县 | Lhorong | 1.95 | 1.91 | 0.04 | 0.06 |
| 边坝县 | Palbar | 0.85 | 0.80 | 0.04 | 0.03 |
| **山南地区** | **Lhoka** | | | | |
| 乃东县 | Nedong | 2.46 | 2.41 | 0.05 | 0.17 |
| 扎囊县 | Danang | 2.15 | 2.14 | 0.01 | 0.28 |
| 贡嘎县 | Gonggar | 3.02 | 2.99 | 0.03 | 0.17 |

## 18-6 续表1 continued

单位：万吨 (10000 tons)

| 地区 | Region | 粮食 Grain | # 谷物 Cereal | # 豆类 Beans | 油菜籽 Oil-bearing Crops |
|---|---|---|---|---|---|
| 桑日县 | Sangri | 0.79 | 0.78 | 0.01 | 0.08 |
| 琼结县 | Chong-Gye | 1.23 | 1.18 | 0.05 | 0.07 |
| 曲松县 | Chosum | 0.63 | 0.58 | 0.05 | 0.09 |
| 措美县 | Tsome | 0.32 | 0.31 | 0.01 | 0.02 |
| 洛扎县 | Lhodak | 0.93 | 0.78 | 0.15 | 0.07 |
| 隆子县 | Lhuntse | 1.60 | 1.47 | 0.13 | 0.08 |
| 错那县 | Tsona | 0.44 | 0.40 | 0.04 | 0.04 |
| 浪卡子县 | Nakartse | 0.67 | 0.67 | … | 0.05 |
| 加查县 | Gyatsa | 0.79 | 0.79 | … | 0.03 |
| **日喀则地区** | **Shigatse** | | | | |
| 日喀则市 | Shigatse City | 6.55 | 6.53 | 0.02 | 0.36 |
| 南木林县 | Namling | 2.74 | 2.57 | 0.16 | 0.18 |
| 定日县 | Tingri | 2.65 | 2.50 | 0.15 | 0.09 |
| 萨迦县 | Sakya | 2.53 | 2.27 | 0.26 | 0.22 |
| 拉孜县 | Lhatse | 3.43 | 3.36 | 0.07 | 0.37 |
| 谢通门县 | Thongmon | 1.56 | 1.52 | 0.04 | 0.09 |
| 昂仁县 | Ngamring | 1.79 | 1.73 | 0.06 | 0.08 |
| 定结县 | Tingkye | 0.65 | 0.48 | 0.17 | 0.06 |
| 仲巴县 | Dongpa | | | | |
| 吉隆县 | Kyirong | 0.49 | 0.41 | 0.02 | 0.05 |
| 聂拉木县 | Nyalam | 0.63 | 0.61 | 0.02 | 0.04 |
| 萨嘎县 | Saga | 0.11 | 0.10 | 0.01 | |
| 江孜县 | Gyantse | 5.72 | 5.46 | 0.26 | 0.51 |
| 白朗县 | Panam | 3.92 | 3.89 | 0.03 | 0.23 |
| 仁布县 | Rinpung | 1.02 | 0.94 | 0.08 | 0.07 |
| 康马县 | Khangmar | 1.04 | 0.88 | 0.16 | 0.09 |
| 岗巴县 | Gampa | 0.31 | 0.31 | | 0.03 |
| 亚东县 | Yatung | 0.16 | 0.16 | | … |

18-6 续表2 continued

单位：万吨 (10000 tons)

| 地区 | Region | 粮食 Grain | # 谷物 Cereal | # 豆类 Beans | 油菜籽 Oil-bearing Crops |
|---|---|---|---|---|---|
| **那曲地区** | **Nakchu** | | | | |
| 那曲县 | Nakchu | | | | |
| 嘉黎县 | Chali | 0.08 | 0.07 | 0.01 | |
| 比如县 | Dirl | 0.38 | 0.38 | | |
| 聂荣县 | Nyerong | | | | |
| 安多县 | Amdo | | | | |
| 申扎县 | Shantsa | | | | |
| 索　县 | Sokshan | 0.52 | 0.52 | … | … |
| 班戈县 | Palgon | | | | |
| 巴青县 | Bachen | 0.01 | 0.01 | | |
| 尼玛县 | Nima | 0.02 | 0.02 | | |
| **阿里地区** | **Ngari** | | | | |
| 普兰县 | Purang | 0.27 | 0.24 | 0.03 | 0.01 |
| 札达县 | Tsada | 0.08 | 0.07 | 0.01 | … |
| 噶尔县 | Gar | 0.02 | 0.02 | | … |
| 日土县 | Rutok | 0.07 | 0.07 | … | … |
| 革吉县 | Gakyi | | | | |
| 改则县 | Gertse | | | | |
| 措勤县 | Tsochen | | | | |
| **林芝地区** | **Nyingtri** | | | | |
| 林芝县 | Nyingtri | 0.99 | 0.98 | 0.01 | 0.08 |
| 工布江达县 | Kongpo Gyamda | 1.08 | 0.88 | 0.01 | 0.05 |
| 米林县 | Miling | 0.95 | 0.95 | … | 0.05 |
| 墨脱县 | Metok | 0.52 | 0.51 | 0.01 | … |
| 波密县 | Pome | 1.69 | 1.57 | 0.06 | 0.10 |
| 察隅县 | Zayul | 1.85 | 1.78 | 0.04 | 0.01 |
| 朗　县 | Namshan | 0.69 | 0.65 | … | 0.03 |

# 18-7 年末牲畜存栏头数和肉类产量（2005年）

## NUMBER OF ANIMALS TKG OUTPUT OF MEAT AT THE YEAR-END (2005)

| 地区 | Region | 年末牲畜存栏头数（万头只） Number of Animals (Year-end) (10000 heads) | # 大牲畜 Large Animals | # 羊 Sheep and Goats | 肉类总产量（吨） Output of Meat (ton) | # 牛肉 Beef | # 羊肉 Mutton |
|---|---|---|---|---|---|---|---|
| **拉萨市** | **Lhasa** | | | | | | |
| 城关区 | Region of City | 3.00 | 1.92 | 0.97 | 884 | 690 | 59 |
| 林周县 | Lhundup | 29.75 | 14.26 | 14.67 | 4164 | 3088 | 623 |
| 当雄县 | Damshung | 56.74 | 23.51 | 33.23 | 7718 | 4961 | 2757 |
| 尼木县 | Nyemo | 15.78 | 5.64 | 10.13 | 1715 | 1064 | 648 |
| 曲水县 | Chushur | 11.16 | 4.98 | 5.47 | 1981 | 1179 | 329 |
| 堆龙德庆县 | Tolung Dechen | 15.63 | 7.73 | 7.63 | 1520 | 1222 | 267 |
| 达孜县 | Taktse | 12.57 | 4.94 | 7.03 | 2186 | 1505 | 261 |
| 墨竹工卡县 | Medro Gongkar | 22.92 | 12.67 | 9.82 | 5671 | 5042 | 478 |
| **昌都地区** | **Chamdo** | | | | | | |
| 昌都县 | Chamdo | 40.21 | 26.13 | 14.05 | 10241 | 8629 | 1312 |
| 江达县 | Gyamda | 52.35 | 29.43 | 22.90 | 6821 | 5759 | 1057 |
| 贡觉县 | Gongjo | 28.76 | 11.76 | 17.00 | 4440 | 3233 | 1207 |
| 类乌齐县 | Rioche | 23.69 | 16.40 | 7.29 | 5150 | 4839 | 311 |
| 丁青县 | Tengchen | 28.07 | 15.13 | 12.95 | 4455 | 3780 | 675 |
| 察雅县 | Dayak | 37.22 | 16.41 | 20.80 | 4801 | 3641 | 1160 |
| 八宿县 | Paksho | 31.58 | 11.78 | 19.61 | 4721 | 3530 | 1055 |
| 左贡县 | Zogong | 30.88 | 12.01 | 17.16 | 4409 | 2940 | 838 |
| 芒康县 | Markham | 51.80 | 21.76 | 27.37 | 7335 | 5348 | 1494 |
| 洛隆县 | Lhorong | 25.05 | 13.77 | 11.09 | 4242 | 3655 | 527 |
| 边坝县 | Palbar | 23.01 | 13.51 | 9.42 | 3579 | 2999 | 540 |
| **山南地区** | **Lhoka** | | | | | | |
| 乃东县 | Nedong | 15.60 | 5.61 | 9.53 | 2392 | 1613 | 373 |
| 扎囊县 | Danang | 17.15 | 5.07 | 11.67 | 1627 | 963 | 615 |
| 贡嘎县 | Gonggar | 23.38 | 4.64 | 18.47 | 1982 | 890 | 782 |

18-7 续表1 continued

| 地区 | Region | 年末牲畜存栏头数（万头只）Number of Animals (Year-end) (10000 heads) | #大牲畜 Large Animals | #羊 Sheep and Goats | 肉类总产量（吨）Output of Meat (ton) | #牛肉 Beef | #羊肉 Mutton |
|---|---|---|---|---|---|---|---|
| 桑日县 | Sangri | 10.41 | 5.16 | 5.08 | 1345 | 1143 | 156 |
| 琼结县 | Chong-Gye | 8.70 | 1.87 | 6.59 | 992 | 531 | 315 |
| 曲松县 | Chosum | 12.97 | 3.19 | 9.76 | 1411 | 950 | 452 |
| 措美县 | Tsome | 20.57 | 4.17 | 16.40 | 980 | 411 | 567 |
| 洛扎县 | Lhodak | 10.84 | 3.07 | 7.50 | 694 | 361 | 234 |
| 隆子县 | Lhuntse | 24.55 | 7.64 | 16.68 | 1908 | 1320 | 457 |
| 错那县 | Tsona | 11.65 | 2.78 | 8.85 | 656 | 369 | 271 |
| 浪卡子县 | Nakartse | 39.40 | 5.78 | 33.62 | 2046 | 770 | 1276 |
| 加查县 | Gyatsa | 8.77 | 5.95 | 2.54 | 1516 | 1214 | 114 |
| **日喀则地区** | **Shigatse** | | | | | | |
| 日喀则市 | Shigatse City | 31.21 | 6.83 | 23.96 | 2451 | 1126 | 1079 |
| 南木林县 | Namling | 40.55 | 13.63 | 26.68 | 1714 | 985 | 698 |
| 定日县 | Tingri | 36.26 | 6.93 | 29.33 | 2051 | 612 | 1439 |
| 萨迦县 | Sakya | 36.72 | 4.82 | 31.87 | 1792 | 419 | 1346 |
| 拉孜县 | Lhatse | 31.26 | 6.56 | 24.69 | 1241 | 423 | 816 |
| 谢通门县 | Thongmon | 38.15 | 11.94 | 26.16 | 1760 | 805 | 858 |
| 昂仁县 | Ngamring | 66.69 | 13.72 | 52.97 | 2781 | 1206 | 1575 |
| 定结县 | Tingkye | 23.84 | 1.83 | 21.99 | 689 | 169 | 520 |
| 仲巴县 | Dongpa | 67.06 | 14.07 | 52.99 | 3318 | 624 | 2695 |
| 吉隆县 | Kyirong | 14.90 | 2.92 | 11.95 | 658 | 171 | 478 |
| 聂拉木县 | Nyalam | 16.89 | 2.10 | 14.79 | 1185 | 354 | 831 |
| 萨嘎县 | Saga | 29.95 | 5.07 | 24.87 | 1527 | 716 | 811 |
| 江孜县 | Gyantse | 35.71 | 7.63 | 27.96 | 2013 | 833 | 1085 |
| 白朗县 | Panam | 25.19 | 4.27 | 20.73 | 989 | 335 | 568 |
| 仁布县 | Rinpung | 19.34 | 4.76 | 14.58 | 547 | 231 | 316 |
| 康马县 | Khangmar | 23.10 | 2.06 | 21.04 | 1499 | 289 | 1210 |
| 岗巴县 | Gampa | 17.56 | 1.02 | 16.54 | 1169 | 125 | 1044 |
| 亚东县 | Yatung | 9.11 | 2.97 | 6.12 | 773 | 589 | 168 |

18-7 续表2 continued

| 地区 | Region | 年末牲畜存栏头数（万头只）Number of Animals (Year-end) (10000 heads) | # 大牲畜 Large Animals | # 羊 Sheep and Goats | 肉类总产量（吨）Output of Meat (ton) | # 牛肉 Beef | # 羊肉 Mutton |
|---|---|---|---|---|---|---|---|
| **那曲地区** | **Nakchu** | | | | | | |
| 那曲县 | Nakchu | 107.99 | 38.80 | 69.19 | 9301 | 5560 | 3741 |
| 嘉黎县 | Chali | 23.00 | 16.26 | 6.36 | 3148 | 2647 | 448 |
| 比如县 | Dirl | 37.79 | 20.56 | 17.23 | 5844 | 5030 | 815 |
| 聂荣县 | Nyerong | 47.64 | 20.02 | 27.62 | 5087 | 3559 | 1528 |
| 安多县 | Amdo | 114.47 | 26.53 | 87.94 | 8895 | 4028 | 4867 |
| 申扎县 | Shantsa | 62.51 | 8.53 | 53.98 | 3997 | 1542 | 2455 |
| 索　县 | Sokshan | 22.70 | 13.24 | 9.46 | 3154 | 2746 | 408 |
| 班戈县 | Palgon | 113.58 | 17.86 | 95.73 | 5661 | 1665 | 3996 |
| 巴青县 | Bachen | 38.02 | 21.90 | 16.12 | 4441 | 3767 | 674 |
| 尼玛县 | Nima | 114.96 | 10.27 | 104.69 | 6407 | 1500 | 4907 |
| **阿里地区** | **Ngari** | | | | | | |
| 普兰县 | Purang | 13.16 | 1.95 | 11.21 | 413 | 202 | 211 |
| 札达县 | Tsada | 13.40 | 2.08 | 11.32 | 442 | 120 | 321 |
| 噶尔县 | Gar | 23.21 | 1.38 | 21.82 | 1079 | 333 | 747 |
| 日土县 | Rutok | 41.83 | 1.30 | 40.53 | 1413 | 176 | 1237 |
| 革吉县 | Gakyi | 63.89 | 3.32 | 60.57 | 2570 | 380 | 2191 |
| 改则县 | Gertse | 88.64 | 5.14 | 83.50 | 3557 | 454 | 3103 |
| 措勤县 | Tsochen | 51.01 | 3.28 | 47.72 | 1963 | 218 | 1745 |
| **林芝地区** | **Nyingtri** | | | | | | |
| 林芝县 | Nyingtri | 9.24 | 4.89 | 1.33 | 1372 | 340 | 25 |
| 工布江达县 | Kongpo Gyamda | 13.00 | 9.16 | 1.45 | 3207 | 2609 | 30 |
| 米林县 | Miling | 10.72 | 5.17 | 1.88 | 1255 | 542 | 39 |
| 墨脱县 | Metok | 1.27 | 0.57 | | 127 | 17 | |
| 波密县 | Pome | 10.52 | 6.74 | 0.68 | 1714 | 505 | 55 |
| 察隅县 | Zayul | 10.60 | 4.61 | 3.23 | 849 | 353 | 43 |
| 朗　县 | Namshan | 10.70 | 6.85 | 3.33 | 1225 | 955 | 71 |

# 18-8 奶类、皮、毛产量（2005年）

## OUTPUT OF MILK,SHEEP AND GOAT WOOL,SHEEPSKIN AND COWSKIN PRODUCTS（2005）

| 地区 | Region | 奶类 (吨) Milk (ton) | # 牛奶 Cow Milk | 羊毛 (吨) Sheep and Goat Wool (ton) | # 绵羊毛 Sheep Wool | 羊皮 (张) Sheepskin (unit) | 牛皮 (张) Cowskin (unit) |
|---|---|---|---|---|---|---|---|
| **拉萨市** | **Lhasa** | | | | | | |
| 城关区 | Region of City | 4418 | 4418 | 4.73 | 4.13 | 634 | 1648 |
| 林周县 | Lhundup | 2611 | 2540 | 83.46 | 70.06 | 46804 | 28026 |
| 当雄县 | Damshung | 4810 | 3367 | 203.43 | 183.15 | 118388 | 22108 |
| 尼木县 | Nyemo | 2022 | 1844 | 44.30 | 27.40 | 40609 | 11283 |
| 曲水县 | Chushur | 2334 | 2321 | 44.62 | 32.93 | 13791 | 6408 |
| 堆龙德庆县 | Tolung Dechen | 2053 | 1887 | 23.48 | 12.39 | 11910 | 9340 |
| 达孜县 | Taktse | 1817 | 1817 | 27.29 | 17.95 | 10552 | 11019 |
| 墨竹工卡县 | Medro Gongkar | 3331 | 3123 | 34.03 | 19.96 | 27562 | 31420 |
| **昌都地区** | **Chamdo** | | | | | | |
| 昌都县 | Chamdo | 14068 | 12088 | 52.40 | 43.95 | 51297 | 52920 |
| 江达县 | Gyamda | 7742 | 6532 | 42.08 | 39.47 | 81596 | 54464 |
| 贡觉县 | Gongjo | 4067 | 3416 | 151.03 | 151.03 | 51985 | 24164 |
| 类乌齐县 | Rioche | 8205 | 6789 | 22.36 | 21.76 | 19604 | 38026 |
| 丁青县 | Tengchen | 5332 | 4731 | 43.20 | 39.90 | 32837 | 30566 |
| 察雅县 | Dayak | 5051 | 4892 | 80.67 | 46.70 | 67443 | 32607 |
| 八宿县 | Paksho | 4333 | 3101 | 101.19 | 59.76 | 67145 | 24969 |
| 左贡县 | Zogong | 3814 | 2962 | 82.45 | 37.00 | 61599 | 18900 |
| 芒康县 | Markham | 7462 | 6951 | 98.19 | 64.31 | 61149 | 31885 |
| 洛隆县 | Lhorong | 3287 | 2796 | 105.46 | 94.78 | 20340 | 18640 |
| 边坝县 | Palbar | 4613 | 3348 | 18.49 | 11.74 | 24110 | 23068 |
| **山南地区** | **Lhoka** | | | | | | |
| 乃东县 | Nedong | 2166 | 2166 | 77.60 | 53.66 | 33411 | 17917 |
| 扎囊县 | Danang | 3046 | 1991 | 81.52 | 73.03 | 49179 | 8027 |
| 贡嘎县 | Gonggar | 4056 | 4056 | 210.56 | 193.24 | 62562 | 7118 |

18-8 续表1 continued

| 地区 | Region | 奶类 (吨) Milk (ton) | # 牛奶 Cow Milk | 羊毛 (吨) Sheep and Goat Wool (ton) | # 绵羊毛 Sheep Wool | 羊皮 (张) Sheepskin (unit) | 牛皮 (张) Cowskin (unit) |
|---|---|---|---|---|---|---|---|
| 桑日县 | Sangri | 1270 | 1270 | 29.40 | 11.90 | 12473 | 9141 |
| 琼结县 | Chong-Gye | 842 | 842 | 42.98 | 37.06 | 25174 | 5099 |
| 曲松县 | Chosum | 4635 | 4597 | 91.23 | 69.87 | 32735 | 7078 |
| 措美县 | Tsome | 2856 | 2548 | 166.82 | 153.37 | 45350 | 4114 |
| 洛扎县 | Lhodak | 2624 | 2621 | 68.54 | 49.40 | 18690 | 2888 |
| 隆子县 | Lhuntse | 3861 | 3505 | 131.23 | 103.50 | 36522 | 11386 |
| 错那县 | Tsona | 1512 | 1274 | 70.34 | 56.88 | 21803 | 2955 |
| 浪卡子县 | Nakartse | 8713 | 6837 | 277.36 | 255.34 | 102058 | 7704 |
| 加查县 | Gyatsa | 4366 | 4266 | 12.03 | 5.69 | 9165 | 10914 |
| **日喀则地区** | **Shigatse** | | | | | | |
| 日喀则市 | Shigatse City | 4408 | 4331 | 81.76 | 71.09 | 56261 | 6591 |
| 南木林县 | Namling | 3118 | 2908 | 116.13 | 97.73 | 67939 | 17078 |
| 定日县 | Tingri | 2983 | 650 | 72.46 | 54.75 | 125757 | 7941 |
| 萨迦县 | Sakya | 2196 | 1512 | 116.83 | 93.80 | 118207 | 4949 |
| 拉孜县 | Lhatse | 1261 | 759 | 67.44 | 48.62 | 54141 | 3504 |
| 谢通门县 | Thongmon | 2736 | 2182 | 93.86 | 85.02 | 66740 | 8639 |
| 昂仁县 | Ngamring | 4352 | 1990 | 223.94 | 188.35 | 130179 | 13754 |
| 定结县 | Tingkye | 1376 | 453 | 95.11 | 65.91 | 46880 | 1699 |
| 仲巴县 | Dongpa | 10928 | 2934 | 453.56 | 418.15 | 95784 | 1360 |
| 吉隆县 | Kyirong | 2916 | 1484 | 129.62 | 113.97 | 22119 | 1914 |
| 聂拉木县 | Nyalam | 1771 | 1036 | 88.71 | 72.23 | 52752 | 4407 |
| 萨嘎县 | Saga | 3000 | 1021 | 106.53 | 94.02 | 42793 | 3476 |
| 江孜县 | Gyantse | 12887 | 12314 | 185.75 | 150.95 | 98871 | 9325 |
| 白朗县 | Panam | 4418 | 4092 | 111.87 | 86.92 | 56858 | 4554 |
| 仁布县 | Rinpung | 1830 | 1790 | 91.44 | 67.96 | 37992 | 4496 |
| 康马县 | Khangmar | 2343 | 1820 | 110.58 | 101.95 | 83088 | 3851 |
| 岗巴县 | Gampa | 1006 | 157 | 122.45 | 118.43 | 73153 | 1329 |
| 亚东县 | Yatung | 1454 | 1236 | 68.65 | 58.79 | 13535 | 1423 |

18-8 续表2 continued

| 地区 | Region | 奶类 (吨) Milk (ton) | # 牛奶 Cow Milk | 羊毛 (吨) Sheep and Goat Wool (ton) | # 绵羊毛 Sheep Wool | 羊皮 (张) Sheepskin (unit) | 牛皮 (张) Cowskin (unit) |
|---|---|---|---|---|---|---|---|
| **那曲地区** | **Nakchu** | | | | | | |
| 那曲县 | Nakchu | 8137 | 6935 | 429.08 | 411.30 | 290835 | 56113 |
| 嘉黎县 | Chali | 3039 | 2924 | 32.56 | 29.57 | 25638 | 20469 |
| 比如县 | Dirl | 4646 | 4268 | 96.51 | 91.90 | 61574 | 41507 |
| 聂荣县 | Nyerong | 4088 | 3705 | 199.32 | 193.79 | 104694 | 32589 |
| 安多县 | Amdo | 5335 | 4185 | 669.71 | 646.39 | 205140 | 22263 |
| 申扎县 | Shantsa | 2802 | 1307 | 328.51 | 308.30 | 173484 | 9891 |
| 索　县 | Sokshan | 2369 | 2198 | 31.72 | 21.48 | 29192 | 27682 |
| 班戈县 | Palgon | 5382 | 2158 | 606.31 | 557.95 | 312583 | 18497 |
| 巴青县 | Bachen | 6283 | 4546 | 87.82 | 82.74 | 48997 | 31441 |
| 尼玛县 | Nima | 3121 | 1620 | 732.18 | 672.05 | 379294 | 13508 |
| **阿里地区** | **Ngari** | | | | | | |
| 普兰县 | Purang | 752 | 282 | 66.17 | 63.16 | 13357 | 861 |
| 札达县 | Tsada | 469 | 348 | 53.00 | 45.00 | 18566 | 2188 |
| 噶尔县 | Gar | 584 | 33 | 91.23 | 82.07 | 37070 | 1349 |
| 日土县 | Rutok | 297 | 58 | 146.30 | 121.00 | 53813 | 1777 |
| 革吉县 | Gakyi | 730 | 20 | 196.10 | 183.90 | 87425 | 1860 |
| 改则县 | Gertse | 2172 | 255 | 549.61 | 527.94 | 147406 | 3405 |
| 措勤县 | Tsochen | 1418 | 297 | 203.77 | 169.88 | 90167 | 1995 |
| **林芝地区** | **Nyingtri** | | | | | | |
| 林芝县 | Nyingtri | 3461 | 3461 | 10.87 | 10.76 | 733 | 1166 |
| 工布江达县 | Kongpo Gyamda | 3313 | 3313 | 9.94 | 7.71 | 1134 | 6816 |
| 米林县 | Miling | 2543 | 2543 | 15.21 | 14.01 | 902 | 1200 |
| 墨脱县 | Metok | 97 | 97 | | | | 168 |
| 波密县 | Pome | 4770 | 4625 | 1.12 | 0.89 | | 783 |
| 察隅县 | Zayul | 1595 | 1595 | 11.67 | 4.72 | 2132 | 1741 |
| 朗　县 | Namshan | 4305 | 4305 | 77.50 | 31.10 | 5595 | 6774 |

第十九篇

# 全国各省（区、市）统计资料

Chapter 19

**STATISTICAL DATA OF PROVINCE,**

**MUNICIPALITY AND AUTONONOUS REGION**

# 19-1 各省（区、市）生产总值（2005年）

# GROSS DOMESTIC PRODUCT BY PROVINCE, MUNICIPALITY AND AUTONOMOUS REGION (2005)

单位：亿元 (100 million yuan)

| 地区 | Region | 地区生产总值 Gross Domestic Product | 第一产业 Primary Industry | 第二产业 Secondary Industry | #工业 Industry | 第三产业 Tertiary Industry | 人均地区生产总值（元） Per Capita GDP(yuan) |
|---|---|---|---|---|---|---|---|
| **全 国** | **National Total** | **182320.60** | **22718.40** | **86207.60** | **76189.60** | **73394.60** | **13985** |
| 北 京 | Beijing | 6814.50 | 95.70 | 2100.50 | 1782.50 | 4618.40 | 44441 |
| 天 津 | Tianjin | 3663.90 | 109.40 | 2050.30 | 1884.80 | 1504.10 | 35234 |
| 河 北 | Hebei | 10116.60 | 1453.90 | 5324.20 | 4759.00 | 3338.50 | 14811 |
| 山 西 | Shanxi | 4121.20 | 257.90 | 2307.90 | 2073.00 | 1555.40 | 12321 |
| 内蒙古 | Inner Mongolia | 3822.80 | 600.10 | 1685.10 | 1390.90 | 1537.60 | 16067 |
| 辽 宁 | Liaoning | 8005.00 | 853.60 | 3906.80 | 3406.30 | 3244.60 | 19022 |
| 吉 林 | Jilin | 3614.90 | 607.00 | 1605.10 | 1361.90 | 1402.80 | 13350 |
| 黑龙江 | Heilongjiang | 5510.00 | 672.50 | 2970.80 | 2696.30 | 1866.70 | 14467 |
| 上 海 | Shanghai | 9144.00 | 79.70 | 4475.90 | 4155.20 | 4588.40 | 51583 |
| 江 苏 | Jiangsu | 18272.10 | 1388.60 | 10342.70 | 9326.70 | 6540.90 | 24518 |
| 浙 江 | Zhejiang | 13365.00 | 872.60 | 7147.30 | 6343.40 | 5345.20 | 27369 |
| 安 徽 | Anhui | 5375.80 | 940.70 | 2234.20 | 1833.20 | 2201.00 | 8810 |
| 福 建 | Fujian | 6560.10 | 828.80 | 3224.90 | 2869.60 | 2506.40 | 18613 |
| 江 西 | Jiangxi | 4056.20 | 770.00 | 1914.90 | 1455.50 | 1371.30 | 9437 |
| 山 东 | Shandong | 18468.30 | 1927.60 | 10620.30 | 9562.90 | 5920.40 | 20030 |
| 河 南 | Henan | 10535.20 | 1843.00 | 5539.30 | 4923.00 | 3152.80 | 11265 |
| 湖 北 | Hubei | 6484.50 | 1069.80 | 2774.40 | 2403.50 | 2640.30 | 11390 |
| 湖 南 | Hunan | 6473.60 | 1255.00 | 2604.60 | 2199.90 | 2614.10 | 10264 |
| 广 东 | Guangdong | 21701.30 | 1374.60 | 10747.20 | 9891.40 | 9579.40 | 23674 |
| 广 西 | Guangxi | 4063.30 | 902.60 | 1505.00 | 1263.00 | 1655.70 | 8746 |
| 海 南 | Hainan | 893.10 | 301.10 | 218.50 | 156.20 | 373.60 | 10819 |
| 重 庆 | Chongqing | 3069.10 | 463.40 | 1258.30 | 1023.40 | 1347.40 | 11002 |
| 四 川 | Sichuan | 7385.10 | 1495.70 | 3052.70 | 2512.60 | 2836.70 | 9020 |
| 贵 州 | Guizhou | 1942.00 | 359.20 | 822.80 | 711.90 | 760.00 | 5222 |
| 云 南 | Yunnan | 3472.30 | 656.20 | 1449.70 | 1200.10 | 1366.50 | 7826 |
| 西 藏 | Tibet | 251.21 | 48.04 | 63.52 | 17.48 | 139.65 | 9114 |
| 陕 西 | Shanxi | 3674.80 | 418.60 | 1849.00 | 1555.00 | 1407.20 | 9908 |
| 甘 肃 | Gansu | 1928.10 | 300.00 | 836.60 | 685.80 | 791.60 | 7455 |
| 青 海 | Qinghai | 543.20 | 62.80 | 264.60 | 203.90 | 215.80 | 10030 |
| 宁 夏 | Ningxia | 599.40 | 69.80 | 277.80 | 228.30 | 251.80 | 10087 |
| 新 疆 | Xinjiang | 2639.60 | 506.20 | 1225.50 | 992.30 | 908.00 | 13184 |

# 19-2 各省（区、市）生产总值构成（2005年）

# COMPOSITION OF GROSS DOMESTIC PRODUCT BY PROVINCE, MUNICIPALITY AND AUTONOMOUS REGION (2005)

单位：% (%)

| 地区 | Region | 地区生产总值 Gross Domestic Product | 第一产业 Primary Industry | 第二产业 Secondary Industry | 第三产业 Tertiary Industry |
|---|---|---|---|---|---|
| 全　国 | **National Total** | **100.0** | **12.5** | **47.3** | **40.2** |
| 北　京 | Beijing | 100.0 | 1.4 | 30.8 | 67.8 |
| 天　津 | Tianjin | 100.0 | 3.0 | 56.0 | 41.0 |
| 河　北 | Hebei | 100.0 | 14.4 | 52.6 | 33.0 |
| 山　西 | Shanxi | 100.0 | 6.3 | 56.0 | 37.7 |
| 内蒙古 | Inner Mongolia | 100.0 | 15.7 | 44.1 | 40.2 |
| 辽　宁 | Liaoning | 100.0 | 10.7 | 48.8 | 40.5 |
| 吉　林 | Jilin | 100.0 | 16.8 | 44.4 | 38.8 |
| 黑龙江 | Heilongjiang | 100.0 | 12.2 | 53.9 | 33.9 |
| 上　海 | Shanghai | 100.0 | 0.9 | 48.9 | 50.2 |
| 江　苏 | Jiangsu | 100.0 | 7.6 | 56.6 | 35.8 |
| 浙　江 | Zhejiang | 100.0 | 6.5 | 53.5 | 40.0 |
| 安　徽 | Anhui | 100.0 | 17.5 | 41.6 | 40.9 |
| 福　建 | Fujian | 100.0 | 12.6 | 49.2 | 38.2 |
| 江　西 | Jiangxi | 100.0 | 19.0 | 47.2 | 33.8 |
| 山　东 | Shandong | 100.0 | 10.4 | 57.5 | 32.1 |
| 河　南 | Henan | 100.0 | 17.5 | 52.6 | 29.9 |
| 湖　北 | Hubei | 100.0 | 16.5 | 42.8 | 40.7 |
| 湖　南 | Hunan | 100.0 | 19.4 | 40.2 | 40.4 |
| 广　东 | Guangdong | 100.0 | 6.3 | 49.5 | 44.2 |
| 广　西 | Guangxi | 100.0 | 22.2 | 37.1 | 40.7 |
| 海　南 | Hainan | 100.0 | 33.7 | 24.5 | 41.8 |
| 重　庆 | Chongqing | 100.0 | 15.1 | 41.0 | 43.9 |
| 四　川 | Sichuan | 100.0 | 20.3 | 41.3 | 38.4 |
| 贵　州 | Guizhou | 100.0 | 18.5 | 42.4 | 39.1 |
| 云　南 | Yunnan | 100.0 | 18.9 | 41.7 | 39.4 |
| 西　藏 | Tibet | 100.0 | 19.1 | 25.3 | 55.6 |
| 陕　西 | Shanxi | 100.0 | 11.4 | 50.3 | 38.3 |
| 甘　肃 | Gansu | 100.0 | 15.6 | 43.4 | 41.0 |
| 青　海 | Qinghai | 100.0 | 11.6 | 48.7 | 39.7 |
| 宁　夏 | Ningxia | 100.0 | 11.7 | 46.3 | 42.0 |
| 新　疆 | Xinjiang | 100.0 | 19.2 | 46.4 | 34.4 |

# 19-3 各省（区、市）总人口和职工人数（2005年）

# TOTAL POPULATION AND NUMBER OF STAFF AND WORKERS BY PROVINCE, MUNICIPALITY AND AUTONOMOUS REGION (2005)

单位：万人　　(10000 person)

| 地区 | Region | 年末总人口 Total Population (year-end) | 职工人数 Total | #国有单位 State-owned Units | #集体单位 Collective-owned Units | #联营单位 Joint Owned Units |
|---|---|---|---|---|---|---|
| **全　国** | **National Total** | **130756.00** | **10942.00** | **6232.00** | **769.20** | **42.60** |
| 北　京 | Beijing | 1538.00 | 448.40 | 178.50 | 20.70 | 2.20 |
| 天　津 | Tianjin | 1043.00 | 169.90 | 79.30 | 9.10 | 0.60 |
| 河　北 | Hebei | 6851.00 | 483.70 | 342.80 | 36.60 | 0.60 |
| 山　西 | Shanxi | 3355.00 | 352.10 | 247.50 | 29.80 | 0.60 |
| 内蒙古 | Inner Mongolia | 2386.00 | 239.60 | 159.70 | 12.20 | 0.30 |
| 辽　宁 | Liaoning | 4221.00 | 476.60 | 292.40 | 39.80 | 0.70 |
| 吉　林 | Jilin | 2716.00 | 257.90 | 176.30 | 20.40 | 0.30 |
| 黑龙江 | Heilongjiang | 3820.00 | 455.40 | 286.50 | 37.60 | 1.00 |
| 上　海 | Shanghai | 1778.00 | 356.50 | 120.30 | 11.00 | 1.20 |
| 江　苏 | Jiangsu | 7475.00 | 602.90 | 273.40 | 36.80 | 1.70 |
| 浙　江 | Zhejiang | 4898.00 | 511.80 | 172.50 | 29.40 | 1.60 |
| 安　徽 | Anhui | 6120.00 | 317.40 | 199.20 | 28.20 | 0.80 |
| 福　建 | Fujian | 3535.00 | 387.00 | 144.50 | 18.20 | 2.50 |
| 江　西 | Jiangxi | 4311.00 | 264.80 | 191.30 | 17.60 | 0.60 |
| 山　东 | Shandong | 9248.00 | 871.10 | 415.80 | 63.30 | 3.30 |
| 河　南 | Henan | 9380.00 | 681.90 | 395.30 | 88.50 | 1.20 |
| 湖　北 | Hubei | 5710.00 | 452.10 | 300.20 | 35.60 | 2.10 |
| 湖　南 | Hunan | 6326.00 | 381.20 | 246.30 | 27.70 | 0.70 |
| 广　东 | Guangdong | 9194.00 | 886.10 | 369.90 | 67.40 | 7.60 |
| 广　西 | Guangxi | 4660.00 | 268.60 | 188.70 | 18.20 | 0.80 |
| 海　南 | Hainan | 828.00 | 72.60 | 56.60 | 3.80 | 1.20 |
| 重　庆 | Chongqing | 2798.00 | 209.70 | 120.10 | 13.70 | 5.50 |
| 四　川 | Sichuan | 8212.00 | 492.80 | 303.70 | 40.90 | 1.40 |
| 贵　州 | Guizhou | 3730.00 | 202.00 | 140.50 | 9.80 | 0.60 |
| 云　南 | Yunnan | 4450.00 | 235.70 | 168.40 | 10.60 | 0.20 |
| 西　藏 | Tibet | 277.00 | 16.28 | 15.45 | 0.32 | 0.51 |
| 陕　西 | Shanxi | 3720.00 | 323.20 | 242.00 | 20.70 | 0.80 |
| 甘　肃 | Gansu | 2594.00 | 188.50 | 154.70 | 11.90 | 2.20 |
| 青　海 | Qinghai | 543.00 | 40.90 | 30.90 | 2.00 |  |
| 宁　夏 | Ningxia | 596.00 | 57.40 | 37.40 | 1.30 | 0.10 |
| 新　疆 | Xinjiang | 2010.00 | 237.80 | 181.90 | 6.00 | 0.30 |

# 19-4 各省（区、市）职工平均工资（2005年）

## AVERAGE WAGE OF STAFF AND WORKERS BY PROVINCE, MUNICIPALITY AND AUTONOMOUS REGION (2005)

单位：元 (yuan)

| 地区 | Region | 全部职工 Total of Staff and Workers | # 国有单位 State-owned Units | # 城镇集体单位 Urban Collective-owned Units | # 联营单位 Joint owned Economic Units |
|---|---|---|---|---|---|
| **全国** | **National Total** | **18405** | **19313** | **11283** | **17789** |
| 北京 | Beijing | 34191 | 39067 | 14695 | 17566 |
| 天津 | Tianjin | 25271 | 26685 | 15713 | 28465 |
| 河北 | Hebei | 14707 | 15291 | 9041 | 22192 |
| 山西 | Shanxi | 15645 | 16027 | 10157 | 12323 |
| 内蒙古 | Inner Mongolia | 15985 | 16598 | 10804 | 12022 |
| 辽宁 | Liaoning | 17331 | 18360 | 9161 | 10646 |
| 吉林 | Jilin | 14409 | 14566 | 8735 | 8347 |
| 黑龙江 | Heilongjiang | 14458 | 14424 | 7724 | 12911 |
| 上海 | Shanghai | 31940 | 36077 | 22486 | 34070 |
| 江苏 | Jiangsu | 20957 | 24659 | 13064 | 14652 |
| 浙江 | Zhejiang | 25896 | 39048 | 20567 | 27516 |
| 安徽 | Anhui | 15334 | 15450 | 9894 | 11214 |
| 福建 | Fujian | 17146 | 20897 | 13811 | 17491 |
| 江西 | Jiangxi | 13688 | 14276 | 8952 | 13195 |
| 山东 | Shandong | 16614 | 19823 | 11474 | 27775 |
| 河南 | Henan | 14282 | 14877 | 10383 | 10539 |
| 湖北 | Hubei | 14419 | 15585 | 8923 | 10218 |
| 湖南 | Hunan | 15659 | 16649 | 11547 | 12907 |
| 广东 | Guangdong | 23959 | 28835 | 13240 | 25032 |
| 广西 | Guangxi | 15461 | 16113 | 10684 | 10641 |
| 海南 | Hainan | 14417 | 14427 | 8640 | 13315 |
| 重庆 | Chongqing | 16630 | 18614 | 11614 | 14288 |
| 四川 | Sichuan | 15826 | 17898 | 11067 | 12168 |
| 贵州 | Guizhou | 14344 | 14681 | 10506 | 9628 |
| 云南 | Yunnan | 16140 | 16900 | 10516 | 14076 |
| 西藏 | Tibet | 28950 | 29644 | 12336 | 19154 |
| 陕西 | Shanxi | 14796 | 15223 | 7926 | 12552 |
| 甘肃 | Gansu | 14939 | 15840 | 9291 | 7976 |
| 青海 | Qinghai | 19084 | 21158 | 10080 | 6556 |
| 宁夏 | Ningxia | 17211 | 17634 | 13630 | 13324 |
| 新疆 | Xinjiang | 15558 | 15364 | 12738 | 14997 |

# 19-5 各省（区、市）固定资产投资（2005年）

## TOTAL INVESTMENT IN FIXED ASSETS BY PROVINCE, MUNICIPALITY AND AUTONOMOUS REGION (2005)

| 地区 | Region | 投资总额（亿元）Total Investment (100 million yuan) | #城镇固定资产投资 Urban Investment In fixed Assets | #农村固定资产投资 Rural Investment In fixed Assets | #房地产开发投资 Real Estate Development Investment |
|---|---|---|---|---|---|
| 全　国 | **National Total** | **88604.30** | **75096.50** | **13507.80** | **15759.30** |
| 北　京 | Beijing | 2827.20 | 2595.40 | 231.80 | 1525.00 |
| 天　津 | Tianjin | 1498.60 | 1367.50 | 131.10 | 327.50 |
| 河　北 | Hebei | 4193.60 | 3361.70 | 831.90 | 390.50 |
| 山　西 | Shanxi | 1831.40 | 1671.90 | 159.50 | 174.60 |
| 内蒙古 | Inner Mongolia | 2651.90 | 2563.50 | 88.30 | 162.10 |
| 辽　宁 | Liaoning | 4203.70 | 3669.70 | 533.90 | 873.50 |
| 吉　林 | Jilin | 1755.30 | 1595.90 | 159.40 | 195.70 |
| 黑龙江 | Heilongjiang | 1794.20 | 1638.20 | 156.10 | 267.60 |
| 上　海 | Shanghai | 3459.70 | 3198.60 | 261.10 | 1246.90 |
| 江　苏 | Jiangsu | 8158.40 | 6211.90 | 1946.50 | 1526.90 |
| 浙　江 | Zhejiang | 6524.20 | 4757.00 | 1767.20 | 1454.50 |
| 安　徽 | Anhui | 2540.30 | 2140.00 | 400.20 | 459.40 |
| 福　建 | Fujian | 2328.50 | 1970.10 | 358.40 | 540.40 |
| 江　西 | Jiangxi | 2207.90 | 1933.90 | 273.90 | 300.70 |
| 山　东 | Shandong | 9206.80 | 7274.80 | 1932.00 | 974.30 |
| 河　南 | Henan | 4378.70 | 3528.30 | 850.40 | 388.50 |
| 湖　北 | Hubei | 2722.40 | 2433.20 | 289.20 | 448.00 |
| 湖　南 | Hunan | 2600.00 | 2174.90 | 425.10 | 447.00 |
| 广　东 | Guangdong | 6840.70 | 5760.70 | 1080.00 | 1498.30 |
| 广　西 | Guangxi | 1734.50 | 1554.30 | 180.30 | 287.00 |
| 海　南 | Hainan | 376.50 | 351.50 | 25.00 | 70.80 |
| 重　庆 | Chongqing | 1938.80 | 1786.40 | 152.40 | 517.70 |
| 四　川 | Sichuan | 3546.50 | 2989.60 | 556.90 | 699.30 |
| 贵　州 | Guizhou | 1014.60 | 916.10 | 98.50 | 153.30 |
| 云　南 | Yunnan | 1735.50 | 1550.20 | 185.30 | 233.80 |
| 西　藏 | Tibet | 196.19 | 190.16 | 6.03 | 6.02 |
| 陕　西 | Shanxi | 1902.50 | 1761.20 | 141.30 | 297.90 |
| 甘　肃 | Gansu | 873.70 | 790.20 | 83.50 | 85.80 |
| 青　海 | Qinghai | 331.40 | 312.60 | 18.90 | 29.10 |
| 宁　夏 | Ningxia | 444.00 | 382.70 | 61.30 | 74.70 |
| 新　疆 | Xinjiang | 1338.40 | 1210.10 | 128.30 | 101.70 |

# 19-6 各省（区、市）主要农产品和畜产品产量 （2005年）

# YIELD OF MAJOR FARM CROPS AND OUTPUT OF LIVESTOCK PRODUCTS BY PROVINCE, MUNICIPALITY AND AUTONOMOUS REGION (2005)

单位：万吨 (10000 tons)

| 地区 | Region | 粮食产量 Yield of Grain | 油料产量 Yield of Oil-bearing Crops | 牛肉产量 Output of Beef | 猪肉产量 Output of Pork | 羊肉产量 Output of Mutton |
|---|---|---|---|---|---|---|
| **全 国** | **National Total** | **48402.20** | **3077.10** | **711.50** | **5010.60** | **435.50** |
| 北 京 | Beijing | 94.90 | 2.50 | 4.40 | 31.30 | 4.00 |
| 天 津 | Tianjin | 137.50 | 1.30 | 6.20 | 35.60 | 3.00 |
| 河 北 | Hebei | 2598.60 | 152.70 | 86.90 | 337.40 | 33.70 |
| 山 西 | Shanxi | 978.00 | 21.30 | 6.90 | 47.90 | 7.40 |
| 内蒙古 | Inner Mongolia | 1662.20 | 122.20 | 33.60 | 87.60 | 72.40 |
| 辽 宁 | Liaoning | 1745.80 | 36.80 | 42.20 | 191.20 | 7.10 |
| 吉 林 | Jilin | 2581.20 | 54.40 | 51.00 | 108.20 | 4.20 |
| 黑龙江 | Heilongjiang | 3092.00 | 60.60 | 31.10 | 100.40 | 10.70 |
| 上 海 | Shanghai | 105.40 | 6.90 | 0.10 | 18.00 | 0.60 |
| 江 苏 | Jiangsu | 2834.60 | 216.00 | 5.70 | 218.50 | 17.90 |
| 浙 江 | Zhejiang | 814.70 | 50.10 | 1.40 | 125.10 | 3.90 |
| 安 徽 | Anhui | 2605.30 | 270.70 | 33.00 | 215.60 | 16.40 |
| 福 建 | Fujian | 715.20 | 27.40 | 2.90 | 133.50 | 2.10 |
| 江 西 | Jiangxi | 1757.00 | 76.10 | 10.20 | 175.90 | 1.60 |
| 山 东 | Shandong | 3917.40 | 363.90 | 80.70 | 367.10 | 36.40 |
| 河 南 | Henan | 4582.00 | 449.60 | 100.80 | 440.80 | 46.70 |
| 湖 北 | Hubei | 2177.40 | 293.90 | 16.30 | 256.30 | 6.00 |
| 湖 南 | Hunan | 2678.60 | 141.00 | 18.20 | 437.00 | 11.60 |
| 广 东 | Guangdong | 1395.00 | 77.00 | 7.20 | 256.30 | 0.70 |
| 广 西 | Guangxi | 1487.30 | 63.20 | 16.90 | 186.00 | 3.80 |
| 海 南 | Hainan | 153.00 | 8.50 | 3.00 | 37.00 | 1.30 |
| 重 庆 | Chongqing | 1168.20 | 42.70 | 5.80 | 143.80 | 3.60 |
| 四 川 | Sichuan | 3211.10 | 232.30 | 28.50 | 513.70 | 20.00 |
| 贵 州 | Guizhou | 1152.10 | 84.90 | 12.50 | 136.70 | 5.50 |
| 云 南 | Yunnan | 1514.90 | 36.20 | 21.70 | 244.20 | 10.10 |
| 西 藏 | Tibet | 93.39 | 6.13 | 12.76 | 1.22 | 7.47 |
| 陕 西 | Shanxi | 1043.00 | 45.40 | 11.90 | 68.40 | 9.30 |
| 甘 肃 | Gansu | 836.90 | 50.30 | 12.80 | 50.50 | 12.50 |
| 青 海 | Qinghai | 93.30 | 31.90 | 7.40 | 8.60 | 9.20 |
| 宁 夏 | Ningxia | 299.80 | 12.20 | 5.20 | 10.70 | 6.40 |
| 新 疆 | Xinjiang | 876.60 | 38.90 | 34.20 | 26.20 | 59.90 |

# 19-7　各省（区、市）全部国有及规模以上非国有工业企业主要指标（2005）

## MAIN INDICATORS OF ALL STATE-OWNED AND NON-STATE-OWNED ABOVE DESIGNATED SIZE INDUSTRIAL ENTERPRISES，MUNICIPALITY AND AUTONOMOUS REGION　(2005)

单位：亿元　　(100 million yuan)

| 地区 | Region | 工业增加值 Value Adds of Industry | 产品销售收入 Sales Revenue | 税金总额 Total Tax | 利润总额 Total Profits | 亏损企业亏损总额 Total Loss of Loss-making Enterprises | 资产合计 Total Assets | 负债合计 Total Liabilities |
|---|---|---|---|---|---|---|---|---|
| **全　国** | **National Total** | **66425.20** | **244593.40** | **10967.50** | **14362.00** | **1923.00** | **240772.80** | **140252.40** |
| 北　京 | Beijing | 1705.40 | 7151.70 | 257.60 | 391.10 | 94.00 | 12489.40 | 4658.10 |
| 天　津 | Tianjin | 1783.00 | 6865.20 | 240.60 | 520.20 | 70.00 | 6094.70 | 3591.70 |
| 河　北 | Hebei | 3219.00 | 10707.00 | 476.30 | 692.10 | 77.50 | 9502.00 | 5887.80 |
| 山　西 | Shanxi | 1712.00 | 4626.10 | 363.30 | 264.90 | 42.00 | 6846.40 | 4683.00 |
| 内蒙古 | Inner Mongolia | 1135.50 | 2973.80 | 192.10 | 225.90 | 16.80 | 4164.40 | 2479.10 |
| 辽　宁 | Liaoning | 3007.40 | 10570.60 | 441.20 | 349.20 | 213.60 | 11785.20 | 7053.50 |
| 吉　林 | Jilin | 1200.80 | 3576.60 | 203.00 | 138.30 | 63.10 | 4508.90 | 2707.40 |
| 黑龙江 | Heilongjiang | 2166.30 | 4649.40 | 402.00 | 1065.10 | 60.50 | 5077.70 | 2956.40 |
| 上　海 | Shanghai | 3994.70 | 16346.10 | 605.60 | 939.60 | 179.20 | 15893.40 | 8032.90 |
| 江　苏 | Jiangsu | 8054.00 | 32129.50 | 1001.30 | 1386.50 | 153.80 | 25465.70 | 15743.80 |
| 浙　江 | Zhejiang | 4904.70 | 21702.50 | 805.40 | 1072.80 | 98.40 | 19576.20 | 11627.90 |
| 安　徽 | Anhui | 1373.90 | 4599.50 | 265.40 | 203.00 | 32.30 | 5259.10 | 3251.50 |
| 福　建 | Fujian | 2235.20 | 7676.90 | 273.10 | 377.00 | 50.20 | 6743.20 | 3579.70 |
| 江　西 | Jiangxi | 828.50 | 2883.10 | 160.20 | 115.50 | 20.30 | 2917.70 | 1849.40 |
| 山　东 | Shandong | 8411.90 | 29910.80 | 1258.10 | 2138.20 | 69.50 | 21736.50 | 12709.70 |
| 河　南 | Henan | 3228.00 | 10049.40 | 534.40 | 668.00 | 49.00 | 9060.70 | 5635.60 |
| 湖　北 | Hubei | 1847.90 | 5977.90 | 369.20 | 335.80 | 53.60 | 8723.20 | 4906.30 |
| 湖　南 | Hunan | 1535.90 | 4496.60 | 357.40 | 188.20 | 23.60 | 4569.60 | 2827.30 |
| 广　东 | Guangdong | 8290.00 | 34033.30 | 940.80 | 1457.60 | 238.70 | 26609.30 | 15637.20 |
| 广　西 | Guangxi | 833.10 | 2448.70 | 156.70 | 132.70 | 19.50 | 3016.20 | 1862.60 |
| 海　南 | Hainan | 138.00 | 426.40 | 32.10 | 37.50 | 6.10 | 703.20 | 421.80 |
| 重　庆 | Chongqing | 716.40 | 2516.40 | 141.00 | 112.10 | 18.30 | 3101.60 | 1856.70 |
| 四　川 | Sichuan | 2034.40 | 5928.10 | 326.40 | 321.90 | 35.40 | 7851.40 | 4911.90 |
| 贵　州 | Guizhou | 561.60 | 1501.10 | 154.80 | 75.30 | 26.60 | 2491.90 | 1617.60 |
| 云　南 | Yunnan | 1018.10 | 2532.60 | 415.40 | 223.20 | 27.60 | 3823.40 | 2035.90 |
| 西　藏 | Tibet | 15.31 | 28.39 | 3.00 | 4.47 | 0.56 | 112.43 | 27.40 |
| 陕　西 | Shanxi | 1267.20 | 3175.60 | 236.40 | 385.90 | 58.50 | 5004.10 | 3166.40 |
| 甘　肃 | Gansu | 601.80 | 1924.30 | 120.30 | 63.00 | 53.70 | 2686.00 | 1576.80 |
| 青　海 | Qinghai | 179.50 | 450.00 | 36.50 | 69.30 | 8.10 | 1103.30 | 754.90 |
| 宁　夏 | Ningxia | 202.30 | 639.20 | 33.40 | 20.10 | 13.40 | 1095.20 | 699.50 |
| 新　疆 | Xinjiang | 933.30 | 2102.90 | 165.30 | 388.60 | 49.70 | 2777.20 | 1505.80 |

# 19-8 各省（区、市）社会消费品零售总额（2005年）

## TOTAL RETAIL SALES OF CONSUMER GOODS BY PROVINCE, MUNICIPALITY AND AUTONOMOUS REGION (2005)

单位：亿元 (100 million yuan)

| 地区 | Region | 社会消费品零售总额 Total Retail Sales of Consumer Goods | # 市 City | # 县 County | #批发和零售业 Wholesal and Retail Trades | #餐饮业 Catering Trades |
|---|---|---|---|---|---|---|
| **全 国** | **National Total** | **67176.60** | **45094.30** | **7485.40** | **56589.20** | **8886.80** |
| 北 京 | Beijing | 2902.80 | 2459.70 | 59.40 | 2529.40 | 268.00 |
| 天 津 | Tianjin | 1190.10 | 1113.00 | 42.20 | 958.40 | 159.50 |
| 河 北 | Hebei | 2952.90 | 1398.80 | 588.40 | 2535.20 | 354.30 |
| 山 西 | Shanxi | 1401.20 | 902.80 | 262.30 | 1187.40 | 163.30 |
| 内蒙古 | Inner Mongolia | 1344.10 | 903.40 | 275.90 | 1071.70 | 229.60 |
| 辽 宁 | Liaoning | 2999.00 | 2523.80 | 145.50 | 2479.20 | 453.10 |
| 吉 林 | Jilin | 1460.80 | 1140.70 | 106.70 | 1238.60 | 217.10 |
| 黑龙江 | Heilongjiang | 1760.10 | 1323.00 | 226.40 | 1518.00 | 204.20 |
| 上 海 | Shanghai | 2973.00 | 2588.90 | 21.30 | 2611.30 | 350.30 |
| 江 苏 | Jiangsu | 5699.90 | 4126.20 | 327.20 | 4964.80 | 629.10 |
| 浙 江 | Zhejiang | 4631.70 | 3046.70 | 460.60 | 4020.80 | 533.20 |
| 安 徽 | Anhui | 1765.00 | 941.20 | 360.60 | 1497.10 | 240.70 |
| 福 建 | Fujian | 2345.80 | 1479.40 | 272.90 | 2011.90 | 286.80 |
| 江 西 | Jiangxi | 1236.20 | 651.70 | 271.40 | 1096.50 | 123.30 |
| 山 东 | Shandong | 6126.40 | 4004.50 | 605.90 | 5116.70 | 753.00 |
| 河 南 | Henan | 3358.40 | 1805.20 | 657.40 | 2780.40 | 497.50 |
| 湖 北 | Hubei | 2964.60 | 2057.30 | 279.10 | 2402.40 | 386.60 |
| 湖 南 | Hunan | 2459.10 | 1371.40 | 453.60 | 2104.50 | 317.40 |
| 广 东 | Guangdong | 7882.60 | 5617.90 | 332.70 | 6575.30 | 1174.30 |
| 广 西 | Guangxi | 1397.00 | 819.20 | 245.30 | 1203.70 | 166.50 |
| 海 南 | Hainan | 268.60 | 190.70 | 19.70 | 210.90 | 46.10 |
| 重 庆 | Chongqing | 1215.80 | 714.80 | 163.00 | 1042.60 | 162.00 |
| 四 川 | Sichuan | 2981.40 | 1446.90 | 525.90 | 2337.60 | 545.60 |
| 贵 州 | Guizhou | 606.90 | 362.70 | 115.80 | 531.80 | 64.70 |
| 云 南 | Yunnan | 1034.40 | 564.50 | 239.30 | 823.80 | 155.50 |
| 西 藏 | Tibet | 73.11 | 33.01 | 30.82 | 59.20 | 11.20 |
| 陕 西 | Shanxi | 1322.40 | 867.00 | 233.10 | 1151.50 | 144.30 |
| 甘 肃 | Gansu | 632.80 | 413.30 | 99.70 | 512.10 | 99.80 |
| 青 海 | Qinghai | 160.50 | 105.60 | 36.40 | 132.10 | 24.40 |
| 宁 夏 | Ningxia | 174.30 | 131.20 | 19.60 | 141.20 | 30.00 |
| 新 疆 | Xinjiang | 637.80 | 442.40 | 95.30 | 509.80 | 90.60 |

# 19-9 各省（区、市）人民生活（2005年）

# PEOPLE'S LIFE BY PROVINCE, MUNICIPALITY AND AUTONOMOUS REGION (2005)

单位：元　　(yuan)

| 地区 | Region | 城镇居民人均收入情况 Per Capital Annual Income of Urban Households | | 城镇居民消费支出 Total Living Expenditures of Urban Housholds | | 农村居民人均收支情况 Per Capital Annual Income and Expenditure of Rural Households | |
|---|---|---|---|---|---|---|---|
| | | 总收入 Total Income | #可支配收入 Disposable Income | 总支出 Total Expenditure | #消费性支出 Increases | 纯收入 Net Income | 生活消费支出 Living Expenditures |
| **全　国** | **National Total** | **11321** | **10493** | **10580** | **7943** | **3255** | **2555** |
| 北　京 | Beijing | 19533 | 17653 | 17174 | 13244 | 7346 | 5316 |
| 天　津 | Tianjin | 13563 | 12639 | 14450 | 9653 | 5580 | 3036 |
| 河　北 | Hebei | 9617 | 9107 | 8462 | 6700 | 3482 | 2166 |
| 山　西 | Shanxi | 9539 | 8914 | 9044 | 6343 | 2891 | 1878 |
| 内蒙古 | Inner Mongolia | 9565 | 9137 | 9064 | 6929 | 2989 | 2446 |
| 辽　宁 | Liaoning | 9837 | 9108 | 9845 | 7369 | 3690 | 2806 |
| 吉　林 | Jilin | 9123 | 8691 | 8774 | 6795 | 3264 | 2306 |
| 黑龙江 | Heilongjiang | 8723 | 8273 | 8009 | 6178 | 3221 | 2545 |
| 上　海 | Shanghai | 20603 | 18645 | 19368 | 13773 | 8248 | 7278 |
| 江　苏 | Jiangsu | 13330 | 12319 | 11898 | 8622 | 5276 | 3567 |
| 浙　江 | Zhejiang | 17877 | 16294 | 16906 | 12254 | 6660 | 5433 |
| 安　徽 | Anhui | 9185 | 8471 | 8933 | 6368 | 2641 | 2196 |
| 福　建 | Fujian | 13408 | 12321 | 11897 | 8794 | 4450 | 3293 |
| 江　西 | Jiangxi | 9043 | 8620 | 7880 | 6109 | 3129 | 2484 |
| 山　东 | Shandong | 11608 | 10745 | 9889 | 7457 | 3931 | 2736 |
| 河　南 | Henan | 9146 | 8668 | 7831 | 6038 | 2871 | 1892 |
| 湖　北 | Hubei | 9395 | 8786 | 8583 | 6737 | 3099 | 2430 |
| 湖　南 | Hunan | 10106 | 9524 | 10253 | 7505 | 3118 | 2756 |
| 广　东 | Guangdong | 16250 | 14770 | 15570 | 11810 | 4691 | 3708 |
| 广　西 | Guangxi | 10022 | 9287 | 9007 | 7033 | 2495 | 2350 |
| 海　南 | Hainan | 8670 | 8124 | 7933 | 5929 | 3004 | 1969 |
| 重　庆 | Chongqing | 11079 | 10244 | 10832 | 8623 | 2809 | 2142 |
| 四　川 | Sichuan | 9004 | 8386 | 9211 | 6891 | 2803 | 2274 |
| 贵　州 | Guizhou | 8385 | 8151 | 7645 | 6159 | 1877 | 1552 |
| 云　南 | Yunnan | 9995 | 9266 | 8993 | 6997 | 2042 | 1789 |
| 西　藏 | Tibet | 10664 | 8411 | 12879 | 8673 | 2078 | 1562 |
| 陕　西 | Shanxi | 8902 | 8272 | 8572 | 6657 | 2053 | 1897 |
| 甘　肃 | Gansu | 8738 | 8087 | 8632 | 6529 | 1980 | 1820 |
| 青　海 | Qinghai | 8767 | 8058 | 8424 | 6245 | 2152 | 1976 |
| 宁　夏 | Ningxia | 8745 | 8094 | 9108 | 6404 | 2509 | 2095 |
| 新　疆 | Xinjiang | 8694 | 7990 | 7822 | 6208 | 2482 | 1924 |

# 19-10 各省、区、市居民消费价格分类指数（2005年）

## GENERAL PRICE INDICES BY CATEGORY AND BY PROVINCE, MUNICIPALITY AND AUTONOMOUS REGION (2005)

(上年=100) (preceding year=100)

| 地区 Region | 居民消费价格总指数 General Consumer Price Index | 食品 Food | 烟酒及用品 Tobacco and Liquor and It's Articles | 衣着 Clothing | 家庭设备用品及服务 Household Facilities and Articles and Service | 医疗保健和个人用品 Medicine and Medical and Personal Articles | 交通和通信 Transportation & Communication | 娱乐教育文化 Recreation, Education and Culture | 居住 Housing |
|---|---|---|---|---|---|---|---|---|---|
| **全国 National Total** | **101.8** | **102.9** | **100.4** | **98.3** | **99.9** | **99.9** | **99.0** | **102.2** | **105.4** |
| 北京 Beijing | 101.5 | 104.9 | 100.0 | 100.1 | 99.7 | 98.0 | 97.5 | 99.7 | 105.9 |
| 天津 Tianjin | 101.5 | 103.4 | 99.7 | 96.3 | 99.1 | 97.6 | 98.6 | 100.0 | 106.7 |
| 河北 Hebei | 101.8 | 102.4 | 99.9 | 98.8 | 98.4 | 99.2 | 99.0 | 105.0 | 105.5 |
| 山西 Shanxi | 102.3 | 102.7 | 100.8 | 97.8 | 100.4 | 99.9 | 98.8 | 108.1 | 104.5 |
| 内蒙古 Inner Mongolia | 102.4 | 102.9 | 100.0 | 100.1 | 100.3 | 105.7 | 99.8 | 100.4 | 106.9 |
| 辽宁 Liaoning | 101.4 | 101.8 | 100.9 | 96.9 | 99.7 | 99.3 | 98.7 | 106.3 | 104.5 |
| 吉林 Jilin | 101.5 | 101.8 | 101.1 | 100.5 | 99.2 | 98.6 | 96.2 | 103.0 | 107.6 |
| 黑龙江 Heilongjiang | 101.2 | 100.1 | 101.3 | 99.3 | 100.2 | 100.0 | 99.4 | 100.2 | 109.4 |
| 上海 Shanghai | 101.0 | 104.5 | 99.7 | 92.1 | 100.8 | 100.3 | 97.5 | 98.3 | 102.9 |
| 江苏 Jiangsu | 102.1 | 103.9 | 100.6 | 98.6 | 100.2 | 100.2 | 98.4 | 102.2 | 104.4 |
| 浙江 Zhejiang | 101.3 | 103.0 | 100.0 | 97.0 | 100.1 | 100.8 | 98.9 | 100.2 | 104.4 |
| 安徽 Anhui | 101.4 | 102.6 | 100.0 | 98.5 | 99.3 | 98.7 | 99.3 | 100.9 | 105.3 |
| 福建 Fujian | 102.2 | 103.7 | 99.8 | 97.1 | 99.6 | 98.8 | 97.7 | 104.7 | 106.8 |
| 江西 Jiangxi | 101.7 | 103.1 | 100.2 | 97.7 | 99.6 | 100.9 | 99.5 | 100.0 | 105.7 |
| 山东 Shandong | 101.7 | 102.7 | 100.3 | 98.2 | 100.1 | 99.7 | 99.5 | 102.7 | 105.2 |
| 河南 Henan | 102.1 | 103.4 | 101.0 | 98.2 | 99.6 | 98.2 | 100.3 | 102.6 | 106.8 |
| 湖北 Hubei | 102.9 | 104.2 | 100.8 | 100.1 | 98.8 | 98.1 | 101.5 | 103.6 | 105.7 |
| 湖南 Hunan | 102.3 | 102.9 | 99.8 | 99.4 | 100.7 | 99.0 | 99.3 | 103.0 | 107.3 |
| 广东 Guangdong | 102.3 | 104.7 | 101.3 | 98.3 | 100.6 | 99.2 | 99.1 | 100.3 | 104.4 |
| 广西 Guangxi | 102.4 | 102.7 | 99.9 | 97.1 | 99.9 | 100.2 | 101.1 | 106.6 | 104.0 |
| 海南 Hainan | 101.5 | 101.7 | 101.2 | 97.0 | 100.7 | 99.7 | 100.5 | 101.1 | 105.9 |
| 重庆 Chongqing | 100.8 | 100.1 | 101.2 | 92.1 | 100.1 | 102.5 | 99.9 | 104.1 | 103.0 |
| 四川 Sichuan | 101.7 | 102.1 | 100.4 | 97.6 | 99.7 | 101.3 | 100.2 | 104.5 | 103.8 |
| 贵州 Guizhou | 101.0 | 101.3 | 100.1 | 99.3 | 99.4 | 100.5 | 99.4 | 99.0 | 106.4 |
| 云南 Yunnan | 101.4 | 100.8 | 103.7 | 98.0 | 100.4 | 102.2 | 98.3 | 102.3 | 105.9 |
| 西藏 Tibet | 101.5 | 101.3 | 102.2 | 100.7 | 99.6 | 100.4 | 100.2 | 99.6 | 106.7 |
| 陕西 Shanxi | 101.2 | 101.0 | 100.3 | 100.0 | 99.8 | 98.5 | 100.6 | 100.3 | 106.7 |
| 甘肃 Gansu | 101.7 | 101.2 | 97.9 | 97.1 | 99.4 | 103.3 | 97.3 | 104.1 | 109.1 |
| 青海 Qinghai | 100.8 | 101.0 | 100.0 | 97.3 | 99.8 | 102.0 | 91.8 | 103.6 | 106.3 |
| 宁夏 Ningxia | 101.5 | 101.9 | 99.0 | 103.5 | 99.1 | 98.2 | 100.5 | 99.6 | 106.3 |
| 新疆 Xinjiang | 100.7 | 98.5 | 99.3 | 98.4 | 99.1 | 109.3 | 99.5 | 98.6 | 107.3 |

# 19-11 西部十二省（区、市）行政区划（2005年）
## DIVISIONS OF ADMINISTRATIVE AREAS IN TWELVE PROVINCES, MUNICIPALITY AND AUTONOMOUS REGION (2005)

单位：个　　(unit)

| 省级行政区划名称 | Provinces, Municipalities and Autonomous Regions | 地级区划数 Number of Prefectures | #地级市 Cities at Prefectural Level | 县级区划数 Number of Counties | # 县级市 Cities at Country Level | #市辖区 Districts Under the Jurisdiction of Cities | 乡镇级区划数 Number of Regions at Townships Levels |
|---|---|---|---|---|---|---|---|
| **全　国** | **National Total** | **333** | **283** | **2862** | **374** | **852** | **41636** |
| 西　藏 | Tibet | 7 | 1 | 73 | 1 | 1 | 692 |
| 重　庆 | Chongqing | | | 40 | 4 | 15 | 1081 |
| 四　川 | Sichuan | 21 | 18 | 181 | 14 | 43 | 4782 |
| 贵　州 | Guizhou | 9 | 4 | 88 | 9 | 10 | 1543 |
| 云　南 | Yunnan | 16 | 8 | 129 | 9 | 12 | 1455 |
| 内蒙古 | Inner Mongolia | 12 | 9 | 101 | 11 | 21 | 1112 |
| 广　西 | Guangxi | 14 | 14 | 109 | 7 | 34 | 1232 |
| 陕　西 | Shanxi | 10 | 10 | 107 | 3 | 24 | 1745 |
| 甘　肃 | Gansu | 14 | 12 | 86 | 4 | 17 | 1348 |
| 青　海 | Qinghai | 8 | 1 | 43 | 2 | 4 | 422 |
| 宁　夏 | Ningxia | 5 | 5 | 21 | 2 | 8 | 229 |
| 新　疆 | Xinjiang | 14 | 2 | 99 | 20 | 11 | 1009 |

# 19-12 西部十二省（区、市）农林牧渔业总产值（2005年）
## GROSS OUTPUT VALUE OF FARMING, FORESTRY, ANIMALHUSBANDRY AND HUSBANDRY AND FISHERY OF TWELVE PROVINCES MUNICIPALITY AND AUTONOMOUS REGION (2005)

单位：亿元　　(100million yuan)

| 地区 | Region | 农林牧渔业总产值 Total | 农业 Farming | 林业 Forestry | 牧业 Animal Husbandry | 渔业 Fishery | 农林牧渔业总产值比上年增长(%) Increase Rate in 2004 over 2003(%) |
|---|---|---|---|---|---|---|---|
| **全　国** | **National Total** | **39450.90** | **19613.40** | **1425.50** | **13310.80** | **4016.10** | **5.7** |
| 西　藏 | Tibet | 67.74 | 29.89 | 5.70 | 30.05 | | 3.9 |
| 重　庆 | Chongqing | 662.20 | 358.30 | 20.00 | 249.50 | 23.80 | 5.2 |
| 四　川 | Sichuan | 2457.50 | 1037.20 | 69.90 | 1230.20 | 78.50 | 6.5 |
| 贵　州 | Guizhou | 571.80 | 335.50 | 23.90 | 194.20 | 9.40 | 5.9 |
| 云　南 | Yunnan | 1068.60 | 559.30 | 105.50 | 339.70 | 23.00 | 6.9 |
| 内蒙古 | Inner Mongolia | 980.20 | 473.90 | 39.80 | 444.60 | 7.20 | 11.2 |
| 广　西 | Guangxi | 1448.40 | 711.90 | 61.70 | 511.60 | 143.60 | 7.4 |
| 陕　西 | Shanxi | 730.70 | 472.90 | 25.00 | 199.00 | 5.50 | 8.1 |
| 甘　肃 | Gansu | 521.50 | 362.90 | 15.90 | 129.10 | 1.10 | 6.6 |
| 青　海 | Qinghai | 94.00 | 36.40 | 1.80 | 51.70 | 0.10 | 5.3 |
| 宁　夏 | Ningxia | 138.00 | 78.90 | 5.60 | 46.00 | 4.00 | 6.2 |
| 新　疆 | Xinjiang | 831.10 | 595.80 | 15.30 | 183.50 | 4.30 | 7.4 |

## 19-13 西部十二省（区、市）财政收入决算情况 （2005年）
## FINAL STATEMENT OF GOVERNMENT REVENUE OF TWELVE PROVINCES, MUNICIPALITY AND AUTONOMOUS REGION （2005）

单位：万元 (10000 yuan)

| 地区 | Region | 收入合计 Total Revenue | #增值税 Value-added Tax | #营业税 Operation Tax | #企业所得税 Enterprises Income Tax | #个人所得税 Individual Income Tax | #行政性收费收入 Income from Administrative Fees |
|---|---|---|---|---|---|---|---|
| **地方合计** | **Local Total** | **148842198** | **26442211** | **41028163** | **17459018** | **8379693** | **10736983** |
| 西　藏 | Tibet | 120312 | 11824 | 48721 | 8879 | 4475 | 16289 |
| 重　庆 | Chongqing | 2568072 | 336548 | 702018 | 139817 | 106662 | 480942 |
| 四　川 | Sichuan | 4796635 | 710737 | 1347643 | 399414 | 220842 | 505568 |
| 贵　州 | Guizhou | 1824963 | 313700 | 463060 | 160814 | 88973 | 137595 |
| 云　南 | Yunnan | 3126490 | 560191 | 676429 | 333481 | 119435 | 153927 |
| 内蒙古 | Inner Mongolia | 2774553 | 484469 | 782709 | 193550 | 100684 | 170942 |
| 广　西 | Guangxi | 2830359 | 393267 | 683811 | 185408 | 145763 | 275233 |
| 陕　西 | Shanxi | 2753183 | 553438 | 692717 | 205939 | 102237 | 130873 |
| 甘　肃 | Gansu | 1235026 | 253337 | 315890 | 84320 | 51793 | 98309 |
| 青　海 | Qinghai | 338222 | 78378 | 100177 | 25396 | 10289 | 14249 |
| 宁　夏 | Ningxia | 477216 | 87318 | 157580 | 26077 | 22199 | 33512 |
| 新　疆 | Xinjiang | 1803184 | 429362 | 476652 | 75755 | 93121 | 126609 |

## 19-14 西部十二省（区、市）财政支出决算情况 （2005年）
## FINAL STATEMENT OF GOVERNMENT EXPENDITURE OF TWELVE PROVINCES, MUNICIPALITY AND AUTONOMOUS REGION （2005）

单位：万元 (10000 yuan)

| 地区 | Region | 支出合计 Total Expenditure | #基本建设 Expenditure for Capital Construction | #企业挖潜改造资金 Expenditure for Innovation Enterprises | #科技三项费用 Expenditure for Science and Technology Promotion | #农业支出 Expenditure for Agriculture | #教育事业费 Operating Expenses for Education |
|---|---|---|---|---|---|---|---|
| **地方合计** | **Local Total** | **251546735** | **26761640** | **8696263** | **2872836** | **8673075** | **37299771** |
| 西　藏 | Tibet | 1854502 | 563995 | 3292 | 4437 | 59904 | 203794 |
| 重　庆 | Chongqing | 4873543 | 733446 | 97882 | 48959 | 130318 | 606598 |
| 四　川 | Sichuan | 10821769 | 1142259 | 240878 | 71804 | 416192 | 1405260 |
| 贵　州 | Guizhou | 5207261 | 412285 | 50171 | 33615 | 245928 | 933707 |
| 云　南 | Yunnan | 7663115 | 878316 | 141045 | 57536 | 336445 | 1222810 |
| 内蒙古 | Inner Mongolia | 6818846 | 1106816 | 291274 | 43463 | 242095 | 786645 |
| 广　西 | Guangxi | 6114806 | 699528 | 143801 | 36362 | 231545 | 1052608 |
| 陕　西 | Shanxi | 6389627 | 580587 | 96165 | 43788 | 217540 | 993134 |
| 甘　肃 | Gansu | 4293479 | 452723 | 45308 | 23136 | 136613 | 674831 |
| 青　海 | Qinghai | 1697547 | 265122 | 13711 | 8249 | 62651 | 203132 |
| 宁　夏 | Ningxia | 1602509 | 384608 | 33440 | 12658 | 65865 | 195197 |
| 新　疆 | Xinjiang | 5190179 | 832363 | 36703 | 35699 | 190549 | 726517 |

# 附　录

APENDIX

## 附录 1：

# 主要统计指标解释

# Explanatory Notes for Major Indicators

**森林面积　Forest Area**

指生长着乔木和竹林，郁闭度在 0.3 以上（不包括 0.3）的林地面积，即有林地面积。它是反映森林资源总面积的重要指标。森林面积包括天然林面积和人工林面积，不包括灌木林地和疏林地面积。

Refers to the area of forest land where trees and bamboo grow with canopy density above 0.3, including land of natural woods and planted woods, but excluding bush land and thin forest land. It reflects the total areas of afforestation.

**森林覆盖率　Forest coverage-rate**

是反映一个国家或地区森林资源和绿化水平的重要指标。国家规定在计算森林覆盖率时，森林面积还包括灌木林面积、农田林网树占地面积以及四旁树木的覆盖面积。计算公式为：

森林覆盖率(%)=森林面积/土地总面积×100%

Refer to the ratio of area of afforested land to total land area. This indicator shows the forest resources and afforestation progress of a country or a region. According to regulations of the government, in addition to afforested land, the area of bush forest, the area of forest land inside farm land and the area of trees planted by the side of farm houses and along the roads, rivers and fields should also be include in the area of afforested land in the calculation of the forest coverage-rate. The formula for calculating forest coverage-rate is as follows:

Forestry Coverage-rate(%)=Area of Afforested Land/Area of Total Land×100%

**活立木总蓄积量　Total Standing Stock Volume**

指全部土地上树木蓄积的总量，包括森林蓄积、疏林蓄积、散生木蓄积和四旁树蓄积。

Refers to the stock volume of trees in land, including trees in forest ,trees in sparse forest, scattered trees and trees planted by the side of farm house and the roads, rivers and fields.

**森林蓄积量　Stock Volume of Forest**

指森林面积上生长着的林木树干材积总量，是反映一个国家或地区森林资源总规模和水平的重要指标。

Refers to total stock volume of wood growing in forest area, which shows the total size and level of forest resources of a country or a region.

**草地面积　Grass Land**

指牧区和农区用于放牧牲畜或割草，植被盖度在 5%以上的草原、草坡、草山等面积。包括天然的和人工种植或改良的草地面积。

Refers to prairies, grasslands on the slopes, and grass-mountains in pastoral and agricultural areas used for herding and grass growing with vegetation coverage above 5%, including natural, planted or improved grassland.

**内陆水域总面积　Inland Water Area**

指江、河、池塘、湖泊、塘堰、水库等各种流水或蓄水的水面占地面积。

Refers to water area of rivers, lakes, ponds, reservoir, etc.

**矿产保有储量　Ensured Mineral Reserves**

指探明的矿产储量(包括工业储量和远景储量)扣除已开采部分和地下损失量后的年末实有储量，是反映国家矿产资源现状的重要指标。

Refers to the actual mineral reserves, which equal to the proven mineral reserves (including industrial reserves and prospective reserves) minus extracted parts and underground losses. This indicator shows the current condition of the mineral resources of a country.

**可比价格　Comparable Prices**

指计算各种总量指标所采用的扣除了价格变动因素的价格，可进行不同时期总量指标的对比。按可比价格计算总量指标有两种方法：一种是直接用产品产量乘某一年的不变价格计算；另一种是用价格指数进行伸缩。

Refers to prices that are used to remove the factors of price change in calculating economic aggregates, so as to facilitate comparison of aggregates over time. Tow methods are used for calculating economic aggregates at comparable prices: 1.multiplying the output of products by their constant prices of certain year; 2.deflation of data at current prices by relevant price index.

**不变价格 Constant Price**

指以同类产品某年的平均价格作为固定价格，用于计算各年的产品价值。按不变价格计算的产品价值消除了价格变动因素，不同时期对比可以反映生产的发展速度。新中国成立后，随着工农业产品价格水平的变化，国家统计局先后五次制定了全国统一的工业产品不变价格和农业产品不变价格。从 1949 年到 1957 年使用 1952 年工（农）业产品不变价格，从 1957 年到 1971 年使用 1957 年不变价格，从 1971 年到 1981 年使用 1970 年不变价格，从 1981 年到 1990 年使用 1980 年不变价格，从 1990 年开始使用 1990 年不变价格。

Refers to the average price of a given product in certain year, which is used for comparison of output value over time. As the output value at constant prices removes the factor of price changes, it reflects the trend of production development over time. Since 1949, with the changes in general price level, the State Statistical Bureau has issued nationally unified constant prices five times: the 1952 constant prices for 1949-1957; the 1957 constant prices for 1957-1971; the 1970 constant prices for 1971-1981; the 1980 constant prices for 1981-1990; and the 1990 constant prices have been used since 1991.

**平均增长速度 Average Annual Growth Rate**

我国计算平均增长速度有两种方法：一种是习惯上经常使用的“水平法”，又称几何平均法，是以间隔期最后一年的水平同基期水平对比来计算平均每年增长（或下降）速度；另一种是“累计法”，又称代数平均法或方程法，是以间隔期内各年水平的总和同基期水平对比来计算平均每年增长（或下降）速度。

在一般正常情况下，两种方法计算的平均每年增长速度比较接近；但在经济发展不平衡、出现大起大落时，两种方法计算的结果差别较大。

Tow methods for calculating average annual growth rate are applied in China, one is often called “level approach” or the method of calculating geometric average, which is derived by comparing the level of the last year of the interval with that of the beginning year; the other is called “accumulative approach” or algebraic average or equation method, which is derived by the summation of the actual figure of each year in the interval divided by the figure in the base year.

Usually the results calculated by the two methods are fairly close, but they differed sharply when uneven economic development occurred with striking fluctuations in growth.

**各个计划时期 Various Planning Periods**

年鉴中各个“时期”代表的年份如下：恢复时期为 1950 年到 1952 年；第一个五年计划时期（简称一五时期）为 1953 年到 1957 年；第二个五年计划时期（简称二五时期）为 1958 年到 1962 年；第三个五年计划时期（简称三五时期）为 1966 年到 1970 年；第四个五年计划时期（简称四五时期）为 1971 年到 1975 年；第五个五年计划时期（简称五五时期）为 1976 年到 1980 年；第六个五年计划时期（简称六五时期）为 1981 年到 1985 年；第七个五年计划时期（简称七五时期）为 1986 年到 1990 年；第八个五年计划时期（简称八五时期）为 1991 年到 1995 年；第九个五年计划时期（简称九五时期）为 1996 年到 2000 年；第十个五年计划时期（简称十五时期）为 2001 年到 2005 年。

The conventional division of “time period” in this yearbook is as follows: Economic Rehabilitation Period, 1950-1952; The first five-year plan period, 1953-1957;The second five-year plan period, 1958-1962; The third five-year plan period, 1966-1970; The fourth five-year plan period, 1971-1975; The fifth five-year plan period,1976-1980; The six five-year plan period, 1981-1985; The seventh five-year plan period, 1986-1990; The eighth five-year plan period, 1991-1995; The ninth five-year plan period,1996-2000;And the tenth five-year plan period,2001-2005.

**企业（单位）登记注册类型 Registration Status of Enterprises**

是以在工商行政管理机关登记注册的各类企业为划分对象，以工商行政管理部门对企业登记注册的类型为依据，将企业登记注册类型分为内资企业、联营企业、有限责任公司、股份有限公司、私营公司和其它企业；港澳台商投资企业和外商投资企业分别包括合资经营企业、合作经营企业、独资经营企业和股份有限公司。对不在工商行政管理部门进行登记注册的行政机关、事业单位和社会团体，主要按其经费来源和管理方式进行划分。

Enterprises are classified into 3 categories, namely domestic-funded enterprises, enterprises with investment from Hong Kong, Macao and Taiwan, and enterprises with foreign investment, in the light of the registration status of an enterprise in industrial and commercial administration agencies. Domestic-funded enterprises include state-owned enterprises, collective-owned enterprises, cooperative enterprises, joint ownership enterprises, limited liability corporations, share-holding corporations Ltd., private enterprises and other enterprises. Include in the enterprises with investment from Hong Kong, Macao and Taiwan and enterprises with foreign investment are joint-venture enterprises, cooperative enterprises, sole investment enterprises and share-holding corporations Ltd. For government agencies, institutions and social organizations which are not requested to be registered in industrial and commercial administration agencies, they are classified mainly by way of management.

**国有企业　State-owned Enterprises**

指企业全部资产归国家所有，并按《中华人民共和国企业法人登记管理条例》规定登记注册的非公司制的经济组织。不包括有限责任公司中的国有独资公司。

Refers to non-corporation economic units where the entire assets are owned by the state and which have registered in accordance with the Regulation of the People's Republic of China on the Management of Registration of Corporate Enterprises. Excluded from this category are sole state-funded corporations in the limited liability corporations.

**集体企业　Collective-owned Enterprises**

指企业资产归集体企业所有，并按《中华人民共和国企业法人登记管理条例》规定登记注册的经济组织。

Refers to economic units where the assets are owned collectively and which have registered in accordance with the Regulation of the People's Republic of China on the Management of Registration of Corporate Enterprises.

**股份合作企业　Cooperative Enterprises**

指以合同制为基础，由企业职工共同出资入股，吸收一定比例的社会资产投资组建，实行自主经营，自负盈亏，共同劳动，民主管理，按劳分配与按股分红相结合的一种集体经济组织。

Refers to a form of collective economic units (enterprises) where capitals come mainly from employees as their shares, with certain proportion of capital from the outside, where production is organized on the basis of independent operation, independent accounting for profits and losses, joint work, democratic management, and a distribution system that integrates remuneration according to work with dividend according to capital share.

**联营企业　Joint Ownership Enterprises**

指两个及两个以上相同或不同所有制性质的企业法人或事业单位法人，按自愿、平等、互利的原则，共同投资组成的经济组织。联营企业包括国有联营企业、集体联营企业、国有与集体联营企业和其它联营企业。

Refer to economic units established by two or more corporate enterprises or corporate institutions of the same or different ownership, through joint investment on the basis of equality, voluntary participation and mutual benefits. they include state joint ownership enterprises, collective joint ownership enterprises, joint state-collective enterprises, other joint ownership enterprises.

**有限责任公司　Limited Liability Corporations**

指根据《中华人民共和国公司登记管理条例》规定登记注册，由两个以上五十个以下的股东共同出资，每个股东以其所认缴的出资额对公司承担有限责任，公司以其全部资产对其债务承担责任的经济组织。有限责任公司包括国有独资公司以及其它有限责任公司。

国有独资公司：指国家授权的投资机构或者国家授权的部门单独投资设立的有限责任公司。

其他有限责任公司：指国有独资公司以外的有限责任公司。

Refers to economic units established with investment from 2-50 investors and registered in accordance with the Regulation of the People's Republic of China on the Management of Registration of Corporations, each investor bearing limited liability to the corporation depending on its share of investment, and the corporation bearing liability to its debt to the maximum of its total assets. limited liability corporations include exclusive state-funded limited liability corporations and other limited liability corporations.

(1) Exclusive state-funded Corporations refer to limited liability corporations established with exclusive investment from investment institutions or departments authorized by the state.

(2) Other Limited Liability Corporations refer to limited liability corporations other than exclusive state-funded corporations.

**股份有限公司　Share-holding Corporations Ltd.**

指根据《中华人民共和国公司登记管理条例》规定登记注册，其全部资本由等额股份构成并通过发行股票筹集资本，股东以其认购的股份对公司承担有限责任，公司以其全部资产对其债务承担责任的经济组织。

Refers to economic units registered in accordance with the Regulation of the People's Republic of China on the Management of Registration of Corporations, with total registered capitals divided into equal shares and raised through issuing stocks. Each investor bears limited liability to the corporation depending on the holding of shares, and the corporation bears liability to its debt to the maximum of its total assets.

**私营企业　Private Enterprises**

指由自然人投资设立或由自然人控股，以雇佣劳动为基础的盈利性经济组织。包括按照《公司法》、《合伙企业法》、《私营企业暂行条例》规定登记注册的私营有限责任公司、私营股份有限公司、私营合伙企业和私营独资企业。

(1)私营独资企业：指按《私营企业暂行条例》的规定，由一名自然人投资经营，以雇佣劳动为基础，投资者对企业债务承担无限责任的企业。

(2)私营合伙企业：指按《合伙企业法》或《私营企业暂行条例》的规定，由两个以上自然人按照协议共同投资、共同经营、共负盈亏，以雇佣劳动为基础，对债务承担无限责任的企业。

(3)私营有限责任公司：指按《公司法》、《私营企业暂行条例》的规定，由两个以上自然人投资或由单个自然人控股的有限责任公司。

(4)股份有限责任公司：指按《公司法》的规定，由五个以上自然人投资，或由单个自然人控股的股份有限公司。

Refers to profit-making economic units invested and established by natural persons, or controlled by natural persons using employed labor. Included in this category are private limited liability corporations, private share-holding corporations Ltd., private partnership enterprises and private-funded enterprises registered in accordance with the Corporation Law, Partnership Enterprises law and Interim Regulations on Private Enterprises.

(1) Private-funded enterprises: refer to enterprises registered in accordance with the Interim Regulations on Private Enterprises, invested and operated by a single natural person using employed labor and bearing unlimited liability to the debt of the enterprise.

(2) Private partnership enterprises: refer to enterprises registered in accordance with the Partnership Enterprise Law or Interim Regulations on Private Enterprises, jointly invested and operated by two or more natural persons using employed labor and bearing unlimited liability to the debt of the enterprise.

(3) Private limited liability corporations: refer to limited liability corporations registered in accordance with the Corporation Law and Interim Regulations on Private Enterprises, jointly invested by two or more natural persons or exclusively invested by a single natural person.

(4) Private share-holding corporations Ltd.: refer to share-holding corporations registered in accordance with the Corporation Law, jointly invested by five or, more natural persons or exclusively units other than those mentioned above.

**其他内资企业　Other Domestic-funded Enterprises**

指上述企业之外的其他内资经济组织。

Refer to domestic-funded economic units other than those mentioned above.

**与港澳台商合资经营企业　Joint-venture Enterprises with Funds from Hong Kong, Macao and Taiwan**

指港澳台地区投资者与内地企业依照《中华人民共和国中外合资经营企业法》及有关法律的规定，按合同规定的比例投资设立、分配利润和分担风险的企业。

Refer to enterprises jointly established by investors from Hong Kong, Macao and Taiwan with enterprises in the mainland of China in accordance with the Law of the People's Republic of China on Sino-foreign Joint Venture Enterprises and other relevant laws, where the share of investment, profits and risks is stipulated in the contract.

**与港澳台商合作经营企业　Cooperative Enterprises with Funds from Hong Kong, Macao and Taiwan**

指港澳台地区投资者与内地企业依照《中华人民共和国中外合作经营企业法》及有关法律的规定，依照合作合同的约定进行投资或提供条件设立、分配利润和分担风险的企业。

Refers to enterprises jointly established by in investors from Hong Kong, Macao and Taiwan with enterprises in the mainland of China in accordance with the Law of the People's Republic of China on Sino-foreign Cooperative Enterprises and other relevant laws, where the investment or provision of facilities, and the share of profits and risks is stipulated in the cooperative contract.

**港澳台商独资经营企业　Enterprises with Sole (exclusive) Investment from Hong Kong, Macao and Taiwan**

指依照《中华人民共和国外资企业法》及有关法律的规定，在内地由港澳台地区投资者全额投资设立的企业。

Refers to enterprises established in the mainland of China with exclusive investment from investors from Hong Kong, Macao and Taiwan in accordance with the Law of the People's Republic of China on Foreign-Funded Enterprises and other relevant laws.

**港澳台商投资股份有限公司　Share-holding Corporations Ltd. with Investment from Hong Kong, ,Macao and Taiwan**

指根据国家有关规定，经外经贸部依法批准设立，其中港、澳、台商的股本占公司注册资本的比例达25%以上的股份有限公司。凡其中港、澳、台商的股本占公司注册资本的比例小于25%的，属于内资企业中的股份有限公司。

Refers to share-holding corporations Ltd. established with the approval from the Ministry of Foreign Trade and Economic Relations in line with relevant state regulations, where the share of investment from Hong Kong, Macao or Taiwan businessmen exceeds 25% of the total registered capital of the corporation. In case the share of investment from Hong Kong, Macao or Taiwan is less than 25% of the total registered capital, the enterprise is to be classified as domestic-funded share-holding corporation Ltd.

**中外合资经营企业　Joint-venture Enterprises with Foreign Investment**

指外国企业或外国人与中国内地企业依照《中华人民共和国中外合资经营企业法》及有关法律的规定，按合同规定的比例投资设立、分享利润和分担风险的企业。

Refers to enterprises jointly established by foreign enterprises or foreign Joint Venture Enterprises and other relevant laws, where the share of investment, profits and risks is stipulated in the contact.

**中外合作经营企业　Cooperation Enterprises with Foreign Investment**

指外国企业或外国人与中国内地企业依照《中华人民共和国中外合作经营企业法》及有关法律的规定，依照合作合同的约定进行投资或提供条件设立、分配利润和分担风险的企业。

Refers to enterprises jointly established by foreign enterprises or foreigners with enterprises in the mainland of China in accordance with the Law of the People's Republic of China on Sino-foreign Joint Venture Enterprises and other relevant laws, where the investment or provision of facilities, and the share or profits and risks is stipulated in the cooperative contract.

**外资企业　Enterprises with Sole (exclusive) Foreign Investment**

指依照《中华人民共和国外资企业法》及有关法律的规定，在中国内地由外国投资者全额投资设立的企业。

Refers to enterprises established in the mainland of China with exclusive investment from foreign investors in accordance with the Law of The People's Republic of China on Foreign-Funded Enterprises and other relevant laws.

**外商投资股份有限公司　Share-holding Corporations Ltd. with Foreign Investment**

指根据国家有关规定，经外经贸部依法批准设立，其中外资的股本占公司注册资本的比例达25%以上的股份有限公司。凡其中外资股本占公司注册资本的比例小于25%的，属于内资企业中的股份有限公司。

Refers to share-holding corporations Ltd. established with the approval from the Ministry of Foreign Trade and Economic Relations in line with relevant state regulations, where the share of investment from foreign investor exceeds 25% of the total registered capital, the enterprise is to be classified as domestic-funded share-holding corporation Ltd.

**行政机关事业单位和社会团体　Government Agencies, Institutions and Social Organizations**

参照企业登记注册类型，主要按其经费来源和管理方式划分。具体规定如下：

(1)行政机关：包括国家机关和政党机关，原则上均列为“国有”。但有特殊规定的，如供销社等，则列为“集体”。

(2)事业单位：包括经国家机构编制部门和有关业务主管部门批准成立的各类事业单位，但不包括实行企业化管理的事业单位。事业单位的划分办法如下：

①由国家财政预算拨款或列入国家财政预算外资金管理以及经费主要来源于国有主管部门或国有上级单位的事业单位，列为“国有”。

②经费主要来源于集体单位的事业单位，列为“集体”。

③公民个人（或个人合伙）开办的事业单位，列为“私营”。

④上述以外的其他事业单位，如果其经费来源不明确，按管理方式进行划分.

(3)社会团体：包括经民政部门批准成立以及未纳入社会团体管理条例范围的工会妇联等各类社会团体。社会团体的划分办法如下：

①未纳入民政部社会团体管理条例范围的工会、妇联、共青团、青联、工商联、科协、侨联等社会团体，国家拨款设立的基金会或基金管理组织以及经费主要来源于国有业务主管部门或国有上级单位的社会团体，列为“国有”。

②经费主要来源于集体单位的社会团体，列为“集体”。

③公民个人（或各人合伙）开办的社会团体，列为“私营”。

④上述以外的其他社会团体，如果其经费来源不明确，按管理方式进行归类。

Are classified into following categories by source of funds and way of management taking reference of the registration status of enterprises:

Government agencies: include state and party agencies, classified in principle as “state-owned”. There are exceptions, such as supply and marketing cooperatives which are classified as “collective”.

Institutions: include institutions of various types established with the approval by organization and staffing departments of the government, but exclude institutions where enterprises management system is introduced. Institutions are further classified as follows:

Institutions whose main budget is listed in the government budget appropriations or extra-budget funds, or allocated from the budget of their competent government agencies. Such institutions are classified as “state-owned”.

Institutions whose budget mainly comes from collective units. Such institutions are classified as “collective”.

Institutions other than those mentioned above whose source of budget is not clear. Such institutions are classified by way of management.

Social organizations: include social organizations established with the approval from the Ministry of Civil Affairs, and organizations that are not covered by social organization management regulations such as trade unions, women’s federations etc. . Social organizations as further classified as follows:

Social organizations that are not covered by social organization management regulations of the Ministry of Civil Affairs such as trade unions, women’s federations, communist youth leagues, youth associations, industrial and commerce associations, scientists associations, overseas Chinese associations, etc., foundations and fund management organizations established with funds from the state, and social organizations whose funds mainly come from the budget of their competent government agencies. Such institutions are classified as “state-owned”.

Social organizations whose budget mainly comes from collective units. Such institutions are classified as “collective”.

Social organizations established by individual or a group of citizens, which are classified as “private”.

Social organizations other than those mentioned above whose source of budget is not clear. Such organizations are classified by way of management.

**国内(地区)生产总值　(GDP) Gross Domestic Product**

指一个国家（或地区）所有常住单位在一定时期生产活动的最终成果。国内（地区）生产总值有三种表现形态，即价值形态、收入形态和产品形态。从价值形态看，它是所有常住单位在一定时期内生产的全部货物和服务价值超过同期中间投入的全部非固定资产货物和服务价值的差额，即所有常住单位的增加值之和；从收入形态看，它是所有常住单位在一定时期内创造并分配给常住单位和非常住单位的初次收入分配之和；从产品形态看，它是所有常住单位在一定时期内最终使用的货物和服务价值与货物和服务净出口之和。在实际核算中，国内（地区）生产总值有三种计算方法，即生产法、收入法和支出法。三种方法分别从不同的方面反映国内生产总值及其构成。

Refers to the final products of all resident units in a country (or a region) during a certain period of time. Gross domestic product is expressed in three different forms, i. E. Value, income, and products respectively. The form of value refers to the total value of all products and services produced by all resident units during a certain period of time minus total value of intimidate input of materials and services of the nature of non-fixed assets or the summation of the value-added of all resident units; the form of income includes all the income created by all resident units and distributed primarily to all resident and non-resident units; the form of products refers to the value of all final goods and services for final use by all resident units plus the value of net exports of goods and services during a given period of time. In the practice of national accounting, gross domestic product is calculate with three approaches, i.e. production approach, income approach, and expenditure approach, which reflect gross domestic product and its composition from different aspects.

**三次产业　Three industries**

是根据社会生产活动历史发展的顺序对产业结构的划分，产品直接取自自然界的部门称为第一产业，对初级产品进行再加工的部门称为第二产业，为生产和消费提供各种服务的部门称为第三产业。我国的三次产业划分是：

第一产业：农林牧渔业。

第二产业：工业和建筑业。

第三产业：除第一、第二产业以外的其他各业。

Industry structure has been classified according to the historical sequence of development. Primary industry refers to extraction of natural resources; secondary industry involves processing of primary products; and tertiary industry provides services of various kinds for production and consumption. Industry in China comprises:

Primary industry: farming, forestry, animal husbandry, fishery, and service for farming,、forestry、 animal husbandry,、fishery .

Secondary industry: industry and construction.

Tertiary industry: all other industries not included in primary or secondary industry.

**支出法国内(地区)生产总值　GDP Calculated with Expenditure Approach**

指一个国家（或地区）所有常住单位在一定时期内用于最终消费、资本形成总额，以及货物和服务净出口总额，它反映本期生产的国内生产总值的使用及构成。

Refers to total expenditure on final consumption, total capital formation and net export of goods and services by resident units of a country in a certain period of time. It reflects the composition of GDP by its use.

**最终消费　Final Consumption**

指常住单位在一定时期内对于货物和服务的全部最终消费支出，也就是常住单位为满足物质、文化和精神生活的需要，从本国经济领土或国外购买的货物和服务的支出；不包括非常住单位在本国经济领土内的消费支出。最终消费分为居民消费和政府消费。

Refers to the total expenditure of resident units on final consumption of goods and services in a certain period, namely the expenditure of the resident units for purchases of goods and services from domestic economic territory and abroad to meet the requirements of material, cultural and spiritual life. It excludes the expenditure of non-resident units on consumption in the economic territory of the country. The final consumption is classified into household consumption and government consumption.

**居民消费　Households Consumption**

指常住居民对于货物和服务的全部最终消费支出。居民消费按市场价格计算，即按居民支付的购买者价格计算。购买者价格是购买者取得货物所支付的价格，包括购买者支付的运输和商业费用。居民消费除了直接以货币形式购买货物和服务的消费以外，还包括以其他方式获得的货物和服务的消费支出，即所谓的虚拟消费支出。居民虚拟消费支出包括以下几种类型：单位以实物报酬及实物转移的形式提供给劳动者的货物和服务；居民生产由本居民消费了的货物和服务，其中的服务仅指居民的自有住房的服务；金融机构提供的金融媒介服务；保险公司提供的保险服务。

Refers to the total expenditure of resident households on the final consumption of goods and services. The households consumption is calculated at market prices, namely the purchaser's prices which the households pay; the purchasers' prices of goods re the prices the households pay when they obtain the goods, including the transport and commercial expenses paid by the households. In addition to the consumption of goods and services bought by the households directly with money, the expenditure on goods and services obtained by the households in other ways, i.e. the so-called imputed expenditure on consumption, is also included in the households consumption. The imputation expenditure of the households on consumption includes the following types: (a) the goods and services provided to the households by the units in the form of payment in kind and transfer in kind; (b) the goods and services produced and consumed by the households themselves, in which the services refer only to the services provided by the residential buildings owned by the households; (c) the services of financial intermediary provided by the financial institutions; (d) the insurance services provided by the insurance companies.

**政府消费　Government Consumption**

指政府部门为全社会提供公共服务的消费支出和免费或以较低价格向居民提供的货物和服务的净支出。前者等于政府服务的产出价值减去政府单位所获得的经营收入的价值，政府服务的产出价值等于它的经常性业务支出加上固定资产折旧；后者等于政府部门免费或以较低价格向居民提供的货物和服务的市场价值减去向居民收取的价值。

Refers to the expenditure on the consumption of the public services provided by the government to the whole society and the net expenditure on the goods and services provided by the government to the households at free charge or lower prices. The former equals to the output value of the government services minus the value of operating income obtained by the government departments. (The output value of the government services equals to its current operating expenditure plus depreciation of fixed assets). The latter equals to the market value of the goods and services provided by the government free of charge or at low prices to the households minus the value received by the government from the households.

**资本形成总额　Total Capital Formation**

指常住单位在一定时期内获得的减去处置的固定资产加存货的变动，包括固定资本形成总额和存货增加。

Refers to the fixed assets acquired minus those disposed and the change in inventory, including the total fixed assets formation and the increase in inventory.

**固定资本形成总额　Total Fixed Capital Formation**

指常住单位购置、转入和自产自用的固定资产，扣除固定资产的销售和转出后的价值，分有形固定资产形成总额和无形固定资产形成总额。有形固定资产形成总额包括一定时期内完成的建筑工程安装工程和设备工器具购置（减处置）价值，以及土地改良、新增役、种、奶、毛、娱乐用牲畜和新增经济林木价值。无形固定资产形成总额包括矿藏的勘探、计算机软件、娱乐和文学艺术品原件等获得（减处置）价值。

Refers to the value of fixed assets purchased, transferred in by the resident units and those produced and used by themselves deducting the value of fixed assets sold and transferred out. It can be classified into total tangible assets formation and total tangible assets formation and total intangible assets formation. The total tangible assets formation include the value of the construction projects, installation projects completed and the equipment, apparatus and instruments purchased as well as the value of land improved, the value of draught animals, breeding stock, milk, wool and recreational animals and the newly increased economic forest in a certain period. The total tangible assets formation includes the prospecting of minerals, the originals of recreational works and works of literature and arts minus the disposal of them.

**库存增加　Increase in Inventory**

指常住单位存货实物量变动的市场价值，即期初与期末差额。正值表示库存增加，负值表示库存减少。具体包括本期购买的原材料、燃料和储备物资等存货，以及生产单位本期生产的产成品、半成品和在制品等存货。

Refers to the market value of the change in inventory, i.e. the difference of value between the beginning and the end of the period. The increase in inventory can be positive or negative. A positive value indicates the increase in inventory while a negative value indicates the decrease in stock. The inventory includes the raw materials, fuels and reserve materials purchased by the production units as well as the inventory of finished products, semi-finished products, work-in-progress, etc.

**货物和服务净出口　Net Export of Gods and Services**

指货物和服务出口与货物和服务进口的差额。出口包括常住单位向非常住单位出售或无偿转让的各种货物和服务的总值；进口包括常住单位从非常住单位购买或无偿得到的各种货物和服务的总值。由于服务活动提供与使用同时发生，因此服务的进出口业务并不发生出入境现象，一般把常住单位从国外得到的服务作为进口，反之，非常住单位从本国得到的服务作为出口。货物的出口和进口都按离岸价格计算。

Refers to the difference of the exports of goods and services minus the imports of goods and services. The imports include the value of various goods and services sold or gratuitously transferred by the resident units to the non-resident units. The imports include the value of various goods and services purchased or gratuitously acquired by the resident units from the non-resident units. Because the provision of services and the use of them happen simultaneously, the import and export of services do not appear to have the phenomena of crossing the border of the country. The acquisition of services by the resident units from abroad is usually treated as import while the acquisition of services by non-resident units in this country is usually as export. The export and import of goods are calculated at FOB.

**固定资产折旧 Depreciation of Fixed Assets**

指一定时期内为弥补固定资产损耗而按照核定的折旧率提取的补偿价值，或按国民经济核算统一规定的折旧率虚拟计算的补偿价值。它反映了固定资产在本期生产中的转移价值。各类企业和企业化管理的事业单位的固定资产折旧是指从成本费用中提取的折旧费。对不计提折旧的政府机关、非企业化管理的事业单位、和居民住房的固定资产折旧则按照统一规定的折旧率和固定资产原值进行虚拟折旧。

Refers to the depreciation of fixed assets drawn in accordance with the stipulated depreciation rate for the purpose of compensating the wear loss of the fixed assets or the depreciation of fixed assets calculated in a fictitious way in accordance with the stipulated unified depreciation rate in the national economic accounting system. It reflects the value of transfer of the fixed assets in the production of the current period. The depreciation of fixed assets in various enterprises and institutions managed as enterprises refers to the depreciation expenses actually draw and calculate as part of the cost. In government agencies and institutions not managed as enterprises which do not draw the depreciation expenses, as well as for the houses of residents, the depreciation of fixed asses is the imputed depreciation, which is calculated in accordance with the stipulated unified depreciation rate. In principle, the depreciation of fixed assets should be calculated on the basis of the re-purchased value of the fixed assets. However, there is no actual condition to re-evaluate all the fixed assets in China. Therefore, the above-mentioned methods are temporarily adopted at resent.

**劳动者报酬 Laborers' Remuneration**

指劳动者从事生产活动而获得的各种报酬。它反映劳动者参与增加值创造而获得的原始收入。包括劳动者获得的工资、奖金和津贴，包括货币形式和实物形式的；还包括劳动者所享受的公费医疗和医药卫生费上下班交通补贴和单位支付的社会保险费等。对于个体经济来说，其所有者所获得的劳动报酬和经营利润不易区分，这两部分统一作为劳动者报酬处理。

Refers to the whole payment earned by the laborers from the productive activities they are engaged in. It includes wages, bonuses and allowances the laborers earned in monetary form and in kind. It also includes the free medical services provided to the laborers and the medicine expenses, traffic subsidies and social insurance fee paid by the laborers' working units for them. As the individual economy is concerned, since the laborers' remuneration is not easily distinguished from the operating profit, both are treated as laborers remuneration.

**生产税净额 Net Taxes on Production**

指生产税减补贴后的余额。生产税是指政府对生产单位生产销售和从事经营活动以及从事生产活动使用某些生产要素（如固定资产、土地、劳动力）所征收的各种税、附加费和规费。生产补贴与生产税相反，指政府对生产单位的单方面收入转移，因此视为负生产税，包括政策亏损补贴、粮食系统价格补贴、外贸企业出口退税收入等。

Refers to the residual of the taxes on production minus the subsidies on production. The taxes on production refers to the various taxes, extra charges and fees levied on the production units on their production, sale and business activities as well as n some factors of production, such as fixed assets, land and labor force, used in the production activities they are engaged in. In contrast to the taxes on production, the subsidies on production refer to the unilateral transfer of part of the government's revenue to the production units and is therefore regarded as negative taxes on production. They include subsidies on the loss due to implementation of government policies, price subsidies to the grain institutions, foreign trade corporations' receipts from drawback, etc.

**营业盈余　Operating Surplus**

指常住单位创造的增加值扣除固定资产折旧、劳动者报酬和生产税净额后的余额。它相当于企业的营业利润加上生产补贴，但要扣除从利润中开支的工资和福利等。

Refers to the balance of the value added created by the resident units deducting the laborers' remuneration, net taxes on production and the depreciation of fixed assets. It is equivalent to the business profit of the enterprises plus subsidies on production, but the wages and welfare expenses paid from the profits should be deducted.

**总人口　Total Population**

指一定时点、一定地区范围内的有生命的个人的总和。

年度统计的年末总人口是指每年１２月３１日２４时的人口数，未包括海外华侨人数。

Refers to the total number of people alive at a certain point of time within a given area.

The annual statistics on total population is taken at midnight, the 31st of December，not including Chinese compatriots overseas China.

**市镇总人口和乡村总人口　Urban Population and Rural Population**

一般是按常住人口划分的。

Are classified, in general, with the permanent population.

**市镇总人口　Urban Population**

指市镇辖区的全部人口。

Refers to the population living in areas under the jurisdiction of cities or towns.

**乡村总人口　Rural Population**

指县（不含镇）的全部人口。

Refers to the population of counties excluding those living in towns.

**市　City**

指经国家批准成立的"市"建制的城市。

Refers to cities establish with the approval of the central government.

**镇　Town**

指经省自治区直辖市批准的镇。1963 年以前为常住人口在 2000 人以上，非农业人口占 50%以上的。1964 年起改为常住人口在 3000 人以上，非农业人口占 70%以上；或常住人口在 2500 人以上，不满 3000 人，非农业人口占 85%以上的。1984 年后又调整为凡县级地方国家机关所在地；或总人口在 20000 人以下的乡，乡政府驻地非农业人口超过 2000 人的；或总人口在 20000 人以上的乡，乡政府驻地非农业人口占全乡人口 10%以上；或少数民族地区、人口稀少的边远地区、山区和小型工矿区、小港口、风景旅游区、边境口岸等地，非农业人口虽不足 2000 人都可以建镇。

Refers to towns established with the approval of the governments of province, autonomous region, or municipality directly under the central government. Prior to 1963, a town was defined as an area with more than 2000 permanent residents, of which 50% or more were non-agricultural population. A revision of the definition was made in 1964. By the new definition, a town was an area with more than 3000 permanent residents, of which 70% or more were non-agricultural population or an area with more than 2500, but lower than 3000 permanent residents, of which 85% or more were non-agricultural population. Further adjustment was made in 1984: a town is defined as: (1) an area being the location of county-level government agency, or (2) a township with a total population less than 20000, where the non-agricultural population of the location of a township government exceeds 2000; or (3) a township with a total population more than 20000, where the proportion of the non-agricultural population to the total population of the location of a township government is greater than 10%; or (4) a remote area, mountainous area small-sized mining area, small harbor, tourism area, or border area with non-agricultural population less than 2000.

**出生率（又称粗出生率）**　Birth Rate or (Crude Birth Rate)

指在一定时期内（通常为一年内）平均每千人所出生的人数的比率，一般用千分率表示。计算公式为：

出生率＝（年出生人数／年平均人数）×１０００‰

式中：出生人数是指活产婴儿，即胎儿脱离母体时（不管怀孕月数），有过呼吸或其他生命现象。年平均人数是指年初、年末人口数的平均数，也可用年中人口数代替。

Refers to the ratio of the number of births to the average population during a certain period of time (usually a year), which is often expressed in ‰. The following formula is used:

Birth Rate = Number of Births / Average Number of Population ×1000‰

Number of births refers to live births, i.e. the births when babies had showed any vital phenomena regardless of the length of pregnancy.

**死亡率（又称粗死亡率） Death Rate (or Crude Death Rate)**

指在一定时期内（通常为一年内）一定地区的死亡人数与同期平均人数（或期中人数）之比，一般用千分率表示。计算公式为：

死亡率＝（年死亡人数／年平均人数）×１０００‰

refers to the ratio of the number of deaths to the average population (or mid-year population) during a certain period of time (usually a year), which is often expressed in ‰. The following formula is used:

Death Rate = Number of Deaths / Annual Average Number of Population × 1000‰

**人口自然增长率 Natural growth Rate of Population**

指在一定时期内（通常为一年内）一定地区的人口自然增加数（出生人数减死亡人数）与该时期内平均人数（或期中人数）之比，一般用千分率表示。计算公式为：

人口自然增长率＝（本年出生人口数－本年死亡人口数）／年平均人数×１０００‰ 人口自然增长率＝人口出生率－人口死亡率

refers to the ratio of natural increase in population (number of births minus number of deaths) in a certain period of time (usually a year) to the average population or mid-year population) of the same period, which is often expressed in ‰. The following formulas are applied:

Natural Growth of Population = (number of Births-Number of deaths) / Average Number of Population × 1000‰

Natural Growth Rate of Population = Birth Rate – Death Rate

**从业人员 Employed Persons**

指从事一定社会劳动并取得劳动报酬或经营收入的人员，包括全部职工、再就业的离退休人员、私营业主、个体户主、私营和个体从业人员、乡镇企业从业人员、农村从业人员、其他从业人员（包括民办教师、宗教职业者、现役军人等）。这一指标反映了一定时期内全部劳动力资源的实际利用情况，是研究我国基本国情国力的重要指标。

Refers to the persons who are engaged in social labor and receive remuneration payment or earn business income, including: total staff and workers, re-employed retirees, employers of private enterprises, self-employed workers, employees in private enterprises and individual economy, employees in the township enterprises, employed persons in the rural areas, other employed persons (including teachers in the schools run by the local people, people engaged in religious profession and the servicemen, etc.). This indicator reflects the actual utilization of total labor force during a certain period of time and is often used for the research on China's economic situation and national power.

**单位从业人员 Persona Employed in Various Units**

指在各级国家机关、政党机关、社会团体及企业、事业单位中工作，取得工资或其他形式的劳动报酬的全部人员。包括在岗职工、再就业的离退休人员、民办教师以及在各单位中工作的外方人员和港、澳、台方人员、兼职人员、借用的外单位人员和第二职业者。不包括离开本单位仍保留劳动关系的职工。各单位的从业人员反映了各单位实际参加生产或工作的全部劳动力。

Refers to all the persona working in government agencies of various levels, political and party organizations, social organizations, enterprises and institutions, and receiving wages or other forms of payment. They include fully-employed staff and workers, re-employed retirees, teachers in schools run by the local people, foreigners and Chinese compatriots from Hong Kong, Macao and Taiwan working in various units, part-time employees, employees of other units working temporarily at current posts, and employees holding the job, but exclude staff and workers who have left their working units while keeping their labor contract (employment relation) unchanged. This indicator reflects the total number of laborers actually engaged in production or other operations in various units.

**城镇私营和个体从业人员　Persons Employed in Private Enterprises and Self-Employed Individuals in Urban Areas**

城镇私营从业人员指在工商管理部门注册登记，其经营地址设在县城关镇（含城关镇）以上的私营企业从业人员；包括私营企业投资者和雇工。城镇个体从业人员指在工商管理部门注册登记，并持有城镇户口或在城镇长期居住，经批准从事个体工商经营的从业人员；包括个体经营者和在个体工商户劳动的家庭帮工和雇工。

Persons employed in private enterprises refer to the persons employed in the private enterprises which have been registered at the departments of industrial and commercial administration and are situated at a county town (i.e. a town where the county government is located) for business operation or at urban areas with the level higher than a county town. The self-employed individuals in urban areas refer to persons who hold the certificates of residence in urban areas or have resided in the urban areas for a long time and have been registered at the departments of industrial and approved to be engaged in individual industrial or commercial business, including self-employed persons as well as helpers and hired laborers who work in the individual households engaged in industrial or commercial business.

**职工　Staff and Workers**

指在国有经济、城镇集体经济、联营经济、股份制经济、外商和港、澳、台投资经济、其他经济单位及其附属机构工作，并由其支付工资的各类人员。

Refers to the persons who work in (and receive payment therefrom) enterprises and institutions of state ownership, collective ownership, joint ownership, share holding, foreign ownership, and ownership by entrepreneurs from Hong Kong, Macao and Taiwan, and other type of ownership and their affiliated units, excluding the retired persons invited to work in the units again, teachers in the schools run by the local people and foreigners and persons coming from Hong Kong, Macao and Taiwan and working in the state-owned economic units.

**在岗职工　Fully Employed Staff and Workers**

指在本单位工作并由单位支付工资的人员，以及有工作岗位，但由于学习、病伤、产假等原因暂未工作，仍由单位支付工资的人员。

Refers to persons who work in, and receive wages from their working units, as well as persons who have their work posts, but are temporarily absent from work for reasons of study or on sick, injury or maternal leave and still receive wages from their working units.

**国有单位职工　Staff and Workers in State-owned Economic Units**

指在国有经济单位及其附属机构工作，并由其支付工资的各类人员。

Refers to the persons who work in the state-owned economic units or their attached units and are listed in their payrolls.

**城镇集体单位职工　Staff and Workers of Collective Owned Units in Urban Areas**

指在城镇集体经济单位及其管理部门工作，并由其支付工资的各类人员。

Refers to the persons who work in collective owned units in urban areas and their administration departments and receive payment therefrom.

**其他经济单位职工　Staff and Workers in Units of Other Type of Ownership**

指在联营经济、股份制经济、外商投资经济、港、澳、台投资经济单位工作，并由其支付工资的各类人员。

Refers to those who work in (and receive payment there from) enterprises and institutions of joint ownership, share holding, foreign ownership, and ownership by entrepreneurs from Hong Kong, Macao and Taiwan.

**职工工资总额　Total Wages of Staff and Workers**

指各单位在一定时期内直接支付给本单位全部职工的劳动报酬总额。工资总额的计算原则应以直接支付给职工的全部劳动报酬为根据。各单位支付给职工的劳动报酬以及其他根据有关规定支付的工资，不论是计入成本的还是不计入成本的，不论是按国家规定列入计征奖金税项目的，还是未列入计征奖金项目的，不论是以货币形式支付的还是以实物形式支付的，均包括在工资总额内。

Refers to the total remuneration payment to staff and workers in various units during a certain period of time. The calculation of total wages is based on the total remuneration payment to the staff and workers. Therefore, all the wages and salaries and other payments to staff and workers are included in the total wages regardless of their sources, category, and forms (in kind or cash). (Total wages of staff and workers in this yearbook include only total wages of fully employed staff and workers, excluding the living allowances distributed to those who have lift their working units while keeping their labor contract/employment relation unchanged).

**奖金　Bonus**

指支付给职工的超额劳动报酬和增收节支的劳动报酬。

Refers to remuneration payment to workers for extra work and for increasing earnings and practicing economy.

**津贴和补贴　Subsidies and Allowances**

指为了补贴职工特殊或额外的劳动消耗和因其他特殊原因支付给职工的津贴，以及为保证职工工资水平不受物价影响支付给职工的物价补贴。

Refers to subsidies paid to staff and workers for compensating special or extra labor and allowances paid to staff and workers to offset the impact of inflation on real wages.

**职工平均工资　Average Wage of Staff and Workers**

指企业、事业、机关单位的职工在一定时期内平均每人所得的货币工资额。它表明一定时期职工工资收入的高低程度，是反映职工工资水平的主要指标。计算公式为：

职工平均工资＝报告期实际支付的全部职工工资总额 / 报告期全部职工平均人数

Refers to the average wage in money terms per person during a certain period of time for staff and workers in enterprises, institutions, and government agencies, which reflects the general level of wage income during a certain period of time and is calculate as follows:

Average Wage of Staff and Workers = Total Wages of Staff and Workers in Reference Period/Average Number of Staff and Workers in Reference Period

**职工平均实际工资　Average Real Wage of Staff and Workers**

指扣除物价变动因素后的职工平均工资。计算公式为：

职工平均实际工资＝报告期职工平均工资 / 报告期职工生活费价格指数→

Refers to average wage of staff and workers after removing the effects of price changes, which is calculated as follows:

Average Real Wage of Staff and Workers = Average Wage of Staff and Workers in Reference Period/Consumer Price Index of Urban Residents in Reference Period

**全社会固定资产投资　Total Investment in Fixed Assets in the Whole Country**

固定资产投资是社会固定资产再生产的主要手段。通过建造和购置固定资产的活动，国民经济不断采用先进技术装备，建立新兴部门，进一步调整经济结构和生产力的地区分布，增强经济实力，为改善人民物质文化生活创造物质条件。这对我国的社会主义现代化建设具有重要意义。

固定资产投资额是以货币表现的建造和购置固定资产活动的工作量，它是反映固定资产投资规模、速度、比例关系和使用方向的综合性指标。全社会固定资产投资按登记注册类型可分为国有、集体、股份合作、联营、有限责任公司、股份有限公司、港澳台商、外商、个人投资等。按照我国现行计划管理体制，全社会固定资产投资总额分为基本建设、更新改造、房地产开发投资和其他固定资产投资四个部分。其他固定资产投资中的城乡集体投资包括城镇集体投资和农村集体投资。城乡居民个人投资包括城市、县城、镇、工矿区所辖范围内的个人建房和农村个人建房及购买生产性固定资产的投资。

Investment in fixed assets is the essential means for social reproduction of fixed assets. By means of construction and purchase of fixed assets, more advanced technologies and equipment are adopted in the national economy, and new sectors are established, which promote the adjustment of economic structure and the regional distribution of productive forces and enhance the economic strengths so as to provide the material conditions for improving people's livelihood. This is significant for speeding up the drive of socialist modernization in China.

Amount of investment in fixed assets refers to the volume of activities in construction and purchases of fixed assets in monetary terms. It is a comprehensive indicator which shows the size, pace, proportional relations and use orientation of the investment in fixed assets in the whole country includes, by status of registration, the investment by the state-owned units, collective units, share-holding cooperatives, joint ownership units, limited liability corporations, share-holding corporations 1td., as well as investment by individuals, by businessmen from Hong Kong, Macao and Taiwan, and from foreign countries. According to China's current planning management system, the investment in fixed assets in the whole country is classified into the following four parts: investment in capital construction, investment in innovation, investment in real estates development and other investment in fixed assets. The investment by the urban and rural collective units under the category of "other investment in fixed assets" includes the investment by the urban collective units and the investment by the rural collective units. The investment by the individuals in the urban and rural areas includes the investment in personal house building in the areas under the jurisdiction if city, country, town and special industrial and mining areas as well as the investment in personal house building and purchase of productive fixed assets in the rural areas.

**基本建设投资　Investment in Capital Construction**

基本建设是企业、事业、行政单位以扩大生产能力或工程效益为主要目的的新建、扩建工程及有关工作。包括（1）列入中央和各级地方本年基本建设计划项目，以及虽未列入本年基本建设计划，但使用以前年度基建计划内结转投资（包括利用基建库存设备材料）在本年继续施工的建设项目；（2）本年基本建设计划内投资与更新改造计划内投资结合安排的新建项目和新增生产能力（或工程效益）达到大中型项目标准的扩建项目，以及为改变生产力布局而进行的全厂性迁建项目；（3）国有单位既未列入基建计划，也未列入更新改造计划的总投资在5万元以上（含5万元）的新建、扩建、恢复项目和为改变生产力布局而进行的全厂性迁建项目，以及行政、事业单位增建业务用房和行政单位增建生活福利设施的项目。

Capital construction refers to the new construction projects or extension projects and the related work of the enterprises, institutions or administrative units mainly for the purpose of expanding production capacity or improving project efficiency covering only projects each with a total investment of 50,000 yuan and over. It includes: (1) projects listed in the capital construction plan of the current year of the central government and the local governments at various levels as well as the projects, though not listed in the capital construction plan of the current year, but continued to be constructed in this year, using the investment listed in the plan of capital construction of previous years and carried forward to this year (also using the equipment and materials kept in stock of the capital construction); (2) new construction projects arranged both in the plan of capital construction and the plan of innovation; extension projects with the newly increased production capacity (or project efficiency) up to the standard of a large and medium-sized project; and the projects of moving the whole factory to a new site so as to improve the distribution of productive forces; (3) new construction projects, extension projects or restoration projects with the total investment of 50,000 RMB yuan and over by the state-owned units, though listed neither in the plan of capital construction nor in the plan of innovation; the projects in the state-owned units of moving the whole factory to a new site so as to improve the distribution of productive forces; and the projects of building additional business houses by the administrative units and institutions and building welfare facilities by the administrative units.

**更新改造投资　Investment in Innovation**

更新改造是指企业、事业单位对原有设施进行固定资产更新和技术改造，以及相应配套的工程和有关工作（不包括大修理和维护工程）。包括：（1）列入中央和各级地方本年更新改造计划的项目和虽未列入本年更新改造计划，但使用上年更新改造计划内结转的投资在本年继续施工的项目；（2）本年更新改造计划内投资与基本建设计划内投资结合安排的对企、事业单位原有设施进行技术改造或更新的项目，和增建主要生产车间、分厂等其新增生产能力（或工程效益）未达到大中型项目标准的项目，以及由于城市环境保护和安全生产的需要而进行的迁建工作；（3）国有企、事业单位既未列入基建计划也未列入更新改造计划，总投资5万元以上（含5万元）的属于改建或更新改造性质的项目，以及由于城市环境保护和安全生产的需要而进行的迁建工作。

Innovation refers to the renewal of fixed assets and technological innovation of the original facilities by the enterprises and institutions as well as the corresponding supplementary projects and the related work (excluding major overhaul and maintenance projects) covering only projects each with a total investment of 50,000 yuan and over. It includes: (1) projects listed in the innovation plan of the current year of the central government and the local governments at various levels as well as the projects, though not listed in the innovation plan of the current year, but continued to be constructed in this year, using the investment listed in the plan of previous years and carried forward to this year; (2) projects of technological innovation or renewal of the original facilities, arranged both in the plan of innovation and in the plan of capital construction; extension projects (main workshops or a branch of the factory) with the newly increased production capacity (or project efficiency) not up the standard of a large and medium-sized project; and the projects of moving the whole factory to a new site so as to meet the requirements of urban environmental protection or safe production; (3) projects of reconstruction or technological innovation with the total investment of 50,000 RMB yuan and over by the state-owned units, though listed neither in the plan of capital construction nor in the plan of innovation; the projects in the state-owned units of moving the whole factory to a new site so as to meet the requirements of urban environmental protection or safe production.

**房地产开发投资　Investment in Real Estate Development**

指房地产开发公司、商品房建设公司及其他房地产开发法人单位和附属于其他法人单位实际从事房地产开发或经营的活动单位统一开发的包括统代建、拆迁还建的住宅、厂房、仓库、饭店、宾馆、度假村、写字楼、办公楼等房屋建筑物和配套的服务设施，土地开发工程（如道路、给水、排水、供电、供热、通讯、平整场地等基础设施工程）的投资。包括非房产企业实际从事房地产开发或经营活动，不包括单纯的土地交易活动。

It includes the investment by the real estate development companies, commercial buildings construction companies and other real estate development units of ownership in the construction of house buildings, such as residential buildings, factory buildings, warehouses, hotels, guesthouses, holiday villages, office buildings, and the complementary service facilities and land development projects, such as roads, water supply, water drainage, power supply, heating, telecommunications, land leveling and other projects of infrastructure. It excludes the activities in simple land transactions.

**其他固定资产投资　Other Investment in Fixed Assets**

全社会固定资产投资中未列入基本建设、更新改造和房地产开发投资的建造和购置固定资产的活动。包括：

(!) 国有单位按规定不纳入基本建设计划和更新改造计划管理，计划总投资（或实际需要总投资）在5万元以上的下列工程：①用油田维护费和石油开发基金进行的油田维护和开发工程；②煤炭、铁矿、森工等采掘采伐业用维简费进行的开拓延伸工程；③交通部门用公路养路费对原有公路、桥梁进行改建的工程；④商业部门用简易建筑费建造的仓库工程。

(2) 城镇集体固定资产投资：指所有隶属城市县城和经国务院及省自治区直辖市批准建制的镇所领导的集体单位（乡镇企业局管理的除外）建造和购置固定资产计划总投资（或实际需要总投资）在5万元以上（含5万元）的项目。

(3) 除国有城镇集体以外的其他各种企事业单位建造和购置固定资产计划投资在5万元以上（含5万元）的、未列入基本建设计划和更新改造计划的项目。

Refers to the construction and purchases of fixed assets not listed in the investment in capital construction, investment in innovation and investment in real estate development. It includes:

Ⅰ.The following projects of the state-owned units with the total planned (or actually needed) investment of 50,000 yuan and over, which are not included in the plan of capital construction and the plan of innovation: (1) projects of oil fields maintenance and exploitation with the oil fields maintenance funds and petroleum development funds; (2) opening and extending projects with the maintenance funds in coal, ore and other mining enterprises and logging enterprises; (3) project of reconstruction of the original highways and bridges with the highway maintenance funds in the department of communication; (4) projects of construction of warehouse with the funds of simple construction in the commercial department.

Ⅱ.The investment in fixed assets by urban collective units: refer to projects of construction and purchases of fixed assets with the planned total investment of 50,000 yuan and over by all collective units in cities and country towns and in townships which are approved by the State Council or provincial governments, excluding investment by collective units under township enterprise administration offices.

Ⅲ.The projects of construction and purchases of fixed assets by the enterprises or institutions with a registration status other than state or urban collective ownership with the planned total investment of 50,000 yuan and over, which are not included in the plan of capital construction and the plan of innovation.

**城镇和工矿区私人建房投资和农村个人投资　Private Investment in House Construction in Urban Areas, Industrial and Mining Areas and Individual Investment in Rural Areas**

城镇和工矿区私人建房包括市、县城、镇、工矿区所辖范围内的全部私人建房，不论其房主是否系本地的常住户口均应包括。农村个人投资包括农村个人建房及购置生产性固定资产的投资。

The private house construction in the urban areas and industrial and mining areas includes all the private house construction under the jurisdiction of cities, counties, towns and industrial and mining areas, no matter whether the owner or the house is registered as the permanent resident in the locality or not. The individual investment in the rural areas includes the investment in house construction and purchase of productive fixed assets by the individuals in the rural areas.

**固定资产投资的资金来源　Sources of Funds for Investment in Fixed Assets**

根据固定资产投资的资金来源不同，分为国家预算内资金、国内贷款、利用外资、自筹资金和其他资金来源。

(1)国家预算内资金：指中央财政和地方财政中由国家统筹安排的基本建设拨款和更新改造拨款，以及中央财政安排的专项拨款中用于基本建设的资金和基本建设拨款改贷款的资金等。

(2)国内贷款：指报告期内企、事业单位向银行及非银行金融机构借入的用于固定资产投资的各种国内借款。包括银行利用自有资金及吸收的存款发放的贷款、上级主管部门拔入的国内贷款、国家专项贷款（包括煤代油贷款、劳改煤矿专项贷款等） 地方财政专项资金安排的贷款、国内储备贷款、周转贷款等。

(3)利用外资：指报告期内收到的用于固定资产投资的国外资金，包括统借统还、自借自还的国外贷款，中外合资项目中的外资，以及对外发行债券和股票等。国家统借统还的外资指由我国政府出面同外国政府团体或金融组织签订贷款协议，并负责偿还本息的国外贷款。

(4)自筹资金：指建设单位报告期收到的，用于进行固定资产投资的上级主管部门、地方和企事业单位自筹资金。

(5)其他资金来源：指报告期收到的除以上各种拨款、借款、自筹资金之外，其他用于固定资产投资的资金。

State budgetary appropriation, domestic loans, foreign investment, self-raised funds, and others.

(1) State budgetary appropriation refers to appropriation in the budget of the central and local governments earmarked for capital construction and for innovation projects, and the special appropriation from the budget of the central government for capital construction and for the transfer fund to banks to be issued as loans for capital construction projects.

(2) Domestic loans refers to various funds borrowed by enterprises and institutions from banks and non-bank financial institutions during the reference period for the purpose of investment in fixed assets, including loans issued by banks from their self-owned funds and deposit, loans appropriated by higher responsible authorities, special loans by government (including loan for replacing petroleum with coal, special loan for reform-through-labor coal mines), loans arranged by local government from special funds, domestic reserve loan, and working loan, etc.

(3) Foreign Investment refers to foreign funds received during the reference period for the purpose of investment in fixed assets, including foreign fends borrowed and managed by the government, by individual units, foreign fund in joint venture program, and issue if bonds and stocks at the international financial markers. The foreign funds borrowed and managed by the government refer to foreign loans borrowed by the government from foreign government, organizations, or financial institutions under official agreement signed by both parties, under which government is responsible for the repayment of both the principal and interests of the foreign loans.

(4) Self-raised funds refer to funds received by construction enterprises from their higher responsible authorities, local governments, or raised by enterprises or institutions themselves for the purpose of investment in fixed assets during the reference period.

(5) Others refer to funds received during the reference period which are not included in the above-mentioned sources.

**固定资产投资按国民经济行业分　Investment in Fixed Assets by Sector**

建设项目归哪个行业，按其建成投产后的主要产品或主要用途及社会经济活动性质来确定。基本建设按建设项目划分国民经济行业，更新改造、国有单位其他固定资产投资及城镇集体投资根据整个企业、事业单位所属的行业来划分。一般情况下，一个建设项目或一个企业、事业单位只能属于一种国民经济行业。为了更准确地反映国民经济各行业之间的比例关系，联合企业（总厂）所属分厂属于不同行业的，原则上按分厂划分行业。

The classification of construction projects by sector is determined by the major products or the purpose of the projects when they are put into production or use, and by the nature of their social economic activities. The investment in capital construction is classified by construction projects, while investment in innovation, other investment by state-owned units and urban collective units are classified according to the sector which the whole enterprises or institution belongs to. In general, one project or one enterprise or institution can only belong to one sector. In order to reflect more accurately the proportions among various sectors, the branch factories of integrated complex are classified into different sectors according to their economic activities.

**固定资产投资按建设性质分　Investment in Fixed Assets by Type of Construction**

建设项目的性质一般分为新建、扩建、改建、迁建、恢复。基本建设按建设项目划分建设性质，更新改造、国有单位其他固定资产投资及城镇集体投资按整个企业、事业单位的建设情况确定建设性质。目前基本建设和更新改造是根据我国现行的计划管理体制区分的，所以基本建设和更新改造都可分别按新建、扩建等划分。

(1)新建：一般是指从无到有、“平地起家”新开始建设的单位。有的单位原有的基础很小，经过建设后其新增加的固定资产价值超过原有固定资产价值（原值）三倍以上的也算新建。

(2)扩建：一般是指为扩大原有产品的生产能力，在厂内或其他地点增建主要生产车间（或主要工程）、独立的生产线或总厂之下的分厂的企业；事业单位和行政单位在原单位增建业务用房（如学校增建教学用房、医院增建门诊部或病房、行政机关增建办公楼等）也作为扩建。

(3)改建：一般是指现有企业、事业单位为了技术进步，提高产品质量，增加花色品种，促进产品升级换代，降低消耗和成本，加强资源综合利用和三废治理、劳保安全等，采用新技术、新工艺、新设备、新材料等对现有设施、工艺条件进行技术改造或更新（包括相应配套的辅助性生产、生活福利设施）。有的企业为充分发挥现有生产能力，进行填平补齐而增建不增加单位主要产品生产能力的车间等，也属于改建。

The construction projects in general can be classified by the type of construction into new construction, expansion, reconstruction and moving away. In capital construction, the type of construction is determined by the condition of the project. In investment in innovation, in other investment by state-owned units and investment by collective –owned units, the type of construction is determined by the condition of the whole enterprise and restoration. The current distinction between capital construction and innovation is determined by China's current planning and management system. Therefore the projects of capital construction and innovation can all be classified respectively into new construction, expansion, etc.

(1) New construction in general refers to newly constructed units. In the case in which the value of the original fixed assets is quite small, and the value of newly added fixed assets exceeds the original ones by three times, the expansion construction is considered as new construction.

(2) Expansion refers to construction of new major production workshop or independent production line within a factory or in other locations, or construction of a branch factory so as to increase the production capacity of the original products. Newly constructed business houses in institutions and administrative organizations (such as the newly constructed teaching buildings in schools, clinics or bed building in hospitals, and office buildings in administrative agencies, etc.) are also classified as expansion.

(3) Reconstruction refers to technical innovation and transformation of the existing equipment and technical conditions undertaken by enterprises and institutions for the purposes of technological advancement, improvement in product quality, enlarging variety of products, promoting new generation of products, reducing production consumption and cost promoting comprehensive utilization of resources, strengthening treatment of waste gas, waste water and solid wastes, and safety in production, etc. Through application of new technologies and techniques, use of new equipment and new materials (including accessory facilities for production or for living and welfare purposes). Construction of new workshops for improving existing production capacity rather than increasing production capacity is also considered as reconstruction.

**固定资产投资按构成分　Investment in Fixed Assets by Structure**

固定资产投资活动按其工作内容和实现方式分为建筑安装工程，设备、工具、器具购置，其他费用三个部分。

(1)建筑安装工程（建筑安装工作量）：指各种房屋、建筑物的建造工程和各种设备、装置的安装工程。包括各种房屋建造工程，各种用途设备基础和各种工业窑炉的砌筑工程；为施工而进行的各种准备工作和临时工程以及完工后的清理工作等；铁路、道路的铺设，矿井的开凿及石油管道的架设等；水利工程；防空地下建筑等特殊工程；以及各种机械设备的安装工程；为测定安装工程质量，对设备进行的试行工作。在安装工程中，不包括被安装设备本身的价值。

(2) 设备、工具、器具购置：指购置或自制达到固定资产标准的设备、工具、器具的价值。固定资产的标准按财务部门规定。新建单位、扩建单位的新建车间按照设计和计划要求购置或自制的全部设备、工具、器具，不论是否达到固定资产标准均计入“设备、工具、器具购置”中。

(3) 其他费用：指在固定资产建造和购置过程中发生的，除建筑安装工程和设备、工具、器具购置以外的各种应摊入固定资产的费用。

Refers to the three major parts of investment activities, i.e. construction and installation, purchase of equipment and instrument, and other expenses.

(1) Construction and installation (work volume of construction and installation) refers to the construction of various houses and buildings and installation of various kinds of equipment and instruments, including construction of various houses, equipment foundations and industrial kilns and stoves, preparation works for project construction, and clearing up works post project construction, pavement of railways and roads, drilling of mines and putting up of oil pipes, construction of projects water conservancy, construction of underground air-raid shelters and construction of other special projects, installation of various machinery equipment, testing operation for pre-testing the quality of installation projects. The value of equipment installed is not included in the value of installation projects.

(2) Purchase of equipment and instruments refers to the total value of equipment, tools, and vessels purchased or self-produced which come up to standards for fixed assets. Equipment, tools and vessels purchased or self-produced for new workshops by newly established or expanded units are categorized as “purchase of equipment and instruments” no matter whether they come up to the standards for fixe assets or not.

(3) Other expenses refers to expenses occurring during the construction or purchase of fixed assets other than construction, installation or purchase of equipment and instruments.

**基本建设项目按大中小型划分　Capital Construction Projects by Size**

基本建设划分大中小型项目原则上按照上级批准的设计任务书或初步设计所确定的总规模或总投资划分，没有正式批准设计任务书或初步设计的，按国家或省、自治区、直辖市年度基本建设投资计划中所列的总规模或总投资划分。上述两条均不具备的，按本年计划施工工程的建设总规模或总投资划分。生产单一产品的工业项目，按产品的设计能力划分；生产多种产品的工业项目，按其主要产品的设计能力划分。品种繁多，难以按生产划分的，按全部计划投资额划分。划分标准以国家颁发的《大中小型建设项目划分标准》为依据。国家曾在 1958 年、1962 年、1972 年 1977 年和 1979 年先后五次修订《大中小型建设项目划分标准》，因此各历史时期的大中型项目数不完全可比。

The classification of size of capital construction projects should be determined according to the total scale or total investment set in the approved construction plan by higher responsible authorities or in the tentative design, otherwise according to the total scale or total investment set in the current capital construction plan of the state, provinces, autonomous regions, and municipalities directly under central government. Industrial projects which produce unitary products are classified according to its design capacity of products; projects which produce multi-products are classified by the design capacity of the major product or by the total planned investment. Standards for the Classification of Construction Projects into large, medium-sized and small ones issued by the government are the base for size division of construction projects, which was revised five times in 1958, 1962, 1972, and 1979 respectively and therefore, data on projects by size are not entirely comparable from year to year.

**施工项目　Projects under Construction**

指报告期内曾进行建筑或安装工程施工活动的建设项目，包括报告期内新开工项目、报告期以前开工跨入报告期继续施工的项目以及报告期施过工并在报告期内全部建成投产或停缓建的项目。

Refers to projects having construction and installation activities undertaken in the reference period, including projects started in the reference period, or continued from the previous period, or completed and put into production or suspended in the reference period.

**全部建成投产项目　Projects completed and Put into Use**

工业项目是指设计文件规定形成生产能力的主体工程及其相应配套的辅助设施全部建成，经负荷试运转，证明具备生产设计规定合格产品的条件，并经过验收鉴定合格或达到竣工验收标准，与生产性工程配套的生活福利设施可以满足近期正常生产的需要，正式移交生产的建设项目。非工业项目是指设计文件规定的主体工程和相应的配套工程全部建成，能够发挥设计规定的全部效益，经验收鉴定合格或达到竣工验收标准，正式移交使用的建设项目。

Industrial projects refers to the major projects and accessory facilities completed which result in forming production capacity and have been checked and accepted while the living and welfare facilities have been completed and can ensure normal production and formally put into production. Non-industrial projects refer to the major projects and accessory facilities completed which possess the designed capacity and have been checked, accepted and formally put into production.

**新增生产能力　Newly increased Production Capacity**

指通过固定资产投资活动而增加的设计能力或工程效益，它是用实物形态表示的固定资产投资的成果。新增生产能力的计算，是以能独立发挥生产能力或效益的单项工程（或项目）为对象。当单项工程（或项目）建成，经有关部门鉴定合格，正式移交投入生产，即可计算新增生产能力。

新增生产能力或工程效益有以下几种表现形式：

(1) 以建设项目或单位工程建成后的年生产能力表示，如煤炭开采、石油开采等。

(2) 以建设项目或单项工程建成后处理原料的能力表示。如选矿工程的年处理矿石能力，洗煤厂年洗原煤能力等。

(3) 以新增的主要设备数量或容量表示。如棉纺锭枚数，发电机组容量等。

(4) 以建筑物容积、容量、面积或长度表示。如水库容量，铁路公路里程等。

新增生产能力的数量一般按设计能力计算。设计能力是指设计文件中规定的在正常情况下能达到的生产能力，而不论投产后的实际产量如何。以设备数量、建筑物容积、面积、长度等表示的新增生产能力（或工程效益），则按建成的实际数量计算。

Refers to the increase of designed capacity and project efficiency through investment in fixed assets, which reflects the accomplishment of investment in fixed assets in kind. The calculation of newly increased production capacity is based on individual project which operates independently and efficiently. When an individual project is completed and checked and accepted and put into production, it is counted as newly increased production capacity.

The newly increased production capacity and project efficiency are usually expressed in one of the following forms:

(1)Annual production capacity, such as extraction of coal and petroleum;

(2)Raw material processing capacity, such as ore dressing capacity of ore dressing projects, the dressing capacity of a coal washery;

(3)Number or capacity of major equipment increased, such as the number of cotton spindles increased and the capacity of generating sets increased;

(4)Physical measures of construction, such as volume, capacity, area, and length, for instance, the capacity of reservoirs, the length of railways or highways.

Newly increased production capacity in terms of quantity is calculated in designed capacity in general, which refers to the production capacity of a project under conditions designed in construction documents regardless of the actual output.

**房屋建筑面积　Floor Space of buildings under Construction and Completed**

指从房屋外墙线算起的各层平面面积的总和，包括可供使用的有效面积和房屋结构（如柱墙）占用的面积。多层建筑按各层（包括地下室）面积总和计算

Refers to total floor space in each story of buildings calculated from the outside line of building walls, including both usable space and the space occupied by constructions like pillars or walls. The floor space of multi-story buildings includes the total floor space of each story (including basement).

**住宅建筑面积　Floor Space of Residential Buildings**

指施工和竣工房屋建筑面积中供居住用的施工和竣工房屋建筑面积。

Refers to the floor space of the residential buildings under construction and completed among the total space of buildings under construction and completed.

**施工面积　Floor Space under Construction**

指报告期内施工的全部房屋建筑面积。包括本期新开工的面积 上期跨入本期继续施工的房屋面积 上期停缓建在本期恢复施工的房屋面积 本期竣工的房屋面积及本期施工后又停缓建的房屋面积。

Refers to total floor space of all buildings under construction during the reference period, including floor space of newly started building the reference period, floor space of construction extended from the previous period to the current period, floor space of construction suspended during the previous period and resumed in the current period, floor space of construction completed in the current period, and floor space of construction started and then suspended in the current period.

**竣工面积　Floor Space of Buildings Competed**

指在报告期内房屋建筑按照设计要求已全部完工，达到住人和使用条件，经验收鉴定合格，正式移交使用单位的建筑面积。

Refers to the floor space of buildings completed in the reference period, which have come up to the designed standards and have been put into use.

**房屋建筑面积竣工率　Completed Rate of Floor Space of Buildings**

指一定时期内房屋竣工面积占同期房屋施工面积的比率。它是从房屋建筑施工速度的角度反映投资效果和建筑业经济效益的指标。

Refers to the ratio of the floor space of buildings completed in certain period of time to the floor space of buildings under construction in the same period, which reflects the investment result and economic efficiency of the construction industry from the angle of the speed of project construction.

**新增固定资产　Newly Increased Fixed Assets**

指通过投资活动所形成的新的固定资产价值。包括已经建成投入生产或交付使用的工程价值和达到固定资产标准的设备、工具、器具的价值及有关应摊入的费用。它是以价值形式表示的固定资产投资成果的综合性指标，可以综合反映不同时期、不同部门、不同地区的固定资产投资成果。

Refers to the newly increased value of fixed assets through investment, including the value of projects completed and put into production, the value of equipment, tools, and vessels considered as fixed assets, as well as the relevant expenses as investment in fixed assets. This is a comprehensive indicator of investment in fixed assets, reflecting the achievements of investment in fixed assets in different periods, different sectors, and different regions.

**建设项目投产率　Rate of Construction Projects Completed and Put into Use**

指一定时期内全部建成投入生产项目个数与同期正式施工项目个数的比率。它是从项目建设速度的角度反映投资效果的指标。

Refers to the ratio of the number of construction projects completed and put into use in certain period of time to the number of projects under construction in the same period. This reflects the investment efficiency from the angle of the speed of projects construction.

**固定资产交付使用率　Rate of :Projects of Fixed Assets and Put into Operation**

指一定时期新增固定资产与同期完成投资额的比率。它是反映各个时期固定资产动用速度，衡量建设过程中投资效果的一个综合性指标。

Refers to the ratio of the newly increased fixed assets to the total investment made in the same period. This is a comprehensive indicator, reflecting the speed of the employment of fixed assets and the investment efficiency.

**财政收入　Government Revenue**

指国家财政参与社会产品分配所取得的收入，是实现国家职能的财力保证。财政收入所包括的内容主要有：

(1) 各项税收：包括增值税、营业税、消费税、土地增值税、城市维护建设税、资源税、城市土地使用税、印花税、固定资产投资方向调节税、个人所得税、企业所得税、关税、农牧业税、和耕地占用税等。

(2) 专项收入：包括征收排污费收入、征收城市水资源费收入、教育费附加收入等。

(3) 其他收入：包括基本建设贷款归还收入、基本建设收入、捐赠收入等。

(4) 国有企业计划亏损补贴：此项为负收入，冲减财政收入。

Refers to the revenue of the government finance by means of participating in the distribution of the social products, which is the financial resources for ensuring the government to function. The contents of government revenue have been changed several times. Now it includes the following main items:

(1) Various tax revenues, including value added tax, business tax, consumption tax, land value added tax, tax on city maintenance and construction, resources tax, tax on use of urban land, stamp tax, tax on adjustment of the orientation of investment in fixed assets, personal income tax, enterprise income tax, tariff, tax on agriculture and animal husbandry and tax on occupancy of cultivated land, etc.

(2) Special revenues, including revenue collected from imposing fee on sewage treatment, revenue collected from imposing fee on urban water resources, and extra-charges for education, etc.

(3) Other revenues, including revenue from the repayment of capital construction loan, revenue from capital construction projects, and donations and grants.

(4) Planned subsidies for the losses of the state-owned enterprises. This is an item of negative revenue, used to eat up part of the government revenue.

**财政支出 Government Expenditure**

国家财政将筹集起来的资金进行分配使用，以满足经济建设和各项事业的需要，主要包括：

(1)基本建设支出：指按国家有关规定，属于基本建设范围内的基本建设有偿使用、拨款、资本金支出以及经国家批准对专项和政策性基建投资贷款，在部门的基建投资额中统筹支付的贴息支出。

(2)企业挖潜改造资金：指国家预算内拨给的用于企业挖潜革新和改造方面的资金。包括各部门企业挖潜改造资金和企业挖潜改造贷款资金，为农业服务的县办“五小”企业技术改造补助，挖潜改造贷款利息支出。

(3)地质勘探费用：指国家预算用于地质勘探单位的勘探工作费用，包括地质勘探管理机构及其事业单位经费、地质勘探经费。

(4)科技三项费用：指国家预算用于科技支出的费用，包括新产品试制费、中间试验费、重要科学研究补助费。

(5)支援农村生产支出：指国家财政支援农村集体（户）各项生产的支出。包括对农村举办的小型农田水利和打井喷灌的补助费，对农村水土保持措施的补助费，对农村举办的小水电站的补助费，特大抗旱的补助费，农村开荒补助费，扶持乡镇企业资金，农村农技推广和植保补助费，农村草场和畜禽保护补助费，农村造林和林木保护补助费，农村水产补助费，发展粮食生产专项资金。

(6)农林水利气象等部门的事业费：指国家财政用于农垦、农场、农业、畜牧、农机、林业、森工、水利、水产、气象、乡镇企业的技术推广、良种推广（示范）、动植物（畜禽森林）保护、水质监测、勘探设计、资源调查、干部训练等项费用，园艺特产场补助费，中等专业学校经费，飞播牧草试验补助费，营林机构、气象机构经费，渔政费以及农业管理事业费等。

(7)工业交通商业等部门的事业费：指国家预算支付给工交商各部门用于事业发展的经费，包括勘探设计费、中等专业学校经费、技术学校经费、干部训练费。

(8)文教科学卫生事业费：指国家预算用于文化、出版、文物、教育、卫生、中医、公费医疗、体育、档案、地震、海洋、通讯、电影电视、计划生育、党政群干部训练、自然科学、社会科学、科协等项事业的经费支出和高技术研究专项经费。主要包括工资、补助工资、福利费、离退休费、助学金、公务费、设备购置费、修缮费、业务费、差额补助费。

(9)抚恤和社会福利救济费：指国家预算用于抚恤和社会福利救济事业的经费。包括由民政部门开支的烈士家属和牺牲病残人员家属的一次性、定期抚恤金，革命伤残人员的抚恤金，各种伤残补助费，烈军属、复员退伍军人生活补助费，退伍军人安置费，优抚事业单位经费，烈士纪念建筑物管理、维修费，自然灾害救济事业费和特大自然灾害灾后重建补助费等。

(10)国防支出：指国家用于国防建设和保卫国家安全的支出，包括国防费、国防科研事业费、民兵建设以及专项工程支出等。

(11)行政管理费：包括行政管理支出，党派团体补助支出，外交支出，公安安全支出，司法支出，法院支出，检察院支出以及公检法办案费用补助。

(12)价格补贴支出：指经国家批准，由国家财政拨给的政策性补贴支出。主要包括粮食加价款，粮、棉、油差价补贴，棉花收购价外奖励款，副食品风险基金，市镇居民的肉食价格补贴，平抑市价肉食、蔬菜价差补贴等以及经国家批准的教材课本、报刊新闻纸等价格补贴。

Refers to the distribution and use of the funds the government finance has raised, so as to meet the needs of economic construction and various causes. It includes the following main items:

(1) Expenditure for capital construction: it refers to the non-gratuitous use and appropriation of funds for capital construction in the range of capital construction, outlay of capital as well as the loans on capital construction approved by the government for special purpose or policy purpose and the expenditure with discount paid in an overall way within the amount of the funds appropriated to the departments for capital construction.

(2) Innovation funds of the enterprises: they refer to the funds appropriated from the government budget for the enterprises to tap the latent power, upgrade the technology and carry out innovation, including the innovation fund of the departments, loan of the enterprises for innovation, subsidies on the innovation of the small fertilizer plant, small cement plant, small coal mines, small machinery plant and small steel plant, the expenditure of interest for the loan for innovation.

(3) Geological prospecting expenses: they refer to the expenses appropriated from the government budget to the geological prospecting units for the expenditure of the prospecting work, including the expenditures of the administrative agencies for geological prospecting and their institutional units as well as the geological prospecting expenditure.

(4) Expenditures for science and technology promotion: they refer to the expenses appropriated from the government budget for the scientific and technological expenditure, including new products development expenditure, expenditure for intermediate trial and subsidies on important scientific researches.

(5) Expenditure for supporting rural production: it refers to the expenditures appropriated from the government budget for supporting the various expenditures of the rural collective units or households for production, including the subsidies to the small water conservancy projects and well drilling, sprinkling irrigation projects run by the villages; subsidies on the rural water and soil conserving measures; subsidies to the small power stations run by the villages; subsidies to the expenditure for fighting against particularly severe draughts; subsidies on the rural waste land exclamation; fund for supporting the township enterprises; subsidies to the expenditure for popularization of the agricultural technologies and plant protection in the rural areas; subsidies to the expenditure for the protection of grasslands and cattle and fowls; subsidies on afforestation and forest protection in rural areas; subsidies on the rural aquatic products industry; special fund for developing grain production.

(6) Operating expenses of the departments of farming, forestry, water conservancy and meteorology etc.: they refer to the expenses appropriated from the government budget for the expenditures of agricultural exclamation, farms, agriculture, animal husbandry, agricultural machinery, forestry, timber industry, water conservancy, aquatic products industry, meteorology, technology popularization in township enterprises, popularization (demonstration) of improved varieties, plant (cattle and fowls, forest) protection, water quality monitoring, prospecting and designing, resources investigation, cadres training, subsidies to horticulture gardens, expenditure of specialized secondary schools, subsidies on the experiments of sowing herbage seeds by flights, expenditures of afforestation agencies and meteorology agencies, expenses for fishery administration and operating expenses for agricultural administration, etc.

(7) Operating expenses of the department of industry, transport and commerce: they refer to the expenses appropriated from the government budget to the departments of industry, transport and commerce for the expenditure of business development, including expenses for prospecting and designing, expenditures of specialized secondary schools, expenditures of the technical training schools and expenditures for cadres training, etc.

(8) Operating expenses of the departments of culture, education, science and public health: they refer to the expenses appropriated from the government budget for the expenditures of the causes of culture, publication, cultural relics, education, public health, traditional Chinese medical science, free medical services, sports, archives, earthquake, ocean, communications, broadcasting, film and television, family planning; expenditure for training of cadres of government, party and mass organization; expenditures for natural sciences, social sciences, associations for science and technology and the special expenditure for the high-tech researches. They include mainly wages, extra wages, welfare funds, pension for the retirees, stipend, expenses for

official business, expenses for equipment purchases, expenses for repairs, business expenses and subsidies to the units which are unable to support their expenditures by their own earnings.

(9) Pension for the disabled or for the families of the bereaved and relief funds for social welfare: they refer to the funds appropriated from the government budget for the expenditures of pension for the disabled or for the families of the bereaved and relief funds for social welfare, including the lump-sum or regular pension paid by the departments of civil affairs to the members of martyrs families and families of those who died for the public interest, pension to the revolutionary disabled, subsidies for permanent disability of various kinds, subsidies to the military martyrs dependents and the demobilized servicemen, expenditure for settling down the demobilized servicemen, operating expenses of the consoling institutions, expenses for management and repair of the commemorative buildings for the martyrs, the expenses managed by the departments of civil affairs for the retirees and those who have quitted their work, expenses for social relief in rural and urban areas, operating expenses for providing relief to the areas of natural calamity and subsidies on the reconstruction after the particularly severe natural calamities, etc.

(10) Expenditures for national defence: they refer to the funds appropriated from the government budget for the expenditures for building up national security, including expenses of national defence, expenses of scientific researches on national defence, expenses for building up people's militia and expenditure for special projects, etc.

(11) Administrative expenses: they include expenditure for administration, subsidies to the parties and mass organizations, diplomatic expenditure, expenditure for public security, judicial expenditure, law court expenditure, procuratorial expenditure and subsidies to the expenses for treating the cases by he public security departments, procuratorial organs and law courts.

(12) Expenditure for price subsidies: it refers to the expenditure appropriated, with the approval of the government, from the government budget for the policy subsidies to price adjustment, including the funds for the increase of grain prices, the subsidies to the difference between the selling prices and purchasing prices of grains, cotton and edible oil, awards in addition to the purchasing prices of cotton, risk fund for non-staple food, subsidies on the prices of meat and meat products, subsidies on the price difference for curbing the high market prices of meat, meat products and vegetables and the subsidies approved by the government on the prices of textbooks and newsprint of newspapers and periodicals.

**中央财政收入和地方财政收入　Revenue of the central government and revenue of the local governments**

指按财政体制划分的中央本级收入和地方本级收入。1994 年分税制财政体制以后，属于中央财政的收入包括关税、海关代征消费税和增值税，消费税，中央企业所得税，地方银行和外资银行及非银行金融企业所得税，铁道、银行总行、保险公司等集中缴纳的营业税、所得税、利润和城市维护建设税，增值税的 75%部分，海洋石油资源税的和证券（印花）税的 50%部分。属于地方财政的收入包括营业税，地方企业所得税，个人所得税，城镇土地使用税，固定资产投资方向调节税，城镇维护建设税，房产税，车船使用税，印花税，屠宰税，农牧业税，农业特产税，耕地占用税，契税，增值税 25%部分，证券交易税（印花税）50%部分和除海洋石油资源以外的其他资源税.

In accordance with the classification of the structure of the government finance in 1994 in the bases of the classification of channels for collection of tax revenues, the revenue of the central government and the revenue of the local governments have different coverage. The revenue of the central government includes tariff, consumption tax and value added tax levied by the customs, consumption tax, income tax of the enterprises subordinate to the central government, income taxes of the local banks, foreign-funded banks and non-bank financial institutions, business tax, income tax and profits of railways, head offices of banks, head office f insurance company, which are handed over to the government in a centralized way, tax on city maintenance and construction, 75% of the value added tax, tax on ocean petroleum resources, 50% of the tax on stock dealing (stamp tax). The revenue of the local governments includes business tax, income tax of the enterprises subordinate to the local government, personal income tax, tax on the use of urban land, tax on the adjustment of the investment in fixed assets, tax on town maintenance and construction, tax on real estates, tax on the use of vehicles and ships, stamp tax, slaughter tax, tax on agriculture and animal husbandry, tax on special agricultural products, tax on the occupancy of cultivated land, contract tax, 25% of the value added tax, 50% of the tax on stock dealing (stamp tax0 and tax on resources other than the ocean petroleum resources.

**中央财政支出和地方财政支出　Expenditure of the central government and expenditure of the local governments**

指根据政府在经济和社会活动中的不同职责，划分中央和地方政府的责权，按照政府的责权划确定的支出。中央财政支出包括国防支出，武装警察部队支出，中央级行政管理费和各项事业费，重点建设支出以及中央政府调整国民经济结构、协调地区发展、实施宏观控制的支出。地方财政支出主要包括地方行政管理和各项事业费，地方统筹的基本建设、技术改造支出，支援农村生产支出，城市维护和建设经费，价格补贴支出等。

According to the different functions of the central government and local governments in the economic and social activities, the rights of affaire administration are classified between the central government and local governments; and the classification of the expenditure between the central government and local governments are made on the basis of the classification of the rights of affairs administration between them. The expenditure of the central government includes the expenditure for national defence, expenditure for armed police forces, the administrative expenses and various operating expenses at the level of central government, expenditure for key projects and the expenditure of the central government for adjusting the national economic structure, coordinating the development among different regions and exercising the macro-economic regulation and control. The expenditure of the local governments includes mainly the administrative expenses and various operating expenses at the level of local governments, expenditure for supporting rural production, expenditure for city maintenance and construction and expenditure for price subsidies, etc.

**预算外资金收支　Extra-budgetary revenue and expenditure**

预算外资金指国家机关、事业单位和社会团体为履行或代行政府职能，依据国家法律、法规和具有法律效力的规章而收取、提取和安排使用的未纳入国家预算管理的各种财政性资金。其范围主要包括：法律、法规规定的行政事业性收费、基金和附加收入等；国务院或省级人民政府及其财政、计划（物价）部门审批的行政事业性收费；国务院及财政部审批建立的基金、附加收入等；主管部门所属单位集中上缴资金；用于乡镇政府开支的乡自筹及乡统筹资金；其他未纳入预算管理的财政性资金。社会保障基金在国家财政尚未建立社会保障预算制度以前，先按预算外资金管理制度进行管理。部门和单位的预算外收入必须上缴同级财政专户，支出由同级财政按预算外资金收支计划和单位财务收支计划统筹安排，从财政专户中拨付，实行收支两条线管理。

Extra-budgetary fund refers to financial fund of various types not covered by the regular government budgetary management, which is collected, allocated or arranged by government agencies, institutions and social organizations while performing duties delegated to them or on behalf of the government in accordance with laws, rules and regulations. It mainly covers following items: administrative and institutional fees, funds and extra charges that are stipulated by laws and regulations; administrative and institutional fees approved by the State Council and provincial government and their financial and planning (price management) departments; funds and extra charges established by the State Council and the Ministry of Finance; funds turned over to competent departments by their subordinate institutions; self-raised and collected funds by township governments for their own expenditure; and other financial funds that are not covered in budgetary management. Social security funds are treated as extra-budget fund and managed for its exclusive use , given the circumstance that separate government budgetary system for social security is yet to be designed. Special accounts are opened by the financial departments in banks for the management of revenue and expenditure of extra-budgetary fund. Extra-budgetary revenue and expenditure is managed separately, namely, revenue of institutions and departments must enter into the special accounts of the financial departments at the same administrative level, and their extra-budgetary expenditure is arranged in line with the extra-budget plans and appropriated from these accounts.

**商品零售价格指数**　Retail Price Index

是反映城乡商品零售价格变动趋势的一种经济指数。零售物价的调整变动直接影响到城乡居民的生活支出和国家的财政收入，影响居民购买力和市场供需平衡，影响消费与积累的比例。因此，计算零售价格指数，可以从一个侧面对上述经济活动进行观察和分析。

Reflects the general change in retail prices of commodities. The change and adjustment in retail prices directly affect the living expenditure of urban and rural residents, government revenue , purchasing power of residents and the equilibrium of market supply and demand, and the ratio of consumption to accumulation. Therefore, the calculation of retail price index is useful to analyze the changes of the above economic activities.

**居民消费价格指数　Consumer Price Index**

是反映一定时期内城乡居民所购买的生活消费品价格和服务项目价格变动趋势和程度的相对数，是对城市居民消费价格指数和农村居民消费价格指数进行综合汇总计算的结果。利用居民消费价格指数，可以观察和分析消费品的零售价格和服务价格变动对城乡居民实际生活费支出的影响程度。

Reflects the trend and degree of changes in prices of consumer goods and services purchased by urban and rural residents, and is a composite index derived from the urban consumer price index and the rural consumer price index. Consumer price index can be used to analyze the impact of consumer price change on actual expenditure for living cost of urban and rural residents.

**城市居民消费价格指数　Urban Consumer Price Index**

是反映城市居民家庭所购买的生活消费品和服务项目价格变动趋势和程度的相对数。城市居民消费价格指数可以观察和分析消费品的零售价格和服务项目价格变动对职工货币工资的影响，作为研究职工生活和确定工资政策的依据.

Reflects the trend and degree of changes in prices of consumer goods and services purchased by urban households. It can be used to observe and analyze the impact of price changes in consumer goods and services→ on money wages of staff and workers, and provide basis for policy making concerning the living cost and wages of staff and workers.

**农村居民消费价格指数　Rural Consumer Price Index**

是反映农村居民家庭所购买的生活消费品价格和服务项目价格变动趋势和程度的相对数。农村居民消费价格指数可以观察农村消费品的零售价格和服务项目价格变动对农村居民生活消费支出的影响，直接反映农民生活水平的实际变化情况，为分析和研究农村居民生活问题提供依据。

Reflects the trend and degree of changes in prices of consumer goods and services purchased by rural households. It can be used to observe the impact of change in retail prices of consumer goods and service prices in rural areas on living expenditure of rural households, and to show the changes in the living standard of peasants. It provides basis for analysis and research on condition of life in rural areas.

**城镇居民家庭全部收入　Total Income of Urban Households**

指被调查城镇居民家庭全部的实际收入，包括经常或固定得到的收入和一次性收入。不包括周转性收入，如银行存款、向亲友借款、收回借出款以及其他各种暂收款。

Refers to the total actual income of the sample households, including regular or fixed income and occasional income. The income of a circulating nature such as withdrawal from bank deposits, loans borrowed from relatives or friends, repayment of loans received and various temporary collection of money is excluded.

**城镇居民家庭可支配收入　Disposable Income of Urban Households**

指被调查的城镇居民家庭在支付个人所得税、财产税及其他经常性转移支出后所剩下的实际收入。

Refers to the income of the sample households which can be used for daily expenses, i.e.. Total income minus income tax, property tax and other current transfers.

**城镇居民家庭消费性支出**　Expenditure for Consumption of Urban Households

指被调查的城镇居民家庭用于日常生活的全部支出，包括购买商品支出和文化生活、服务等非商品性支出。不包括罚没、丢失款和缴纳的各种税款（如个人所得税、牌照税、房产税等），也不包括个体劳动者生产经营过程中发生的各项费用。

Refers to total expenditure of the sample households for consumption in daily life, including expenditure for various commodities and expenses for non-commodity items such as culture and service, etc., but excluding fines and confiscation, loss, tax payments (such as income tax, license tax, real estates tax, etc.) and various expenses by individual laborers for business purposes.

**农村居民家庭纯收入　Net Income of Rural households**

指农村常住居民家庭总收入中，扣除从事生产和非生产经营费用支出、缴纳税款和上交承包集体任务金额以后剩余的，可直接用于进行生产性、非生产性建设投资、生活消费和积蓄的那一部分收入。它是反映农民家庭实际收入水平的综合性的主要指标。农村居民家庭纯收入包括从事生产性和非生产性的经营收入，取自在外人口寄回带回和国家救济、各种补贴等非经营性收入；既包括货币收入，又包括自产自用的实物收入。但不包括向银行信用社和向亲友借款等属于借贷性的收入。

Refers to the total income of the permanent residents of the rural households during a year after the deduction of the expenses for productive and non-productive business operation, the payment for taxes and the payment for collective units for their contracted tasks, which can then be spent for investments in productive and non-productive construction for consumption in daily life and for savings deposit. It is a comprehensive indicator to show the actual level of the income of the peasants' household. The net income of the rural households includes not only the income from the productive and non-productive business operation, but also the income from the non-business operation, such as the money remitted or brought back by the members of the household who are in other places, the government relief payment and various subsidies. It includes not only the money income, but also the income in kind. But the income from borrowing from banks, friends and relatives is excluded.

**农林牧渔业总产值 Gross Output Value of Farming, Forestry, Animal Husbandry and Fishery**

是以货币表现的农、林、牧、渔业全部产品的总量，它反映一定时期内农业生产的总规模和总成果。

农业总产值的计算方法通常是按农林牧渔业产品及其副产品的产量分别乘以各自单位产品价格求得，少数生产周期较长，当年没有产品或产品产量不易统计的，则采用间接方法匡算其产值，然后将四业产品产值相加即为农业总产值。

1957 年以前的农业总产值中包括了厩肥和农民自给性手工业（如农民自制衣服、鞋、袜，自己从事粮食初步加工等）。1958 年及以后的农业总产值，林业中增加了村及村以下竹木采伐产值；牧业中取消了厩肥产值；副业中取消了农民自给性手工业产值，增加了村及村以下办的工业产值；渔业中增加了海洋捕捞水产品产值。1980 年及以后的农业总产值，在副业中增加了农民家庭兼营工业商品部分的产值。从 1984 年起村及村以下办工业产值划归工业。从 1993 年起，取消副业，将野生动物的捕猎划入牧业，野生植物采集和农民家庭兼营商品性工业划归农业。

Refers to the total volume of products of farming, forestry, animal husbandry and fishery in value terms, which reflects the total scale and total result of agricultural production during a given period of time. Gross output value of agricultural is obtained by first multiplying the output of each product or by-its price, resulting in the output value of each single item. For a small number of products, annual output of which is not available or difficult to get due to the long production/growing process involved, the output value is estimated through an indirect approach. The sum of out put value of all products of farming, forestry, animal husbandry, and fishery is then equal to the gross out put value of agriculture. Prior to 1957, China's gross agricultural output value included barnyard manure and handicraft products for self-consumption (clothes, shoes, stockings, and initial grain processing undertaken by peasants). Since 1958, cutting and felling of bamboo and trees by villages and other cooperative organizations under villages have been included in forestry; value of barnyard manure has been excluded from animal husbandry; self-consumed handicrafts has been excluded from sideline occupations, while the output value of industries run by villages and cooperative organizations under village had been included in sideline occupations and the output value of fish catches by motor fishing boats has been added to fishery. Since 1980, the value of handicraft products made for sale by individuals in households had been added to sideline occupations. Since 1993, the subdivision of sideline occupations has been canceled, and the hunting of wild animals has been classified into animal husbandry, and the gathering of wild plants and commodity industry run by rural household have been include in farming.

**粮食产量 Grain Yield**

指全社会的产量。包括国有经济经营的、集体统一经营的和农民家庭经营和其它生产单位的粮食产量。粮食除包括稻谷、小麦、玉米、高粱、谷子及其他杂粮外，还包括薯类和豆类。其产量计算方法，豆类按去豆荚后的干豆计算；薯类（包括甘薯和马铃薯，不包括芋头和木薯）1963 年以前按每 4 公斤鲜薯折 1 公斤粮食计算，从 1964 年开始及以后改为 5 公斤鲜薯折 1 公斤粮食计算。城市郊区作为蔬菜的薯类（如：马铃薯等）按鲜品计算，并且不做为粮食统计。其他粮食一律按脱粒后的原粮计算。

Refers to the yield in the whole country including grains produced by state farms, collective units, industrial enterprises and mines. Grain includes rice, wheat, corn, sorghum, millet and other miscellaneous grains as well as tubers and beans. Output of beans refers to dry beans without pods. The output of tubers (sweet potatoes and potatoes, not including taros and cassava) was converted into that of grain at the ratio 4:1, i.e. four kilograms of fresh tubers was equivalent to one kilogram of grain up to 1963. Since 1964 the ratio for conversion has been 5:1. Tubers supplied as vegetables (such as potatoes) in cities and suburbs are calculated as fresh vegetables and their output is not included in the output of grain. Output of all other grains refers to husked grain.

**油料产量　yield of oil-bearing Crops**

指全部油料作物的生产量。包括花生、油菜籽。不包括大豆，也不包括木本油料和野生油料。花生以带壳干花生计算。

Refers to catches of both artificially cultured and naturally grown aquatic products, including fish, shrimps, crabs and shellfish in sea and inland water as well as seaweed. Freshwater plants are not included.

**期初（末）畜禽存栏头（只）数　Number of Livestock of Poultry in Stock at Beginning (or End) of Reference Period**

指本期期初（末）农村各种合作经济组织和国营农场、农民个人、机关、团体、学校、工矿企业、部队等单位以及城镇居民饲养的大牲畜、猪、羊、家禽等畜禽的存栏头（只）数。

Refers to the total number of large animals, pigs, sheep, fowls, etc. Raised by rural cooperative organizations, state farm, rural individuals, government agencies, schools, industrial and mining enterprises, army, and urban residents at the beginning (or end) of the reference period.

**猪、牛、羊肉产量　Output of pork, Beef and mutton**

指当年出栏并已屠宰除去头蹄下水后带骨肉（即胴体重）的重量。

Refers to the meat of slaughtered hogs, cattle, sheep and goats with head, feet, and offal taken away.

**耕地面积　Cultivated Area (Area under cultivation)**

指年初可以用来种植农作物、经常进行耕锄的田地，除包括熟地、当年新开荒地、连续撂荒未满三年的耕地和当年的休闲地（轮歇地），还包括以种植农作物为主并附带种植桑树、茶树、果树和其他林木的土地，以及沿海、沿湖地区已围垦利用的“海涂”、“湖田”等面积。但不包括属于专业性的桑园、茶园、果园、果木苗圃、林地、芦苇地、天然或人工草地面积。

Refers to farmland which is plowed constantly for growing crops, including cultivated land, newly cultivated land in the current year, farmland left without cultivation for less than three years and fallow land in the current year, rotation land, rotation land of grass and crops, farmland with some fruit trees, mulberry trees and other trees and cultivated seashore land, lake land, and etc. The land of mulberry fields, tea plantations, orchards, nurseries of young plants, forest land, reed land, natural and man-made grassland and other land are not included in cultivated land.

**农作物播种面积　Sown Area Corps**

指实际播种或移植有农作物的面积。凡是实际种植有农作物的面积，不论种植在耕地上还是种植在非耕地上，均包括在农作物播种面积中。在播种季节基本结束后，因遭灾而重新改种和补种的农作物面积，也包括在内。

Refers to area of land sown or transplanted with crops regardless of being in cultivated area or non-cultivated area. Area of land re-sown to natural disaster is also included.

**有效灌溉面积　Irrigated Area**

指具有一定的水源，地块比较平整，灌溉工程或设备已经配套，在一般年景下当年能够进行正常灌溉的耕地面积。

Refers to areas that are effectively irrigated, i.e. level land which has water source and complete sets of irrigation facilities to lift and move adequate water for irrigation purpose under normal conditions.

**农用化肥施用量　Consumption of Chemical Fertilizers in agriculture**

指本年内实际用于农业生产的化肥数量。包括氮肥、磷肥、钾肥和复合肥。化肥施用量要求按折纯量计算数量。折纯法化肥施用量是把氮肥、磷肥和钾肥分别按含氮、含五氧化三磷、含氧化钾的百分之一百成份折算后的数量。复合肥按其所含主要成分折算。

Refers to the quantity of chemical fertilizers applied in agriculture in the year, including nitrogenous fertilizer, phosphate fertilizer, potash fertilizer, and compound fertilizer. The consumption of chemical fertilizers is required in calculation to convert the gross weight into weight containing 100% effective component (e.g. 100% nitrogen content in nitrogenous fertilizer, 100% phosphorous pentoxide contents in phosphate fertilizer, 100% potassium oxide contents in potash fertilizer). Compound fertilizer is converted with its major component.

**农业机械总动力　Total Power of Farm Machinery**

指主要用于农、林、牧、渔业的各种动力机械的动力总和。包括耕作机械、排灌机械、收获机械、农产品加工机械、运输机械、植物保护机械、牧业机械、林业机械、渔业机械和其他农业机械[内燃机按引擎马力折成瓦（特）计算，电动机按功率折成瓦（特）计算]。不包括专门用于乡、镇、村、组办工业、基本建设、非农业运输、科学试验和教学等非农业生产方面用的动力机械与作业机械。

Refers to total mechanical power of machinery used in farming, forestry, animal husbandry, and fishery, including ploughing, irrigation and drainage, harvesting, transport, plant protection, stock breeding, forestry and fishery. The power of internal combustion engines is required to convert horsepower into watts and the power of electric motors is required to be converted into watts. Machinery employed for non-agricultural purposes, such as the machines used in township-run and village-run industry, construction, non-agricultural transport, scientific experiments and teaching, is excluded.

**农林牧渔业劳动力　Labor Force Engaged in Farming, Forestry, Animal husbandry and Fishery**

指直接参加农林牧渔业生产劳动的劳动力。

Refers to the total laborers who are directly engaged in production of farming forestry, animal husbandry and fishery.

**工业　Industry**

指从事自然资源的开采，对采掘品和农产品进行加工和再加工的物质生产部门。

具体包括：（1）对自然资源的开采，如采矿晒盐森林采伐（但不包括禽兽捕猎和水产捕捞）；（2）对农副产品的加工再加工，如粮油加工食品加工轧花缫丝纺织制革等；（3）对采掘品的加工再加工，如炼铁炼钢化工生产机器制造木材加工等，以及电力自来水煤气的生产和供应等；（4）对工业品的修理翻新，如机器设备的修理交通运输工具（包括小卧车）的修理等。

1984 年以前农村的村及村以下办工业归属农业，1984 年以后划归工业。

Refers to the material production sector which is engaged in extraction of natural resources and processing and reprocessing of minerals and agricultural products,  including (1) extraction of natural resources, such as mining, salt production, logging (but not including hunting and fishing); (2) processing and reprocessing of farm and sideline produces, such as rice husking, flour milling, wine making, oil pressing, cotton ginning, silk reeling, spinning and weaving, and leather making; (3) manufacture of industrial products, such as steel making, iron smelting, chemicals manufacturing, petroleum processing, machine building, timber processing; water and gas production and electricity generation and supply; (4) repairing of industrial products such as the repairing of machinery and means of transport (including cars).

**工业统计调查单位　Units of Industry Statistics and Inquiry**

工业统计调查单位分为两类：独立核算法人企业和工业活动单位。

（1）独立核算法人工业企业：指从事工业生产经营活动的单位。独立核算法人工业企业应同时具备以下条件：①依法成立，有自己的名称组织机构和场所，能够承担民事责任；②独立拥有和使用资产，承担负债，有权与其他单位签订合同；③独立核算盈亏，并能够编制资产负债表。

（2）工业活动单位：指在一个场所从事一种或主要从事一种工业生产活动的经济单位。它包括独立核算工业企业按主营业务活动（即工业生产活动）划分的主营业务活动单位和非工业企业所属的工业生产活动单位（即原非独立核算工业生产单位）。工业活动单位，一般应同时具备以下三个条件：①具有一个场所，从事一种或主要从事一种工业活动；②单独组织工业生产经营或业务活动；③单独核算收入和支出。

They are classified into two categories : corporate industrial enterprises with independent accounting system and industrial establishments.

(1) Corporate industrial enterprises with independent accounting system refer to enterprises engaging in industrial production activities, which meet the following requirements: ①They are established legally, having their own names, organizations, location, able to take civil liability;②they possess and use their assets independently, assume liabilities, and are entitled to sign contracts with other units;③they are financially independent and compile their own balance sheets.

(2) Industrial establishments refer to economic units which located in one single place and engaged entirely or primarily in one kind of industrial activity, including financially independent industrial enterprises and units engaged in industrial activities under the non-industrial enterprises (or financially dependent). Industrial establishments generally meet the following

requirements: ①they have each one location and are engaged in one kind of industrial activity each; ②they operate and manage their industrial production activities separately; ③they have accounts of income and expenditures separately.

**国有经济工业（即过去的全民所有制工业或国营工业） State-owned Industry**

指生产资料归国家所有的一种经济类型。包括中央和地方各级国家机关、部队、科研机构、学校、人民团体和国有经济企事业单位等举办的国有经济工业。1957 年以前的公私合营和私营工业，后均改造为国营工业，1992 年改为国有工业，这部分工业的资料不单独分列时，均包括在国有工业内。

Refers to industrial enterprises where the means of production or income are owned by the state. Joint state-private industries and private industries, which existed before 1957, have been transformed into state industries. Statistics on these enterprises has been included in the state-owned industries since 1957 when separation of data was no longer necessary.

**集体经济工业 Collective-owned Industry**

指生产资料归公民集体所有的一种经济类型，是社会主义公有制经济的组成部分。包括城乡所有使用集体投资举办的企业，以及部分个人通过集资自愿放弃所有权并依法经工商行政管理机关认定为集体所有制的企业。

Refers to industrial enterprises where the means of production are owned collectively, including urban and rural enterprises invested by collectives and some enterprises which were formerly owned privately but have been registered in industrial and commercial administration agency as collective units through raising fund from the public.

**其他经济类型工业 Industry of Other Types of Ownership**

指除国有经济、集体经济、城乡个体经济以外的其他经济类型工业企业（单位）。包括私营经济、联营经济、股份制经济（股份有限公司，有限责任公司）；外商投资经济（中外合资经营、中外合作经营、外资企业）；港、澳、台投资经济（与大陆合资经营、与大陆合作经营、港、澳、台独资企业）及其他经济类型的工业。

Refers to industrial enterprises (units) of the ownership other than the state-owned economy, collective economy, individual economy. They include the enterprises of private economy, joint-owned economy, share-holding economy (companies limited by shares and companies limited with liabilities.), foreign -funded economy (Sino-foreign joint ventures , Sino-foreign cooperative enterprises and foreign ventures exclusively with their own investment ),economy funded by the entrepreneurs from Hong Kong ,Macao and Taiwan( joint ventures and cooperative enterprises with the mainland as well as ventures exclusively with their own investment )and other types of ownership.

**轻工业 Light Industry**

指主要提供生活消费品和制作手工工具的工业。按其所使用的原料不同，可分为两大类：（1）以农产品为原料的轻工业，是指直接或间接以农产品为基本原料的轻工业。主要包括食品制造、饮料制造、烟草加工、纺织、缝纫、皮革和毛皮制作、造纸以及印刷等工业；（2）以非农产品为原料的轻工业，是指以工业品为原料的轻工业。主要包括文教体育用品、化学药品制造、合成纤维制造、日用化学制品、日用玻璃制品、日用金属制品、手工工具制造、医疗器械制造、文化和办公用机械制造等工业。

Refers to the industry that produces consumer goods and hand tools. It consists of two categories, depending on the materials used:

(1) Industries using farm products as raw materials. These are branches of light industry which directly or indirectly use farm products as basic raw materials, including the manufacture of food and beverages, tobacco processing, textile, clothing, fur and leather manufacturing, paper making, printing, etc.

(2) Industries using non-farm products as raw materials. These are branches of light industry which use manufactured goods as raw materials, including the manufacture of cultural, educational articles and sports goods, chemicals, synthetic fiber, chemical products for daily use, glass products for daily use, metal products for daily use, hand tools, medical apparatus and instruments, and the manufacture of cultural and clerical machinery.

**重工业 Heavy Industry**

指为国民经济各部门提供物质技术基础的主要生产资料的工业。按其生产性质和产品用途，可以分为下列三类：（1）采掘（伐）工业，是指对自然资源的开采，包括石油开采、煤炭开采、金属矿开采、非金属矿开采和木材采伐等工业；（2）原材料工业，指向国民经济各部门提供基本材料、动力和燃料的工业。包括金属冶炼及加工、炼焦及焦炭化学、化工原料、水泥、人造板以及电力、石油和煤炭加工等工业；（3）加工工业，是指对工业原材料进行再加工制造的工业。包括装备国民经济各部门的机械设备制造工业、金属结构、水泥制品等工业，以及为农业提供的生产资料如化肥、农药等工业。

根据上述划分原则，修理中以重工业产品为修理作业对象的划为重工业，反之划为轻工业。

Refers to the industry which produces capital goods, and provides various sectors of the national economy with necessary material and technical basis. It consists of the following three branches according to the purpose of production or the use of products:

(1) Mining, quarrying and logging industry refers to the industry that extracts natural resources, including extraction of petroleum, coal, metal and non-metal ores and logging.

(2) Raw materials industry refers to the industry that provides various sectors of the national economy with raw materials, fuels and power. It includes smelting and processing of metals, coking and coke chemistry, chemical materials and building materials such as cement, plywood, and power, petroleum refining and coal dressing.

(3) Manufacturing industry refers to the industry that processes raw materials. It includes machine-building industry which equips sectors of the national economy, industries of metal structure and cement products, industries producing means of agricultural production, such as chemical fertilizers and pesticides. According to the above principle of classification, the repairing trades which are engaged primarily in repairing products of heavy industry are classified into heavy industry while these engaged in repairing products of light industry are classified into light industry.

**工业总产值　Gross Industrial Output Value**

是以货币表现的工业企业在一定时期内生产的已出售或可供出售工业产品总量，它反映一定时期内工业生产的总规模和总水平。包括在本企业内不再进行加工，经检验、包装入库（规定不需包装的产品除外）的成品价值，对外加工费收入，自制半成品、在产品期末期初差额价值。工业总产值采用“工厂法”计算，即以工业企业作为一个整体，按企业工业生产活动的最终成果来计算，企业内部不允许重复计算，不能把企业内部各个车间（分厂）生产的成果相加。但在企业之间、行业之间、地区之间存在着重复计算。

轻重工业总产值的划分也是按“工厂法”计算的，即一个工业企业在正常情况下生产的主要产品的性质属于轻工业，则该企业的全部总产值作为轻工业总产值；一个工业企业生产的主要产品的性质属于重工业，则该企业的全部总产值作为重工业总产值。

Is the total volume of industrial products sold or available for sale in value terms which reflects the total achievements and overall scale of industrial production during a given period. It includes the value of the finished products, which are not to be further processed in the enterprises and have been inspected, packed and put in storage, the value of industrial services rendered to other units, and the changes in the value of the semi-finished products and products in process between the beginning and closing of the period. The gross industrial output value is calculated with “factory method”. No double calculations are to be made within the same enterprise. However, double counting does occur among different enterprises.

Output value of light and heavy industries is also classified with the “factory” method. Under normal conditions, if the major products of an industrial enterprise belong to light industry products, the gross output value of that enterprise is classified wholly into light industry; the same principle applies to heavy industry.

**工业增加值　Value-added of Industry**

指工业行业在报告期内以货币表现的工业生产活动的最终成果。

Refers to the final results of industrial production of the industrial trade in money terms during the reference period.

**固定资产原价　Original Value of Fixed Assets**

指企业在建造、购置、安装、改建、扩建、技术改造某项固定资产时所支出的全部货币总额。它一般包括买价、包装费、运杂费和安装费等。

Refers to the original value of all fixed assets owned by industrial enterprises, calculated at the cost paid at the time of purchase, installation, reconstruction, expansion, and technical innovation and transformation of the said assets, which includes expenses on purchase, package, transportation, and installation, etc.

**固定资产净值　Net Value of Fixed Assets**

指固定资产原价减去历年已提折旧额后的净额。

Is obtained by deducting depreciation over years from the original value of fixed assets.

**流动资产　Working Capital (Circulating Assets)**

指可以在一年或者超过一年的一个营业周期内变现或者耗用的资产，包括现金及各种存款、短期投资、应收及预付货款、存货等。

Refers to assets which can be cashed in or spent or consumed in an operating cycle of one year or over one year, which includes cash, various deposits, short term investment, and receivable payments, and advance payments, stock, etc.

**总资产贡献率　Ratio of Profits, Taxes and Interests to Average Assets**

反映企业全部资产的获利能力，是企业经营业绩和管理水平的集中体现，是评价和考核企业盈利能力的核心指标。计算公式为：

Refers the profit-making capability of all assets of the enterprise and is a key indicator manifesting the performance and management and evaluating the profit-making potential of the enterprise. It is calculated as follows:

总资产贡献率　(%) = （利润总额+税金总额+利息支出）/ 平均资产总额×100%

Ratio of profits, taxes and interests to average assets (%)=(Total profits + total Taxes+ interest payment) /average assets × 100%

**利润总额　Total profits**

指企业实现的利润。

Refer to the profits gained by the enterprises.

**工业成本费用利润率　Ratio of profits to Total Industrial Costs**

指在一定时期内实现的利润与成本费用之比，是反映工业生产成本及费用投入的经济效益指标，同时也是反映降低成本的经济效益的指标。计算公式：

Refers to the ratio of profits realized in a given period to the total costs in the same period, which reflects the economic efficiency of input cost and is calculated as follows:

工业成本费用利润率（%）＝利润总额 / 成本费用总额×100%

Ratio of profits to Total Industrial Cost (%)=Total Profits/Total Costs×100%

**工业增加值率　Value-added Rate of Industry**

指一定时期内工业增加值占同期工业总产值的比重，反映降低中间消耗的经济效益。计算公式：

Refers to the ratio of value added of industry in a given period to the gross output value in the same period, which reflects the economic efficiency of cutting down the intermediate input and is calculated as follows:

工业增加值率（%）＝工业增加值（现价）/ 工业总产值（现价）×100%

Value-added Rate of Industry (%)=Value-added of Industry(at current prices)/Gross Output Value (at Current Prices) × 100%

**流动资产周转次数　Turnover of Working Capital**

指在一定时期内流动资产完成的周转次数，反映流动资产的周转速度。计算公式：

Refers to the number of times of turnover of working capital in a given period of time, which reflects the speed of the turnover of working capital and is calculated as follows:

流动资金周转次数＝产品销售收入 / 全部流动资产平均余额

Turnover of Working Capital(%)=Sales Revenue of Products/Average Balance of Total Working Capital×100%

**产品销售率　Ratio of Sales to Gross Output Value**

指报告期内工业销售产值与同期全部工业总产值之比，是反映工业产品已实现销售的程度，分析工业产销衔接情况研究工业产品满足社会需求程度的指标。计算公式为：

Refers to the sales of industrial products to the gross industrial output value during the reference period, and is important in reflecting the linkage between production and sales and the extent of the needs of the society that has been met by the supply of industrial products. It is calculated as follows:

产品销售率（%）＝工业销售产值 / 工业总产值（现价）×100%

Ratio of Sales to Gross Output Value=Industrial sales/Gross industrial output value(at current prices) ×100%

**产品销售收入　Sales Revenue of Industrial Products**

指企业销售产品和提供劳务等主要经营业务的实际成本。

Refers to the revenue from the sales of products by industrial enterprises and the revenue from services provided and etc.

**产品销售成本　Sales Cost of Industrial Products**

指企业销售产品的销售收入和提供劳务等主要经营业务取得的收入总额。

Refers to the actual cost of products of industrial enterprises and industrial services provided, etc.

**全员劳动生产率　Overall Labour Productivity of Industrial Enterprises**

指根据产品的价值量指标计算的平均每一个从业人员在单位时间内的产品生产量。是考核企业经济活动的重要指标，是企业生产技术水平、经营管理水平、职工技术熟练程度和劳动积极性的综合表现。目前我国的全员劳动生产率是将工业企业的工业增加值除以同一时期全部职工的平均人数来计算的。计算公式：

Refers to the average output per employed per employed person in industrial enterprises in value terms. At present, the value added and the average number of staff and workers of an industrial enterprises in a given period are used to calculate the overall labour productivity. The formula used is:

全员劳动生产率＝工业增加值 / 全部职工平均人数

Overall Labour Productivity=Value Added of Industry/Average Number of Staff and Workers.

为了使各年度的全员劳动生产率数字可以比较，1990 年以前各年的全员劳动生产率均按指数换算成 1990 年不变价格。

For the purpose of comparison of the overall labour productivity among different years, the data on the overall labour productivity of the years prior to 1990 have been adjusted on the basis of 1990 constant prices.

**总资产　Total Assets**

指企业拥有或控制的全部资产。包括流动资产、长期资产、固定资产、无形及递延资产、其他长期资产递延税项等，即为企业资产负债表的资产总计项。

Refer to all assets which are owned or controlled by enterprises, including circulating assets, long term investment, fixed assets, intangible assets, and deferred assets other long term assets, and deferred taxes, etc. The summation of above items is equal to total assets shown in the balance sheets of the enterprises.

（1）流动资产　指企业可以在一年内或者超过一年的一个生产周期内变现或耗用的资产合计。包括现金及各种存款、短期投资、应收及预付款项、存款等。

Circulating assets (working capital) refer to assets which can be cashed in or spent or consumed in an operating cycle of one year or over one year, including cash, all kinds of deposits, short term investment, receivables, advance payment, stock, etc.

（2）固定资产　指企业固定资产净值、固定资产清理、在建工程、待处理固定资产损失所占用的资金合计。

Fixed assets refer to the net value of fixed assets, clearance of fixed assets, project under construction, fixed assets losses in suspense. These are corporations' fund holdings.

（3）无形资产　指企业长期使用而没有实物形态的资产。包括专利权、非专利技术、商标权、著作权、土地使用权、商誉等。

Intangible assets refer to the assets without material form used by enterprises over a long time, such as patents, non-patent technologies, trade marks, copyright, land use right, business reputation, etc.

**总负债　Total Liabilities refer**

指企业承担并需要偿还的全部债务。包括流动负债和长期负债、递延税项等，即为企业资产负债表的负债合计项。

To the debts that enterprises are responsible for repayment, including liquid liabilities, long-term liabilities and deferred taxes, etc. Total liabilities correspond to the summation item of liabilities shown in the balance sheets of the enterprises.

（1）流动负债　指企业在一年内或者超过一年的一个营业周期内需要偿还的债务合计，其中包括短期借款、应付及预收款项、应付工资、应交税金和应交利润等。

Liquid liabilities (also called quick liabilities or immediate liabilities) refer to enterprises' total debt payable within an operating cycle of one year or over one year, including short term loans, payables and advance payments, wages payable, taxes payable and profit payable, etc.

（2）长期负债　指企业在一年以上或者超过一年的一个生产周期以上需要偿还的债务合计，其中包括长期借款、应付债务、长期应付款项等。

Long term liabilities refers to total debt payable within an operating cycle of one year or over one year, including long-term loans, payable liabilities, long-term payables, etc.

**所有者权益　Creditors' Equity**

指企业投资人对企业净资产的所有权。企业净资产等于企业全部资产减去全部负债后的余额，其中包括投资者对企业的最初投入，以及资本公积金、盈余公积金和未分配利润，对股份制企业即为股东权益。

Refers to investors' ownership of net assets of the enterprise. It is equal to the total assets of the enterprise minus its total liabilities, including the primary input from investors, capital accumulation fund, surplus accumulation fund and undistributed profit. It is the shareholder's equity in share-holding companies.

**资产负债率　Ratio of Debts to Assets**

该指标既反映企业经营风险的大小，也反映企业利用债权人提供的资金从事经营活动的能力。计算公式为：

Reflect both the operation risk and the capability of the enterprise in making use of the capital from the creditors. It is calculated as follows:

资产负债率（%）=负债总额/资产总额×100%

Ratio of debts to assets (%)=Total debts/Total assets×100%

**产品销售税金及附加　Tax and Extra Charges on Sales of Products**

指企业销售产品和提供工业性劳务等主要经营业务应负担的城市维护建设税、消费税、资源税和教育费附加。

Refer to the tax on city maintenance and construction, consumption tax, resources tax and extra charges for education, which should be borne by the enterprises in selling products and providing industrial services.

**产品销售利润　Sales Profit of Products**

指企业销售产品和提供工业性劳务等主要经营业务收入扣除其成本、费用、税金后的利润。

Refers to the profit gained by the enterprises by deducting cost, charges and taxes from the business income of the enterprises obtained in selling products and providing industrial services.

**应交增值税　Value-added Tax Payable**

指企业在报告期内应交纳的增值税额。

Refers to amount of the value added tax which should be paid by the enterprises in the reporting period.

**实收资本　Capital Obtained**

指企业实际收到的投资人投入的资本。 按投资主体可分为国家资本、集体资本、法人资本、个人资本、港澳台资本和外商资本。

Refers to capital actually received by the enterprise from investors. It can be further classified by investors as state capital, collective capital, individual capital, capital from Hong Kong, Macau and Taiwan foreign capital.

**建筑业总产值(自行完成施工产值)　Gross Output Value of Construction (Output Value of Projects Under Construction)**

是以货币表现的建筑安装企业在一定时期内生产的建筑业产品的总和。建筑业总产值包括：

Refers to total of construction products, expressed in money terms, completed by construction and installation enterprises during a given period of time. It includes:

（1）建筑工程产值　指列入建筑工程预算内的各种工程价值。

Output value of construction projects, that is the value of projects covered by the project budgets.

（2）设备安装工程产值　指设备安装工程价值，不包括被安装设备本身价值。

Output value of installation projects, that is the value of the installation equipment, (excluding the value of the equipment to be installed).

(3) 房屋、构筑物修理产值　指房屋、构筑物修理所完成的价值，但不包括被修理房屋、构筑物本身的价值和生产设备的修理价值。

Output value of repair of buildings and structures, that is the value created through the repairs of buildings or structures but does not include the value of buildings or structures being repaired and the value of the repair of production equipment.

(4) 非标准设备制造产值　指加工制造没有定型的、非标准的生产设备的加工费和原材料价值，以及附属加工厂为本企业承建工程制作的非标准设备的价值。

Output value of manufactured non-standard equipment,that is the value of non-standard production equipment (including raw materials and manufacturing cost) made for the construction project, and the equipment manufactured by subsidiary workshops.

**建筑业统计单位　Statistical Unit in Construction**

指从事房屋、构筑物建造和设备安装活动的法人企业。建筑业法人企业应同时具备的条件是：(1) 依法成立，有自己的名称、组织机构和场所，能承担民事责任；(2) 独立拥有和使用资产，承担负债，有权与其他单位签订合同；(3) 独立核算盈亏，能够编制资产负债表。

Refers to corporate enterprise engaged in the construction of buildings and structures and in the installation of equipment. A corporate construction enterprise should meet the following 3 requirements: (1) being set up in line with relevant legal basis, having its full name, organization and location, and capable of taking civil liabilities; (2) independently possessing and using its assets and assuming its liabilities, and entitled to sign contracts with other institutions; and (3) making independent accounts of its profits and losses, and capable of compiling its own balance sheet.

**建筑业增加值　Value-added of Construction**

指建筑业企业在报告期内以货币表现的建筑业生产经营活动的最终成果。目前建筑业增加值采用分配法（收入法）计算，即从收入的角度出发，根据生产要素在生产过程中应得到的收入份额计算。具体计算公式为：

Refers to the final result of the activities of production and management of construction in monetary terms in the reference period. At present, the value-added of construction is calculated with the income approach. In other words, it is the sum of income of various production factors in the production process. The formula is as follows:

建筑业增加值=本年提取的固定资产折旧+应付工资 +应付福利费+管理费用中的劳动待业保险金、税金+工程结算税金及附加+工程结算利润

Value-added of construction=depreciation of fixed assets in the year + wages payable + welfare expenses payable + insurance premium and tax for waiting for employment in the administrative expenses + taxes and surcharges on project settlement + profit gained from project settlement.

**房屋建筑施工面积　Floor Space of Buildings Under Construction**

指在报告期内施工的全部房屋建筑面积，包括本期新开工的房屋面积、上期施工跨入本期继续施工的房屋面积、上期停缓建在本期恢复施工的房屋面积、本期竣工的房屋面积及本期施工后又停缓建的房屋面积。

Refers to floor space of buildings under construction during the reference period, including newly started buildings, buildings started earlier and continued during the reference period, and buildings suspended earlier but restarted during the reference period, buildings completed during the reference period, and buildings under construction and then suspended during the reference period.

**房屋建筑竣工面积　Floor Space of Buildings Completed**

指在报告期内房屋建筑按照设计要求全部完工，达到了住人和使用条件，经验收鉴定合格，正式移交使用单位的房屋建筑面积。

Refers to the floor space of buildings that are completed in the reference period in accordance with the requirements of the design, up to the standard for putting them into use, and have been checked and accepted by concerned departments as qualified ones.

**自有机械设备年末总台数　Total Number of Machinery and Equipment Owned by the End of Year**

指归本企业所有，属于本企业固定资产的生产性机械设备年末总台数。包括施工机械、生产设备、运输设备及其他设备。

Refers to the number of machines and equipment owned by the enterprises, and listed as the fixed assets of the enterprises by the end of the year, including machinery and equipment for construction, production and transportation.

**自有机械设备年末总功率　Total Power of Machinery and Equipment Owned by the End of Year**

指本企业自有施工机械、生产设备、运输设备以及其他设备等列为在册固定资产的生产性机械设备年末总功率，按设定能力或查定能力计算。包括机械本身的动力和为该机械服务的单独动力设备，如电动机等。计算单位用千瓦，动力换算可按 1 马力=0.735 千瓦折合成千瓦数。电焊机、变压器、锅炉不计算动力。

Refers to the total power of machinery and equipment owned by the enterprises, and listed as the fixed assets of the enterprises by the end of the year, including machinery and equipment for construction, production and transportation. The power of the machinery is calculated on basis of the designed or verified capacity, covering the power of the machinery/equipment and the separate power equipment serving the machinery/equipment (such as electric motors), but excluding welders, transformers and boilers. The unit used for the calculation of power is kilowatt, with horsepower converted to kilowatt by 1 horsepower=0.735 kilowatt.

**工程结算收入　Income from Settlement of Projects**

指企业承包工程实现的工程价款结算收入，以及向发包单位收取的除工程价款以外的按规定列作营业收入和各种款项，如临时设施费、劳动保险费、施工机械调迁费等以及向发包单位收取的各种索赔款。

Refers to the income received by the construction enterprise from the contracted project through settlement procedures, and other charges to the contractores as operational costs in addition to the value of the project, such temporary facility fee, labour insurance premium, moving cost of construction equipment, as well as various types of claims to the contracte.

**工程结算利润　Profit from Settlement of Projects**

指已结算工程实现的利润，如亏损以“-”号表示。计算公式为：

Refers to profit realized through settled projects. It is calculated with the following formula:

工程结算利润=工程结算收入-工程结算成本-工程结算税金及附加

Profit from Settlement of Projects=Income from Settlement of Projects - Settled Cost – Settled Taxes and Other Cost.

**企业总收入　Total Revenue of Enterprises**

指与企业生产经营直接有关的各项收入，包括工程结算收入和其他业务收入。计算公式为：

Refers to the sum of income from production and operation of enterprises, including income from settlement of projects and other operational income, namely:

企业总收入=工程结算收入+其他业务收入

Total Revenue of Enterprises=Income from Settlement of Projects + Other Operational Income.

**公路里程　Length of Highways**

指在一定时期内实际达到《公路工程(WTBZ)技术标准 JT101-88》规定的等级公路，并经公路主管部门正式验收交付使用的公路里程数。包括大中城市的郊区公路以及通过小城镇街道部分的公路里程和桥梁、渡口的长度，不包括大中城市的街道、厂矿、林区生产用道和农业生产用道的里程。两条或多条公路共同经由同一路段，只计算一次，不得重复计算里程长度。它是反映公路建设发展规模的重要指标，也是计算运输网密度等指标的基础资料。

Refers to the length of highways which are built in conformity with the grades specified by the highway engineering standard formulated by the Ministry of Communications, and have been formally checked and accepted by the departments of highways and put into use. The length of highways includes that of the suburb highways at large and medium-sized cities, highways passing through streets at small cities and towns, and also the length of bridges and ferries. It does not include the length of streets in big and medium-sized cities and highways built for the production purpose at factories, mines, forest areas and agricultural areas. If two or more highways go the same section of the way, the length of the section is only calculated for once and no duplication is allowed. The length of highways is an important indicator to show the development of the highway construction and to provide essential information to calculate the transport network density.

**民用航空线里程　Length of Civil Aviation Routes**

指民航运输定期班机飞行的航线长度的总和。航线长度按机场之间的距离计算，通常有两种计算方法：一是将每条航线长度相加称为重复计算航线里程；二是将两线或两条以上航线经过同一区段里程，只计算一次航线长度称为不重复计算航线里程。一般常用的是后者，它能确切反映民航运输网的规模，表明民航事业为国民经济服务和方便人民生活程度的主要指标。

Refers to the length of all routes for regular civil aviation flights. There are usually two ways to calculate the distance between airports connected by the route length: One is to put the length of all air routes together, called duplicated calculation of the length of the routes; the other is not to allow the duplication in calculation when two or more routes passing the same section of aviation routes. The latter is usually used, as it can precisely show the size of the civil aviation network and indicate the extent of civil aviation serving the national economy and the people.

**货（客）运量　Freight (Passenger) Traffic**

指在一定时期内，各运输部门实际运送的货物（旅客 ）数量。是反映运输业为国民经济和人民生活服务的数量指标，也是制定和检查运输生产计划，研究运输发展规模和速度的重要指标。货运按吨计算，客运按人计算。货物不论运输距离长短，货物类别，均按实际重量统计；旅客不论行程远近或票价多少，均按一人一次作为客运量统计。半价票、小孩也按一人统计。

Refers to the volume of freight (passenger) transported with various means. Freight transport is calculated in tons and passenger traffic is calculated in the number of persons. Despite the type of freight and traveling distance, the freight transport is calculated in the actual weight of the goods: and despite the traveling distance and ticket price, the passenger traffic is calculated by the principle that one person can be counted only once in one travel. The passenger who travel with a half-price ticket or a child ticket is also calculated as one person. The freight (passenger) traffic provides a quantitative measure to show how the transport industry serves the national economy and people, and is also an important indicator for planning the transport industry and for studying the development scale and speed of the transport industry.

**货（客）运密度　Freight (Passenger) Traffic Density**

指在一定时期内某种运输方式在营运线路的某一区段平均每公里线路通过的货物（旅客）运输周转量。计算单位是吨（人）公里／公里。计算公式为：

Refers to the freight (passenger) traffic volume carried by a particular means of transportation during a given period through one kilometer of a specific section of transportation route. The formula is as follows:

货（客）运密度＝货物（旅客）周转量／营业线路长度

Freight (Passenger) Traffic Density=Freight Ton-kilometers (Passenger-kilometers) / Length of Route in Operation

货（客）运密度是反映交通运输线路上货物（旅客）运输量运输繁忙程度的主要指标。是平衡运输线路运输能力和通过能力，规划线路建设及改造、配备技术设备，研究运输网布局的重要依据。

Freight (passenger) traffic density reflects the degree of business of freight (passenger) traffic on transportation routes, and therefore provides important information for balancing transport capability, planning construction and upgrading of transport routes and studying the distribution of transport network.

**货物（旅客）周转量　Freight Ton-kilometers (Passenger-kilometers)**

指在一定时期内，由各种运输工具运送的货物（旅客）数量与其相应运输距离的乘积之总和，是反映运输生产总成果的重要指标，也是编制和检查运输生产计划，计算运输效率、劳动生产率以及核算运输单位成本的主要基础资料。计算货物周转量通常按发出站与到达站之间的最短距离，也就是计费距离计算。

Refer to the sum of the products of the volume of transported cargo (passengers) multiplying by the transport distance, usually using ton-kilometer and passenger-kilometer as units for measurement. Normally, the shortest distance between the departure station and the destination station (i. e., the payable distance) is the basis to calculate the freight ton-kilometers. This is an important indicator to show the total results of the transport industry, to prepare and examine the transport plan and to measure the efficiency, the labour productivity and the unit cost of transport.

**邮电业务总量　Business Volume of Post and Telecommunications**

指以货币表现的邮电部门用于传递信息和提供其他邮电服务的总数量。它综合反映了一定时期邮电工作的总成果，是研究邮电业务量构成和发展趋势的重要指标。根据邮电管理体制不同，分为中央国营业务总量和地方国营业务总量。它用各种邮电分类业务量，如函件件数、电报份数、长话张数、市内电话和农村电话的年均户数、订销报刊累计份数等，分别乘以相应的平均单价（不变价），加总后再加上出租电路和设备的收入、代用户维护电话交换机和线路等设备的收入、其他业务收入求得。

Refers to the total amount of post and telecommunications services, expressed in value terms, provided by the post and telecommunications departments for the customers. Post and telecommunications services can be classified as letters, parcels, remittance, issue of newspapers and magazines, fast mail service, express mail service, savings deposits, stamps for collection, public and individual telegraph service, facsimiles, long-distance telephone service, leasing of telephone lines, urban paging service, mobile telephone service, data transfer and transmission, etc. The accounting approach is to multiply the service products of all types with their average unit price (constant price) to get sum of business value, plus income from other services such as leasing of telephone lines and equipment, maintenance of telephone switchboards and lines on behalf of customers. This indicator reflects the overall results of post and telecommunications service during a given period, and is important to study the composition of business service and the development of post and telecommunications service.

**无线寻呼电话用户　Subscribers of Paging Services**

指携带小型寻呼机，接收市话用户通过无线寻呼中心，在规定范围内向其发出声音、数字或文字显示的信息的用户。目前在邮电部门办理登记手续的无线寻呼电话用户，每一部寻呼机按一户计算。

Refer to subscribers who carry small-size pagers and receive audio signals, digital signals or character signals sent out by city telephone through wireless paging center within assigned area. Each pager is counted as a subscriber.

**移动电话用户　Mobile Telephone Subscribers**

指在邮电部门登记，通过移动电话交换机进入移动电话网、占有移动电话号码的电话用户。用户数量以实际办理登记手续进入邮电部门移动电话网的户数进行计算，一部或一台移动电话统计为一户。

Refer to the persons who own mobile telephone number connected with the mobile telephone communication network and registered by post and telecommunications organization. The number of subscribers is calculated only when the subscribers who have gone through all the register formalities and entered into the mobile telephone network. One mobile telephone is treated as a subscriber.

**社会消费品零售额　Total Retail Sales of Consumer Goods**

指各种经济类型的批发零售贸易业、餐饮业、制造业和其他行业对城乡居民和社会集团的消费品零售额。这个指标反映通过各种商品流通渠道向居民和社会集团供应的生活消费品来满足他们生活需要，是研究人民生活，社会消费品购买力、货币流通等问题的重要指标。社会消费品零售额包括：（1）售给城乡居民作为生活用的商品和住房及修建房屋用的建筑材料；（2）售给社会集团的各种办公用品和公用消费品；（3）售给机关、团体、学校、部队、企业、事业单位的职工食堂和旅店（招待所）附设专门供本店旅客食用，不对外营业的食堂的各种食品、燃料；企业、单位和国营农场直接售给本单位职工和职工食堂的自己生产的产品；（4）售给部队干部、战士生活用的粮食、副食品、衣着品、日用品、燃料；（5）售给来华的外国人、华侨、港澳台同胞的消费品；（6）居民自费购买的中、西药品、中药材及医疗用品；（7）报社、出版社直接售给居民和社会集团的报纸、图书、杂志、集邮公司出售的新、旧纪念邮票、特种邮票、首日封、集邮册、集邮工具等；（8）旧货寄售商店自购、自销部分的商品零售额；（9）煤气公司、液化石油气站售给居民和社会集团的液化灶具和灌装液化石油气；（10）城市建设，房产管理等部门、企业、事业单位售给居民的商品房；（10）农民售给非农业居民和社会集团的商品。不包括售给国民经济各部门企业、事业单位（包括国有经济的农场）生产经营用的各种原材料、燃料、设备、工具等和售给批发零售贸易业、餐饮业作为转卖用的商品、旧货寄售商店受托寄售卖出的商品、服务业的营业收入、邮局出售邮票的收入、自来水、电力、煤气生产（供应）单位的产品供应收入，也不包括农民之间的商品销售。

Refer to the sum of retail sales of consumer goods sold by all sectors of the national economy to urban and rural residents and social groups. This indicator is used to show the supply of consumers goods through various channels to households and institutions, and is very important for the study on people's livelihood, on the purchasing power of consumer goods and on money.

The retail sales of consumer goods include: (1)commodities sold to urban and rural residents for their daily use and building materials sold to them for the construction or repair of houses; (2) office appliances and supplies sold to institutions; (3)food and fuels sold to canteens of institutions, enterprises, schools, military units and to canteens of hotels that only serve their guests, and commodities produced by enterprises, institutions or state farms and sold directly to their employees or their canteens; (4) grain and non-staple food, clothing, daily articles and fuels sold to military personnel; (5)consumer goods sold to foreigners, overseas Chinese, and Chinese compatriots from Taiwan, Hong Kong and Macao during their stay in the mainland of China; (6)Chinese and western medicines, herbs and medical facilities purchased by residents; (7)newspapers, books and magazines directly sold to residents and social groups by publishers, new and old commemorative stamps, special stamps, first-day covers, stamp albums and other stamp-collection articles sold by stamp companies; (8) consumer goods purchased and then sold by second-hand shops; (9) stoves and other heating facilities and liquefied gas sold by gas companies to households and institutions; and (10) commodities sold by farmers to non-agricultural residents and social groups. Excluded under this heading are: raw materials, fuels, equipment, tools sold to enterprises, institutions and state farms for production purpose; commodities sold to trade establishments for re-selling; commissioned sales at second-hand shops; operational income of urban public utilities; stamps sold at post offices; income of water, power, gas production and supply establishments from the supply of their products; and sales of commodities among farmers.

**批发零售贸易业商品购、销、存、总额　Purchase, Sales and Stock of Commodities by Wholesale and Retail Trade**

指以各种经济类型的批发、零售贸易业（不包括个体）为总体的商品购、销、存。

Refer to the purchase, sales and stock of commodities by wholesale and retail establishments of different status of registration (excluding individual sellers).

**商品购进总额　Total Purchases of Commodities**

指从本企业（单位）以外的单位和个人购进（包括从国外直接进口）作为转卖或加工后转卖的商品。这个指标反映批发零售贸易业从国内、国外市场上购进商品的总量。商品购进总额包括：（1）从工农业生产者购进的商品；（2）从出版社、报社的出版发行部门购进的图书、杂志和报纸；（3）从各种经济类型的批发零售贸易企业（单位）购进的商品；（4）从其他单位购进的商品，如从机关、团体、企业、单位购进的剩余物资，从餐饮业、服务业购进的商品，从海关、市场管理部门购进的缉私和没收的商品，从居民收购的废旧商品等；（5）从国（境）外直接进口的商品。不包括企业（单位）为自身经营用，和未通过买卖行为而收入的商品以及销售退回、商品升溢等。

Refer to the total of value of purchases of commodities by the establishments from other establishments or individuals (including direct import from abroad) for the purpose of re-selling, either with or without further processing of the commodities purchased. This indicator is used to show the total value of purchases of commodities by wholesale and retail establishments from domestic and overseas markets. The total purchases include: (1) agricultural and industrial products purchased from producers; (2) books, magazines and newspapers purchased from distribution departments of the publishers; (3)commodities purchased from wholesale and retail establishments of different status of registration;(4) commodities purchased from other units, such as surplus materials purchased from government agencies, enterprises or institutions, commodities purchased from catering and service establishments, confiscated goods purchased from customs authorities or market management agencies, second-hand goods and wastes purchased from residents; and (5) commodities directly imported from abroad. Excluded are commodities purchased by establishments (units) for use in their own business operation, commodities obtained without buying or selling procedures, rejected commodities, etc.

**商品销售总额　Total Sales of Commodities**

指对本企业（单位）以外的单位和个人出售（包括对境外直接出口）的商品。它反映批发零售贸易业在国内市场上销售商品以及出口商品的总量。商品销售总额包括：（1）售给城乡居民和社会集团消费用的商品；（2）售给工业、农业、建筑业、运输邮电业、批发零售贸易业、餐饮业、服务业等作为生产、经营使用的商品；（3）售给批发零售贸易业作为转卖和加工后转卖的商品；（4）对国（境）外直接出口的商品。不包括：出售本企业（单位）自用的废旧包装用品，未通过买卖行为付出的商品，经本单位介绍，由买卖双方直接结算，本单位只收手续费的业务，购货退出的商品以及商品损耗和损失等。

Refer to selling of commodities by the establishments to other establishments and individuals (including direct export). This indicator is used to show the total value of sales of commodities at domestic markets and export. The total sales include: (1) commodities sold to urban and rural residents and social groups for their consumption; (2) commodities sold to establishments in industry, agriculture, construction, transportation, post and telecommunications, wholesale and retail trades, catering trade and public utility for their production and operation; (3) commodities sold to wholesale and retail establishments for re-selling, with or without further processing; and (4) commodities for export to other countries. Excluded are selling of waste packaging materials used by the establishments (units) themselves, commodities transferred without buying or selling procedures, commission income from brokerage in transactions whose settlement is directly handled and sellers, rejected commodities in the purchase, loss in commodities, etc.

**批发零售贸易业库存　Commodity Stock of Wholesale and Retail Enterprises**

指报告期末各种登记注册类型的批发零售贸易企业（单位）已取得所有权的商品。它反映批发零售贸易企业（单位）的商品库存情况和对市场商品供应的保证程度。期末库存包括：（1）存放在批发零售贸易业经营单位（如门市部、批发站、经营处）仓库、货场、货柜和货架中的商品；（2）挑选、整理、包装中的商品；（3）已记入购进而尚未运到本单位的商品，即发货单或银行承兑凭证已到而货未到部分；（4）寄放他处的商品，如因购货方拒绝承付而暂时存放在购货方的商品和已办完加工成品收回手续而未提回的商品；（5）委托其他单位代销（未作销售或调出）尚未售出的商品；（6）代其他单位购进尚未交付的商品。 不包括所有不属于本单位的商品、拨付除批发零售贸易业以外的其他行业所属独立核算加工厂等加工生产尚未收回成品的商品、代国家物资储备部门保管的商品等。库存总额采用的计算价格是：农副产品采购单位按购进价计算，批发单位按进货价计算，零售单位按核算价格计算，即按什么价格核算就按什么价格计算。

Refers to total commodities possessed by wholesale and retail enterprises (units) of various types of registration status at the end of the reference period, which reflects the commodity stock level of various wholesale and retail enterprises and the potential for market supply. It includes: (1)commodities located in storage, garages, counters, and shelves of operating units (such as sale stores, wholesale centers, and operating offices) of wholesale and retail enterprises; (2)commodities in the process of selecting, sorting, and packing; (3)commodities not arrived but recorded as purchase in the account, i. e.. commodities not arrived but payment receipts for the commodities from the sellers or the banks arrived; (4) commodities deposited in other places rather than places mentioned above, for instance: commodities in the hold of purchasers temporarily due to the refusal of payment and commodities not taken back after going through the formalities; (5) commodities entrusted to other units to sell but not sold yet; (6) commodities purchased for other units but not delivered yet. Commodities not included as stock are those not owned by the enterprises (units), those allocated to financially independent factories rather than wholesale and retail enterprises for processing but not taken back yet, and finally those put in stock by wholesale and retail enterprises on behalf of the state material reserves units. For the calculation of the value of commodities stock, the value is calculated at purchasing prices in agricultural goods purchasing units and wholesale units, and at the accounting prices in retail units.

**城乡集市贸易成交额　Volume of Business (Transaction Value) at Urban and Rural Free Market**

指在农村集市和城市集市上买卖双方（包括农民、非农业居民、机关、团体、工商企业、个体商贩）成交的全部商品金额，是反映集市贸易规模的综合性指标。

Refers to the value of all goods changed hands between sellers and buyers, including farmers, no-agricultural residents, institutions, organizations, enterprises and private peddlers, at urban and rural free markets. It is a comprehensive indicator used to show the size of the transaction at the free trade markets.

**进出口总额　Total Imports and Exports at Customs**

海关进出口总额是指从实际进出我国国境的货物总金额，包括对外贸易实际进出口货物来料加工装配进出口货物，国家间、联合国及国际组织无偿援助物资和赠送品，华侨、港澳台同胞和外籍华人捐赠品，赁期满归承租人所有的租赁货物，边境地方贸易及边境地区小额贸易进出口货物（边民互市贸易除外），中外合资经营企业、中外合作经营企业、外商独资经营企业进出口货物和公用物品，到、离岸价格在规定限额以上的进出口货样和广告品（无商业价值、无使用价值和免费提供出口的除外），从保税仓库提取在中国境内销售的进口货物，以及其他进出口货物。进出口总额用以观察一个国家在对外贸易方面的总规模。我国规定出口货物按离岸价格统计，进口货物按到岸价格统计。

Refer to the value of commodities imported into and exported from the boundary of China. They include the actual imports and exports through foreign trade, imported and exported goods under the processing and assembling trades and materials, supplies and gifts as aid given gratis between governments and by the United Nations and other international organizations, and contributions, donated by overseas Chinese, compatriots in Hong Kong and Macao and Chinese with foreign citizenship, leasing commodities owned by tenant at the expiration of leasing period, the imported and exported commodities processes with imported materials, commodities trading in border areas (excluding mutual exchange goods), the imported and exported commodities and articles for public use of the Sino-foreign joint ventures, cooperative enterprises and ventures exclusively with foreign own investment. Also included are import or export of samples and advertising goods for whose CIF or FOB value are beyond the permitted ceiling (excluding goods of no trading or use value and free commodities for export), imported goods sold in China from bonded warehouses and other imported or exported goods. The indicator of the total imports and exports at customs can be used to observe the total size of external trade in a county. It accordance with the stipulation of the Chinese government, imports are calculated at CIF, while exports are calculated at FOB.

**旅游人数　Number of Tourists**

人数、出包括入境国际旅游者境居民人数和国内旅游者人数。

Include international tourists entering into China, Chinese residents going abroad and domestic tourists.

（1）入境国际旅游者人数：指来我国参观、访问、旅行、探亲、访友、休养、考察、参加会议和从事经济、科技、文化、教育、体育、宗教等活动的外国人、华侨、港澳台湾同胞的人数。不包括外国在我国的常驻机构，如领使馆、通讯社、企业办事处的工作人员；来我国常住的外国专家、留学生以及在岸逗留不过夜人员。

International tourists refer to foreigners, overseas Chinese, Chinese compatriots from Hong Kong, Macao and Taiwan coming to China for sightseeing visits, tours, family reunions, vacations, study tours, conferences and other activities of a business, scientific and technological, cultural, educational and religious nature. It does not include representatives and employees of resident institutions of foreign countries in China such as embassies, consulates, news agencies and offices of foreign companies and organizations, no does it include long-term foreign experts or students residing in China, or persons in transition without spending a night in China.

（2）出境居民人数：指大陆居民因公务活动或私人事务短期出境人数。公务活动出境居民人数包括在国际交通工具上的中国服务员工，因私出境居民人数不包括在国际交通工具上的中国服务员工。

Chinese residents going abroad refer to Chinese residents going abroad refer to Chinese residents going abroad for short terms for short terms for either public business or private purposes. Chinese employees working on international transport carriers are included in those going abroad for public business purpose, not in those for private purpose.

（3）国内旅游者人数：指我国大陆居民和在我国常住 1 年以上的外国人、华侨、港澳台湾同胞离开常住地在境内其他地方的旅游设施内至少停留一夜，最长不超过 6 个月的人数。

Domestic tourists refer to residents of the mainland of China who stay for one night at least but no more than 6 months at tourist facilities in other places than their permanent residence within the territory of the mainland China, including foreigners, overseas Chinese and Chinese compatriots from Hong Kong, Macao and Taiwan who have resided in China for over one year.

**国际旅游（外汇）收入　Foreign Exchange Earnings from International Tourism**

指入境旅游的外国人、华侨、港澳和台湾同胞在中国大陆旅游过程中发生的一切旅游支出，对于国家来说就是国际旅游（外汇）收入。

Refer to the total expenditures of foreigners, overseas Chinese, Chinese compatriots from Hong Kong, Macao and Taiwan during their stay in the mainland of China, which are earnings of foreign exchange from international tourism from the point of view from China.

**企业存款　Deposit**

指企业、机关、团体或居民根据可以收回的原则，把货币资金存入银行或其他信用机构保管并取得一定利息的一种信用活动形式。根据存款对象的不同划分为企业存款、财政存款、机关团体存款、对外贸易存款、城乡居民储蓄存款、农村存款等科目。它是银行信贷资金的主要来源。

Is a form of credit by which enterprises, institutions, organizations or households can put money into banks and other credit institutions for safekeeping and interest earning under the principle of free withdrawal. According to different depositors, deposits are divided into enterprise deposits, treasury deposits, deposits of government agencies and organizations, capital construction deposits, urban savings deposits, rural deposits and other deposits. Deposits are major sources of the credit funds of banks.

**贷款　Loan**

银行或其他信用机构根据必须归还的原则，按一定利率，为企业、个人等提供资金的一种信用活动形式。我国银行贷款，分流动资金贷款，中短期设备贷款以及农户贷款等科目。

Is a form of credit by which banks and other credit institutions provide funds at certain interest rate to enterprises and individuals in the light of the principle of unconditional repayment. Loans from Chinese banks include circulating capital loans, fixed assets loans, loans to urban and rural individuals engaged in industrial and commercial business and agricultural loans.

**赔款　Settled Claim**

指保险人根据保险合同的规定，向被保险人支付的赔偿保险责任损失的金额。

Is the compensation paid by the insurer to the insurant in accordance with the insurance contract.

**普通高等学校　Regular Institutions of Higher Learning**

按国家规定的设置标准和审批程序批准举办，通过国家统一招生考试，招收高中毕业生为主要培养对象，实施高等教育的全日制大学、独立设置的学院和高等专科学校、短期职业大学。

Refer to educational establishments set up according to the government evaluation and approval procedures, enrolling graduates from senior secondary schools and providing high professional schools and courses and training for senior professionals. They include full-time universities, colleges, high professional schools and short-term professional universities.

**成人高等学校　Institutions of Higher learning for Adults**

指按照国家有关规定审批，招收通过全国成人高教统一招生考试的具有高中毕业或同等学历的在职从业人员利用脱产、半脱产、业余或函授等多种形式对其实施高等学历教育，培养高等教育专科或本科毕业水平的专门人才，修业年限、课程设置和总学时数均按高等学历教育要求付诸实施的学校。包括广播电视大学、职工高等学校、农民高等学校、管理干部学院、教育学院、独立设置的函授学院等。

Refer to educational establishments, set up in line with relevant rules approved by the government, enrolling staff and workers with senior secondary school or equivalent education, and providing higher education courses in many forms of full-time, part-time, spare-time, or correspondence for adults. Professionals thus trained receive a qualification equivalent to graduates studying regular courses at regular universities, colleges and professional colleges. Institutions of higher learning for adults include Radio and TV universities, schools of high education for staff and workers and peasants, colleges for management cadres, pedagogical colleges, independent correspondence colleges.

**小学学龄儿童入学率　Enrollment Rate of Primary School-age Children**

指调查范围内已入小学学习的学龄儿童占校内外学龄儿童总额（包括弱智儿童在内，但不包括盲聋哑儿童）的比重。计算公式：

小学学龄儿童入学率＝已入学的小学学龄儿童数／校内外小学学龄儿童总数×100％

Refers to the proportion of school-age children enrolled at schools to the total number of school-age children both in and outside schools (including retarded children, but excluding blind, deaf and mute children). The formula is :

Enrollment Rate of Primary School-age Children = Total Primary School-age Children at Schools / Total Primary School age Children Both at and Outside Schools ×100％

**独立研究与开发机构　Independent Research and Development Institutions**

指有明确任务和研究方向，有一定学术水平的业务骨干和一定数量的研究人员，具有研究、开发、开展学术工作的基本条件，主要进行科学研究与技术开发活动，并且在行政上有独立的组织形式，财务上独立核算盈亏，有权与其他单位签订合同，在银行有单独户头的单位。包括国务院各部门、中国科学院、中国社会科学院和各省、自治区、直辖市以及地（市）以上［含地（市）］各部门所属的国有独立的科学研究与技术开发机构。

Refer to the state owned institutions which have direct mission and research purpose, a certain number of core member with higher research level and a certain number of research personnel, necessary conditions for R&D activities and engaging in scientific research and technological development. The institutions also have their own independent organization and finance, authority to sign contracts with other units, with their own accounts in banks. Independent research and development institutions include the institutions attached to central government agencies, Chinese Academy of Sciences. Chinese Academy of Social Sciences and the institutions attached to local governments.

**独立研究与开发机构职工　Personnel of Independent Research and Development Institutions**

指在科学研究与技术开发机构工作，并由其支付工资的各种人员。包括长期职工和临时职工，不包括编制以外的离休、退休人员和停薪留职人员，但包括招聘人员。

Refers to the persons working in and receiving payment from research and development institutions. It includes regular full-time and temporary staff and workers and employees working on contracts, but excludes retirees and persons leaving their work without payment but still retaining their posts, who are not on the employee list.

**研究与发展经费支出　Total Expenditure on Research and Development**

指报告期内用于研究与试验发展课题活动（基础研究、应用研究、试验发展）的全部实际支出。包括用于研究与发展课题活动的直接支出，还包括间接用于研究与发展活动的一切支出（院、所管理费、维持院、所正常运转的必需费用和与研究发展有关的基本建设支出）。

Refers to all actual expenditure made for R&D (basic research, applied research and experimental development) in reference period. It includes direct expenditure on R&D and indirect expenditure on R&D (including management and necessary administrative expenses of research institutes, investment in capital construction relating to R&D).

**科学家和工程师　Scientists and Engineers**

指具有大学本科及以上学历和不具备上述学历但有高、中级职称的人员。

Refer to persons who have completed university or higher education or obtained titles of senior and middle-level professional positions.

**其他科技人员**

指大专、中专毕业和具有中级职称的从事科技活动的人员。

**自然科学技术人员**

指已取得科学技术职称，或大学、中专的理、工、农、医科系毕业，以及国民经济各部门从工作实践中提拔，从事理、工、农、医等自然科学技术的研究、教学、生产的专业人员和在机关、企业、事业中从事科学技术业务管理工作的专业人员。

**工程技术人员　Engineering Professionals**

指在国民经济各行业从事工程技术工作的自然科学技术专业人员，包括：高级工程师、工程师、助理工程师、技术员和未评定职称的技术人员。

Refer to the persons who are engaged in engineering science and technology in different sectors of the national economy, including senior engineers, engineers, assistant engineers, technicians and technical personnel without professional titles.

**农业技术人员　Agricultural Professionals**

指在国民经济各行业从事农业技术工作的自然科学技术专业人员，包括：高级农艺师、农艺师、助理农艺师、技术员和未评定职称的技术人员。

Refer to the persons who are working on the science of agriculture in different sectors of the national economy, including senior agronomists, agronomists, assistant agronomists, technicians and technical personnel without professional titles.

**卫生技术人员　Public Health Professionals**

指在国民经济各行业从事卫生医务工作的自然科学技术专业人员，包括：正副主任医师、主治医师、医师、医（护）士和未评定职称的技术人员。

Refer to the persons who are engaged in medical and health work in different sectors of the national economy, including director doctors and their deputies, doctors in charge, paramedics, nurses and technical personnel without professional titles.

**科学研究人员　Scientific Research Personnel**

指在国民经济各行业从事科学技术活动的自然科学技术专业人员，包括：正副研究员、助理研究员、研究实习员、技术员和未评定职称的技术人员。

Refers to those personnel engaged in scientific and technical activities in different sectors of the national economy, including research fellows and their deputies, assistant research fellows, research trainees, technicians and technical personnel without professional titles.

**教学人员　Teaching Personnel**

指在国民经济各行业从事自然科学技术方面教学活动的专业人员，包括：正副教授、讲师、助教、教师和在中学从事自然科学技术方面教学活动的人员。

Refers to those professionals engaged in the teaching in different sectors of the national economy, including professors, associate professors, lecturers, teaching assistants, teachers and teaching personnel in science and technology in middle schools.

**文化事业机构　Cultural Institutions**

指从事专业文化工作和为专业文化工作服务的独立建制的单独核算的单位。不包括这些单位另外举办独立核算的其他机构和各部门的业余文化组织。

Refer to units which have their own organizational system and independent accounting system and specialize in or serve cultural development. They exclude other establishments run by these cultural institutions and amateur cultural groups established by various departments. Art Troupe refers to the troupe which is engaged in drama, opera, music, dance, acrobatics or other art performance, opens independent accounts with banks and has self-supporting accounting system; excluding the troupes which are engaged partly in industrial or agricultural activities, partly in art performance and the professional troupes organized by the people.

**艺术表演团　Number of Spectators at Art Performance**

指从事戏曲、音乐、舞蹈、杂技等专业艺术表演，有独立帐户，实行单独核算的团体。不包括半工半艺、半农半艺的业余剧团。

Refers to the number of attendants at commercial shows, completely booked shows or free shows given in minority national areas, and does not include the number of spectators at rehearsals for examination and internal shows for study.

**电影放映单位　Film Projection Units**

指具有放映机器设备、固定或不固定的放映场所与专职或兼职的放映技术人员，经有关部门登记批准，经常为一定的观众对象放映电影的机构。包括批准对外开放进行营业，并与电影发行放映管理机构分帐的专用放映单位和军委系统片单位。

Refer to units with film projection equipment, full or part-time projectionists, permanent or non-permanent places, approved by related administrative departments to show films regularly regularly for certain groups of audience, including those film projection units which have been approved to give commercial shows and run business with independent accounting system as well as those film-renting units of the military system.

**体育场　Stadiums**

指有 400 米跑道(中心含足球场)，有固定道牙、跑道 6 条以上，并有固定看台的田径场。以看台容纳观众人数分：甲级 25000 人以上，乙级 15000—25000 人，丙级 5000—15000 人，丁级 5000 人以下。

Refer to stadiums for track and field events with six lane 400-meter tracks around soccer fields, permanent track marks and permanent bleachers. Stadiums are classified according to seating capacity. They include: Class A stadiums seating 25000 people each. Class B stadiums seating 15000 to 25000 people each. Class C stadiums seating 5000 to 15000 people each. And Class D stadiums seating fewer than 5000 people.

**体育馆　Gymnasiums**

指有固定看台可供篮球、排球、羽毛球、乒乓球、体操等项目训练比赛活动用的室内场地，以看台容纳观众人数分：甲级 6000 人以上，乙级 4000—6000 人，丙级 2000—4000 人，丁级 2000 人以下。

Refer to indoor sports grounds with permanent seats in which basketball, volleyball. badminton, table tennis and gymnastics competitions can be held. Gymnasiums are classified according to seating capacity. They include Class A gymnasiums seating over 6000 people. Class B gymnasiums seating 4000 to 6000 people. Class C gymnasiums seating 2000 to 4000 people, and Class D gymnasiums seating fewer than 2000 people.

**等级裁判员人数　Number of Referees in Grades**

指经考试正式批准授予等级裁判员称号的人数。裁判员等级分为国际级裁判，国家级裁判、一级、二级、三级裁判。

Refers to the number of referees who have been given titles after examination. They are classified as international referees, national referees and referees of the first, second and third grades.

**等级运动员人数　Number of Athletes in Grades**

指经考核正式批准授予等级运动员称号的人数。运动员等级分为国际运动健将、运动健将、一级、二级、三级运动员、少年运动员。

Refers to the number of athletes who have been given titles through examination. The titles of athletes include international masters of sports, masters of sports, first-grade and third-grade sportsmen and young athletes.

**医院　Hospitals**

指名称为医院，设有固定床位能收容病人住院并能为病人提供医疗、护理服务的医疗机构。包括县及县以上医院、农村乡卫生院、其他医院三部分。按所属性质分为卫生部门、工业及其他部门、集体所有制三类。其中县及县以上医院按业务性质分为综合医院和专科医院。

Refer to medical institutions with permanent hospital beds, which are able to take in patients and provide them with medical and nursing services. Hospitals are classified into three categories: hospitals at or above the county level, hospitals of rural townships, and other hospitals. According to their ownership, hospitals can be classified into three categories: hospitals under the public health departments, hospitals under industrial and other departments and collective-owned hospitals. Hospitals at or above county level are divided into comprehensive and specialized hospitals.

**卫生技术人员　Medical Technical Personnel**

指卫生事业机构支付工资的全部固定职工和合同制职工中现任职务为卫生技术工作的人员。包括中医师、西医师、中西医结合高级医师、护师、中药师、西药师、检验师、其他技师、中医士、西医士、护士、助产士、中药剂士、西药剂士、检验士、其他技士、其他中医、护理员、中药剂员、西药剂员、检验员、其他初级卫生技术人员。

Refers to all medical staff and workers employed by medical institutions, including doctors of Chinese and Western medicine, senior doctors who integrate traditional Chinese therapeutics with Western therapeutics in practice, senior nurses, pharmacists of Chinese and Western medicine, laboratory specialists, other specialists, paramedics of Chinese and Western medicine, nurses, midwives, druggists in Chinese and Western medicine, laboratory technicians, other technicians, other practitioners of Chinese medicine, nursing attendants, pharmacological workers of Chinese and Western medicine, laboratory workers, and other primary medical personnel.

**医生　Doctors**

指经卫生部门审查合格，从事医疗工作的专业人员。分为中医医生和西医医生。包括卫生技术人员的中医师、西医师、中西结合高级医师、中医士、西医士和其他中医。

Refer to qualified professional medical workers approved to practice by public health departments. They are classified into doctors of Chinese medicine, doctors of Western medicine, senior doctors who integrate traditional Chinese therapeutics with Western therapeutics in practice, paramedics of Chinese medicine and Western medicine, and other specialists of Chinese medicine.

附录 2：

# 关于西藏自治区“十一五”时期国民经济和社会发展规划纲要的报告

—2006 年 1 月 12 日在在自治区八届人大五次会议上

自治区主席　向巴平措

各位代表：

中共西藏自治区六届七次全委会议通过的《关于制定“十一五”时期国民经济和社会发展规划的建议》，提出了未来五年国民经济和社会发展的指导思想、奋斗目标和主要任务。据此，自治区人民政府编制了《西藏自治区“十一五”时期国民经济和社会发展规划纲要（草案)》。现在，我代表自治区人民政府向大会作报告，请各位代表连同《规划纲要（草案)》一并审议，并请各位政协委员提出意见。

## “十五”时期国民经济和社会发展回顾

过去五年，我们高举邓小平理论和“三个代表”重要思想伟大旗帜，树立和落实科学发展观，认真贯彻党的十六大，十六届三中、四中、五中全会和中央第四次西藏工作座谈会精神，在中央的亲切关怀和全国的大力支援下，紧紧依靠全区各族人民，开拓创新，团结奋斗，胜利完成了“十五”时期的目标任务，改革开放和社会主义现代建设取得巨大成就，进入了推进跨越式发展、全面建设小康社会的新阶段。

一、狠抓第一要务，经济实力明显增强

我们始终坚持以经济建设为中心，聚精会神搞建设，一心一意谋发展，保持了经济的持续快速协调健康发展。全区生产总值由 2000 年的 117.8 亿元增加到 250.4 亿元，连续 5 年保持 12%以上的增长速度，高于同期全国平均水平。“十五”末，西藏人均 GDP 已突破 1000 美元，进入了经济社会发展的关键时期；地方财政一般预算收入达到 12 亿元，比“九五”末增长 1 倍多；进出口总额突破 2 亿美元，比“九五”末增长 53.8%；金融机构本外币存贷款余额分别达 456.3 亿元和 179.34 亿元，是“九五”末的 3.5 倍和 2.2 倍；社会消费品零售总额达到 72 亿元，比“九五”末增长 67.9%。经济总量迈上了一个新台阶。

二、突出结构调整，产业发展势头良好

我们始终坚持调整优化经济结构，三次产业结构实现了由“三一二”到“三二一”的重大转变，现代产业建设开始起步。农牧业综合生产能力稳步提高，粮食总产量稳定在 95 万吨左右，继续保持了粮食基本自给。青稞、牦牛、白绒山羊等特色农牧业和劳务输出成为农牧民增收的两大亮点。第二产业质量和效益均有新的提高，工业和建筑业增加值年均增长10.4%、23.8%。到2005年，第三产业增加值占GDP的比重预计达到57.0%，比“九五”提高了 10.8 个百分点。旅游业收入达到 19.3 亿元，游客人数超过 180 万人次。非公有制经济蓬勃发展，个体工商户、私营企业从业人员分别增长了 74.1%和 5.2 倍。

三、积极争取投资，基础建设步伐加快

我们始终坚持加强基础设施建设，积极争取国家投资，努力激活民间投资，建成了一批对经济增长有重大支撑作用的基础设施和基础产业项目。全社会固定资产投资累计完成 689 亿元，是“九五”时期的 3 倍。“117 项目”、40 周年大庆等重点工程项目，绝大多数已建成并发挥效用。全区公路通车里程达 4.37 万公里，其中黑色路面 3288 公里，比“九五”末增加 1 倍。青藏铁路开工建设并提前全线铺通。航空运输快速发展，林芝机场开工建设。电力装机总容量达到 50 万千瓦，新增 15 万千瓦。基本实现了“县县通光缆、乡乡通电话”。积极引导投资向农牧区倾斜，重点实施了通路、通电、通水和农田草场、游牧民定居等建设项目，解决了 8185 户、4 万多游牧民定居和 58.8 万农牧民饮水困难问题，农牧区生产生活条件进一步改善。

四、注重统筹协调，社会文明不断提升

我们始终坚持社会协调发展，以农牧区为重点，按照优先发展教育、创新发展科技、急需发展卫生、加强文化建设的要求，加快发展各项社会事业，全区人民的思想道德素质、科学文化素质和健康素质不断提高。“十五”期间，社会事业累计投资达 40.6 亿元，是“九五”的 7.5 倍。“普六”任务基本完成，40 个县通过“普九”验收，54 个县通过扫盲验收，青壮年文盲率由 39%降至 15%；小学学龄儿童入学率、初中阶段入学率和高中阶段入学率分别提高了 10.1 个、43.3 个和 17.3 个百分点。加大先进适用技术的引进、推广力度，科普宣传和科技培训加强，科技进步对经济增长的贡献率明显提高。新建乡镇卫生院 445 个，改扩建县级卫生服务中心 42 个，农牧区卫生基础设施条件得到改善；以免费医疗为基础的农牧区医疗制度覆盖了全区农牧民。新建县综合文化活动中心 33 个。以“三大重点文物”为主的文物维修保护工作明显加强。“西新工程”、“村村通”

工程进展顺利，广播电视人口覆盖率达到 84.87%和 85.97%，分别提高了 7.14 和 9.84 个百分点。高度重视人口资源环境工作，生态环境保护得到加强。群众性精神文明创建活动广泛开展，未成年人思想道德建设得到重视。审计、统计、质检、新闻出版、体育、气象、人防、地震、妇女儿童和残障人事业等各项工作都取得新的成绩。

五、强化体制创新，改革开放稳步推进

我们始终坚持“框架一致、体制衔接”的原则，不失时机地推进改革开放，进一步增强了发展活力。“两个长期不变”为主的农牧区基本政策不断完善，草场承包经营责任制进一步落实。农牧区税费改革和综合配套改革进展顺利。初步放开了粮食购销市场。国有企业改革不断向前推进。推行了部门预算、国库集中收付、政府采购等制度。积极推进了行政管理体制改革、政府机构改革和社会领域的改革。整顿和规范市场经济秩序取得阶段性成果。把开放作为加快发展和维护稳定的结合点，以对祖国内地的开放为重点，积极推进对内对外开放，开放不断提高。招商引资累计到位资金 45.3 亿元，是“九五”时期的 7 倍。中央和国家机关、对口支援省市、国有大型企业无偿援建项目 1081 个，投资达 44 亿元，我区与内地经济、技术、文化、人才交流与合作日益密切。

六、立足创业富民，人民生活明显提高

我们始终坚持以人为本，围绕农牧民增收这个中心任务，着力改善群众生活，城乡居民收入水平明显提高。城镇居民人均可支配收入和农牧民人均纯收入预计达到 8411 元和 2075 元，比“九五”末分别增长 30.4%和 55.9%。农牧民人均纯收入连续三年保持两位数的增长。农村恩格尔系数下降 19 个百分点。累计投入扶贫资金 14.72 亿元，完成扶贫搬迁 2.5 万户、15 万人。认真落实就业和再就业优惠政策，国有企业下岗职工全部实现再就业，五年新增城镇就业人数 6.4 万，城镇登记失业率控制在 4.3%以内。社会保障体系逐步完善，实现了“两个确保”，做到了“三条保障线”的衔接。医疗保险制度改革加快。实施失业保险和工伤保险制度。建立了特困群众的生活和医疗救助制度。加大经济适用房建设、小城镇建设和农房改造力度，城乡居民居住条件进一步改善。

七、共同团结奋斗，民族关系和谐发展

我们始终坚持“共同团结奋斗、共同繁荣发展”的主题，全面贯彻党的民族宗教政策，大力发展平等、团结、互助、和谐的社会主义民族关系，进一步巩固和发展了安定和谐的政治局面。深入开展爱国主义教育和民族团结教育，大力宣传《民族区域自治法》，进一步增强了向心力和凝聚力。少数民族干部、妇女干部培养使用得到重视。藏语言文字工作得到加强。“兴边富民”行动成效明显。认真贯彻《宗教事务条例》，坚持“划清两个界限、尽到一个责任”的政策原则和工作要求，依法加强对宗教事务的管理，积极引导宗教与社会主义社会相适应，进一步巩固和扩大寺庙爱国主义教育成果，维护了正常的宗教秩序。

八、坚决反对分裂，社会局势日益稳定

我们始终坚持中央确定的对达赖集团斗争的基本方针不动摇，牢牢把握反分裂斗争主动权，旗帜鲜明地开展反分裂斗争，严密防范和严厉打击了达赖集团等境外敌对势力的各种渗透破坏活动。加快基层政权和政法基础设施建设，基层基础得到巩固。强化军警民联防机制，有力打击了非法出入境地和边境地渗透活动。反恐力度不断加大，依法打击了“法轮功”等邪教组织的违法犯罪活动。严格落实社会治安综合治理各项措施，维护了正常的社会秩序。积极开展矛盾纠纷排查调处工作，人民内部矛盾得到及时妥善处理。

九、加快职能转变，行政能力建设加强

我们始终坚持为民、务实、清廉，切实加强政府自身建设，更加注重社会管理和公共服务，政府的管理和服务水平不断提高。深入贯彻实施行政许可法，依法行政能力增强。主动接受人大的监督，加强与政协的联系，积极办复人大代表和政协委员的议案、提案、建议。基层民主建设进一步推进。深入开展“四五”普法，公民法制观念明显增强。五年来共制定政府规章 39 件。成立了自治区发展咨询委员会，促进了政府决策的科学化、民主化。勤政廉政建设、源头上预防和治理腐败、执法监察、纠正部门和行业不正之风等工作扎实深入。人才培养、引进、调整、稳定、使用等工作得到加强。推行了公务员公开考试录用、领导干部公开选拔和任前公示制度。大力加强公务员的教育培训，公务员整体素质明显提高。

刚刚过去的2005年，是全面实现“十五”计划目标、衔接“十一五”发展的重要一年，也是自治区成立40周年大庆之年。在这一年里，全区各族人民团结奋斗，为“十五”计划的顺利完成做了大量卓有成效的工作。我们突出农牧民增收这个首要任务，坚持创业富民，大力发展特色农牧业，组织、引导和扩大劳务输出，有效增加了农牧民收入；突出经济建设这个中心，坚持抓两头促中间，优先发展优势地区、优势产业，大力扶持边境地区、艰苦地区，促进了区域协调发展；突出农牧区这个重点，坚持统筹经济社会发展，增加农牧民免费医疗补助，提高“三包”经费标准，促进了社会事业的快速发展；突出改善群众生活这个根本目的，坚持以人为本，建立特困群众生活和医疗救助制度，完善最低工资保障制度，提高了人民群众的生活水平，全区继续保持了经济社会跨越式发展的良好势头，继续保持了社会局势日益稳定的大好局面。预计，全区生产总值达到 250.4 亿元，比上年增长 12%以上；地方财政一般预算收入增长 20%；全社会固定资产投资完成 191 亿元，增长 13%以上；社会消费品零售总额增长 13%；自产产品出口达到 3187 万美元，增长 15%；居民消费价格总指数为 101.4；城镇新增就业 1.4 万人。

这些成绩的取得，既为“十五”时期划上了一个圆满的句号，又为“十一五”发展打下了良好基础。“十五“时期，我们坚定不移地抓发展，经济社会正在从加快发展走向跨越式发展；我们旗帜鲜明地抓稳定，社会局势正在从基本稳定迈向长治久安；我们注重改善农牧民生产生活条件，人民生活正在从绝大多数贫困群众温饱问题基本解决向整体过上小康生活迈进。目前，我区正处于历史上发展和稳定的最好时期，我们正站在一个新的历史起点上！

各位代表，五年来，全区各族人民抢抓机遇，迎接挑战，团结奋斗，创造了宏伟的业绩，谱写了无愧于这个伟大时代的辉煌篇章！这是中央亲切关怀和全国人民无私支援的结果，是自治区党委正确领导的结果，是全区各族人民团结拼搏、共同努力的结果。在此，我代表自治区人民政府，向付出辛勤劳动的全区各族人民，向全国人民特别是承担对口支援的省市、中央国家机关和国有企业，表示崇高的敬意！向给予政府工作大力支持的人大代表和政协委员，向驻藏人民解放军、武警官兵、政法干警，表示诚挚的谢意！向关心、支持我区改革开放和现代化建设的海内外各界人士，表示衷心的感谢！

“十五”建设成就令人鼓舞，实践经验弥足珍贵。我们深切体会到：

———科学发展观是指导发展的世界观和方法论的集中体现，是我们推进跨越式发展、全面建设小康社会必须长期坚持指导思想；

———新时期西藏工作指导方针，是邓小平理论和“三个代表”重要思想在西藏工作中的具体运用和体现，是指导我们工作不断取得新成绩的强大思想武器；

———牢固树立发展是解决西藏所有问题的基础和关键的思想，坚持实干兴藏、创业富民，是我们凝聚人心、执政为民的根本途径；

———始终坚持稳定压倒一切，高举共同团结奋斗、共同繁荣发展的伟大旗帜，巩固发展安定和谐的政治局面，是实现跨越式发展、长治久安的基本前提和重要保障；

———中央的无比关心、全国的无私支援和全区各族人民的艰苦奋斗，是建设团结、民主、富裕、文明、和谐的社会主义新西藏的坚强后盾和强大动力；

——高度关注民生，把改善农牧民生产条件、增加农牧民收入作为经济社会发展的首要任务，不断改善群众生活，是我们一切工作的出发点和落脚点。

在充分肯定成绩的同时，我们也清醒地认识到：由于特殊的地理环境和历史原因，西藏仍属于我国欠发达地区，与全国平均发展水平还有较大差距。农牧民生产生活条件有待改善，增收任务艰巨。基础设施依然落后，产业建设刚刚起步，自我积累和自我发展能力不强。社会事业发展滞后，公共服务水平急需提高。就业形势不容乐观，工作压力不断加大。人口与生产要素分散，建设和管理成本高。城乡区域发展不平衡，经济关联度和市场化程度比较低。生态环境脆弱，建设和保护任务繁重。人才匮乏、结构不合理、公务员和其他人才队伍素质与跨越式发展的要求还有一定的差距。达赖集团的干扰破坏，仍然是影响西藏稳定发展的主要因素。一些地方、部门服务意识不强，工作作风亟需改进。对以上问题，我们将高度重视，认真加以解决。

## "十一五"时期的指导思想和奋斗目标

"十一五"期间，我区总体发展环境比"十五"时期更加有利。树立科学发展观、构建社会主义和谐社会的重大战略思想和中央关于进一步做好西藏发展稳定工作的意见，为继续做好西藏工作指明了方向。全面建设小康社会步伐的加快，西部大开发战略的深入实施，特别是中央支持、全国支援的力度不断加大，青藏铁路的建成通车，为跨越式发展提供了宝贵机遇。"一个转折点、两个里程碑"的光辉历程，为进一步做好西藏工作积累了宝贵的经验，奠定了坚实的物质基础。各族群众谋跨越、奔小康的愿望日益强烈，加快发展具有广泛的群众基础。社会局势正在从基本稳定走向长治久安，保持跨越式发展的良好态势有一个好的社会环境。我们必须十分珍惜大好形势，十分珍惜历史经验，十分珍惜宝贵机遇，充分利用各种有利条件，乘势而上，又快又好的推进跨越式发展，促进社会长治久安。

《纲要》提出"十一五"时期的指导思想是：以邓小平理论和"三个代表"重要思想为指导，坚持中国共产党的领导、坚持社会主义制度、坚持民族区域自治制度，树立和落实科学发展观，以经济建设为中心，紧紧抓住发展和稳定两件大事，确保西藏经济社会跨越式发展，确保国家安全和西藏长治久安，确保西藏各族人民生活水平不断提高。

《纲要》强调指出：

必须始终坚持以科学发展观统领经济社会发展全局这一根本指针。坚持用发展和改革的办法解决前进中的问题，把中央关心、全国支援和全区各族人民艰苦奋斗相结合，继续保持经济较快增长，加强基础设施建设，加快产业建设步伐，不断优化经济结构，提高发展质量效益，注重发展社会事业，走符合西藏实际，具有区域特色的生产发展道路，推进构建社会主义和谐西藏进程。

必须始终把改善农牧民生产生活条件、增加农牧民收入作为经济社会发展的首要任务。加大投入力度，引导农牧民转变生产生活方式，促进传统农牧业向现代农牧业转变，努力建设社会主义新农村。

必须着力实施“六大战略”。整合资源，集中力量实施好基础设施先行战略、特色经济发展和优势资源转化战略、开放带动战略、科教兴藏和人才强区战略、适度集中发展战略和可持续发展战略，促进经济社会全面、协调、可持续发展。

根据“十一五”期间的形势和任务，《纲要》提出今后五年经济和社会发展的主要目标是：继续保持“十五”时期全区生产总值和农牧民人均收入较快增长的态势，力争全区生产总值年均增长12%、农牧民人均纯收入年均增长13%，到2010年全区人均GDP与农牧民人均纯收入进入全国中等行列，到2020年实现全面建设小康社会的目标，为在本世纪中叶同全国人民一道基本实现现代化打下坚实基础。地方财政一般预算收入年均增长15%以上。基础设施继续完善，产业建设取得突破。以教育卫生为重点的社会事业进一步发展，公共服务水平全面提升。人民生活显著改善，居民消费价格保持在合理水平。社会保障体系进一步完善，城镇登记失业率控制在5%以内。改革开放步伐进一步加快。可持续发展能力增强，万元GDP能耗控制在国家规划指标以内。反分裂斗争机制进一步健全，社会局势更加稳定。和谐西藏不断推进，人民群众安居乐业。

“十一五”规划《纲要》突出了战略性、刚领性、综合性，增强了发展指标的约束性、预测性和指导性；围绕要解决的主要问题和重点发展领域，提出努力方向和相应的政策措施。在规划制定方法上，通过专家咨询、群众建言献策，征求社会各界意见等活动，充分发扬民主，广泛听取意见和建议，使规划既集中体现党委、政府的决策意图和施政方针，又凝聚各方共识和群众智慧，是全区人民建设团结、民主、富裕、文明、和谐的社会主义新西藏的行动纲领。

## “十一五”时期的主要任务

《纲要》提出“十一五”时期的任务，涉及到方方面面。这里，我着重报告九个方面的问题：

一、高度重视“三农”工作，加快建设社会主义新农村

按照“生产发展、生活宽裕、乡风文明、村容整洁、管理民主”的要求，把改善农牧民生产生活条件、增加农牧民收入作为经济社会发展的首要任务，心中装着群众，遇事想着群众，凡是为了群众，采取一切办法，举全区之力，建设社会主义新农村，让广大农牧民过上现代文明幸福生活。

千方百计增加农牧民收入。继续完善农牧民增收政策，优化农牧业结构，充分挖掘农牧业内部增收潜力，大力发展非农产业，积极培育劳务经济，逐步构建农牧民作为投资主体、经营主体、收益主体“三位一体”的长效增收机制。扶持乡镇企业和农牧业产业化龙头企业扩大规模，带动农牧民增收。积极开展多种经营。培育市场营销主体，扶持农牧区经纪人队伍。加大组织引导、技能技术培训、信息服务力度，促进农牧区富余劳动力转移和就业。

切实改善农牧民生产生活条件。扩大财政对农牧区公共服务的覆盖范围。积极引导援藏资金、项目向农牧区倾斜。整合资金、加大投入，集中力量建设通电、通路、通水、通讯及社会事业等农牧区基础设施。到2010年，所有乡镇和80%的建制村通公路，基本解决农牧民用电问题，消除无电乡（镇）、无电村，基本解决农牧区饮水安全问题，基本实现乡乡通邮、村村通电话。加快实施以农房改造、牧民定居和扶贫搬迁为重点的农牧民安居工程，力争经过5年努力，使全区80%以上的农牧民住上安居适用的住房。引导群众崇尚科学文明，追求社会进步，促进农牧民转变传统观念和生产生活方式。

推动传统农牧业向现代农牧业转变。进一步引导资金项目向“三农”倾斜，建立稳定的农牧业投入增长机制。着眼于保护和提高农牧业综合生产能力，实行最严格的耕地保护制度，实施提高粮食单产行动计划，确保粮食品质得到提高，继续保持粮食基本自给。加强农田草场基本建设和农畜产品生产基地建设。加大农牧业综合开发力度，实施退耕还林、退牧还草项目，提高农牧业防灾抗灾能力。强化政府提供公益性农牧业服务职责，加强农牧业科技队伍建设和农牧民技能培训，建立健全农牧业技术推广、农产品质量安全和标准、农产品市场、动物防疫和植物保护等农牧业服务体系。加快发展高产、优质、高效、生态、安全农牧业，推进农牧业产业化经营，提高农牧业综合生产水平和

效益。

加大扶贫开发力度。增加投入，“整乡推进”扶贫开发，提高贫困地区可持续发展能力。因地制宜，大力开展定点扶贫、科技扶贫、产业扶贫，对缺乏生存条件地区的贫困人口实行易地扶贫。扶持和引导农牧民从事旅游业、特色产品加工业等非农产业，提高脱贫致富能力。

继续深化农牧区改革。全面落实和完善“土地归户使用、自主经营、长期不变”，“牲畜归户、私有私养、自主经营、长期不变“和”草场公有、承包到户、自主经营、长期不变“政策，探索建立农牧业经营新机制。扶持和发展农牧区专业合作经济组织，提高农牧民组织化程度。改革对粮食生产和农用生产资料的补贴办法，加大补贴力度，完善补贴方式。建立良种推广补贴机制。建设动物防疫体系，推进兽医管理体制改革。加快粮食流通体制改革。深化农牧区税费、农牧区义务教育体制、强化乡镇服务职能等综合改革。

二、加强基础设施建设，提高综合发展能力

坚持基础设施先行，加快项目前期工作，启动和实施一批重大基础设施建设项目，加强建后管理运营，进一步改善发展条件。

着力建设综合交通运输体系。以公路建设为重点，统筹发展铁路、航空、管道等多种交通运输方式，建设四通八达、安全通畅、经济高效的综合交通运输体系。重点整治改建青藏、川藏、中尼、滇藏、新藏等干线公路，基本建成沥青路面。加强省道及区内环线建设，加快县通沥青路和乡村公路建设，力争 80%以上的县通沥青路。推进口岸公路和国防公路建设。加强乡镇客运店台建设。完善青藏铁路配套工程。加快建设林芝—拉萨—日喀则铁路。建设阿里机场，大力发展区内支线航空运输。加快建设格尔木—拉萨输气管道和拉萨—日喀则、拉萨—山南—林芝输油管道。

抓紧完善综合能源体系。坚持以水电为主，多能互补，集中与分散供电相结合，加快电源和电网建设步伐，力争到2010年全区电力装机容量和建设规模达到120万千瓦。开工建设巴河雪卡、巴河老虎嘴、雅江藏木、拉萨扎雪等一批重点电源项目。积极推进农牧区水电开发，因地制宜开发太阳能、地热、风能发电。实现林芝电网与藏中电网联网，实施农网建设和改造工程，完善城市供电网络，提高供电能力。根据自治区政府与有关能源开发企业签定的战略合作协议。加快开展雅鲁藏布江和藏东南“三江”流域水电资源开发规划和前期工作，积极推进“西电东送”接续能源基地建设。

加强水利设施建设。兴建旁多、拉洛和江北等一批骨干水利工程，搞好农田草场水利设施建设，形成较完备的灌溉体系。加大现有灌区改造力度，积极开展节水灌溉。强化管理，保护和利用好水利设施，提高运营效率和效益。以大江大河为重点，加强流域综合治理。继续推进城镇防洪工程建设，提高防洪标准。

推进信息化建设。以固定通信网、移动通信网、广播电视网和计算机互联网等通信基础网络建设为重点，构建大容量、高速率、高质量、高可靠度的统一基础信息传输平台。加快宽带通信网、新一代互联网、数字广播电视网建设，促进三网融合。以电子政务网络、应急管理信息平台、电子商务平台等建设为重点，积极推动全区的信息化进程。加快农牧区邮政、电信设施建设，逐步拓展行政村通邮工作，改善乡村通信条件。

三、加快产业建设，提高自我发展能力

按照一产上水平、二产抓重点、三产大发展的产业建设指导原则，坚持特色与规模并重，以市场为导向、科技为支撑、企业为主体，强化政府引导、服务职能，创新特色产业建设模式，重点开发优势资源，着力打造高原特色品版，实现特色、规模与效益的有机统一，走出一条符合西藏实际的现代产业发展道路。

大力发展特色农物业及加工业。立足高原特色，积极建设“一江两河”中部优质青稞、“双低”油菜，城郊优质蔬菜和东南部林果林下资源生产基地，重点培育和发展牦牛、藏系绵羊、绒山羊三草原畜牧产业。加快无公害产品、绿色产品、有机产品的开发和认证，推进农畜产品的标准化生产。推广“公司+基地+农户”经营模式，扶持一批具有市场知名度和竞争力的农牧业产业化龙头企业，推进特色农畜产品深加工，延伸产业链，提高附加值，增强竞争力。

有重点地发展优势矿产业。围绕优势资源转化战略的实施，加大矿产资源勘探力度，提高后续资源储备，重点开发有市场需求的优势矿产资源。加快玉龙铜矿、扎布耶盐湖等矿区的开发建设，力争藏北羌塘油气资源勘探取得突破。坚持高起点、高标准，不断提高矿产品加工深度和精度。以优势矿产资源为主，建设不同特色的矿业开发经济带或经济区，着手组建矿业企业集团。

加快发展旅游业。坚持特色精品原则，实施政府主导、部门联动、市场运作、企业经营、社会参与，大力发展国内旅游，积极发展国际旅游，适度发展出境旅游，促进旅游业率先实现跨越式发展。深度挖掘旅游资源的文化内涵。突出创新旅游景区（点）经营管理体制。重点建设拉萨—林芝—泽当—拉萨、拉萨—羊湖—江孜—日喀则—拉萨、拉萨—墨竹工卡—桑日—泽当—拉萨、拉萨—羊八井—当雄—林周—拉萨四大旅游环线，着力打造布达拉宫、珠穆朗玛峰、茶马古首、大香格里拉、神山圣湖等品牌。到2010年，初步形成观光、探险、休闲、度假齐全的大旅游产业体系，旅游总收入相当于全区生产总值的10%以上。

积极发展藏医药业。坚持藏医与藏药并兴举、生产和流通并重，充分挖掘传统优势，引进、运用先进技术和工艺，突出提高藏医药自主创新能力，走传统与现代相结合的藏医药产业发展道路。注重藏药材资源的合理保护与科学利用，建立藏医药研发基地和藏药材生产、繁育基地。加强培养具有藏医药专业知识的市场营销人才和藏医药研发人才，保护藏医药知识产权。积极拓展营销网络，开拓国际国内市场。

壮大民族手工业。充分发挥各地传统手工业技艺优势，大力保护和发展民族传统手工技艺。坚持现代科技传统工艺相结合，提高民族手工业产品的科技含量。以地毯、挂毯为拳头产品，重点抓好藏毯、民族服饰、唐卡、金银铜器、藏香等民族特色旅游商品的生产和销价售。扶持改造重点民族手工业企业，大力培育经纪人队伍，依托有实力和公司，推进“公司+手工作坊”模式，扩大生产经营规模。

优化升级建筑建材业。积极推广应用新型建材，淘汰落后工艺和耗能高、环保性能差的建材产品，提高建筑节能、节地、节水、节材水平。坚持以发展促调整的原则，以建筑企业组织结构,、技术结构、人才结构调整为重点，提高勘察、设计、施工、监理队伍素质和水平，扶持、培训一批具有工程总承包能力和房地产开发能力的骨干企业和企业集团。

服务业是现代产业建设的一个重要方面，关系到我区跨越式发展和人民群众生活水平的提高。要放开搞活邮政电信、金融保险、中介服务等现代服务业，改造提升商贸、餐饮、娱乐等传统服务业，拓宽服务领域，提高服务水平。突出抓好交通运输业，打造以拉萨为中心，以青藏铁路、干线公路、口岸为主的进出藏物流通道，宽领域、多层次地发展现代物流业。促进社区服务、家政服务等行业加快发展。、

四、统筹区域发展，推进城镇化进程

充分考虑基础设施条件、对外经济联系和经济发展特点等因素，进一步调整和优化生产力布局，实行优势区域优先发展，重点区域加快发展，以城镇化促进城乡、区域协调发展。

构建区域经济新格局。以拉萨、日喀则、山南、林芝、那曲地市为主的藏中经济区，

要加强内部经济协作与联系，构建五区域间的快速便捷通道，建设以中心城镇为依托的增长极，努力建成特色农牧业产业带、特色精品旅游走廊、加工业核心区和对外开放的前沿，成为辐射全区的核心经济区。以昌都为主的东部经济区，要充分发挥“靠西朝东、接轨东南”的纽带作用，充分发挥丰富的旅游、能源和矿产资源优势，加强与中部经济区的联系，积极融入成渝经济区，共同建设“大香格里拉生态旅游经济区”。以阿里为主的西部经济区，要发挥连接新藏、构建西部战略通道的边贸优势，大力开发旅游资源，建设白绒山羊基地，重点发展优势矿产业，促进外向发展。

推进县域经济和城镇化发展。突出重点，加大对县域经济发展的资金、项目支持力度，积极促进对外劳务与技术的合作交流，发展各具特色的县域经济，按照循序渐进、节约土地、集约发展、合理布局的原则，推进城镇体系建设，到 2010 年城镇化率达到 25%。坚持传统与现代相结合，突出地域特色，重点建设地市所在地城镇，辐射带动小城镇建设，积极搞好亚东、樟木等边贸城镇和口岸建设。

促进人口适度集中。把城镇建设与产业建设有机结合起来，采取扶贫搬迁、牧区定居点建设、户籍制度改革等措施，创造有利于促进人口和生产要素相对集中的条件。鼓励发展特色优势产业和劳动密集型产业，引导生产要素合理流动，扩展城镇经济内涵，提高城镇吸纳就业能力。适当合并乡镇，集中力量加强乡镇基础设施和配套设施建设，吸引农牧民向乡镇集中。

加快边境地区发展。以边境乡镇为重点，加大投入，优先安排建设项目，切实改善边境地区群众的生产生活条件。充分发挥沿边区位优势，大力发展边境贸易。扎实推进“兴边富民”行动。进一步加强边境地区基层政权建设。到 2010 年，使边境地区的群众生活水平达到全区平均水平。

五、建设节约型社会，增强可持续发展能力

把实施可持续发展战略放在更加突出的位置，贯彻节约资源和保护环境的基本国策，按照“低投入、高产出、低消耗、少排放、能循环、可持续”的要求，走生产发展、生活富裕、生态良好的文明发展道路，建设资源节约型、环境友好型社会。

合理保护和利用资源。在保护中求发展，以发展促保护，有序开发资源，提高利用效率。实行最严格的耕地保护制度。严格执行城市经营用地的招标、拍卖、挂牌制度。加强对草场的保护与建设。树立水商品意识，统一管理水资源，加大重点江河的水源保护。科学合理开发优势矿产资源，严防无序、不规范开采。严格执行限额采伐制度，合理有序开发森林资源。

加强生态建设和环境保护。按照优化开发、重点开发、限制开发和禁止开发的要求，切实推进重要生态功能区、重点资源开发区和生态良好区的生态保护与建设。紧紧抓住中央把西藏列入全国生态环境重点治理区域的有利时机，以天然林资源保护、草原生态建设、湿地与江河湖泊源头保护等为重点，着力实施西藏高原国家生态安全屏障保护与建设工程加强珠峰、羌塘、雅鲁藏布大峡谷等自然保护区的建设和管理。加强对高原珍稀、濒危、特有动植物的保护工作，维护生物多样性和自然生态的良性循环。做好各种自然灾害预测、预报工作。实施“一江四河”等主要江河流域污染防治工程。加强城镇污水治理垃圾处理。启动农牧区小康环保行动。加强环境监督管理，严格环境准入，严格企业污染达标排放。

发展循环经济。按照减量化、再利用、资源化的原则，在资源开采 、生产消耗、废物产生和消费等环节，逐步建立全社会的资源循环利用体系。以节地、节材、节能、节水、资源综合利用为重点，全面推行清洁生产，从源头上减少废物的产生。强化再生资源回收利用，建立特写领域废旧物品物资回收拆解收费制度，推进废旧金属再生利用以及废旧家电、计算机、电池和其他电子产品的回收利用。制定法规，完善政策，创新体制，促进循环经济发展，逐步形成节约型的增长方式和消费模式，努力建设节约型社会。

六、深化改革，扩大开放，完善社会主义市场经济体制

坚持以改革促发展，以开放促发展，冲破一切妨碍发展的思想观念，改变一切束缚发展的做法规定，革除一切影响发展的体制弊端，加快西藏经济北向发展，开辟南亚通道，扩大东联成果，推进西接步伐，再聚加快发展新要素，再创改革开放新优势，形成更加开放、更具活力的经济体系。

积极推进国有企业改革。以产权制度改革为核心，实现投资主体多元化。加快公司制改革，完善责权统一、运转协调、有效制衡的法人治理结构。加快转换企业经营机制，努力培育和建立一支职业化、高素质的企业家队伍。坚持政府公共管理职能和国有资产出资人职能分开，积极探索创建既符合国家总体要求，又有西藏特色的国有资产管理和监督体制。完善权利、义务和责任相统一，管资产和管人、管事相结合的国有资产管理体制。积极开展国有企业效能监察，加强国有资产监督管理，规范产权交易行为，保证国有资产有效流转，提高国有资产运营效益。

大力发展非公有制经济。坚持公有制为主体、多种所有制经济共同发展的基本经济制度，毫不动摇地鼓励、支持、引导非公有制经济发展。鼓励非公有制企业投资、参股国有企业，大力发展混合所有制经济。完善和落实支持、鼓励非公有制经济加快发展的政策措施，消除体制障碍，保障同等待遇，营造公平竞争环境。建立民营企业恳谈会制度。加强和改进对非公有制经济的服务与监管，创造有利的融资条件，促进非公有制经济上规模、上档次。依法保护非公有制企业和职工的合法权益。

加快市场体系建设。以培育、建设农牧区市场为重点，继续发展商品市场，大力发展要素市场，积极发展市场中介组织，围绕交通枢纽、产品集散地、传统集市贸易点等，重点搞好县和县以下商品市场建设。以食品药品市场、建筑市场、旅游市场、矿业市场、文化市场和交通运输市场等为重点，加强市场监管，进一步整顿和规范市场经济秩序。大力营造诚实守信的社会环境，逐步形成以道德为支撑、产权为基础、法律为保障的社会信用体系。

深化宏观管理体制改革。按照政企分开、政资分开、政事分开以及政府与市场中介组织分开的原则，强化政府社会管理和公共服务职能，减少和规范行政审批。坚持政务公开，推进政效能监察。深化投融资体制改革，逐步缩小政府对投资项目的核准范围，健全企业投资项目核准制和备案制，建立有利于启动和激活社会投资的机制。建立健全政府投资项目决策责任追究制度，进一步规范政府投资行为。完善财政转移支付制度，加快公共财政体系建设。继续深化部门预算、国库集中收付、政府采购、收支两条线等制度改革。建立财政预算绩效评价体系，提高财政资金使用效率。按照国家的统一部署，推进税制改革，强化税收征管。加强区域金融宏观调控，改进金融服务，防范和化解金融风险，为地方经济发展提供有力支撑。

促进经济外向发展。树立开放意识、服务意识，提高办事效率，改进服务方式，提高服务质量和水平，进一步优化投资软环境。以建设特色优势产业为重点，大力发展开放型经济。瞄准国内大市场，依托特色优势资源的开发，立足于促进就业和当地群众增收致富，围绕“引进来”和“走出去”做文章，借助外力求发展。积极引进一批全国知名的农业产业化龙头企业，国内外著名的矿业、旅游等大型企业或企业集团，借助其资金、技术、人才和市场优势，促进特色经济的发展壮大。鼓励和支持各类企业通过嫁接、兼并、参股等多种方式走向区外。充分发挥青藏铁路、公路纽带作用，密切与西北经济区的联系，共同建设陕甘青藏经济带；深化与西南各省区市的经济协作，积极融入成渝经济区。加强与对口支援省市、中央和国家机关及中央企业的交流与合作，引导援助资金项目重点投向改善农牧民生产生活条件、支持产业发展。

不断提高对外开放水平。加大扶持力度，加强特色产品基地建设，扩大自产特色产品的出口，促进对外贸易快速发展。建设边境口岸、边贸市场、传统贸易点，加快南亚陆路大通道建设，积极发展与南亚国家的贸易往来。加强宣传推介力度，提高外资利用水平。集中力量，创新体制机制，突出特色和外向型，坚持高起点、高标准，将拉萨经济技术开发区建成特色产品研发生产基地、出口产品生产基地、高新技术产业化基地，使其真正成为西藏对外开放的窗口。

七、深入实施科教兴藏和人才强区战略，为跨越式发展提供智力支撑

充分发挥科技、教育、人才对跨越式发展的基础性、全局性作用，这是《纲要》的重要内容，也是实现今后五年各项任务的重要保证。

坚持教育优先发展。全面普及九年义务教育，扫除青壮年文盲。以加强就业能力培养为重点，调整优化教育结构。加快发展高中教育，大力发展职业教育和远程教育，重视发展特殊教育和幼儿教育，巩固提高发展高等教育，重点建设西藏大学和西藏高等职业技术学院。继续办好内地西藏班（校），扩大招生规模，优化招生结构。加强寄宿制学校建设。提高农牧民子女上学“三包”标准，切实保障家庭困难学生接受相应教育的权利。建设高素质的教师队伍，提高办学质量。不断深化教育改革，全面推进素质教育。鼓励、规范各种形式的社会办学。

建设适应跨越式发展的人才队伍。牢固树立人才是第一资源的思想，加大人力资源开发投入，用好现有人才，稳住关键人才，引进急需人才，培养未来人才。高度重视培养党政干部队伍、企业经营管理队伍、专业技术队伍和高素质劳动者队伍。大力培养选拔少数民族干部，重视培养使用长期在藏干部，充分发挥对口支援干部的重要作用。积极推进人事和分配制度改革，完善人才政策，鼓励知识、技术、管理等要素参与分配。加快建立和完善人才市场体系，促进人才合理有序流动。创新援藏机制，进一步扩大智力援藏范围。不断完善体制机制，通过事业留人、机制留人、感情留人、待遇留人，营造人才辈出、人尽其才、拴心留人的社会环境。

加大先进适用技术引进推广和技术创新力度。把科技兴农兴牧摆在首位，以先进适用技术引进推广为重点。加强农牧区技术服务体系建设。着力建设西藏高原农牧业科技示范园。加强藏医藏药、高原生物、新能源、矿产等领域应用技术研究，力争取得突破，

为特色产业发展提供支撑。积极发展高新技术产业。继续推进太阳能光电研究与产业化应用工作，建设国家级太阳能应用示范基地。加强气象、灾害预警、生态环境等领域的技术攻关。以资金和项目为保障，加大科技基础条件建设力度，着力建设技术推广、资源共享、研究开发三大科技平台。整合科技资源、深化科技改革、加强科技合作，努力培育自主开发和技术创新能力，逐步形成以企业界、科研单位、高校为主体科技创新体系。

八、加快社会发展，推进和谐和西藏建设

按照民主法治、公平正义、诚信友爱、充满活力、安定有序、人与自然和谐相处的要求，加快构建社会主义和谐社会进程。

全面做好人口工作。开展人口发展战略研究，促进人的全面发展。以农牧区为重点，建立健全优生优育服务体系，逐步降低孕产妇死亡率、婴儿死亡率和缺陷儿出生率，保障孕产妇生命安全和身体健康，提高出生人口素质。加强以现居住地管理为主的流动人口计划生育服务和管理。做好老龄工作，保障妇女儿童权益，关爱残疾人等弱势群体。

积极推进就业和社会保障工作。把扩大就业、控制失业率、增加就业岗位放在突出位置，实施积极的就业政策，拓宽就业渠道，“十一五”期间，城镇新增就业 8 万人、登记失业率控制在 5%以内。做好大中专毕业生和复转军人的就业工作。加快完善社会保障体系，多渠道筹措资金，扩大基本养老保险覆盖面，加快推进医疗保险制度改革，建立和完善失业保险、工伤保险制度，尽快建立生育保险制度，健全城市居民最低生活保障制度，完善特困群众生活和医疗救助制度。加大对劳动和社会保障事业发展的资金投入力充，建立与跨越式发展相适应的覆盖城乡的社会保障体系。

加快发展卫生文化体育等社会事业。继续把医疗卫生工作重点放到农牧区，进一步完善以免费医疗为基础的农牧区医疗制度，提高农牧民免费医疗补助标准。进一步加强农牧区卫生服务体系建设，提高县、乡镇医疗卫生服务水平，形成以县带乡的农牧区医疗体系。推进疾病预防控制体系、突发公共卫生事件救治体系和卫生执法监督体系建设。建立健全传染病、地方病防治的长效机制，落实好重大传染病和碘缺乏病、大骨节病、白内障的综合防治措施，努力降低传染病总发病率，基本实现无白内障障碍区的目标，碘盐推广覆盖率达到 85%。逐步健全城镇基本医疗服务体系。推进医疗体制和药品流通体制改革。继承、保护和弘扬民族优秀传统文化，抢救、保护和开发利用好文化遗产。积极推进“西新工程”、“村村通”工程、“2131 工程”和文化信息资源共享工程。加快基层文化设施建设。大力发展社会科学、文学艺术、新闻出版、广播影视等文化事业。加强文化市场建设和管理，推动特色文化产业发展。改善公共体育设施，实施全民健民计划，提高全民身体素质。

进一步做好民族宗教工作。围绕共同团结奋斗、共同繁荣发展的民族工作主题，巩固和发展平等、团结、互助、和谐的社会主义民族关系。认真贯彻民族区域自治法，深入开展“三个离不开”的思想的宣传教育。继续加强学习、使用、规范和发展藏语文工作。采取特殊政策扶持人口较少民族加快发展。全面贯彻党的宗教信仰自由政策，依法管理宗教事务，坚持独立自主自办的原则，积极引导宗教与社会主义社会相适应。认真实施《宗教事务条例》，按照“划清两个界限、进到一个责任”的政策原则和工作要求，依法加强对宗教事务和宗教活动场所的管理，坚决打击利用宗教从事分裂破坏活动。深入开展寺庙爱国主义教育和法制教育。

切实加强民主法制建设。自觉接受人大和政协的监督，认真做好人大代表、政协委员的议案、提案、建议和意见的办复工作。实施“五五”普法教育。加快村务和厂务公开，完善村民自治和企业民主管理制度，进一步扩大基层民主。规范执法行为，强化执法监督，提高执法质量。

大力加强社会主义精神文明建设。坚持用邓小平理论、“三个代表”重要思想和科学发展观，用西藏 50 多年的沧桑巨变和“一个转折点，两个里程碑”的光辉实践，宣传、教育、引导广大干部群众。广泛开展“四观”教育，在党员干部、学生中深入开展“两论”教育。贯彻落实公民道德建设实施纲要。加强爱国主义教育基地建设，进一步加强和改进青少年思想道德建设。大力开展多种形式的精神文明创建活动和爱国卫生运动，提倡科学文明健康的生活方式，继续抓好国防教育和“双拥”共建，加强军政军民团结。努力解决关系群众生产生活的实际问题，提倡人与人和睦相处，不断提高社会文明程度，为推进和谐西藏建设积极创造条件。

九、维护社会局势稳定，努力建设平安西藏

进一步维护安定团结的政治局面，不断巩固和发展大好形势，建设政治局势稳定、治安秩序良好、法制建设完备、人民安居乐业的平安西藏。

继续深入开展反分裂斗争。坚持“旗帜鲜明、针锋相对、主动治理、强基固本”的方针，把反分裂斗争摆在维护社会稳定工作的首位，打好反分裂斗争的主动仗。进一步健全反分裂斗争的工作机制，加强情报信息工作，切实提高反恐处突能力，严密防范、严厉打击达赖集团的各种分裂破坏活动和暴力恐怖活动。

切实加强社会治安综合治理。全面推进社会治安反控体系建设，完善社会治安综合治理工作机制。加强政法部门之间的协作配合，加大侦查破案力度，依法惩处各类犯罪活动。高度重视人民内部矛盾的排查调处工作，积极预防和妥善处置群体性事件。坚决打击、依法取缔各种邪教组织。

大力加强基层基础和政法队伍建设。加强农牧区及边境地区基层基础设施建设，适当增加编制，充实和加强基层一线力量。加强基层政权机关、公安派出所基础设施及配套设施和村“两委会”活动场所建设。坚持政治建警、科技强警、从严治警，加强政法队伍建设，提高执法水平和战斗力。进一步加强国防动员、人民防空、民兵预备役工作，积极支持驻藏人民解放军、武警部队基础设施建设。

加强公共安全建设。强化社会公共安全意识，加强公共安全保障能力建设，提高公共安全保障水平，维护人民生命财产安全。认真落实安全责任制，进一步健全安全生产监管体制。加大安全执法力度，严格执行重特大安全生产事故责任追究制度。提高安全生产应急救援能力。切实加强道路交通安全工作。建立健全食品药品监管和检验监测体系，强化市场监管，保障人民群众健康安全。做好人口密集区和重点场所的防火工作。加强薄弱环节建设，增强防灾减灾能力。建立健全应急管理体系，提高处置突发事件能力。

各位代表，以上报告的是“十一五”时期我区经济社会发展的主要任务和措施，其中也包括了今年政府工作的主要任务。今年是实施“十一五”规划的第一年，扎实做好今年的工作，起好步、开好局，具有十分重要的意义。**政府工作的指导思想**是：以邓小平理论和“三个代表”重要思想为指导，认真贯彻党的十六大、十六届五中全会和中央经济工作会议精神，坚持以科学发展观统领经济社会发展全局，紧紧围绕“一个中心、两件大事、三个确保”，扎实推进社会主义新农村建设，狠抓农牧民生产生活条件改善和农牧民增收这个重点，不断加大改革开放力度、结构调整力度、固定资产投资力度、科技推广力度和工作落实力度，以一产上水平、二产抓重点、三产大发展为着力点，进一步加快经济发展步伐，努力建设平安西藏、和谐西藏，为顺利实施“十一五”规划开好局、起好步。**2006年发展的主要预期目标**是：全区生产总值增长12%以上；地方财政一般预算收入增长15%；居民消费价格总水平涨幅控制在3%以内；农牧民人均纯收入增长13%，力争达到2345元；城镇新增就业1.43万人，城镇登记失业率控制在4.5%以内。

今年的工作重点是：**坚持抓好经济社会发展的“首要任务”**，把领导干部的精力、政策扶持的重点、资金投入的方向，全方位向农牧区倾斜，突出改善农牧区生产生活条件，千方百计增加农牧民收入，扎实推进社会主义新农村建设。**坚持“两条腿走路”**，着力加强基础设施建设和产业建设，注重项目建设和运营管理，争取特色农牧业、优势矿产业和精品旅游也有新的进展，不断提高经济增长的质量和效益。**坚持“三驾马车”并驾齐驱**，保护好、引导好、发挥好各方面加快发展的积极性，努力争取投资，扩大消费需求，优化进出口结构，充分发挥投资、消费、进出口拉动经济增长的作用。**坚持注重社会事业发展**，以农牧区为重点，优先发展教育，加快发展卫生，提高科技服务水平，推进文化建设，切实加强生态建设和环境保护，促进经济社会全面协调可持续发展。**坚持做好维护稳定的各项工作**，深入开展反分裂斗争，严厉打击刑事犯罪和恐怖活动，及时妥善调处人民内部矛盾，推动平安西藏创建活动，为全区各族人民创造安居乐业的良好环境。**坚持执政为民**，高度重视解决人民群众关心的就业、社会保障、国有企业房改等热点、难点问题，以饱满的热情，努力为人民群众解难事、办实事、做好事，切实让人民群众体会到党的关怀和祖国大家庭的温暖。

各位代表，“十一五”规划为我们描绘出了跨越式发展和长治久安的宏伟蓝图。实现“十一五”规划目标，最根本的是要用党的十六大、十六届五中全会精神和区党委六届七次全委会议精神，统一思想，提高认识，使之成为全区各族人民的自觉行动。尤其是要按照“三个代表”重要思想和保持共产党员先进性的要求，切实加强政府自身建设，努力树立“廉洁、勤政、务实、高效”的人民政府形象，增强凝聚力和战斗力。**要突出政府职能建设**，继续深入贯彻执行《行政许可法》和《全面推进依法行政实施纲要》，切实把政府职能转到经济调节、市场监管、社会管理和公共服务上来，依法管理经济社会事务，依法保障人民群众合法权益，切实做到依法行政；**突出勤政廉政建设**，坚持从严治政，加强效能建设，建立健全教育、制度、监督并重的惩治和预防腐败体系，简化办事程序，提高办事效率，增强服务实效，切实做到廉洁奉公；**突出工作作风建设**，把人民群众是否满意作为检验我们各项工作成败得失的标准，深入了解民情、充分反映民意、广泛集中民智、切实珍惜民力，抓住重点、解决难点，集中力量、真抓实干，明确责任、跟踪督查，切实做到务实为民；**突出干部队伍建设**，加强学习和培训，不断更新知识，努力建设一支政治合格、业务精通、作风过硬的高素质的公务员队伍，增强贯彻科学发展观的自觉性和坚定性，努力提高贯彻党的路线方针政策和依法行政、依法办事、解决实际问题的能力，提高政府工作效率和水平，切实做到服务为民，为规划的顺利实施创造良好的环境。

各位代表！我们面临着千载难逢的良好机遇，肩负着富民强区的崇高使命。让我们在自治区党委的坚强领导下，紧密团结在以胡锦涛同志为总书记的党中央周围，高举邓小平理论和“三个代表”重要思想伟大旗帜，全面落实科学发展观，紧紧依靠全区各族人民，艰苦奋斗，开拓进取，扎扎实实地做好各项工作，为圆满完成“十一五”时期的目标任务而努力奋斗。

附录 3:

# 关于 2005 年国民经济和社会发展计划执行情况与 2006 年国民经济和社会发展计划（草案）的报告

——2006 年 1 月 12 日在西藏自治区第八届人大会第五次会议上

西藏自治区发展和改革委员

各位代表：

受自治区人民政府委托，现将 2005 年国民经济和社会发展计划执行情况与 2006 年国民经济和社会发展计划（草案）提请自治区八届人大五次会议审议，并请自治区政协各位委员提出意见。

## 一、2005 年国民经济和社会发展计划执行情况

2005 年，按照自治区八届人大四次会议批准的国民经济和社会发展计划，全区各族人民在区党委的领导下，同心同德，奋发图强，继续保持了跨越式发展的良好势头。全年西藏生产总值预计实现 250.4 亿元，比上年增长 12.3%，完成了年初确定的预期目标。第一产业实现增加值 48.1 亿元，增长 5%；第二产业 59.8 亿元，增长 14.2%；第三产业 142.5 亿元，增长 14.2%；农牧业综合生产能力得到加强，种植业结构调整步伐加快。全年粮食产量 94.5 万吨，基本保持上年生产水平。粮经饲作物种植比例由 2004 年的 71∶19∶10 调整到 69∶20∶11 ；多渠道筹措建设资金工作取得新进展。全社会固定资产投资预计完成 191 亿元，同比增长 13.4%，其中争取国家投资达到 125 亿元，招商引资 27.2 亿元；消费市场稳中趋旺，价格基本保持稳定。预计社会消费品零售总额达到 72 亿元，同比增长 13%，居民消费品价格指数 101.4 ，较上年下降 1.3 个百分点。对外贸易特别是出口贸易增长较快。预计进出口贸易突破 2 亿美元。人民生活继续改善。预计城镇居民人均可支配收入和农牧民人均纯收入分别达到 8411 元和 2075 元，分别增长 2.6%和 11.5%。预计全年城镇新增就业岗位 1.4 万个，国有企业下岗职工全部实现再就业，城镇登记失业率控制在 4.3%以内。

（一）认真落实各项宏观调控措施，确保经济平稳运行一是加强经济运行分析，建立运行分析联席会议制度，认真分析全区宏观经济运行态势，研究经济运行中的重大情

况和重要问题。二是多方筹措建设资金，加强对投资方向的调控，有重点地向农牧区基础设施建设和教育卫生科技等社会事业倾斜。三是加强对建设项目的管理，召开了四次重点项目调度会议，协调解决工程建设过程中的困难和问题。年初召开 40 周年大庆项目专题会议，部署和落实了大庆项目组织实施工作。四是为促进我区特色产业的发展，组织起草了《关于加快产业发展的若干意见》。五是加大价格管理、监督检查和清费治乱减负力度，建立了预警和应急处理机制。六是加强电力需求管理，制定科学的电力调度方案和应急预案，充分挖掘生产潜力，保障电力迎峰度冬期间的安全运行，确保居民生产生活及重点单位用电。

（二）狠抓“三农”工作，农牧民收入持续较快增长继续推进农牧业结构调整。扩大油菜籽、蔬菜等经济作物种植面积，加大了科技成果转化力度，种植业结构调整取得新进展。全区共落实农作物播种面积 352.3 万亩物其中：粮食作物 243.8 万亩物比上年调减 4%牷经济作物 71.3 万亩，比上年增长 7.7%；饲料作物 37.2 万亩，比上年增长 3.3%。油菜籽总产达 6 万吨，比上年增长 7%；蔬菜总产达 34.4 万吨，比上年增长 14%。农区、城郊畜牧业步伐加快，畜牧业集约化经营趋势明显，防抗灾能力不断增强。预计全年牲畜存栏总数 2480 万头（只、匹），牲畜出栏率 29%，肉、奶产量分别达到 21.2 万吨和 27.4 万吨，同比分别增长 5%和 4%。整合农口资金 1.65 亿元，启动实施了牦牛、青稞、油菜、白绒山羊、藏猪、藏鸡等 27 个特色产业项目建设，部分项目已产生效益。

进一步加强农牧区基础设施建设，农牧民生产生活条件不断改善。全年共落实农林水项目国家投资 17.67 亿元，加大了水利设施、农田草场、林业生态等基础设施投入。建设人畜饮水工程点 755 处，解决了 8.5 万人、85 万头牲畜饮水困难；新增电力装机 6670 千瓦，改造 750 千瓦，解决 16 个乡（镇）、128 个村、4940 户、3. 3 万人用电问题；新增和改善灌溉面积 5 万余亩；完成低产田改造 18 万亩，治理坡耕地 8 万亩，实施黄牛改良 4 万头，绵羊改良 4.5 万只，实现游牧民定居 780 户、3900 人；生态建设继续加强，长江上游三县天然林保护、退耕还林、退牧还草等生态工程进展顺利，预计全年完成生态公益林保护 97.5 万公顷，荒山造林 10 万亩，植树造林 32.7 万亩，退牧还草 130 万亩。

农牧民收入继续保持较快增长态势。在抓好农牧业结构调整的同时，通过采取特色农牧业产业开发、组织农牧民参加工程建设、资源开采、非农产业等有效措施，有力促进了农牧民收入增长。一是农牧业基础设施条件得到改善，农牧业综合生产能力得到提高；二是优良品种推广力度加大，农产品价格稳中有升；三是农牧民参与工程建设力度继续加大，预计全年可完成劳务输出 60 万人次，实现劳务收入 7 亿元；四是乡镇企业和多种经营的作用日益增强，农业产业化龙头企业的发展对增加农牧民收入的积极作用初步显现；五是加大扶贫开发工作力度，重点扶贫对象减少了 28 万人；六是提高了农牧区“三包”学生的补助标准和农牧民免费医疗标准。

全面建设小康社会试点工作稳步推进，自治区确定的23个小康示范县、51个乡(镇)、14个行政村试点建设项目规划完成，对我区小康社会建设现状、存在问题和特色产业项目建设进行了全面深入的调研。

（三）继续加大争取国家投资力度，重点项目建设进展顺利

一是积极争取国家投资。自治区主要领导多次向国家有关部委汇报衔接，有关部门继续派工作人员常驻北京，加大与国家发展改革委等有关部委的汇报衔接力度。全年国家发展改革委、铁道部、交通部等部委共下达我区基建投资 125 亿元，其中青藏铁路西藏段 30 亿元。

二是有效利用银行贷款。在国家实施宏观调控、放慢投资下达速度的情况下，结合我区施工“黄金期”较短的客观实际，自治区批准了工程资金未到位先行贷款建设的意见，相继于 2005 年 5 月、8 月、11 月安排了三批贷款 15 亿元，其中统贷统还 11.9 亿元，部门贷款 3.1 亿元，保证了工程的顺利实施。

三是重点项目建设进展顺利。中央第四次西藏工作座谈会确定的 117 个建设项目，已累计完成投资 310 亿元物其中青藏铁路西藏段 116.6 亿元。因合理工期要求和增加建设内容不能完工，需结转到“十一五”期间的项目有青藏铁路、青藏光缆、“三大文物”保护与维修工程、无电县及中小水电开发工程、重点大型灌区续建配套与节水增效工程和西藏扶贫开发 6 个项目。在 117 项目之外，国家还陆续审批了我区国道干线、通县油路、送电到乡、村村通广播电视、退耕还林、退牧还草、直孔水电站、狮泉河水电站、青藏铁路供电工程、西藏大学、林芝机场、县城基础设施等一批西部开发项目。

为庆祝自治区成立 40 周年，2004 年底国家安排了我区大庆项目 24 个，总投资 64 亿元。目前，除昌都镇昂曲河大桥和广播影视译制工程因设计变更未开工外，其他项目均已开工建设。预计 2005 年底累计完成投资 37 亿元。作为大庆庆典项目的自治区接待处改造、拉萨金珠西路、西藏人民会堂等工程已在大庆前建成并投入使用。

四是项目管理得到加强。建立了严格的检查、稽查、通报、整改、上报制度，在自治区组织对“117 项目”、“40 大庆”、“两基攻坚”、退牧还草等重点项目稽查的同

时，积极配合国家有关部委对我区重大项目进行了稽查和专项检查。

五是项目前期工作不断深化。2005 年年初，自治区安排 3.2 亿元资金，开展了总投资 1500 亿元的 280 个项目前期工作，目前有 197 个项目已完成计划，83 项正在进行之中。

（四）狠抓工交生产，加大发展特色产业工作力度，新的经济增长点培育步伐加快

加强生产要素综合协调，保障工业生产快速增长。预计 2005 年全区乡及乡以上工业企业完成增加值 17 亿元，增长 13.2%；发电量完成 12.8 亿千瓦时，同比增长 10.2 %；水泥 139 万吨，同比增长 44.8%；中成药 1190 吨物同比增长 9.2%；啤酒 4.86 万吨，同比增长 24.9%。

工业生产开始向规模化、高技术化方向发展。玉龙铜矿开发业主正式组建，环评、土地预审和核准申报工作进展顺利，铜矿工业试验厂建成投产；年产 5000 吨碳酸锂的扎布耶锂业资源开发项目竣工；拉萨当雄年产 10 万吨矿泉水生产线建成，山南华新年产 30 万吨水泥生产线和西藏高天年产 60 万吨干法水泥生产线竣工投产。

以旅游、藏医药、高原特色生物产业、农畜产品加工业和民族手工业、矿业、建筑建材业为重点的特色经济发展势头强劲，新的经济增长点正在逐步形成。培育和继续扶持了农牧业产业化龙头企业 13 家，其中国家级 3 家、自治区级 10 家。加强旅游基础设施建设，推动旅游产业发展。全年预计接待国内外游客 180 万人次，旅游收入 19.3 亿元。

（五）财税、金融、内外贸易等发展势头良好 2005 年地方财政一般预算收入预计完成 12 亿元，同比增长 20.09%；财政支出预计完成 185.3 亿元，同比增长 38.57%。财政收入持续快速增长，收支结构进一步优化。对外贸易，全年进出口总额预计完成 2.1 亿美元，同比下降 5%。其中出口 1.6 亿美元物同比增长 23%；进口 0.5 亿美元，同比下降 44%。年末全区金融机构本外币存款余额 455 亿元，同比增长 25.8%；贷款余额 180 亿元，同比增长 7.2%。

通过加快建立消费信贷制度，积极扩大城镇居民消费需求，努力开拓农牧区消费市场建设，促进和引导农牧民增加消费。全区社会消费品零售总额预计完成 72 亿元，同比增长 13%。

（六）经济社会协调发展，社会事业全面进步

全区社会事业的发展，更加重视以人为本和面向农牧区。全年，共安排社会事业建设项目投资 15 亿多元，90%以上的项目在基层、在农牧区。教育事业共下达投资 8.9

亿元。“两基”攻坚、西藏大学改扩建项目进展顺利。全区有 68 个县通过“普六”验收，“普六”人口覆盖率达到 94.9%，小学适龄儿童入学率达 95.9%；40 个县通过“普九”验收，“普九”人口覆盖率达到 59.4%，初中入学率达 75.4%；54 个县通过扫盲验收，青壮年文盲率由“九五”末的 39%下降到 15%。

加快公共卫生和医疗服务体系建设，到 2005 年底，全区已累计安排 445 个乡镇卫生院、59 个县卫生服务中心、50 个县疾控中心和 64 个县传染病科等急需基础设施建设。以县带乡的农牧区医疗服务体系逐步得到完善，农牧民医疗服务水平有了一定的提高。此外，安排实施了地（市）藏医院、人民医院、成办医院和自治区人民医院改扩建、自治区药品检验所等建设项目。

大力发展社会主义先进文化，不断丰富广大人民群众精神文化生活，提高生活质量。2005 年，安排投资 9125 万元，新建了 11 个县综合文化活动中心，改扩建 2 个地区群众艺术馆；开工建设自治区藏剧团排练演出厅；继续推进三大重点文物保护工程。完成了 1500 多个村级广播电视接收站和 6 座中波台建设。

千方百计扩大就业。2005 年，自治区安排投资 1450 万元，用于建设自治区就业服务中心，构建就业服务体系，加大对待业人员的劳动技能培训；举办劳务洽谈会，为待业人员就业提供机会，做好大学生就业安置工作。

社会保障体系进一步完善。城镇居民基本医疗保险、养老保险、失业保险及城镇居民最低生活保障、农牧民免费医疗制度进一步完善，工伤保险全面启动。全年全区城镇职工参加基本养老保险、基本医疗保险人数分别为 7. 91 万人、13. 12 万人物比 2004 年增长 7.6%和 131%；工伤保险得到较快发展，预计全年参保人数达到 1.5 万人；城镇居民最低生活保障人数 4.3 万人，实现了应保尽保；全区农牧民基本享有以免费医疗为基础的医疗服务，农牧民免费医疗费用也由 2004 年的每人每年 40 元提高到 2005 年的 80 元。

（七）进一步整顿规范市场秩序，经济体制改革稳步推进

在全区范围内组织开展了清费、治乱、减负工作，出台了《西藏自治区应对价格异常波动的应急工作预案》、《西藏自治区推进水价改革促进节约用水保护水资源的实施意见》。积极疏导价格矛盾，理顺价格关系，促进相关行业健康发展。取消了 140 项行政审批收费项目、降低 17 项行政事业性收费标准，年减轻社会负担约 900 多万元。继续实施“食品药品放心工程”、“放心商品工程”、“12315 民心工程”。认真开展矿山生产秩序整顿工作，对黄金生产秩序进行了严格整顿。

继续推进各项改革。编制出台了《西藏自治区关于进一步深化粮食流通体制改革的实施意见》，相关配套文件抓紧编制并相继实施。2005 年 9 月全面放开了粮食购销市场和价格，按种粮面积每亩补贴 15 元。研拟了《西藏自治区企业投资项目核准实施办法》（试行）、《西藏自治区企业投资项目备案办法》、《西藏自治区人民政府核准投资项目目录》。逐步建立有利于启动和激活社会投资的机制，全面推行社会投资基本建设项目登记备案制。大力发展非公有制经济，市场配置资源的基础性作用进一步发挥，非公有制市场主体对经济增长的贡献率稳步提高，目前已超过 20%。

（八）对口援藏和招商引资工作成效显著，对外开放力度加大

对口援藏力度不断加强。据不完全统计，第四批实施对口援藏的省（市）和中央企业、国家部委计划援助资金 21 亿元，预计全年到位 13 亿元。完成了由铁道部牵头、八家中央企业捐赠物资的接收和分配工作。

对外开放进一步加大，区域经济逐步推进。一是招商引资力度加大。各地市先后组团分别赴东西部地区开展了形式多样的招商活动。全区共签订招商引资项目近 400 项，实际到位资金 27.2 亿元，超额完成 2005 年初确定的招商引资到位资金 25 亿元任务。玉龙铜矿、华新水泥厂、中信五星级酒店、格桑林卡住宅小区等招商引资项目已开始实施。二是组团参加了六省、区、市经济协作会第 20 次会议，积极参与了东西部投资贸易洽谈会、特色产品博览会、昆交会、地毯博览会和第六届“青洽会”等；三是重点加强了与青海、甘肃、陕西、宁夏等西北省、区的合作。与青海省共同提出了联合创建“青藏经济带”的构想，与甘肃省签署甘藏经贸框架合作协议，同安徽省党政代表团形成了经贸合作纪要。加强与其他省市的联系和沟通，上海市在拉萨设立了首家省级办事处。

（九）圆满完成了“十一五”规划纲要编制工作自治区“十一五”时期国民经济和社会发展规划编制工作，自 2003 年 5 月开始至今，大体经历了前期准备、规划思路形成、规划纲要起草三个阶段。开展了“三农”问题、就业问题、人才发展、县域经济发展、生态环境保护、产业建设、社会全面发展、小城镇发展、青藏铁路影响力及对策、青藏铁路经济带建设以及全区“十一五”期间重大建设项目等重大问题研究，形成了自治区“十一五”规划总体思路。在思路基础上，《西藏自治区“十一五”时期国民经济和社会发展规划纲要》（草案），根据《中共中央国务院关于进一步做好西藏发展稳定工作的意见》和《中共西藏自治区党委关于制定“十一五”时期国民经济和社会发展规划的建议》精神进行了全面修改，同时召开了自治区发展咨询委员会“十一五”规划专家咨询会，并多方征求了各部门、各地市、社会各界的意见，现已形成了提交本次大会审

议的《西藏自治区“十一五”时期国民经济和社会发展规划纲要》(草案)。

回顾 2005 年的经济社会发展各项工作，主要预期目标任务如期实现。“十五”中期，面对突如其来的非典疫情冲击，坚持一手抓疫情防治不放松、一手抓经济建设不动摇，上下一心，夺取了抗非典、促发展的双胜利。“十五”后期，在国家实施稳健财政政策和稳健货币政策的宏观环境下，自治区制定了“两条腿”走路的发展方针，一方面继续争取国家投资，另一方面加快产业建设，保持了经济持续快速发展的好势头。初步预测，“十五”期间，地区生产总值年均增长12%以上，2005 年人均 GDP 超过1000 美元，新世纪第一个五年计划的主要发展目标全面实现。这些成绩的取得，得益于科学发展观和构建社会主义和谐社会在我区的具体贯彻落实，得益于中央的关怀和全国的援助，得益于自治区党委的正确领导，得益于全区各族人民的共同努力。

## 二、2006 年经济社会发展环境的总体判断

2006 年，我区经济社会发展既有许多有利条件，也有不少不利因素，既面临难得机遇，又面临严峻挑战。

面临的机遇，一是中央关于进一步做好西藏发展稳定工作的意见，为继续做好西藏工作指明了方向。二是“一个转折点，两个里程碑”的光辉实践，为进一步做好西藏工作积累了宝贵经验。三是全面建设小康社会步伐的加快，西部大开发战略的深入实施，特别是中央支持、全国支援的力度不断加大，青藏铁路、林芝机场的建成运行，为跨越式发展提供了宝贵机遇。四是经济社会正在从加快发展走向跨越式发展，由稳定快速发展向协调健康可持续发展迈进，保持良好发展态势具有一定的物质基础。五是思稳定、谋跨越、求发展、奔小康已成为社会各界的共同愿望，加快发展具有广泛的群众基础和动力源泉。六是社会局势正在从基本稳定走向长治久安，推进跨越式发展有一个好的社会环境。

由于特殊的地理环境和历史原因，我区仍属欠发达地区，与全国平均发展水平有较大差距，经济社会发展仍面临着诸多矛盾和问题，当前突出表现在：投资渠道单一，基础设施的瓶颈制约仍然存在；农牧区自然条件差，远离市场，改善农牧民生产生活条件、实现农牧民稳定、较快增收的任务十分艰巨；产业建设刚刚起步，产业扶持力度亟待增强；社会事业发展滞后，人才匮乏，公共服务水平亟待提高。

## 三、2006 年经济社会发展的总体要求和主要任务

"十一五"是全面建设小康社会承前启后的关键时期，是为后十年发展打好基础的重要时期。今年是"十一五"时期的开局之年，是我们站在新的历史起点继续前进的一年，是落实《中共中央国务院关于进一步做好西藏发展稳定工作的意见》关键之年。

2006 年经济工作的总体要求是：以邓小平理论和"三个代表"重要思想为指导，认真贯彻党的十六大、十六届五中全会和中央经济工作会议精神，坚持以科学发展观统领经济社会发展全局，紧紧围绕"一个中心、两件大事、三个确保"，扎实推进社会主义新农村建设，狠抓农牧民生产生活条件改善和农牧民增收这个重点，不断加大改革开放力度、结构调整力度、固定资产投资力度、科技推广力度和工作落实力度，以一产上水平、二产抓重点、三产大发展为着力点，进一步加快经济发展步伐，努力建设平安西藏、和谐西藏，为顺利实施"十一五"规划开好局、起好步。

根据上述总体要求，我区 2006 年国民经济和社会发展的主要预期目标是：

———地区生产总值增长 12%以上，继续保持跨越式发展的良好势头；

———全社会固定资产投资完成 214 亿元，增长 12%；

———农牧民人均纯收入达到 2345 元，增长 13%；

———城镇新增就业 1.43 万人，城镇登记失业率控制在 4.5%以内；

———居民消费价格指数 103。

实现今年各项经济和社会发展的预期目标，继续保持国民经济快速发展，要着力抓好以下十项工作：

（一）认真搞好"三农"工作，在推进我区社会主义新农村建设上创造良好开端

做好今年的"三农"工作，要切实把改善农牧区生产生活条件、增加农牧民收入作为首要任务，按照社会主义新农村"生产发展、生活宽裕、乡风文明、村容整洁、管理民主"的要求，坚持"多予、少取、放活"的方针，重点在"多予"上下功夫，确保第一产业增加值实现 5%的增速。

一是继续提高农牧业综合生产能力。切实搞好土地管理和基本农田保护，继续实施提高粮食单产行动计划，稳定粮食生产能力。抓好春耕备耕工作，加大良种推广力度，加强农作物田间管理，努力使粮食总产量保持在 2005 年水平。切实加强草场承包经营责任制的落实，做好接羔育幼工作，加大活畜产品的生产和流通，提高牲畜出栏率。加

快农牧业产业化经营步伐，鼓励和支持龙头企业开展农畜产品深加工，引导龙头企业与农牧户之间建立利益共享、风险共担的经营机制。针对我区灾害和疫情频发的特点，制定切实可行的防抗灾工作预案，做好防抗灾物资的调运、储备工作。认真开展动物免疫交叉检查验收工作，加强动物疫病的防治。

二是加大农牧区基础设施建设力度。重点实施“农牧民安居工程”。为确保“十一五”期间完成全区80%以上农牧民住上安全适用舒适的房屋，加大资金投入力度，切实做好牧民定居、农房改造和扶贫搬迁工作。并以此为抓手，落实通路、通水、通电、通讯等工程，今年新增20个乡通路，解决32万人的安全饮水，新增和改善20万人的用电，行政村通电话率提高到40%以上。

三是加快发展农牧区公共事业。重点抓好基础教育、医疗卫生、文化设施等工作。进一步普及和巩固农牧区义务教育成果，加大对农牧区中小学校改扩建工程的投入力度，改善办学条件。加强农牧区公共卫生和基本医疗服务，加快推进以县带乡的农牧区卫生基础设施建设。进一步完善以免费医疗为基础的农牧区医疗制度。加快乡镇文化站建设，继续实施广播电视“村村通”工程和农牧区电影放映“2131”工程，推动农牧区公共文化事业发展。

四是多渠道增加农牧民收入。按照“优势区域、优势资源、优势产业、优先发展”的原则，继续整合农口资金，加大对特色产业的投入，加快农牧业特色产业的扶持和开发，增加农畜产品附加值。加强农牧民技能和劳动力转移就业培训，提高组织化程度，力争农牧民劳务输出收入达到8亿元。凡与农牧民关系密切、技术含量适宜的项目和建设内容，组织农牧民参与实施。引导和扶持农牧民积极从事地方建材业，鼓励农牧民参与旅游、餐饮、服务等第三产业。努力培育农牧民专业合作经济组织，提高农牧民组织化程度。加强小城镇基础设施建设，发展壮大县域经济。加大扶贫开发力度，进一步做好以工代赈和易地扶贫试点工作。加快建设面向农牧区、服务农牧民的生产资料市场、农贸市场和消费品批发市场，搞活农畜产品流通。加强化肥、涉农收费和价格的监管，继续推进农牧区税费改革，切实减轻农牧民负担。

（二）实施优势资源转化战略，有重点地加快第二产业发展

一是认真抓好“十一五”工业项目前期工作。做好高天水泥二期工程、扎布耶二期、藏北牦牛肉产业化项目等前期工作。抓好正在申报的包括玉龙铜矿在内的国家级资源开发区岗底斯中东段成矿带地勘工作，为“十一五”期间开工建设提供后备项目。在用好现有国家地勘补助资金的同时，积极争取国家尽快批准《西藏优势矿产资源加快勘察评

估可行性研究报告》，争取国家对西藏矿产资源勘探给予更大资金支持。

二是加大工业生产力度。重点抓好建材、矿产品、藏药、绿色食饮品的生产，积极推进市场开拓和销售工作。加大西藏名优新特产品宣传力度，以销售促生产。对水泥等建材生产企业，要支持加大技术改造力度，降低生产成本，生产适销对路的产品品种，提高市场竞争力和企业经济效益；对铬铁矿、碳酸锂等矿产品生产企业，要引导它们紧紧抓住目前市场价位较高的有利时机，在保证安全的前提下积极扩大生产，不断增加市场占有份额；帮助啤酒、藏药等生产企业准确判断市场需求走势，做好市场调查，不断扩大消费群体，增加企业效益。做好工业产品统计和调查工作，及时掌握价格、市场需求等变化信息，做好生产资料的供应和协调工作，促进生产稳定增长。

三是加快现有工业生产能力的发展。要切实加强项目建设，不断壮大工业规模。在现有的规模较小的工业基础上，加快建设一批环境友好型、资源节约型的循环经济工业项目。加快玉龙铜矿建设进度，起到矿产发展的示范带动作用；抓好拉萨当雄矿泉水二期 10 万吨矿泉水项目建设，力争年内竣工投产；抓好自治区藏药厂如意珍宝系列藏药现代化主体技术产业化示范工程项目的建设；加强藏电东送项目规划论证前期工作。抓好拉萨国家级经济技术开发区、达孜工业集中区、曲水农畜产品加工区、堆龙工业园区、林芝生态产业示范园区建设。开工和竣工投产一批招商引资项目，增强我区工业发展后劲。

（三）继续深化经济体制改革，加快对内对外开放步伐按照《中共中央关于完善社会主义市场经济体制若干问题的决定》精神，认真搞好我区的经济体制改革中长期规划，有步骤、有重点地推进各项改革。

一是深化国有资产管理体制改革，完善国有资产监管制度，努力实现企业国有资产保值增值。切实解决国有企业历史遗留问题，着力解决热点、难点问题，化解制约改革的不利因素。

二是深化农牧区改革。进一步完善农牧区的双层经营体制，积极稳妥地推进耕地、草场等使用权的合理流转。不断深化农牧区综合配套改革。继续做好深化粮食流通体制改革工作，尽快出台自治区粮食流通体制改革配套政策。

三是继续推进投资体制改革。进一步确立企业的投资主体地位，建立有利于启动和激活社会投资的机制，逐步形成投资主体自主决策、投资渠道多元化格局。

充分利用区内、区外两个市场、两种资源，抓好特色产业项目的前期工作，积极发挥我区驻国内外经济联络窗口的作用，在更大范围、更广领域和更高层次上参与国内外经济合作与竞争，加快资源优势向经济优势转化。

一是瞄准和依托国内市场，加强横向经济技术交流与合作，发展开放型经济。充分利用政策优势，吸引全国知名的农业产业化龙头企业、国内外著名的旅游企业等大型企业或企业集团进藏发展。密切与西南五省、区、市经济协作，加强与西北经济区的交流与合作，开展共同建设甘青藏经济协作区的前期工作。

二是依托特色优势资源，加快农畜产品、藏药材、林地产品等系列出口产品的生产，建设特色出口商品生产基地，扩大自产产品出口规模，调整和优化进出口商品结构。

三是加大亚东、樟木、普兰等边境口岸、边贸市场、传统贸易点的建设力度和沿边开放力度，活跃边贸市场。实施电子口岸工程。

四是积极发展与南亚各国特别是与印度、尼泊尔的经贸往来，大力发展对外承包工程和劳务合作，开展境外加工贸易，带动产品、服务出口。

五是修订外商投资产业指导目录，鼓励引进先进技术和设备，限制低水平、高消耗、高污染的外资项目进入。

（四）以解决基础设施瓶颈制约为重点，确保全年固定资产投资任务圆满完成

一是切实做好投资争取工作。目前，中央第四次西藏工作座谈会确定的 117 个基本建设项目已基本结束，青藏铁路也将进入收尾阶段。40 周年大庆项目分四年安排，年度投资规模较小。总体上看，“十五”期间需要结转到“十一五”时期继续安排的续建项目投资规模很小，要实现“十一五”起好步，固定资产投资缺口很大。必须做好“十一五”项目的汇报、衔接工作，确保 2006 年固定资产投资目标的完成。第一，努力抓好续建项目资金的落实。今年续建项目申请国家投资 74.2 亿元，主要有青藏铁路、青藏光缆、“三大文物”保护与维修工程、无电县及中小水电开发工程、重点大型灌区续建配套与节水增效工程和西藏扶贫开发等 6 个 117 项，草原建设与保护二期工程、农村人畜饮水解困二期工程牗续建牘和安全饮水工程、农村公路二期工程、农网三期工程、农牧区基础卫生医疗设施建设、中小学建设、林芝八一镇二桥等 40 周年大庆项目和直孔电站、狮泉河水电站、柳梧大桥、林芝机场、西藏大学等重点项目。第二，切实做好项目前期工作，争取国家安排一批新开工项目。今年，力争新开工的重大项目有巴河雪卡水电站、昌都至玉龙输变电工程、送电到村、新藏公路、青藏公路格拉段整治、江达至岗托、米林至朗县县际公路、康马至亚东县际公路、工布自然保护区、藏北草原建设保护与游牧民定居工程、仁青岗边贸市场、垃圾和污水处理工程、县城及重点镇给排水等工程。同时，充分利用自治区增加 1 亿元的前期工作经费，继续做好“十一五”1500 亿

元的项目前期工作，争取已完成前期工作的一些基础设施、特色产业等方面的重点骨干项目开工建设。

二是加强对重点项目的监督和管理。严格落实项目法人制、合同管理制、招标投标制、工程监理制和工程质量终身责任制等工程项目建设“五制”。坚持开好全区重点工程项目调度会，及时解决项目建设中出现的问题。科学测算建设工程概算指标，严格工程项目造价管理。进一步加大稽查力度，加强稽查机构，完善稽查职能，开展经常性稽查和专项稽查，做好跟踪稽查，及时发现问题，及时纠正，严格控制工程投资，规范合同和财务管理，提高工程质量，杜绝挪用挤占工程建设资金，确保项目投资、建设工期按计划执行。做好工程竣工验收工作，逐步建立项目后评价机制，提高项目决策的科学性。不断总结经验。

三是努力吸引民间投资和其他投资。结合投资体制改革，运用市场经济的手段，通过制定相应的政策法规，改善投资环境，为激活民间投资创造必要的政策支撑。同时，研究制定《鼓励特色产业发展资金使用管理办法》，促进民间投资的增长。做好银行贷款工作，扩大贷款建设规模。四是认真做好招商引资和援藏资金的落实工作。进一步完善和落实招商引资的政策措施，简化审批手续，提高办事效率，增强服务意识，改进服务方式，提高服务水平。积极创新招商引资方式，走好“以资源引资”、“以资产引资”、“以企业引资”的路子，互惠互利，实现“共赢”和借力发展。力争招商引资达到 35 亿元。同时，加强与实施援藏任务的部委、相关省市和中央企业的衔接，落实已经确定项目的资金到位。

（五）加大工作力度，全面拉动消费增长

一是积极培育消费热点，全面拉动消费增长。采取有效措施，积极疏通物流环节，不断培育市场，为企业创造宽松的市场经营环境。紧紧抓住青藏铁路通车，积极组织适销对路的商品供应，满足市场需求，鼓励企业拓宽区外市场，做好铁路出藏物资的组织协调工作。培育住房、汽车、电子通讯、旅游等消费热点，进一步扩大消费信贷，刺激消费增长。

二是提高公共服务水平，完善服务功能。加强旅游景区、景点及配套设施的建设，提高旅游承载和接待能力。优化通信、邮政、运输等行业服务质量，增强竞争观念，诚信经营，打造优质服务品牌。搞好城乡流通市场建设，鼓励各类投资主体投资服务业，逐步形成设备齐全、功能完善的服务网络体系。

三是进一步整顿和规范市场秩序，努力改善消费环境。加大清费治乱减负的工作力度，规范行政事业性收费，切实减轻企业和消费者的不合理负担。加大价格监督检查力度，打击制造、销售假冒伪劣产品，严厉查处价格欺诈，制止不正当竞争，着力解决教育和医疗乱收费问题，加强食品药品安全整治工作，切实维护广大经营者和消费者的合法权益。

（六）统筹协调各项社会事业，在构建社会主义和谐社会上迈出新步伐

一是促进各级各类教育协调发展。以“两基”攻坚为重点，继续实施“两基”攻坚计划，今年，力争5个县通过“普六”验收，9个县通过“普九”验收，9个县通过“扫盲”验收。加大对高中建设和职业教育的投入，继续抓好西藏大学改扩建工程。今年，全区小学入学率达到97%，初中入学率达到80%，高中阶段入学率达到36%，高等教育毛入学率达到15%。

二是做好就业和社会保障工作。尽快完善促进就业的政策措施，逐步建立困难人群的就业扶持制度。支持发展社区就业和灵活就业，加大职业技能培训力度。做好新成长劳动力、复转军人、高校毕业生和就业困难人员的就业指导和服务工作。切实做好社会保障工作。今年，城镇低保覆盖率力争达到100%，养老、医疗、失业保险要达到80%左右，工伤保险要达到20%，启动职工生育保险。认真做好优抚安置、社会福利、社会救济、抗灾救灾等工作，建立健全城乡社会救助体系。

三是加强公共卫生建设。全面完成医疗救治体系建设任务，继续做好艾滋病、结核病、大骨节病、白内障等疾病防治工作。加强自治区人民医院、地（市）人民医院基础设施建设，建立和完善自治区和地（市）两级突发公共卫生事件应急机制，提高疾病预防控制、医疗救治和应急救治能力，着力推进卫生执法监督体系建设。逐步健全城镇基本医疗服务体系，发展和规范城市社区卫生服务。完善县级卫生服务中心配套设施，加快乡镇卫生院建设，形成以县带乡的农牧区医疗体系。进一步加强禽流感、口蹄疫等人畜共患疫病的防治工作。

四是加大先进适用技术引进推广和技术创新力度。以农牧业先进实用技术的引进推广为重点，建设青藏高原农牧业科技示范园。制定更加优惠的政策，鼓励区内外企业间开展技术合作，运用先进适用技术和高新技术改造传统产业。充分利用内地的科研、人才、技术优势，加强和扩大区内外科研技术的合作与交流。加强藏医藏药、高原生物、新能源、矿产采选冶、气象等领域的技术攻关与应用研究，力争取得新的技术突破。继续推进太阳能综合利用研究与产业化应用工作，建设国家级太阳能应用示范基地。

五是大力发展文化、体育等事业。加快建设县级新华书店、文化馆、图书馆和乡村

文化站（室）。加快广播影视基础设施建设，提高广播影视节目的译制能力，继续抓好电影“2131”工程、广播电视“西新工程”和农牧区广播电视覆盖工程，扩大“村村通”工程实施范围和增加节目接收套数。进一步完善文化产业发展政策，促进文化产业加快发展。实施全民健身计划，提高全民身体素质。逐步加大投入，改善公共体育设施，优化体育资源配置，重视发展具有民族特色的传统体育项目，有重点地发展现代体育项目，积极开展丰富多彩的青少年体育运动。

（七）加强生态建设和环境保护，实现可持续发展继续实施好《西藏自治区生态环境保护规划》、《西藏自治区生态环境建设规划》和《西藏自治区自然保护区发展规划》，全面推行重要生态功能区、重点资源开采区和生态良好区的“三区”生态保护战略，充分利用自然保护区、生态功能区、生态示范区、环境优美小城镇等四大工作载体，努力促进我区生态环境的全面改善。对重要生态功能区实施抢救性保护，对重点资源开采区的生态环境实施强制性保护，对生态良好地区和物种丰富地区实施积极性保护。搞好天然林保护、退耕还林（草）、防沙治沙、草场生态建设等重大生态环境保护与建设工程。

切实加大污染防治力度。着手启动雅鲁藏布江、拉萨河、年楚河、雅砻河、尼洋河等主要江河流域污染防治工程。加大对放射源的管理工作，确保辐射环境安全。加强城镇污水、垃圾处理等环保基础设施建设，先期实施航空港、陆路口岸等重点区域。加强环境监督管理，巩固污染企业达标排放成果。加强环境应急体系建设，防范环境污染事故。在全社会倡导生态文明，加强环境执法，严格环境准入，维护我区良好的生态功能，保障生态安全。

（八）加强调控力度，全面完成好“十一五”规划工作在《西藏自治区“十一五”时期国民经济和社会发展规划纲要》（草案）经自治区人民代表大会审议通过后，要切实做好全区“十一五”规划任务分解工作。自治区各有关部门要切实抓好规划的落实工作，积极协调各地市规划和自治区各部门专项规划，落实政策措施，加强向中央有关部委的工作汇报，衔接好“十一五”时期我区要建设的交通、能源、农牧林水等基础设施方面的重点骨干项目，落实好项目投资，各项目申报单位要继续做好申报项目的前期工作，力争国家审核批准我区更多的项目开工建设。各有关部门、行业专项规划和地市规划也要根据自治区规划纲要抓紧修改、补充和完善，确保在今年6月底前基本完成全区的规划工作。

（九）密切关注，解决好经济运行中出现的困难和问题

一是加强对重点、难点、热点问题的研究。密切关注经济运行中出现的不健康、不

稳定因素，坚持经济运行联席会议制度。密切关注经济运行中的各种信号趋势，充分发挥主观能动性，协调各方，及时提出和采取对策措施，加强薄弱环节，夯实发展基础，避免经济出现大的起伏和波折。加快研究制定扩大社会融资的办法，不断扩大融资规模。深入研究国企改革和建设社会主义新农村的对策措施。

二是加强对重要物资的储备。粮食、石油、液化气、化肥、农药、钢材、水泥等重要物资生产和销售企业，要充分发挥自身优势，按照市场供求关系，组织货源，满足需求，同时注意引导非国有市场主体的经济行为。自治区各执法部门要严格执法，严把产品质量关，同时要加大监督检查力度，整顿规范市场秩序。针对市场可能出现的价格异常波动，加快制定重要物资的应急预案。

三是深入做好政府服务企业的各项工作。各地各部门要采取有力措施，协调企业的生产、加工各环节的运行，积极引导企业做好市场营销，改变只注重生产、不重视营销的落后经营方式，选准市场定位，树立“大市场、大营销”观念，构建长远发展战略，拓展生存和发展空间，提升我区的特色产品、优势产品在质量、档次、价格上的竞争力，争取在国内、国际市场上打开销路。

（十）狠抓落实，全面推进各项工作顺利开展今年的经济社会发展的各项重点工作已经提出，关键在于如何落到实处。我们一定要把中央关心、全国支援化为做好工作的强大精神动力，积极创造，自觉奋斗，在转变职能、转变作风、转变方式三个方面取得更加明显的效果。要深入实际、深入基层、深入群众，迎难而上、知难而进，认真进行调查研究，坚决克服浮躁的工作作风，以求真务实的科学态度解决问题，推进工作。要尽职尽责，尽心尽力，决不辜负党和人民的期望。形成一种说干就干、干就干成、干就干好的实干作风，办实事讲实话谈实情重实效，以不甘落后、敢为人先的精神，不断加大工作落实力度，创造实实在在的工作业绩，全面推进各项工作顺利开展。

做好今年的经济和社会发展工作，任务艰巨，意义重大。自觉接受人民代表大会的监督和指导，认真听取人民政协的意见和建议，坚持依法行政，是做好经济和社会发展工作的重要保证。让我们在区党委的坚强领导下，紧密团结在以胡锦涛同志为总书记的党中央周围，高举邓小平理论和“三个代表”重要思想伟大旗帜，全面落实科学发展观，积极加快发展，不断缩小差距，为全面完成今年国民经济和社会发展各项任务，实现“十一五”良好开局而努力奋斗！

附录 4：

# 关于 2005 年西藏财政预算执行情况和 2006 年财政预算（草案）的报告

——2006 年 1 月 12 日在西藏自治区第八届人民代表大会第五次会议上

西藏自治区财政厅

各位代表：

受自治区人民政府委托，现将西藏自治区 2005 年财政预算执行情况及 2006 年财政预算（草案）的报告提请自治区八届人大五次会议审议，并请自治区政协各位委员提出意见。

## 一、2005 年财政预算执行情况

2005 年，全区各级各部门认真开展保持共产党员先进性教育活动，全面贯彻落实中央及自治区党委的各项方针政策，求真务实、开拓创新、锐意进取，国民经济和社会各项事业继续保持了跨越式发展的良好势头，社会局势进一步稳定。全区财政预算执行情况良好，各项财政工作取得了新的进步。

自治区八届人大四次会议通过的西藏自治区 2005 年财政预算为：一般预算安排的总财力为 1173340 万元，同口径比较，比上年年初预算增加 166101 万元，增长 21.1%，其中：中央补助收入 867414 万元，地方财政收入 85150 万元，上年结转收入 220776 万元；财政一般预算支出 1173340 万元。基金预算收支安排 16379 万元。在年度预算执行过程中，根据财力变化情况，经自治区八届人大常委会第 20 次会议批准，财政一般预算支出调整为 1828469 万元。政府性基金预算收支调整为 32629 万元。

预算执行结果，全区财政总财力为 2254636 万元。全区地方财政一般预算收入完成 120312 万元，为预算的 141.29%，比上年增加 20124 万元，增长 20.09%；全区财政一般预算支出完成 1854502 万元，为年度调整预算的 101.42%，同口径比上年决算数增加 516167 万元，增长 38.57%。收支相抵，扣除结转下年支出 393049 万元后，收入大于支出 7085 万元，实现了收支平衡，略有结余。全区净赤字额从 2004 年的 22152 万元下降到 15067 万元，比上年减少 7085 万元。

政府性基金预算收入 41350 万元，比上年增加 18266 万元，增长 79.13%；基金预算支出完成 36080 万元，实现了收支平衡，略有结余。2005 年全区财政预算执行及财政工作的主要情况是：

（一）坚持争取中央财政支持和积极组织地方财政收入相结合，地方财政可用财力增长较快

中央财政的一般性财力补助、转移支付和专项转移支付力度大幅增加，促进了我区财力状况的进一步好转。2005 年，中央对我区的财力补助总量达到 1911857 万元，其中一般性转移支付和民族地区转移支付分别比上年增长 38.89%和 53.5%，预计年终结算时补助财力还会有一定数量的增加；中央补助的医改、基本养老保险、低保等社会保障资金达到 49120 万元；新增"三包"经费调标、免费医疗经费调标 9246 万元、医改扩面 4400 万元、干部保健 1500 万元、调价补贴 2400 万元、缓解县乡财政困难 7507 万元、农村税费改革 3000 万元。

在全区国民经济持续快速增长的同时，地方财政收入继续保持了较快增长的良好态势。全区各级税务部门大力加强税收征管，堵塞漏洞，各项税收收入增长较快，2005 年全区地方财政一般预算收入中各项税收达到 81327 万元，比上年增加 9410 万元，增长 13.08%。政府非税收入也上了一个新的台阶，2005 年全区各项政府非税收入 48134 万元（不含亏损），比上年增加 10740 万元，增长 28.72%。截止到年底，地方财政收入超过亿元的地市达到 6 个，超过千万元的县达到 13 个。

（二）坚持以经济建设为中心，财政调控经济运行的能力不断增强

针对我区经济运行中遇到的矛盾和问题，深入调查研究，提出并实施了运用财政手段拉动经济增长、确保全年经济增长目标实现的十项政策措施。

结合我区投资拉动型经济增长的特点，加强资金调度，及时拨付工程建设资金，保证了我区重点项目、40 大庆项目的顺利建设。全区财政基本建设支出完成 653127 万元。安排资金 10000 万元，用于开展符合中央实施宏观调控、调整长期国债投资政策的项目前期工作。安排补助资金 23403 万元，对边境地区、国道沿线的民房进行改造，带动银行信贷资金和民间投资 12500 万元（含群众投劳折资），在改善农牧民居住条件的同时，促进了区域经济发展和投资结构调整。建立矿业发展资金 10000 万元，支持我区矿业发展。安排党政机关事业单位办公楼及周转房维修资金 5282 万元，自治区车辆更新及购置资金 2378 万元。

依法加强对基建投资的监督管理，2005 年通过上缴基建存款利息、投资审减和基建结余等方式回收财政资金 7121 万元。

（三）坚持财政政策向“三农”倾斜，财政支农资金大幅度增加

增加对农牧民的财政补贴，切实帮助农牧民解决生产生活困难。认真落实对种粮农民的直接补贴政策，下拨财政补贴资金 13416.82 万元，其中化肥补贴 7800 万元、粮食良种补贴 1000 万元、小型农机具补贴 1000 万元、种粮直补资金 3616.82 万元；拨出专项资金 810 万元启动农牧区特困群众生活救助和医疗救助；安排专项资金 24544.7 万元，提高教育“三包”经费标准，全区小学生、初中生“三包”经费标准分别由 600 元、800 元提高到 1000 元、1150 元，小、初、高中学生助学金补助年均标准分别从 50 元、100 元、800 元提高到 65 元、130 元、900 元；安排专项资金 9246 万元，用于增加农牧民免费医疗补助，农牧民免费医疗补助标准已由年人均 40 元提高到 80 元。2005 年财政对农牧民的各类补助已达到全区农牧民每人每年 406 元的水平。

充分认识农牧业的基础地位，坚持把支持“三农”工作作为财政工作的重中之重，财政对农牧业的投入继续保持了较高的增长幅度。2005 年，全区财政涉农支出为 158324 万元，比上年增加 41002 万元，增长 34.95%。财政支农专项支出 112000 万元，比上年增加 38000 万元，增长 51.36%。全区农发扶贫投资达到 55786 万元，比上年增加 12766 万元，增长 29.6%。安排农经网建设资金 635 万元，构建农牧业信息平台。落实农业产粮大县奖励 1000 万元，安排资金 2000 万元，为农牧民配置家用太阳能灶。安排农牧民技能培训专项资金 1731 万元，开展农牧民实用技能培训 53620 人次。安排专项资金 4650 万元，帮助牧民购置网围栏，促进草场承包责任制落实。安排特色产业发展资金 16500 万元，支持农牧区特色产业发展。安排县乡公路养护资金 6324 万元、村道养护资金 1270 万元，提高县、乡、村公路通行能力。2005 年安排农牧区税费改革转移支付资金 12000 万元，提高了村级组织运转经费标准，本着“养事不养人”的原则，主要用于解决村民小组长误工补贴和村级技术人员待遇问题，并提高了五保户供养标准。

（四）坚持财力向基层倾斜，地县财政保障能力和保障标准进一步提高

两年来的财政运行表明，2004 年确定的“划分收支、专项扶持、财力补助、转移支付”的自治区对下财政管理体制运行情况良好，对促进地县增收节支、保平消赤起到了积极的促进作用。自治区对地县的财力补助力度进一步加大，近几年，直接安排到地

县和实际使用在地县的财力占全区总财力的比重保持在 75%以上。2005 年自治区财政对地县的一般转移支付 115000 万元，比上年增加 35000 万元，其中 73.2%直接下达到县。2005 年 1 月 1 日起，地（市）级行政事业单位公用经费标准达到年人均 8000 元，县级行政事业单位公用经费标准达到年人均 6000 元。安排 15000 万元，增加地县社会事业发展资金（每个地市 1000 万元、每县 100 万元）。拨出专款 17170 万元，为县乡卫生院和农牧区中小学配备医疗设备和教学仪器设备。落实资金 3500 万元，为基层科技人员改善住房条件。安排支出 425 万元，用于边境村委会建设。对因砂金禁采影响财政收入的县给予了适当补助。

制定并组织实施了推进财政改革、加强管理、进一步缓解县级财政困难的若干政策措施，提高了县级财政对人员支出、公用支出、法定支出和政策性支出等基本支出的保障能力，建立了支持县级事业发展的机制，规范了县级财政资金的分配程序，硬化了预算约束，推进了县级财政改革。

坚持财力向基层倾斜与体制约束相结合，最大限度地发挥体制效应。严格按照现行体制的规定，规范财力分配和自治区对地县的财力补助，财政资金分配的随意性和人为因素明显减少。

（五）坚持“两手抓”，确保国家安全和西藏局势稳定的基本支出需求

按照高于普通行政机关的标准，足额安排公、检、法、司和政法委系统公用经费、业务经费；安排落实政法专项资金 14000 万元，改善政法部门装备条件，增加办案经费；加大解决社会热点、难点问题和处置突发事件的资金投入，化解社会矛盾，维护社会局势的长期稳定。2005 年全区公检法司支出达到 77109 万元，维护社会稳定的能力进一步增强。

基层政法部门公用经费标准大幅度提高。全区县级公安机关公用经费和业务经费标准达到年人均 21000 元，县级检察机关、法院机关、司法机关和政法委机关的年人均公用经费和业务经费保障标准已于去年 10 月开始提高到年人均 16000 元的水平，原定三年到位的标准一次性得到落实。

（六）坚持统筹兼顾、协调发展，重点支出得到有效保障积极推进社会保障体系建设。全区养老、医疗和失业保险等社会保障资金支出 120956 万元，比上年增长 17.85%。农牧区特困群众生活救助制度和医疗救助制度开始启动；城镇居民特困群众医疗救助开始试点；城市居民最低生活保障标准进一步提高并做到了应保尽保；安排资金

7000 万元对离退休干部职工进行补助；医改扩面取得实质性进展，山南、林芝、日喀则、昌都 4 地区城镇职工医疗保险制度改革正式纳入全区医改试点范围，阿里、那曲医改试点方案已完成并上报国家劳动社保部和财政部；出台并实施了《西藏自治区企业职工工伤保险暂行办法》，《西藏自治区企业女职工生育保险暂行办法》已进入讨论修订阶段。完成了"十一五"社保规划的编制工作。

实施"科教兴藏"战略。2005 年教育支出达到 201994 万元，比上年增长 33.65%。农牧民子女教育"三包"、"两免一补"等助学政策落实情况良好，农牧区中小学教学仪器设备配置基本完成，普及九年制义务教育取得新成果。大力支持科技成果转化和实用科学技术推广应用，财政对科技的投入比上年增长 34.54%，达到 4413 万元。

加大对文化、广播影视事业的投入，重点支持农牧区文化基础设施建设，村级文化站建设全面启动；重点文物得到及时修缮和有效保护。2005 年，财政用于文化事业发展的支出达到 11990 万元，比上年增长 26.04%。安排资金 1500 万元，用于西藏日报社设备更新。推进公共卫生体系建设，农牧区新型医疗制度进一步完善，农牧民医疗保障水平进一步提高；农牧区初级卫生网初步建立，传染病、地方病得到有效控制；疾病预防控制体系、公共医疗卫生体系进一步健全，防病救治能力得到加强。安排支出 7000 万元用于人民医院改造。2005 年，财政对卫生事业的投入达到 94741 万元，比上年增长 48.44%。

（七）坚持以改革为动力，推进财政管理的法制化和规范化

按照建立和完善公共财政体系的总体要求，以推进支出改革为重点，加快推进部门预算、国库集中支付和政府采购制度改革。截止到年底，自治区本级 117 个部门全部实行了部门预算，地县部门预算试点逐步扩大。自治区本级国库集中支付试点部门达到 54 个，约占部门总数的 50%，地区本级国库集中支付改革试点已在昌都地区上线运行；政府采购方式不断丰富，采购范围和规模逐年扩大，2005 年政府采购资金总量达到 74823 万元，比上年增长 225.36%。

粮食流通体制改革迈出新步伐，粮食购销价格全面放开，对种粮农民的直接补贴逐步到位。财政对化肥的补贴机制改革稳步推进，调研工作基本完成，实施方案正在研拟中。

紧密结合西藏实际，积极推行县级公共部门后勤服务社会化改革试点，实施县直机关事业单位车辆集中统一管理、集中使用、定点维修和定点加油，会议和接待定点采购，

办公用房、职工周转房统一维修，文件材料集中印刷等。从达孜、墨竹工卡、贡嘎、那曲、林芝等县试点情况看，改革进展顺利，效果明显。

财政法制建设明显加快。自治区八届人大常委会第 16 次会议通过了《西藏自治区财政监督条例》，并于 2005 年 3 月 1 日开始实施；出台了工商行政管理专项补助经费管理、文物单位收入管理、中小企业小额贷款管理、特色产业资金管理、农机补贴资金管理、森林生态效益补偿资金管理、企业职工工伤保险、行政事业单位资产管理等一系列规章制度；区直行政事业单位公务用车管理办法经过多次修改，已进入审议阶段。西藏地方财政法规制度体系进一步完善。

财政监督检查力度进一步加大。认真开展会计信息质量和《会计法》执行情况监督检查，对注册会计师和会计师事务所进行行业监管。加强对专项资金的监督检查，2005 年，共查出各类违纪资金 16789.14 万元，收缴入库 3681 万元。

（八）坚持党的先进性，理财为公、理财为民的意识进一步增强

高度重视并认真开展保持共产党员先进性教育活动，结合财政工作实际，开展了丰富多彩的“下基层、办实事、保稳定、促发展”主题实践活动。通过开展先进性教育活动，财政工作的大局意识、主动意识、创新意识和服务意识显著提高，注重学习、务求实效、深入基层、调查研究蔚然成风，廉洁奉公、勤政为民的观念深入人心。

从总体上看，2005 年我区财政工作取得了新的成绩。这些成绩的取得，得益于全区经济社会持续快速发展和社会局势的进一步稳定，得益于全区各级党委的正确领导和人大、政协的监督指导，得益于全区各级、各部门的相互理解、配合和支持。但是，当前财政工作中仍然存在着一些薄弱环节，一是在财政调控作用不断增强、财力状况进一步好转的新形势下，理财观念、理财思路、理财水平还要进一步转变和提高，财政工作适应新形势、新任务、新要求的能力有待进一步增强。二是随着财政体制的进一步理顺，财力下移与事权上交的问题正在逐步解决，但财政体制的约束力还有待于进一步增强。三是受经济基础、经济规模和增长方式的制约，地方财政收入增长仍然有限，适应国家宏观调控政策调整、实现财政特别是地县财政稳定增收的任务非常艰巨，自身造血功能需要进一步增强。这些问题，需要在今后的工作中采取有力措施加以解决。

## 二、2006 年财政预算（草案）

“十一五”时期是实现我区跨越式发展、全面建设小康社会的关键时期，也是财政

改革与发展的关键时期。按照业经批准的西藏自治区财政“十一五”规划，我区“十一五”期间的财政收支目标是：保持地方财政收入增幅略高于GDP增幅，不断提高地方财政收入占GDP的比重。以2005年预计决算数为基数测算，地方财政收入年均增长15%，“十一五”期间全区地方财政收入预计达到93.04亿元，其中2010年达到24.14亿元，占GDP的比重提高到5.7%。“十一五”期间地方财政总支出1211.2亿元，其中2010年316.1亿元。目前，中央财政已确定“十一五”对西藏的财力补助，同口径比中央第四次西藏工作座谈会确定的“十五”期间的379亿元翻一番，达到758亿元。主要任务是：在目前已形成的公共财政基本框架的基础上，构建公共财政收入体系、支出体系、管理体系、绩效评价体系和公共资源分配的公众参与制度为一体的公共财政体系；充分发挥财政职能，运用财税手段，大力支持经济发展，支持各项改革，维护社会稳定，促进我区建设社会主义新农村，全面建设小康社会，构建和谐西藏。基本措施是：坚持以经济建设为中心，进一步理顺自治区对下的财政管理体制和中央对我区的财政补助体制，积极推进税制改革、财政支出管理体制改革和农牧区税费改革，强化财政的资源配置职能、收入分配职能、调控经济职能和监督管理职能，完善财政支持“三农”政策、支持经济发展政策、社会保障政策、环境保护政策和支持社会事业发展的各项政策。

2006年是“十一五”的开局之年，做好2006年的财政工作意义重大。2006年财政工作总的指导思想是：以邓小平理论和“三个代表”重要思想为指导，树立和落实科学发展观，深入贯彻党的十六大、十六届三中、四中、五中全会及中发牖2005牍12号精神，按照自治区党委六届七次全委会议的要求，充分发挥财政职能，深化财政改革，优化支出结构，规范预算管理，坚持财力向“三农”工作倾斜、向基层倾斜，保障党政机关正常运转，支持经济结构调整和经济增长方式转变，促进各项社会事业发展，进一步健全和完善符合西藏实际的公共财政体系，积极推进社会主义新农村建设，支持构建小康西藏、和谐西藏、平安西藏。

（一）2006年财政预算的主要指标安排

根据我区财政“十一五”规划和上述指导思想，按照现行分税制财政管理体制，2006年全区一般预算安排的总财力为1534681万元，其中：地方财政收入97923万元，税收返还补助56336万元（含增值税、企业所得税、个人所得税返还部分），原体制补助428023万元，一般性转移支付补助268200万元，调整工资转移支付补助159256万元，民族地区转移支付补助61785万元，各项结算补助40300万元，天然林保护转移支付补助 1248 万元，缓解县乡困难转移支付补助 7507 万元，农牧区税费改革专项转移支付 12000 万元，取暖补助 9054 万元，上年结转 393049 万元。同口径比较，比上年年初预算增加 189068 万元，增长 19.8%。

2006 年财政一般预算收入安排 97923 万元（未含增值税、企业所得税和个人所得税中央分享部分），比上年年初预算增加 12773 万元，增长 15%，财政一般预算支出安排为 1534681 万元，按可比口径计算，比上年年初预算增加 189068 万元，增长 19.8%。

2006 年政府性基金预算收支安排 21000 万元，同口径比较，比上年年初预算增加 4621 万元，增长 28.2%。

（二）2006 年财政预算支出安排保障的重点

——加大支农支出力度，建设社会主义新农村。2006 年自治区财政支农支出安排 48901 万元（含中央扶贫资金 11000 万元），比上年增加 7684 万元，同口径比较增长 20.1%。此外，自治区安排专项资金用于改善农牧民生产生活条件和农牧业特色产业建设。一是继续加大对农牧业基础设施建设的投入。安排资金 22000 万元，用于小型农田水利、小水电站、防汛抗旱、农村公路、桥梁建设和低产田改造。安排资金 8000 万元，用于农牧民推广使用太阳能灶、边境村委会建设和国门建设。加快实施以牧民定居、农房改造和扶贫搬迁工程为重点的“农牧民安居工程”，安排资金 10000 万元用于民房改造。二是在新增产业发展资金中安排 10000 万元，重点支持农牧区特色产业发展，促进优势资源的转化，扶持龙头企业和拳头产品，促进农牧民增收。三是安排农牧业防抗灾、疫病防治、农牧业质量安全、标准化生产等资金 4000 万元，提高农牧业防抗灾能力和农牧副产品质量。新增测土配方施肥专项资金 950 万元。四是继续加大农牧民科技知识和劳动技能培训投入，安排资金 4000 万元，比上年预算增加 2500 万元，促进农牧区富余劳动力转移。五是安排对种粮农民直接补贴 3616 万元、粮食作物良种补贴 1000 万元、牲畜良种补贴 1000 万元、农业机械购置补贴 1000 万元、化肥补贴 8400 万元、种粮大县补贴 1000 万元，调动农牧民发展生产的积极性，增加农牧民收入。六是进一步巩固农牧区税费改革成果，继续安排农牧区税费改革专项转移支付资金 12000 万元。七是大力支持扶贫和农业综合开发，加快我区脱贫致富和小康社会建设进程。安排资金 19670 万元，支持整乡扶贫、面上扶贫及农业综合开发。八是安排专项资金 1600 万元，支持农村造林、天然林保护、自然保护区建设等各项工作，安排退耕（牧）还林（草）、口粮及饲料粮补助 5100 万元，加强生态环境保护，实现可持续发展。

——积极推进建立和完善社会保障体系。2006 年安排社保支出 44450 万元，比上年增加 9514 万元，增长 27.23%。一是按照国务院有关要求，调整职工基本养老保险新制度的个人账户缴付比例，加快将非公有制企业、城镇个体工商户和灵活就业人员纳入养老保险范围的步伐。适时实施养老保险自治区级统筹，提高保险基金抗御风险的能力。二是以人为本，安排就业和再就业资金 1000 万元，加大失业人员培训力度，改善创业环境和增加就业岗位，扩大和促进就业。三是继续抓好城镇职工基本医疗保险制度试点工作，使医疗保险制度改革在全区全面推开。四是进一步完善农牧区和城镇特困群众医疗救助制度，逐步扩大农牧区特困群众生活救助范围，将救助对象扩大到年人均收入 500 元以下的农牧民。五是完善各级党政机关事业单位干部职工保健制度，继续安排干部保健经费 4500 万元。六是认真做好城镇居民最低生活保障工作，提高城镇居民最低生活保障标准。七是支持抗灾救灾工作，安排救灾资金 11000 万元，比上年增加 9000 万元。八是进一步健全以免费医疗为核心内容的农牧区医疗制度。九是继续做好社会慈善事业工作，安排敬老院设备购置资金 100 万元。做好养老院、孤儿院、福利院建设规划。

——加大社会事业发展的投入。一是继续加大对教育事业的支持。保持教育经费的合理增长，2006 年自治区财政安排教育支出 152902.7 万元，较上年增加 22876.6 万元，增长 17.6%。保障“三包”经费及时、足额落实，加强教育资源的统筹使用，努力改善基础教育条件，推进“两基”攻坚。二是加大对科技事业发展的支持，自治区财政安排科技支出 6000 万元，比上年增加 1966 万元。三是安排人力资源资金 5000 万元，加大职业培训、人力资源开发和人才引进力度。四是加大对公共卫生体系建设的支持。安排专项资金 23907.8 万元，用于建立健全疾病预防控制体系和公共卫生应急机制，建立疫情网络直报系统，在完成县医院、乡（镇）卫生院标准设备配置的同时，安排专项资金 5000 万元，为区、地（市）医院配备医疗设备，加大医务人员培训力度，并重点解决大骨节病、白内障、碘缺乏病、高氟水病等主要地方病的防治资金。五是加大对文化事业的支持，安排文化产业发展资金 1000 万元，推进文化体制改革；安排奖励资金 300 万元，鼓励精品文化产品创作；促进报业发展，支持西藏日报扩版，同时加大补助力度，确保我区行政村“每村一报”。安排文物保护资金 1000 万元，做好文物文化遗产和优秀民间艺术的保护工作。六是新增环保支出 1000 万元，支持生态和环境保护。

——加大基础设施和产业建设力度，支持经济发展。一是安排预算内基建资金40000 万元，支持公共设施、基础设施建设，同时新增 30000 万元用于重点项目建设支出，安排基建项目前期工作经费 10000 万元，支持前期工作。二是安排产业发展资金20000 万元、中小企业贷款担保资金 2000 万元、农牧户贷款担保资金 2000 万元，扶持企业支出 4000 万元，培育重点产业和特色经济，支持产业结构调整，促进产业结构的优化，支持企业发展。三是安排矿业发展专项资金 1200 万元，支持我区优势矿业发展。四是安排资金 1000 万元支持粮食流通体制改革，促进粮食企业机制转换。五是新增旅游发展资金 1000 万元，支持旅游业发展。

——确保社会安定、局势稳定的支出需要，解决事关社会稳定的热点、难点问题。安排国有企业住房制度改革专项补助资金 35000 万元。保证公、检、法、司和政法委系统公用经费、业务经费按标准落实到位。

——坚持财力向基层倾斜，歪高地县保障能力。2006 年，自治区对地县的财力补助力度将进一步加大，自治区财政对下转移支付 125000 万元，同比增加 35000 万元，增长 38.9%。三、扎实工作，确保 2006 年财政预算任务圆满完成

根据我区财政“十一五”规划的总体部署，结合全国财政改革与发展的总体要求和我区实际，为确保 2006 年全区财政收支预算任务的圆满完成，必须着重抓好以下几项工作：

（一）以区党委六届七次全委会议精神为指导，实现“十一五”财政工作的良好开局

认真学习、深刻领会中共中央关于进一步做好西藏发展和稳定工作的意见以及区党委六届七次全委会议精神，把握“十一五”时期西藏发展与稳定的指导方针和战略目标，明确“十一五”时期财政改革的主要任务和总体思路，把中央和自治区的要求贯穿于“十一五”财政工作的始终。按照财政“十一五”规划的要求，把握全局，统筹兼顾，合理确定今年实施方案和具体措施，并认真组织实施。按照自治区八届人大五次会议和全区经济工作会议的要求，认真落实年度工作任务和政策措施，确保“十一五”财政工作开好局、起好步。

（二）强化收入筹集能力，保持财力增长的良好势头——完善加强财源建设的政策措施，制定相关实施办法。

——逐步建立健全地方税体系，抓好税收征管。根据国家新一轮税制改革的总体思

路，进一步展开调研，提出调整和完善资源税、营业税、城市维护建设税、个人所得税，开征城市房产税等的政策建议。与税务部门密切配合，依法治税，依率计征，加强税收征管，清缴欠税，坚决打击偷、骗税行为，同时加强对驻区外企业的税收征管，防止税收收入流失，切实保护纳税人的合法权益，促进区域经济良性发展。

——抓好政府非税收入征管。继续深化“收支两条线”改革，逐步将预算外资金纳入预算内管理，进一步创新政府非税收入征管模式，规范政府非税收入征管程序，积极推进“征缴分离、票款分离”，确保政府非税收入足额、安全、及时入库。结合规范津贴补贴工作的总体要求，实施对行政机关、事业单位资产转作经营性资产收入的管理。

——抓好国有资产经营收益的缴纳。试编国有资产经营预算，提高国有资产经营收益。出台相关政策，加强国有资产处置收入的管理。

——做好与中央财政的沟通与协调，确保中央财政确定的“十一五”期间对我区的各项财政优惠政策和财力补助及时落实，并逐年增加。

（三）稳步推进各项财政改革，提高财政管理水平

——进一步深化部门预算改革，强化预算约束。继续完善自治区本级部门预算，扩大地（市）、县部门预算试点，从细化预算编制入手，科学制定定员定额标准，严格预算约束，杜绝无特殊原因、无资金来源的预算追加支出。合理的预算追加支出要严格按程序审批并通过动用财政总预备费解决。

——稳步推进国库集中收付制度改革，加强资金管理。区直国库集中支付试点单位、地（市）直国库集中支付试点单位或会计集中核算部门要在现有基础上进一步扩大；拓展国库集中收付领域，将财政专项资金逐步纳入集中支付。

——加大政府采购工作力度。完善政府采购程序，规范采购行为，健全政府采购法规，创新政府采购方式，扩大政府采购范围，政府采购规模力争突破10亿元。

——全面推行县级行政事业单位后勤服务社会化改革。在全区范围内全面推行县（市、区）直党政机关后勤服务社会化改革，优化资源配置，提高工作效率，降低党政机关后勤服务成本。

——继续深化财政体制改革，硬化体制约束。在进一步完善自治区对下财政管理体制的基础上，重点理顺自治区层级政府间抗救灾、疫病防治及其他专项支出的事权关系和支出责任；研究并完善自治区同级部门之间的事权关系和支出责任，理顺横向财政体制。

（四）对财政支出实行全程监督，健全追踪问效机制

——建立完善的部门内部控制体系。通过规范行政事业单位的收支管理制度，规范财务运作程序，加强内部控制力度，完善内部控制体系。

——建立健全财政部门的监督体系。主要是通过预算编审、经费审核等加强事前监督，通过追踪问效、例行检查等加强事中监督，通过项目验收、投资评审等加强事后监督。

——建立财政信息统计数据的监督、审核体系。建立财政部门与组织人事、编办、商业银行、统计等相关部门的合作、沟通与协调机制，保证数据的真实性。

——建立社会监督体系。建立适当的公众监督、媒体监督和社会监督机制。

——探索建立科学的绩效预算评价体系和财政支出效益考核指标体系，完善项目支出管理方法和手段。

（五）适应新形势、新任务的要求，进一步提高当家理财能力

“十一五”经济社会发展的新形势、新任务对财政工作提出了新的更高的要求，必须进一步加强干部队伍建设，切实增强当家理财的能力。一是大力推进观念转变和思路创新，不断提高财政工作适应新形势、新任务、新要求的能力。二是坚持依法理财，通过完善规章制度和规范工作程序，确保财政政策措施的规范执行。三是坚持勤政廉政，推进职能转变，增强服务意识，寓管理于服务之中，进一步提高财政工作服务大局、服务基层、服务人民群众的水平。四是进一步转变工作作风，求真务实，脚踏实地，深入调查研究，不断研究新情况、解决新问题，确保各项政策措施扎实有效地落实到位。

各位代表，完成 2006 年预算和财政工作任务繁重，使命光荣。我们一定要在自治区党委的领导下，与时俱进，开拓创新，团结协作，奋勇拼搏，切实转变工作作风，提高财政工作能力，圆满完成 2006 年财政工作任务，为我区经济跨越式发展和社会长治久安、全面建设小康社会作出新的贡献！

附录 5：

# 2005 年西藏自治区国民经济和社会发展统计公报

西藏自治区统计局

2006 年 3 月 31 日

2005 年，是“十五”计划的最后一年。全区各族人民在自治区党委和自治区人民政府的正确领导下，以邓小平理论和“三个代表”重要思想为指导，以科学发展观统领经济社会发展的全局，继续实施西部大开发战略和中央第四次西藏工作座谈会提出的各项工作任务，全区国民经济保持了持续快速发展的势头，各项社会事业全面进步，城乡居民生活继续改善，顺利地实现了国民经济和社会发展的主要目标，为“十五”计划划上了圆满的句号。

## 一、经济总量与结构

初步核算，2005 年实现西藏生产总值（GDP）250.60 亿元，按可比价格计算，比上年增长 12.2%。其中：第一产业增加值 47.87 亿元，增长 4.8%；第二产业增加值 59.45 亿元，增长 13.5%；第三产业增加值 143.28 亿元，增长 14.9%。“十五”期间 GDP 年均增长 12.4%。2005 年人均 GDP 达到 9098 元，增长 10.8%。

在西藏生产总值中，第一、二、三产业增加值比重分别为 19.1%、23.7%、57.2%，第一产业所占比重比上年下降 1.0 个百分点，第二产业下降了 0.2 个百分点，第三产业提高 1.2 个百分点。

## 二、农林牧渔业

全年实现农林牧渔业总产值 67.74 亿元，比上年增长 4.0%。其中：农业产值 29.89 亿元，增长 2.3%；牧业产值 30.05 亿元，增长 0.8%。全年粮食作物种植面积 177.68 千公顷，比上年减少 2.11 千公顷。其中：青稞面积 120.27 千公顷，增加 0.16 千公顷：

图1　全区生产总值突破250亿元

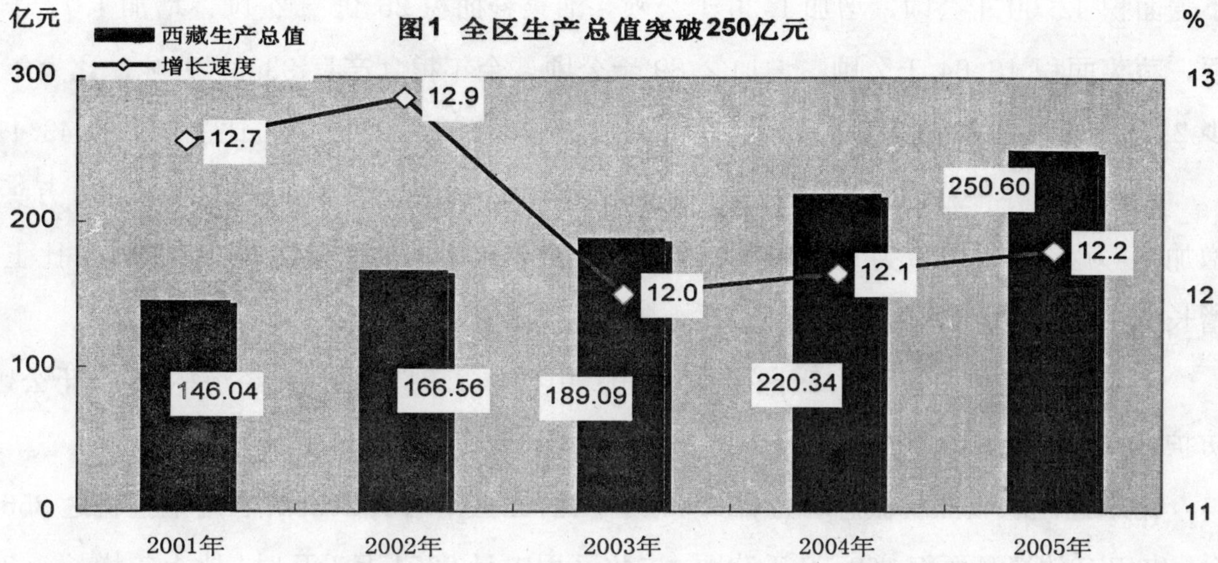


图2　产业结构调整取得新进展

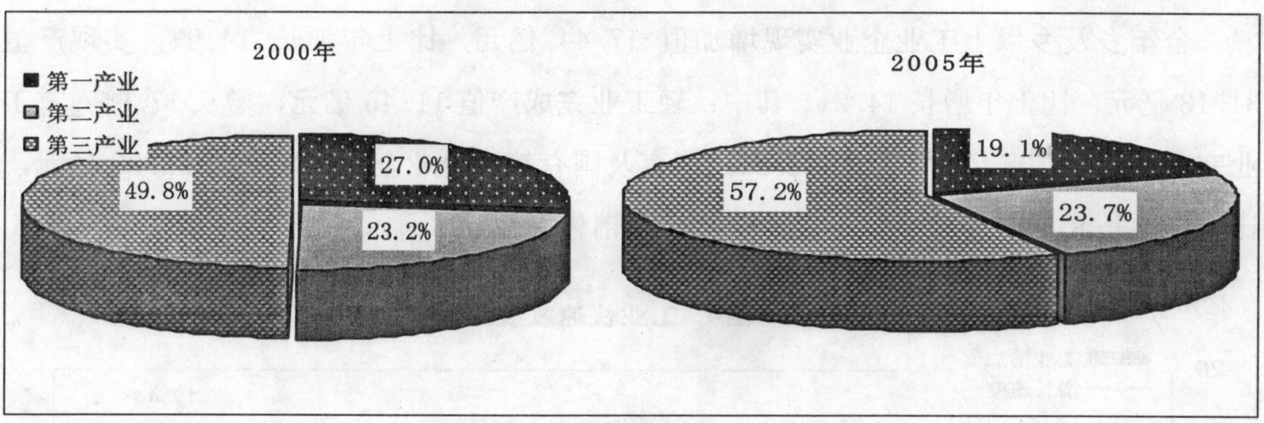


图3　农林牧渔业稳定增长

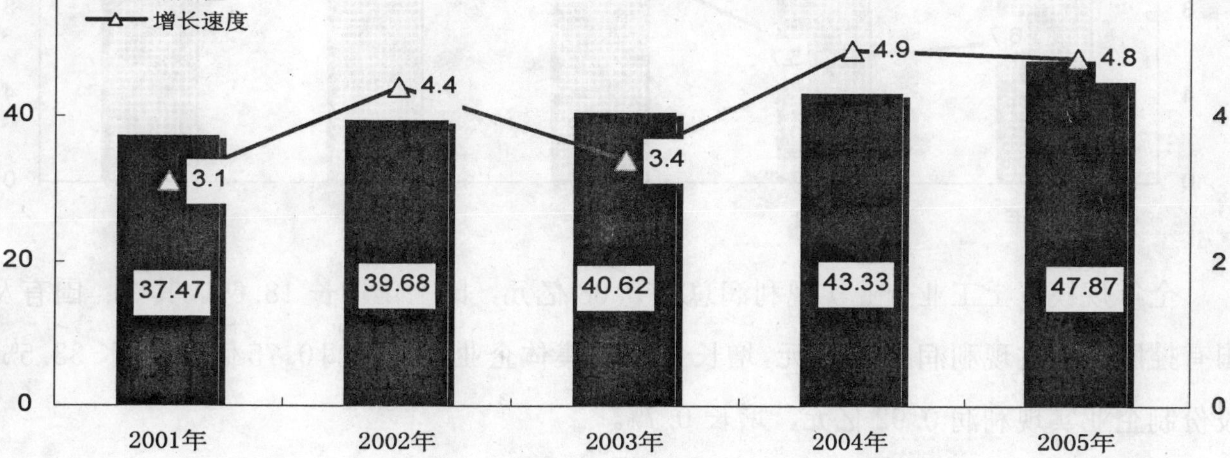

小麦面积 42.00 千公顷，增加 1.36 千公顷。油菜籽面积 26.05 千公顷，增加 1.73 千公顷。蔬菜面积 18.04 千公顷，增加 2.89 千公顷。全年粮食产量 93.39 万吨，比上年减少 2.7%；油菜籽 6.12 万吨，比上年增长 13.5%；蔬菜 42.92 万吨，比上年增长 43.1%。

年末牲畜存栏总数为 2414 万头只，比上年末减少 95 万头只。其中：牛 632 万头，增加 19 万头；羊 1698 万只，减少 118 万只。全年猪牛羊肉产量达 21.46 万吨，比上年增长 3.1%；奶类产量 27.00 万吨，比上年增长 3.0%。

全年完成造林面积 14.75 千公顷，其中：用材林 2.91 千公顷；经济林 2.73 千公顷；防护林 8.89 千公顷。

年末全区农牧业机械总动力 231.00 万千瓦，比上年增长 20.5%；农用拖拉机达 85678 台；农田有效灌溉面积 162.59 千公顷；农牧区用电量 6354 万千瓦时，比上年增长 7.7%。

## 三、工业和建筑业

全年乡及乡以上工业企业实现增加值 17.44 亿元，比上年增长 14.9%，实现产值 31.13 亿元，比上年增长 14.2%。其中：轻工业完成产值 11.45 亿元，增长 17.6%；重工业完成产值 19.68 亿元，增长 11.8%。国有及国有控股企业全年实现产值 22.88 亿元，比上年增长 8.7%。乡及乡以上工业企业产品销售率 92.2%。

**图4　工业快速发展**

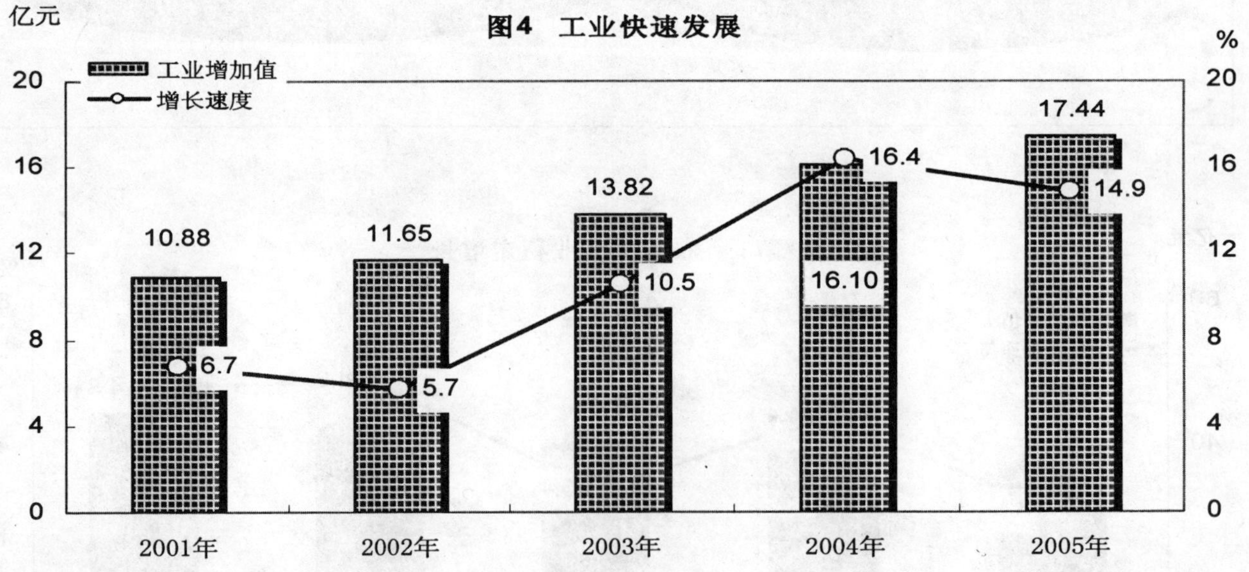


全年规模以上工业企业实现利润总额 3.68 亿元，比上年增长 18.6%。其中：国有及国有控股企业实现利润 2.84 亿元，增长 14.2%；集体企业实现利润 0.75 亿元，增长 33.5%；股份制企业实现利润 0.92 亿元，增长 0.7%。

全年完成水泥产量 137.00 万吨，增长 42.7%；发电量 13.34 亿千瓦时，增长 14.5%；铬矿石 11.67 万吨，下降 17.9%；啤酒 4.89 万吨，增长 25.9%；中成药（藏医药）1210 吨，增长 11.0%；自来水 8783 万吨，增长 23.5%；瓶（罐）装饮用水 3983 吨，增长 0.6%。

全年建筑业实现增加值 42.01 亿元，比上年增长 12.9%。

全年新发现矿产地 3 处，有 2 种矿产新增探明储量；地质勘查完成机岩芯钻探工作量 1.07 万米。

## 四、固定资产投资

全年全社会完成固定资产投资 196.19 亿元，比上年增长 16.5%。其中民间投资 32.85 亿元，增长 54.0%。

图5 固定资产投资规模持续扩大

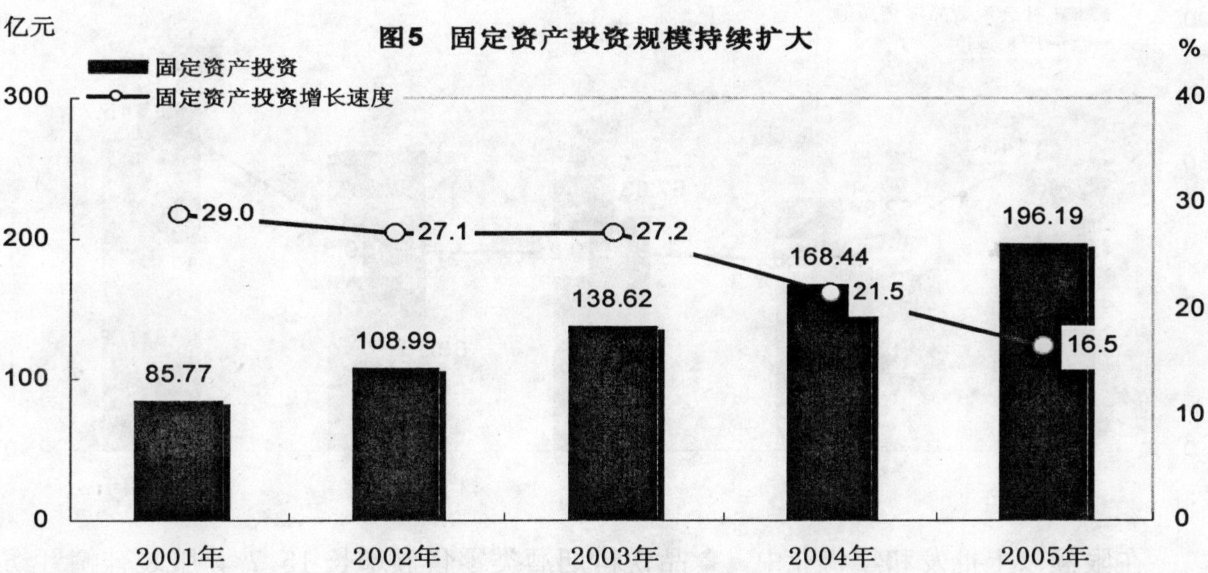


从经济类型看，国有经济完成投资 149.94 亿元，比上年增长 9.4%；集体经济完成投资 6.74 亿元，增长 4.6 倍；其他各种经济类型完成投资 25.09 亿元，增长 12.0%；个人投资 14.42 亿元，增长 86.1%。

分地域层次看，城镇完成投资 190.15 亿元，比上年增长 15.4%，其中：房地产开发投资 6.02 亿元，下降 11.6%；城镇和工矿区私人建房投资 6.72 亿元，增长 75.5%；农村完成投资 6.03 亿元，增长 65.2%。在农村投资中，农户投资 5.69 亿元，增长 69.6%；农村集体投资 0.34 亿元，增长 28.5%。

从资金来源渠道看，全年共到位资金204.15亿元，比上年增长13.3%。其中：国家预算内投资114.64亿元，增长12.7%；国内贷款6.23亿元，下降3.3%；自筹资金38.74亿元，下降7.3%；其他投资43.77亿元，增长79.4%。

## 五、国内贸易和市场价格

全年实现社会消费品零售总额73.11亿元，比上年增长15.7%。其中：城市消费品零售额33.01亿元，增长17.8%；县及县以下消费品零售额40.09亿元，增长14.0%。分行业看，批发和零售业零售额59.20亿元，增长15.9%；住宿和餐饮业零售额12.38亿元，增长12.5%；其他行业零售额1.53亿元，增长40.4%。

图6 社会消费品零售额稳步增加

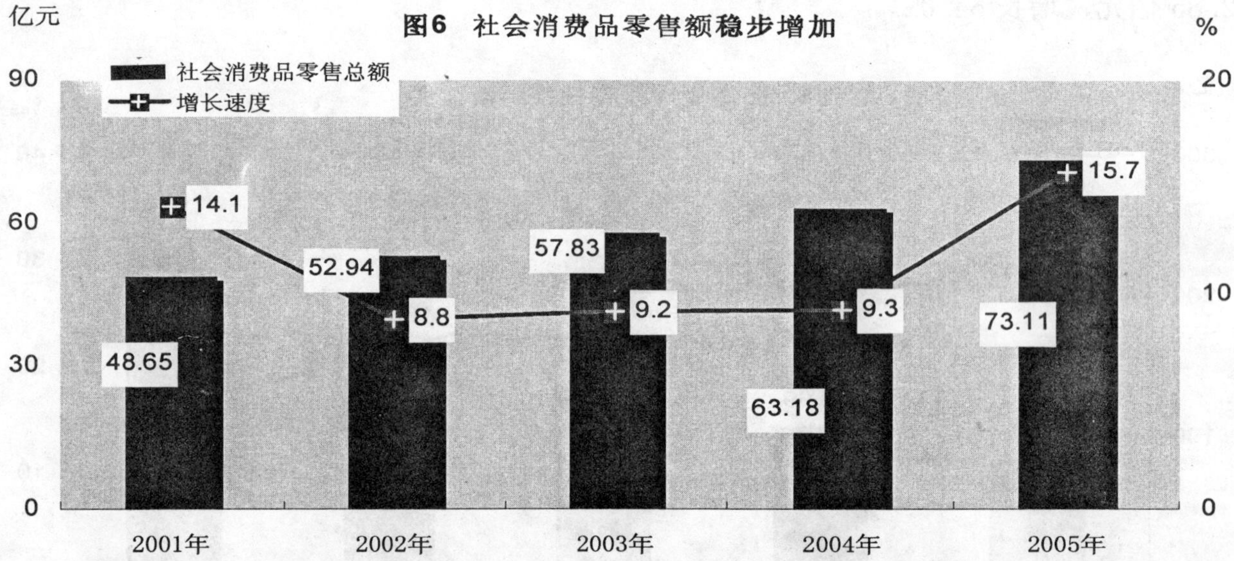


在限额以上批发和零售业中，食品饮料烟酒类零售额增长15.7%，服装鞋帽针纺织品类零售额增长1.8倍，石油制品类零售额增长33.5%，汽车类零售额增长33.3%，金银珠宝类零售额增长31.1%。

全区居民消费价格总水平比上年上涨1.5%。其中：城市上涨1.5%，农村上涨0.9%；服务项目价格上涨2.0%；消费品价格上涨1.4%。在各类消费品中，居住类、烟酒及用品类价格上涨幅度较大，分别上涨了6.7%、2.2%，其他各类价格略有上涨或基本持平。商品零售价格上涨0.8%。农业生产资料价格上涨0.6%。

## 六、对外贸易

全年进出口总额达20539万美元，比上年下降8.1%。其中：出口总额16532万美元，

表 1　居民消费价格水平变动情况（上年=100）

单位：%

| | 全区 | 城市 | 农村 |
|---|---|---|---|
| 居民消费价格指数 | 101.5 | 101.5 | 100.9 |
| 食品 | 101.3 | 101.1 | 101.6 |
| 烟酒及用品 | 102.2 | 102.0 | 102.7 |
| 衣着 | 100.7 | 100.6 | 100.8 |
| 家庭设备用品及服务 | 99.6 | 99.1 | 100.7 |
| 医疗保健及个人用品 | 100.4 | 100.3 | 100.5 |
| 交通和通讯 | 100.2 | 100.3 | 99.9 |
| 娱乐教育文化用品及服务 | 99.6 | 102.2 | 96.8 |
| 居住 | 106.7 | 108.5 | 102.1 |

增长 27.1%；进口总额 4007 万美元，下降 57.1%。

全年对亚洲出口 15621 万美元，比上年增长 31.5%；对欧洲出口 415 万美元，下降

图7　进出口总额规模不断扩大

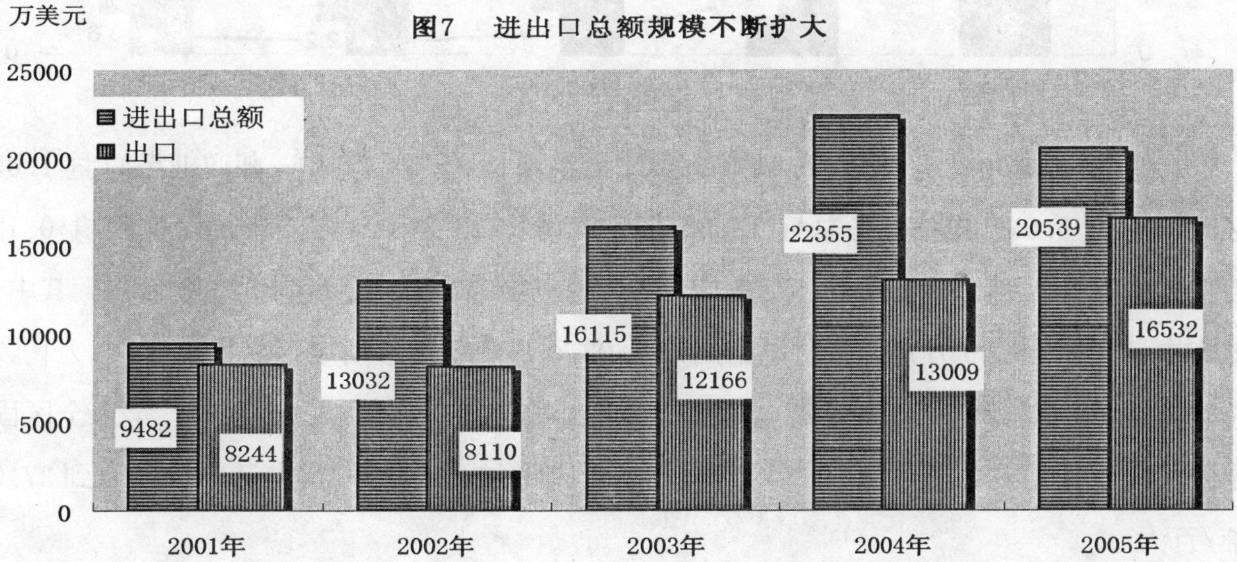


3.0%；对北美洲出口 24 万美元，下降 33.8%；对大洋洲出口 137 万美元，比上年增长 21.2%。

在进出口贸易中，边境小额贸易实现进出口总额12220万美元，占进出口贸易总额的59.5%，比上年增长34.8%。其中：出口11581万美元，增长35.3%；进口639万美元，增长26.0%。

## 七、交通、邮电和旅游

全年完成货运量365.61万吨，比上年增长27.2%。其中：公路运输完成356.00万吨，增长29.9%；航空运输完成1.61万吨，增长4.5%；管道运输完成12.00万吨，与上年持平。全年客运总量479.47万人次，增长41.6%。其中：公路运输完成385.00万人次，增长50.4%；航空运输完成94.47万人次，增长14.2%。

公路总通车里程43716公里，比上年增长3.6%。

图8 公路通车里程持续增加

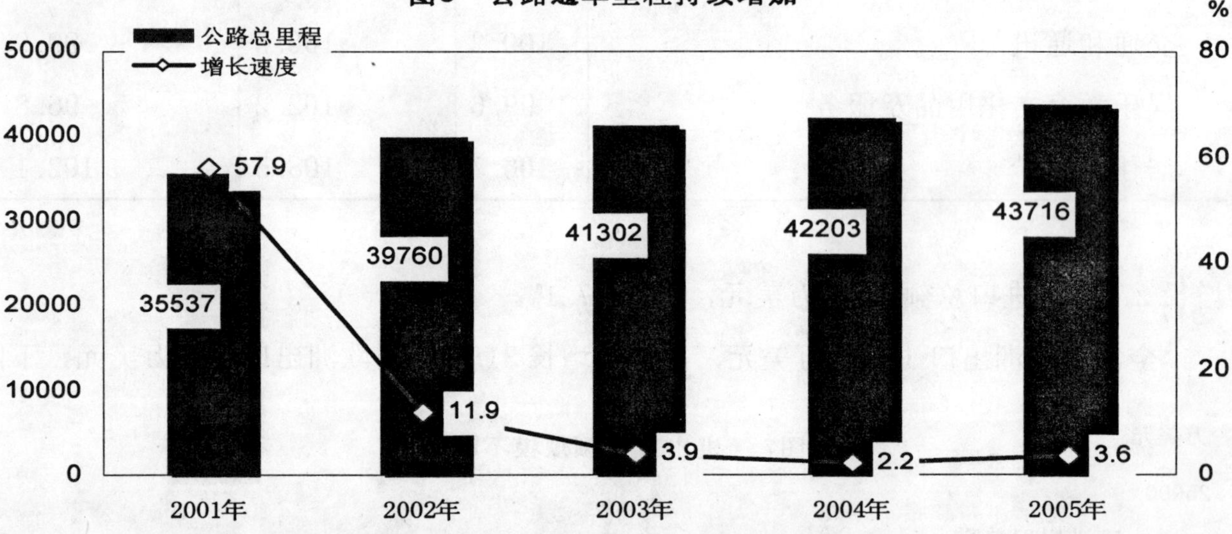


全年完成邮电业务总量16.41亿元，比上年增长21.6%。其中：邮政业务总量1.05亿元，增长5.0%；电信业务总量15.36亿元，增长23.3%。全年新增局用交换机0.12万门，总容量达到33.05万门。新增固定电话用户14.69万户，达到52.53万户，其中：城市电话用户49.50万户，乡村电话用户3.03万户。新增移动电话交换机9.00万门，总容量达66.00万门。新增移动电话用户7.27万户，达到了46.93万户。年末全区固定及移动电话用户总数达到99.50万户，比上年末增加22.00万户。电话普及率达到37.0部/百人。

户

图9　电话用户快速增加

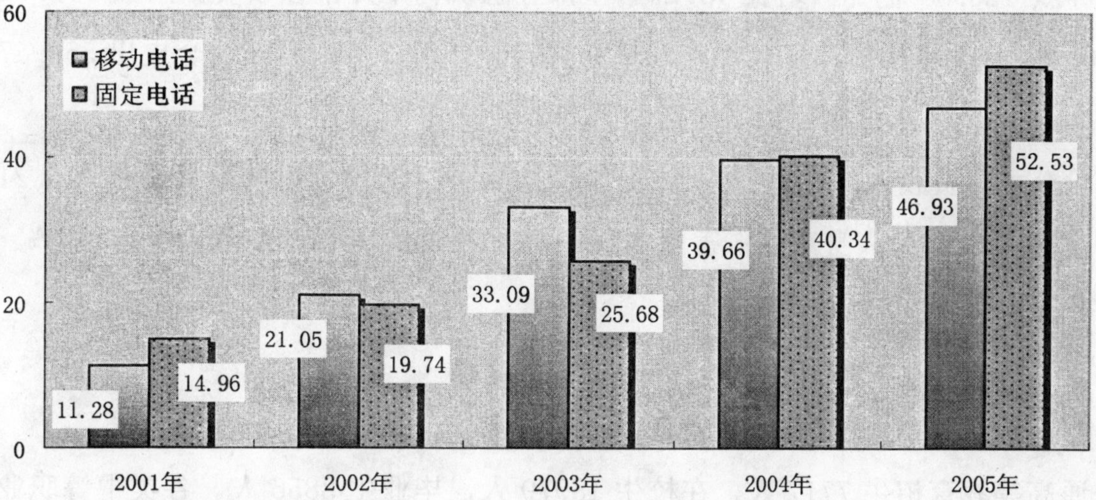


全年接待国内外旅游者180.06万人次，比上年增长47.2%。其中：接待国内旅游者167.93万人次，比上年增长49.0%；接待海外旅游人数12.13万人次，比上年增长26.6%。全年实现旅游总收入19.35亿元，比上年增长26.3%。实现外汇收入4443万美元，比上年增长21.4%。

## 八、财政、金融和保险

全年完成地方财政收入14.33亿元，按同比口径计算，比上年增长19.5%。其中一般预算收入12.03亿元，增长20.1%。在一般预算收入中，增值税增长10.2%，营业税增长12.9%。地方财政收入占GDP的比重为5.7%。

完成财政支出189.16亿元，按同比口径计算，比上年增长39.0%。其中一般预算支出185.45亿元，增长38.6%。

表2　地方财政收入和支出快速增加

单位：亿元

| | 地方财政收入 | #各项税收 | 地方财政支出 |
|---|---|---|---|
| 2001年 | 7.38 | 5.07 | 106.21 |
| 2002年 | 8.73 | 5.36 | 139.89 |
| 2003年 | 10.03 | 6.54 | 148.20 |
| 2004年 | 11.99 | 7.19 | 136.07 |
| 2005年 | 14.33 | 8.13 | 189.16 |

年末全部金融机构本外币各项存款余额456.30亿元，比上年末增长21.9%，其中城乡居民储蓄存款123.88亿元，增长14.2%。全部金融机构本外币各项贷款余额179.34亿元，增长6.4%。金融机构累计现金收入520.96亿元，下降1.5%；累计现金支出558.47亿元，下降0.7%。现金净投放37.51亿元，比上年多投放3.84亿元。

全年保险公司保费收入1.57亿元，比上年增长9.4%。其中：财产险保费收入0.21亿元，比上年下降5.5%；人身意外伤害险实现保费收入908万元，比上年增长36.3%。全年共支付各类赔款5359万元。

## 九、教育、科学技术

全区普通高等教育招生7717人，在校生18979人，毕业生3856人。各类中等职业教育招生2856人，在校生7027人，毕业生2513人。全区普通高中招生1.29万人，在校生3.33万人，毕业生0.97万人。普通初中招生4.40万人，在校生12.07万人，毕业生3.58万人。普通小学招生5.47万人，在校生32.75万人，毕业生4.55万人。全区小学学龄儿童入学率达95.9%，比上年提高了1.2个百分点。幼儿园在园幼儿9596人。

全年共承担国家科技项目23项，安排自治区级重点科技项目28项，受理专利申请102件，授权专利44件。

全区共有气象台站41个，气象雷达观测站点5个，卫星云图接收站点3个，地震台站9个，水文监测站26个。

图10　小学学龄儿童入学率持续提高

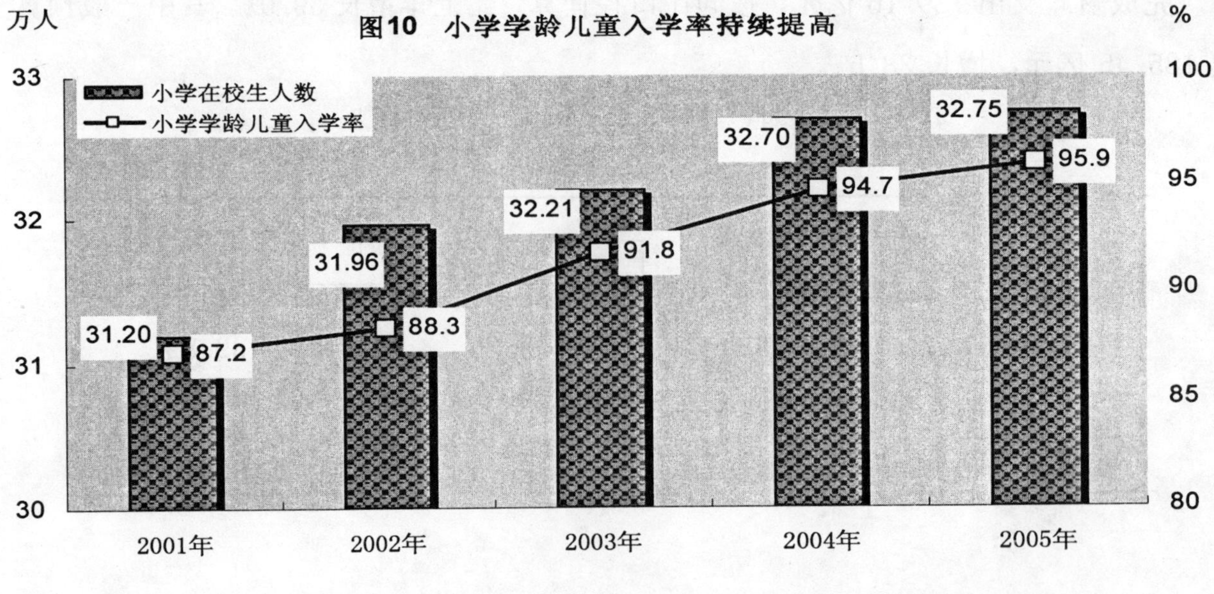

## 十、文化、卫生和体育

年末全区共有专业艺术表演团体 24 个，文化馆、站 172 个，公共图书馆 4 个，博物馆 2 个。广播电台 1 座，中、短波广播发射台和转播台 34 座，电视台 5 座。广播人口和电视人口覆盖率分别达 84.9%和 86.0%。出版报纸 4427 万印张，各类杂志 283 万册，图书 860 万册。

年末全区共有卫生机构 1378 个，其中：医院、卫生院 763 个，疾病预防控制中心、卫生防治机构 79 个，妇幼保健院、所、站 55 个。实有病床床位 6767 张，其中医院 4426 张。卫生技术人员 8913 人，其中执业医师 3575 人。每千人病床数和卫生技术人员数分别达到了 2.44 张和 3.22 人。

全年新建全民健身活动场所 238 处。我区运动员在国内、国际竞技体育比赛中共获得金牌 3 枚、银牌 2 枚、铜牌 2 枚。全年销售体育彩票 1358 万元，筹集公益金 455 万元。

表 3　卫生机构床位数和技术人员数

单位：张、人

| | 床位数 | 技术人员数 | 每千人拥有床位数 | 每千人技术人员数 |
|---|---|---|---|---|
| 2001 年 | 6372 | 8820 | 2.51 | 3.35 |
| 2002 年 | 6087 | 7913 | 2.38 | 2.97 |
| 2003 年 | 6216 | 8287 | 2.40 | 3.07 |
| 2004 年 | 6413 | 8569 | 2.34 | 3.13 |
| 2005 年 | 6767 | 8913 | 2.44 | 3.22 |

## 十一、人口、人民生活和社会保障

根据 2005 年 1%人口抽样调查资料推算，年末全区总人口为 277.00 万人，比上年净增 3.32 万人。人口出生率为 17.9‰，死亡率为 7.2‰，自然增长率为 10.7‰。

全区城镇居民人均实现可支配收入 8411 元，比上年增长 2.6%；农牧民人均纯收入 2078 元，增长 11.7%。城乡居民家庭恩格尔系数分别为 53.9%、60.3%。

图11　城乡居民收入持续增加

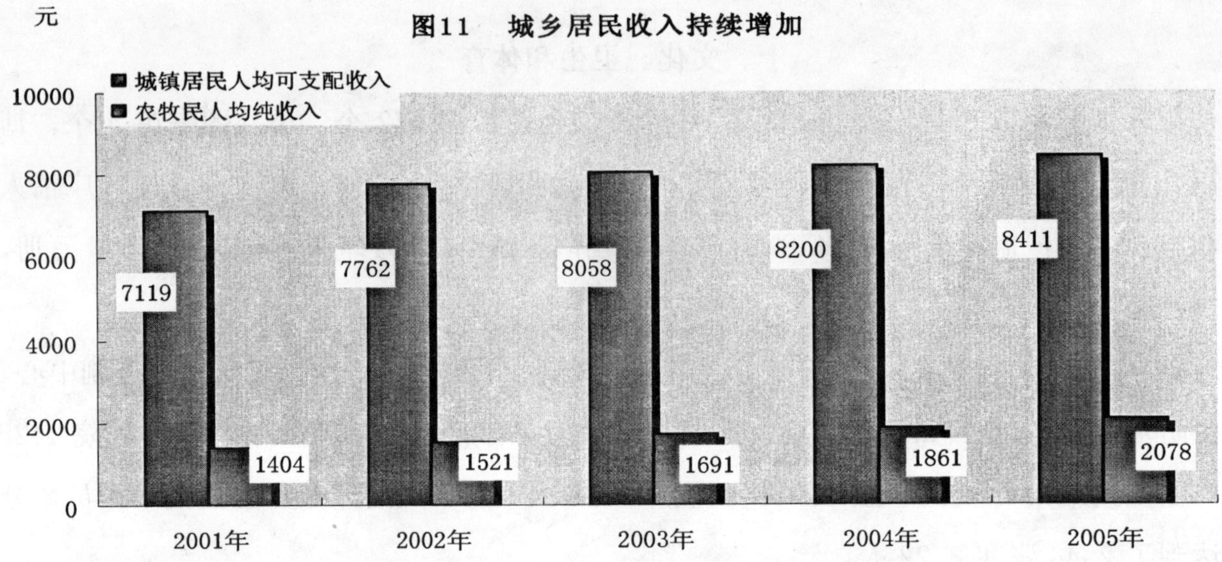


年末全区就业人员 141.68 万人，比上年末增加 4.36 万人，其中城镇就业人员 29.65 万人，减少 1.98 万人。年末城镇登记失业率 4.3%。

年末全区参加基本养老保险的职工人数 4.57 万人，领取养老保险金人数 3.16 万人。参加失业保险人数为 6.50 万人。参加基本医疗保险人数为 13.59 万人。全区共有 4.39 万人的城镇居民得到政府最低生活保障救济，全年发放低保救济金 5143 万元。年末全区各类收养性社会福利单位床位 3277 张，收养各类人员 1702 人。全年销售社会福利彩票 4335 万元，筹集社会福利资金 1517 万元，直接接收社会捐赠款 3296 万元。

## 十二、环境保护

年末全区共有各类环境检测站 8 个，水质监测站 34 个，水土保持监测站 3 个。全区共有国家级生态示范区 1 个，自治区级以上自然保护区 38 个，其中国家级自然保护区 9 个。自然保护区面积 40.83 万公顷，占我区国土总面积的 34.0%。

注：

1、本公报为初步统计数，正式数据以《西藏统计年鉴—2006》为准。

2、对外贸易、邮电、旅游、财政、金融、保险、教育、科技、气象、环保、文化、卫生、体育、社会福利和保障方面的数据均由自治区有关部门提供。

3、GDP、各产业增加值、农业和工业产值绝对数按现价计算，增长速度按可比价计算。

4、2005 年，我区城市居民家庭恩格尔系数 53.6%是全区新建（扩点）城市住户调查点抽样调查数据，以往我区城市居民家庭恩格尔系数是拉萨市的城市住户抽样调查数据。从 2005 年起全区城市居民家庭恩格尔系数不再使用拉萨市数据。

## 中国统计出版社最新资料书简目

(仅供参考,以最后出书为准)

中国统计年鉴-2006
中国统计摘要-2006
2006中国发展报告
中国城市统计年鉴-2005
中国劳动统计年鉴-2006
中国人口统计年鉴-2006
中国工业经济统计年鉴-2006
中国市场统计年鉴-2006
2005中国经济景气年鉴
中国建筑业统计年鉴-2005
中国城市调查年鉴-2006
中国商品交易市场统计年鉴-2006
中国连锁餐饮企业统计年鉴-2005、2006
中国连锁零售业统计年鉴-2005、2006
中国能源统计年鉴-2004、2005
全国农产品成本收益资料汇编-2005
国际统计年鉴-2006
中国对外经济贸易统计年鉴-2005
中国基本单位统计年鉴-2005
中国民政统计年鉴-2006
中国高技术产业统计年鉴-2006
中国房地产行业名录
中国农村统计年鉴-2006
中国农村住户调查年鉴-2006（中文）
中国农村住户调查年鉴-2006（英文）
中国乡镇统计资料-2006
中国县（市）社会经济调查年鉴-2006
中国西部农村统计资料-2006
中国建制镇统计资料-2006
中国农产品价格调查年鉴-2006
中国国民经济核算年鉴-2007
中国经济普查年鉴-2004
中国棉花年鉴-2004、2005
中国百强县（市）发展年鉴-2006
中国教育经费统计年鉴-2005
北京统计年鉴-2006
天津统计年鉴-2006
河北经济年鉴-2006
山西统计年鉴-2006
内蒙古统计年鉴-2006
辽宁统计年鉴-2006
吉林统计年鉴-2006
黑龙江统计年鉴-2006
上海统计年鉴-2006
江苏统计年鉴-2006
浙江统计年鉴-2006
安徽统计年鉴-2006
福建统计年鉴-2006
江西统计年鉴-2006
山东统计年鉴-2006
河南统计年鉴-2006
湖北统计年鉴-2006
湖南统计年鉴-2006
广东统计年鉴-2006
广西统计年鉴-2006
海南统计年鉴-2006
重庆统计年鉴-2006
四川统计年鉴-2006
贵州统计年鉴-2006
云南统计年鉴-2006
西藏统计年鉴-2006
陕西统计年鉴-2006
甘肃年鉴-2006
青海统计年鉴-2006
宁夏统计年鉴-2006
新疆统计年鉴-2006
新疆生产建设兵团统计年鉴-2006
石家庄统计年鉴-2006
唐山统计年鉴-2006
邯郸统计年鉴-2006
张家口统计年鉴-2006
朔州统计年鉴-2006
呼和浩特经济统计年鉴-2006
鄂尔多斯市统计年鉴-2006
包头统计年鉴-2006
沈阳年鉴-2006
大连统计年鉴-2006
鞍山统计年鉴-2006
长春统计年鉴-2006
吉林市社会经济统计年鉴-2006
四平统计年鉴-2006
延吉统计年鉴-2006
哈尔滨统计年鉴-2006
齐齐哈尔经济统计年鉴-2006
黑龙江垦区统计年鉴-2006
上海浦东新区统计年鉴-2006
南京统计年鉴-2006
苏州统计年鉴-2006
无锡统计年鉴-2006
常州统计年鉴-2006
徐州统计年鉴-2006
南通统计年鉴-2006
盐城统计年鉴-2006
镇江统计年鉴-2006
江阴统计年鉴-2006
杭州统计年鉴-2006
宁波统计年鉴-2006
绍兴统计年鉴-2006
台州统计年鉴-2006
舟山统计年鉴-2006
温州统计年鉴-2006
金华统计年鉴-2006
嘉兴统计年鉴-2006
湖州统计年鉴-2006
安庆经济统计年鉴-2006
福州统计年鉴-2006
福州年鉴-2006
厦门经济特区年鉴-2006
福州经济技术开发区年鉴-2006
南昌经济社会统计年鉴-2006
上饶经济社会统计年鉴-2006
九江经济统计年鉴-2006
济南统计年鉴-2006
青岛统计年鉴-2006
潍坊统计年鉴-2006
淄博统计年鉴-2006
郑州统计年鉴-2006
洛阳统计年鉴-2006
三门峡统计年鉴-2006
南阳经济统计年鉴-2006
武汉统计年鉴-2006
宜昌统计年鉴-2006
十堰统计年鉴-2006
荆州统计年鉴-2006
长沙统计年鉴-2006
广州统计年鉴-2006
东莞统计年鉴-2006
惠州统计年鉴-2006
深圳统计年鉴-2006
南宁统计年鉴-2006
桂林经济社会统计年鉴-2006
柳州经济统计年鉴-2006
来宾统计年鉴-2006
河池地区经济社会统计年鉴-2006
海口统计年鉴-2006
成都统计年鉴-2006
贵阳统计年鉴-2006
昆明统计年鉴-2006
西安统计年鉴-2006
兰州统计年鉴-2006
西宁统计年鉴-2006
银川统计年鉴-2006
乌鲁木齐统计年鉴-2006
吐鲁番统计年鉴-2006

欲购以上图书请与中国统计出版社发行部联系
电话：（010）63376907，63376908　　同樍行书店电话：68783171，68783172
通讯地址：北京市西城区三里河月坛南街75号　　邮政编码：100826